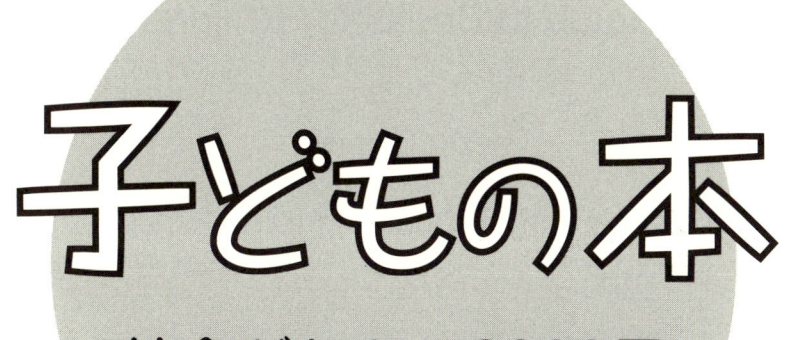

子どもの本
社会がわかる2000冊

日外アソシエーツ

Guide to Books for Children

2000 Works of Geography & Contemporary Society

Compiled by
Nichigai Associates, Inc.

©2009 by Nichigai Associates, Inc.
Printed in Japan

本書はディジタルデータでご利用いただくことができます。詳細はお問い合わせください。

●編集担当● 高橋 朝子／簡 志帆
装 丁：浅海 亜矢子

刊行にあたって

　現代の社会は常に移り変わっており、世の中を知ることは子どもたちにとっても重要なことである。世界では民族・宗教問題やテロによって起こる戦争に子どもも巻き込まれ、身近な社会では携帯電話やインターネットが子どもたちにも広く使われるようになった。小学校の社会科でも「国際理解」や「情報」といった観点からの授業が行われ、子ども向けにわかりやすく解説するニュース番組も好評を博している。そういった社会について子ども向けに書かれた本も多々出版されているが、まとめて調べられるツールはほとんど出版されていなかった。

　本書は、2000年以降に出版された小学生以下を対象とした地理・現代社会について書かれた図書2,462冊を収録した図書目録である。「地理」では世界・日本の地域別に、「現代社会」では政治・経済・社会問題のテーマ別に見出しを設けて図書を分類した。本文は、現在手に入れやすい本がすぐわかるように出版年月の新しいものから順に排列し、初版と改訂版がある場合などは最新版を収録した。また、選書の際の参考となるよう目次と内容紹介を載せ、巻末には書名索引と事項名索引を付して検索の便を図った。

　本書が公共図書館の児童コーナーや小学校の学校図書館の場などで、本の選定・紹介・購入に幅広く活用されることを願っている。

2009年6月

日外アソシエーツ

凡　例

1．本書の内容

　　本書は、小学生以下を対象とした地理・現代社会について書かれた図書を集め、テーマ別にまとめた図書目録である。

2．収録の対象

　1）小学生以下を対象とした世界・日本の地理、時事・政治・経済・産業・社会・生活といった現代社会について書かれた図書（絵本・学習漫画を含む）2,462冊を収録した。
　2）原則2000年以降に日本国内で刊行された図書を対象とした。
　3）初版と改訂版がある場合などは、最新版を収録した。

3．見出し

　　各図書を「地理」と「現代社会」に大別し、さらにテーマごとに小見出しを設けて分類した。

4．図書の排列

　　各見出しのもとに出版年月の逆順に排列した。出版年月が同じ場合は書名の五十音順に排列した。

5．図書の記述

　　書名／副書名／巻次／各巻書名／各巻副書名／各巻巻次／著者表示／版表示／出版地＊／出版者／出版年月／ページ数または冊数／大きさ／叢書名／叢書番号／副叢書名／副叢書番号／叢書責任者表示／注記／定価（刊行時）／ISBN（Ⓘで表示）／NDC（Ⓝで表示）／内容
　　＊出版地が東京の場合は省略した。

6．書名索引

　各図書を書名の読みの五十音順に排列して著者名を補記し、本文での掲載ページを示した。

7．事項名索引

　本文の各見出しの下に分類された図書に関する用語、テーマ、地名などを五十音順に排列し、その見出しと本文での掲載ページを示した。

8．書誌事項の出所

　本目録に掲載した各図書の書誌事項等は主に次の資料に拠っている。
　　データベース「BOOKPLUS」
　　JAPAN/MARC

目　次

地理 …………………………… 1

地図と国旗の本 ………………… 1
　地図の本 …………………… 1
　　地図の本―日本 ………… 5
　国旗の本 …………………… 8
世界の国と人びと ……………… 12
　世界 ………………………… 12
　アジア ……………………… 25
　　韓国 ……………………… 26
　　中国・モンゴル ………… 29
　　東南アジア ……………… 32
　　南アジア ………………… 36
　　西南アジア ……………… 38
　ヨーロッパ ………………… 40
　　イギリス・アイルランド … 42
　　フランス ………………… 42
　　ドイツ・スイス・オランダ … 44
　　南ヨーロッパ …………… 45
　　北ヨーロッパ …………… 48
　　ロシア・東ヨーロッパ … 49
　アフリカ …………………… 51
　南北アメリカ ……………… 54
　　アメリカ合衆国 ………… 58
　オセアニア・南極地方 …… 59
わたしたちの日本 ……………… 62
　日本 ………………………… 62
　北海道・東北地方 ………… 74
　関東地方 …………………… 75
　　東京 ……………………… 76
　中部地方 …………………… 77
　近畿地方 …………………… 78
　　京都 ……………………… 79
　中国・四国地方 …………… 80
　九州地方 …………………… 81
　　沖縄 ……………………… 82

現代社会 ……………………… 84

時事・政治・法律 ……………… 84
　世の中では何が起きているか … 84
　世の中のしくみ―政治 …… 94
　外国の人と交流しよう …… 98
　　国を越えて働く人たち … 102
　戦争と平和を考える ……… 107
　　なくそう難民・地雷・核兵器 … 115
　「人権」を守ろう ………… 117
　　「子どもの権利」って何？ … 122
　人びとを守る仕事―警察・消防 … 126
　くらしの中の法律 ………… 128
　憲法を知ろう ……………… 131
経済・仕事・産業 ……………… 134
　お金のしくみ―経済 ……… 134
　なりたいものは何？ ……… 146
　　社会の中で働くには …… 151
　　自然・生き物の世界で働くには … 152
　　医療・福祉の現場で働くには … 154
　　技術・職人の世界で働くには … 155
　　商売・サービスの現場で働くには … 158
　　教育・保育の現場で働くには … 160
　　文化・芸術の世界で働くには … 161
　　芸能・マスコミの世界で働くには … 165
　自然からつくりだす―農業 … 167
　ものづくりの現場―工業 … 177
　　食べ物をつくる ………… 186

(6)

目　次

　　乗り物を知りたい ………… 188
　　　　自動車 ……………………… 191
　　　　鉄道 ………………………… 198
　　　　飛行機・船 ………………… 209
　　新しいテクノロジーの開発 … 212
　　　　ロボットをつくる ………… 215
　　工事に挑む ………………… 217
　ものを動かす仕事―商業 ……… 218
社会・生活 …………………………… 222
　わたしたちのくらし ……………… 222
　学校生活の中で …………………… 232
　　学校に行きにくいとき ………… 235
　わたしたちもできるボランティア … 237
　　「バリアフリー」ってどんなこ
　　　と？ ……………………………… 243
　　お年よりといっしょに ………… 247
　「障害」って何？ …………………… 248
　　ゆっくりがいいお友だち ……… 255
　　点字・手話を覚えよう ………… 258
　　サポート犬の活躍 ……………… 262
　　障害者スポーツを応援する …… 266
　情報を使いこなす ………………… 268
　　ケータイ・パソコン・インター
　　　ネットの使い方 ………………… 271
　　調べ学習をしよう ……………… 276
　どんな行事があるのかな？ ……… 286
　伝統を知ろう ……………………… 293

書名索引 …………………………… 297
事項名索引 ………………………… 329

(7)

地理

地図と国旗の本

◆地図の本

『楽しく学ぶ小学生の地図帳―家庭学習用』帝国書院編集部編　初訂版　帝国書院　2009.4　76p　26cm〈付属資料：地図〉　850円　ⓘ978-4-8071-5845-4

『辞書びきえほん世界地図』陰山英男監修　大阪　ひかりのくに　2009.3　241p　27×13cm　1800円　ⓘ978-4-564-00843-6　Ⓝ290
内容　あいうえお順で調べられる、世界194か国。"知っている"が広がる、楽しい。

『ドラえもんちずかん　2　せかいちず』小学館　2009.3　39p　30cm　1500円　ⓘ978-4-09-726367-8
目次　アジア、ヨーロッパ、アフリカ、きたアメリカ、みなみアメリカ、オセアニア
内容　世界中の国の名前や、外国の人たちの暮らし、めずらしい食べものや、動物など、世界のことがわかる楽しい地図の絵本です。3才から8才の地図絵本。

『読んで見て楽しむ世界地図帳』学習研究社　2009.3　79p　26cm〈文献あり索引あり〉　950円　ⓘ978-4-05-203084-0　Ⓝ290
目次　最新世界地図、テーマで見る世界地図、写真で見る世界遺産
内容　世界の地形ベスト5や、世界一の気象情報、環境問題、食料資源貿易マップなど、楽しくてためになるデータ満載の世界地図帳です。

『はじめてのせかいちずえほん』てづかあけみえ　ピエ・ブックス　2008.12　1冊（ページ付なし）29cm　1800円　ⓘ978-4-89444-720-2　Ⓝ290

『アトラスキッズ世界地図―3Dしかけマップ』エレイン・ジャクソン著，池上彰日本語版監修，椿正晴訳　主婦の友社　2008.11　50p　26×32cm〈ルーズリーフ〉　2700円　ⓘ978-4-07-261440-2　Ⓝ290.38
目次　北アメリカ、南アメリカ、ヨーロッパ、アジア、アフリカ、オセアニア、北極と南極
内容　地図や地球儀はどうやって作るの？世界各国で時間がちがうのはなぜ？地球はどうやってできたの？季節はどうして変わるの？世界でいちばん高い山や長い川は？くわしい地図と写真で7つの大陸をめぐる旅。

『世界がわかるちずのえほん―kids' map』ふゆのいちこえ　学習研究社　2008.3　112p　27cm（キッズ・えほんシリーズ）　1500円　ⓘ978-4-05-202975-2　Ⓝ290
目次　せかいでいちばん、せかいのいろいろなくに
内容　世界で一番高い山、長い川、広い国などのランキングを楽しく紹介。ランキングに登場する41か国の形と特産物も、イラストでひと目でわかります。『世界の人々は、どんな服を着て、何を食べているんだろう？』伝統衣装や食べ物のイラストも豊富で、"世界"への関心が広がります。

『さまざまな地図と地図情報』田代博監修　学習研究社　2008.2　48p　30cm（地図情報ものしり百科 1）　2800円　ⓘ978-4-05-202874-8　Ⓝ448.9

『進化する地図の形と歴史』田代博監修　学習研究社　2008.2　48p　30cm（地図情報ものしり百科 2）　2800円　ⓘ978-4-05-202875-5　Ⓝ448.9

『地球の環境を考える地図を作ってみよ

う』田代博監修　学習研究社　2008.2　48p　30cm　（地図情報ものしり百科 6―地図の作り方 中上級編）2800円　ⓘ978-4-05-202879-3　Ⓝ448.9

『地図のおもしろ活用法』田代博監修　学習研究社　2008.2　48p　30cm　（地図情報ものしり百科 4―地図の読み方・使い方 応用編）2800円　ⓘ978-4-05-202877-9　Ⓝ448.9

『地図のきまりと記号』田代博監修　学習研究社　2008.2　48p　30cm　（地図情報ものしり百科 3―地図の読み方・使い方 基礎編）2800円　ⓘ978-4-05-202876-2　Ⓝ448.9

『身の回りの地図を作ってみよう』田代博監修　学習研究社　2008.2　48p　30cm　（地図情報ものしり百科 5―地図の作り方 初級編）2800円　ⓘ978-4-05-202878-6　Ⓝ448.9

『小学校の「社会"地図と地理"」を完全攻略』向山洋一編, 吉田高志著　PHP研究所　2007.12　190p　21cm　（新「勉強のコツ」シリーズ）1200円　ⓘ978-4-569-69535-8

目次　第1章 宇宙から地球を見てみよう, 第2章 地図の読み方を勉強しよう, 第3章 日本の山、川、平地を勉強しよう, 第4章 日本の海岸線、海、島、半島を勉強しよう, 第5章 日本の気候について勉強しよう, 第6章 日本の産業について勉強しよう, 第7章 都道府県について勉強しよう, 第8章 日本の人口、観光、歴史を勉強しよう, 第9章 世界の国々について勉強しよう, 第10章 日本と世界の環境について勉強しよう

内容　地図の読み方、地名の覚え方がバッチリ身につく！おもしろ＆びっくりエピソード満載で、気づいたらキミも地図博士。

『どんどん知りたくなる！こども世界地図―遊びながらおぼえる国別カード付き！』永岡書店　2007.10　135p　図版16枚　26cm　1600円　ⓘ978-4-522-42443-8　Ⓝ290.38

『調べ学習に役立つ世界の地図―教科書対応 新学習指導要領対応 もっと世界を知りたくなる！見て、読んで、考える地図帳』江波戸昭監修　成美堂出版　2007.8　81p　26cm　980円　ⓘ978-4-415-30269-0　Ⓝ375.332

目次　宇宙から見た世界, アジア, アフリカ, ヨーロッパ, ロシアとその周辺地域, 北・中央アメリカ, 南アメリカ, オセアニア, 北極, 南極

内容　本書は、世界を7つの地域に分け、地域ごとに「地形」、「ようす」、「知るページ」のページを設けました。「地形」のページには地形図とともに写真でその地域を紹介、「ようす」のページには行政地図とともに国旗が載せてあります。「知るページ」については、歴史や政治など幅広い分野から、地域のトピックをとりあげ、写真やイラストを使って説明しています。巻末には調べ学習に役立つように、最新の資料と地域さくいんもおさめました。

『10才までに知っておきたい世界まるごと地図ドリル―書きこみ式』小学館国語辞典編集部, 小学館クリエイティブ編　小学館　2007.7　95p　26cm　（きっずジャポニカ・セレクション）950円　ⓘ978-4-09-227108-1　Ⓝ290.38

目次　地域別世界地図, 地図ドリル（初級, 中級）, 得点計算表

内容　世界の国ぐに・主要都市・地形など、これだけは知っておきたい知識を厳選出題！「カラー世界地図」と「地域別地図」で地図の調べ方・楽しみ方がわかる！食べ物・産業・観光名所など、くわしい解説欄で地理がますます楽しくなる！「海溝」「日付変更線」など、地理用語もイラストでやさしく解説。

『考える力がつく子ども地図帳〈世界〉―楽しくおぼえる世界の国』深谷圭助監修, アイランズ編著　草思社　2007.3　96p　26cm　1800円　ⓘ978-4-7942-1577-2　Ⓝ290.38

目次　鳥になって地球を見る, 地球はまるい, それぞれちがう世界の気候, 季節の移り変わり, 六大陸, 広い長い高い世界チャンピオンはどこ？, 世界全図, 北極海, 南極大陸, アジア, ヨーロッパ, アフリカ, 北アメリカ, 南アメリカ, オセアニア, 世界のおもな食べもの地図, 世界のおもなことば地図, 世界地図カルタ

内容　地図を見て、考えることで、子どもたちの新しい世界が開かれてきます。この地図帳には、考えるための「楽しい」工夫が随

地理─地図と国旗の本　　　　　　　　　　　　　　　　地図の本

『はじめましてせかいちず』高木実, 高木幸子構成・文, 塚本馨三イラスト　新版　平凡社　2006.12　1冊（ページ付なし）38cm　1600円　ⓘ4-582-40731-5　Ⓝ290
内容　せかいにはおおきなくにからちいさなくにまで、やく190ものくにぐにがあるんだよ。そして、ひじょうにおおくのひとびと（やく64おくにん）がすんでいるんだ。きみがすんでいるにっぽんは、どこにあるかわかるかな？それから、にっぽんのちかくにはどんなくにがあるか、さがしてみようね。

『みんなが知りたい!「地図のすべて」がわかる本』カルチャーランド著　メイツ出版　2006.10　128p　21cm（まなぶっく）1500円　ⓘ4-7804-0104-6　Ⓝ448.9
目次　地図の基本, いろいろな地図, 教科書の地図帳を理解する, 地図記号を覚えよう, 地図の歴史, 最近の地図と地図を使った遊び, 地図を読んでみよう, 書いてみよう

『アメリカ海岸地図を作った男たち』テイラー・モリソン作, 川島誠訳　神戸BL出版　2006.9　48p　23×28cm　1600円　ⓘ4-7764-0178-9　Ⓝ448.9

『こども世界の旅』高木実構成・文, 花沢真一郎イラスト　新訂第6版　平凡社　2006.9　64p　31cm（ジュニア地図帳）2500円　ⓘ4-582-40729-3　Ⓝ290.38
目次　日本の自然, 日本の都道府県, 日本イラストマップ, アジアの自然, アジアの国々, アジアイラストマップ, ヨーロッパの自然, ヨーロッパの国々, ヨーロッパイラストマップ, アフリカの自然〔ほか〕

『地図で知る世界の国ぐに』正井泰夫監修　新訂第2版　平凡社　2006.9　104p　31cm　2500円　ⓘ4-582-44311-7　Ⓝ290.38

『データ世界地図─国のかたちで学ぶ　基本情報がよくわかる!』清水靖夫監修　PHP研究所　2006.8　79p　29cm　2800円　ⓘ4-569-68621-4　Ⓝ290.3
目次　地図のみかた, 世界全図, アジア/かたちの地図, アフリカ/かたちの地図, ヨーロッパ/かたちの地図, ロシアとその周辺/かたちの地図, 南北アメリカ/かたちの地図, オセアニア/かたちの地図, 世界の地形, 世界の湖, 世界遺産/自然遺産の場所, アジア地域地図, アフリカ地域地図, ヨーロッパ地域地図, ロシア地域地図, 南北アメリカ地域地図, オセアニア地域地図, 南極地域地図, 北極地域地図, 世界と日本の距離/東京からの距離
内容　地球が丸いことは、だれでも知っています。現在は人工衛星からの写真でも丸く写っています。すでにギリシャ時代の人々は地球が丸いことを認識していました。私たちの住んでいる地球には193もの国があります。それぞれの国のかたちを想像できますか？アフリカ大陸にはいくつの国があるのでしょうか？日本とくらべてどのくらいの大きさなのでしょうか？小さな国、大きな国、丸いかたちをした国、長いかたちの国、いろいろなかたちの国があるのです。かたちを知ると、ぐっと親しみがわいて来るのではないでしょうか？かたちを見ると、ひょっとして何かに似ているかもしれません。長靴や恐竜に似た国もあります。そんなことを考えながら眺めてみると意外な発見があるかもしれませんね。実は大陸が動くと考えた学者も、地図を眺めていて、そのかたちから理由を探り出したそうです。日本から遠く離れた国でも、地図の上では自由に行くことができます。まずはかたちの地図で大いに楽しみながら、いろいろなことを想像しながら知識を増やしてみましょう。

『ピーピといっしょに世界地図の絵本─楽しみながら地図・地理を学ぶ　わくわく子ども地図絵本』聖徳大学子どもの地図研究会編, 冷水悦子絵　平凡社　2006.2　1冊（ページ付なし）31cm　1800円　ⓘ4-582-83293-8　Ⓝ290
内容　幼児教育と地理・地図の専門家によって編集された世界地図の絵本の決定版。4歳から小学生まで年齢に合わせて活用できる多彩な編集。たのしくかわいいイラストで世界をわかりやすく紹介。

『地図豆─地図についての小さな疑問に答える地図雑学辞典』やまおかみつはる著　〔山形〕藤庄印刷　2005.9　154p　15cm（豆辞典シリーズ　4）477円　ⓘ4-944077-79-3　Ⓝ448.9

『アトラス世界地図絵本─家族みんなで楽しめる!』アリソン・クーパー, アン・マ

クレー著，ダニエラ・デ・ルカ，中沢正人絵，岡田好恵訳　学習研究社　2005.3　45p　34cm〈付属資料：地図1枚〉1600円　ⓘ4-05-202271-8　Ⓝ290.38
　目次　地球という星，世界，地図ってなあに？，世界をとりまく環境，カナダ，アラスカ，北極圏，アメリカ合衆国，メキシコ，中央アメリカ，アメリカ北部，南アメリカ大陸と南極大陸，北ヨーロッパ，中央ヨーロッパ〔ほか〕
　内容　15組の美しいフルカラー地図で見る世界七大陸の国と地域と日本。各国の主要都市や建造物，文化や経済の特色が一目でわかる楽しいイラストと，役に立つ英単語つき。おとなからこどもまで，みんなで楽しめる，便利ですてきな地図絵本です。

『ピーピをさがして』聖徳大学子どもの地図研究会編，冷水悦子絵　平凡社　2005.3　1冊　30cm　1600円　ⓘ4-582-83259-8
　内容　楽しみながら地図・地理を学ぶわくわく子ども地図絵本。3歳〜小学校低学年向き。

『世界白地図作業帳』塔文社　2005.1　48p　30cm　667円　ⓘ4-88678-346-5
　目次　世界の陸地と海洋，世界の地形，世界の気候，世界の国々，世界の人口，世界の交通路，世界の農業，世界の漁業，世界の林業，世界の綿花と羊毛〔ほか〕

『ものしり地図絵本世界』ひらいふみと作・絵，田中義一監修　PHP研究所　2004.10　47p　31cm　1800円　ⓘ4-569-63478-8　Ⓝ290

『絵でわかる世界大地図』コリン・セール編　ネコ・パブリッシング　2004.8　128p　35cm　1900円　ⓘ4-7770-5058-0　Ⓝ290.38
　目次　北アメリカ大陸，南アメリカ大陸，ヨーロッパ，アジア，アフリカ，オーストラリアとオセアニア，極地
　内容　全体を7つの地域に分け，大陸地図とイラスト入り地図で大陸の概要，各国の人口，首都名を記載したほか，3000以上のイラストを使用して場所，野生生物，イベントなど重要な事柄を目立つように示している。巻末に五十音順の索引が付く。

『古地図を読みとく』奈良国立博物館編　奈良　奈良国立博物館　2004.7　32p　30cm　（親と子のギャラリー）〈会期：平成16年7月10日〜8月29日〉Ⓝ291.038

『地図の読みかた遊びかた絵事典―こうすればつかえる，よくわかる あなたも地図博士になれる！』清水靖夫監修，渡辺一夫文　PHP研究所　2003.10　79p　31cm　2800円　ⓘ4-569-68424-6　Ⓝ448.9
　目次　第1章 たのしい地図の世界，第2章 地図のやくそく，第3章 地図記号入門，第4章 地図で遊ぼう

『白地図レッスンノート』小学館　2003.7　175p　19cm　（ドラえもんの学習シリーズ―ドラえもんの社会科おもしろ攻略）〈指導：日能研〉760円　ⓘ4-09-253179-6　Ⓝ291
　目次　1 日本の全体図になれよう！，2 日本の県名をおぼえよう！，3 日本の地名をおぼえよう！，4 世界の地図を知ろう！，5 日本の産業を知ろう！

『世界がみえる地図の絵本』ブライアン・デルフ作，吉田秀樹編訳　あすなろ書房　2003.1　48p　29cm　1650円　ⓘ4-7515-1993-X　Ⓝ290.38
　目次　世界地図，北極と南極，イギリス，アイルランド，フランス，オランダ，ベルギー，ルクセンブルグ，スカンディナヴィア諸国，ドイツ，オーストリア，スイス，スペイン，ポルトガル，イタリア，中部ヨーロッパと東ヨーロッパ〔ほか〕
　内容　『世界がみえる地図の絵本』は，見ているだけで楽しい，新しいタイプの世界地図帳。大陸別，国別に描かれた20点以上の立体感あふれるイラストマップで，わたしたちの住む地球の姿が，手にとるようにわかる。170ヵ国以上の国旗や，さまざまな国のデータをコンパクトにまとめた，家族で楽しめる世界のベストセラー地図帳。

『こどものせかいちず』次山信男監修　講談社　2001.2　32p　27cm　（4・5・6歳のずかんえほん　新装版幼稚園百科 Kintaro 5）1000円　ⓘ4-06-253375-8
　内容　本書を手にしたこどもたちは，宇宙船地球号の乗組員として，もてる感覚を思う存分に発揮して，世界をとびまわるに違いありません。そして，小さいながらもセンスにあふれる国際性を磨いていくことで

『こちら葛飾区亀有公園前派出所両さんの地図大達人』秋本治キャラクター原作，清水靖夫監修　集英社　2000.3　213p　19cm　（満点ゲットシリーズ）760円　①4-08-314005-4

◆◆地図の本―日本

『こどもにっぽんちずちょう―楽しみながらおぼえる日本の絵本地図』正井泰夫監修　成美堂出版　2009.4　79p　26cm　950円　①978-4-415-30568-4
目次　きゅうしゅうちほう，しこくちほう，ちゅうごくちほう，きんきちほう，ちゅうぶちほう，かんとうちほう，とうほくちほう，ほっかいどうちほう，にっぽんのいちばん
内容　にっぽんかくちの，みりょくがまんさい。にっぽんのいろいろないちばんをあつめました。

『ドラえもんちずかん　1　にっぽんちず』小学館　2009.3　39p　30cm　1500円　①978-4-09-726355-5
目次　きゅうしゅうちほう，しこくちほう，ちゅうごくちほう，きんきちほう，ちゅうぶちほう，かんとうちほう，とうほくちほう，ほっかいどうちほう
内容　47都道府県の名前とかたち、各地の暮らしや季節のようす、動物、食べもの、鉄道など、日本のことがわかる楽しい地図がいっぱいです。3才から8才の地図絵本。

『ななみちゃんとあそぼうご当地めぐり日本地図ゲーム』日本放送出版協会編，このみ・プラニングゲーム制作　日本放送出版協会　2009.2　47p　27cm　1300円　①978-4-14-036105-4　Ⓝ291
内容　ななみちゃんとあそびながら日本を知ろう。わたしの住む県、あなたの住む県（ご当地）を紹介。

『はじめてのにほんちずえほん』てづかあけみえ　ピエ・ブックス　2008.12　1冊（ページ付なし）29cm　1800円　①978-4-89444-719-6　Ⓝ291

『小学全学年　都道府県に強くなるはじめての日本地図ドリル』学研編　学習研究社　2008.7　111p　26cm　〈付属資料：別冊1，シール〉1300円　①978-4-05-302754-2
目次　特集カラーページ，第1章　各地の地名を日本地図から見つけよう，第2章　日本のベスト3を覚えよう，第3章　都道府県マスターになろう，第4章　クロスワードにチャレンジしよう
内容　県の形なぞりやカード式の穴うめで47都道府県を完全マスター。重要な地名が覚えられる。地図を読み取る力がつく。豊富な写真・イラスト・シールで楽しく学べる。別冊解答は切り離し可能。どこでも学習できる。

『ペット大集合！ポチたま　日本地図めいろ―だいすけ君の旅』横山験也，テレビ東京著　ほるぷ出版　2008.6　47p　25×19cm　1600円　①978-4-593-59393-4
目次　8つの地方，だいすけ君の旅，九州地方県名めいろ，九州地方日本一めいろ，四国地方県名めいろ，四国地方日本一めいろ，中国地方県名めいろ，中国地方日本一めいろ，近畿地方県名めいろ，近畿地方日本一めいろ，中部地方県名めいろ，中部地方日本一めいろ，関東地方県名めいろ，関東地方日本一めいろ，東北地方県名めいろ，東北地方日本一めいろ，北海道シンボルめいろ，北海道日本一めいろ，地図記号めいろ，こたえのページ
内容　テレビ東京の人気番組「ペット大集合！ポチたま」でおなじみの、だいすけ君、そしてポチやたま、ネロたちといっしょに、日本地図めいろを楽しもう。日本中を旅しているだいすけ君といっしょに、日本各地のいろいろな種類のめいろを楽しみながら、都道府県名や日本各地の名産品などを覚えることができるよ。めいろを楽しみながら日本地図をマスターしよう。

『統計・資料で見る日本地図の本　第8巻　九州・沖縄』こどもくらぶ編　岩崎書店　2008.4　59p　29cm　3200円　①978-4-265-02798-9,978-4-265-10438-3　Ⓝ291

『統計・資料で見る日本地図の本　第7巻　中国・四国』こどもくらぶ編　岩崎書店　2008.4　59p　29cm　3200円　①978-4-265-02797-2,978-4-265-10438-3　Ⓝ291

『統計・資料で見る日本地図の本　第6巻　近畿』こどもくらぶ編　岩崎書店　2008.4　51p　29cm　3200円　①978-4-265-02796-5,978-4-265-10438-3　Ⓝ291

『統計・資料で見る日本地図の本　第5巻　北陸・東海』こどもくらぶ編　岩崎書店　2008.4　55p　29cm　3200円　Ⓘ978-4-265-02795-8,978-4-265-10438-3　Ⓝ291

『統計・資料で見る日本地図の本　第4巻　南関東』こどもくらぶ編　岩崎書店　2008.4　51p　29cm　3200円　Ⓘ978-4-265-02794-1,978-4-265-10438-3　Ⓝ291

『統計・資料で見る日本地図の本　第3巻　北関東・甲信越』こどもくらぶ編　岩崎書店　2008.4　51p　29cm　3200円　Ⓘ978-4-265-02793-4,978-4-265-10438-3　Ⓝ291

『統計・資料で見る日本地図の本　第2巻　北海道・東北』こどもくらぶ編　岩崎書店　2008.4　55p　29cm　3200円　Ⓘ978-4-265-02792-7,978-4-265-10438-3　Ⓝ291

『統計・資料で見る日本地図の本　第1巻　日本全土』こどもくらぶ編　岩崎書店　2008.4　51p　29cm　3200円　Ⓘ978-4-265-02791-0,978-4-265-10438-3　Ⓝ291

『辞書びきえほん日本地図』陰山英男監修　大阪　ひかりのくに　2008.3　241p　27×13cm　1800円　Ⓘ978-4-564-00842-9　Ⓝ291
[目次] 北海道地方，東北地方，関東地方，中部地方，近畿地方，中国地方，四国地方，九州地方，九州地方（沖縄県）
[内容] 日本の各都道府県のそれぞれのようすを、カラフルな地図やたのしい絵、たくさんの写真をつかってしょうかいしています。6才から。

『はじめての日本地図絵本』にしもとおさむ作　世界文化社　2008.3　80p　30cm〈付属資料：CD1〉1500円　Ⓘ978-4-418-08801-0
[目次] にほんちずをながめよう，ほっかいどう，あおもりけん，いわてけん，あきたけん，やまがたけん，みやぎけん，ふくしまけん，いばらきけん，とちぎけん〔ほか〕
[内容] うたっておぼえる47都道府県。ロックンロール県庁所在地CDつき。

『日本地図に強くなる！なるほど学習クイズ―教科書よりも断然おもしろい』PHP研究所編　PHP研究所　2007.12　127p　21cm　1100円　Ⓘ978-4-569-69538-9　Ⓝ291.049
[目次] ご当地クイズに挑戦！全国周遊編，実力チェック！総まとめ編
[内容] テストもバッチリ！ご当地クイズに挑戦して、全国の都道府県について詳しくなろう。

『どんどん知りたくなる！こども日本地図―遊びながらおぼえる都道府県別カード付き！』永岡書店　2007.10　135p　図版16枚　26cm　1600円　Ⓘ978-4-522-42444-5　Ⓝ291.038

『10才までに知っておきたい日本まるごと地図ドリル―書きこみ式』小学館国語辞典編集部,小学館クリエイティブ編　小学館　2007.7　95p　26cm　（きっずジャポニカ・セレクション）950円　Ⓘ978-4-09-227107-4　Ⓝ291.038
[目次] 初級，中級，上級
[内容] 都道府県・県庁所在地・地形など、これだけは知っておきたい知識を厳選出題！「カラー日本地図」と「テーマ別地図」で地図の調べ方・楽しみ方がわかる！食べ物・産業・観光名所など、くわしい解説欄で地理がますます楽しくなる！「盆地」「子午線」など、地理用語もイラストでやさしく解説。

『日本がわかるちずのえほん―kids' map』ふゆのいちこえ　学習研究社　2007.3　96p　27cm　1500円　Ⓘ978-4-05-202735-2　Ⓝ291
[内容] 47都道府県の形と特産物が、イラストでひと目でわかります。日本で一番高い山、長い川、広い湖などのランキングを楽しく紹介してます。

『はじめましてにほんちず』高木実,高木幸子構成・文，塚本馨三イラスト　新版　平凡社　2006.12　1冊（ページ付なし）38cm　1600円　Ⓘ4-582-40732-3　Ⓝ291

『日本がわかる地図の絵本』中西僚太郎監修，田淵周平絵，吉田秀樹文　あすなろ書房　2006.9　56p　31cm　1650円

地理―地図と国旗の本　　　　　　　　　　　　　　　　地図の本

Ⓘ4-7515-2289-2　Ⓝ291

『ピーピといっしょに日本地図の絵本―楽しみながら地図・地理を学ぶ　わくわく子ども地図絵本』聖徳大学子どもの地図研究会編，冷水悦子絵　平凡社　2006.9　31p　31cm　1800円　Ⓘ4-582-83338-1　Ⓝ291

内容　細かく、ていねいに描かれたイラストにより、見るたびに新しい発見があります。市町村、県、地方とさまざまなスケール（縮尺）の地図が登場します。スケールの違いを知ることにより、地図を見る能力がアップします。ピーピたちと日本の各地を旅しながら、日本の多種多様な環境を楽しく学べます。保護者の方のために、各ページごとに解説が付いています。さらに、巻末には建物や名所などのイラストの名称が掲載されています。地図・地理は楽しい。幼児教育と地理の専門家によって編集された日本地図と地理の絵本。

『データ日本地図―都道府県のかたちで学ぶ　基本情報がよくわかる！』清水靖夫監修　PHP研究所　2006.8　79p　29cm　2800円　Ⓘ4-569-68620-6　Ⓝ291.3

目次　地図のみかた，日本とその周辺，日本列島／東日本，日本列島／西日本，8つの地方と47の都道府県，北海道・東北地方／かたちの地図，北海道地方図，北方4島の大きさ，東北地方，関東地方／かたちの地図〔ほか〕

『読んで見て楽しむ日本地図帳』学習研究社　2006.7　79p　26cm　950円　Ⓘ4-05-202440-0　Ⓝ291

目次　ふるさと何でも自慢のページ，最新日本地図のページ，都道府県のすがたを知るページ

内容　なんでも日本一、ふるさと自慢がいっぱい。知れば知るほど、日本が好きになる、おもしろ情報まんさいの日本地図帳です。平成の市町村大合併対応版。

『調べ学習に役立つ日本の地図―教科書対応　新学習指導要領対応　もっと日本を知りたくなる！見て、読んで、考える地図帳』江波戸昭監修　成美堂出版　2006.5　81p　26cm　980円　Ⓘ4-415-03164-1　Ⓝ375.332

『考える力がつく子ども地図帳〈日本〉―楽しくおぼえる都道府県』深谷圭助監修，アイランズ編著　草思社　2006.3　95p　26cm　1800円　Ⓘ4-7942-1475-8　Ⓝ291

目次　空から見た町，地図には、地図記号がいっぱいかかれている，地図は、使う目的によって、いろいろな縮尺がある，地図を使いこなそう，昔のことを地図で調べる，地図の折り方，8つの地方と47の都道府県，日本列島のすがお―海の水をとったらこうなる，海流の地図，広い長い高い　チャンピオンはどこだろう？，世界遺産と国立公園，世界の中の日本

内容　この地図帳では、まず「地図の使い方・見方」をかいせつしてあります。中心となるのは「8つの地方、47の都道府県」です、各地方の「くわしい地図」「名産・名所のイラスト地図」「まちの地形図と立体図」を掲載してあります。迫力あるイラストレーション「日本列島のすがお」や「海流の地図」「世界遺産と国立公園」などの、楽しい地図もあります。巻末には「都道府県カルタ」を用意しました。遊びながら「都道府県」をおぼえることができるカルタです。友だちやご家族と楽しんでください。

『にっぽんのちずえほん』わらべきみか絵　ひさかたチャイルド　2006.2　83p　23×23cm　（スキンシップ絵本）〈指導・小畠郁生，増井光子，有吉忠行〉1600円　Ⓘ4-89325-084-1　Ⓝ291

目次　ほっかいどう，とうほくちほう，かんとうちほう，ちゅうぶちほう，きんきちほう，ちゅうごくちほう，しこくちほう，きゅうしゅうちほう

内容　本書では、日本各地の風物や特徴のある事柄を、日本地図とともに、かわいくシンプルなイラストで紹介しています。いろいろな食べ物や、お祭り、お化け、世界遺産など、こどもたちの興味あるコラムもいっぱい。家族の話題も広がります。

『はじめてのにっぽんちずちょう』昭文社　2006　47p　30cm　（なるほどkids）1600円　Ⓘ4-398-14602-4　Ⓝ290.38

『日本白地図作業帳』塔文社　2005.1　47p　30cm　667円　Ⓘ4-88678-345-7

目次　日本の位置，日本周辺の海洋と海流，おもな平野・盆地・川，おもな山・山地・山脈・高地，おもな湖・海峡・水道・湾・島・半島，

子どもの本　社会がわかる2000冊　7

各地の気候の特色,気象の記録,おもな自然災害,都道府県と都道府県庁所在地,都道府県名クイズ〔ほか〕

『ものしり地図絵本日本』ひらいふみと作・絵,田中義一監修　PHP研究所　2004.5　47p　31cm　1800円　Ⓘ4-569-63477-X　Ⓝ291

目次　日本列島とそのまわり,7つの地方と47都道府県,北海道地方,関東地方,中部地方,近畿地方,中国・四国地方,九州地方,南の島と沖縄県,面積と人口,都道府県の花,都道府県の鳥,山脈とおもな山,おもな川と湖,地図記号クイズ何だ?,世界遺産,新幹線,農作物と畜産物,おもな漁港と,とれる魚,食べもの,野生動物

『日本地図めいろ』横山験也,三橋勉著,多田歩実絵　ほるぷ出版　2004.2　39p　25cm　1600円　Ⓘ4-593-59367-0　Ⓝ291.049

目次　地方別めいろ,都道府県めいろ,九州地方めいろ,四国地方めいろ,中国地方めいろ,近畿地方めいろ,中部地方めいろ,関東地方めいろ,東北地方めいろ,北海道地方めいろ〔ほか〕

内容　地図を見ていると,ここはどんなところだろうと胸がふくらみ,心もワクワクしてきます。そんな楽しい地図なのに,日本の都道府県がどこにあるのか,意外と知らないところが多いのです。本書は,だれもが都道府県名をマスターできることをめざして,みんなの大好きな迷路をたくさん盛りこみ,楽しく日本の地図を覚えることができるように作りました。

◆国旗の本

『世界がわかるこっきのえほん―Kids' flags』ぼここうほうえ　学習研究社　2009.3　96p　27cm　(キッズ・えほんシリーズ)〈文献あり　索引あり〉1500円　Ⓘ978-4-05-203107-6　Ⓝ288.9

目次　まる,ほし,さんかく,ギザギザ,じゅうじ,たてじま,よこじま,しょくぶつ,どうぶつ,にじいろ,みかづき,もじ,どうぐ・かんむり,もんしょう,ひとつのいろ,せかいのいろいろなこっき

『ぬりえ国旗―192 national flags』梛出版社　2008.11　147p　19×22cm　1400円　Ⓘ978-4-7779-1096-0　Ⓝ288.9

『こっきがいっぱい!―アンパンマンおもしろブック』やなせたかし原作,トムス・エンタテインメント作画　フレーベル館　2008.7　47p　21×28cm　750円　Ⓘ978-4-577-03583-2　Ⓝ288.9

内容　カードさがしやおえかきでせかいのこっきとなかよくなろう。

『ぬりえ世界の国旗』吹浦忠正著　ほるぷ出版　2008.6　67p　29cm〈英語併記〉1000円　Ⓘ978-4-593-59398-9　Ⓝ288.9

目次　日本,アメリカ合衆国,カナダ,イギリス,フランス共和国,ドイツ連邦共和国,イタリア,ロシア連邦,大韓民国,中華人民共和国,フィリピン共和国,タイ王国,インドネシア共和国,バングラデシュ人民共和国,スリランカ民主社会主義共和国,ネパール,インド・イラン・イスラム共和国,バーレーン王国,サウジアラビア王国,イスラエル国,トルコ共和国,ギリシャ共和国,キプロス共和国,ノルウェー王国,スイス連邦,ベルギー王国,オランダ王国,スペイン,ポルトガル共和国,エジプト・アラブ共和国,エチオピア連邦共和国,アルジェリア民主人民共和国,ナイジェリア連邦共和国,ケニア共和国,ジンバブエ共和国,南アフリカ共和国,メキシコ合衆国,ブラジル連邦共和国,アルゼンチン共和国,エクアドル共和国,オーストラリア連邦,ニュージーランド,モンゴル国,キリバス共和国,カザフスタン共和国,トルクメニスタン

内容　世界の主要国G8(日本,アメリカ,カナダ,イギリス,フランス,ドイツ,イタリア,ロシア)ほか,日本とかかわりの深い国や地域,国連旗,オリンピック旗など50旗を,ぬりえにしました。子どもから大人まで,国旗をとおして世界への関心を高めることができます。楽しく,役に立つ。英文併記のぬりえの本。

『辞書びきえほん国旗』陰山英男監修　大阪　ひかりのくに　2008.3　241p　27×13cm　1800円　Ⓘ978-4-564-00841-2　Ⓝ288.9

目次　アジアの国ぐに,ヨーロッパの国ぐに,アフリカの国ぐに,アメリカの国ぐに,オセアニアの国ぐに

内容　全部で193ある世界の国旗を中心に,それぞれの国のようすを,カラフルな図がらやたのしい絵,地図をつかってしょうかいしています。6才から。

『世界の国旗―地球を結ぶわたしたちの

地理―地図と国旗の本　　　　　　　　　　　　　　　　　国旗の本

旗』吹浦忠正著　改訂新版　ほるぷ出版　2008.3　63p　19×25cm　1600円　Ⓘ978-4-593-59399-6　Ⓝ288.9
目次　アジア，オセアニア，ヨーロッパ，アフリカ，アメリカ（北・南アメリカ）
内容　世界194カ国・地域の国旗をオールカラーでのせた最新の国旗図鑑。国際連合（国連）や赤十字、国際オリンピック委員会の旗のほか、国旗についてのユニークな情報も紹介します。わたしたち日本人に密接に関わりのある国を中心に配列していますので、小学生から大人まで、身近に置いて役に立つ国旗図鑑です。

『国旗と地図』フレーベル館　2007.12　84p　24×24cm　（ピクチャーコミュニケーション）1800円　Ⓘ978-4-577-03490-3　Ⓝ288.9
目次　ヨーロッパ，アフリカ，アジア，オセアニア，北アメリカ，南アメリカ
内容　国連加盟国と、その他の国や地域の旗を…正しい比率、由来や色の意味、より理解を深める地図とともに251旗紹介。

『世界の国旗193』グループコロンブス構成　講談社　2007.12　1冊（ページ付なし）26cm　（知育アルバム 1）　650円　Ⓘ978-4-06-283400-1　Ⓝ288.9

『新・世界がわかる国旗の本』学習研究社　2007.9　119p　22×26cm　1500円　Ⓘ978-4-05-202881-6　Ⓝ288.9
目次　アジア，オセアニア，ヨーロッパ，アフリカ，北アメリカ，南アメリカ，国際連合，国際オリンピック委員会，動物が描かれている国旗，植物が描かれている国旗，アラブの色を使っている国旗，スラブの色を使っている国旗，アフリカの色を使っている国旗，こんなに似ている国旗のいろいろ，国内使用時の縦と横の比率の違う国旗，あいうえお順・世界の国旗紹介
内容　国花や国鳥、名所・旧跡などをイラストで全紹介。世界の国々がわかる国旗の本。

『世界の国旗図鑑―歴史とともに進化する国旗』苅安望著　偕成社　2007.9　239p　22cm　1900円　Ⓘ978-4-03-529550-1　Ⓝ288.9

『うつくしい日の丸練習帖』吹浦忠正監修　自由国民社　2007.7　32p　21×30cm　650円　Ⓘ978-4-426-10357-6　Ⓝ288.9

『徹底図解世界の国旗―カラー版』辻原康夫著　新星出版社　2007.6　223p　21cm　1400円　Ⓘ978-4-405-10659-8　Ⓝ288.9

『こっき』オクタント図版　世界文化社　2007.4　1冊（ページ付なし）6.5cm　（ミニミニずかん）　Ⓘ978-4-418-07800-4　Ⓝ288.9

『せかいのこっきずかん』おかみさと絵，小学館外国語編集部編　小学館　2007.3　95p　27cm　1600円　Ⓘ978-4-09-219521-9　Ⓝ288.9
目次　アジア，ヨーロッパ，アフリカ，オセアニア，北アメリカ，南アメリカ
内容　せかいにはどんな国があって、どんな人たちがいて、どんなことばを話すのかがわかるよ！たのしいイラストがいっぱい。すべての国の国旗と意味、地図、国の特徴、あいさつがわかる絵本。全世界の国旗がまるごと見られるポスター付き。

『ジュニア世界の国旗図鑑』平凡社編　新訂第3版　平凡社　2006.10　64p　31cm　1800円　Ⓘ4-582-40730-7　Ⓝ288.9
目次　アジア，ヨーロッパ，アフリカ，北アメリカ，南アメリカ，オセアニア
内容　世界193カ国すべての国旗デザインの由来、面積、人口、首都、言語など最新データ付き。全漢字ふりがな付きなので小学校低学年にも楽しく読める。大きな図版で色の正確な国旗を193カ国すべて掲載。

『世界の国旗―世界193か国が登場・国旗で知ろう世界の国々！』辻原康夫監修　成美堂出版　2006.10　64p　26cm　880円　Ⓘ4-415-30071-5　Ⓝ288.9
目次　アジアの国々の国旗，オセアニアの国々の国旗，アフリカの国々の国旗，ヨーロッパの国々の国旗，北アメリカの国々の国旗，南アメリカの国々の国旗
内容　国旗はその国の顔です。国旗を通して世界各国の特徴が手にとるようにわかります。国旗と色分けされた地図で、その国の名前や位置を楽しくかんたんに覚えることができます。

『ドラえもん世界の国旗全百科』藤子・F・不二雄原作，辻原康夫監修・文，浅野拓まんが原作，いそほゆうすけ，さとう光まんが　小学館　2006.6　256p　15cm　（コロタン文庫 194）830円　Ⓘ4-09-281194-2　Ⓝ288.9
目次　アジア，オセアニア，アフリカ，ヨーロッパ，北アメリカ，南アメリカ，国名さくいん
内容　ドラえもんやのび太たちが国旗や世界の国ぐにを大紹介。おもしろくって、ためになる192か国。

『せかいのこっきえほん―世界の国旗絵本 la serie 'le petit docteur'』集英社　2006.3　71p　21×21cm　1500円　Ⓘ4-08-299014-3　Ⓝ288.9
内容　国旗から国名が引ける便利な逆引きさくいん付き。使われている色の数や模様から国名がさがせます。

『世界の国旗めいろ』横山験也，藤原明日香著，すずめくらぶ絵　ほるぷ出版　2006.1　39p　25cm　1600円　Ⓘ4-593-59378-6　Ⓝ288.9
目次　日本，大韓民国，中華人民共和国，タイ，サウジアラビア，アジアの国々，アメリカ合衆国，北アメリカの国々，ロシア連邦，イギリスとドイツ，フランスとオランダ，ヨーロッパの国々，ブラジルとペルー，南アフリカの国々，エジプトとケニア，アフリカの国々，オーストラリアとニュージーランド
内容　世界には200ちかい国があります。オリンピックやワールドカップなどで、いろいろな国名や国旗に出会って驚かされますね。この本には、小学校で習う国はもちろん、日本と関係の深い国々をとりあげて68の国旗を紹介しました。それも、楽しい迷路のなかであそんでいるうちに自然と国旗に親しめるように工夫しました。世界にはどんな国があり、国旗があるんだろう。さあ迷路の世界旅行に出発だ。

『ものしり絵本国旗』ひらいふみと作・絵，田中義一監修　PHP研究所　2005.10　47p　31cm　1800円　Ⓘ4-569-64443-0　Ⓝ288.9
目次　アジア，ヨーロッパ，アフリカ，北アメリカ，中央アメリカ，南アメリカ，オセアニア，国旗のデザインいろいろ

『国旗、都市、地図のマーク・記号』太田幸夫監修　学習研究社　2005.3　48p　27cm　（マーク・記号の大百科 2）2800円　Ⓘ4-05-202259-9　Ⓝ288.9

『せかいのこっき―世界への興味が広がる』ハマダルコラキャラクター構成・イラスト，宇川育文・構成　大阪ひかりのくに　2005.3　64p　21×24cm　1200円　Ⓘ4-564-00490-5　Ⓝ288.9
目次　アイスランド，アイルランド，アゼルバイジャン，アフガニスタン，アメリカがっしゅうこく，アラブしゅちょうこくれんぽう，アルジェリア，アルゼンチン，アルバニア，アルメニア〔ほか〕
内容　デザインや色が似たものや、動物の絵を見つけたり…世界の国旗を一つずつよ～く見ると、発見がいっぱい！さあ、おさるのウッキー・コッキと一緒に国旗を見る旅に出かけましょう。国旗を知ることから、世界への興味が広がります。

『国旗と地図―国旗の歴史と地図がよくわかる』国際地学協会　2004.9　77p　26cm　1400円　Ⓘ4-7718-2621-8　Ⓝ288.9
目次　世界の地理と歴史が見える！国旗のなぜなに，地図で見る世界の国と国旗
内容　この本では、国旗に興味を持ち、国旗を覚えやすいような内容構成になっている。また、国旗そのものだけでなく、その国や周辺の歴史、地理などを理解しやすいよう工夫している。

『世界の国旗―大きくて、いちばん見やすい』主婦の友社　2004.4　80p　19×23cm　1600円　Ⓘ4-07-241844-7　Ⓝ288.9
内容　世界にはたくさんの国や地域があり、それぞれ独自の旗をもっている。それらはその国や地域の理想や歴史などを表している。旗に込められた願いや意味を知ることで、どんな人が住んでいるのかも知ることができる。この本が、広い視野で世界を見るきっかけとなることを願っている。

『せかいのこっきえほん』わらべきみか絵　ひさかたチャイルド　2004.1　83p　23×23cm　（スキンシップ絵本）1600円　Ⓘ4-89325-082-5　Ⓝ288.9
目次　アジア，オセアニア，ヨーロッパ，アフ

リカ, アメリカ

『世界の国旗と国ぐに―社会科の勉強に役立つ』歴史と文化研究会編著　メイツ出版　2003.12　159p　21cm　1500円　Ⓘ4-89577-687-5　Ⓝ290
[目次]　アジアの国々、中東の国々、ヨーロッパの国々、アフリカの国々、北アメリカの国々、中央アメリカの国々、南アメリカの国々、オセアニアの国々、おもな国際機関
[内容]　本書では、世界中の国旗と、いくつかの地域や組織を代表する旗を紹介する。国旗は、ただ美しくデザインされたわけではなく、そこには、国の地理、歴史、文化、宗教、民族のことなど、それぞれがもっともアピールしたいメッセージがぎっしりとつまっている。

『世界の国旗えほんのたび』インターナショナル・フラッグセンター編　西東社　2003.7　80p　19×24cm　1500円　Ⓘ4-7916-1188-8　Ⓝ329.19
[内容]　地球上には63億の人たちが200近くの国を作っています。その中から30余りの国々の由緒ある建物、民族衣装やそこに住む動物たちを、美しい国旗の数々とともに楽しい絵で紹介。

『世界がよくわかる国旗図鑑』講談社編　講談社　2003.6　79p　27cm　1600円　Ⓘ4-06-211853-X　Ⓝ288.9
[目次]　第1部 研究編―世界の国旗をデザイン別に分類してみると、第2部 資料編―五十音順にならべた205の国と地域の旗一覧
[内容]　国旗のデザイン・色・紋様の比較から、世界のすがたが見えてくる。調べたい国旗がすぐにさがせる、五十音順にならべた「旗一覧」。面積・人口・首都・宗教・言語など、基本データも一目でわかる。その国の位置がすぐにさがせる、見やすく便利な世界地図付き。

『私たちの美しい日の丸・君が代―子供たちに伝える国旗・国歌物語』石井公一郎監修、高橋史朗編　改訂版　明成社　2003.5　194p　21cm　〈文献あり〉1000円　Ⓘ4-944219-20-2　Ⓝ288.9

『世界の国旗』吹浦忠正監修　最新版　学習研究社　2002.12　231p　29×21cm　2500円　Ⓘ4-05-401896-3
[目次]　アジア, オセアニア, アフリカ, ヨーロッパ, NIS諸国, 北アメリカ, 南アメリカ
[内容]　193か国の国旗と国連旗、EU旗の色、デザインをワイドにかつ精密に再現。国旗の由来や意味、歴史、人口、面積、首都、気温などの基本データを掲載。画期的！国旗の色の再現に役立つ印刷インクの数値の表示。巻末には「世界のベスト10」等役に立つ資料が満載。IOC（国際オリンピック委員会）、ISO（国際標準化機構）の国名略記号を掲載。

『国旗のほん―観察力が身につく』浜田るり子絵　大阪　ひかりのくに　2002.3　64p　21×22cm　1400円　Ⓘ4-564-00389-5
[内容]　デザインや色が似たものや、動物の絵を見つけたり…世界中の国旗を見ると、発見がいっぱい！国旗を知ることから、世界への興味が広がります。

『絵とき世界の国旗』板倉聖宣著　仮説社　2000.8　39p　27cm　（いたずら博士の社会の科学の本 1）2000円　Ⓘ4-7735-0151-0
[内容]　運動会や商店街の大売り出しのときなどには、よく世界の国旗がかざられています。世界の国々の国旗は色とりどりで、なにか楽しい気分にしてくれるからでしょう。それでは、世界の国旗は全部で何種類ぐらいあるのでしょうか。20～30種類ぐらい？それとも70～100種類ぐらい？いや、150～200種類もある。

『ぬりえだいすき世界の国旗』くもん出版　2000.8　79p　26cm　（くもんの幼児おけいこブック 7）950円　Ⓘ4-7743-0408-5
[内容]　本書は、世界というものを身近で理解しやすい国旗を素材にして、ぬりえをしたりシールをはったりしながら、運筆力（鉛筆を自由に使いこなせる力）や色や形の認識力を高めるとともに、世界にはいろいろな国があることを知ってもらうことをねらいとしています。また、本書には、日本になじみのある国を中心に、主要な31か国とデザインのユニークな19か国の合わせて50か国を収録しています。さらに、国旗のぬりえだけではなく、それぞれの国を代表する動物や建物などのぬりえも収録し、お子さまの知識をさらに広げます。3・4・5歳向き。

世界の国と人びと

◆世界

『探し絵ツアー 6 地球を大冒険』エマ・ヘルブロー著，ナカイサヤカ訳 文渓堂 2009.3 32p 31×24cm 1400円 ①978-4-89423-622-6
[目次] 惑星地球，アルプスの斜面，オーストラリアの砂漠，マングローブの沼地，こおった極地，しょう乳洞，小麦畑，熱帯雨林，けわしい海岸，アフリカの草原，まがりくねった川，火山地帯，答え
[内容] この本は，砂漠から熱帯雨林まで，世界じゅうのいろいろな場所の絵でいっぱいです。それぞれの絵には，さがすものがたくさんあります。全部みつけられますか。

『探し絵ツアー 5 古代世界を大冒険』ジェーン・ビングハム作，ナカイサヤカ訳 文渓堂 2009.3 31p 30cm 1400円 ①978-4-89423-621-9
[目次] この本について，大むかしの世界，大むかしの年代，にぎやかな海，森と沼地，ジュラ紀の巨大生物，海と空，白亜紀のいきもの，恐竜がいなくなったあと，南アメリカの動物たち，タールのわな，氷の荒野，先史時代パズル，答え
[内容] この本は大むかしのワクワクするような光景でいっぱいです。この本をつかって恐竜やほかのいきものについてまなぶことができますが，これはさがしものパズルにもなっています。ちゅういぶかく絵をみると，何百という大むかしの植物や動物をさがしだすことができます。

『探し絵ツアー 4 海のなかを大冒険』ケイト・ニードハム作，ナカイサヤカ訳 文渓堂 2009.2 31p 31×24cm 1400円 ①978-4-89423-620-2
[目次] 大むかしの海，沈没船，磯，氷の海，海ぞくの宝，大きな青い海，深海，サンゴの海にもぐる，コンブの森，海底油田，海辺のジャングル，火山島

『世界の食事おもしろ図鑑―みんな，何を食べている？ 食べて，歩いて，見た食文化』森枝卓士著 PHP研究所 2009.2 79p 29cm〈索引あり〉2800円 ①978-4-569-68767-4 Ⓝ383.8
[目次] 1章 世界の人々の暮らしから，2章 どこで何を食べていたのか？

『この地球にくらす―もしも世界がひとつの村だったら』デヴィッド・J・スミス作，シェラ・アームストロング絵，的場容子訳 汐文社 2008.11 32p 32cm 1800円 ①978-4-8113-8511-2 Ⓝ304
[目次] 地球村へようこそ，国籍，ことば，年齢，宗教，食べもの，空気と水，教育と読み書き，お金と財産，電気，村のこれまで，村のこれから
[内容] 2008年の時点で，世界の人口は66億6000万人！ でもでも，もしも世界がひとつの小さな村で，その人口は100人だと考えてみると，どうでしょう。

『もったいないばあさんと考えよう世界のこと』真珠まりこ作・絵 講談社 2008.7 79p 21cm 1000円 ①978-4-06-214777-4 Ⓝ367.6
[内容] 命をまず第一に考えていれば，こんな問題はおきなかったはず―『もったいないばあさん』の作者が子どもたちに語る，地球の問題と世界の子どもたちのお話。

『それゆけ小学生！ ボクたちの世界一周』かやのたかゆき＆ひかる著，久米美都子編 福岡 石風社 2008.5 234p 21cm 1800円 ①978-4-88344-162-4 Ⓝ290.9

『世界じゅうの子どもたち―いろいろな幸せのかたち』ベアトリクス・シュニッペンケッター著，清水紀子訳 主婦の友社 2008.4 191p 21cm 1400円 ①978-4-07-257420-1 Ⓝ371.45
[目次] アフガニスタン―サビリーマッドくん，10才，アメリカ合衆国―ジョセフィーンちゃん，8才，アルゼンチン―トーマブくん，7才，アルメニア―ヌバードちゃん，13才，アンゴラ―エマニュエルくん，12才，イギリス―シータちゃん，10才，イスラエル―ミケーレちゃん，7才，イタリア―マッダレーナちゃん，11才，イラク―アリくん，12才，インド―ゴピ・クリシュナちゃん，11才・インド（ラダック）―ジグマットちゃん，10才〔ほか〕

『探し絵ツアー 3 歴史をひとめぐり』

地理―世界の国と人びと　　　　　　　　　　　　　　　　　世界

カミニ・カンドゥリ作，ナカイサヤカ訳　文渓堂　2008.3　47p　31×24cm　1400円　①978-4-89423-578-6
[目次] 原始時代の人びと―紀元前15000年，農業をはじめた人びと―紀元前5000年，都市のくらし―紀元前3000年，ピラミッド―紀元前2500年，戦闘開始―紀元前700年，市場にて―紀元前450年，公衆浴場―50年，冬の宴会―900年，村のくらし―1100～1200年，お城のくらし―1300～1400年，インカの家1400～1500年，中国のパーティー1500～1600年，インドの結婚式1600～1700年，にぎやかなみなと街1650年，ぶとう会1750年，工場の街1850年，大草原の家1870年，デパート1930年

『探し絵ツアー　2　街じゅうをひとめぐり』ロージー・ヘイウッド作，ナカイサヤカ訳　文渓堂　2008.3　31p　31×24cm　1400円　①978-4-89423-577-9
[目次] この本について，駅にて，博物館，病院訪問，公園であそぶ，川にて，学校をたずねる，買いものに行く，街の地下，ビルの工事現場，街かどにて，プールびらき，街のルート，おまけのパズル，答え

『探し絵ツアー　1　世界一周』カミニ・カンドゥリ作，ナカイサヤカ訳　文渓堂　2008.3　47p　30cm　1400円　①978-4-89423-576-2
[目次] 空港にて（イギリス），水上マーケット（タイ），ビーチにて（オーストラリア），砂ばくの家いえ（中東），街のあかり（日本），プールにて（アイスランド），こおりの国（南極），カーニバル（トリニダード・トバゴ），ふしぎな市場（モロッコ），ショッピングモール（アメリカ），スキーに行こう（アルプス），サファリ（東アフリカ），街の生活（中国），密林の人びと（アマゾン），島のくらし（ギリシャ），アジアの街かどにて（インド），トナカイレース（シベリア），豪華客船の旅，世界一周旅行の地図，おまけのパズル
[内容] マリゴールド大おばさんが，すばらしいプレゼントをくれました。世界一周旅行のチケットです。いっしょに，たくさんのワクワクするようなところへ行くんですって。しかも，旅をしながら，いっぱいさがしものをしたり，たくさんのパズルを解いたりもするんです。

『世界で生きるこどもたち―地図から読み解く世界の問題』日本赤十字社総務局組織推進部青少年・ボランティア課

2008.3　52p　30cm　Ⓝ319

『ドラえもんのびっくりクイズ　世界の国ぐに』藤子・F・不二雄キャラクター原作，さいとうはるおまんが　小学館　2008.3　261p　19cm　（ビッグ・コロタン　106）　850円　①978-4-09-259106-6　Ⓝ290
[目次] 第1章 アジア，第2章 ヨーロッパ，第3章 アフリカ，第4章 南北アメリカ，第5章 オセアニア
[内容] 世界には193の国があります。約66億人がくらしています。国や地域によって，自然や文化，くらしのようすはさまざまです。さあ，ちょっと日本をはなれて，世界に目を向けてみましょう。

『もっと知りたい日本と世界のすがた』帝国書院編集部編　帝国書院　2008.2　248p　26cm　857円　①978-4-8071-5755-6
[目次] 日本（日本の成り立ちと自然，日本の諸地域，さまざまな面からとらえた日本），世界（世界の人々の生活・文化，世界の諸地域）

『写真でみる世界の子どもたちの暮らし―世界31ヵ国の教室から』ペニー・スミス，ザハヴィット・シェイレブ編著，赤尾秀子訳　あすなろ書房　2008.1　79p　31cm　3200円　①978-4-7515-2052-9　Ⓝ384.5
[目次] アメリカ，アフリカ，ヨーロッパ，アジア，オセアニア
[内容] 世界の5つの大陸をめぐり，そこに暮らす子どもたちに会いに行こう！アメリカ・アフリカ・ヨーロッパ・アジア・オセアニア。みんな，どんな生活をしているのかな？学校では，どんなふうに勉強しているのかな？授業は？お昼ごはんは？世界の子どもたちの"今"が見えてくる，楽しい1冊。

『移動できる家』ニコラ・バーバー著，岩淵孝日本語版監修　ほるぷ出版　2007.9　31p　28cm　（写真から学ぼう国際理解　世界の家）　2800円　①978-4-593-58526-7　Ⓝ383.9
[目次] 移動できる家ってどんなもの？，テントと難民キャンプ，トレーラーハウスとハウスボート，家をつくる，へやのなか，気候，環境，学校とあそび，仕事，移動，写真を見てわかったこと

|内容| 移動できる家はどんな特ちょうのあるつくりになっているのか。移動できる家にすむ人はどのようにくらしているのか。移動できる家での生活はどんな問題をかかえているかなどを写真と文章で紹介。

『社会なんてカンタンだ！』斎藤孝著
PHP研究所 2007.9 103p 22cm （斎藤孝の「ズバリ！攻略」シリーズ） 952円 Ⓘ978-4-569-69375-0 Ⓝ307
|内容| 地図が好きになる、歴史がよくわかる。無理に暗記しようとしなくても、日本のこと、世界のことが、ラクラク＆バッチリ。斎藤流・社会必勝法を伝授。

『水辺の家』ニコラ・バーバー著，岩淵孝日本語版監修 ほるぷ出版 2007.9 31p 28cm （写真から学ぼう国際理解世界の家）2800円 Ⓘ978-4-593-58525-0 Ⓝ383.9
|目次| 水辺ってどんなところ？, ふるい家とあたらしい家, 水にうかぶ家, 家をたてる, へやのなか, 気候, 環境, 学校とあそび, 仕事, 移動, 写真を見てわかったこと
|内容| 水辺にある家はどんな特ちょうのあるつくりになっているのか。水辺にすむ人はどのようにくらしているのか。水辺での生活はどんな問題をかかえているのかなど写真と文章で紹介。

『都市の家』ニコラ・バーバー著，岩淵孝日本語版監修 ほるぷ出版 2007.8 31p 28cm （写真から学ぼう国際理解世界の家）2800円 Ⓘ978-4-593-58523-6 Ⓝ383.9
|目次| 都市ってどんなところ？, テラスハウスと郊外, スラム街とホームレス, 家をたてる, へやのなか, 気候, 環境, 学校とあそび, 仕事, 移動, 写真を見てわかったこと
|内容| 世界のさまざまな環境にある家と、そこにすむ人びとのくらしを紹介。写真や地図を見ながら本を読めば、世界の人びとのくらしが、すむ家や環境とどのようにむすびついているのかがわかります。見開きごとに出題されている問題について考え、巻末のこたえと解説を読むことで、より理解をふかめられるようになっています。

『村の家』ニコラ・バーバー著，岩淵孝日本語版監修 ほるぷ出版 2007.8 31p 28cm （写真から学ぼう国際理解世界の家）2800円 Ⓘ978-4-593-58524-3 Ⓝ383.9
|目次| 村ってどんなところ？, 村の生活, 洞くつの家とおかの上の家, 家をたてる, へやのなか, 気候, 環境, 学校とあそび, 仕事, 移動, 写真を見てわかったこと
|内容| 世界のさまざまな環境にある家と、そこにすむ人びとのくらしを紹介。写真や地図を見ながら本を読めば、世界の人びとのくらしが、すむ家や環境とどのようにむすびついているのかがわかります。見開きごとに出題されている問題について考え、巻末のこたえと解説を読むことで、より理解をふかめられるようになっています。

『山地の家』ニコラ・バーバー著，岩淵孝日本語版監修 ほるぷ出版 2007.7 31p 28cm （写真から学ぼう国際理解世界の家）2800円 Ⓘ978-4-593-58522-9 Ⓝ383.9
|目次| 山地ってどんなところ？, 都市と村, 雨や雪が多い地方と少ない地方, 家をたてる, へやのなか, 気候, 環境, 学校とあそび, 仕事, 移動, 写真を見てわかったこと
|内容| 本書では、山地にある家はどんな特ちょうのあるつくりになっているのか、山地にすむ人はどのようにくらしているのか、山地での生活はどんな問題をかかえているのか、などが学べます。

『島の家』ニコラ・バーバー著，岩淵孝日本語版監修 ほるぷ出版 2007.7 31p 28cm （写真から学ぼう国際理解世界の家）2800円 Ⓘ978-4-593-58521-2 Ⓝ383.9
|目次| 島ってどんなところ？, 大きな島と小さな島, 暑い地方の島と寒い地方の島, 家をたてる, へやのなか, 気候, 環境, 学校とあそび, 仕事, 移動, 写真を見てわかったこと
|内容| 本書では、島にある家はどんな特ちょうのあるつくりになっているのか、島にすむ人はどのようにくらしているのか、島での生活はどんな問題をかかえているのか、などが学べます。

『ふたり・おなじ星のうえで』谷川俊太郎文, 谷本美加写真, 塚本やすし絵 東京書籍 2007.5 59p 23cm 1400円 Ⓘ978-4-487-80122-0 Ⓝ302.25
|内容| ひとりと…ひとり、国はちがうけれど、ことばはちがうけれど、いま、おなじ

地理―世界の国と人びと　　　　　　　　　　　　　　　世界

地球の上に生きている。ふたりはどこかで出会うだろうか、ふたりはいつか友だちになれるだろうか、おなじ星のうえで。

『みんなで考えよう 世界を見る目が変わる50の事実』ジェシカ・ウィリアムズ著, 酒井泰介訳, 朝倉めぐみ絵　草思社　2007.5　157p　21cm　1400円　①978-4-7942-1588-8

[目次]　日本女性の平均寿命は85歳。ボツワナ人の平均寿命は34歳, 肥満の人の3人に1人は発展途上国に住んでいる, 先進国で最も妊娠率が高いのは, アメリカとイギリスの十代, 中国では4400万人の女の子が生まれてこなかった, ブラジルには軍人よりも化粧品の訪問販売員のほうがたくさんいる, 世界の死刑執行の81%はわずか3カ国に集中している。中国、イラン、アメリカである, イギリスのスーパーマーケットは政府よりもたくさんの個人情報をもっている, EUの牛は1日2・5ドルの助成金を受け取る。1年貯めると世界旅行ができる, 同性愛は70カ国以上で違法、9カ国で死刑になる, 世界の5人に1人は1日1ドル未満でくらしている〔ほか〕

[内容]　明るい話題から深刻な問題まで、50の切り口でいまの世界とこれからの世界をわかりやすく解説。読み終えるころにはきっと、遠い国だと思っていた世界が、わたしたちとつながっているのがわかるはず。いまの世界のほんとうのすがたを知ってください。

『目で見る世界の国々　別巻（資料・総索引編）』国土社編集部編　国土社　2007.4　149p　26cm　3200円　①978-4-337-26171-6　Ⓝ290

[内容]　前半には、全70か国を50音順に並べ、基礎的なデータ・資料を紹介。それぞれの国の位置も確認でき、日本との比較もできるように工夫しました。後半には、全70巻のシリーズ総索引を掲載しています。

『Google Earthで地理学習―ぼくらの町を衛星写真でのぞいてみよう』塩飽晴海著　理論社　2007.3　159p　29cm　5000円　①978-4-652-04410-0　Ⓝ290

[目次]　第1章 Google Earthをつかってみよう, 第2章 町をながめる, 第3章 日本を知る, 第4章 世界を旅する, 第5章 地球を考える, 第6章 資料編

[内容]　パソコンで地球を自由に探検できるGoogle Earth！日本、世界を空から楽しく学ぼう。

『グローバリゼーション』古内洋平著, こどもくらぶ編　ほるぷ出版　2007.3　35p　29cm　（世界地図から学ぼう国際理解）2800円　①978-4-593-57916-7　Ⓝ319

[目次]　世界の海外旅行者, 世界の移民労働者, 世界の鉄道, 世界の海上輸送, 世界の空港, 世界の郵便, 携帯電話の普及, 衛星放送の普及, インターネットの普及, 各国の国連分担率, 国境を越えるNGO, 旧宗主国と旧植民地, 日本と自由貿易協定を結ぶ国

[内容]　この本には、さまざまなテーマの世界地図がのっています。これらの世界地図は、地域や国ごとのさまざまな違い、国際環境や時代の移り変わり、地域や国のあいだのつながりなどを教えてくれます。違い・変化・つながりを知ることで、遠くの国の人びととわたしたちとの意外な共通点や関係が見えてくるかもしれません。世界地図で、世界のあり方や世界の中で日本がどのような役割を果たせばよいかを考えてみましょう。

『世界なんでもナンバー1』羽豆成二監修　ポプラ社　2007.3　47p　29cm　（はじめてのおもしろデータブック 2）2800円　①978-4-591-09615-4　Ⓝ290

『せかいの国ぐに』アデル・シブール文, セリーヌ・ギヨ, フィリップ・ミニョン絵, 池内恵訳, 池上彰監修　主婦の友社　2007.3　1冊（ページ付なし）20×20cm　（キッズのためのしかけ図鑑絵本―kidsはかせ）1500円　①978-4-07-252463-3　Ⓝ302

『世界の料理』サカイ優佳子, 田平恵美編　ポプラ社　2007.3　215p　29cm　（ポプラディア情報館）6800円　①978-4-591-09605-5,978-4-591-99841-0　Ⓝ383.8

『文化』古内洋平著, こどもくらぶ編　ほるぷ出版　2007.3　35p　29cm　（世界地図から学ぼう国際理解）2800円　①978-4-593-57913-6　Ⓝ302

[目次]　世界の国名, 世界遺産, 世界の宗教, 民族と国家, 危機に瀕する少数民族, 世界の言語, 世界の文字, 発展途上国の識字率, 文化を伝える本, 古代の文明, オリンピック, サッカーワールドカップ, 世界の食文化, 輸入に頼る食文化, 地域ごとの特徴を見てみよう

子どもの本 社会がわかる2000冊　15

『みんなが知りたい!「世界のふしぎ」がわかる本』カルチャーランド著　メイツ出版　2006.7　128p　21cm〈年表あり〉1500円　④4-7804-0073-2　Ⓝ290.2

[目次] 世界の不思議マップ,不思議な造作物,自然の不思議,世界の不思議な遺跡,古代の七不思議,宇宙の不思議,不思議な建物

[内容] ポンペイの町はなぜ消えたの？タージマハルは何のためにつくられたの？ピサの斜塔はなぜ斜めに建っているの？モアイ像はどうやって運んだの？ナスカの地上絵は誰が描いたの？など、世界中の「不思議なもの」を写真とイラストでくわしく紹介します。

『はなことじいちゃん世界一周に航く』やまだはなこ著　〔出版地不明〕〔山田華子〕2006.3　49p　19×27cm〈英語併記〉2000円　Ⓝ290.9

『民族衣装絵事典―国際理解に役立つ　装いの文化をたずねてみよう』高橋晴子監修,MCDプロジェクト編　PHP研究所　2006.3　79p　29cm　2800円　④4-569-68585-4　Ⓝ383.1

[目次] 第1章　アジアの民族衣装,第2章　ヨーロッパの民族衣装,第3章　中東・アフリカの民族衣装,第4章　南北アメリカの民族衣装,第5章　オセアニアの民族衣装,もっと知りたい民族衣装

『親子で挑戦!!おもしろ地理クロスワードパズル』学習クロスワード研究会著　メイツ出版　2006.1　128p　21cm　1200円　④4-89577-971-8　Ⓝ290.49

[目次] 日本の都道府県クロス,オール地理クロス,北海道クロス,東北地方クロス,中部地方クロス,関東地方クロス,近畿地方クロス,中国・四国地方クロス,九州・沖縄地方クロス,イラスト・記号クロス〔ほか〕

[内容] この本は、日本の、そして世界の地理について楽しく学ぶためにつくられた、クロスワードパズルの本です。各国や各都道府県の特徴、有名な山や川、世界の歴史ある建築物などについての知識が、この本の問題を解き終わった頃には、きっと身についていることでしょう。

『なんでもランキング100―調べ学習に役立つデータが満載！　世界編』勉強に役立つクイズ研究会編　PHP研究所　2005.12　223p　19cm　900円　④4-569-68575-7　Ⓝ290

[目次] 1　国土と自然のランキング,2　農業と食料生産のランキング,3　工業とエネルギーのランキング,4　わたしたちのくらしのランキング,5　国際交流のランキング

『クレヨンしんちゃんのまんが世界の国おもしろブック』造事務所編集・構成　双葉社　2005.7　207p　19cm　（クレヨンしんちゃんのなんでも百科シリーズ）800円　④4-575-29811-5　Ⓝ290

[目次] アジア,ヨーロッパ,アフリカ,南北アメリカ,オセアニア

[内容] 世界には約200もの国と地域があり、それぞれに特徴ある文化や伝統をもっています。この本では、世界の約60か国を、次の3つのポイントで紹介します。(1)とりあげるすべての国に、その国の雰囲気がわかるまんがを掲載！(2)歴史や世界遺産、食べ物や文化など、国ごとの重要トピックを収録！(3)思わず人に教えたくなる、雑学情報が充実！この本を読めば、世界のさまざまな国のことがわかり、さらに興味を持てるようになります。また海外旅行の話題など、親子のコミュニケーションも深まるでしょう。

『世界の食べもの一地図絵本』素朴社編　素朴社　2005.7　47p　29cm　2000円　④4-915513-90-4　Ⓝ611.4

『日本と世界の国土のウソ？ホント？』学習研究社　2005.7　175p　19cm　（学研のウソ？ホント？シリーズ）760円　④4-05-202367-6　Ⓝ290

[目次] 日本の自然・国土編,日本の産業・文化編,日本の交通編,世界の国々編

[内容] ウソかホントか問題を見て考えよう。知らず知らずに「日本と世界の国土」に関する知識が身につく。

『親子で挑戦!!「世界のいろんな国々」まるごとクイズ』世界クイズ研究会著　メイツ出版　2005.6　128p　21cm　1200円　④4-89577-922-X　Ⓝ290

『国境をこえて』藤田千枝著　大月書店　2005.4　39p　21×22cm　（くらべてわかる世界地図8）1800円　④4-272-40528-4　Ⓝ302

[目次] 南極と北極,渡り鳥と湿地,気候帯と大気・海流,大陸プレートと地震・津波,世界

地理―世界の国と人びと　　　　　　　　世界

遺産, 世界に広がる日本発, 世界共通のマーク, 衛星テレビ, 外国で学ぶ, 外国で暮らす, 外国で働く, 自由貿易圏とフェアトレード, 麻薬と国をこえる犯罪, 国際連合（国連）, 子どもの権利条約, NGO,NGO・政府の国際協力, 国際ボランティア

『国境が消える!?』池上彰監修　岩崎書店　2005.4　47p　29cm　（平和・環境・歴史を考える国境の本 5）2800円　Ⓘ4-265-02615-X　Ⓝ329.23
目次　1 ズバリ国境・Q&A,2 国境をこえた問題,3 国境に関する役立ち情報

『日本と世界の食のいま』金子佳代子著　小峰書店　2005.4　47p　29cm　（ローティーンのための食育 4　藤沢良知監修）3000円　Ⓘ4-338-21004-4　Ⓝ383.8
目次　第1章 世界の食文化を知ろう, 第2章 日本の食文化を知ろう, 第3章 食料品店に行こう, 第4章 終わりに

『みんなが知りたい！いろんな「世界一」がわかる本』カルチャーランド著　メイツ出版　2005.4　128p　21cm　（まなぶっく）1500円　Ⓘ4-89577-882-7　Ⓝ031.8
目次　世界の一番編, 動物の一番編, 地球の一番編, 人の一番編, 歴史の一番編

『ヨーロッパ・アフリカ・南北アメリカの国境』池上彰監修　岩崎書店　2005.4　47p　29cm　（平和・環境・歴史を考える国境の本 4）2800円　Ⓘ4-265-02614-1　Ⓝ329.23
目次　1 ズバリ国境・Q&A,2 ヨーロッパ・アフリカ・南北アメリカの国境いろいろ,2 ヨーロッパ・アフリカ・南北アメリカの国境いろいろ,3 国境に関する役立ち情報

『国家の世界地図』藤田千枝編, 小林香代著　大月書店　2005.3　39p　21×22cm　（くらべてわかる世界地図 7）1800円　Ⓘ4-272-40527-6　Ⓝ290
目次　自然条件, 旧植民地や飛び地, 面積と国境, エネルギー資源, 鉱工業, 農業・漁業, 生産力, 所得, 物価・家計, 貧富の差, 国の支出と借金, 外国との取りひき, 外国からの借金, 移民・国籍, 政治の体制, 社会不安, 法律・裁判, 人間開発指数
内容　自然・領土・政治・経済・法律…同じ国家でもこんなにちがう。

『国境のひみつをさぐろう』池上彰監修　岩崎書店　2005.3　47p　29cm　（平和・環境・歴史を考える国境の本 1）2800円　Ⓘ4-265-02611-7　Ⓝ329.23
目次　1 ズバリ国境・Q&A,2 どこが国境？,3 国境に関する役立ち情報
内容　本書は、「平和・環境・歴史を考える国境の本」の第1巻です。まずは、世界の国境がどうなっているのか、そのあらましを見ていきましょう。

『写真で見る世界の人びと』ディーナ・フリーマン総監修　ポプラ社　2005.3　303p　29cm　6800円　Ⓘ4-591-08390-X　Ⓝ382
目次　世界地図, 地球の暮らし, 夜の地球, 人びとと文化, 移住する人びと, 北・中央アメリカの人びと, 南アメリカの人びと, アフリカの人びと, ヨーロッパの人びと, アジアの人びと, オセアニアの人びと
内容　本書は、世界のあらゆる地域に住む人びとの暮らしを、民族や国ごとに紹介するユニークな1冊。アマゾン川流域の熱帯林に暮らすヤノマミ族から、極寒の北国に暮らすイヌイット、アルプスの大自然に生きる人びとから、アメリカの大都市に住む人びとまで、その多様な文化を、たくさんの写真で見ることができる。

『世界地理』田辺裕監修　ポプラ社　2005.3　295p　29cm　（ポプラディア情報館）6800円　Ⓘ4-591-08448-5,4-591-99629-8　Ⓝ290
目次　特集 目でみる世界の今, 世界をくらべるテーマ別情報, 世界を知る 国別情報
内容　世界193の国と地域の情報を網羅。豊富な写真と図表で、世界の最新事情がわかります。「世界をくらべるテーマ別情報」では、テーマごとに世界各地の特色を比較できるよう、最適な資料を集めています。「世界を知る国別情報」では、国と地域ごとに、産業・自然・歴史・文化の特色をわかりやすく解説しています。充実した索引で、知りたいことがすぐに探せます。

『世界の中の日本』教育画劇　2005.3　47p　29cm　（社会科はおもしろい！ランキング！ 4）3000円　Ⓘ4-7746-0656-1　Ⓝ302

子どもの本 社会がわかる2000冊　17

|目次| 人口の多い国・少ない国ランキング,お金持ちの国ランキング,難民発生数の多い国ランキング,国連分担金が多い国ランキング,日本とたくさん貿易をしている国ランキング,平均寿命の長い国・短い国ランキング,税金の高い国ランキング,二酸化炭素排出量の多い国ランキング,インターネット利用者が多いランキング,食べ物をたくさん輸入している国ランキング,日本人が海外旅行に行く国ランキング

『衣服の歴史図鑑』L.ローランド=ワーン著,川成洋日本語版監修　あすなろ書房　2005.1　63p　29×22cm　(「知」のビジュアル百科 14)〈『ビジュアル博物館 服飾』新装・改訂・改題書〉2000円　①4-7515-2314-7
|目次| なぜ衣服を着るのか?,涼しく,簡素に,美装を凝らして,暖かいチュニックとクローク,先の尖った帽子と靴,豪華,流麗,そしてずしりと重く!,雑貨いろいろ,スラッシュだらけ,釣り鐘形と箱形,靴のいろいろ,リボンとボウ,かつら大流行,絹とブロケード(にしき織り),おしろいつけほくろ,海辺の美女たち,小物あれこれ,万人向きの木綿,ミシンの発明,かごを身につけて,花嫁衣装,手軽な帽子,羽根とレース,新しい世界,下着の流行,戦前と戦後,ミニ,ブーツ,フレアー,男の子も女の子も一緒,ファッション・デザイン
|内容| 骨が折れるほどしめつけるコルセット。大きく重いカツラ…。今となってはこっけいに感じられるファッションにもそれぞれの時代の大切な理由がありました。衣服から,世界の文化,思想が見えてくる!ながめているだけで楽しい博物図鑑です。

『世界の国ぐに探検大図鑑』小学館　2005.1　288p　29cm〈付属資料 35p：世界地図帳〉4286円　①4-09-213171-2　Ⓝ290
|目次| アジアの国ぐに,ヨーロッパの国ぐに,アフリカの国ぐに,北アメリカの国ぐに,南アメリカの国ぐに,オセアニアの国ぐに
|内容| 小・中学校の社会科や国際理解のための授業に役立つ記事がいっぱい!世界193か国それぞれの基礎データと,日本との関係がよくわかる!世界の子どもたちの生活,衣食住や習慣など,身近な分野がたっぷり!ふんだんなカラー写真やイラスト図解満載で,世界がよく見える!世界地図帳を別冊付録に。本書との連動で多角的に世界を理解。

『文化の世界地図』藤田千枝編,坂口美佳子著　大月書店　2005.1　39p　21×22cm　(くらべてわかる世界地図 5)　1800円　①4-272-40525-X　Ⓝ302
|目次| 人種・民族ってなんだろう,どんな言葉を使っているの,使っている文字は,主な宗教は,なにを食べているの,あなたの家は何人家族,生死・結婚・離婚,世界のスポーツ,本を読んでいますか,新聞を読んでいますか,テレビは国境を越えて,急速に増える携帯電話,広がるインターネット,音楽を楽しむ,映画は見ますか,海外旅行―行く人,来る人,世界の科学・技術,マナーとタブー
|内容| 人種・宗教・文字・言葉,スポーツ・音楽・映画・タブー,文化の多様性と共通性を知ろう。

『福祉の世界地図』藤田千枝編,赤藤由美子著　大月書店　2004.12　39p　21×22cm　(くらべてわかる世界地図 4)　1800円　①4-272-40524-1　Ⓝ498.02
|目次| 生まれてくる子どもの数,5歳未満児死亡率,栄養不足,平均寿命,病気と死因,予防接種,安全な水,衛生施設,医者の数,医療費,虫歯,喫煙率,感染症,HIV/エイズ,子どものHIV/エイズ感染,貧困,パラリンピック,世界の医学
|内容| 毎日,5秒に1人が餓死し,6人に1人は安全な水を飲めない。いのちと健康を地球サイズで考える。

『くらべてみよう!日本と世界のくらしと遊び』石毛直道監修,小長谷有紀編著　講談社　2004.11　159p　21cm　1600円　①4-06-211936-6　Ⓝ384.5
|目次| 第1章 世界の家族と子どものくらし,第2章 世界の子どもと学校のくらし,第3章 世界と遊ぼうよ!
|内容| 世界の家族と子どもたち。お友だちのイラストは,未来のくらし,平和への願いなど,夢がいっぱい!日本と世界のくらし,くらべてみるとおどろきと発見がたくさんあった!みんなの学校はどんなところ?お友だち,学習,お昼ご飯,宿題は,どうしてる?みんなで遊ぼうよ!鬼ごっこ・じゃんけん・ボール遊び・かけっこなど世界の遊びが満載!世界の家族と子どものくらしがよくわかる。

『くらべてみよう!日本と世界の食べ物と文化』石毛直道監修,朝倉敏夫,阿良田

地理―世界の国と人びと

麻里子著　講談社　2004.11　159p　21cm　1600円　ⓣ4-06-211934-X　Ⓝ383.8
[目次]日本と世界の食文化,第1章 ぼくとわたしの食べ物調べ,第2章 日本と世界の食べ物調べ,第3章 日本と世界の食べ方調べ,解説 世界の食文化を考える
[内容]世界を日本、東アジア、中央・北アジア、西アジア、東南アジア、南アジア、オセアニア、北アメリカ、南アメリカ、ヨーロッパ、アフリカなどの地域に分け、世界の家族の食べる文化を紹介。自分の食べた食事を調べ、「食事記録ノート」をつくる。ご飯、パン、そばなど、ふだんの食事をとおして、日本と世界の食べ物を調べる。肉、乳製品、卵、魚など、どんな食べ方をするか調べる。野菜や果物、大豆加工食品、あぶらなど、世界の食べる文化をさぐる。水、お茶、清涼飲料水、お酒など、飲み物を見る。カレーライス、焼肉、ファーストフードなど、日本と世界の料理を見る。また、台所の料理道具、はしやスプーンなどの食器から、料理方法や食べ方のちがいを調べる。

『ジェンダーの世界地図』藤田千枝編,菅原由美子,鈴木有子著　大月書店　2004.11　39p　21×22cm　(くらべてわかる世界地図 3)　1800円　ⓣ4-272-40523-3　Ⓝ367.2
[目次]死亡率に男女差がある,学校に通う子の男女差,夫婦の名前,女性の労働と家事分担,妊産婦の死亡率,人工妊娠中絶,若もののエイズ感染の男女比,女性への暴力,犯罪者の男女比,自殺者の男女比〔ほか〕

『世界遺産で知ろう！世界の国々―小学社会(高学年)の学習に役立つ』金田章裕編著　文英堂　2004.11　175p　22cm　(シグマベスト)　1300円　ⓣ4-578-13044-4　Ⓝ290
[目次]1編 アジアの世界遺産,2編 ヨーロッパの世界遺産,3編 南北アメリカの世界遺産,4編 アフリカ・オセアニアの世界遺産,特集 日本の世界遺産
[内容]世界遺産の魅力を多くの写真で紹介！万里の長城、タージ=マハル、アクロポリス、プラハ歴史地区、グランド=キャニオン、マチュ=ピチュ、ピラミッド地帯、トンガリロ国立公園など約90か所をとりあげています。

『世界あちこちゆかいな家めぐり』小松義夫文・写真,西山晶絵　福音館書店　2004.10　40p　26cm　(たくさんのふしぎ傑作集)　1300円　ⓣ4-8340-2073-8　Ⓝ383.91
[内容]著者がたずねてきた世界中の家と、その家でくらす人びとのようすを紹介。

『お父さんのeメール』奥田継夫作　ポプラ社　2004.7　121p　21cm　1300円　ⓣ4-591-08103-6　Ⓝ290.9
[目次]1 アメリカ―アルゼンチン・チリ・メキシコ,2 インド―スリランカ・インドネシア・マレーシア・タイ・南アフリカ共和国,3 ヨーロッパ―ドイツ・フランス・イギリス・ポルトガル,4 ロシア―中国・韓国・ベトナム・日本,5 中東―イスラエル・パレスチナ・エジプト・マルタ・北極圏
[内容]見た！食べた！考えた。旅行ジャーナリストのお父さんが世界のさまざまな都市からこどもたちに送るとっておきの旅の話。

『世界がわかる子ども図鑑』学習研究社　2004.7　311p　30cm　(ニューワイドずかん百科)　3500円　ⓣ4-05-201926-1　Ⓝ302
[目次]1 学校生活,2 家庭生活,3 地域と生活,4 民族と文化,巻末資料
[内容]各国の子どもたちの学校生活、家庭生活、地域での生活を密着取材しました。世界の地理、民族や文化、何でもベスト5など、社会科の勉強にも最適です。世界のあいさつやミニ辞典が英語学習にも役立ちます。

『レインボー世界の旅じてん―国際理解に役立つ』学研辞典編集部編　学習研究社　2004.4　160p　22cm　1400円　ⓣ4-05-301563-4　Ⓝ290.9

『世界遺産ふしぎ探検大図鑑―WONDER-PAL』増補版　小学館　2003.12　275p　30cm　4190円　ⓣ4-09-213152-6
[目次]日本の世界遺産,アジアの世界遺産,アフリカの世界遺産,ヨーロッパの世界遺産,南北アメリカの世界遺産,オセアニアの世界遺産
[内容]小・中学校の社会科、理科学習の関連項目がいっぱい。小・中学校の「総合的な学習」の資料として活用できます。写真、イラストが満載！見るだけで好奇心を刺激します。世界の地理・歴史に目が開かれ、自然に国際感覚が身につきます。人気の遺産・重要

『つくって味わう！世界の料理』村上祥子監修　河出書房新社　2003.4　47p　31cm　（料理でわかるふしぎ・びっくり!?　第5巻）2500円　Ⓘ4-309-61465-5,4-309-61460-4　Ⓝ596
[目次] 第1章 世界の料理と食文化, 第2章 つくってみよう！世界の料理
[内容] 国や地域が違うと、食べ物や食文化もちがう。各地の料理を知ることで、世界が見えてくる。

『熱帯雨林に生きる人びと』エドワード・パーカー写真と文, WWFジャパン日本語版監修　鈴木出版　2003.4　48p　28cm　（地球をささえる熱帯雨林 6）2700円　Ⓘ4-7902-3116-X　Ⓝ382
[目次] 1 ようこそ熱帯雨林へ,2 熱帯雨林と人間の歴史,3 さまざまな熱帯雨林,4 熱帯雨林でのくらし,5 熱帯雨林が消えていく,6 熱帯雨林とくらしを守る,7 未来のために

『世界と日本の宗教・民族・社会』東京新聞「大図解」企画編集部監修　学習研究社　2003.3　64p　30cm　（大図解たちまち世界がわかる本 1）4000円　Ⓘ4-05-201830-3,4-05-810710-3　Ⓝ302

『せかいのくに』谷田貝公昭監修　チャイルド本社　2002.12（第2刷）30p　22×25cm　（チャイルド科学絵本館—なぜなぜクイズ絵本 9）571円　Ⓘ4-8054-2444-3

『イエティを探せ—はじめて手にする世界地図』マーティン・オリバー文, ティム・ハッチンソン絵, ゆまに書房編集部訳　ゆまに書房　2002.5　32p　36×28cm　2200円　Ⓘ4-8433-0487-5
[目次] とおいとおい物語, サバイバルガイド, 北極, カナダとアラスカ, アメリカ合衆国, 中央アメリカとカリブ海（西インド諸島）, 南アメリカ, 北欧, 南欧, 北ユーラシア〔ほか〕
[内容] 世界をめぐる楽しい冒険旅行！勇敢な主人公ジャックは、邪悪なシンシアの手から謎の動物イエティを救うため、世界中をかけめぐる。

『国際理解—輸入雑貨屋さんからひろがる』苅宿俊文監修　光村教育図書　2002.3　47p　31cm　（みんなで実践インタビューからひろがる総合学習 1）2800円　Ⓘ4-89572-702-5,4-89572-701-7　Ⓝ366.29

『あいさつと習慣』梅沢実監修　学習研究社　2002.2　55p　29cm　（世界を知って日本を知ろう　身近に学ぶ国際理解　第1巻）2900円　Ⓘ4-05-301223-6,4-05-810663-8
[目次] 世界の「あいさつ」を教えてもらったよ, 世界のことばで「こんにちは」、「ありがとう」を教えてもらいました, 日本のおじぎと、中国・韓国のあいさつについて調べたよ！, 握手が世界共通のあいさつになりつつあるんだって, 握手以外にもいろいろなあいさつがあるんだね, 正式なパーティーでのあいさつのしかたを外務省で教えてもらったよ, 世界には相手によって変わるあいさつもいっぱいあるよ, ときと相手によって変わるあいさつ, いろんな国のあいさつを知ろう！, 各国の人の名前にはどんな意味があるか聞いてみたんだ！, 英語の授業に参加して日本語と英語のちがいを調べてみたよ〔ほか〕
[内容] この本は、あなたが、自分の生活と世界の人々の生活を結びつけて考え、想像力を働かせる方法と資料をとどける。

『遊びと勉強』梅沢実監修　学習研究社　2002.2　55p　29cm　（世界を知って日本を知ろう　身近に学ぶ国際理解　第5巻）2900円　Ⓘ4-05-301227-9,4-05-810663-8
[目次] 日本にある外国の学校はどんなようすなんだろう？, ドイツ学園の授業のようすを見学させてもらったよ！, 日本にある韓国学校ではどんな授業をしているのかな？, 活発に国際理解を深める授業をおこなっている小学校を紹介するよ！, いろいろな国の子どもたちと日本のお友だちがいっしょに遊ぶ保育園へ行ってきました, 世界の国々の入学式のようすや、新学期について調べたよ！, 外国の子どもたちの通学のようすを見てみよう, 外国の学校でも朝礼はしているのだろうか, 外国の小学校の授業のようすはどんな感じなんだろう, 外国の子どもたちは、どんな教科書を使って勉強しているの？〔ほか〕
[内容] この巻は、みなさんと同じ年令の世界の子どもたちが、どんな学校で、どんなふうに学んでいるかを教えてくれる。

地理—世界の国と人びと　　　　　　　　　　　　　　　　　　　　　　　　　　　　世界

『着るもの』梅沢実監修　学習研究社　2002.2　55p　29cm　（世界を知って日本を知ろう　身近に学ぶ国際理解　第3巻）2900円　①4-05-301225-2,4-05-810663-8
[目次]瑞穂小学校5年生の友だちが、国際交流の総合学習をおこなったよ！、中国の李玲さんに、中国の衣服について教えてもらったよ！、メーカーの「リーバイ・ストラウスジャパン」の人にジーンズについて聞いたよ！、世界に共通する公式の服装『正装』について、外務省の人に話を聞きに行ったよ！、日本の民族衣装『着物』について、日本舞踊家元の神崎ひで貴先生に話を聞いたよ！、神崎先生に、着物のたたみかたを教えてもらいました、日本の伝統芸能の『家元』という習慣を神崎先生に教えてもらったよ、暑い地域の人は自然条件に合わせて衣服のくふうをしているよ！、寒い地域に住んでいる人たちは、西洋風の衣服と防寒具を上手に組み合わせているね、世界の民族衣装のことを、『田中千代服飾専門学校』の先生に教えてもらったよ！〔ほか〕
[内容]この巻は世界の衣服を窓にして、日本と世界を見つめました。あなたの衣服と世界の人々の衣服とを結びつけ、それをもとに心を通い合わせる方法と資料を教えてくれる。

『住まいとくらし』梅沢実監修　学習研究社　2002.2　55p　29cm　（世界を知って日本を知ろう　身近に学ぶ国際理解　第4巻）2900円　①4-05-301226-0,4-05-810663-8
[目次]国際結婚ってなんだろう？結婚式のようすも知りたいな、国際結婚の家庭は、ことばも習慣もインターナショナルなんだね！、日本で英会話を教えていたジェイソンさんをたずねて、オーストラリアまで行ってきたよ！、想像を絶するロシアの寒さ、人々が快適に生活できるよう、町にも家にも、くふうがいっぱいだよ、香港では本名ではなく西洋風の名前でよぶんだって？、新年のお祝いについてスコットランドのマーシャルさんにお話を聞いたよ、北欧のインテリアは、自分たちのくらしをたいせつに思う気持ちから生まれているんだね、クリスマスは、長い冬をすごす楽しさをあたえてくれます、イスラム教徒の多いマレーシアから来日したファリダさんのお宅でお話をうかがいました、1日5回。毎日決まった時間に、イスラム教の人たちは聖地に向かってお祈りをするんだ〔ほか〕

[内容]この巻は、世界の人々のくらしを窓にして、あなた自身のくらしを見つめなおしたり、さまざまなくらしをする世界の人々と心を通い合わせるヒントと資料となる。

『食べもの』梅沢実監修　学習研究社　2002.2　55p　29cm　（世界を知って日本を知ろう　身近に学ぶ国際理解　第2巻）2900円　①4-05-301224-4,4-05-810663-8
[目次]外国の人たちは、毎日どんなものを食べているんだろう？、飯田北小学校では、米づくりと世界の米料理にちょう戦したよ、ベトナム、ラオス、ペルー…外国の米料理はどんな味かな？、いろいろに姿を変える小麦粉は、世界中で大活やくしているよ、トルコ式クレープに、ピザのルーツ。小麦粉を使ったトルコ料理をつくってみよう、「パン」にも「お菓子」にも変わる。小麦粉は、世界の人気者、トウモロコシが主役のメキシコ料理は、陽気でヘルシー、料理から飲みもの、デザートまで。トウモロコシは生活の一部です、アフリカでは、イモや豆が食事の中心なんだよ、気候や食習慣に合わせて発達した中国のめんは、いろいろだ〔ほか〕
[内容]この巻は、世界の食を窓にして日本と世界の文化、生活を見つめた。あなたの食と世界の人々の食とを結びつけ、それをもとに心を通い合わせるヒントと資料となる。

『町と人々のくらし』梅沢実監修　学習研究社　2002.2　55p　29cm　（世界を知って日本を知ろう　身近に学ぶ国際理解　第6巻）2900円　①4-05-301228-7,4-05-810663-8
[目次]観光を柱に発展しながら自分たちの文化をたいせつにしている町が横浜中華街なんだ、中華街には中国独特の風習や信仰にもとづいた建物があるんだよ、法律できびしく規制し、美しい町並みをたいせつに保存している都市がパリなんだ、エッフェル塔はパリの町のシンボル的な役割をはたしているね、カナダではさまざまな民族と文化が尊重されて生活に根づいているんだって、運河が生活にとけこんでいるベネチアは水の都とよばれているんだよ、西洋と東洋がとけ合うふしぎなふんい気をもつ都市がトルコにはあるんだ、世界有数の多くの人が住む巨大都市は、そのために問題も背負っているんだ、活気にあふれる買物の場が韓国ソウルの市場なんだよ、バンコクはバスが公共交通機関の中心的な役割をはたしているんだよ〔ほか〕
[内容]この巻は、世界の人々が、自分たちの

子どもの本　社会がわかる2000冊　21

町を住みやすい町にするために、公害問題にどう取り組み、公共施設や交通機関をどのように整えようとしているかなどが紹介されている。

『世界の自然・環境とくらしを調べよう』
菊地家達著　国土社　2002.1　90p　27cm　（新社会科学習事典　総合的な学習に役立つ 1）2800円　①4-337-26321-7
[目次] 地球とは、どんな天体なのだろう, 地球儀と地図の違いは何だろう, 極地とはどんなところだろう, 世界の陸地はどのようになっているのだろう, 海（海洋）の波や流れはなぜ起こるのだろう, 気候にはどんな違いがあるのだろう, 人種・人口・環境はどんなだろう

『地図で知る世界の大都市』正井泰夫監修・解説　平凡社　2001.9　95p　31cm　2600円　①4-582-44310-9

『世界なんでも情報館―世界192の国と地域のデータブック』田辺裕監修　ポプラ社　2001.4　263p　31cm〈索引あり〉7000円　①4-591-06663-0
[目次] 世界をくらべる情報, 世界の国々情報
[内容] 世界192の国と地域をさまざまなテーマで比較しながら紹介します。世界の自然・気候・産業から、宗教・文化まで、あらゆる分野の最新の情報を集め、わかりやすい解説をつけました。最新のデータに基づくグラフや図表も満載した、世界地理の学習百科です。

『世界のおかし』江上佳奈美監修, 久保田陽子文　小峰書店　2001.4　51p　29cm（国際理解に役立つ世界の衣食住 5）〈索引あり　文献あり〉2800円　①4-338-17705-5,4-338-17700-4
[目次] 1 砂糖でできたおかし―砂糖がし,2 カカオから生まれたチョコレート―チョコレートがし,3 アイスクリームのなかま―つめたいおかし,4 スナックから生まれたおかし―スナックがし,5 うつくしい日本のおかし―日本,6 点心から生まれたおかし―中国,7 米やココナッツミルクのおかし―東南アジア,8 乳を使ったおかしやあげがし―インド,9 イスラム教徒たちのおかし―西アジア,10 ヨーロッパのはなやかなおかし―ヨーロッパ
[内容] 5巻では、おかしについて紹介していま

す。アイスクリームやスナックがしの歴史、世界中のおかしを見ることができます。世界には、どんなおかしがあるのでしょうか？「つくってみよう」では、「バニラアイスクリーム」、中国の「杏仁豆腐」を紹介しています。アイスクリームはどうやってつくるのかな。

『世界の学校』小松義夫監修・写真, 小野沢啓子文　小峰書店　2001.4　51p　29cm　（国際理解に役立つ世界の衣食住 8）〈索引あり〉2800円　①4-338-17708-X,4-338-17700-4
[目次] 1 朝起きてから学校へ行くまで―登校前,2 授業のようす―授業1,3 ユニークな授業―授業2,4 教科書やノートを見てみよう―教科書、ノート,5 学校のようすを見てみよう―教育制度,6 楽しみなランチタイム―昼食,7 放課後の風景―下校,8 日本とよくにた遊び―遊び1,9 各国の特徴ある遊び―遊び2,10 家族のてつだい―てつだい
[内容] 8巻では、世界中の国々の、小学生の生活を紹介しています。授業を受けているときのようすや、おてつだいをする真剣な顔、遊ぶときの顔など、子どもたちのさまざまな表情と出会うことができます。

『世界の人びと』ゆまに書房　2001.4　55p　29cm　（目で見る移動大図鑑　第1巻）〈索引あり〉3200円　①4-8433-0224-4,4-8433-0228-7

『特別な日の食べもの』和仁皓明監修, 久保田陽子文　小峰書店　2001.4　51p　29cm　（国際理解に役立つ世界の衣食住 4）〈索引あり　文献あり〉2800円　①4-338-17704-7,4-338-17700-4
[目次] 1 おせち料理で祝う日本の正月―日本の新年,2 アジアの国々の新年―アジアの新年,3 年中行事をいろどる食べもの―日本の年中行事,4 アジアの祭りと食べもの―アジアの年中行事,5 よろこびの日の食べもの―アジアの結婚式,6 感謝祭とハロウィン―ヨーロッパ、アメリカのみのりの祭り,7 伝統的なクリスマスの料理―ヨーロッパ、アメリカのクリスマス,8 春をむかえるイースターの祭り―ヨーロッパ、アメリカのイースター,9 イスラム教徒たちのごちそう―イスラム教の祭り,10 世界の宮廷料理―宮廷料理
[内容] 4巻は、世界の祭りの日や祝いの日の食べものについて、紹介しています。アジアの正月や結婚式の食べもの、ヨーロッパ、

地理―世界の国と人びと　　　　　　　　　　　　　　　　　　　　　　世界

アメリカの収穫の祭りやクリスマスの食べものなどを知ることができます。また、王様はどんなものを食べていたのでしょう。いろいろな国の宮廷料理ものぞいてみます。

『西アジア、アフリカ、南北アメリカ、オセアニアの食べもの』江上佳奈美監修，星川妙子文　小峰書店　2001.4　51p　29cm　（国際理解に役立つ世界の衣食住 3）〈索引あり　文献あり〉2800円　①4-338-17703-9,4-338-17700-4

[目次] 1 ピラフやナン、肉と豆料理が名物―イラン、イラク、ヨルダン,2 肉料理ケバブが有名―トルコ,3 クスクスやハトの料理が名物―モロッコ、エジプト,4 穀物とイモを使う料理―エチオピア、ケニアほか、アフリカ大陸,5 新しい料理を生み出す国―アメリカ、カナダ,6 トウモロコシや野菜がいっぱい―メキシコ、カリブ諸国,7 イモとヤシ油を使った料理―ブラジル,8 乾燥ジャガイモが主食―ペルー、チリ、アルゼンチン,9 石むし料理がつたわる国々―オセアニア,10 主食にもなる野菜、イモ―イモ類

[内容] 3巻では、西アジア、アフリカ、南北アメリカ、オセアニアの食べものについて、紹介しています。「クスクス」や「タコス」がどんな料理か、また、ジャガイモやトマトなど、世界中で食べられている野菜のふるさとはどこだと思いますか？「つくってみよう」では、トルコの米と野菜の料理「ドルマ」、エジプトの「豆のサラダ」を紹介しています。日本では、豆料理はあまいものが多いですが、世界では、サラダなどの料理に使うことが多いのです。

『ヨーロッパ、南北アメリカ　アフリカ、オセアニアの民族衣装』石山彰監修，久保田陽子文　小峰書店　2001.4　51p　29cm　（国際理解に役立つ世界の衣食住 10）〈索引あり　文献あり〉2800円　①4-338-17710-1,4-338-17700-4

[目次] 1 明るい太陽と海が生んだ衣服―ヨーロッパ1,2 ファッションの国にのこる伝統―ヨーロッパ2,3 アルプスの自然が生んだ衣服―ヨーロッパ3,4 寒い国々の民族衣装―ヨーロッパ4,5 今ものこる多くの民族衣装―ヨーロッパ5,6 ししゅうの花がさく民族衣装―ヨーロッパ6,7 ビーズやししゅうを用いた衣服―北、中央アメリカ,8 高地や熱帯の民族衣装―南アメリカ,9 アフリカの民族衣装―アフリカ大陸,10 木の皮や葉を使った民族衣装―オセアニア

『ヨーロッパ、南北アメリカ、オセアニアの家』小松義夫監修・写真，佳元拓実文　小峰書店　2001.4　51p　29cm　（国際理解に役立つ世界の衣食住 7）〈索引あり　文献あり〉2800円　①4-338-17707-1,4-338-17700-4

[目次] 1 自然の岩も家の一部―ポルトガル・モンサント,2 とんがりぼうしをかぶった家―イタリア・アルベロベッロ,3 ハーフティンバーの家―ドイツ、イギリス、フランス、デンマーク,4 村人たちがえがく、もようの家―スロバキア、チチマニ,5 だまし絵がかかれた家―スイス・エンガーデン,6 自然素材でつくられた家―アメリカ・ニューメキシコ州、アリゾナ州,7 湖上で生きる人たちの家―ペルー・チチカカ湖,8 芝土でつくったドームの家―ボリビア・チパヤ,9 うろこ壁をもつ家―チリ・チロエ島,10 自分たちの文化をつたえる家―ニューカレドニア・リフー島

[内容] 7巻では、ヨーロッパ、アメリカ、オセアニアのおもしろい家を紹介しています。たとえば、日差しが強い南イタリアでは、白い壁の家、雨の量が多いチリでは、木の板をかさねたうろこのような壁の家を見ることができます。「くらべてみよう」のコーナーでは、壁にだまし絵がかかれたスイスの家と、魔よけの絵がかかれたブータンの家をくらべるなど、同じ形や役わりをもつ世界中の家をくらべています。

『もっと知りたい！いろいろな文化』吉村峰子，グローブ・インターナショナル・ティーチャーズ・サークル編・著　金の星社　2001.3　47p　30cm　（国際理解に役立つ 英語で広がるわたしたちの世界 4）〈英文併記　索引あり〉2800円　①4-323-05314-2

『もっと知りたい！世界の国ぐに』吉村峰子，グローブ・インターナショナル・ティーチャーズ・サークル編・著　金の星社　2001.3　47p　30cm　（国際理解に役立つ 英語で広がるわたしたちの世界 5）〈英文併記　索引あり〉2800円　①4-323-05315-0

『今だからこそ！国際理解』池上彰，増田ユリヤ著　汐文社　2001.2　139p　22cm　1200円　①4-8113-7385-5

[目次] 第1部 これでも"日本食"!?―食べ物か

子どもの本 社会がわかる2000冊　23

世界　　　　　　　　　　　　　　　　　　　　　　　　　地理—世界の国と人びと

ら見えてくる世界と日本,第2部 人間はみんなちがうから—ちがいから見えてくる世界と日本,第3部 世界のもめごとはなぜなくならない?—民族と国家、宗教を考える
内容 世界中から飛び込んでくるいろんなニュース。日本の国内でもよく見かけるようになった外国の人。学校でも始まった「国際理解」の授業。でも、「国際」を「理解」するとは？本書で、そんな疑問を解決してください。

『世界の文化と習慣を調べよう—国際理解』高野尚好監修　国土社　2001.2　35p　27cm （みんなで学ぶ総合的学習9）〈索引あり〉 2600円　①4-337-16109-0
目次 チョウさんと子どもたち,子どものくらし,子どもの遊び,こんなところに住んでるよ,きれいに着られたかな,笛やたいこ,楽器のいろいろ,バシルさんとイスラム教,神さまがたくさん,神さまのおまつり,人びとのおまつり,お正月もさまざま,いろんな行事,パンはどこから？,おいしいかな,友だちになろう,世界の国とこの本にでてくる国,日本でくらす世界の人びと
内容 総合的学習の4つのテーマである「情報」「環境」「福祉・健康」「国際理解」をすべて網羅しているシリーズです。「自ら学び、自ら考える力」を育み、主体的にものごとを判断し、さまざまな課題を解決できるように工夫しました。どのテーマも、自分たちの身近な事柄から、海外での取り組みまで、広い視野から紹介しており各巻、「国際理解」に役立ちます。各巻の課題となる情報の「集め方」「調べ方」「まとめ方」「発表のし方」「討論のし方」など、総合的な学習の実践指針として役立つ構成です。図表、写真など、見てわかりやすい資料を豊富に掲載しています。

『こんなにちがう日本の常識・世界の常識』飯塚峻監修　ポプラ社　2000.4　63p　29cm （国際理解にやくだつ 日本と世界のちがいを考える本 1）〈索引あり〉 2800円　①4-591-06350-X,4-591-99325-6
目次 1 私たちの日常生活,2 私たちの学校生活,3 放課後と休日の私たち,4 私たちの旅行と移動
内容 おじぎや握手などあいさつひとつとっても、日本の常識は世界の常識ではありません。日常や学校生活での常識を考えます。

『世界の国ぐにを身近で発見』広瀬英一著　金の星社　2000.3　47p　27cm （総合的な学習のテーマがみつかるアイデア新聞 3）〈索引あり〉 2800円　①4-323-06453-5
目次 おたのしみ給食新聞—きょうのメニューはどこの料理？,地球市民新聞—地球市民かながわプラザで世界を体験！,地球の不思議新聞—海面の下を飛んだ日本人,ごちそうさま新聞—外国料理マップをつくろう！,ものがたり新聞—世界の物語をさぐれ！,おもしろ雑貨新聞—雑貨で知ろうよその国,ラブレター新聞—サンタクロースに手紙を出そう,切手新聞—切手にみる国際友好,なりきり新聞—外国人になりきって,となりの国新聞—日本のおとなりは、どんな国？〔ほか〕
内容 音楽の時間に習う歌、教科書にのっている外国文学、カレーライスにサッカー、バスケ…。日常には世界の国ぐにで生まれたものがあふれている。世界と日本の関係を探る方法満載。

『世界の地理』菅野峰明ほか監修と文,朝日新聞社編　朝日新聞社　2000.3　203p　29cm （朝日ジュニアブック）〈索引あり〉 2800円　①4-02-220615-2
目次 東アジア,東南アジア,南・西アジア,ヨーロッパ,ロシアとその周辺,アフリカ,北アメリカ,中央・南アメリカ,オセアニア,極地方
内容 21世紀は国際化の時代。もっと知りたい世界のこと。イラスト地図で、カラー写真で、カラー図版で、世界の自然、産業、文化、各地のくらしがビジュアルに浮かびあがる。ジュニア向け地理の決定版。

『深めよう国際理解』苅宿俊文著　大日本図書　2000.3　58p　27cm （みんなの総合学習100のテーマ 1） 2600円　①4-477-01089-3
目次 ごはんがひろげる世界の輪,カレーが教えてくれること,世界のあいさつの言葉を覚えよう,世界のあいさつを比べよう,世界の学校について調べてみよう,世界の日本人学校をインターネットで訪問しよう,カンタン英会話レッツゴー！,地下資源の豊かな国はどこだろう？,日本の食料の輸入について調べてみよう,世界の住宅について調べてみよう〔ほか〕
内容 これからの時代では、日本の人が海外に出かけたり、海外の人が日本に来ること

地理―世界の国と人びと　　　　　　　　　　　　　　　　　　　　　　　　　　　　　アジア

がとても多くなってきます。そんなときに、外国のことを知る楽しさをみなさんが知っている人であってほしいのです。外国を知ることから、日本のことや自分のことを知ることが始まるかもしれませんよ。

『学校では教えない早わかり世界191か国』盛山一郎著, 講談社編　講談社　2000.2　223p　21cm〈文献あり〉1500円　⑪4-06-209892-X
　[目次]　アジアの国々, アフリカの国々, ヨーロッパの国々, 北・中央アメリカの国々, 南アメリカの国々, オセアニアの国々
　[内容]　おもしろクイズで世界の歴史・地理・政治・経済がやさしくわかる。小学校高学年から。

『日本と世界の食べ物を比べよう』水越敏行監修・指導　学習研究社　2000.2　47p　27cm　（わたしは町の探検記者　総合的学習実践集 6）〈索引あり〉2800円　⑪4-05-201086-8,4-05-810577-1
　[目次]　探検記者物語・山形‐ナイロビ12000キロの友情交流―山形県山辺町立鳥海小学校, 探検レポート
　[内容]　「食」は先祖がつくり上げた貴重な文化。

◆アジア

『池上彰のニュースに登場する国ぐにのかげとひかり―これだけは知っておきたいこと　1　東アジア・東南アジア・南アジア』稲葉茂勝著, 池上彰監修　さ・え・ら書房　2008.11　39p　29cm　2500円　⑪978-4-378-01181-3　Ⓝ302
　[目次]　韓国「ソウルで大規模デモ」, 北朝鮮「核開発の再開!?」, 中国「北京オリンピックと中国のゆくえ」, チベット「チベットで大規模暴動発生」, 台湾「総統に馬英九氏が当選」, モンゴル「消える永久凍土」, タイ「タイで無血クーデター発生」, ミャンマー「最大級のサイクロンにおそわれる」, シンガポール「世界最大の観覧車登場」, フィリピン「845人乗り客船沈没」, インドネシア「ジャワ島で巨大地震発生」, インド「ムンバイで列車爆破テロ」, スリランカ「スリランカ内戦激化」
　[内容]　世界から伝わってくる悲惨なニュース。人が人の死を知っても何も感じないことほどおそろしいことはありません。この本で, 各国の「かげ」と「ひかり」を見て命の大切さを考えてください。

『アジアの子どもたちに学ぶ30のお話』池間哲郎著　リサージュ出版　2008.10　175p　20cm　1200円　⑪978-4-904320-01-3　Ⓝ368.2

『元気が出る！世界の朝ごはん　2（南・西・中央アジアとアフリカ）』服部幸応, 服部津貴子監修　日本図書センター　2007.3　47p　27cm　3000円　⑪978-4-284-40047-3,978-4-284-40045-9　Ⓝ383.8

『元気が出る！世界の朝ごはん　1（東・東南アジア）』服部幸応, 服部津貴子監修　日本図書センター　2007.3　47p　27cm　3000円　⑪978-4-284-40046-6,978-4-284-40045-9　Ⓝ383.8

『どこにいるかわかる？―アジア・太平洋の子どもたちのたのしい一日』アジア太平洋地域共同出版計画会議企画, ユネスコ・アジア文化センター編, 松岡享子訳　改訂新版　こぐま社　2006.9　44p　21×30cm　1500円　⑪4-7721-0183-7
　[目次]　イラン, パキスタン, インド, スリランカ, バングラデシュ, ネパール, ミャンマー, タイ, ラオス, ベトナム, マレーシア, インドネシア, フィリピン, オーストラリア, パプア・ニューギニア, ニュージーランド, 日本, 韓国, 中国, モンゴル

『アジアの国境』池上彰監修　岩崎書店　2005.4　47p　29cm　（平和・環境・歴史を考える国境の本 3）2800円　⑪4-265-02613-3　Ⓝ329.23
　[目次]　1 ズバリ国境・Q&A, 2 アジアの国境いろいろ, 3 国境に関する役立ち情報

『アジアの友だちに会おう！―アジア太平洋の文化を知るための絵本』ユネスコ・アジア文化センター企画　東京書籍　2003.4　45p　22×31cm〈国連「平和の文化国際年」記念〉1500円　⑪4-487-79850-7　Ⓝ382
　[目次]　どんな家にすんでいるのかな？, お祈り, 友だちはどんな乗り物に乗っているの？, 買い物にいこう！, おなかがすいた！, さあ, なにして遊ぶ？, お祭りにいこう！, わたしたちはひとつ

子どもの本　社会がわかる2000冊　25

『アジア、アフリカの家』小松義夫監修・写真，佳元拓実文　小峰書店　2001.4　51p　29cm　（国際理解に役立つ世界の衣食住 6）〈索引あり　文献あり〉2800円　⑪4-338-17706-3,4-338-17700-4

[目次] 1 気候とくらしに合わせた木の家―日本,2 丸い形のじょうぶな家―中国・福建省,3 船旅の気分が味わえる家―インドネシア・ニアス島,4 人をつつみこむ岩山の家―トルコ・カッパドキア,5 アラベスクもようでかざった家―イエメン・ザヒード,6 天然のエアコンつきの家―イラン・アルドカン,7 心が落ちつく曲線の家―ブルキナファソ・ポ,8 アフリカにある竹の家―エチオピア・チェンチャ,9 遊牧民たちの移動する家―モロッコ・アトラス山脈,10 大地に守られていきる人々―チュニジア・マトマタ

[内容] 6巻では、アジアとアフリカのおもしろい家を紹介しています。たとえば、むし暑い東南アジアでは、地面から床をはなした高床式の家、日差しが強いイエメンでは、壁を厚くした家を見ることができます。「くらべてみよう」のコーナーでは、中国の円形集合住宅と、アマゾン川流域の円形住宅をくらべるなど、同じ形や役わりをもつ世界中の家をくらべています。

『アジアの民族衣装』石山彰監修，久保田陽子文　小峰書店　2001.4　51p　29cm　（国際理解に役立つ世界の衣食住 9）〈索引あり　文献あり〉2800円　⑪4-338-17709-8,4-338-17700-4

[目次] 1 日本の民族衣装、きものの歴史―日本,2 わたしたちの生活ときもの―日本,3 アイヌ・沖縄・近くの国の衣服―日本、朝鮮半島、モンゴル,4 中国には民族衣装がいっぱい―中国,5 チベットにもある前合わせ服―チベット自治区（中国）、ブータン,6 ヨーロッパの影響を受けた服―東南アジア1,7 暑い国のすずしい民族衣装―東南アジア2,8 インドと周辺の国の衣服―インド、パキスタン,9 イスラム教を信じる国の衣服―イスラム圏,10 多くの国に影響をあたえた衣服―トルコ

[内容] 9巻では、アジアの国々の衣服を紹介しています。日本独特と思っていた「きもの」ににた服がヒマラヤの山のなかの国ブータンにあったり、アジアでもヨーロッパのドレスのような服が着られていたりと、いろいろな発見があるでしょう。「着てみよう」のコーナーでは、日本のきもの、インドの「サリー」などを紹介しています。

『東アジアの食べもの』江上佳奈美監修,星川妙子文　小峰書店　2001.4　51p　29cm　（国際理解に役立つ世界の衣食住 1）〈索引あり　文献あり〉2800円　⑪4-338-17701-2,4-338-17700-4

[目次] 1 季節の食べものを味わう国―日本,2 からだによい料理がいっぱい―韓国,3 中国の食のひみつが知りたい―中国1,4 世界でしたしまれている料理―中国2,5 肉や乳がたいせつな食料―ネパール、ブータン、モンゴル,6 米と野菜の料理が中心―ベトナム、ラオス、カンボジア,7 からい料理やスープが名物―タイ、フィリピン,8 米やトリ肉を使った料理―インドネシア、マレーシア、ミャンマー,9 本場のカレーはスパイスたっぷり―インド、スリランカ、パキスタン,10 アジアのたいせつな主食、米―米

[内容] 1巻では、東アジアの食べものを、紹介しています。日本にしかないと思っていたもの、たとえば、納豆ににた食べものや、焼きトリのような料理をアジアのあちらこちらで見ることができるんですよ。「つくってみよう」では、ちがう味の4つの具をのせた、中国の「4色シュウマイ」や、米からつくるライスペーパーで野菜や肉、魚介類をつつむ、ベトナムの「生はるまき」を紹介しています。

◆◆韓国

『韓国』トム・ジャクソン著，レオニド・A.ペトロフ，キム・ヤンミュン監修　ほるぷ出版　2008.9　64p　25cm　（ナショナルジオグラフィック世界の国）〈年表あり〉2000円　⑪978-4-593-58549-6　Ⓝ292.1

『韓国』渡辺一夫文・写真，佐々木典子監修　ポプラ社　2007.3　47p　29cm　（体験取材！世界の国ぐに 12）〈年表あり〉2800円　⑪978-4-591-09541-6　Ⓝ292.1

『世界の市場　アジア編 2（韓国）』こどもくらぶ編　アリス館　2007.3　47p　29cm　2800円　⑪978-4-7520-0355-7　Ⓝ673.7

[目次] 1 韓国の市場,2 朝鮮半島の市場

『韓国のごはん』銀城康子企画・文，いずみなほ,星桂介絵　農山漁村文化協会

| 地理―世界の国と人びと | アジア |

2007.2　32p　27cm　（絵本世界の食事3）1800円　Ⓘ978-4-540-06291-9　Ⓝ383.821
目次　朝早くからお母さんは大忙しです，男性と女性は別のテーブルで食べます，昼ごはんは簡単です，晩ごはんは朝ごはんと似ています，台所の様子を覗いてみると，一週間の料理です，冬の前には，いっせいにキムチを漬けます，保存食品や日持ちのする総菜が豊富です，スプーンと箸で食べるのがマナーです，お弁当には，お母さんのキムパプ，誕生日にはワカメスープ，季節によって料理が変わります，地方によって食事が違います，韓国のごはんをつくってみましょう，もう少し韓国のごはんの話
内容　家庭で食べられている日常的な食事を，管理栄養士の視点からわかりやすく解説。食事にまつわる習慣や，日本では見られないような料理道具，その国の文化や自然背景などと，代表的な料理のレシピを紹介。

『韓国―行く前の準備と帰ってからの発表をたのしもう！』稲葉茂勝，吉田忠正著，こどもくらぶ編　近畿日本ツーリスト本社企画室　2004.1　63p　26cm　（海外修学旅行を10倍から100倍たのしむためのシリーズ）1000円　Ⓝ292.109

『韓国ってどんな国？』佐々木典子監修，渡辺一夫文・写真　ポプラ社　2003.4　47p　27cm　（韓国まるごと大百科　国際理解に役立つ1）2800円　Ⓘ4-591-07557-5,4-591-99490-2　Ⓝ292.1
目次　韓国の国土，韓国の政治と貿易，韓国の交通と産業，韓国の情報とくらし
内容　韓国には四季ってあるのだろうか？通信や交通はどのようにはりめぐらされているのだろう？国土と自然，政治と経済，南北の軍事境界線，大都市と地方都市，交通，工業，農業，漁業，テレビ・ラジオ，新聞から環境問題まで，韓国について知りたいデータをまとめました。

『韓国の衣・食・住』金順玉監修，吉田忠正文・写真　ポプラ社　2003.4　47p　27cm　（韓国まるごと大百科　国際理解に役立つ2）2800円　Ⓘ4-591-07558-3,4-591-99490-2　Ⓝ383
目次　市場探検，韓国の料理，農村の住まい，都市の住まい，韓国のファッション
内容　野菜，くだもの，肉，魚など韓国の熱気あふれる市場を取材。韓国のおいしい料理とともに，キムチやピビムパプ，チヂミの作り方なども紹介しています。農村と都市の家を案内していただき，そのくらしぶりも取材。伝統衣装や最近はやりの服も紹介しています。

『韓国の子どものくらし』佐々木典子監修，吉田忠正文・写真　ポプラ社　2003.4　47p　27cm　（韓国まるごと大百科　国際理解に役立つ3）2800円　Ⓘ4-591-07559-1,4-591-99490-2　Ⓝ384.5
目次　学校のくらし，趣味・遊び・スポーツ，行事と祝日
内容　韓国の子どもたちは，どんな毎日をすごしているのだろう？学校では？家庭では？塾では？どんな勉強をしているのだろう？遊びは？子どもたちの一日のくらしぶりと一年のおもな行事を追いながら，いきいきとした子どもたちの生活を追いかけました。

『ハングルと韓国の伝統文化』金順玉監修，渡辺一夫，吉田忠正文・写真　ポプラ社　2003.4　47p　27cm　（韓国まるごと大百科　国際理解に役立つ4）2800円　Ⓘ4-591-07560-5,4-591-99490-2　Ⓝ829.11
目次　韓国のことば，韓国の伝統芸能，美術と伝統工芸，韓国の宗教
内容　ハングルの章は，だれでも楽しく学ぶことのできるハングル入門講座。伝統文化の章は歌やおどり，仮面劇などの伝統芸能，ポジャギや陶磁器などの伝統工芸，それに儒教や仏教，キリスト教など，人びとがあつい信仰をよせている宗教を紹介しています。

『東アジア　1　韓国（北朝鮮）』仲尾宏著　岩崎書店　2003.4　67p　29cm　（日本とのつながりで見るアジア　過去・現在・未来　第1巻）3000円　Ⓘ4-265-04861-7,4-265-10286-7　Ⓝ292
目次　地域を知る，歴史を知る，現代を知る

『韓国』藤沢皓監修，黄尹鈺美術監修，韓世姜情報監修　ポプラ社　2002.4　48p　31cm　（友だちが描いたアジア21世紀　国際理解にやくだつ1）2950円　Ⓘ4-591-07079-4,4-591-99430-9
目次　友だちが描いたアジア21世紀，韓国の

| アジア　　　　　　　　　　　　　　　　　地理—世界の国と人びと

友だちが描いた絵, 韓国の友だちの毎日
内容 キムチ作り・ノルティギ・テコンドーの試験・コブクソン・ユッノリ・2002年ワールドカップに向けて, がテーマ。

『韓国—キムチ』谷川彰英監修　ポプラ社　2001.4　37p　27cm　（国際理解にやくだつ NHK地球たべもの大百科 9）2600円　④4-591-06714-9, 4-591-99367-1
目次 キムチ探検の旅に出発!!, 韓国のキムチづくり, 韓国ってどんな国?, 韓国のこどもたち, 韓国のキムチをつくってみよう, そのほかの韓国料理に挑戦!, 日韓友好YES・NOクイズ!, 韓国の食文化, 韓国と日本の関係, 韓国からの手紙
内容 みんなが大好きで身近な料理から, それぞれの料理のふるさとの国を紹介します。食を通してその国のくらしや文化, 歴史などを学びます。9巻は, 韓国の食文化について。小学校高学年〜中学生向け。

『世界の料理いただきまーす。—中国・韓国』尾崎曜子編＋絵　アリス館　2001.4　32p　27cm　2300円　④4-7520-0173-X
目次 許さんの中国料理（水ぎょうざ, コーンスープ, もち米だんご, アンニンどうふ）, 全さんの韓国料理（ビビンバ, チャプチェ, キムチなべ, チヂミ, わかめスープ）
内容 本書では, 著者のご近所に住んでいる外国人の方々に, お国じまんの料理を紹介してもらいました。ここでは, 許さんに中国料理を, 全さんに韓国料理を紹介してもらいました。

『もっと知ろうよ！ハングル—となりの国の言葉と文化　2　かぞえ方と発音』金順玉文, 池貴巳子イラスト　汐文社　2001.2　47p　26cm　1800円　④4-8113-7361-8
目次 1 トケビの国だ—子音「カナダラ」をおぼえよう, 2 これはたいへん！—母音「アヤオヨ」の練習, 3 トケビの国へようこそ—子音と母音の組み合わせ, 4 歌と踊りで仲間入り—ハングルの読みかた, 5 トケビの動物園—パッチム（子音＋母音の下側に小さくつく子音）, 6 遊園地でなにして遊ぶ？—パッチムの発音ルール, 7 学校にやってきた—数のかぞえ方, 8 昼休み—時間, 曜日, 9 力を合わせて, イチ, ニ, サン—日付と季節, 10 時間よ, とまれ—過去・現在・未来, ハングルの50音表（日本のあいうえお, 韓国・朝鮮のアイウエオ）

『もっと知ろうよ！ハングル—となりの国の言葉と文化　3　くらしとあそび』金順玉文, 池貴巳子イラスト　汐文社　2001.1　47p　26cm　1800円　④4-8113-7362-6
目次 1 ここはどこだ？—疑問詞「だれ」「どこ」「なに」, 2 ようこそ, いらっしゃい—自己紹介・家族の呼びかた, 3 街を歩こう—買い物・地下鉄, 4 大きくなったら何になるの？—韓国の風習, 5 いただきます—お料理と食事のマナー, 6 おなかが痛い！—こまったときの一言, 7 お手伝いをしよう—家の仕事, 8 長生きしてね—「得意, 苦手」「かんたん, むずかしい」, 9 いっしょにあそぼう—あそびとルール, 10 じゃあ, またね—こんなとき, なんていう？, ハングルの50音表, 本シリーズのキーワード・表現集

『もっと知ろうよ！ハングル—となりの国の言葉と文化　1　あいさつと文字』金順玉文, 池貴巳子イラスト　汐文社　2000.11　47p　26cm　1800円　④4-8113-7360-X
目次 1 トケビあらわる—あいさつ, 2 キム先生, 教えて！—ハングルで「あいうえお」, 3 日本語とにている？—敬語と語順, 4 トケビの秘密—漢字語とハングル, 5 トケビ！泣かないで—はげます言葉とリズム, 6 りっぱな狛犬—こそあど言葉, 7 あきらの誕生日—お祝い・感謝の言葉, 8 焼き肉たべたい—しかる・あやまるときの言葉, 9 パレードがやってきた—ほめるときの言葉, 10 トケビ国へ帰る—好き, きらいの言葉, ハングルの50音表

『韓国の友だち』佐藤郡衛監修, 伊地知英信著　学校図書　2000.4　71p　22cm　（世界の友だちとくらし）1500円　④4-7625-1960-X
目次 韓国の小学生の1日, 韓国の学校のくらし, 子どもたちの交流, 韓国の遊び, 韓国の伝統と文化, 韓国の人びとのくらし, 韓国の食べ物, 日本でみつけた韓国, もっとよく知ろう韓国
内容 「総合的な学習の時間」対応。子どもたちの"あそび"がわかる, "食べ物"がわかる, "学校生活"がわかる。これでキミも国際人になれる。

『韓国の子どもたち』西村佐二指導　学習研究社　2000.2　63p　27cm　（世界の子どもたちはいま 4）3000円　④4-05-201111-2, 4-05-810579-8

地理―世界の国と人びと　　　　　　　　　　　　　　　　　　　アジア

『韓国・朝鮮と出会おう』ヨコハマハギハッキョ実行委員会,山本すみ子編著　国土社　1999.11　87p　26cm　（国際理解ハンドブック）1600円　Ⓘ4-337-47701-2　Ⓝ375
　目次　つくって食べよう,つくって遊ぼう,歌おう踊ろう,ハングルで遊ぼう,昔話にふれよう
　内容　この本は,韓国・朝鮮の文化にふれ,学び,楽しむための材料です。私たちの身近にある,異なる文化と出会い,人と出会うための本です。

『韓国』北嶋静江監修,こどもくらぶ編・著　偕成社　1999.3　47p　29cm　（きみにもできる国際交流　2　西村成雄シリーズ総監修）〈索引あり〉2800円　Ⓘ4-03-629520-9
　目次　1　韓国へ行こう！,2　日本で見つけた韓国,3　もっと知りたい韓国
　内容　日本にいちばん近い外国。キムチやチョゴリ,知ってる？意外と知らない韓国の姿を紹介。

◆◆中国・モンゴル

『モンゴルのごはん』銀城康子文,高松良己絵　農山漁村文化協会　2009.1　32p　27cm　（絵本世界の食事　11）〈文献あり〉1800円　Ⓘ978-4-540-08196-5　Ⓝ383.8227
　目次　草原で人の命を支えるのは家畜です,「白い食べもの」と「赤い食べもの」が基本です,小麦粉料理が豊富です,お腹にやさしい乳製品の朝ごはん,昼ごはんも乳製品がたっぷりです,肉が美味しい晩ごはん,台所の様子を覗いてみると,休日は手間をかけて,お楽しみ料理です,一週間の食事です,おもてなし料理でパーティーを開きます,特別なマナーがあります,季節によって特別な食事があります,地域によって食事の違いがあります,モンゴルのごはんをつくってみましょう,もう少しモンゴルのごはんの話し
　内容　サィンバェノー（こんにちは）。モンゴルは,中央アジアのやや東側にあり,北の隣にはロシア,南には中国があります。広さは日本の約4倍ある,広い国です。海から遠く離れていて,年間の気温の差が大きい内陸性の気候です。北部の山岳地には森林がありますが,南へ行くほど雨が少なくなり,南西部にはゴビ砂漠が広がっています。中央部には広大なモンゴル高原があり,国土の約8割は草原です。農地は少なく,広い草原では家畜の遊牧が行われています。この草原の国で暮らすモンゴルの人たちは普段,どんなごはんを食べているのでしょうか。首都ウランバートルに住む,ある一家の様子を覗いてみましょう。

『モンゴル』ゲラドレル・ヴェトゥスン著,藤村奈緒美訳　汐文社　2008.3　32p　27cm　（写真で知る世界の少数民族・先住民族）2000円　Ⓘ978-4-8113-8464-1　Ⓝ382.227
　目次　どこに住んでいるの？,物語や言い伝え,モンゴルのこれまで,社会のしくみ,情報を伝える,おきてと規則,祝いと祭り,美術と文化,モンゴルの服装,食べ物と遊び,民族の知恵,モンゴルがかかえる問題,未来へ向けて,知ってびっくりこんなこと

『中国のごはん』銀城康子企画・文,神谷京絵　農山漁村文化協会　2007.12　32p　27cm　（絵本世界の食事　8）1800円　Ⓘ978-4-540-07223-9　Ⓝ383.822
　目次　おなかにやさしい朝ごはん,昼ごはんは,主食とおかずの組み合わせです,晩ごはんは,主食とおかずとスープの組み合わせです,台所の様子を覗いてみると,一週間の食事です,休日はみんなで餃子づくりです,加熱した食事が基本です,体質と食べものの性質を組み合わせます,味や色も健康とつながっています,美味しく食べるのが,なにより大切です,心からお客さんを歓迎し,ご馳走します,季節によって特別な食事があります,地方によって食事が違います,中国のごはんをつくってみましょう,もう少し中国のごはんの話
　内容　中国料理は世界三大料理のひとつといわれ,美味しいことで有名です。その中国の人たちは普段,どんなごはんを食べているのでしょうか。中国の東北部,リヤオトン半島先端の大連市に住む,ある一家の様子を覗いてみましょう。

『中国』ジェン・グリーン著,ジョージ・ウェイ,ハンチャオ・ルー監修　ほるぷ出版　2007.10　64p　25cm　（ナショナルジオグラフィック世界の国）〈年表あり〉2000円　Ⓘ978-4-593-58541-0　Ⓝ292.2
　目次　地理―広大な国土,自然―驚くべき自然,歴史―豊かな古代の文化,人と文化―中国の多様な文化,政治と経済―現代の中国,中国ミニ情報,中国歴史年表

子どもの本　社会がわかる2000冊　29

アジア　　　　　　　　　　　　　　　　　　　地理―世界の国と人びと

|内容| 古くて魅力ある国である中国の、土地や人々、自然と環境、歴史と哲学、文化と習慣、技術と発明、政治と経済などについて紹介。「見てみよう」では、各章の重要な情報を、コンパクトに、見やすくまとめ、1ページ大のテーマ別地図（地勢、植生および生態系、歴史、人口、行政）を各章に掲載。本文中の写真の撮影地も明示。「スペシャルコラム」や小地図によって、さまざまなトピックをわかりやすく理解。

『世界の市場　アジア編3（中国・台湾）』こどもくらぶ編　アリス館　2007.3　47p　29cm　2800円　Ⓘ978-4-7520-0356-4　Ⓝ673.7
|目次| 1 中国の市場,2 台湾の市場,3 ふたつの中国
|内容| 中国と台湾の市場を紹介。台湾がさきに大きく経済発展しましたが、近年では台湾にくらべて、国土も人口も圧倒的に大きい中国が、急速に発展しています。同じ漢民族どうしが、どのようにちがって、発展してきたのか。そうした視点で、それぞれ市場を見てみます。

『中国』吉田忠正文・写真，丹藤佳紀監修　ポプラ社　2007.3　71p　29cm　（体験取材！世界の国ぐに　11）〈年表あり〉2800円　Ⓘ978-4-591-09540-9　Ⓝ292.2

『モンゴル』吉田忠正文・写真，小長谷有紀監修　ポプラ社　2007.3　47p　29cm　（体験取材！世界の国ぐに　13）〈年表あり〉2800円　Ⓘ978-4-591-09542-3　Ⓝ292.27

『草原の少女プージェ』関野吉晴著　小峰書店　2006.12　35p　25cm　（えほんひろば）　1300円　Ⓘ4-338-18021-8　Ⓝ292.2709

『ジス・イズ・ホンコン』ミロスラフ・サセック著，松浦弥太郎訳　ブルース・インターアクションズ　2006.7　60p　31cm　1800円　Ⓘ4-86020-183-3　Ⓝ302.2239

『中華人民共和国―行く前の準備と帰ってからの発表をたのしもう！』西村成雄監修，稲葉茂勝著，こどもくらぶ編　近畿日本ツーリスト本社企画室　2003.4　63p　26cm　（海外修学旅行を10倍から100倍たのしむためのシリーズ）1000円　Ⓝ292.209

『東アジア　2　中国（台湾）（モンゴル）』江里晃著　岩崎書店　2003.4　64p　29cm　（日本とのつながりで見るアジア　過去・現在・未来　第2巻）3000円　Ⓘ4-265-04862-5,4-265-10286-7　Ⓝ292
|目次| 地域を知る,中国,台湾,モンゴル

『もっと知ろうよ！中国―漢字のふるさとの言葉と文化　3　中国四千年の歴史』納村公子作・絵　汐文社　2003.4　47p　27cm〈年表あり〉1800円　Ⓘ4-8113-7618-8　Ⓝ222.01
|目次| 1 中国はいつからあるの,2 春秋戦国の人々,3 最初の皇帝、中国を統一する,4 項羽と劉邦―天下分けめの大合戦,5 三国志―三人の英雄のせめぎあい,6 玄宗皇帝と楊貴妃,7 チンギス・ハーン、世界をめぐる,8 漢族の国から満州族の国に―明・清時代,9 そして現代の中国に

『もっと知ろうよ！中国―漢字のふるさとの言葉と文化　2　中国のことばとくらし』納村公子作・絵　汐文社　2003.3　47p　26cm　1800円　Ⓘ4-8113-7617-X
|目次| 1 ニーハオ！中国のお友だち,2 中国語の読みかた―中国のアイウエオ,3 音楽みたいな中国語,4 北京の小学校の1日,5 北京の街を散歩しよう,6 中国の遊びにチャレンジ！,7 ハオチー！おいしい食べ物いっぱい,8 楽しい中国のお正月―春節,9 都市・市街地の伝統的な家,10 農村のくらしと家

『もっと知ろうよ！中国―漢字のふるさとの言葉と文化　1　漢字ってどこからきたの』納村公子作・絵　汐文社　2003.2　47p　26cm　1800円　Ⓘ4-8113-7616-1
|目次| 孫悟空、あらわる,漢字って中国語？―名前を読んでみよう,漢字を中国語で読んでみよう,いちばん古い漢字,おもしろ中国語をおぼえよう,これが中国大陸だ―中国という国,みどりと英雄,昔の中国へ行く,文字の移り変わり,おなじ漢字はどういう意味？,漢詩を中国語でよんでみよう,悟空、新石器時代へタイムトラベル,漢字の神様、登場,妖怪vs悟空―漢字クイズ（字謎）,妖怪に勝つ

『中国歴史と出合う』荒井信一著　草の

地理―世界の国と人びと　　　　　　　　　　　　　　　　　　　　　アジア

根出版会　2002.11　135p　23cm　（母と子でみる　A26）　2200円　Ⓘ4-87648-180-6　Ⓝ292.209

『中国』藤沢皖監修，安田律子美術監修，彭璟情報監修　ポプラ社　2002.4　48p　31cm　（友だちが描いたアジア21世紀　国際理解にやくだつ　2）　2950円　Ⓘ4-591-07080-8,4-591-99430-9
　[目次]　友だちが描いたアジア21世紀，中国の友だちが描いた絵，中国の友だちの毎日
　[内容]　子どもの日・先生の入院・絶句・主席の視察・21世紀のはじまり・共産党80周年・牛飼いの子ども・蓮の花，がテーマ。

『台湾』メアリー・M.ロジャース著，梶山憲一，鈴木武生訳　国土社　2002.2　67p　26cm　（目で見る世界の国々　64）　2600円　Ⓘ4-337-26164-8
　[目次]　1 国土,2 歴史と政治,3 人びとのくらしと文化,4 経済

『モンゴルの子どもたち』西村佐二指導　学習研究社　2002.2　63p　27cm　（世界の子どもたちはいま　17）　3000円　Ⓘ4-05-201407-3,4-05-810629-8
　[目次]　学校のこと，家庭のこと，生活のこと
　[内容]　モンゴルは，中央アジアの東部にあります。北西部はロシアに接し，南部は中国と接しています。国土面積は日本の約4倍あり，その80パーセント近くが草原地帯で，それ以外は，北部の森林地帯と南部のゴビと呼ばれる砂漠地帯になっています。ウランバートル市郊外のゲルで暮らす4年生の男の子と，中心地に近いアパートに住む4年生の女の子に，日ごろの生活をしょうかいしてもらいましょう。

『世界の料理いただきまーす。―ロシア・モンゴル』尾崎曜子編＋絵　アリス館　2001.4　32p　27cm　2300円　Ⓘ4-7520-0172-1
　[目次]　イェレナさんのロシア料理（ボルシチ，ロシアパン，ビーフストロガノフ，ブリニ），アマリンさんのモンゴル料理（ホーショルとボーズ，モンゴル風うどん，ポテトサラダ）
　[内容]　本書では，著者のご近所に住んでいる外国人の方々に，お国じまんの料理を紹介してもらいました。ここでは，イェレナさんにロシア料理を，アマリンさんにモンゴル料理を紹介してもらいました。

『世界の料理いただきまーす。―中国・韓国』尾崎曜子編＋絵　アリス館　2001.4　32p　27cm　2300円　Ⓘ4-7520-0173-X
　[目次]　許さんの中国料理（水ぎょうざ，コーンスープ，もち米だんご，アンニンどうふ），全さんの韓国料理（ビビンバ，チャプチェ，キムチなべ，チヂミ，わかめスープ）
　[内容]　本書では，著者のご近所に住んでいる外国人の方々に，お国じまんの料理を紹介してもらいました。ここでは，許さんに中国料理を，全さんに韓国料理を紹介してもらいました。

『中国』ステファン・C.ファインスタイン著，田口佐紀子訳　国土社　2001.3　67p　26cm　（目で見る世界の国々　53）〈索引あり〉2600円　Ⓘ4-337-26153-2

『中国と出会おう』納村公子編著　国土社　2000.8　95p　26cm　（国際理解ハンドブック）1600円　Ⓘ4-337-47702-0　Ⓝ375
　[目次]　話そう歌おう，作ろう遊ぼう，作って食べよう，物語を読んでみよう，中国理解のために
　[内容]　作ったり遊んだりしながら，中国の文化を体験できる手引き。この本を活用して，私たちの身近にある中国と出会い，人びとと出会おう。

『中国―ぎょうざ』谷川彰英監修　ポプラ社　2000.4　37p　27cm　（国際理解にやくだつ　NHK地球たべもの大百科 1）〈文献あり〉2600円　Ⓘ4-591-06336-4
　[目次]　ぎょうざ探検の旅に出発!!，中国の人びととぎょうざ，中国ってどんな国？，おくの深い中国の食文化，中国料理と漢字の関係，中国のぎょうざをつくってみよう，中国漢字クイズ，ぎょうざの歴史をみてみよう，日本のぎょうざの歴史，日本のめんの歴史，中国からの手紙
　[内容]　みんなが大好きで身近な料理から，それぞれの料理のふるさとの国を紹介します。食を通してその国のくらしや文化，歴史などを学びます。小学校高学年～中学生向け。

『中国―世界最大の人口をかかえて』ジュリア・ウォーターロー著，今西大，今西智子訳　鈴木出版　2000.4　35p　27cm　（世界の家族　総合的学習に役立つ　1）2500円　Ⓘ4-7902-3055-4,4-7902-3054-6

子どもの本　社会がわかる2000冊　　31

| アジア | 地理—世界の国と人びと |

|目次| 中国からこんにちは,家族の紹介,ウーさんの家,食べものと料理,ウーさん一家は働き者,学校と遊び,余暇と楽しみ,将来の夢,中国の歴史,もっと知りたい中国のこと,もっとくわしく調べてみよう
|内容| 本シリーズは,ふつうの家族のふつうのくらしぶりを通して,生きた国際感覚を身につけ,家族について考えるシリーズです。本巻では,世界最大の人口をかかえる中国南部の農村でくらすウーさん一家を紹介します。ウーさん一家は,総勢9人の大家族。食事はどのようなようすなのでしょう。休日の楽しみはなんでしょう。ドンくんの学校での生活はどうでしょう。将来の夢は？知っているようで意外に知らない中国のくらしをいっしょに体験してみましょう。小学校中学年〜中学校向き。

『中国の友だち』佐藤郡衛監修　学校図書　2000.4　71p　22cm　（世界の友だちとくらし）1500円　Ⓘ4-7625-1959-6
|目次| 中国に行ってみよう,上海日本人学校,中国語をおぼえよう,中国の小学校,中国の子どものくらし,中国の町を探険しよう,中国の農村をたずねる,中国のお祭りとお祝い,かえってきた香港,日本でみつけた中国,もっとよく知ろう・中華人民共和国
|内容| 「総合的な学習の時間」対応。子どもたちの"あそび"がわかる,"食べ物"がわかる,"学校生活"がわかる。これでキミも国際人になれる。

『中国』西村成雄監修・著　偕成社　1999.3　47p　29cm　（きみにもできる国際交流　1　西村成雄シリーズ総監修）〈索引あり〉2800円　Ⓘ4-03-629510-1
|目次| 1　中国へ行こう！,2　日本で見つけた中国,3　もっと知りたい中国
|内容| ニーハオ！中国式のジャンケンや周さんの料理を楽しんで,中国四千年の歴史に触れる。

◆◆東南アジア
『ベトナムのごはん』銀城康子文,バンジャマン・レイス絵　農山漁村文化協会　2008.12　32p　27cm　（絵本世界の食事　13）〈文献あり〉1800円　Ⓘ978-4-540-08198-9　Ⓝ383.8231
|目次| 朝ごはんは手早く,簡単に,昼は家に帰って食べます,晩ごはんはしっかり食べます,台所の様子を覗いてみると,一週間の料理です,なにも無駄にしない,捨てない料理です,米製品が豊富です,生野菜で風味を加えます,熱帯性の果物が豊富です,中国やフランスの影響があります,気持ちよく食べるためのマナーがあります,行事によって特別な料理があります,地方によって食事はさまざまです,ベトナムのごはんをつくってみましょう,もう少しベトナムのごはんの話
|内容| ベトナムは,インドシナ半島の東端にある,南北に細長い国です。北は中国,西はラオス,カンボジアと隣り合っています。面積は,日本から九州を引いたぐらいの広さです。北部は亜熱帯,南部は熱帯気候で,とても暑い国です。雨が多く,米がよく稔ります。野菜,果物などの農作物も豊かです。海岸線が長く,インドシナ最大のメコン川が流れ,海の魚も,川の魚も獲れます。さて,この国の人たちは普段,どんなごはんを食べているのでしょうか。ベトナム北部,首都のハノイ近郊の街に住む,ある一家の様子を覗いてみましょう。

『タイのごはん』銀城康子企画・文,いずみなほ,星桂介絵　農山漁村文化協会　2008.3　32p　27cm　（絵本世界の食事　9）1800円　Ⓘ978-4-540-07224-6　Ⓝ383.8237
|目次| 食事の基本は米のごはんです,ナムプリックは家庭の味,昼ごはんは手早く済ませます,晩ごはんはみんなでゆっくりです,台所の様子を覗いてみると,一週間の料理です,ごはんがすすむ強くはっきりした4つの味,市場に行ってみましょう,屋台をよく利用します,いろいろなマナーがあります,仏教と結び付いた食事があります,季節によって,行事と結び付いた食事があります,地方によって食事が違います,タイのごはんをつくってみましょう,もう少しタイのごはんの話
|内容| 東南アジアのほぼ中央に位置している熱帯の国タイ。普段どんなごはんを食べているのか,タイ北部チェンマイの近くの町に住むある一家の日常的な食生活の様子を覗いてみましょう。

『インドネシア』岡崎務文・写真,村井吉敬監修　ポプラ社　2007.3　47p　29cm　（体験取材！世界の国ぐに　15）〈年表あり〉2800円　Ⓘ978-4-591-09544-7　Ⓝ292.4
|目次| 1　インドネシアってどんな国？,2　人びとのくらし,3　子どものくらし,4　人びとの

地理―世界の国と人びと　　　　　　　　　　　　　　　　　　　アジア

『カンボジア』吉田忠正文・写真，ペン・セタリン監修　ポプラ社　2007.3　47p　29cm　（体験取材！世界の国ぐに 18）〈年表あり〉2800円　Ⓘ978-4-591-09547-8　Ⓝ292.35

『世界の市場　アジア編 5（ベトナム・カンボジア）』こどもくらぶ編　アリス館　2007.3　47p　29cm　2800円　Ⓘ978-4-7520-0358-8　Ⓝ673.7
目次　1 ベトナムの市場,2 カンボジアの市場,3 ベトナム・カンボジアの国情報

『タイ』渡辺一夫文・写真，小山和智監修　ポプラ社　2007.3　47p　29cm　（体験取材！世界の国ぐに 19）〈年表あり〉2800円　Ⓘ978-4-591-09548-5　Ⓝ292.37

『フィリピン』岡崎務文・写真，寺田勇文監修　ポプラ社　2007.3　47p　29cm　（体験取材！世界の国ぐに 14）〈年表あり〉2800円　Ⓘ978-4-591-09543-0　Ⓝ292.48
目次　1 フィリピンってどんな国？,2 自然にささえられたくらし,3 商業や工業にささえられたくらし,4 子どもたちのくらし,5 人びとのくらしをささえる信仰,資料編

『ベトナム』吉田忠正文・写真，坪井善明監修　ポプラ社　2007.3　47p　29cm　（体験取材！世界の国ぐに 17）〈年表あり〉2800円　Ⓘ978-4-591-09546-1　Ⓝ292.31

『マレーシア』渡辺一夫文・写真，小山和智監修　ポプラ社　2007.3　47p　29cm　（体験取材！世界の国ぐに 16）〈年表あり〉2800円　Ⓘ978-4-591-09545-4　Ⓝ292.39

『ミャンマー』佐々木ときわ文・写真，榎本隆吉監修　ポプラ社　2007.3　47p　29cm　（体験取材！世界の国ぐに 20）〈年表あり〉2800円　Ⓘ978-4-591-09549-2　Ⓝ292.38

『世界の市場　アジア編 4（タイ・マレーシア）』こどもくらぶ編　アリス館　2007.2　47p　29cm　2800円　Ⓘ978-4-7520-0357-1　Ⓝ673.7
目次　1 タイの市場,2 マレーシアの市場,3 もっと知ろうタイ・マレーシアの市場

『シンガポール修学旅行・語学研修を10倍から100倍たのしむための本―行く前の準備と帰ってからの発表をたのしもう！』稲葉茂勝，吉田忠正著，こどもくらぶ編　近畿日本ツーリスト本社営業推進室　2004.7　63p　26cm　1000円　Ⓝ292.39909

『世界の料理いただきまーす。―インドネシア・ベトナム』尾崎曜子編＋絵　アリス館　2004.3　32p　27cm　2300円　Ⓘ4-7520-0250-7,4-7520-0258-2　Ⓝ596.22
目次　ファニアマさんのインドネシア料理（ナシゴレン，ガドガド，ミーゴレン，スープアヤム），ミンカイさんのベトナム料理（魚のスープ，ぶた肉と卵のココナツミルク煮，厚あげとトマトのいため煮,生春巻き，ベトナム風サンドイッチ）

『日本からみた祖国ビルマ』マウンミンニョウ，重田敵弘著　草の根出版会　2004.3　143p　23cm　（母と子でみるA36）2200円　Ⓘ4-87648-195-4　Ⓝ302.238

『東南アジア　2　カンボジア／タイ／ベトナム／ミャンマー／ラオス』関根秋雄著　岩崎書店　2003.4　64p　29cm　（日本とのつながりで見るアジア　過去・現在・未来　第4巻）3000円　Ⓘ4-265-04864-1,4-265-10286-7　Ⓝ292.3
目次　地域を知る，タイ，ミャンマー（ビルマ），カンボジア，ラオス，ベトナム

『東南アジア　1　インドネシア／シンガポール／東ティモール／フィリピン／ブルネイ／マレーシア』木村宏一郎著　岩崎書店　2003.4　67p　29cm　（日本とのつながりで見るアジア　過去・現在・未来　第3巻）3000円　Ⓘ4-265-04863-3,4-265-10286-7　Ⓝ292.3
目次　地域を知る，フィリピン，インドネシ

アジア　　　　　　　　　　　　　　　　地理―世界の国と人びと

ア，シンガポール，マレーシア，ブルネイ，東ティモール

『小野先生のラオス学校だより』小野崇著　少年写真新聞社　2003.3　106p　22cm　1400円　Ⓘ4-87981-160-2　Ⓝ302.236

『フィリピンと出会おう』ピナツボ復興むさしのネット，山田伸男，出口雅子編著　国土社　2002.10　87p　26cm　（国際理解ハンドブック）1600円　Ⓘ4-337-47704-7

|目次| 作って食べよう，作って遊ぼう，みんなで遊ぼう，話そう歌おう，フィリピンを学ぼう

|内容| 7000もの島々からなるフィリピンは，多様な民族と文化をもつ国。この本を活用して作ったり遊んだりしながら，私たちの身近にあるフィリピンと，そして人びとと出会ってみよう。

『インドネシア』藤沢皖監修，安田律子美術監修，スタンディヨ・アンディアルワント情報監修　ポプラ社　2002.4　48p　31cm　（友だちが描いたアジア21世紀　国際理解にやくだつ 6）2950円　Ⓘ4-591-07084-0,4-591-99430-9

|目次| 友だちが描いたアジア21世紀，インドネシアの友だちが描いた絵，インドネシアの友だちの毎日

|内容| 田んぼの水入れ・自然災害・独立記念日・火山の噴火・おたがいにあやまる・悲しい事件・ボロブドール遺跡，がテーマ。

『タイ』藤沢皖監修，安田律子美術監修，パッチャラー・ロチンダーラット情報監修　ポプラ社　2002.4　48p　31cm　（友だちが描いたアジア21世紀　国際理解にやくだつ 4）2950円　Ⓘ4-591-07082-4,4-591-99430-9

|目次| 友だちが描いたアジア21世紀，タイの友だちが描いた絵，タイの友だちの毎日

|内容| 私の家・2544年10月・果物・きれいな花・父とぼく・ぼくの楽しみ・きれいな滝・テュンセントーン，がテーマ。

『フィリピン』藤沢皖監修，安田律子美術監修，アウレリオ・バレンシアノ情報監修　ポプラ社　2002.4　48p　31cm　（友だちが描いたアジア21世紀　国際理解にやくだつ 3）2950円　Ⓘ4-591-07081-6,4-591-99430-9

|目次| 友だちが描いたアジア21世紀，フィリピンの友だちが描いた絵，フィリピンの友だちの毎日

|内容| どうして教育が大切ですか・悪い麻薬を使う人・家の手伝い・ゴミ・夢の家・教会・体操・こわかったこと，がテーマ。

『マレーシア』藤沢皖監修，安田律子美術監修，ノール・アフィザ・マット・ラザリ情報監修　ポプラ社　2002.4　48p　31cm　（友だちが描いたアジア21世紀　国際理解にやくだつ 5）2950円　Ⓘ4-591-07083-2,4-591-99430-9

|目次| 友だちが描いたアジア21世紀，マレーシアの友だちが描いた絵，マレーシアの友だちの毎日

|内容| 地元の果物・アミン君コーランを読む・洪水が地元におこった・バッティクの模様・農村の生活・水牛・キャンプ，がテーマ。

『カンボジアの子どもたち』西村佐二指導　学習研究社　2002.2　63p　27cm　（世界の子どもたちはいま　22）3000円　Ⓘ4-05-201412-X,4-05-810629-8

|目次| 学校のこと，家庭のこと，生活のこと

|内容| カンボジアは、インドシナ半島南部のメコン川流域に広がる国です。東はベトナム、西はタイ、北はラオスと国境を接しています。民族の大半はクメール人で、公用語はクメール語ということばです。平和を取りもどした首都プノンペンでは、国際的な援助のもとで、国の復興が進んでいます。人口も急激に増加しています。そして、学校に通う生徒も増え、学校の建設と先生の数が、生徒の数に追いついていかない状態です。そのプノンペン市北西部の、住宅街にある小学校に通う6年生の男の子と女の子に、日ごろの生活をしょうかいしてもらいましょう。

『世界の料理いただきまーす。―タイ・インド』尾崎曜子編＋絵　アリス館　2001.4　32p　27cm　2300円　Ⓘ4-7520-0174-8

|目次| ナダーさんとアリーヤさんのタイ料理（はるさめサラダ，ひき肉の茶わんむし，チャーハン，卵どうふのスープ，かぼちゃのココナツミルク煮），プロモドさんのインド料理（チキンマサラ，卵カレー，エビカレー，キャベツライス，タンドリチキン）

|内容| 本書では、著者のご近所に住んでいる

外国人の方々に、お国じまんの料理を紹介してもらいました。ここでは、ナダーさんとアリーヤさんにタイ料理を、プロモドさんにインド料理を紹介してもらいました。

『タイ―トムヤムクン』谷川彰英監修　ポプラ社　2001.4　37p　27cm　（国際理解にやくだつ　NHK地球たべもの大百科　8）2600円　①4-591-06713-0,4-591-99367-1
目次　トムヤムクン探検の旅に出発!!,タイのスープ料理,タイってどんな国？,タイのこどもたち,タイのトムヤムクンをつくってみよう,そのほかのタイ料理に挑戦！,熱帯雨林のタイにすむ生きものの大集合！,食材ゆたかなタイの食文化,タイと日本の関係,世界のスープいろいろ,タイからの手紙
内容　みんなが大好きな身近な料理から、それぞれの料理のふるさとの国を紹介します。食を通してその国のくらしや文化、歴史などを学びます。8巻は、タイの食文化について。小学校高学年～中学生向け。

『カンボジア』ロリ・コールマン著，千野境子訳　国土社　2001.3　67p　26cm　（目で見る世界の国々　54）〈索引あり〉2600円　①4-337-26154-0
目次　1　国土,2　歴史と政治,3　人びとのくらしと文化,4　経済

『ベトナムの子どもたち』西村佐二指導　学習研究社　2001.2　63p　27cm　（世界の子どもたちはいま　16）3000円　①4-05-201239-9,4-05-810601-8

『マレーシアの子どもたち』西村佐二指導　学習研究社　2001.2　63p　27cm　（世界の子どもたちはいま　9）3000円　①4-05-201232-1,4-05-810601-8

『フィリピン・メキシコ―ココヤシ料理・タコス』谷川彰英監修　ポプラ社　2000.4　37p　27cm　（国際理解にやくだつ　NHK地球たべもの大百科　7）〈文献あり〉2600円　①4-591-06342-9
目次　フィリピン―ココヤシ料理,メキシコ―タコス
内容　みんなが大好きで身近な料理から、それぞれの料理のふるさとの国を紹介します。食を通してその国のくらしや文化、歴史などを学びます。小学校高学年～中学生向け。

『ベトナム―戦争の傷あとを夢にかえて』サイモン・スクーンズ著，今西大，今西智子訳　鈴木出版　2000.4　35p　27cm　（世界の家族　総合的学習に役立つ　2）2500円　①4-7902-3056-2,4-7902-3054-6
目次　ベトナムからこんにちは,家族の紹介,代々の家,食べものと料理,けんめいに働く,学校と遊び,余暇と楽しみ,将来の夢,ベトナムの歴史,もっと知りたいベトナムのこと,もっとくわしく調べてみよう
内容　本シリーズは、ふつうの家族のふつうのくらしぶりを通して、生きた国際感覚を身につけ、家族について考えるシリーズです。本巻では、復興のめざましいベトナムの首都、ハノイ近郊でくらすウングーエンさん一家を紹介します。一家はどのような家でくらしているのでしょう。フンくんが朝早く起きて、いちばんにする仕事はなんでしょう。ウングーエンさんたちはどんな料理をどのようにして食べるのでしょう。休日はどんなふうにすごすのでしょう。学校は？将来の夢は？日本とも関係の深いベトナムのふつうの生活をいっしょに体験してみましょう。小学校中学年～中学校向き。

『フィリピン』大上正直監修，こどもくらぶ編・著　偕成社　2000.3　47p　29cm　（きみにもできる国際交流　12　中西輝政総監修）〈索引あり〉2800円　①4-03-629620-5
目次　1　フィリピンへ行こう！,2　日本で見つけたフィリピン,3　もっと知りたいフィリピン
内容　フィリピンは、英語が公用語。アジアの国なのに、どうして英語を使うのかな。フィリピン独自のことばや文化は？世界一周の航海をしたマゼランがフィリピンで死んだこと、江戸時代から日本人町があることなど、フィリピンについて、歴史的に興味深いことが多い。フィリピンのかかえている問題や、NGOのようすも調べてみよう。日本にもフィリピンの友だちがたくさん来ているけど、この本を読むと、今まで気づかなかったことがあれこれ見えてくるよ。

『タイの子どもたち』西村佐二指導　学習研究社　2000.2　63p　27cm　（世界の子どもたちはいま　7）3000円　①4-05-201114-7,4-05-810579-8

『タイ・ミャンマー』宮本マラシ，南田みどり監修，こどもくらぶ編・著　偕成

社 1999.4 47p 29cm （きみにもできる国際交流 4 西村成雄シリーズ総監修）〈索引あり〉2800円 Ⓘ4-03-629540-3

[目次] 1 タイ・ミャンマーへ行こう！,2 日本で見つけたタイ・ミャンマー,3 もっと知りたいタイ・ミャンマー

[内容] タイやミャンマーは、どこにあるの？そこでは、子どもたちは、どんな服を着て、どんな食事をして、どんな遊びをしているのかな。王様の国タイのあいさつのしぐさ「ワイ」や、ミャンマーの服装ロンデーの着方などを習って、タイ・ミャンマーの魅力に触れてみよう。また、タイダンスを鑑賞したり、ミャンマー料理を作ってみるなど、日本で触れられる身近なタイ・ミャンマーを発見してみよう。今まで気づかなかったタイ・ミャンマーとのつながりが見えてくるよ。案内役は、"国際人"（コスモポリタン）という意味の、コスモちゃんとポリタンくん。この本を通して、きみたちがアジアの人々に関心をもち、楽しく国際交流ができるようになれば、うれしいな。

『ベトナム』冨田健次監修，大貫美佐子著 偕成社 1999.4 47p 29cm （きみにもできる国際交流 6 西村成雄シリーズ総監修）〈索引あり〉2800円 Ⓘ4-03-629560-8

[目次] 1 ベトナムへ行こう！,2 日本で見つけたベトナム,3 もっと知りたいベトナム

[内容] ベトナムって、どこにあるの？ベトナムの子どもたちは、どんな服を着て、どんな食事をして、どんな遊びをしているのかな。アオザイとかテトって聞いたことある？ベトナムではサッカーもさかん。色とりどりの花や人形しばいを見たりして、ベトナムの魅力をさぐってみよう。また、日本に住んでいるベトナムの人を訪ねたり、ベトナム料理を作ってみるなど、日本で触れられるベトナムも発見してみよう。今まで気づかなかったベトナムとのつながりが見えてくるよ。案内役は、"国際人"（コスモポリタン）という意味の、コスモちゃんとポリタンくん。この本を通して、きみたちがアジアの国々に関心をもち、楽しく国際交流ができるようになれば、うれしいな。

『マレーシア・シンガポール・インドネシア』田中恭子監修・著 偕成社 1999.4 47p 29cm （きみにもできる国際交流 5 西村成雄シリーズ総監修）〈索引あ り〉2800円 Ⓘ4-03-629550-0

[目次] 1 マレーの国々へ行こう！,2 日本で見つけたマレーの国々,3 もっと知りたいマレーの国々

[内容] マレー鉄道やガムラン音楽。新しさと伝統的な文化がとけ合った、マレー3国の姿を紹介。

◆◆南アジア

『インド』A.カマラ・ダラル著，ラメシュ・C.ドゥサ，プラディウムナ・P.カラン監修 ほるぷ出版 2008.10 64p 25cm （ナショナルジオグラフィック世界の国）〈年表あり〉2000円 Ⓘ978-4-593-58550-2 Ⓝ292.5

『インド』渡辺一夫文・写真，山下博司監修 ポプラ社 2007.3 47p 29cm （体験取材！世界の国ぐに 22）〈年表あり〉2800円 Ⓘ978-4-591-09551-5 Ⓝ292.5

『ブータン』岡崎務文・写真，森靖之監修 ポプラ社 2007.3 47p 29cm （体験取材！世界の国ぐに 21）〈年表あり〉2800円 Ⓘ978-4-591-09550-8 Ⓝ292.588

『インドのごはん』銀城康子企画・文，高松良己絵 農山漁村文化協会 2007.1 32p 27cm （絵本世界の食事 2）1800円 Ⓘ978-4-540-06290-2 Ⓝ383.825

[目次] 朝早く、お父さんは市場で買い物です、スパイスの国、インド、体にやさしい朝ごはん、最も大切な昼ごはん、夕方の軽食とあっさりした夜ごはん、台所の様子を覗いてみると、一週間の料理、食中毒を防ぐ工夫をしています、インドの食事の習慣、食事を清らかにするマナーがあります、宗教によって食べてはいけないものがあります、季節によって食事が変わります、地方によって食事が違います、インドのごはんをつくってみましょう、もう少しインドのごはんの話

[内容] ナマスカール（こんにちは）。インドは北がヒマラヤ山脈にそって広がり、南がインド洋に逆三角形のように突き出した国です。広さは日本の約10倍、人の数は約8倍のたいへん大きな国です。暑い地域が広いのですが、雪の降る地域もあり、場所によって気候風土がかなり異なります。それぞれの地域によって、人々の食事もずいぶん違

地理─世界の国と人びと　　　　　　　　　　　　　　　　　　　　　　　　　　　　　　アジア

います。この国の人たちは、ふだん、どんなごはんを食べているのでしょうか。インド北東部の都市コルカタ（カルカッタ）に住む一家の様子を覗いてみましょう。

『パキスタン』ステーシー・タウスボールスタッド著, 広瀬三矢子訳　国土社　2004.2　68p　26cm　（目で見る世界の国々 67）2800円　Ⓘ4-337-26167-2　Ⓝ292.57
[目次] 1 国土,2 歴史と政治,3 人びとのくらし,4 文化,5 経済

『南アジア　インド／スリランカ／ネパール／パキスタン／バングラデシュ／ブータン／モルディブ』大橋正明, 五十嵐理奈著　岩崎書店　2003.4　67p　29cm　（日本とのつながりで見るアジア 過去・現在・未来 第5巻）3000円　Ⓘ4-265-04865-X,4-265-10286-7　Ⓝ292.
[目次] 地域を知る, 現代を知る, インド, スリランカ, ネパール, パキスタン, バングラデシュ, ブータン, モルディヴ

『ぼくの夢は学校へ行くこと─バングラデシュ～紅茶畑の軒下教室から』今西乃子文, 浜田一男写真　佼成出版社　2002.12　127p　22cm　（感動ノンフィクションシリーズ）1500円　Ⓘ4-333-01993-1　Ⓝ333.82576
[目次] 第1章 NGOへの参加, 第2章 バングラデシュという国, 第3章 シレットは紅茶の街, 第4章 軒下教室, 第5章 ジュトンという子, 第6章 紅茶畑の一日, 第7章 村人たちの心, 第8章 ジュトンのお父さん, 第9章 人間としての「名誉」を求めて
[内容] 学校へ行きたくても, 貧困やさまざまな理由から, 学校へ行くことをゆるされない子どもたち。心の底から「学びたい！」とさけぶかれらの力になりたくて, わたしの心は動き出した…。

『インド』藤沢皖監修, 安田律子美術監修, プシュケラ・マニ情報監修　ポプラ社　2002.4　48p　31cm　（友だちが描いたアジア21世紀 国際理解にやくだつ 7）2950円　Ⓘ4-591-07085-9,4-591-99430-9
[目次] 友だちが描いたアジア21世紀, インドの友だちが描いた絵, インドの友だちの毎日

[内容] つらい場面・ビシュカニ・グジャラート地震の悲劇・へび使い・家での忘れられないできごと・どろぼう, がテーマ。

『スリランカ』藤沢皖監修, 安田律子美術監修, ラビ・セナナヤケ情報監修　ポプラ社　2002.4　48p　31cm　（友だちが描いたアジア21世紀 国際理解にやくだつ 8）2950円　Ⓘ4-591-07086-7,4-591-99430-9
[目次] 友だちが描いたアジア21世紀, スリランカの友だちが描いた絵, スリランカの友だちの毎日
[内容] 戦争・おばあちゃんのお葬式・罪・カバディ・夕方の海岸・お母さんが外国からもどってきた日・平和の祈り, がテーマ。

『世界の料理いただきまーす。─タイ・インド』尾崎曜子編+絵　アリス館　2001.4　32p　27cm　2300円　Ⓘ4-7520-0174-8
[目次] ナダーさんとアリーヤさんのタイ料理（はるさめサラダ, ひき肉の茶わんむし, チャーハン, 卵どうふのスープ, かぼちゃのココナツミルク煮）, プロモドさんのインド料理（チキンマサラ, 卵カレー, エビカレー, キャベツライス, タンドリチキン）
[内容] 本書では, 著者のご近所に住んでいる外国人の方々に, お国じまんの料理を紹介してもらいました。ここでは, ナダーさんとアリーヤさんにタイ料理を, プロモドさんにインド料理を紹介してもらいました。

『インド─カレー』谷川彰英監修　ポプラ社　2000.4　37p　27cm　（国際理解にやくだつ NHK地球たべもの大百科 2）〈文献あり〉2600円　Ⓘ4-591-06337-2
[目次] カレー探検の旅に出発!!, インドの人びとのくらしとカレー, インドにはカレー粉がない!?, インドってどんな国？, 食事と宗教の関係, インドのカレーをつくってみよう, スパイスをさがせ！, くらしの中のスパイス, スパイスの歴史をみてみよう, 日本のカレーの歴史, いろいろな国のカレー, インドからの手紙
[内容] みんなが大好きで身近な料理から, それぞれの料理のふるさとの国を紹介します。食を通してその国のくらしや文化, 歴史などを学びます。小学校高学年～中学生向け。

『インドの子どもたち』西村佐二指導　学習研究社　2000.2　63p　27cm　（世

子どもの本 社会がわかる2000冊　37

『インド・パキスタン・バングラデシュ・スリランカ』佐藤宏監修・著　偕成社　1999.3　47p　29cm　（きみにもできる国際交流 3　西村成雄シリーズ総監修）〈索引あり〉2800円　Ⓣ4-03-629530-6
[目次] 1　インドへ行こう！,2　日本で見つけたインド,3　もっと知りたいインド
[内容] 知恵の結晶のカレーにサリー。そして独特なお祭り。哲学の国インドの深い魅力を探る。

◆◆西南アジア

『ムスタファの村―イラク共和国』森住卓文・写真　新日本出版社　2009.4　31p　21×22cm　（シリーズ核汚染の地球 2）1500円　Ⓣ978-4-406-05237-5

『池上彰のニュースに登場する国ぐにのかげとひかり―これだけは知っておきたいこと 2　西アジア・アフリカ』稲葉茂勝著, 池上彰監修　さ・え・ら書房　2009.1　39p　29cm〈索引あり〉2500円　Ⓣ978-4-378-01182-0　Ⓝ302
[目次] パキスタン「タリバン掃討作戦開始とホテル爆弾テロ」, アフガニスタン「アフガニスタンで日本人が殺害された」, イラン「イランがウラン濃縮を再開」, イラク「バグダッドで車爆弾テロ63人死亡」, トルコ「トルコ空軍イラク北部を空爆」, イスラエル「イスラエルとハマスが停戦合意」, パレスチナ「パレスチナ連立政権誕生」, アラブ首長国連邦「パーム・アイランド」, エジプト「カイロで岩壁の崩壊」, スーダン「スーダン難民」, ソマリア「ソマリア沖で海賊横行」, ケニア「首都で大暴動」, コンゴ「内戦とマウンテンゴリラ」
[内容] 世界から伝わってくる悲惨なニュース。人が人の死を知っても何も感じないことほどおそろしいことはありません。この本で, 各国の「かげ」と「ひかり」を見て命の大切さを考えてください。

『イラク』チャーリー・サミュエルズ著, サラ・シールズ, シャキール・ムスタファ監修　ほるぷ出版　2008.9　64p　25cm　（ナショナルジオグラフィック世界の国）〈年表あり〉2000円　Ⓣ978-4-593-58548-9　Ⓝ292.73

『トルコのごはん』銀城康子企画・文, 高松良己絵　農山漁村文化協会　2008.1　32p　27cm　（絵本世界の食事 10）1800円　Ⓣ978-4-540-07225-3　Ⓝ383.8274
[目次] 焼きたてのパンで朝ごはんです, 昼ごはんは都合に合わせて, 晩ごはんの準備は, チャイを楽しみながら時間をかけて, 晩ごはんは, しっかりゆっくり食べます, 台所の様子を覗いてみると, 一週間の昼と夜の料理です, 肉は鳥の頭の大きさです, 味の決め手はヨーグルトとトマトです, さまざまなマナーがあります, 文化の交差点は食の交差点, 断食の月があります, 季節で料理が変化します, 地域によって食事が違います, トルコのごはんをつくってみましょう, もう少しトルコのごはんの話
[内容] トルコ料理は, フランス料理, 中華料理と並んで, 世界三大料理と言われています。さて, この国の人たちは普段, どんなごはんを食べているのでしょうか？

『ジス・イズ・イスラエル』ミロスラフ・サセック著, 松浦弥太郎訳　ブルース・インターアクションズ　2007.5　60p　31cm　1800円　Ⓣ978-4-86020-225-5　Ⓝ302.279

『パレスチナ―非暴力で占領に立ち向かう』清末愛砂著　草の根出版会　2006.1　127p　26cm　（母と子でみる A45）〈年表あり〉2200円　Ⓣ4-87648-226-8　Ⓝ302.279

『三つの願い―パレスチナとイスラエルの子どもたち』デボラ・エリス著, もりうちすみこ訳　さ・え・ら書房　2006.1　189p　20cm　1400円　Ⓣ4-378-03402-6　Ⓝ302.279
[内容] 迫害をのがれて, 検問所を通って学校へ, イスラエル人の歴史を学んで, 家族と別れて暮らして, 爆弾におびえながら, ふつうの生活を奪われて, 心にのしかかる兵役, 占領に負けないで, 壁と兵士に守られて, 危険な旅をしてまで, 心に傷を負って, 難民キャンプから出られずに, 石で戦って, 友だちを殺されて, 何度も家を破壊されて, 兵役を前に, 自爆者の姉を持って, 沈黙の抗議
[内容] パレスチナとイスラエルの子どもたち

地理―世界の国と人びと　　　　　　　　　　　　　　　　　　　　　　　　　アジア

ひとりひとりが，願うなら，「きっと，戦争は終わる」あなたたちが，ほんとうに望むなら。「人はなぜ憎みあうのか？」複雑すぎてよくわからないパレスチナ紛争。そんな紛争下で暮らす子供たちの本音に迫るインタビュー集。

『私の大好きな国アフガニスタン』安井浩美著・写真　あかね書房　2005.7　127p　20cm　1200円　Ⓘ4-251-09834-X　Ⓝ302.271
[目次]　第1章　アフガニスタンという国, 第2章　アフガニスタンに生まれて, 第3章　サブジナの毎日, 第4章　戦争を乗り越えて
[内容]　「どんなに戦争で壊されても, どんなに生活が苦しくても, わたしの国だもの」23年間も続いた戦争が終結したアフガニスタン。戦火をくぐり抜けてきた少女サブジナの目を通して語られる, アフガニスタンの昨日, 今日, そして明日―。

『イラクに生きる―アイ・ラブ・イラク』佐藤好美写真・文　国土社　2004.8　31p　23×25cm　1600円　Ⓘ4-337-09904-2　Ⓝ302.273

『西南シルクロード 少数民族の旅』川西正幸著　草の根出版会　2004.5　135p　23cm　（母と子でみる A38）2200円　Ⓘ4-87648-198-9　Ⓝ382.223

『イスラム教とイラクの人びと』平田伊都子文・イラスト, 川名生十写真　汐文社　2004.4　47p　27cm　（教えて！イラクの戦争と今むかし 3）1800円　Ⓘ4-8113-7817-2　Ⓝ302.273
[目次]　イラクの許せない物語, アメリカ軍占領下のイラク, アメリカ軍と友軍, まだ戦争？, おーい国連！戦禍は続く…, コーランの支え, 宗教, 民族, 家族〔ほか〕

『サウジアラビア』キャサリン・ブロバーグ著, 竹信悦夫訳　国土社　2004.3　68p　26cm　（目で見る世界の国々 65）2800円　Ⓘ4-337-26165-6　Ⓝ292.781
[目次]　1 国土, 2 歴史と政治, 3 人びとのくらし, 4 文化, 5 経済

『世界の料理いただきまーす。―トルコ・ハンガリー』尾崎曜子編＋絵　アリス館　2004.3　32p　27cm　2300円　Ⓘ4-7520-0249-3,4-7520-0258-2　Ⓝ596.2
[目次]　ドゥイグさんのトルコ料理（ポウチャ, トルコ風スクランブルエッグ, 羊飼いのサラダ, 肉とキャベツの煮こみ, にんじんココアボール）, エディトさんのハンガリー料理（グヤーシュ, パプリカチキン, ポテトとサラミのオーブン焼き, ライスプディング）

『アフガニスタン勇気と笑顔―写真絵本』内堀たけし写真・文　国土社　2004.2　41p　23×25cm　1500円　Ⓘ4-337-09901-8　Ⓝ302.271

『今イラクで起きていること！』平田伊都子文・イラスト, 川名生十写真　汐文社　2003.11　47p　27cm　（教えて！イラクの戦争と今むかし 1）1800円　Ⓘ4-8113-7815-6　Ⓝ302.273
[目次]　イラクってどんな所？, がれきの下の子どもたち, 学校は？病院は？, はたらく子どもたち, 食べ物は大丈夫か, 危ないよ！―不発弾がいっぱい, はじまりは湾岸戦争, ブッシュの多国籍軍vsサダム・イラク軍, 劣化ウラン―悪魔の放射能, 「国連経済制裁」って？〔ほか〕

『西アジア　アフガニスタン/アラブ首長国連邦/イエメン/イスラエル/イラク/イラン/オマーン/カタール/キプロス/クウェート/サウジアラビア/シリア/トルコ/バーレーン/パレスチナ/ヨルダン/レバノン』清原工著　岩崎書店　2003.4　67p　29cm　（日本とのつながりで見るアジア　過去・現在・未来　第6巻）3000円　Ⓘ4-265-04866-8,4-265-10286-7　Ⓝ292.7
[目次]　地域を知る, トルコ, キプロス, クウェート, イラク, イラン, アフガニスタン, オマーン, イエメン, バーレーン, カタール, サウジアラビア, アラブ首長国連邦, ヨルダン, シリア, レバノン, イスラエル, パレスチナ

『アフガニスタン』メアリー・M.ロジャース著, 竹信悦夫訳　国土社　2002.2　67p　26cm　（目で見る世界の国々 59）2600円　Ⓘ4-337-26159-1
[目次]　1 国土, 2 歴史と政治, 3 人びとのくらしと文化, 4 経済

『イラク』メアリー・M.ロジャース著,

東真理子訳　国土社　2002.2　67p　26cm　（目で見る世界の国々 60）2600円　Ⓘ4-337-26160-5
[目次] 1 国土,2 歴史と政治,3 人びとのくらしと文化,4 経済

『シリア』ダン・フィルビン著, 石浜みかる訳　国土社　2002.2　67p　26cm　（目で見る世界の国々 61）2600円　Ⓘ4-337-26161-3
[目次] 1 国土,2 歴史と政治,3 人びとのくらしと文化,4 経済

『イラン』メアリー・M.ロジャース著, 東真理子訳　国土社　2001.3　67p　26cm　（目で見る世界の国々 56）〈索引あり〉2600円　Ⓘ4-337-26156-7
[目次] 1 国土,2 歴史と政治,3 人びとのくらしと文化,4 経済

『オマーンの子どもたち』西村佐二指導　学習研究社　2001.2　63p　27cm　（世界の子どもたちはいま 14）3000円　Ⓘ4-05-201237-2,4-05-810601-8

『夢』モハメッド・バシール・クルディ原案, 鈴木リマ作画　サウディアラビア大使館　2000.11　1冊（ページ付なし）26cm　（アラブ発見 v.6）非売品　Ⓝ292.781

『アッサラーム・アレイコム』モハメッド・バシール・クルディ原案, 鈴木リマ作画　サウディアラビア大使館　2000.9　1冊（ページ付なし）26cm　（アラブ発見 v.4）非売品　Ⓝ302.2781

『イラク―経済封鎖下のイスラムのくらし』ジョン・キング著, 今西大, 今西智子訳　鈴木出版　2000.4　35p　27cm　（世界の家族　総合的学習に役立つ 3）2500円　Ⓘ4-7902-3057-0,4-7902-3054-6
[目次] イラクからこんにちは, 家族の紹介, イラクの家, 食べものと料理, 仕事はいろいろ, 学校と遊び, 余暇と楽しみ, 将来の夢, イラクの歴史, もっと知りたいイラクのこと, もっとくわしく調べてみよう
[内容] 本シリーズは, ふつうの家族のふつうのくらしぶりを通して, 生きた国際感覚を身につけ, 家族について考えるシリーズです。本巻では, 経済制裁のつづくイラクでくらすサレフさんとむすめ夫婦のアリさん一家を紹介します。イスラム教徒である一家の食事はどんなものでしょう。休日はどのようにすごすのでしょう。イスラム教徒の信仰生活とはどのようなものでしょう。学校は？将来の夢は？日本では紹介されることがほとんどないイラクのふつうのくらしをいっしょに体験してみましょう。小学校中学年～中学校向き。

『リヤド』鈴木リマ著　サウディアラビア大使館　2000.4　1冊（ページ付なし）21cm　（アラブ発見 v.2）非売品　Ⓝ292.781

『トルコ・シリア』勝田茂, 高階美行監修, こどもくらぶ編・著　偕成社　1999.4　47p　29cm　（きみにもできる国際交流 7　西村成雄シリーズ総監修）〈索引あり〉2800円　Ⓘ4-03-629570-5
[目次] 1 トルコ・シリアへ行こう！,2 日本で見つけたトルコ・シリア,3 もっと知りたいトルコ・シリア
[内容] 東西文明の十字路, 中東。歴史の舞台を訪ねてバス旅行。小学校で異文化体験も試みる。

◆ヨーロッパ

『池上彰のニュースに登場する国ぐにのかげとひかり―これだけは知っておきたいこと 3　ヨーロッパ・ロシア』稲葉茂勝著, 池上彰監修　さ・え・ら書房　2009.2　39p　29cm〈索引あり〉2500円　Ⓘ978-4-378-01183-7　Ⓝ302
[目次] イギリス「聖火リレー妨害」, ベルギー「国家分裂の危機」, デンマーク「ムハンマドの風刺画掲載」, グリーンランド「疎外されつづけてきたイヌイット」, ドイツ「国民の4分の1が低所得者」, フランス「原発大国フランス」, スペイン「漁民のストライキ」, イタリア「各地で最高気温37度の猛暑」, ロシア「サハリン2建設終了後, 不況のおそれ」, モンテネグロ「モンテネグロ独立宣言, 旧ユーゴ完全解体」, コソボ「コソボ自治州, 独立宣言」
[内容] 世界から伝わってくる悲惨なニュース。人が人の死を知っても何も感じないことほどおそろしいことはありません。この本で, 各国の「かげ」と「ひかり」を見て命の大切さを考えてください。

地理―世界の国と人びと　　　　　　　　　　　　　　　ヨーロッパ

『国際理解に役立つEUの大研究―しくみ・政策から加盟国まで』EUインスティテュート関西監修　PHP研究所　2008.1　79p　29cm〈年表あり〉2800円　①978-4-569-68743-8　Ⓝ333.7
[目次]第1章 EUって何？，第2章 EU加盟国を知ろう，第3章 EUの動きを知ろう，エピローグ これからのEUと世界
[内容]本書では，EUの歴史やしくみ（第1章），それぞれの加盟国の姿（第2章）そして，政策など現在のEUの動きと将来（第3章）について，できるだけわかりやすくまとめることを心がけました。

『元気が出る！世界の朝ごはん　3（ヨーロッパ）』服部幸応，服部津貴子監修　日本図書センター　2007.3　47p　27cm　3000円　①978-4-284-40048-0,978-4-284-40045-9　Ⓝ383.8

『EUの政治と経済』田中信世監修・編，山崎智嘉著，種田瑞子イラスト　汐文社　2005.10　48p　27cm　（もっと知ろうよ！EU 第2巻）2000円　①4-8113-8013-4　Ⓝ333.7
[目次]プロローグ EUがまたバラバラになる？，第1部 EUってどんなしくみ？，第2部 EUの国々を知ろう！―ひと目でわかる国別情報その2
[内容]第2巻では，EUがどんなしくみで，いろいろな国との連合としての働きをしているかをみます。

『EUの文化とことば』田中信世監修・編，山崎智嘉著，種田瑞子イラスト　汐文社　2005.10　48p　27cm　（もっと知ろうよ！EU 第3巻）〈「もっと知ろうよ！EU」第1-3巻の索引あり〉2000円　①4-8113-8014-2　Ⓝ302.3
[目次]プロローグ ヨーロッパの歴史は戦争の歴史，第1部 EUってどんな文化，ことば？，第2部 EUの国々を知ろう！

『EUの歴史』田中信世監修・編，山崎智嘉著，種田瑞子イラスト　汐文社　2005.8　47p　27cm　（もっと知ろうよ！EU 第1巻）2000円　①4-8113-8012-6　Ⓝ333.7
[目次]プロローグ EUの未来はどうなる？，第1部 EUってなに？，第2部 EUの国々を知ろう！―ひと目でわかる国別情報その1

『私たちのヨーロッパ』エドアール・プラムラン文，大村浩子，大村敦志訳，シルヴィア・バタイユ絵　信山社出版　2004.4　50p　25cm　（若草の市民たち 3）1400円　①4-7972-3125-4　Ⓝ333.7

『欧州連合―ヨーロッパをひとつに』ジリアン・パウエル著　ほるぷ出版　2003.4　35p　27cm　（調べてみよう世界のために働く国際機関）2800円　①4-593-57606-7　Ⓝ333.7
[目次]1 なぜ，欧州連合は設立されたの？,2 欧州連合とは？,3 欧州連合の仕事,4 農業,5 貿易と産業,6 EU法,7 金融,8 将来への挑戦
[内容]欧州連合（EU）は，ヨーロッパの平和の推進を目標に，ヨーロッパの国々が政治・経済・金融の上で団結しようと設立されました。この本では，EUがどのようにヨーロッパの経済安定に努め，食糧問題や，人びとの安全の問題，法律などの問題と関わっているかを紹介します。

『ヨーロッパの食べもの』江上佳奈美監修，星川妙子文　小峰書店　2001.4　51p　29cm　（国際理解に役立つ世界の衣食住 2）〈索引あり　文献あり〉2800円　①4-338-17702-0,4-338-17700-4
[目次]1 めずらしい食べもの発見！―フランス，2 パスタとオリーブ油の国―イタリア,3 魚料理が多い国―スペイン，ポルトガル,4 魚のフライや肉料理が伝統―イギリス，アイルランド,5 ソーセージやチーズがたくさん！―ドイツ，スイス，オーストリア,6 あたたかい料理と魚や貝の料理―オランダ，ベルギー,7 パプリカやヨーグルトを使う料理―ハンガリー，チェコ，ブルガリア,8 スメルゴスブードで料理選び―スウェーデン，ノルウェー，フィンランド，デンマーク,9 スープとパンがいっぱい―ロシア,10 世界のたいせつな穀物，小麦―小麦
[内容]2巻では，ヨーロッパの食べものを，紹介しています。日本につたわっている，パスタやパイ，バイキング料理が，本場ではどんな料理か，知ることができます。「つくってみよう」では，イタリアの「トマトスパゲティ」，ジャガイモを入れたスペインの「スパニッシュオムレツ」，夏にさっぱりと食べられる，ブルガリアの「つめたいヨーグルトスープ」を紹介しています。

◆◆イギリス・アイルランド

『イギリス』レイチェル・ビーン著，ロバート・ベネット，マイケル・ダンフォード監修　ほるぷ出版　2009.3　64p　25×19cm（ナショナルジオグラフィック　世界の国）2000円　①978-4-593-58555-7
[目次] 地理，自然，歴史，人と文化，政治と経済

『イギリス』渡辺一夫文・写真，田口知子監修　ポプラ社　2008.3　47p　29cm（体験取材！世界の国ぐに　23）〈年表あり〉2800円　①978-4-591-10066-0　Ⓝ293.3

『ジス・イズ・エジンバラ』ミロスラフ・サセック著，松浦弥太郎訳　ブルース・インターアクションズ　2007.8　59p　31cm　1800円　①978-4-86020-231-6　Ⓝ302.332
[内容] 街そのものが，世界遺産です。This is GOOD OLD City！あの頃の，この街へようこそ！みんな大好きなタータン・チェック，美しいキャッスル・ロック，バグパイプが奏でる牧歌的な調べ…。作家J・K・ローリングが『ハリー・ポッターと賢者の石』を書き上げた街へいってみよう。

『ジス・イズ・ヒストリックブリテン』ミロスラフ・サセック著，松浦弥太郎訳　ブルース・インターアクションズ　2006.10　60p　31cm　1800円　①4-86020-197-3　Ⓝ293.302

『ジス・イズ・アイルランド』ミロスラフ・サセック著，松浦弥太郎訳　ブルース・インターアクションズ　2005.5　59p　31cm　1800円　①4-86020-128-0　Ⓝ302.339

『ジス・イズ・ロンドン』ミロスラフ・サセック著，松浦弥太郎訳　ブルース・インターアクションズ　2004.11　60p　31cm　1600円　①4-86020-109-4　Ⓝ302.3233

『イギリス―お茶とケーキ』谷川彰英監修　ポプラ社　2000.4　37p　27cm（国際理解にやくだつ　NHK地球たべもの大百科　5）〈文献あり〉2600円　①4-591-06340-2
[目次] お茶とケーキ探検の旅に出発!!，イギリス人のくらしと紅茶，紅茶のいろいろな種類，イギリスってどんな国？，いろいろなイギリスの料理，ティータイムのお菓子，イギリスの紅茶とスコーンをつくってみよう，キミにピッタリの紅茶をみつけよう！，紅茶の歴史をみてみよう，日本のお茶文化，イギリスからの手紙
[内容] みんなが大好きで身近な料理から，それぞれの料理のふるさとの国を紹介します。食を通してその国のくらしや文化，歴史などを学びます。小学校高学年～中学生向け。

『イギリス』中西輝政監修，こどもくらぶ編・著　偕成社　2000.3　47p　29cm（きみにもできる国際交流　8　中西輝政シリーズ総監修）〈索引あり〉2800円　①4-03-629580-2
[内容] 英語のふるさとイギリス。だれもがよく耳にする「イギリス」だが，正式国名は意外と知られていない。イギリス人というと，背が高い白人を思いうかべることが多いが，じっさいはどうかな。日本のなかには，イギリスで生まれたものがいっぱい。サンドイッチ，ミニスカートなど，現代の日本の文化はイギリスから大きく影響を受けている。『不思議の国のアリス』，"ピーターラビット"など，きみたちの大好きな本の多くもイギリス生まれ。さあ，日本に多大な影響を与えているイギリスのことを，もっと知ろう。今まで気づかなかったことも見えてくるよ。案内役は英語をもじった「英子」（エイコ）ちゃんと「語」（カタル）くんのふたり。ふたりといっしょに，英語を話す国々との国際交流にチャレンジしよう。

◆◆フランス

『フランス』吉田忠正文・写真，坪井善明監修　ポプラ社　2008.3　47p　29cm（体験取材！世界の国ぐに　25）〈年表あり〉2800円　①978-4-591-10068-4　Ⓝ293.5

『パリたんけん』クロード・デラフォス，ガリマール・ジュネス社原案・制作，ジスモンド・キュリアス絵，石井玲子訳　岳陽舎　2007.11　1冊（ページ付なし）19cm（はじめての発見―たんけんライトシリーズ　10）1400円　①978-4-

903942-09-4　Ⓝ293.53
[内容] この本のなかで、パリのうつくしい名所をたくさん見てまわることができるよ。まるでほんとうにさんぽしているようにね。本のうしろについているたんけんライトをつかうと魔法のようにかくされているものが一つずつあかるくてらされてみえるよ。

『フランスのごはん』銀城康子企画・文，マルタン・フェノ絵　農山漁村文化協会　2006.12　32p　27cm　（絵本世界の食事1）1800円　Ⓘ4-540-06289-1　Ⓝ383.835
[目次] 朝早くから開いているパン屋さん，朝ごはんは簡単です，お昼ごはんと晩ごはんは，一皿ずつ食べていきます，台所の様子を覗いてみると，一週間のお昼と夜の料理です，マナーには厳しいのです，楽しいピクニックのおべんとうは？，日曜日はおばあさんの家に集まりました，市場へ行きましょう，よくホームパーティーを開きます，フランスの"もったいない"，季節ごとの食事の変化も楽しみです，地方ごとに，ささまざまな料理があります，フランスのごはんをつくってみましょう，もう少しフランスのごはんの話
[内容] フランスの家庭で食べられている日常的な食事を，管理栄養士の視点からわかりやすく解説しています。食事にまつわる習慣や，日本では見られないような料理道具などから，文化や自然背景などがわかります。代表的な料理のレシピを紹介しており，実際につくることができます。

『ジス・イズ・パリ』ミロスラフ・サセック著，松浦弥太郎訳　ブルース・インターアクションズ　2004.10　60p　31cm　1600円　Ⓘ4-86020-108-6　Ⓝ302.353

『世界の料理いただきまーす。―ドイツ・フランス』尾崎曜子編＋絵　アリス館　2001.4　32p　27cm　2300円　Ⓘ4-7520-0176-4
[目次] シルビアさんのドイツ料理（ミートボールのホワイトソース，パンケーキのスープ，ポテトのブイヨン煮，いんげんのサラダ，アップルケーキ），ファビアンさんのフランス料理（ラタトイユ白身魚のせ，ポテト重ね焼き，とりのソテー，パリジャンサラダ，ヨーグルトケーキ）
[内容] 本書では，著者のご近所に住んでいる外国人の方々に，お国じまんの料理を紹介してもらいました。ここでは，シルビアさんにドイツ料理を，ファビアンさんにフランス料理を紹介してもらいました。

『フランス』富盛伸夫監修，こどもくらぶ編・著　偕成社　2001.1　47p　29cm　（きみにもできる国際交流 15　富盛伸夫シリーズ総監修）〈索引あり〉2800円　Ⓘ4-03-629650-7
[目次] 1 フランスを楽しもう，2 日本で見つけたフランス，3 もっと知りたいフランス
[内容] 子どもたちはどんな学校に通っているのかな？どんな本を読んで，どんなスポーツをしているのかな？バカンスってなに？六角形の国フランスは，6方面からいろいろな文化の影響を受け入れてきた。各地方には独特の文化が息づいている。パリを出発して，フランスの各地方をめぐろう。案内役は友くんとアミちゃん。小学4・5年から。

『フランス―フランス料理フルコース』谷川彰英監修　ポプラ社　2000.4　37p　27cm　（国際理解にやくだつ NHK地球たべもの大百科 4）〈文献あり〉2600円　Ⓘ4-591-06339-9
[目次] フランス料理フルコース探検の旅に出発!!，フランスってなあに？，フランスってどんな国？，フランス料理の歴史，食材も調理法も種類がいっぱい，シェフになったつもりで献立づくりに挑戦！，日本につたわったフランス料理，覚えておこうマナーの基本，フランス料理フルコースをつくってみよう，フランスからの手紙
[内容] みんなが大好きで身近な料理から，それぞれの料理のふるさとの国を紹介します。食を通してその国のくらしや文化，歴史などを学びます。小学校高学年～中学生向け。

『フランスの友だち』佐藤郡衛監修　学校図書　2000.4　71p　22cm　（世界の友だちとくらし）1500円　Ⓘ4-7625-1956-1
[目次] フランスに行ってみよう，パリの日本人学校，フランスの小学校，フランスの家族のくらし，フランスの日本人，フランス人のくらし，フランス語をおぼえよう，フランスの子どもの遊び，パリの町の探検，フランスの文化，フランスの農業，家族そろって小旅行，日本のなかのフランス，もっと知ろう・フランス共和国
[内容] 「総合的な学習の時間」対応。子どもたちの"あそび"がわかる，"食べ物"がわかる，

"学校生活"がわかる。これでキミも国際人になれる。

『フランスの子どもたち』西村佐二指導　学習研究社　2000.2　63p　27cm　（世界の子どもたちはいま 2）3000円　Ⓘ4-05-201109-0,4-05-810579-8

◆◆ドイツ・スイス・オランダ

『ドイツ』ヘンリー・ラッセル著，ベネディクト・コルフ，アンティエ・シュロットマン監修　ほるぷ出版　2008.11　64p　25cm　（ナショナルジオグラフィック世界の国々）〈年表あり〉2000円　Ⓘ978-4-593-58551-9　Ⓝ293.4
[目次] 地理―変化に富んだ地形，自然―人と自然，歴史―ひとつのドイツ，人と文化―まざりあう民族，政治と経済―敗戦から繁栄へ

『オランダ』岡崎務文・写真，大島規江監修　ポプラ社　2008.3　47p　29cm　（体験取材！世界の国ぐに 27）〈年表あり〉2800円　Ⓘ978-4-591-10070-7　Ⓝ293.59

『スイス』岡崎務文・写真，池永正人監修　ポプラ社　2008.3　47p　29cm　（体験取材！世界の国ぐに 26）〈年表あり〉2800円　Ⓘ978-4-591-10069-1　Ⓝ293.45

『ドイツ』渡辺一夫文・写真，那須田淳監修　ポプラ社　2008.3　47p　29cm　（体験取材！世界の国ぐに 28）〈年表あり〉2800円　Ⓘ978-4-591-10071-4　Ⓝ293.4

『ドイツのごはん』銀城康子企画・文，マルタン・フェノ絵　農山漁村文化協会　2008.1　32p　27cm　（絵本世界の食事 6）1800円　Ⓘ978-4-540-07221-5　Ⓝ383.834
[目次] 朝ごはんは小型パンです，昼ごはんは家で食べます，晩ごはんは火を使わない料理が多いのです，台所の様子を覗いてみると，一週間の昼と夜の料理です，冬に備えた保存食としてソーセージが発達しました，昔は，野菜や果物も保存していました，マナーには厳しいのです，土曜日は家族みんなで市場へ行きます，バーベキューパーティーが休日の楽しみです〔ほか〕
[内容] ソーセージやビールが有名なドイツの人たちは，普段，どんなごはんを食べているのでしょうか。ドイツの商業や金融の中心都市，フランクフルト近郊の町に住むある一家の様子を覗いてみましょう。

『ジス・イズ・ミュンヘン』ミロスラフ・サセック著，松浦弥太郎訳　ブルース・インターアクションズ　2006.2　60p　31cm　1800円　Ⓘ4-86020-158-2　Ⓝ302.34

『スイス』ロリ・コールマン著，吉野美耶子訳　国土社　2002.2　67p　26cm　（目で見る世界の国々 63）2600円　Ⓘ4-337-26163-X
[目次] 1 国土，2 歴史と政治，3 人びとのくらしと文化，4 経済

『ドイツの子どもたち』西村佐二指導　学習研究社　2002.2　63p　27cm　（世界の子どもたちはいま 18）3000円　Ⓘ4-05-201408-1,4-05-810629-8
[目次] 学校のこと，家庭のこと，生活のこと
[内容] ドイツ連邦共和国は，ヨーロッパのほぼ中央に位置する国です。南西部をフランス，南はスイス，南東部はオーストリア，西はオランダとベルギー，ルクセンブルク，東はポーランドとチェコに囲まれ，北部はデンマークに接しています。さて，旧西ドイツ側のベルリン郊外にある小学校をおとずれました。そこに通う5年生の女の子と6年生の男の子に，日ごろの生活をしょうかいしてもらいましょう。

『スイス―チーズフォンデュ』谷川彰英監修　ポプラ社　2001.4　37p　27cm　（国際理解にやくだつ NHK地球たべもの大百科 12）2600円　Ⓘ4-591-06717-3,4-591-99367-1
[目次] チーズフォンデュ探検の旅に出発!!，スイスのなべ料理，スイスってどんな国？，スイスのこどもたち，スイスのチーズフォンデュをつくってみよう，そのほかのスイス料理に挑戦！，地図を歩こうスイス名所めぐり，スイスの食文化，チーズの歴史といろいろなチーズ，世界のなべ料理いろいろ，スイスからの手紙
[内容] みんなが大好きで身近な料理から，それぞれの料理のふるさとの国を紹介します。

地理―世界の国と人びと　　　　　　　　　　　　　　　　　　　　　　　　　　　　　ヨーロッパ

食を通してその国のくらしや文化、歴史などを学びます。12巻は、スイスの食文化について。小学校高学年～中学生向け。

『世界の料理いただきまーす。―ドイツ・フランス』尾崎曜子編＋絵　アリス館　2001.4　32p　27cm　2300円　①4-7520-0176-4
[目次] シルビアさんのドイツ料理（ミートボールのホワイトソース、パンケーキのスープ、ポテトのブイヨン煮、いんげんのサラダ、アップルケーキ）、ファビアンさんのフランス料理（ラタトイユ白身魚のせ、ポテト重ね焼き、とりのソテー、パリジャンサラダ、ヨーグルトケーキ）
[内容] 本書では、著者のご近所に住んでいる外国人の方々に、お国じまんの料理を紹介してもらいました。ここでは、シルビアさんにドイツ料理を、ファビアンさんにフランス料理を紹介してもらいました。

『スイス・オーストリア』富盛伸夫、増谷英樹監修、こどもくらぶ編・著　偕成社　2001.3　47p　29cm　（きみにもできる国際交流 17　富盛伸夫総監修）〈索引あり〉　2800円　①4-03-629670-1
[目次] スイスへようこそ、オーストリアへ行こう、日本で見つけたスイス・オーストリア、もっと知りたいスイス・オーストリア
[内容] スイス・オーストリアはヨーロッパの中央に位置し、アルプス山脈の美しい自然を擁する国で両国とも環境問題に積極的に取り組んでいる。また、オーストリアには、ドイツやスロヴァキア、ハンガリーを結ぶ国際河川ドナウ川が流れて、スイスには国際機関が多く集まっているなど、ともに国際感覚のすぐれた国で、子どもたちはどんなことを学び、どんな暮らしをしているだろうか。小学中級から。

『ドイツ・オランダ』増谷英樹監修、こどもくらぶ編・著　偕成社　2001.3　47p　29cm　（きみにもできる国際交流 16　富盛伸夫総監修）〈索引あり〉　2800円　①4-03-629660-4
[目次] 1 ようこそドイツ・オランダに、2 日本で見つけたドイツ・オランダ、3 もっと知りたいドイツ・オランダ
[内容] ジャガイモやソーセージ、チューリップに風車。ドイツ・オランダと聞いて、きみたちは、どんなことを思いうかべるかな？　じつはドイツもオランダも、日本とは古くからつきあいのある国。江戸時代、鎖国をしていた日本にヨーロッパの新しい医学や文化を伝えたのは、オランダだったし、明治時代、日本はドイツからさまざまな学問や技術を学んだ。そして、日本と同じように、戦後、新しい国を作りあげてきたドイツやオランダ。これからも日本のよき友だちであるドイツ・オランダの今の暮らしを紹介しよう。小学4・5年から。

『ドイツ―統一をなしとげた豊かさのなかで』ソニア・ピータース著、今西大、今西智子訳　鈴木出版　2000.4　35p　27cm　（世界の家族　総合的学習に役立つ 4）　2500円　①4-7902-3058-9,4-7902-3054-6
[目次] ドイツからこんにちは、家族の紹介、ケルンの家、食べものと料理、仕事、学校と遊び、余暇と楽しみ、将来の夢、ドイツの歴史、もっと知りたいドイツのこと、もっとくわしく調べてみよう
[内容] 本シリーズは、ふつうの家族のふつうのくらしぶりを通して、生きた国際感覚を身につけ、家族について考えるシリーズです。本巻では、ドイツ、ケルンでくらすフィツナーさん一家を紹介します。フィツナーさんの家では、今夜も寝る前におとうさんとおかあさんが、子どもたちに物語を読んでくれています。おかあさんの自慢の料理はなんでしょう。子どもたちが習っているのはなんでしょう。毎年開かれるカーニバルはどんなようすでしょう。学校は？　将来の夢は？　東西統一をなしとげたドイツでのふつうのくらしをいっしょに体験してみましょう。小学校中学年～中学校向き。

『ノルウェー・ドイツ―バイキング料理・ジャガイモ料理』谷川彰英監修　ポプラ社　2000.4　37p　27cm　（国際理解にやくだつ NHK地球たべもの大百科 6）〈文献あり〉　2600円　①4-591-06341-0
[目次] ノルウェー―バイキング料理、ドイツ―ジャガイモ料理
[内容] みんなが大好きで身近な料理から、それぞれの料理のふるさとの国を紹介します。食を通してその国のくらしや文化、歴史などを学びます。小学校高学年～中学生向け。

◆◆南ヨーロッパ

『スペインのごはん』銀城康子文、マルタン・フェノ絵　農山漁村文化協会　2009.2　32p　27cm　（絵本世界の食事

子どもの本　社会がわかる2000冊　45

14)〈文献あり〉1800円　①978-4-540-08199-6　Ⓝ383.836

[目次] 朝ごはんは簡単です，昼ごはんは，しっかり食べます，晩ごはんは遅いのです，台所の様子を覗いてみると，一週間の昼と夜の料理です，味の決め手はニンニクとオリーブ油です，病気の時には，油ぬきの特別料理，米とパンの料理が豊富です，手計り，目計りで，気配り料理をつくります，午後の間食と晩ごはんの間が，気軽なパーティーの時間，気持ちよく食べるのがマナーです，季節によって料理が変わります，地域によって料理が違います，スペインのごはんをつくってみましょう，もう少しスペインの話

[内容] スペインはヨーロッパの西の端，イベリア半島にある国です。広さは日本の約1.35倍。フラメンコや闘牛が有名なこの国の人たちは普段，どんなごはんを食べているのでしょうか。北部のアラゴン地方，サラゴサに住むある一家の様子を覗いてみましょう。

『イタリア』吉田忠正文・写真，北村光世監修　ポプラ社　2008.3　47p　29cm（体験取材！世界の国ぐに　29）〈年表あり〉2800円　①978-4-591-10072-1　Ⓝ293.7

『ギリシャ』佐々木ときわ文・写真，芳野淳監修　ポプラ社　2008.3　47p　29cm（体験取材！世界の国ぐに　34）〈年表あり〉2800円　①978-4-591-10077-6　Ⓝ293.95

『スペイン』渡辺一夫文・写真，叶沢敏子監修　ポプラ社　2008.3　47p　29cm（体験取材！世界の国ぐに　24）〈年表あり〉2800円　①978-4-591-10067-7　Ⓝ293.6

『イタリア』ロバート・アンダーソン著，マイケル・ダンフォード，フランチェスコ・パストーレ監修　ほるぷ出版　2007.12　64p　25cm（ナショナルジオグラフィック世界の国）〈年表あり〉2000円　①978-4-593-58544-1　Ⓝ293.7

『ジス・イズ・ギリシャ』ミロスラフ・サセック著，松浦弥太郎訳　ブルース・インターアクションズ　2007.2　60p　31cm　1800円　①978-4-86020-211-8　Ⓝ302.395

[内容] 大理石の破片の海のなかに堂々とそびえたつギリシャ建築の最高傑作・パルテノン神殿から，うつくしいモザイクがはめこまれたビザンチウム教会まで。あなたを知的で，神秘的な楽園へ誘います。

『ジス・イズ・ローマ』ミロスラフ・サセック著，松浦弥太郎訳　ブルース・インターアクションズ　2007.2　60p　31cm　1800円　①978-4-86020-210-1　Ⓝ302.37

[内容] すみきった青い空のしたで噴水がふきあげる月桂樹の花かざりの都市。映画『ローマの休日』でしられる真実の口から，トレヴィの泉まで。さあ，ローマの歴史のはじまりにタイムトラベルしてみましょう。

『イタリアのごはん』銀城康子企画・文，マルタン・フェノ絵　農山漁村文化協会　2007.1　32p　27cm（絵本世界の食事4）1800円　①978-4-540-06292-6　Ⓝ383.837

[目次] 朝ごはんは甘いお菓子と飲み物です，昼ごはんはしっかり食べます，晩ごはんは夜8時です，台所の様子を覗いてみると，一週間の昼から夜の料理です，毎日食べる種類豊富なパスタ，穀物を使った料理が豊富です，日曜日の昼はみんなで料理をつくります，いろんなマナーがあります，とれたてのトマトをびん詰めにして保存します，好きな物を食べない約束，季節ごとに食事も違います，地方により食事はさまざまです，イタリアのごはんをつくってみましょう，もう少しイタリアのごはんの話

[内容] ボンジョルノ（こんにちは）。イタリアは，地中海につきだした長ぐつ形の半島の国です。面積は日本の約75パーセント。南北に細長く，有名なアルプス山脈がある北部は涼しく，地中海に面した南部は暑い気候です。四季がはっきりしているところは，日本とよく似ています。スパゲティやピッツァがよく知られているこの国の人たちは，ふだん，どんなごはんを食べているのでしょうか。首都ローマと港町ナポリの間の町に住んでいる，ある一家の様子を覗いてみましょう。

『ジス・イズ・ヴェニス』ミロスラフ・サセック著，松浦弥太郎訳　ブルース・インターアクションズ　2005.5　56p　31cm　1800円　①4-86020-127-2　Ⓝ302.37

地理―世界の国と人びと　　　　　　　　　　　　　　　　　　　ヨーロッパ

『イタリアの子どもたち』西村佐二指導　学習研究社　2002.2　63p　27cm　（世界の子どもたちはいま　24）　3000円　①4-05-201414-6,4-05-810629-8
目次　学校のこと、家庭のこと、生活のこと
内容　ヨーロッパ大陸の南部に、ブーツのような形をした半島があります。それがイタリア共和国です。首都はローマです。シチリア島、サルデーニャ島などと合わせた国土の面積は日本の約5分の4、人口は5784万人ほどで、大半がカトリック教徒です。さて、イタリア中部のトスカーナ地方にある街、シエナを訪ねました。シエナは、ルネッサンス期からフィレンツェやピサと並び、金融や商業の中心地として栄えました。そのシエナで生活する、3年生の男の子と5年生の女の子に、日ごろの暮らしをしょうかいしてもらいましょう。

『スペイン―パエリア』谷川彰英監修　ポプラ社　2001.4　37p　27cm　（国際理解にやくだつNHK地球たべもの大百科　11）　2600円　①4-591-06716-5,4-591-99367-1
目次　パエリア探検の旅に出発!!、スペインの家庭料理パエリア、スペインってどんな国?、スペインのこどもたち、スペインのパエリアをつくってみよう、そのほかのスペイン料理に挑戦!、スペインのいろいろなお祭り、スペインの食文化をみてみよう、スペインと日本の関係、スペインからの手紙
内容　みんなが大好きで身近な料理から、それぞれの料理のふるさとの国を紹介します。食を通してその国のくらしや文化、歴史などを学びます。11巻は、スペインの食文化について。小学校高学年〜中学生向け。

『世界の料理いただきまーす。―スペイン・イタリア』尾崎曜子編＋絵　アリス館　2001.4　32p　27cm　2300円　①4-7520-0175-6
目次　マリアさんのスペイン料理（パエリャ、スペイン風オムレツ、ガスパチョ、海のサラダ）、マテルダさんのイタリア料理（ニョッキ、カルボナーラ、きのこのリゾット、ゆで肉のツナソース、おばあちゃんのケーキ）
内容　本書では、著者のご近所に住んでいる外国人の方々に、お国じまんの料理を紹介してもらいました。ここでは、マリアさんにスペイン料理を、マテルダさんにイタリア料理を紹介してもらいました。

『スペイン・ポルトガル』立石博高監修,こどもくらぶ編・著　偕成社　2001.3　47p　29cm　（きみにもできる国際交流　19　富盛伸夫総監修）〈索引あり〉　2800円　①4-03-629690-6
目次　1　ようこそスペイン・ポルトガルへ,2　日本で見つけたスペイン・ポルトガル,3　もっと知りたいスペイン・ポルトガル
内容　古代からさまざまな民族が攻防をくりひろげた「歴史の十字路」、イベリア半島。その大半をしめるスペインは、激動の歴史のなかで、人々によってはぐくまれてきた多様な文化が各地に花開いている。ポルトガルといえば海洋国家。日本に鉄砲を伝えた国として、きみたちも知っているはず。スペインとポルトガルはともに長い独裁政治が続いたけれど、その後、新しい国を作りあげようとがんばっている。きみたちもそんなスペインやポルトガルに行きたくなるのでは？世界の子どもたちと友だちになろうという願いをこめた名前の二人といっしょに、いろいろなことばを話す国々との国際交流の旅に、さあ出発しよう。小学中級から。

『イタリア・ギリシア』和田忠彦監修,こどもくらぶ編・著　偕成社　2001.2　47p　29cm　（きみにもできる国際交流　18　富盛伸夫シリーズ総監修）〈索引あり〉　2800円　①4-03-629680-9
目次　1-1　イタリアへようこそ,1-2　ギリシアへようこそ,2　日本で見つけたイタリア、ギリシア,3　もっと知りたいイタリア、ギリシア
内容　イタリアといえばなにが思いうかぶ？食いしんぼうだったら、スパゲッティやピザかな？オペラやサッカーも有名だね。衣食住という生活の基本をたいせつにする暮らしぶりや、家族づきあいをだいじにし、バカンスを楽しむライフスタイルは、日本人の生活とどのようにちがうんだろう。イタリアと、その隣に位置するギリシアは古くから関係が深い国。ギリシアはオリンピックが生まれたところとして知られているけれど、いったいどんな国だろう。知っているようで知らないこの二つの国のことを、もっとよく知ろう。案内役は友くんとアミちゃん。アミは、友だちという意味のフランス語"amie"からとった名前。世界の子どもたちと友だちになろうという願いをこめた名前の二人といっしょに、いろいろなことばを話す国々との国際交流の旅に、さあ出発しよう。

『スペインの子どもたち』西村佐二指導　学習研究社　2001.2　63p　27cm　（世界の子どもたちはいま 13）3000円　Ⓘ4-05-201236-4,4-05-810601-8

『イタリア—スパゲッティ』谷川彰英監修　ポプラ社　2000.4　37p　27cm　（国際理解にやくだつ NHK地球たべもの大百科 3）〈文献あり〉2600円　Ⓘ4-591-06338-0

[目次] スパゲッティ探検の旅に出発!!, スパゲッティとパスタ, イタリアってどんな国？, イタリア人とパスタの関係, いろいろなイタリア料理, パスタとよくあうたべもの, イタリアのスパゲッティをつくってみよう, キミもパスタ博士になれるかな？, パスタの歴史をみてみよう, スパゲッティはいつ日本に？：いろいろな国のめん, イタリアからの手紙

[内容] みんなが大好きで身近な料理から、それぞれの料理のふるさとの国を紹介します。食を通してその国のくらしや文化、歴史などを学びます。小学校高学年～中学生向け。

◆◆北ヨーロッパ

『フィンランドのごはん』銀城康子企画・文，萩原亜紀子絵　農山漁村文化協会　2008.10　32p　27cm　（絵本世界の食事 12）1800円　Ⓘ978-4-540-08197-2　Ⓝ383.83892

[目次] 朝ごはんはきちんと食べます、昼ごはんはそれぞれ都合に合わせて、晩ごはんは早めに食べます、保存食が豊富です、台所の様子を覗いてみると、一週間の料理です、豊かな恵みを与えてくれる森を大切にしています、サウナパーティーが楽しみです、夏の恵みは貴重です、長い冬の夜はロウソクを灯して、静かに食事をするのがマナーです、季節の行事には特別の料理を食べます、地方ごとに、いろんな料理があります、フィンランドのごはんをつくってみましょう、もう少しフィンランドのごはんの話

[内容] 世界各国の家庭で食べられている日常的な食事を、管理栄養士の視点からわかりやすく解説しています。食事にまつわる習慣や、日本では見られないような料理道具などから、その国の文化や自然背景などがわかり、世界を見る新たな視点が養われます。その国の代表的な料理のレシピを紹介しており、実際につくることができます。フィンランドは北ヨーロッパにあり、国土の3分の1が北極圏（北緯66度33分より北）にある、

寒い国です。サンタクロースが住む村があることでも知られ、サウナ発祥の国としても有名なこの国の人々は普段、どんなごはんを食べているのでしょうか。首都ヘルシンキに住む、ある一家の様子を覗いてみましょう。

『フィンランド』岡崎務文・写真，上山美保子監修　ポプラ社　2008.3　47p　29cm　（体験取材！世界の国ぐに 32）〈年表あり〉2800円　Ⓘ978-4-591-10075-2　Ⓝ293.892

『人魚姫と風車の町で—「幸福度世界一」のデンマーク』早乙女勝元著　草の根出版会　2007.11　134p　23cm　（母と子でみる A48）〈文献あり〉2200円　Ⓘ978-4-87648-246-7　Ⓝ302.3895

『世界の料理いただきまーす。—スウェーデン・フィンランド』尾崎曜子編＋絵　アリス館　2004.3　32p　27cm　2300円　Ⓘ4-7520-0253-1,4-7520-0258-2　Ⓝ596.23

[目次] カミラさんのスウェーデン料理（スウェーデン風ミートボール，ヤンソンさんのゆうわく，ピッティパンナ，りんごのケーキ，ジンジャークッキー），カロリーナさんとミッコさんのフィンランド料理（カレリアンシチュー，魚のスープ，サーモンサラダ，とり肉とズッキーニのグラタン，パンケーキ）

『ノルウェーの子どもたち』西村佐二指導　学習研究社　2001.2　63p　27cm　（世界の子どもたちはいま 10）3000円　Ⓘ4-05-201233-X,4-05-810601-8

『デンマーク・スウェーデン・ノルウェー』田辺欧監修，こどもくらぶ編・著　偕成社　2001.1　47p　29cm　（きみにもできる国際交流 20　富盛伸夫シリーズ総監修）〈索引あり〉2800円　Ⓘ4-03-629700-7

[目次] ようこそデンマークへ，スウェーデンへ行こう，ノルウェーへいらっしゃい！，日本で見つけたデンマーク，スウェーデン，ノルウェー，もっと知りたいデンマーク，スウェーデン，ノルウェー

[内容] 北欧は、家具やデザインがすぐれていることや、子どものおもちゃでも有名だ。デンマーク、スウェーデンは社会福祉制度の充実した国としてもよく知られている。で

地理―世界の国と人びと　　　　　　　　　　　　　ヨーロッパ

も、北欧というと、どんな国があるの？スカンジナヴィア3国はどこ？ノーベル賞は、なぜスウェーデン国王から渡されるの？知っているようで知らないことを、もっとよく知ろう。案内役は友くんとアミちゃん。小学中級から。

『ノルウェー・ドイツーバイキング料理・ジャガイモ料理』谷川彰英監修　ポプラ社　2000.4　37p　27cm　（国際理解にやくだつ NHK地球たべもの大百科 6）〈文献あり〉2600円　Ⓘ4-591-06341-0
[目次] ノルウェー―バイキング料理,ドイツ―ジャガイモ料理
[内容] みんなが大好きで身近な料理から、それぞれの料理のふるさとの国を紹介します。食を通してその国のくらしや文化、歴史などを学びます。小学校高学年〜中学生向け。

◆◆ロシア・東ヨーロッパ

『ハンガリー』吉田忠正文・写真, 森桂監修　ポプラ社　2008.3　47p　29cm　（体験取材！世界の国ぐに 30）〈年表あり〉2800円　Ⓘ978-4-591-10073-8　Ⓝ293.47

『ブルガリア』吉田忠正文・写真, ダニエラ・ニコロバ監修　ポプラ社　2008.3　47p　29cm　（体験取材！世界の国ぐに 33）〈年表あり〉2800円　Ⓘ978-4-591-10076-9　Ⓝ293.92

『ポーランド』佐々木ときわ文, 佐々木ときわ, 辻啓一写真, 髙田昌幸監修　ポプラ社　2008.3　47p　29cm　（体験取材！世界の国ぐに 31）〈年表あり〉2800円　Ⓘ978-4-591-10074-5　Ⓝ293.49

『まぼろしのデレン―間宮林蔵の北方探検』関屋敏隆さく, 大塚和義監修　福音館書店　2005.1　59p　27×31cm　（日本傑作絵本シリーズ）1900円　Ⓘ4-8340-2077-0　Ⓝ292.92
[内容] およそ200年前、カラフト（今のサハリン）とアムール河流域の調査をおこなった間宮林蔵の、1年2ヵ月におよぶ北方探検を描いた、壮大なスケールの絵本です。デレンという無人の土地で夏の2ヵ月だけ開かれる北方民族の生命力あふれる祭典を、型染

技法の版画で高らかに歌い上げました。

『世界の料理いただきまーす。―トルコ・ハンガリー』尾崎曜子編+絵　アリス館　2004.3　32p　27cm　2300円　Ⓘ4-7520-0249-3,4-7520-0258-2　Ⓝ596.2
[目次] ドゥイグさんのトルコ料理（ボウチャ、トルコ風スクランブルエッグ、羊飼いのサラダ、肉とキャベツの煮こみ、にんじんココアボール）、エディトさんのハンガリー料理（グヤーシュ、パプリカチキン、ポテトとサラミのオーブン焼き、ライスプディング）

『ロシア』ヘロン・マルケス著, 東真理子訳　国土社　2004.3　68p　26cm　（目で見る世界の国々 68）2800円　Ⓘ4-337-26168-0　Ⓝ293.8
[目次] 1 国土,2 歴史と政治,3 人びとのくらし,4 文化,5 経済

『アルバニア』トム・ストライスグス著, 柴宜弘訳　国土社　2002.2　67p　26cm　（目で見る世界の国々 62）2600円　Ⓘ4-337-26162-1
[目次] 1 国土,2 歴史と政治,3 人びとのくらしと文化,4 経済

『ハンガリーの子どもたち』西村佐二指導　学習研究社　2002.2　63p　27cm　（世界の子どもたちはいま 23）3000円　Ⓘ4-05-201413-8,4-05-810629-8
[目次] 学校のこと, 家庭のこと, 生活のこと
[内容] ハンガリー共和国は、中央ヨーロッパにあります。西はオーストリアとスロベニアに接し、北はスロバキア、東はルーマニアとウクライナ、南はクロアチアとユーゴスラビア連邦共和国に囲まれています。面積は北海道よりも少し大きいくらいで、その約70パーセントが、大平原と呼ばれる平原地帯です。国の中央を、北から南へドナウ川が流れています。首都ブダペストは、ドナウ川流域に発展した都市です。丘りょう地のブダと平坦なペストが、ひとつになってできました。人口は約190万人です。ブダペストは"ドナウの真珠"とも呼ばれ、多くの観光客がおとずれます。そのブダ側にある小学校に通う小学4年生の男の子と女の子に、日ごろの生活をしょうかいしてもらいましょう。

『世界の料理いただきまーす。―ロシア・モンゴル』尾崎曜子編+絵　アリス館

子どもの本 社会がわかる2000冊　49

2001.4 32p 27cm 2300円 Ⓘ4-7520-0172-1
|目次| イェレナさんのロシア料理(ボルシチ,ロシアパン,ビーフストロガノフ,ブリニ),アマリンさんのモンゴル料理(ホーショルとボーズ,モンゴル風うどん,ポテトサラダ)
|内容| 本書では、著者のご近所に住んでいる外国人の方々に、お国じまんの料理を紹介してもらいました。ここでは、イェレナさんにロシア料理を、アマリンさんにモンゴル料理を紹介してもらいました。

『ロシア—ボルシチ』谷川彰英監修 ポプラ社 2001.4 37p 27cm (国際理解にやくだつ NHK地球たべもの大百科 13) 2600円 Ⓘ4-591-06718-1,4-591-99367-1
|目次| ボルシチ探検の旅に出発!!,ロシアの赤いスープ「ボルシチ」,ロシアってどんな国?,ロシアのこどもたち,ロシアのボルシチをつくってみよう,そのほかのロシア料理に挑戦!,ロシア文学名作ガイド,ロシアの食文化をみてみよう,ロシアと日本の関係,ロシアからの手紙
|内容| みんなが大好きな身近な料理から、それぞれの料理のふるさとの国を紹介します。食を通してその国のくらしや文化、歴史などを学びます。13巻は、ロシアの食文化について。小学校高学年〜中学生向け。

『ハンガリー』トム・ストライスグス著,岩崎悦子訳 国土社 2001.2 67p 26cm (目で見る世界の国々 55)〈索引あり〉2600円 Ⓘ4-337-26155-9
|目次| 1 国土,2 歴史と政治,3 人びとのくらしと文化,4 経済

『ロシア』田中泰子監修,田中泰子,カスチョールの会著,こどもくらぶ編 偕成社 2001.2 47p 29cm (きみにもできる国際交流 22 富盛伸夫総監修)〈索引あり〉2800円 Ⓘ4-03-629720-1
|目次| 1 ようこそロシアへ,2 日本で見つけたロシア,3 もっと知りたいロシア
|内容| ロシアは、日本海のむこう岸にある世界一広い国。東西9000キロメートル。ヨーロッパに近い首都モスクワでお昼でも、日本よりの地域では、もう日が沈んでいる。この広大で寒い国には、100以上の民族、1億4,540万人が暮らしている。ロシアって、どんな国だろう? 日本人はロシアのことをよく知らない。宗谷海峡を隔てて日本にいちばん近い国であることも忘れがちだ。でも、みんなの小学校1年生の教科書にのっている『おおきなかぶ』は、ロシアの話。ビーフストロガノフなど、日本でなじみの料理もある。イクラもロシア語。ロシアは、いま、めざましい勢いで変化している。このロシアについて、隣の日本に暮らすわたしたちは、もっともっとよく知っていたい。案内役は友くんとアミちゃん。アミは、友だちという意味のフランス語 "amie" からとった名前。世界の子どもたちと友だちになろうという願いをこめた名前の二人といっしょに、いろいろなことばを話す国々との国際交流の旅に、さあ出発しよう。

『ロシアの子どもたち』西村佐二指導 学習研究社 2001.2 63p 27cm (世界の子どもたちはいま 15) 3000円 Ⓘ4-05-201238-0,4-05-810601-8

『チェコ・ハンガリー・ポーランド』小原雅俊ほか監修,こどもくらぶ編・著 偕成社 2001.1 47p 29cm (きみにもできる国際交流 21 富盛伸夫総監修)〈索引あり〉2800円 Ⓘ4-03-629710-4
|目次| チェコに行こう,ハンガリーに行こう,ポーランドに行こう,日本で見つけたチェコ,ハンガリー,ポーランド,もっと知りたいチェコ,ハンガリー,ポーランド
|内容| 以前は、「東欧」というよび方でくくられていた、チェコ・ハンガリー・ポーランド。なぜ、東欧ってよばれていたの? それぞれの国は、日本とはどんなつながりがあるんだろう?「ロボット」ということばを生み出したチェコ。レースの刺繡の民族衣装がすばらしいハンガリー。ショパンを生んだ国ポーランド。3国にはヨーロッパの東から西へあらゆる異文化が流れこみ、混ざり合ってつくり出された独特の文化が息づいている。案内役は友くんとアミちゃん。小学校4・5年から。

『ボスニア—砲撃にさらされた日常生活』ジュリア・ウォーターロー著,今西大,今西智子訳 鈴木出版 2000.4 35p 27cm (世界の家族 総合的学習に役立つ 5) 2500円 Ⓘ4-7902-3059-7,4-7902-3054-6
|目次| ボスニアからこんにちは,家族の紹介,サラエボの家,食べものと料理,力を合わせて,学校と遊び,安らぎのひととき,平和への

願い，ボスニアの歴史，もっと知りたいボスニアのこと，もっとくわしく調べてみよう

内容 本シリーズは，ふつうの家族のふつうのくらしぶりを通して，生きた国際感覚を身につけ，家族について考えるシリーズです。本巻では，戦争で住んでいた家を追われ，サラエボで生活することになったブカロビッチさん一家を紹介します。ブカロビッチさんたちは激しい砲撃がつづき，電気も水もガスも止まったなかで，どのようにしてくらしたのでしょう。食べものや水はどうやって手に入れたのでしょう。北海道なみの寒さになるきびしい冬を耐えるためにどんな工夫をしたのでしょう。戦争のなかでの実際の生活をかいま見てみましょう。小学校中学年～中学校向き。

◆アフリカ

『ナイジェリア』ブリジット・ジャイルズ著，ベンジャミン・アキントゥンデ・オイェタデ，マシューズ・A.オジョ監修，岩淵孝日本語版校閲・ミニ情報 ほるぷ出版 2009.2 64p 25cm 〈ナショナルジオグラフィック世界の国〉〈年表あり 索引あり〉 2000円 ①978-4-593-58554-0 Ⓝ294.45

目次 地理―驚きにみちた国，自然―自然の神秘，歴史―過去を発掘する，人と文化―生命の賛歌，政治と経済―西アフリカの巨人

『池上彰のニュースに登場する国ぐにのかげとひかり―これだけは知っておきたいこと 2 西アジア・アフリカ』稲葉茂勝著，池上彰監修 さ・え・ら書房 2009.1 39p 29cm 〈索引あり〉 2500円 ①978-4-378-01182-0 Ⓝ302

目次 パキスタン「タリバン掃討作戦開始とホテル爆弾テロ」，アフガニスタン「アフガニスタンで日本人が殺害された」，イラン「イランがウラン濃縮を再開」，イラク「バグダッドで車爆弾テロ63人死亡」，トルコ「トルコ空軍イラク北部を空爆」，イスラエル「イスラエルとハマスが停戦合意」，パレスチナ「パレスチナ連立政権誕生」，アラブ首長国連邦「パーム・アイランド」，エジプト「カイロで岩壁の崩壊」，スーダン「スーダン難民」，ソマリア「ソマリア沖で海賊横行」，ケニア「首都で大暴動」，コンゴ「内戦とマウンテンゴリラ」

内容 世界から伝わってくる悲惨なニュース。人が人の死を知っても何も感じないこ

とほどおそろしいことはありません。この本で，各国の「かげ」と「ひかり」を見て命の大切さを考えてください。

『ルワンダの祈り―内戦を生きのびた家族の物語』後藤健二著 汐文社 2008.12 119p 22cm 1400円 ①978-4-8113-8497-9 Ⓝ316.84555

目次 1「外国人は殺せ！」，2 ジェノサイド"大量虐殺"，3 ジェノサイドから立ち上がって，4 生き残った母と三人の息子たち，5 夜の慰霊祭で，6 家族の故郷へ，7 父は生きている，8 相手をゆるす時

内容 ルワンダ。アフリカ中部にある，この国でおこった悲劇を，あなたは知っているでしょうか。八十万人以上の人が命を奪われたという，恐ろしい死の三か月間の歴史が，この国にはあるのです。

『ケニア』ブリジット・タンゲイ著，チェゲ・ギシオラ，タビサ・オティエノ監修 ほるぷ出版 2008.3 64p 25cm 〈ナショナルジオグラフィック世界の国〉〈年表あり〉 2000円 ①978-4-593-58547-2 Ⓝ294.54

目次 地理―サバンナと雪をいただく山，自然―自然のめぐみ，歴史―全人類の歴史，人と文化―たくさんの文化と言語，政治と経済

内容 ケニアは数々の課題に直面しながら，アフリカ大陸では政治的に安定した安全な場所でありつづけている。野生生物，快適な気候，世界的に有名な景観，興味深い文化が，世界じゅうから訪れる人々を魅了しつづけている。そんなケニアを総合的に紹介。「見てみよう」では，各章の重要な情報を，コンパクトに，見やすくまとめた。1ページ大のテーマ別地図（地形，植生および生態系，歴史，人口，行政）を各章に掲載，多彩な情報がひと目でつかめる。

『エジプト』セリーナ・ウッド著，ジェレ・L.バカラク，ウサマ・ソルタン監修 ほるぷ出版 2008.2 64p 25cm 〈ナショナルジオグラフィック世界の国〉〈年表あり〉 2000円 ①978-4-593-58546-5 Ⓝ294.2

目次 地理，自然，歴史，人と文化，政治と経済

『マサイ』レナー・クラッツ著，藤村奈緒美訳 汐文社 2008.2 32p 27cm 〈写真で知る世界の少数民族・先住民族〉

2000円　①978-4-8113-8467-2　Ⓝ382.454
[目次]どこに住んでいるの？,物語や言い伝え,マサイのこれまで,社会のしくみ,情報を伝える,おきてと規則,祝いと祭り,美術と文化,衣服のいろいろ,食べ物と遊び,民族の知恵,マサイがかかえる問題,未来へ向けて,知ってびっくりこんなこと,さくいん,用語集

『元気が出る！世界の朝ごはん　2（南・西・中央アジアとアフリカ）』服部幸応,服部津貴子監修　日本図書センター　2007.3　47p　27cm　3000円　①978-4-284-40047-3,978-4-284-40045-9　Ⓝ383.8

『南アフリカ』ジャニス・ハミルトン著,東真理子訳　国土社　2006.12　68p　26cm　（目で見る世界の国々　70）2800円　①4-337-26170-2　Ⓝ294.87
[目次]1 国土,2 歴史と政治,3 人びとのくらし,4 文化,5 経済

『おとうとは青がすき―アフリカの色のお話』イフェオマ・オニェフル作・写真,さくまゆみこ訳　偕成社　2006.6　19p　22×29cm　1200円　①4-03-328540-7　Ⓝ382.445

『ケニア』キャサリン・ブロバーグ著,小野弘美訳　国土社　2004.1　68p　26cm　（目で見る世界の国々　66）2800円　①4-337-26166-4　Ⓝ294.54

『ソマリア、心の傷あと』谷本美加著　草の根出版会　2003.1　135p　23cm　（母と子でみる　A27）2200円　①4-87648-181-4　Ⓝ302.453

『森に生きる人―アフリカ熱帯雨林とピグミー』寺嶋秀明著　小峰書店　2002.10　123p　21cm　（自然とともに）1300円　①4-338-18601-1
[目次]1 森の生活,2 ゆたかな森の恵み,3 森の家族,4 共生のためのルール

『エジプトの子どもたち』西村佐二指導　学習研究社　2002.2　63p　27cm　（世界の子どもたちはいま　19）3000円　①4-05-201409-X,4-05-810629-8

[目次]学校のこと,家庭のこと,生活のこと
[内容]エジプトは、正式な国名をエジプト・アラブ共和国と言います。アフリカ大陸の北東部にあり、北は地中海に面し、東の紅海をまたいだとなりには、サウジアラビア王国があります。カイロ市内にある、公立の小学校と私立の女子校を訪ねました。4年生の男の子と3年生の女の子に、日ごろの生活をしょうかいしてもらいましょう。

『AはアフリカのA―アルファベットでたどるアフリカのくらし』イフェオマ・オニェフル作・写真,さくまゆみこ訳　偕成社　2001.9　25p　22×29cm　1200円　①4-03-328520-2

『アフリカを走る―たった一人の自動車旅行』大内三郎著　オンデマンド版　岩崎書店　2001.7　211p　21cm〈原本：1982年刊〉2300円　①4-265-03983-9　Ⓝ294.09

『アジア、アフリカの家』小松義夫監修・写真,佳元拓実文　小峰書店　2001.4　51p　29cm　（国際理解に役立つ世界の衣食住　6）〈索引あり　文献あり〉2800円　①4-338-17706-3,4-338-17700-4
[目次]1 気候とくらしに合わせた木の家―日本,2 丸い形のじょうぶな家―中国・福建省,3 船旅の気分が味わえる家―インドネシア・ニアス島,4 人をつつみこむ岩山の家―トルコ・カッパドキア,5 アラベスクでかざった家―イエメン・ザビード,6 天然のエアコンつきの家―イラン・アルドカン,7 心が落ちつく曲線の家―ブルキナファソ・ポ,8 アフリカにある竹の家―エチオピア・チェンチャ,9 遊牧民たちの移動する家―モロッコ・アトラス山脈,10 大地に守られていきる人々―チュニジア・マトマタ
[内容]6巻では、アジアとアフリカのおもしろい家を紹介しています。たとえば、むし暑い東南アジアでは、地面から床をはなした高床式の家、日差しが強いイエメンでは、壁を厚くした家を見ることができます。「くらべてみよう」のコーナーでは、中国の円形集合住宅と、アマゾン川流域の円形住宅をくらべるなど、同じ形や役わりをもつ世界中の家をくらべています。

『エジプト―豆料理』谷川彰英監修　ポプラ社　2001.4　37p　27cm　（国際理解にやくだつ NHK地球たべもの大百科

地理―世界の国と人びと　　　　　　　　　　　　　　　　　　　　　　　アフリカ

10)　2600円　Ⓘ4-591-06715-7, 4-591-99367-1
[目次]豆料理探検の旅に出発!!, エジプトの人びとと豆料理, エジプトってどんな国?, エジプトのこどもたち, エジプトの豆料理をつくってみよう, そのほかのエジプト料理に挑戦!, エジプトおもしろ雑学クイズ, エジプトのくらしをみてみよう, エジプトと日本の関係, エジプトからの手紙
[内容]みんなが大好きで身近な料理から, それぞれの料理のふるさとの国を紹介します。食を通してその国のくらしや文化, 歴史などを学びます。10巻は, エジプトの食文化について。小学校高学年〜中学生向け。

『エジプト』高階美行監修, こどもくらぶ編・著　偕成社　2001.2　47p　29cm（きみにもできる国際交流 23　富盛伸夫シリーズ総監修）〈索引あり〉2800円　Ⓘ4-03-629730-9
[目次]1 ようこそエジプトへ, 2 日本で見つけたエジプト, 3 もっと知りたいエジプト
[内容]エジプトと日本は, 江戸時代に行き来が始まり, 常に友好的な関係にある。エジプトでは, 柔道や空手がさかん。日本人考古学者が住みこんで遺跡の発掘の協力をしている。こうした現代のエジプトについて, もっとよく知ろう。とても仲がいいといわれている家族のようす。今や日本でもおなじみのエジプト原産のオクラを使った料理。ふしぎなアラビア文字。小学校高学年から参加するラマダーン（断食月）のことなども。案内役は友くんとアミちゃん。

『エチオピア』ダニエル・アベベ著, 山田一広訳　国土社　2001.2　67p　26cm（目で見る世界の国々 57）〈索引あり〉2600円　Ⓘ4-337-26157-5
[目次]1 国土, 2 歴史と政治, 3 人びとのくらしと文化, 4 経済

『エチオピア―内戦と飢きんをくぐりぬけて』ジュリア・ウォーターロー著, 今西大, 今西智子訳　鈴木出版　2000.4　35p　27cm（世界の家族　総合的学習に役立つ 7）2500円　Ⓘ4-7902-3061-9, 4-7902-3054-6
[目次]エチオピアからこんにちは, 家族の紹介, モウロ村の家, 食べものと料理, けんめいに働いて, 学校と遊び, 余暇と楽しみ, 夢, そして未来, エチオピアの歴史, もっと知りたいエチオピアのこと, もっとくわしく調べてみよう
[内容]本シリーズは, ふつうの家族のふつうのくらしぶりを通して, 生きた国際感覚を身につけ, 家族について考えるシリーズです。本巻では, 度重なる内戦と飢きんをくぐりぬけたエチオピアの村でくらす, ゲテウさん一家を紹介します。エチオピアにはおいしい料理がたくさんあります。「インジェラ」や「ワット」は, どんな食べものでしょう。コーヒーセレモニーとはどんなことでしょう。わたしたちとはちがう豊かさを持つエチオピアのふつうのくらしをいっしょに体験してみましょう。小学校中学年〜中学校向き。

『南アフリカ―アパルトヘイトを乗りこえて』ジェン・グリーン著, 今西大, 今西智子訳　鈴木出版　2000.4　35p　27cm（世界の家族　総合的学習に役立つ 8）2500円　Ⓘ4-7902-3062-7, 4-7902-3054-6
[目次]南アフリカからこんにちは, 家族の紹介, ソウェトの家, 料理と食事, 共働きの生活, 学校と遊び, 余暇と楽しみ, 将来の夢, 南アフリカの歴史, もっと知りたい南アフリカのこと, もっとくわしく調べてみよう
[内容]本シリーズは, ふつうの家族のふつうのくらしぶりを通して, 生きた国際感覚を身につけ, 家族について考えるシリーズです。本巻では, 南アフリカ共和国でくらすカンピエさん一家を紹介します。ヨハネスバーグ近郊のソウェト地区での買いものはどんなようすでしょう。ともかせぎをしている両親は, 毎朝どんなふうに通勤しているのでしょうか。家族の食事はどんなものでしょう。学校は？将来の夢は？さあ, アパルトヘイトが撤廃され, 新しく歩きはじめた南アフリカ共和国でのふつうのくらしをいっしょに体験してみましょう。小学校中学年〜中学校向き。

『ケニア』西江雅之監修, こどもくらぶ編・著　偕成社　2000.3　47p　29cm（きみにもできる国際交流 14　中西輝政総監修）〈索引あり〉2800円　Ⓘ4-03-629640-X
[目次]1 ケニアへ行こう!, 2 日本で見つけたケニア, 3 もっと知りたいケニア
[内容]アフリカというと, とても遠い気がする。でも日本からの距離は, アフリカの国ケニアもイギリスやアメリカ東海岸もあまりかわらない。イギリスやアメリカと同じ

子どもの本 社会がわかる2000冊　53

く英語を公用語にしているケニアのことを，もっとよく知ろう。ケニアの子どもたちはどんな服を着て，どんな家に住んで，どんなものを食べているのかな。学校はどんなのかな。ケニアの大自然や動物のようすも知りたいね。日本からケニアへ行っている人や子ども，日本に来ているケニアの人のことをもっと知ろう。今まで気づかなかった，国と国のつながりが見えてくるよ。案内役は英語をもじった「英子」(エイコ)ちゃんと「語」(カタル)くんのふたり。ふたりといっしょに，英語を話す国の人々との国際交流にチャレンジしよう。

『ケニアの子どもたち』西村佐二指導　学習研究社　2000.2　63p　27cm　(世界の子どもたちはいま　6)　3000円　①4-05-201113-9,4-05-810579-8

◆南北アメリカ

『池上彰のニュースに登場する国ぐにのかげとひかり　4　南北アメリカ・南太平洋』稲葉茂勝著，池上彰監修　さ・え・ら書房　2009.3　39p　29×22cm　2500円　①978-4-378-01184-4
[目次]カナダ「マウンテンカリブーの保護区域拡大」，アメリカ「浮きぼりにされた格差社会」，メキシコ「メキシコの麻薬戦争」，キューバ「カストロ議長退任」，エクアドル「ガラパゴス諸島が危機遺産に」，ペルー「2008年は国際イモ年」，ブラジル「アマゾンの熱帯雨林の破壊」，アルゼンチン「肉食恐竜の化石発見」，ニュージーランド「反核政策と環境意識」，オーストラリア「オゾンホールが広がっている!」，ソロモン「マグニチュード8の大地震」，ツバル「島が消える?!」

『キューバ』ジェン・グリーン著，ダミアン・フェルナンデス，アレハンドロ・デ・ラ・フェンテ監修　ほるぷ出版　2009.1　64p　25cm　(ナショナルジオグラフィック世界の国)〈年表あり　索引あり〉　2000円　①978-4-593-58553-3　Ⓝ295.91
[目次]地理—カリブ海にうかぶ島国，自然—めずらしい野生生物，歴史—激動の数世紀，人と文化—まざりあう文化，政治と経済—新しい時代を開く

『ペルーのごはん』銀城康子企画・文，加藤タカ絵　農山漁村文化協会　2008.12　32p　27cm　(絵本世界の食事　15)　1800円　①978-4-540-08200-9　Ⓝ383.868
[目次]朝ごはんはパンと飲み物が基本です，昼ごはんはしっかり，ゆっくり食べます，晩ごはんは軽めです，台所の様子を覗いてみると，一週間の料理です，ジャガイモはアンデスがふるさとです，海と山とジャングルの豊かな食があります，辛さに酸味と香りが加わってペルーの味，いろんな国の美味しさがひとつになって，マナーには厳しいのです，パーティーでは特別料理をつくります，季節によって特別な食事があります，地域によって料理が違います，ペルーのごはんをつくってみましょう，もう少しペルーのごはんの話
[内容]ペルーは日本から見ると地球の反対，南アメリカ大陸の西側にある国です。広さは日本の約3.4倍です。古代インカ帝国が栄えた地でもあり，巨大な遺跡がたくさん残されています。国の中央にはアンデス山脈が南北に連なり，高度の違いによって，さまざまな作物が栽培されています。また，寒流と暖流がぶつかるペルー沖は世界有数の漁場で，豊富な魚介類が獲れます。気候風土が場所によって大きく異なっているため，ペルーの食材は多種多彩です。さて，この国の人たちは普段，どんなごはんを食べているのでしょうか。首都リマの東，アンデス山系の町ワンカヨに住むある一家の様子を覗いてみましょう。

『イヌイット』レスリー・シュトゥラドゥヴィク著，斉藤慎示訳　汐文社　2008.2　32p　27cm　(写真で知る世界の少数民族・先住民族)　2000円　①978-4-8113-8463-4　Ⓝ382.51
[目次]どこに住んでいるの?，物語や言い伝え，イヌイットのこれまで，社会のしくみ，情報を伝える，おきてと規則，大切にされる文化，美術と文化，イヌイットの服装，食べ物と遊び，民族の知恵，イヌイットがかかえる問題，未来へ向けて，知ってびっくりこんなこと

『ブラジルのごはん』銀城康子企画・文，萩原亜紀子絵　農山漁村文化協会　2008.2　32p　27cm　(絵本世界の食事　7)　1800円　①978-4-540-07222-2　Ⓝ383.862
[目次]朝ごはんはパン食です，昼ごはんは米と豆を基本にしっかり食べます，晩ごはんは昼ごはんと似ています，市場には日本では見慣れない食材がいっぱい，台所の様子を覗い

地理—世界の国と人びと　　　　　　　　　　　　　　　　　　　　　南北アメリカ

てみると、一週間の昼と夜の料理です、複合的なブラジルのごはん、フェイジョアーダはブラジルの国民食、人気のパーティー料理があります、日系人は日本の食を大切にしてきました、音を出さないのがマナーです、季節の行事につくる特別な料理があります、地域によって食事が違います、ブラジルのごはんをつくってみましょう、もう少しブラジルのごはんの話

[内容] 世界各国の家庭で食べられている日常的な食事を、管理栄養士の視点からわかりやすく解説。食事にまつわる習慣や、日本では見られないような料理道具などから、その国の文化や自然背景などがわかり、世界を見る新たな視点が養われる。その国の代表的な料理のレシピを紹介。本巻では、現在でも多くの日系人が住んでいる、日本とのつながりが深い国ブラジルの、サンパウロ郊外の町に住む、ある日系人一家の様子を覗いてみましょう。

『カランバ！—アマゾン奥地へ向かう』高野潤著　理論社　2008.1　190p　19cm　1500円　①978-4-652-07919-5　Ⓝ296.2

『ペルー』アニタ・クロイ著、ヒルデガルド・コルドヴァ・アグイラー、デービッド・J.ロビンソン監修　ほるぷ出版　2008.1　64p　25cm　（ナショナルジオグラフィック世界の国）〈年表あり〉2000円　①978-4-593-58545-8　Ⓝ296.8
[目次] 地理—砂漠からジャングルまで、自然—変化にとんだ自然の世界、歴史—帝国と遺跡、人と文化—異なる過去、ともに生きる未来、政治と経済—復活の道のり
[内容] かつての文明の誇りと豊かな熱帯の自然。スペイン征服後の苦難の歴史を経た、新しい国ペルーの現在を見直す。

『メキシコ』ベス・グルーバー著，ゲーリー・S.エルボウ，ホーヘイ・サモウラ監修　ほるぷ出版　2007.11　64p　25cm　（ナショナルジオグラフィック世界の国）〈年表あり〉2000円　①978-4-593-58543-4　Ⓝ295.6

『カナダ』ブライアン・ウィリアムズ著，トム・カーター，ベン・セシル監修　ほるぷ出版　2007.10　64p　25cm　（ナショナルジオグラフィック世界の国）〈年表あり〉2000円　①978-4-593-58542-7　Ⓝ295.1
[目次] 地理—広大で起伏の多い国、自然—クマとビーバー、歴史—毛皮から連邦へ、人と文化—多民族国家カナダ、政治と経済—豊かな国、カナダミニ情報、カナダ歴史年表
[内容] 人々の生活、地理、いろいろな生態系、先住民と移民の歴史、政治、そして過去と現代の経済活動についてとりあげ、広大なカナダ国を紹介。「見てみよう」では、各章の重要な情報を、コンパクトに、見やすくまとめ、1ページ大のテーマ別地図（地勢、植生および生態系、歴史、人口、行政）を各章に掲載。「スペシャルコラム」や小地図によって、さまざまなトピックをわかりやすく理解。

『元気が出る！世界の朝ごはん　5（北・中央アメリカとカリブ海）』服部幸応，服部津貴子監修　日本図書センター　2007.3　47p　27cm　3000円　①978-4-284-40050-3,978-4-284-40045-9　Ⓝ383.8

『元気が出る！世界の朝ごはん　4（オセアニアと南アメリカ）』服部幸応,服部津貴子監修　日本図書センター　2007.3　47p　27cm　3000円　①978-4-284-40049-7,978-4-284-40045-9　Ⓝ383.8

『メキシコのごはん』銀城康子企画・文，高松良己絵　農山漁村文化協会　2007.2　32p　27cm　（絵本世界の食事 5）　1800円　①978-4-540-06293-3　Ⓝ383.856
[目次] 朝のトルティージャ屋さんは毎日行列です、朝ごはんは卵料理が多いのです、昼ごはんはしっかり食べます、晩ごはんは簡単です、台所の様子を覗いてみると、一週間の料理です、トウモロコシは最も重要な作物です、味の決め手はトウガラシです、伝統的な食事はトウモロコシと豆とトウガラシです、古代メキシコとヨーロッパの食がひとつになって、楽しく食事をするのがマナーです、メキシコ人はパーティが大好きです、地域によって食事はさまざまです、メキシコのごはんをつくってみましょう、もう少しメキシコのごはんの話
[内容] 家庭で食べられている日常的な食事を、管理栄養士の視点からわかりやすく解説。食事にまつわる習慣や、日本では見られないような料理道具、その国の文化や自然背景などと、代表的な料理のレシピを紹介。

子どもの本　社会がわかる2000冊　　55

『グアテマラ』リタ・J.マーケル著，武富博子訳　国土社　2006.10　68p　26cm（目で見る世界の国々 69）2800円　Ⓘ4-337-26169-9　Ⓝ295.71
目次　1 国土,2 歴史と政治,3 人びとのくらし,4 文化,5 経済

『カナダ』渡辺一夫文・写真，松本輝彦監修　ポプラ社　2006.3　47p　29cm（体験取材！世界の国ぐに 1）〈年表あり〉2800円　Ⓘ4-591-09051-5　Ⓝ295.1

『キューバ』吉田忠正文・写真，後藤政子監修　ポプラ社　2006.3　47p　29cm（体験取材！世界の国ぐに 4）〈年表あり〉2800円　Ⓘ4-591-09054-X　Ⓝ295.91

『コスタリカ』渡辺一夫文・写真，五十嵐義明監修　ポプラ社　2006.3　47p　29cm（体験取材！世界の国ぐに 5）〈年表あり〉2800円　Ⓘ4-591-09055-8　Ⓝ295.76

『地球のうらからこんにちは―ブラジル人児童と日本人児童のための異文化理解ハンドブック』義永美央子編　刈谷　愛知教育大学出版会　2006.3　80p　30cm〈ポルトガル語併記〉Ⓘ4-903389-01-4　Ⓝ302.62

『チリ』佐々木ときわ文・写真，林竹人監修　ポプラ社　2006.3　47p　29cm（体験取材！世界の国ぐに 7）〈年表あり〉2800円　Ⓘ4-591-09057-4　Ⓝ296.6

『ブラジル』岡崎務文・写真，矢ヶ崎典隆監修　ポプラ社　2006.3　47p　29cm（体験取材！世界の国ぐに 6）〈年表あり〉2800円　Ⓘ4-591-09056-6　Ⓝ296.2

『メキシコ』吉田忠正文・写真，高山智博監修　ポプラ社　2006.3　47p　29cm（体験取材！世界の国ぐに 3）〈年表あり〉2800円　Ⓘ4-591-09053-1　Ⓝ295.6

『カナダ修学旅行・語学研修を10倍100倍たのしむための本―行く前の準備と帰ってからの発表をたのしもう！』石原尚子著，こどもくらぶ編　近畿日本ツーリスト本社営業推進室　2004.12　63p　26cm　1000円　Ⓝ295.109

『キューバに吹く風』早乙女勝元著　草の根出版会　2004.11　135p　23cm（母と子でみる A41）〈年表あり〉2200円　Ⓘ4-87648-212-8　Ⓝ302.591

『世界の料理いただきまーす。―アメリカ・メキシコ』尾崎曜子編＋絵　アリス館　2004.3　32p　27cm　2300円　Ⓘ4-7520-0251-5,4-7520-0258-2　Ⓝ596.23
目次　メイヤさんのアメリカ料理（さけのカウボーイ焼きとほうれんそうといちごのサラダ，ミートローフ，冷たいシェルパスタ，コーンプディング），ネグレッテさんのメキシコ料理（ステーキとワカモーレ，ピカディージョのタコス，メキシコ風ピラフ，チョコレートミルクとお米のジュース）

『世界の料理いただきまーす。―ペルー・アルゼンチン』尾崎曜子編＋絵　アリス館　2004.3　32p　27cm　2300円　Ⓘ4-7520-0252-3,4-7520-0258-2　Ⓝ596.23
目次　カリンさんのペルー料理（おたのしみごはん，ラムとじゃがいものスープ，ペルー風焼き肉，重ねポテトサラダ，りんごのジュース），マルタさんのアルゼンチン料理（ミラネッサ，とり肉と野菜の煮こみ，ほうれん草のクレープ巻き，フルーツサラダ）

『カナダ・インディアンの世界から』煎本孝作　福音館書店　2002.11　278p　18cm（福音館文庫）700円　Ⓘ4-8340-1891-1　Ⓝ382.51
目次　第1章 出会い，第2章 夏の風景，第3章 冬への旅立ち，第4章 トナカイが来る時，第5章 トナカイの狩猟，第6章 トナカイの料理，第7章 不死なるトナカイ，第8章 キャンプの人びと，第9章 雪の荒野，第10章 春の動物たち，第11章 村の生活
内容　トナカイを求めて，凍てつく雪原を来る日も来る日も犬橇を走らせるカナダ・インディアンの男たち。「トナカイは人が飢えている時，その肉を与えに自分からやってくるものだ」と彼らは言う。本書は，その魂に"自然"の力を宿し，季節と共にその内なる力を育みつつ生きてゆく人びとの，たぐいまれな記録である。

地理―世界の国と人びと　　　　　　　　　　　　　　　　　　　　　南北アメリカ

『キューバの子どもたち』西村佐二指導
学習研究社　2002.2　63p　27cm　（世界の子どもたちはいま 21）3000円
①4-05-201411-1,4-05-810629-8
[目次] 学校のこと，家庭のこと，生活のこと
[内容] キューバ共和国は，北アメリカ大陸と南アメリカ大陸のつなぎ目の真ん中あたり，カリブ海にうかぶ島国です。となりには，フロリダ半島やメキシコ，ハイチ，ドミニカ共和国などがあります。首都ハバナがあるキューバ島や，青年の島など約1600もの小さな島からなります。総面積は11万922平方キロメートルほど，そこに1114万人あまりの人びとが暮らしています。200万人以上が暮らす首都ハバナは，ヨーロッパ風の建物が並び，アメリカの大きなクラシックカーが走るモダンな街です。そんなハバナで暮らす4年生の女の子と6年生の男の子に，日ごろの生活をしょうかいしてもらいましょう。

『アルゼンチン』グレッチェン・ブラッドフォルド著，大谷藤子訳　国土社　2001.3　67p　26cm　（目で見る世界の国々 58）〈索引あり〉2600円　①4-337-26158-3
[目次] 1 国土,2 歴史と政治,3 人びとのくらしと文化,4 経済

『ブラジルと出会おう』谷啓子, 富本潤子編著　国土社　2001.3　87p　26cm　（国際理解ハンドブック）1600円　①4-337-47703-9
[目次] お祭りを楽しもう，作って食べよう，歌おう遊ぼう，ポルトガル語で遊ぼう，ブラジルってどんな国
[内容] 地球の反対側にある国ブラジルと日本との間には，どんなちがりやつながりがあるのだろう。作ったり遊んだりしながら，私たちの身近にあるブラジルと出会い，人びとと出会おう。この本は，ブラジルから来た子どもたちとお母さん，それに地域のボランティアで作った本です。

『ブラジル・ペルー』河野彰, 千葉泉監修, こどもくらぶ編・著　偕成社　2001.3　47p　29cm　（きみにもできる国際交流 24　富盛伸夫総監修）〈索引あり〉2800円　①4-03-629740-6
[目次] ブラジルへ行こう，ペルーへようこそ，日本で見つけたブラジル・ペルー，もっと知りたいブラジル・ペルー

[内容] 日本から見ると，ちょうど地球の反対側にある南アメリカ大陸の二つの国，ブラジルとペルー。遠い国なのに，100年以上も前から，たくさんの日本人が移住している。サンバのメッカ，ブラジル。インカ帝国の遺跡，ナスカの地上絵のあるペルー。トウモロコシやトマト，ジャガイモなど，日本人になじみの野菜はペルー原産だ。この本を読むと，いろいろなことに気がつくだろう。小学中級から。

『ペルーの子どもたち』西村佐二指導
学習研究社　2001.2　63p　27cm　（世界の子どもたちはいま 11）3000円
①4-05-201234-8,4-05-810601-8

『フィリピン・メキシコーココヤシ料理・タコス』谷川彰英監修　ポプラ社　2000.4　37p　27cm　（国際理解にやくだつ NHK地球たべもの大百科 7）〈文献あり〉2600円　①4-591-06342-9
[目次] フィリピン―ココヤシ料理，メキシコ―タコス
[内容] みんなが大好きで身近な料理から，それぞれの料理のふるさとの国を紹介します。食を通してその国のくらしや文化，歴史などを学びます。小学校高学年～中学生向け。

『ブラジル―サンバの国の陽気なくらし』ジュリア・ウォーターロー著，今西大, 今西智子訳　鈴木出版　2000.4　35p　27cm　（世界の家族 総合的学習に役立つ 6）2500円　①4-7902-3060-0,4-7902-3054-6
[目次] ブラジルからこんにちは, 家族の紹介, サンパウロの家, 食べものと料理, 都会で働く, 遊びと学校, 余暇と楽しみ, 今日を生きる, ブラジルの歴史, もっと知りたいブラジルのこと, もっとくわしく調べてみよう
[内容] 本シリーズは，ふつうの家族のふつうのくらしぶりを通して，生きた国際感覚を身につけ，家族について考えるシリーズです。本巻では，世界でも屈指の大都市，ブラジルのサンパウロでくらすデ・ゴエスさん一家を紹介します。ゴエスさんたちは毎日どんな料理を食べているのでしょう。バスの運転手をしているおとうさんの悩みはなんでしょう。休みの日はどんなことをしているのでしょう。学校は？将来の夢は？日本からの移民も多いブラジル，サンパウロのふつうの家庭生活をいっしょに体験してみましょう。小学校中学年～中学校向き。

『ブラジルの友だち』佐藤郡衛監修　学校図書　2000.4　71p　22cm　（世界の友だちとくらし）1500円　Ⓘ4-7625-1958-8
[目次]ブラジルに行ってみよう,サンパウロ日本人学校,ポルトガル語をおぼえよう,ブラジルの小学校,ブラジルの家庭のくらし,ブラジルの町を探検しよう,ブラジルの自然をたずねて,ブラジルばんざい,日本のなかのブラジル,もっとよく知ろうブラジル連邦共和国
[内容]「総合的な学習の時間」対応。子どもたちの"あそび"がわかる、"食べ物"がわかる、"学校生活"がわかる。これでキミも国際人になれる。

『カナダ』太田和子監修,こどもくらぶ編・著　偕成社　2000.3　47p　29cm（きみにもできる国際交流 10　中西輝政総監修）〈索引あり〉2800円　Ⓘ4-03-629600-0
[目次]1　カナダへようこそ,2　日本で見つけたカナダ,3　もっと知りたいカナダ
[内容]カナダは英語を話す国。でもフランス語を話す人が3割いる。他のことばを話す人も多くいる。いろいろなことば、いろいろな文化が尊重される「多文化主義」の国、カナダのことはあまり知られていない。日本とは、となりの国なのに。さあ、カナダの子どもの生活、学校、遊び、料理などを通して、カナダのことをもっと知ろう。カナダの大自然、動物、環境保護のようすを見てみよう。今まで気づかなかったカナダとのつながりが見えてくるよ。案内役は英語をもじった「英子」(エイコ)ちゃんと「語」(カタル)くんのふたり。ふたりといっしょに、英語を話す国々との国際交流にチャレンジしよう。

『ブラジルの子どもたち』西村佐二指導　学習研究社　2000.2　63p　27cm（世界の子どもたちはいま 8）3000円　Ⓘ4-05-201115-5,4-05-810579-8

◆◆アメリカ合衆国
『知ってるようで知らない国アメリカ　3　大統領だって訴えられることがある？』阿川尚之監修　岩崎書店　2009.3　47p　29cm〈文献あり　年表あり　索引あり〉3000円　Ⓘ978-4-265-02973-0　Ⓝ295.3
[目次]序章　アメリカの理想は自由・平等・民主主義,1章　移民がアメリカ合衆国をつくった,2章　複雑なアメリカのしくみ,3章　世界経済を支えるアメリカ経済

『知ってるようで知らない国アメリカ　2　ニューヨークにはあらゆる人がいる？』阿川尚之監修　岩崎書店　2009.3　47p　29cm〈文献あり　年表あり　索引あり〉3000円　Ⓘ978-4-265-02972-3　Ⓝ295.3
[目次]序章　あらゆる人を受け入れるアメリカ,1章　気候も文化もことなる広大なアメリカの大地,2章　ことなる人種・民族がくらす社会,3章　アメリカを1つにしているもの

『知ってるようで知らない国アメリカ　1　飛行機もジーンズもアメリカ生まれ？』阿川尚之監修　岩崎書店　2009.3　47p　29cm〈文献あり　年表あり　索引あり〉3000円　Ⓘ978-4-265-02971-6　Ⓝ295.3
[目次]序章　わたしたちのまわりには「アメリカ生まれ」がたくさん,1章　日常生活をのぞいてみよう,2章　アメリカ生まれの生活スタイル,3章　世界じゅうにひろがるエンターテインメント

『ジス・イズ・テキサス』ミロスラフ・サセック著,松浦弥太郎訳　ブルース・インターアクションズ　2007.8　60p　31cm　1800円　Ⓘ978-4-86020-230-9　Ⓝ302.5368
[内容]アメリカでいちばん大きな州はどこ？This is GOOD OLD City！あの頃の、この街へようこそ！ロマンティックな魅力あふれるサン・アントニオから、楽しいテーマパーク"シックス・フラッグス"、おしゃれなカウボーイがいるキング牧場、なが～いリオ・グランデ川まで。合い言葉は「友情」。

『ジス・イズ・ワシントンD.C.』ミロスラフ・サセック著,松浦弥太郎訳　ブルース・インターアクションズ　2007.5　58p　31cm　1800円　Ⓘ978-4-86020-226-2　Ⓝ302.5333

『アメリカ』渡辺一夫文・写真,松本輝彦監修　ポプラ社　2006.3　71p　29cm（体験取材！世界の国ぐに 2）〈年表あり〉2800円　Ⓘ4-591-09052-3　Ⓝ295.3

『ジス・イズ・サンフランシスコ』ミロスラフ・サセック著,松浦弥太郎訳　ブルース・インターアクションズ　2004.9

60p 31cm 1600円 Ⓘ4-86020-107-8 Ⓝ302.5393

『ジス・イズ・ニューヨーク』ミロスラフ・サセック著，松浦弥太郎訳　ブルース・インターアクションズ　2004.8　60p　31cm　1600円　Ⓘ4-86020-100-0　Ⓝ302.5321

『キッズ・イン・ニューヨーク』三浦良一作・絵　借成社　2003.4　33p　30cm　1500円　Ⓘ4-03-437320-2　Ⓝ295.321
内容　この絵本は、子どもの目から見たニューヨークを18場面のシーンと、現地の子どもたちが日常使っている英語フレーズをブレンドして伝える新たな試みのニューヨーク・ガイド絵本です。小学初級から。

『6年生の夏休みアメリカ行ったよ！―はるかの4コマ日記』やひろはるか著　文園社　2003.3　93p　21cm　880円　Ⓘ4-89336-182-1　Ⓝ295.309

『アメリカの友だち』佐藤郡衛監修　学校図書　2000.4　71p　22cm　（世界の友だちとくらし）1500円　Ⓘ4-7625-1955-3
目次　アメリカに行ってみよう，アメリカにすむ日本人，シカゴ日本人学校，かんたんな英語をおぼえよう，アメリカの小学校，アメリカと日本の交流，世界の人びととの交流，アメリカの家庭にホームステイ，アメリカのくらし，シカゴの町の探険，アメリカの農村をたずねて，日本にいちばん近いアメリカ，アメリカでみつけた日本，もっとよく知ろうアメリカ合衆国
内容　「総合的な学習の時間」対応。子どもたちの"あそび"がわかる、"食べ物"がわかる、"学校生活"がわかる。これでキミも国際人になれる。

『アメリカ』中島章夫監修，真山美雪，中島章夫共著　借成社　2000.3　47p　29cm　（きみにもできる国際交流　9　中西輝政総監修）〈索引あり〉2800円　Ⓘ4-03-629590-X
目次　1　アメリカへ行こう！, 2　日本で見つけたアメリカ, 3　もっと知りたいアメリカ
内容　英語がまかり通るアメリカ。でもみんなが英語だけ話すわけではない。国土が広くていろいろな民族が住んでいる。多種多様なことばを話す人々がいるから、共通語として英語が必要。東海岸と西海岸では4時間もの時差があるアメリカ本土48州、とハワイにアラスカを合わせた50の州が連合して、アメリカ合衆国をつくっている。今の日本は衣・食・住のあらゆる面でアメリカの影響を受けている。さあ、ジーンズ、ハンバーガーショップ、野球など身近なアメリカを見直しながら、アメリカについて、もっともっと知ろう。案内役は英語をもじった「英子」（エイコ）ちゃんと「語」（カタル）くんのふたり。ふたりといっしょに、英語を話す人々との国際交流にチャレンジしよう。

『アメリカの子どもたち』西村佐二指導　学習研究社　2000.2　63p　27cm　（世界の子どもたちはいま　5）3000円　Ⓘ4-05-201112-0,4-05-810579-8

◆オセアニア・南極地方

『池上彰のニュースに登場する国ぐにのかげとひかり　4　南北アメリカ・南太平洋』稲葉茂勝著，池上彰監修　さ・え・ら書房　2009.3　39p　29×22cm　2500円　Ⓘ978-4-378-01184-4
目次　カナダ「マウンテンカリブーの保護区域拡大」，アメリカ「浮きぼりにされた格差社会」，メキシコ「メキシコの麻薬戦争」，キューバ「カストロ議長退任」，エクアドル「ガラパゴス諸島が危機遺産に」，ペルー「2008年は国際イモ年」，ブラジル「アマゾンの熱帯雨林の破壊」，アルゼンチン「肉食恐竜の化石発見」，ニュージーランド「反核政策と環境意識」，オーストラリア「オゾンホールが広がっている！」，ソロモン「マグニチュード8の大地震」，ツバル「島が消える?!」

『オーストラリア』ケイト・ターナー著，エレイン・ストラットフォード，ジョセフ・M.パウエル監修　ほるぷ出版　2008.12　64p　25cm　（ナショナルジオグラフィック世界の国）〈年表あり〉2000円　Ⓘ978-4-593-58552-6　Ⓝ297.1
目次　地理―広大な赤い砂漠，自然―クロコダイルとディンゴ，歴史―太古の大地と近代の都市，人と文化―芸術とスポーツ，政治と経済―新しい国をつくる
内容　それぞれの国を、地理、自然、歴史、人と文化、政治と経済、の5章にフォーカスして解説。だれでも、短時間に、まるごと理解することができます。「見てみよう」で

オセアニア・南極地方　　　　　　　　　　　　　　　　地理—世界の国と人びと

は、各章の重要な情報を、コンパクトに、見やすくまとめました。1ページ大のテーマ別地図（地形、植生および生態系、歴史、人口、行政）を各章に掲載、多彩な情報がひと目でつかめます。しかも、本文中の写真の撮影地も明示しました。「スペシャルコラム」や小地図によって、さまざまなトピックをわかりやすく理解できます。

『マオリ』レスリー・シュトゥラドゥヴィク著，斉藤慎子訳　汐文社　2008.3　32p　27cm　（写真で知る世界の少数民族・先住民族）2000円　Ⓘ978-4-8113-8465-8　Ⓝ382.72
目次　どこに住んでいるの？，物語や言い伝え，マオリのこれまで，社会のしくみ，情報を伝える，おきてと規則，大切にされる文化，美術と文化，マオリの服装，食べ物と遊び，民族の知恵，マオリがかかえる問題，未来へ向けて，知ってびっくりこんなこと，さくいん，用語集

『アボリジニ』ダイアナ・マルシェル著，藤村奈緒美訳　汐文社　2008.2　32p　27cm　（写真で知る世界の少数民族・先住民族）2000円　Ⓘ978-4-8113-8466-5　Ⓝ382.71
目次　どこに住んでいるの？，物語や言い伝え，アボリジニのこれまで，社会のしくみ，情報を伝える，おきてと規則，祝いと祭り，美術と文化，衣服のいろいろ，食べ物と遊び，民族の知恵，アボリジニがかかえる問題，未来へ向けて，知ってびっくりこんなこと，さくいん，用語集

『元気が出る！世界の朝ごはん　4（オセアニアと南アメリカ）』服部幸応，服部津貴子監修　日本図書センター　2007.3　47p　27cm　3000円　Ⓘ978-4-284-40049-7,978-4-284-40045-9　Ⓝ383.8

『どこにいるかわかる？—アジア・太平洋の子どもたちのたのしい一日』アジア太平洋地域共同出版計画会議企画，ユネスコ・アジア文化センター編，松岡享子訳　改訂新版　こぐま社　2006.9　44p　21×30cm　1500円　Ⓘ4-7721-0183-7
目次　イラン，パキスタン，インド，スリランカ，バングラデシュ，ネパール，ミャンマー，タイ，ラオス，ベトナム，マレーシア，インドネシア，フィリピン，オーストラリア，パプア・ニューギニア，ニュージーランド，日本，韓国，中国，モンゴル

『ジス・イズ・オーストラリア』ミロスラフ・サセック著，松浦弥太郎訳　ブルース・インターアクションズ　2006.7　60p　31cm　1800円　Ⓘ4-86020-184-1　Ⓝ302.71

『マカマカ南極へ行く—マカマカの地球歩き　2』かみおゆりこ作・絵，WWFジャパン監修　DINO BOX　2006.7　1冊　22×22cm〈発売：東京漫画社〉1500円　Ⓘ4-9902850-1-8
内容　ハワイで暮らしていたアフリカゾウのマカマカは、小鳥のププと旅に出て、南極へ。マカマカとププのペンギン大陸大冒険。人間もペンギンも地球のなかま。ずっとなかよしでいたいね。サンスター文具の人気キャラクターマカマカシリーズ第2弾。

『オーストラリア』吉田忠正文・写真，藤川隆男監修　ポプラ社　2006.3　47p　29cm　（体験取材！世界の国ぐに　8）〈年表あり〉2800円　Ⓘ4-591-09058-2　Ⓝ297.1

『ニュージーランド』岡崎務文・写真　ポプラ社　2006.3　47p　29cm　（体験取材！世界の国ぐに　9）〈年表あり〉2800円　Ⓘ4-591-09059-0　Ⓝ297.2

『ミクロネシア連邦』岡崎務文・写真，在日ミクロネシア連邦大使館監修　ポプラ社　2006.3　47p　29cm　（体験取材！世界の国ぐに　10）〈年表あり〉2800円　Ⓘ4-591-09060-4　Ⓝ297.4

『ニュージーランド　修学旅行・語学研修を10倍から100倍たのしむための本—行く前の準備と帰ってからの発表をたのしもう！』石原尚子著，こどもくらぶ編　近畿日本ツーリスト本社営業推進室　2005.3　63p　26cm　1000円　Ⓝ297.209

『オーストラリア修学旅行・語学研修を10倍から100倍たのしむための本—行く前の準備と帰ってからの発表をたのしもう！』稲葉茂勝，吉田忠正著，こどもく

らぶ編　近畿日本ツーリスト本社企画室　2004.3　63p　26cm　1000円　Ⓝ297.109

『南極―地球環境の窓に挑む44人の冒険者たち　まんがNHK南極プロジェクト』三徳信彦まんが　小学館　2003.9　207p　19cm　952円　Ⓘ4-09-226301-5　Ⓝ297.909

『オセアニア　オーストラリア/キリバス/サモア/ソロモン諸島/ツバル/トンガ/ナウル/ニュージーランド/バヌアツ/パプアニューギニア/パラオ/フィジー/マーシャル諸島/ミクロネシア』石出法太著　岩崎書店　2003.4　67p　29cm（日本とのつながりで見るアジア　過去・現在・未来　第7巻）3000円　Ⓘ4-265-04867-6,4-265-10286-7　Ⓝ297
目次　地域を知る、オーストラリア、キリバス、サモア、ソロモン諸島、ツバル、トンガ、ナウル、ニュージーランド、バヌアツ、パプアニューギニア、パラオ、フィジー、マーシャル諸島、ミクロネシア連邦

『やまとゆきはら―大和雪原　白瀬南極探検隊』関屋敏隆さく　福音館書店　2002.10　71p　27×31cm（日本傑作絵本シリーズ）2200円　Ⓘ4-8340-1887-3
内容　流氷群、猛吹雪、不足する食糧。アイヌ隊員の懇願もむなしく、犬を南極に置き去りにして出航を命じた隊長白瀬。明治時代の日本人を描いた壮絶なノンフィクション絵本。

『パラオの子どもたち』西村佐二指導　学習研究社　2002.2　63p　27cm（世界の子どもたちはいま　20）3000円　Ⓘ4-05-201410-3,4-05-810629-8
目次　学校のこと、家庭のこと、生活のこと
内容　パラオ共和国は、日本から南へ約3000キロメートル先、西太平洋上にうかぶ200以上の小さな島からなる群島です。グアムやサイパンと同じ、ミクロネシアと呼ばれる地域にあります。さて、首都コロールの中心を訪ねました。小学5年生の男の子と3年生の女の子に、日ごろの生活をしょうかいしてもらいましょう。

『オーストラリアの子どもたち』西村佐二指導　学習研究社　2001.2　63p　27cm（世界の子どもたちはいま　12）3000円　Ⓘ4-05-201235-6,4-05-810601-8

『オーストラリアの友だち』佐藤郡衛監修　学校図書　2000.4　71p　22cm（世界の友だちとくらし）1500円　Ⓘ4-7625-1957-X
目次　オーストラリアへ行ってみよう、オーストラリアの先住民、メルボルンの日本人学校、日本とオーストラリアの交流、オーストラリアの小学校、オーストラリアの家族のくらし、オーストラリアの町の探検、オーストラリアの自然と動物、もっとよく知ろうオーストラリア
内容　「総合的な学習の時間」対応。子どもたちの"あそび"がわかる、"食べ物"がわかる、"学校生活"がわかる。これでキミも国際人になれる。

『オーストラリア・ニュージーランド』竹田いさみ監修，こどもくらぶ編・著　偕成社　2000.3　47p　29cm（きみにもできる国際交流　11　中西輝政総監修）〈索引あり〉2800円　Ⓘ4-03-629610-8
目次　1　ようこそオーストラリアへ，2　日本で見つけたオーストラリア・ニュージーランド，3　もっと知りたいオーストラリア・ニュージーランド
内容　オーストラリアもニュージーランドも英語が国語。イギリスから移り住んだ国民が多いけどtoday（トゥデイ＝今日）を「トゥダイ」と発音する。南の大海のむこうにある国のことを、もっと知ろう。真夏にクリスマスがあり、7月、8月にスキーができる。カンガルーやコアラなど、オーストラリアにはめずらしい動物がいっぱい。北緯、南緯はちがうけれど、経度が同じくらいのところにある日本とニュージーランドにはにたところも多い。同じところ、ちがうところを発見しよう。今まで知らなかった、国と国のつながりが見えてくるよ。

『フィジー・トンガ・サモア』橋本和也監修，こどもくらぶ編・著　偕成社　2000.3　47p　29cm（きみにもできる国際交流　13　中西輝政総監修）〈索引あり〉2800円　Ⓘ4-03-629630-2
目次　1　フィジー・トンガ・サモアへ行こう！，2　日本で見つけたフィジー・トンガ・

サモア,3 もっと知りたいフィジー・トンガ・サモア

|内容| 南太平洋に浮かぶ三つの国々。この三つの国は、英語を公用語としている点で同じ。この他にも衣・食・住、いろんな点にたところは多い。でも、小さな島国でも、それぞれ独特の文化を持っている。南海の楽園のイメージが強い国々には、学ぶところもいっぱい。ほぼ同じ時間に日の出を見るフィジーとサモアだけれど、サモアはフィジーの1日前の日の出を見ることになることなど、国と国の同じところとちがうところを知ることで、今まで気づかなかった国のつながりが見えてくるよ。案内役は英語をもじった「英子」（エイコ）ちゃんと「語」（カタル）くんのふたり。ふたりといっしょに、英語を話す人々との国際交流にチャレンジしよう。

わたしたちの日本

◆日本

『日本の先住民族アイヌを知ろう！ 2 アイヌ民族のことばと文化』知里むつみ著　汐文社　2009.4　63p　26cm　2500円　①978-4-8113-8570-9
|目次| 1 北海道の地名の多くはアイヌ語！,2 アイヌのことばと自然,3 アイヌ民族の暮らしと文化,4 近現代の文化—明治～現在

『47都道府県なるほどデータブック　下』教育画劇　2009.4　103p　27×22cm　4500円　①978-4-7746-0972-0
|目次| 近畿地方, 中国地方, 四国地方, 九州・沖縄地方

『イラスト日本まるごと事典—ジュニア版』インターナショナル・インターンシップ・プログラムス著　改訂第2版　講談社インターナショナル　2009.3　238p　21cm　（講談社バイリンガル・ブックス）〈本文：日英両文〉　1800円　①978-4-7700-4114-2
|目次| 1 これが日本だ,2 日本人の生活をかいま見る,3 日本の文化にふれる,4 今日の日本の姿, 付録
|内容| イラストと簡潔な文章で、日本のすべてを紹介する小事典の決定版。自然、地理、衣・食・住、文化、風俗・習慣から政治、経済、社会、歴史まで、日本をまるごと簡潔な英語で説明できる。さらに、外国の人との交流を深められるように、手巻き寿司の作り方、浴衣の着方、花の生け方、習字、俳句、折り紙、じゃんけん遊びなど、日本文化の教授法をわかりやすく図解。ホームステイや海外留学をするときに頼りになる1冊。

『郷土料理』竜崎英子監修　ポプラ社　2009.3　223p　30×23cm　（ポプラディア情報館）　6800円　①978-4-591-10685-3
|目次| 郷土料理って何？, 全国の郷土料理
|内容| 北海道から沖縄県まで、日本全国の郷土料理を都道府県別に紹介。野菜や魚介類など、郷土の伝統的な食材も紹介。料理とあわせて、各地の食文化のちがいを学ぶことができます。豊富なカラー写真を収録。郷土の多彩な食文化を、目で見て楽しむことができます。伝統的な郷土料理のほか、各地で人気の名物料理もとりあげました。

『サンカクノニホン—6852の日本島物語』伊勢華子写真・文　ポプラ社　2009.3　1冊　27×22cm　（シリーズ・自然いのちのひと 12）　1300円　①978-4-591-10749-2
|内容| 海のむこうにも、まだ日本があったんだ。自然・文化・暮らしを描いた写真絵本。

『探Q！日本のひみつ—まちでみつけた日本のきせつ』青山邦彦絵　帝国書院　2009.3　24p　31cm　1400円　①978-4-8071-5835-5　Ⓝ291.04
|目次| お城のあるまちのくらし—弘前のひみつ, 港のあるまちのくらし—横浜のひみつ, 日本一高い山—富士山のひみつ, あたたかいところのくらし—宮古島（沖縄）のひみつ, れきしのあるまちのくらし—京都のひみつ, お寺のあるまちのくらし—浅草のひみつ, 寒いところのくらし—札幌のひみつ
|内容| ひんとで探す日本のきせつ。みつけて遊む、たのしく学ぶ。つくえの上でも旅する絵本。対象・小学校低学年。

『日本のすがた—表とグラフでみる社会科資料集　2009』矢野恒太記念会編　改訂第40版　矢野恒太記念会　2009.3　230p　30cm　952円　①978-4-87549-

233-7
|目次| 第1章 国土と人口, 第2章 経済と財政, 第3章 農林水産業, 第4章 日本の工業, 第5章 商業と貿易, 第6章 交通と通信, 第7章 国民の生活, 第8章 世界のすがた
|内容| 日本の社会はどのようになっていて, これからどう変化していくのでしょうか? この本はこうした疑問にたくさんの統計グラフや統計表を使って答えています。社会科学習のもっとも身近な参考書です。

『47都道府県なるほどデータブック 上』教育画劇 2009.3 103p 27×22cm 4500円 ⓘ978-4-7746-0971-3
|目次| 北海道・東北地方, 関東地方, 北陸地方, 中部・東海地方

『日本の先住民族アイヌを知ろう! 1 アイヌ民族の歴史といま』知里むつみ著 汐文社 2009.2 63p 27cm〈文献あり 年表あり 索引あり〉2500円 ⓘ978-4-8113-8569-3 Ⓝ382.11
|目次| 1 縄文文化からアイヌ文化へ,2 中世のアイヌ民族 和人とのたたかい,3 近世のアイヌ民族 和人とのたたかい2,4 アイヌの人たちと明治維新,5 先住民族の誇り 現代

『東海道 其の1 日本橋〜興津』おちあいけいこ著 ポトス出版 2009.1 43p 30cm 1600円 ⓘ978-4-901979-24-5
|目次| 日本橋, 品川, 川崎, 神奈川, 保土ヶ谷, 戸塚, 藤沢, 平塚, 大磯, 小田原, 箱根上り, 箱根下り, 三島, 沼津, 原, 吉原, 蒲原, 由比, 興津

『郷土料理大図鑑—ふるさとの味がいっぱい! 食べて学ぼう"地域の食文化"』向笠千恵子監修, ワン・ステップ編 PHP研究所 2008.12 79p 29cm 2800円 ⓘ978-4-569-68920-3 Ⓝ383.81
|目次| 第1章 全国の郷土料理をみてみよう!, 第2章 郷土料理をもっと知ろう!
|内容| 都道府県ごとに郷土料理を説明。おもな調理法、食材、調味料をマークで表示している。

『こちら葛飾区亀有公園前派出所両さんの地理大達人—日本の都道府県のすべてがわかる』秋本治キャラクター原作, 長谷川康男監修, 池田俊一こち亀まんが 集英社 2008.9 205p 19cm (満点ゲットシリーズ) 850円 ⓘ978-4-08-314041-9 Ⓝ291

『ドラえもんのびっくりクイズ ニッポン一周!』藤子・F・不二雄キャラクター原作, 如月たくやまんが 小学館 2008.4 264p 19cm (ビッグ・コロタン 105) 850円 ⓘ978-4-09-259105-9 Ⓝ291

『アイヌ民族: 歴史と現在—未来を共に生きるために 小学生用』札幌 アイヌ文化振興・研究推進機構 2008.3 48p 26cm Ⓝ382.11

『グラフで調べる日本の産業 8 世界のなかの日本』谷川彰英監修 小峰書店 2008.3 51p 29cm 3200円 ⓘ978-4-338-23408-5 Ⓝ602.1
|目次| 世界と日本, 世界の国々の面積, 世界の国々の人口, 世界の国々の豊かさ, 日本のおもな貿易相手はどこ?, 日本人が多くくらす国, 日本にやってくる外国人, アメリカ合衆国, 中国, 韓国, ブラジル, サウジアラビアと西アジアの国ぐに, 日本の近くの国々, おとなりの国との問題, 日本と国際連合, 貧困と世界の国々, 世界の争いや難民, 国を守る活動, 日本の国際協力
|内容| 日本と世界の関わり、近隣諸国との間で起きている問題などを解説。国際理解を深めることで、わたしたちの国を理解することができる。

『グラフで調べる日本の産業 2 気候と環境』谷川彰英監修 小峰書店 2008.3 47p 29cm 3200円 ⓘ978-4-338-23402-3 Ⓝ602.1
|目次| 日本の気候区分, 日本の気候の特徴, 北海道の気候, 太平洋側の気候, 日本海側の気候, 中央高地の気候, 瀬戸内の気候, 南西諸島の気候, 気象災害, 国土と水資源, 大量に出るゴミ, 公害と環境問題, 国境をこえる環境問題, 都市の気候と環境, 温暖化と異常気象, 温室効果ガスの増加, 温暖化を防ぐために, 自然エネルギーの利用, 環境を守る技術とくふう
|内容| くらしと産業に関わりの深い日本各地の気候を紹介。また、産業の未来を考えるうえで欠かせない環境問題についてもふれる。

『グラフで調べる日本の産業 1 国土と人口』谷川彰英監修 小峰書店 2008.3 47p 29cm 3200円 ⓘ978-4-338-23401-6 Ⓝ602.1

『緯度・経度ってなに？日本の領土・領海、日本の国土と地形、日本の山地・山脈・火山、日本の川と湖、日本の平野と盆地、日本の島、国土の利用、都道府県の人口、人口が集まる地域、都道府県の人口、人口でくらす外国人、人口が多い世代・少ない世代、どれくらい長生きするの？、どれくらい子どもを産むの？、少子高齢化、これからの日本の人口

内容 国の産業の基盤となる国土と人口について調べる。地形、土地利用、年齢別人口の変化など基本的なデータを紹介する。

『日本の島大研究―海が育んだ文化・歴史を調べてみよう 自然の宝庫』PHP研究所編　PHP研究所　2007.9　79p　29cm　2800円　①978-4-569-68721-6　Ⓝ291

目次 第1章 島の自然、第2章 島の産業、第3章 島の文化、第4章 島の生活、第5章 島の過去と現在、資料編

内容 この本では、北海道、本州、四国、九州を除いた日本の島々80島（沖縄島を含む）を、さまざまな角度から取り上げています。

『楽しくできる！小学生の社会科パズル』社会科教育研究会著　メイツ出版　2007.5　128p　21cm　（まなぶっく）1200円　①978-4-7804-0143-1

目次 日本はどこ？、ふたりの登山ルートはどれ？、どんな記号が現れる？、地図記号で宝探し、都道府県スケルトン、列車で旅する日本列島 稚内駅～静岡駅編、列車で旅する日本列島 静岡駅～枕崎駅編、おいしいお米のふるさとは？、虫くい文書、酪農・畜産クロス、海の幸・山の幸アロークロス、どの高速道路でいく？、美味なるものはどこの国から？、工業国ニッポンクロス、出発、進行！、工業アロークロス、海と空の港から、日本列島パワークロス、働くひとを守るため〔ほか〕

内容 この本は、楽しく社会科がまなべるよう「学習パズル」をあつめたものです。パズルを楽しんでいるうちに勉強までできてしまうすぐれもの。パズルやクイズがすきなひと、社会科の勉強がもっとできるようになりたいひとにぴったりです。

『都道府県別日本の地理データマップ 8（総さくいん）』小峰書店　2007.4　63p　29cm　1800円　①978-4-338-23008-7　Ⓝ291

目次 五十音順さくいん、都道府県別五十音順さくいん、都道府県別市町村一覧

『都道府県別日本の地理データマップ 1（日本の国土と産業データ）』宮田利幸監修　小峰書店　2007.4　71p　29cm　3600円　①978-4-338-23001-8　Ⓝ291

目次 第1章 地球と日本、第2章 日本の国土・気候・人口、第3章 日本の自然と環境、第4章 日本の産業、第5章 日本の交通、第6章 世界とのつながり、都道府県別主要統計

『地場産業と名産品 2』農山漁村文化協会　2007.3　160p　27cm　（調べてみよう ふるさとの産業・文化・自然 4　中川重年監修）3000円　①978-4-540-06325-1　Ⓝ602.1

目次 焼き物、工芸品、刃物ほか

内容 日本全国、それぞれの土地でご先祖さまたちが知恵と工夫を重ねてつくってきた産業や文化。その土地ならではの自然をたくみに生かした暮らしを訪ねる「見る地理の本」。本書では、その土地ならではの食べものや、歴史と工夫を重ねた織り物や染め物、焼き物ほか、それぞれの地域独特の産業を紹介。

『地場産業と名産品 1』農山漁村文化協会　2007.3　160p　27cm　（調べてみよう ふるさとの産業・文化・自然 3　中川重年監修）3000円　①978-4-540-06324-4　Ⓝ602.1

目次 食品・農産物、織り物・染め物、筆・紙

内容 日本全国、それぞれの土地でご先祖さまたちが知恵と工夫を重ねてつくってきた産業や文化。その土地ならではの自然をたくみに生かした暮らしを訪ねる「見る地理の本」。本書では、その土地ならではの食べものや、歴史と工夫を重ねた織り物や染め物、焼き物ほか、それぞれの地域独特の産業を紹介。

『特色ある歴史と風土のまち』農山漁村文化協会　2007.3　160p　27cm　（調べてみよう ふるさとの産業・文化・自然 5　中川重年監修）3000円　①978-4-540-06326-8　Ⓝ291

目次 町・建物、信仰・伝説、伝統

内容 日本全国、それぞれの土地でご先祖さまたちが知恵と工夫を重ねてつくってきた産業や文化。その土地ならではの自然をたくみに生かした暮らしを訪ねる「見る地理の本」。本書では古代の遺跡や中世の荘園など、景色から歴史と伝統を感じられるまち

やむらを紹介。

『日本なんでもナンバー1』羽豆成二監修　ポプラ社　2007.3　47p　29cm　（はじめてのおもしろデータブック 1）2800円　Ⓘ978-4-591-09616-1　Ⓝ291

『恵まれた自然と環境を守る』農山漁村文化協会　2007.3　160p　27cm　（調べてみよう　ふるさとの産業・文化・自然　6　中川重年監修）3000円　Ⓘ978-4-540-06327-5　Ⓝ519.81

|目次| 天台・気象,生き物,海・川・湖,山・森,砂丘

|内容| 日本全国、それぞれの土地でご先祖さまたちが知恵と工夫を重ねてつくってきた産業や文化。その土地ならではの自然をたくみに生かした暮らしを訪ねる「見る地理の本」。本書では、貴重な自然を残したふるさとで、その自然を守ることが、そこに住む人々の暮らしを豊かにすることにもつながっている例と出会うことができます。

『日本の地理―都道府県大図解　11（地図の見方・使い方）』井田仁康監修　学習研究社　2007.2　47p　29cm　3000円　Ⓘ978-4-05-202585-3,978-4-05-810824-6　Ⓝ291

『日本の地理―都道府県大図解　10（日本の国土と産業）』井田仁康監修　学習研究社　2007.2　47p　29cm　3000円　Ⓘ978-4-05-202584-6,978-4-05-810824-6　Ⓝ291

『外国人生徒のための地理　日本編』浅津嘉之,小野崎亮,本間理恵作成・編集　姫路　姫路獨協大学日本語教育ボランティアグループ　2007.1　28p　30cm　Ⓝ291

『こども日本の旅』高木実構成・文、花沢真一郎イラスト　新訂第6版　平凡社　2007.1　72p　31cm　（ジュニア地図帳）2500円　Ⓘ978-4-582-40733-4　Ⓝ291.038

|目次| 宇宙から見た日本,西南日本の自然,西南日本の地名,西南日本の地理,中央日本の自然,中央日本の地名,中央日本の地理,東北日本の自然,東北日本の地名,東北日本の地

理〔ほか〕

『世界の市場　アジア編 1（日本）』こどもくらぶ編　アリス館　2007.1　47p　29cm　2800円　Ⓘ978-4-7520-0354-0　Ⓝ673.7

|目次| 1 昔の市場・現代の市場,2 日本各地の市場,3 日本の市場に集まる世界

『にっぽん探検大図鑑』小学館　2006.12　304p　29cm　4286円　Ⓘ4-09-213172-0　Ⓝ291

|目次| 特集・日本ってどんな国？,海に囲まれた島国・日本,日本の各地方の特色,北海道地方,東北地方,関東地方,中部地方,近畿地方,中国・四国地方,九州地方,日本おもしろ情報館,都道府県調べ学習ガイド

|内容| 自然・産業・暮らし・伝統文化…日本がはっきり見えてくる！都道府県ごとに特色を紹介。学校で、家庭で、日本の"いま"がわかる最新ビジュアル図鑑。

『データでくらべる1970年代の日本と今の日本―お父さん・お母さんの子ども時代とどう変わったの？』PHP総合研究所監修　PHP研究所　2006.8　79p　29cm　2800円　Ⓘ4-569-68613-3　Ⓝ302.1

|目次| 第1章 日本のすがた,第2章 社会のうごき,第3章 人々のくらし,第4章 教育と文化・スポーツ,第5章 環境と自然,お父さん・お母さんが子どものころにできたもの、子どものころにはなかったもの

『北国・アイヌの伝統的なくらし』萱野茂監修,須藤功著　小峰書店　2006.4　55p　29cm　（日本各地の伝統的なくらし 7）3200円　Ⓘ4-338-22007-4　Ⓝ382.11

『漁村の伝統的なくらし』須藤功著　小峰書店　2006.4　55p　29cm　（日本各地の伝統的なくらし 3）3200円　Ⓘ4-338-22003-1　Ⓝ384.36

『山村の伝統的なくらし』須藤功著　小峰書店　2006.4　55p　29cm　（日本各地の伝統的なくらし 4）3200円　Ⓘ4-338-22004-X　Ⓝ384.35

『南島の伝統的なくらし』芳賀日出男著

小峰書店　2006.4　55p　29cm　（日本各地の伝統的なくらし 6）3200円　Ⓘ4-338-22006-6　Ⓝ382.197

『日本列島の自然とくらし』芳賀日出男著　小峰書店　2006.4　55p　29cm（日本各地の伝統的なくらし 1）3200円　Ⓘ4-338-22001-5　Ⓝ382.1

『農村の伝統的なくらし』芳賀日出男著　小峰書店　2006.4　55p　29cm（日本各地の伝統的なくらし 2）3200円　Ⓘ4-338-22002-3　Ⓝ384.31

『雪国の伝統的なくらし』須藤功著　小峰書店　2006.4　55p　29cm（日本各地の伝統的なくらし 5）3200円　Ⓘ4-338-22005-8　Ⓝ382.1

『国土の利用と産業』保岡孝之監修　学習研究社　2006.3　48p　29cm（くわしい！わかる！図解日本の産業 9）3000円　Ⓘ4-05-302157-X　Ⓝ601.1
目次　国土の特ちょうを生かした産業、開発で変わる国土、わたしたちの国土を守る

『日本の地理21世紀』高橋伸夫、井田仁康、菊地俊夫、志村喬、田部俊充、松山洋文・監修　朝日新聞社　2005.10　224p　29cm（朝日ジュニアブック）2800円　Ⓘ4-02-220621-7　Ⓝ291
目次　地理の目で見る日本、ズームアップ、ぐるっと日本・地理の旅、チャレンジ編
内容　地理ってこんなにおもしろい！日本の自然・産業・文化・くらしがわかるビジュアル情報がいっぱい。わかりやすい解説とくわしいデータで紹介する地域の特色と最新トピック。

『日本の産業がわかる』改訂新版　小学館　2005.9　191p　19cm（ドラえもんの学習シリーズ─ドラえもんの社会科おもしろ攻略）〈指導：日能研〉760円　Ⓘ4-09-253194-X　Ⓝ602.1
目次　1 日本の農業,2 日本の漁業と畜産業,3 日本の工業,4 これからの日本
内容　日本をよりよく理解するためには、産業の現状を知ることが欠かせません。この本は、地図やグラフの読みとりを通じて、より深く楽しく、わかりやすく産業をまんが

で解説しました。重要ポイントの解説には、全国的に中学入試に高い実績をもつ「日能研のテキスト」を参考にしているので、信頼がおけます。子どもたちの成績アップと中学入試の基礎勉強に役立つ必須の一冊です。

『みんなが知りたい！いろんな「日本一」がわかる本』ペンハウス著　メイツ出版　2005.7　128p　21cm（まなぶっく）1500円　Ⓘ4-89577-920-3　Ⓝ031.8
目次　日本で一番！大きな公園は？,日本で一番！読みの長い漢字は？,日本で一番！最初に金メダルをとったオリンピック大会は？,日本で一番！端にある駅は？,日本で一番！大きな屋久杉は？,日本で一番！食べられているくだものは？,日本で一番！長いエレベーターは？,日本で一番！1日でたくさん雨が降った記録は？,日本で一番！古い印刷物は？,日本で一番！大きなチョウは？〔ほか〕

『暖かい地域のくらし』目崎茂和著　旺文社　2005.4　47p　27cm（ビジュアル学習日本のくらし くらべてわかる日本各地のさまざまな生活と知恵　小泉武栄監修）3000円　Ⓘ4-01-071894-3　Ⓝ382.1
目次　第1章 南の暖かい島のくらし,第2章 太平洋沿岸の暖かい地域のくらし,第3章 もっと知りたい、こんなこと

『海のある地域のくらし』小泉武栄著　旺文社　2005.4　47p　27cm（ビジュアル学習日本のくらし くらべてわかる日本各地のさまざまな生活と知恵　小泉武栄監修）3000円　Ⓘ4-01-071896-X　Ⓝ382.1
目次　第1章 海に面した地域のくらし,第2章 離れ島に住む人びとのくらし,第3章 もっと知りたい、こんなこと

『各地のくらしと学校生活』こどもくらぶ編著　旺文社　2005.4　63p　27cm（ビジュアル学習日本のくらし くらべてわかる日本各地のさまざまな生活と知恵　小泉武栄監修）3000円　Ⓘ4-01-071897-8　Ⓝ382.1
目次　第1章 日本の国土と自然,第2章 日本各地の産業や文化,第3章 日本各地の学校生活,資料編 日本の地形ベスト10

『国土と各地のくらし』長谷川康男著　小

地理―わたしたちの日本　　　　　　　　　　　　　　　　　　　　　　　　　　　　日本

峰書店　2005.4　39p　29cm　（探検・発見わたしたちの日本　1　谷川彰英監修）2600円　④4-338-20901-1　Ⓝ291
目次　地図をみる、日本の地形と土地の利用、山地と山脈、山のくらし、川と湖、川や湖とくらし、平野と台地、平地のくらし、日本の都市、日本の島々、海辺のくらし、日本の気候、南のくらし、北のくらし、くらしと自然災害
内容　地図のみかた、国土のようす、そして各地の地形や気象とくらしのかかわりをさぐる。

『寒い地域のくらし』目代邦康著　旺文社　2005.4　47p　27cm　（ビジュアル学習日本のくらし　くらべてわかる日本各地のさまざまな生活と知恵　小泉武栄監修）3000円　④4-01-071893-5　Ⓝ382.1
目次　第1章　雪の多い地域のくらし、第2章　寒さのきびしい地域のくらし、第3章　もっと知りたい、こんなこと

『都道府県からみる日本　2（くらしのようす）』大角修文　小峰書店　2005.4　47p　29cm　（探検・発見わたしたちの日本　8　谷川彰英監修）2600円　④4-338-20908-9　Ⓝ291
目次　これが都道府県のマークだ、家が広いのは、どこ？、ものの値段が安いのは？、魚や肉をよく食べるのは？、外食と調理食品は？、農業がさかんなのは？、漁業がさかんなのは？、工業や建設業がさかんなのは？、商業がさかんなのは？、観光がさかんなところは？、文化財が多いのは？、図書館や博物館の数は？、事件が多いところは？、交通事故が多いところは？、災害が多いところは？、病院や医師の数は？、福祉施設が多いのは？、公害が多いのは？、エネルギーを多くつかうのは？
内容　文化・産業・家計のようすなどから各地のくらしぶりをさぐる。

『都道府県からみる日本　1（人口と自然のようす）』大角修著　小峰書店　2005.4　47p　29cm　（探検・発見わたしたちの日本　7　谷川彰英監修）2600円　④4-338-20907-0　Ⓝ291
目次　日本には山が多いね、森林が多い都道府県は？、湖や沼が多いところは？、海岸が長い都道府県は？、田畑が多い都道府県は？、建物や道路が多いところは？、自然公園が多いところは？、自然保護の地域は？、よく晴れるところは？、人口が多いところは？、人口が増えたところは？、人口が集中しているところは？、産業がさかんなところは？、寿命が長いところは？、高齢者が多いところは？、子どもの数が多いところは？、外国人が多いところは？
内容　自然・土地利用・人口など、都道府県のようすから日本のすがたをさぐる。

『日本各地の自然とくらし』改訂新版　小学館　2005.4　191p　19cm　（ドラえもんの学習シリーズ―ドラえもんの社会科おもしろ攻略）〈指導：日能研〉760円　④4-09-253193-1　Ⓝ291
目次　1　日本列島の自然を知ろう、2　日本各地のようす
内容　この本では、世界の中での日本の位置づけや、8つの地方の自然とくらしの特長を、まんがでわかりやすく、楽しく解説しました。地図や図表の読み取りを通じて、社会科の学力をつけられるように工夫されています。重要ポイントの解説には、全国的に中学入試に高い実績をもつ「日能研のテキスト」を参考にしているので、信頼がおけます。子どもたちの成績アップと中学入試の基礎勉強に役立つ必須の一冊です。

『山や川のある地域のくらし』岡崎務著　旺文社　2005.4　47p　27cm　（ビジュアル学習日本のくらし　くらべてわかる日本各地のさまざまな生活と知恵　小泉武栄監修）3000円　④4-01-071895-1　Ⓝ382.1
目次　第1章　山のある地域のくらし、第2章　川のある地域のくらし、第3章　もっと知りたい、こんなこと

『国土と環境保全』梶井貢監修　ポプラ社　2005.3　63p　29cm　（日本の産業まるわかり大百科　7）〈年表あり〉2980円　④4-591-08481-7　Ⓝ519
目次　1　日本の自然とくらしのようす、2　森林とわたしたちのくらし、3　これからのくらしと環境、4　考えよう！地球の環境

『日本地理』保岡孝之監修　ポプラ社　2005.3　255p　29cm　（ポプラディア情報館）6800円　④4-591-08447-7,4-591-99629-8　Ⓝ291
目次　目でみる日本はっけん編、データでくらべる自然編、データでくらべる　産業編、データでくらべる　文化編、都道府県ものし

子どもの本　社会がわかる2000冊　67

り情報編

[内容] 日本全国の産業・自然・文化に関する最新データを網羅。豊富な写真やグラフで、現在の日本の姿がよくわかります。「データでくらべる編」では、テーマごとに各地の特色を比較できるよう、データの読み方をわかりやすく解説しています。「都道府県ものしり情報編」では、全国47の都道府県ごとに、産業・自然・文化の特色をわかりやすくまとめています。充実した索引で、知りたいことがすぐに探せます。

『日本の国境』池上彰監修　岩崎書店　2005.3　47p　29cm　(平和・環境・歴史を考える国境の本 2)　2800円　Ⓣ4-265-02612-5　Ⓝ329.23

[目次] 1 ズバリ国境・Q&A,2 日本の国境いろいろ,3 国境に関する役立ち情報

[内容] 本書「平和・環境・歴史を考える 国境の本」の第2巻は、日本の国境について、いろいろな視点で考えていきます。

『日本の自然と国土』教育画劇　2005.3　47p　29cm　(社会科はおもしろい！ランキング！2)　3000円　Ⓣ4-7746-0654-5　Ⓝ291

[目次] 日本各地にあるおもな「○○富士」の高さランキング,日本のきれいな川ランキング,都道府県別海岸線の長さランキング,台風がよく接近する地域ランキング,面積が広い国立公園ランキング,ミネラルウォーターの採水量の多い都道府県ランキング,人出の多いお祭りランキング,幹周りが太い桜の巨木ランキングと桜の開花前線,面積が大きい都道府県ランキング,人口密度の高い都道府県ランキング,小学校の密度が高い都道府県ランキング

『アイヌ・北方領土学習にチャレンジーワークブック』平山裕人著　明石書店　2005.1　228p　26cm〈文献あり〉1800円　Ⓣ4-7503-2028-5　Ⓝ382.11

『キミは日本のことを、ちゃんと知っているか！』斎藤孝著　PHP研究所　2005.1　110p　22cm　(斎藤孝の「ガツンと一発」シリーズ 第8巻)　952円　Ⓣ4-569-64048-6　Ⓝ302.1

[目次] 1 日本人ってなんだ？,2 自分は日本人だと胸を張って言えるか!?,3 キミのサムライ度をチェック！,4 お祭りニッポンのパワーはすごい！,5 斎藤孝流・日本のいいところ

[内容] いま、世界で活躍する人は多いよね。でも、日本を紹介できなきゃ恥をかくぞ！そう、これくらいは頭に入れとかなきゃね。学校では習わない日本のいいところ。

『知っとくナットク社会科クイズ101－クイズで発見！社会の不思議』森茂岳雄監修　日本標準　2005.1　239p　21cm　1800円　Ⓣ4-8208-0242-9　Ⓝ375.312

[目次] 1章 各地のくらし,2章 日本の産業,3章 日本の歴史,4章 これからの社会

[内容] 世界情勢や身近な地域の問題どれ一つとっても、現代は、算数や国語の力だけでは生きていけない時代になってきています。社会科の力は現代を生きるための必須の力です。…本書は、小学校の社会科の学習指導要領や教科書を吟味して、その上に立って発展的学習につながるような知識が満載されています。

『日本のくらしと産業』教育画劇　2005.1　47p　29cm　(社会科はおもしろい！ランキング！1)　3000円　Ⓣ4-7746-0653-7　Ⓝ351

[目次] お米がたくさんとれる都道府県ランキング,水あげ量の多い漁港ランキング,自動車関連工場の多い都道府県ランキング,発電量の多い発電所ランキング,リサイクル率の高い都道府県ランキング,通行量の多い高速道路ランキング,貨物取扱量の多い港ランキング,インターネット利用率の高い都道府県ランキング,郵便局の多い都道府県ランキング,水資源の豊かな都道府県ランキング,BS放送の普及率が高い都道府県ランキング

『日本の食べもの－地図絵本 どこで何がとれるのかひと目でわかる』素朴社編　素朴社　2004.8　47p　29cm　2000円　Ⓣ4-915513-83-1　Ⓝ611.4

[目次] 野菜,米,魚,畜産,くだもの,麦・豆

[内容] 日本で一番だいこんがとれるのはどこだろう？自分の住んでいる地方は、どんな農産物や魚介類がとれるのだろう？日本の食べものについて、わたしたちは知らないことがたくさんあります。本書は正確なデータにもとづき、日本でとれる食べものを都道府県別・種類別にまとめ、食べもの地図にしました。調べ学習や自由研究など、「食」についての学習に最適な一冊です。

『クレヨンしんちゃんのまんが都道府県おもしろブック』造事務所編集・構成　双

地理―わたしたちの日本　　　　　　　　　　　　　　　　　　日本

葉社　2004.4　207p　19cm　（クレヨンしんちゃんのなんでも百科シリーズ）800円　Ⓒ4-575-29689-9　Ⓝ291

『日本海読本―ジュニア版　日本海から人類の未来へ』伊東俊太郎総監修　角川学芸出版　2004.3　207p　図版16枚　21cm〈発売：角川書店　文献あり〉1300円　Ⓒ4-04-821061-0　Ⓝ299.23

『ソシオ・スコープ都道府県地理カード』進学教室サピックス小学部企画・監修　りいふ・しゅっぱん　2004.2　1冊　30cm　1429円　Ⓒ4-947689-86-2
目次　北海道―酪農・さけ・タンチョウ・雪まつり、青森県―りんご・ねぶた祭り・風力発電・青函トンネル、岩手県―三陸海岸・わんこそば・南部鉄器・曲がり家、宮城県―松島・七夕祭り・鳴子こけし・伊達政宗、秋田県―きりたんぽ・八郎潟・なまはげ・かまくら、山形県―さくらんぼ・将棋の駒・樹氷・最上川、福島県―喜多方市・猪苗代湖・赤べこ・野口英世、茨城県―水戸納豆・水郷・偕楽園・霞ヶ浦、栃木県―いちご・かんぴょう・日光東照宮・中禅寺湖・華厳滝、群馬県―こんにゃく・嬬恋村・尾瀬・かいこ、埼玉県―草加せんべい・稲荷山古墳・セメント工場・岩槻人形〔ほか〕
内容　本書は、お子様が日本のいろいろな地域を身近に感じられるように、そして、世の中のいろいろな物事に興味を持つことができるように願って作成した。47都道府県各4枚ずつ、合計188枚に及ぶカードには、お子様がそれぞれの地域をイメージしやすいように、さまざまな風景や特産物の写真とクイズが載せられている。小学3年～6年生対象。

『民家の事典―北海道から沖縄まで』川島宙次監修, 島田アッヒト文・絵　新版　小峰書店　2004.1　87p　29cm　（図説日本の文化をさぐる）2700円　Ⓒ4-338-07507-4　Ⓝ383.91
目次　北海道―アイヌのチセ、コタンのカヤぶきの民家、青森県―しらし造りの家、津軽地方の中小農家、岩手県―南部の曲屋、秋田県―両中門造りの農家、山形県―たかはっぽう造り、宮城県―豪農の家、福島県―あづまや造り、群馬県―養蚕のさかんな農家、平かぶと造りの農家、栃木県―石造りの農家、埼玉県―二階が蚕室の農家、名栗川ぞいの農家〔ほか〕

『民家のなりたち』川島宙次文・絵　新版　小峰書店　2004.1　63p　29cm　（図説日本の文化をさぐる）2700円　Ⓒ4-338-07502-3　Ⓝ383.91
目次　1 日本民家のなりたち, 2 日本民家のつくり, 解説 日本民家の特徴
内容　日本の各地から発掘された銅鐸や土器のかけらには、古代の住居のありさまがえがかれています。また古墳から出土した家形埴輪によっても、そのかたちを知ることができます。そこには、日本の民家の特徴をかたちづくる3つの屋根がたち―切妻造り・寄棟造り・入母屋造りや高床住居、平地住居のようすがしめされています。日本の民家は、暑くてしめった地域―南方からやってきた高床住まいと、寒くてかわいた国―北方からやってきた平地住まいが合体してできあがったものです。祖先たちは長い時間をかけ、各地の風土や生業とのかかわりを通して現在でも見られるような、それぞれ特色のある民家のつくりを生みだしてきました。

『なるほど！なっとく！北方領土―北方領土返還実現に向けて』北方領土問題対策協会　〔2004〕　17p　26cm〈年表あり〉Ⓝ319.1038

『雪国の自然と暮らし』市川健夫著　小峰書店　2003.11　114p　21cm　（自然とともに）1300円　Ⓒ4-338-18604-6　Ⓝ382.141
目次　1 雪国の暮らしと四季, 2 雪国の四季―秋山郷をたずねて, 3 秋山郷の昔といま―きびしい自然のなかの生活, 4 雪が降るわけ―世界でもっとも雪が降る国・日本, 5 雪国の暮らし―雪害とその対策, 6 雪のもたらす恵み―雪を生かして、おわりに 雪国の自然と暮らしの知恵

『小学生の産業・地理はかせ―日本の暮らしと自然を知る』梶井貢編著　学灯社　2003.6　207p　21cm　1500円　Ⓒ4-312-56029-3
目次　1 わたしたちの国土と自然, 2 わたしたちの生活と食料生産, 3 わたしたちの生活と工業生産, 4 わたしたちの生活と情報, 5 わたしたちの国土と環境, 6 日本の地理
内容　本書は、みなさんの社会科学習への興味・関心が高まるようにと願って作られたものである。五年生の産業学習の力がしっかり身につく。発展学習として、日本の地理についても学べる。「総合的な学習の時

子どもの本　社会がわかる2000冊　　69

間」のヒントも得られる。いろいろなコーナーで興味や知識が広がる。

『魚・貝の郷土料理』服部幸応,服部津貴子監修・著　岩崎書店　2003.4　42p　29cm　(「食」で地域探検 4)　3000円　①4-265-04464-6　Ⓝ383.81
［目次］北海道—三平汁,東北地方・青森県—タラのじゃっぱ汁,東北地方・福島県—ニシンのさんしょうづけ,関東地方・千葉県—なめろう,北陸地方・福井県—越前ガニ,近畿地方・兵庫県—明石焼き,中国地方・山口県—ふくさし,四国地方・愛媛県—タイの浜焼き,四国地方・高知県—カツオのたたき,九州地方・鹿児島県—つけあげ,近畿地方・三重県—焼きハマグリ,中国地方・島根県—シジミ汁,中国地方・広島県—カキの土手なべ

『地域の保存食』服部幸応,服部津貴子監修・著　岩崎書店　2003.4　43p　29cm　(「食」で地域探検 6)　3000円　①4-265-04466-2　Ⓝ383.81
［目次］近畿地方・和歌山県—梅干,東北地方・秋田県—いぶりがっこ,東北地方・岩手県—金婚づけ,中部地方・長野県—野沢菜づけ,近畿地方・滋賀県—近江牛のみそづけ,北海道—新巻ザケ,中部地方・岐阜県—アユの甘露煮,関東地方・千葉県—イワシのごまづけ,中部地方・静岡県—たたみイワシ,関東地方・栃木県—かんぴょう,中部地方・長野県—しみどうふ,四国地方・徳島県—鳴門ワカメ,九州地方・佐賀県—有明ノリ,九州地方・大分県—乾ししいたけ

『肉の郷土料理』服部幸応,服部津貴子監修・著　岩崎書店　2003.4　45p　29cm　(「食」で地域探検 5)　3000円　①4-265-04465-4　Ⓝ383.81
［目次］関東地方・東京都—ちゃんこなべ,北陸地方・石川県—じぶ煮,中部地方・愛知県—ひきずり,九州地方・福岡県—水だき,九州地方・鹿児島県—さつま汁,中部地方・愛知県—みそカツ,九州地方・鹿児島県—とんこつ,沖縄県—ラフテー,中部地方・静岡県—しなべ,九州地方・熊本県—さくらさし,北海道—ジンギスカン,近畿地方・三重県—松坂牛のすき焼き,九州地方・長崎県—ヒカド

『関東・中部・南東北』日本修学旅行協会監修　金の星社　2003.3　95p　30cm　(事前に調べる修学旅行パーフェクトガイド)　3900円　①4-323-06463-2

Ⓝ291
［目次］南東北,日光,信州(佐渡を含む),富士箱根伊豆(鎌倉周辺を含む)

『米・麦の郷土料理』服部幸応,服部津貴子監修・著　岩崎書店　2003.3　45p　29cm　(「食」で地域探検 1)　3000円　①4-265-04461-1　Ⓝ383.81
［目次］マスずし(北陸地方・富山県),江戸前ずし(関東地方・東京都),サバずし(近畿地方・大阪府),岡山ずし(中国地方・岡山県),かやくごはん(近畿地方・大阪府),きりたんぽ(東北地方・秋田県),五平もち(中部地方・長野県),ゆべし(中国地方・島根県),ほうとう(中部地方・山梨県),三輪そうめん(近畿地方・奈良県)〔ほか〕

『地域・郷土の産業』中野重人監修,WILL子ども知育研究所文　金の星社　2003.3　47p　30cm　(「地域・郷土」で総合学習　みんなで調べて出かけよう！ 3)　2800円　①4-323-05443-2　Ⓝ602.1
［目次］1 さがそう米のふるさと,2 みなおすわが町の食文化,3 くふういっぱい魚にやさしい町,4 わが町,牛と生きる町,5 未来にやさしい町の工場,6 発信しよう！わが町じまん

『豆・いもの郷土料理』服部幸応,服部津貴子監修・著　岩崎書店　2003.3　44p　29cm　(「食」で地域探検 2)　3000円　①4-265-04462-X　Ⓝ383.81
［目次］しもつかれ(関東地方・栃木県),大山のとうふ料理(関東地方・神奈川県),水戸納豆(関東地方・茨城県),ずんだもち(東北地方・宮城県),じゃがバター(北海道),のっぺ(北陸地方・新潟県),でこまわし(四国地方・徳島県),武蔵野焼き(関東地方・埼玉県),下仁田こんにゃく(関東地方・群馬県),ふくめん(四国地方・愛媛県)〔ほか〕

『野菜の郷土料理』服部幸応,服部津貴子監修・著　岩崎書店　2003.3　45p　29cm　(「食」で地域探検 3)　3000円　①4-265-04463-8　Ⓝ383.81
［目次］ふろふきだいこん(北陸地方・石川県),ねぎのぬた(関東地方・埼玉県),八幡巻(近畿地方・京都府),かぶらむし(近畿地方・滋賀県),まんばのけんちゃん(四国地方・香川県),がめ煮(九州地方・福岡県),なすのオランダ煮(九州地方・長崎県),からしれんこん(九州地方・熊本県),日の出南京

地理―わたしたちの日本

（九州地方・宮崎県）, ゴーヤーチャンプルー（沖縄県）〔ほか〕

『子どものための日本小百科―みずほの国』三木卓, 養老孟司, 伊藤玄二郎編　みずほホールディングス　2002.9　239p　28cm〈製作：小学館スクウェア（東京）年表あり〉Ⓝ291

『ふるさとの遺産』児玉祥一, 矢野慎一文　岩崎書店　2002.4　47p　27cm（テーマで調べる日本の地理　第4巻）3000円　①4-265-02694-X, 4-265-10269-7
目次　いつから人が住んでいたのか―日本人, 古代の人びとのムラ―遺跡, 古墳ってなんだろう―古墳, 大きな仏さま―大仏, 人が神さまになった―神社, 城のうつりかわり―城, 大きな合戦があった―古戦場, 日本の窓口だった―港, 川や海峡を越える工夫―橋, 岩山を掘りぬいて―トンネル〔ほか〕

『ふるさとの自然』小西聖一文　岩崎書店　2002.4　46p　27cm（テーマで調べる日本の地理　第1巻）3000円　①4-265-02691-5, 4-265-10269-7
目次　日本の真ん中とはしっこ―国土, 海と陸のさかい目―海岸線, 水辺は生命の宝庫―干潟・湿原, 海のよごれが見えてくる―砂浜, 島の数だけ, 自然と暮らし―島, 高い山は神がすむ場所―山, 火山列島, 日本―火山, こんなにあるぞ, 富士山―富士山, 日本人の旅の楽しみ―温泉, 暮らしをささえる流れ―川〔ほか〕

『ふるさとの農業・漁業・林業』清野賢司文　岩崎書店　2002.4　47p　27cm（テーマで調べる日本の地理　第2巻）3000円　①4-265-02692-3, 4-265-10269-7
目次　米づくりのいま―稲作, 全国に広がる米づくり―稲作, 棚田やため池を守る―水田, 大都市のまわりの農業―近郊野菜, 気候を利用した野菜づくり―高原野菜・促成栽培, 風土を生かした野菜づくり―特産野菜, 野菜づくりの工夫―輪作など, 南のミカン・北のリンゴ―果物, ナシ・ブドウ・モモ―果物, ブランドになるまでには―特産の果物〔ほか〕

『ふるさとの人と町』吉田かつよ文　岩崎書店　2002.4　45p　27cm（テーマで調べる日本の地理　第6巻）3000円　①4-265-02696-6, 4-265-10269-7
目次　人の名前はどこから―名字, おもしろい地名や駅名―地名, ふるさと出身の有名人は？―有名人, 郷土がほこる人物―歴史上の人物, 町の人口は移りかわる―人口, 住む人の多い町少ない町―人口密度, 長寿じまんの町―平均寿命, 健康な生活をめざして―医療・福祉, 外国人との共生―国際化, エコマネーなどの取り組み―助け合い〔ほか〕

『ふるさとの文化』武良竜彦文　岩崎書店　2002.4　47p　27cm（テーマで調べる日本の地理　第5巻）3000円　①4-265-02695-8, 4-265-10269-7
目次　日本の西と東―食文化, 素材を生かす伝統の味と技―郷土料理, いまも人気, 旅の友―駅弁, 地域の祈りと祝いの行事―祭り, 郷土の伝統文化を守る―民俗芸能, アイディアと情熱―新しい祭り, 祭りを遊園地に―テーマパーク, ロマンあふれる地―神話と伝説, 昔話のふるさと―民間伝説, いろりばたで語られてきた昔話―民話〔ほか〕

『ふるさとのものづくり』清原工文　岩崎書店　2002.4　47p　27cm（テーマで調べる日本の地理　第3巻）3000円　①4-265-02693-1, 4-265-10269-7
目次　伝統的な陶磁器―焼きもの1, 土の香りの先端技術―焼きもの2, 家を支える伝統産業―瓦と畳, 遊んで楽しむ, 見て楽しむ―郷土玩具, 美しいさましく―花火,「たたら」から特殊鋼まで―製鉄・金属加工, 美しさをきそう―織り物・染め物, 伝統工芸とは―特産品, 特産品で活気ある町づくり―町おこし, 日本各地に名物あり―うどん・そば〔ほか〕

『わたしのふるさと―都道府県別資料集』小松亮一編　岩崎書店　2002.4　51p　27cm（テーマで調べる日本の地理　第7巻）3000円　①4-265-02697-4, 4-265-10269-7
目次　北海道, 青森県, 岩手県, 宮城県, 秋田県, 山形県, 福島県, 茨城県, 栃木県, 群馬県〔ほか〕

『日本を伝える』梅沢実監修　学習研究社　2002.2　80p　29cm（世界を知って日本を知ろう　身近に学ぶ国際理解　第7巻）3200円　①4-05-301258-9, 4-05-810663-8
目次　世界の中の日本, 住まい, 家具, 服そう, 食生活, 学校生活, 遊び, 旅行, 年中行事と祭り, スポーツ〔ほか〕

『日本の自然・環境とくらしを調べよう』
菊地家達著　国土社　2002.1　87p
27cm　（新社会科学習事典　総合的な学習に役立つ 2）2800円　Ⓝ4-337-26322-5
目次　日本列島は、どのようにして誕生したのだろう、日本は、どこからどこまでだろう、日本はなぜ、変化にとんだ国土なのだろう、山は、どのようにしてできたのだろう、いろいろな形の火山があるのはなぜだろう、地震・津波はどうしておこるのだろう、土地のようす（地形）のちがいは、なぜできるのだろう、気候のちがいは、なぜおこるのだろう、人口の移り変わりはどんなだろう、都市や村のなりたちはどんなだろう、美しい日本の特色とはなんだろう

『都道府県がわかる地理地名事典　11　総さくいん』渋沢文隆監修　小峰書店　2001.4　39p　27cm　1000円　Ⓝ4-338-17911-2,4-338-17900-7
目次　50音順さくいん、都道府県別さくいん、地理用語さくいん、巻末資料・目次一覧、都道府県ホームページ一覧

『都道府県がわかる地理地名事典　10　みやざ－わん』渋沢文隆監修　小峰書店　2001.4　55p　27cm　2700円　Ⓝ4-338-17910-4,4-338-17900-7
内容　くわしい都道府県紹介・宮崎県、山形県、山口県、山梨県、和歌山県。

『都道府県がわかる地理地名事典　9　ひろしまし－みやこ』渋沢文隆監修　小峰書店　2001.4　53p　27cm　2700円　Ⓝ4-338-17909-0,4-338-17900-7
内容　くわしい都道府県紹介・福井県、福岡県、福島県、北海道、三重県、宮城県。

『都道府県がわかる地理地名事典　8　なる－ひろしまけ』渋沢文隆監修　小峰書店　2001.4　55p　27cm　2700円　Ⓝ4-338-17908-2,4-338-17900-7
内容　くわしい都道府県紹介・新潟県、兵庫県、広島県。

『都道府県がわかる地理地名事典　7　でんとうこ－なり』渋沢文隆監修　小峰書店　2001.4　55p　27cm　2700円　Ⓝ4-338-17907-4,4-338-17900-7
内容　くわしい都道府県紹介・東京都、徳島県、栃木県、鳥取県、富山県、長崎県、長野県、奈良県。

『都道府県がわかる地理地名事典　6　すみ－でんとうげ』渋沢文隆監修　小峰書店　2001.4　54p　27cm　2700円　Ⓝ4-338-17906-6,4-338-17900-7
内容　くわしい都道府県紹介・千葉県。

『都道府県がわかる地理地名事典　5　さがけ－すそ』渋沢文隆監修　小峰書店　2001.4　55p　27cm　2700円　Ⓝ4-338-17905-8,4-338-17900-7
内容　くわしい都道府県紹介・佐賀県、滋賀県、静岡県、島根県。

『都道府県がわかる地理地名事典　4　きよ－さがえ』渋沢文隆監修　小峰書店　2001.4　55p　27cm　2700円　Ⓝ4-338-17904-X,4-338-17900-7
内容　くわしい都道府県紹介・京都府、熊本県、群馬県、高知県、埼玉県。

『都道府県がわかる地理地名事典　3　おそ－きゆ』渋沢文隆監修　小峰書店　2001.4　55p　27cm　2700円　Ⓝ4-338-17903-1,4-338-17900-7
内容　くわしい都道府県紹介・香川県、鹿児島県、神奈川県、岐阜県。

『都道府県がわかる地理地名事典　2　いぼ－おぜ』渋沢文隆監修　小峰書店　2001.4　55p　27cm　2700円　Ⓝ4-338-17902-3,4-338-17900-7
内容　くわしい都道府県紹介・岩手県、愛媛県、大分県、大阪府、岡山県、沖縄県。

『都道府県がわかる地理地名事典　1　あい－いぶ』渋沢文隆監修　小峰書店　2001.4　55p　27cm　2700円　Ⓝ4-338-17901-5,4-338-17900-7
内容　本書は、地理学習に登場する重要項目を五十音順に解説し、都道府県ごとの地理情報も満載する形でまとめています。すべての項目に写真や図をそえて、わかりやすく紹介しました。くわしい都道府県紹介・愛知県、青森県、秋田県、石川県、茨城県。

地理―わたしたちの日本　　　　　　　　　　　　　　　　　　　　　　　　　　　　日本

『都道府県別日本なんでも情報館』保岡孝之監修　新訂　ポプラ社　2001.4　215p　31cm〈索引あり〉5800円　①4-591-06668-1
[目次]日本くらべる情報編,都道府県別情報編
[内容]日本全国のあらゆる情報を集めた『都道府県別日本なんでも情報館』を全面改訂。各都道府県の自然・産業・文化に関する最新の情報を集め、わかりやすい解説をつけました。最新のデータに基づくグラフや図表も満載した、日本地理の学習百科です。

『日本一江戸前寿司』谷川彰英監修　ポプラ社　2001.4　37p　27cm（国際理解にやくだつ NHK地球たべもの大百科 14）2600円　①4-591-06719-X,4-591-99367-1
[目次]江戸前寿司探検に出発!!,江戸前寿司ってどんな寿司？,寿司の歴史をみてみよう,寿司につかわれる魚,日本各地のいろいろな寿司,江戸前寿司をつくってみよう,魚おもしろ3択クイズ,日本の食文化の歴史,国際色ゆたかな日本の食卓,日本にくらすきみたちへ
[内容]みんなが大好きな身近な料理から、それぞれの料理のふるさとの国を紹介します。食を通してられらの国のくらしや文化、歴史などを学びます。14巻は、日本の食文化について。小学校高学年～中学生向け。

『日本の人びと』ゆまに書房　2001.4　55p　29cm（目で見る移動大図鑑　第2巻）〈索引あり〉3200円　①4-8433-0225-2,4-8433-0228-7

『ジュニア版・地理学習の旅　2（西日本編　三重県―沖縄県）』天井勝海監修　あすなろ書房　2001.3　107p　26cm〈索引あり〉4500円　①4-7515-2152-7
[目次]近畿地方,中国地方,四国地方,九州・沖縄地方
[内容]地勢・産業・伝統工芸・芸能などを細密イラスト地図と写真・図版をふんだんに使って紹介するビジュアルブック。

『ジュニア版・地理学習の旅　1（東日本編　北海道―愛知県）』天井勝海監修　あすなろ書房　2001.3　106p　27cm〈索引あり〉4500円　①4-7515-2151-9
[目次]北海道・東北地方,関東地方,北陸地方,中部・東海地方
[内容]北海道から沖縄まで47都道府県のお国柄（地勢・産業・伝統工芸・芸能など）を細密イラスト地図と写真・図版をふんだんに使って紹介するビジュアルブック。調べ学習に役立つシリーズです。

『都道府県別21世紀日本の産業　10　全国データブック』目賀田八郎,北俊夫監修　学習研究社　2001.3　95p　29cm〈索引あり〉2850円　①4-05-500443-5,4-05-810609-3

『町のけんきゅう―世界一のけんきゅう者になるために』岡本信也,岡本靖子文・絵,伊藤秀男絵　福音館書店　2000.7　39p　30cm（みぢかなかがく）1200円　①4-8340-1682-X
[内容]考古学という、とても古い時代のことを調べる学問があります。出土品や石のかけらなど、ふつうの人には何の価値もないような古いものや、遺跡などから、過去の人間の生活、暮らし、文化を研究するものです。この現代版を考現学といいます。現在の人の暮らしや風俗を、観察・採集し、ありのまま記録し、研究するというもので、大正時代末期に、日本ではじまりました。この本「町のけんきゅう」は、わたしたちが一九七四～九九年にかけて、日本各地の町や村を歩いて見つけた考古学採集をもとにして、本にしました。小学生から。

『世界とくらべる日本人ってこんな人々』飯塚峻監修　ポプラ社　2000.4　63p　29cm（国際理解にやくだつ　日本と世界のちがいを考える本　2）〈索引あり〉2800円　①4-591-06351-8,4-591-99325-6
[目次]1 日本人の身体の特徴,2 日本人のコミュニケーション,3 日本人の立ちふるまい
[内容]背が低い、メガネ、イエス・ノーがあいまい、表現がとぼしいなど、日本人の身体やコミュニケーションのとり方の特徴などを解説。

『世界とくらべる日本の産業と技術』飯塚峻監修　ポプラ社　2000.4　63p　29cm（国際理解にやくだつ　日本と世界のちがいを考える本　5）〈索引あり〉2800円　①4-591-06354-2,4-591-99325-6
[目次]1 日本の道具と技術の特徴,2 先進工業国となった日本,3 これからの日本の産業
[内容]世界に誇る日本の産業と技術にはどん

子どもの本　社会がわかる2000冊　　73

『世界とくらべる日本の自然と国土』飯塚峻監修　ポプラ社　2000.4　61p　29cm　(国際理解にやくだつ　日本と世界のちがいを考える本　3)〈索引あり〉2800円　①4-591-06352-6,4-591-99325-6
|目次| 1 日本の位置と地形,2 日本の平野とまわりの海,3 日本の気候と気候区分,4 日本の各地方の風土,5 自然に培われた日本の風土
|内容| 日本の位置、地形、気候、自然、災害など、日本列島が世界とくらべてどういう特徴があるのかを解説しました。

『世界とくらべる日本の文化と生活』飯塚峻監修　ポプラ社　2000.4　63p　29cm　(国際理解にやくだつ　日本と世界のちがいを考える本　4)〈索引あり〉2800円　①4-591-06353-4,4-591-99325-6
|目次| 1 日本の生活の特徴,2 日本の芸術・文化の特徴
|内容| 食べ物、衣服、住居、芸術など、日本が世界にほこる文化と生活様式、日常の暮らしの特徴を解説。

『日本の産業のすがたと未来』板倉聖宣監修・著　小峰書店　2000.4　47p　29cm　(調べよう　グラフでみる日本の産業これまでとこれから　1)〈年表あり　索引あり〉2900円　①4-338-16701-7,4-338-16700-9
|目次| 職業別にみた日本の産業,日本の産業のうつりかわり,昔の農家の仕事,日本の名産物と不足品,総人口と国内総生産の増大
|内容| 日本の名産物はどう変わってきたか、長い歴史をたどって日本の産業の未来も想像する本。

◆北海道・東北地方
『新都道府県クイズ　1(北海道・東北)』北俊夫監修　国土社　2009.3　75p　27cm　2800円　①978-4-337-27021-3　Ⓝ291
|目次| 北海道,青森県,岩手県,宮城県,秋田県,山形県,福島県
|内容| 市町村合併にともなう新しい地名に対応。都道府県の今がわかる新コラムを追加。クイズと写真・イラストを新たに追加。

『ふしぎがいっぱい！ニッポン文化　1　北海道・東北地方のふしぎ文化』こどもくらぶ編・著　旺文社　2008.12　55p　29cm〈索引あり〉3200円　①978-4-01-071909-1　Ⓝ291
|目次| データページ,各地のニッポン文化Q&A
|内容| 各地の伝統と文化には生まれたワケがある。

『都道府県別日本の地理データマップ　2(北海道・東北地方)』工藤隆,松浦順一監修　小峰書店　2007.4　71p　29cm〈年表あり〉3600円　①978-4-338-23002-5　Ⓝ291
|目次| 1 広大な土地と冷涼な気候、豊かな自然のめぐみ　北海道,2 まぐろやりんご、豊かな海と大地からのめぐみ　青森県,3 牧畜と畑作、リアス式海岸、面積最大の県　岩手県,4 日本屈指の米どころと水産県。東北の中心　仙台　宮城県,5 全国有数の米どころ。鉱物資源も多様　秋田県,6 さかんな果樹栽培と米、のびる先端産業　山形県,7 米づくりと果樹栽培。さかんな工業　福島県,巻末資料　もっと知りたい北海道・東北地方

『日本の地理－都道府県大図解　1(北海道・青森・岩手・宮城・秋田)』井田仁康監修　学習研究社　2007.2　47p　29cm　3000円　①978-4-05-202575-4,978-4-05-810824-6　Ⓝ291

『野馬追たんけん隊』南相馬市博物館編　南相馬　南相馬市博物館　2006.7　63p　30cm　(南相馬市博物館企画展図録　第25集)〈会期・会場:平成18年7月1日—8月27日　南相馬市博物館　年表あり〉Ⓝ386.126

『北海道わくわく地図えほん』北海道教育地図研究会監修,堀川真文・絵,北海道新聞社編　札幌　北海道新聞社　2006.2　48p　27cm　1300円　①4-89453-357-X　Ⓝ291.1
|内容| 一家に一冊、子どもから大人まで家族みんなで楽しめる地図えほん。北海道各地方の特産物、山、川、湖、植物、動物、鳥、のりもの、方言などを、楽しくてためになる情報がもりだくさんです。巻末には北海道各市町村の境界にある「カントリーサイン」

『えほんねぶた』あべ弘士作・絵　講談社　2005.7　25p　22×26cm　1500円　Ⓘ4-06-213028-9　Ⓝ386.121
[内容]えほんねぶたが組み立てられる数か月を追ったノンフィクション写真絵本。

『北海道だよ！しずくちゃん』ぎぼりつこ著　宝島社　2005.4　90p　21cm　905円　Ⓘ4-7966-4555-1　Ⓝ291.1

『北海道・北東北』日本修学旅行協会監修　金の星社　2003.3　95p　30cm（事前に調べる修学旅行パーフェクトガイド）3900円　Ⓘ4-323-06462-4　Ⓝ291.1
[目次]北海道, 北東北

『北海道/宮城・福島』日本修学旅行協会監修　学習研究社　2003.3　87p　27cm（最新版楽しい修学旅行ガイド　グループ見学のプラン作りに役立つ！）〈年表あり〉3500円　Ⓘ4-05-201761-7　Ⓝ291.1

『北海道修学旅行ハンドブック―学び・調べ・考えよう』平和・国際教育研究会編　平和文化　2002.4　64p　21cm　600円　Ⓘ4-89488-014-8　Ⓝ291.1

『都道府県別21世紀日本の産業　9　宮城・岩手・秋田・青森・北海道』目賀田八郎, 北俊夫監修　学習研究社　2001.3　55p　29cm〈索引あり〉2850円　Ⓘ4-05-500442-7,4-05-810609-3

『都道府県別21世紀日本の産業　8　群馬・栃木・茨城・福島・山形』目賀田八郎, 北俊夫監修　学習研究社　2001.3　55p　29cm〈索引あり〉2850円　Ⓘ4-05-500441-9,4-05-810609-3

『北の島だより』杣田美野里文と写真, 中島祥子絵　岩崎書店　2000.7　38p　29cm（絵本図鑑シリーズ 21）1500円　Ⓘ4-265-02921-3
[内容]北の島は青い海にうかぶ。海にはたくさんの海の幸。魚、こんぶ、ウニ。そしてアザラシやトド、海のけものたち。海の上には大きな空。人の数より多いカモメたちにぎやかで。冬の空にはオオワシ、オジロワシがゆうゆうとまう。夏は明るい光がふりそそぎ、丘をうめる花たちは空からおりた星のよう、ばらまかれた宝石のよう。この島が好き。この島の生き物や風景が、そして人が好き。この本は私たち親子がこの島で見つけた「自然と遊ぶ宝箱」です。ちょっとのぞいて見てください。子どもからおとなまで。

◆関東地方

『鎌倉・横浜がわかる事典―歴史と文化にふれてみよう　修学旅行・社会科見学に役立つ』深光富士男著　PHP研究所　2009.3　79p　29×22cm　2800円　Ⓘ978-4-569-68936-4
[目次]鎌倉, 横浜

『新都道府県クイズ　2（関東）』北俊夫監修　国土社　2009.3　75p　27cm　2800円　Ⓘ978-4-337-27022-0　Ⓝ291
[目次]茨城県, 栃木県, 群馬県, 埼玉県, 千葉県, 東京都, 神奈川県
[内容]市町村合併にともなう新しい地名に対応。都道府県の今がわかる新コラムを追加。クイズと写真・イラストを新たに追加。

『ふしぎがいっぱい！ニッポン文化　2　南関東地方のふしぎ文化』こどもくらぶ編・著　旺文社　2009.1　47p　29cm〈索引あり〉3200円　Ⓘ978-4-01-071910-7　Ⓝ291
[目次]データページ, 各地のニッポン文化Q&A

『箱根・鎌倉』修学旅行研究会編　国土社　2007.11　43p　26cm（修学旅行の本　新版）〈年表あり〉2500円　Ⓘ978-4-337-25732-0　Ⓝ291.37
[目次]箱根, 鎌倉

『都道府県別日本の地理データマップ　3（関東地方）』宮田利幸監修　小峰書店　2007.4　71p　29cm　3600円　Ⓘ978-4-338-23003-2　Ⓝ291
[目次]1 臨海工業と科学都市。畑作、漁業もさかんな 茨城県,2 世界遺産の日光。農業と先端工業が発達 栃木県,3 からっ風とさかんな畑作。工業でも発展 群馬県,4 発展つづくベッドタウン。工業団地と近郊農業 埼玉県,5 近郊農業と漁業。日本の空の玄関かか

える 千葉県,6 政治・経済・文化の中心。最先端と伝統が共存する 東京都,7 貿易港と臨海工業地帯。観光もさかんな 神奈川県,巻末資料 もっと知りたい関東地方

『日本の地理―都道府県大図解　3（埼玉・千葉・東京・神奈川・山梨）』井田仁康監修　学習研究社　2007.2　47p　29cm　3000円　Ⓘ978-4-05-202577-8,978-4-05-810824-6　Ⓝ291

『日本の地理―都道府県大図解　2（山形・福島・茨城・栃木・群馬）』井田仁康監修　学習研究社　2007.2　47p　29cm　3000円　Ⓘ978-4-05-202576-1,978-4-05-810824-6　Ⓝ291

『海に入るみこし―房総大原の秋祭り』浅野陽作・絵　秦野　古今社　2003.7　1冊（ページ付なし）22×31cm　2000円　Ⓘ4-907689-32-2　Ⓝ386.135

『鎌倉をたずねる』桜井信夫編著　あすなろ書房　2003.3　39p　31cm　（歴史と文化の町たんけん 3）〈年表あり〉2800円　Ⓘ4-7515-2233-7　Ⓝ291.37
[目次] 鶴岡八幡宮コース、荏柄天神・瑞泉寺コース、円覚寺・建長寺コース、源氏山・銭洗弁天コース、大仏・江の島コース、鎌倉の人物たんけん、鎌倉の祭りと行事

『東京/横浜』日本修学旅行協会監修　学習研究社　2003.3　87p　27cm　（最新版楽しい修学旅行ガイド　グループ見学のプラン作りに役立つ！）〈年表あり〉3500円　Ⓘ4-05-201757-9　Ⓝ291.36

『東京・横浜・千葉』日本修学旅行協会監修　金の星社　2003.3　95p　30cm　（事前に調べる修学旅行パーフェクトガイド）3900円　Ⓘ4-323-06464-0　Ⓝ291.3
[目次] 東京（千葉を含む）、横浜

『日光・鎌倉・箱根』日本修学旅行協会監修　学習研究社　2003.3　87p　27cm　（最新版楽しい修学旅行ガイド　グループ見学のプラン作りに役立つ！）〈年表あり〉3500円　Ⓘ4-05-201758-7　Ⓝ291.32

『都道府県別21世紀日本の産業　8　群馬・栃木・茨城・福島・山形』目賀田八郎,北俊夫監修　学習研究社　2001.3　55p　29cm　〈索引あり〉2850円　Ⓘ4-05-500441-9,4-05-810609-3

『都道府県別21世紀日本の産業　7　山梨・神奈川・東京・千葉・埼玉』目賀田八郎,北俊夫監修　学習研究社　2001.3　55p　29cm　〈索引あり〉2850円　Ⓘ4-05-500440-0,4-05-810609-3

◆◆東京

『都内研修・修学旅行ワークブック―もっと楽しめる　東京編「横浜付」』京都ユニプラン　2008.4　72p　26cm　505円　Ⓘ978-4-89704-251-0　Ⓝ291.36
[目次] 1 事前学習をしよう―東京・横浜のことどのくらい知ってる？,2 班づくりとテーマの決定―みんなで、テーマを決めよう,3 下調べをしよう―来訪候補地のリストを作ろう,4 コースづくりと行程計画―来訪地と交通機関を選択し、コースと行程計画を決定しよう,5 都内研修・修学旅行のしおり―早めに準備して、ゆとりをもって出発しよう！,6 都内研修感想ノート―ワークシート・都内研修日誌,7 発表会の準備―ふりかえり・ワークシート

『楽しく調べる東京の社会―東京の環境・安全・情報etc.』東京都小学校社会科研究会編著　日本標準　2007.2　167p　27cm　3000円　Ⓘ978-4-8208-0285-3　Ⓝ302.136
[目次] 第1章　環境・福祉・文化,第2章　健康・安全,第3章　情報・国際・政治
[内容] 東京の現在、そして未来を考える最新情報による東京の社会。東京の環境・福祉・社会、健康・安全、情報・国際・政治がわかる。

『楽しく調べる東京の地理―東京の地形・くらし・伝統』東京都小学校社会科研究会編著　日本標準　2007.2　175p　27cm　3500円　Ⓘ978-4-8208-0284-6　Ⓝ291.36
[目次] 東京たんけんに出かけよう,1章　地形を生かした東京のくらし,2章　東京の産業,3章　首都東京,4章　東京の伝統・地域調べ,5章　東京の姿がわかる資料ボックス

|内容| 東京各所を実際に歩いて、見て、書きあらわした最新の東京の姿がわかる東京の地理。世界有数の大都市東京の現在と、未来への動きがわかる。

『東京ドーム周辺まるわかり絵事典―都市の歴史が見えてくる』東京ドーム監修, 造事務所編集・構成　PHP研究所　2005.12　79p　29cm〈年表あり〉2800円　①4-569-68564-1　Ⓝ291.361
|目次| 1 東京ドームシティを100倍楽しもう！,2 文京区の歴史,3 東京ドームシティと文京区のQ&A

『東京江戸たんけんガイド―行ってみよう』田中ひろみ著　PHP研究所　2003.7　147p　22cm　（未知へのとびらシリーズ）1300円　①4-569-68407-6　Ⓝ291.36
|目次| 江戸時代のことを知ろう！, 江戸時代をたんけんしよう！
|内容| いまの東京には、よく見ると、江戸の史跡がたくさんあります。赤穂浪士や新選組、お岩さんや勝海舟などが実在した形跡が、そこここに残っているのです。この本では、こどもでも楽しくたんけんできる方法を紹介しています。さあ、東京の中の江戸探しに出かけてみましょう。

『東京をたずねる』藤森陽子編著　あすなろ書房　2003.2　39p　31cm　（歴史と文化の町たんけん）〈年表あり〉2800円　①4-7515-2235-3　Ⓝ291.36
|目次| 東京駅コース, 日本橋コース, 両国・浅草・上野コース, 神田・新宿コース, 大森・羽田コース, 東京の人物たんけん, 東京の祭りと行事
|内容| 古代から現在へ、都としてさかえてきた町の歴史と文化をたずねてみよう。歴史の舞台や文化財をめぐる町歩きたんけんガイド。

◆中部地方

『新都道府県クイズ　3（中部）』北俊夫監修　国土社　2009.3　95p　27cm　2800円　①978-4-337-27023-7　Ⓝ291
|目次| 新潟県, 富山県, 石川県, 福井県, 山梨県, 長野県, 岐阜県, 静岡県, 愛知県
|内容| 市町村合併にともなう新しい地名に対応―市町村合併で、新しくできた市や町の名前に対応しています。都道府県の今がわかる新コラムを追加―お国ことば、日本一のもの、市や郡の名前など盛りだくさん。クイズと写真・イラストを新たに追加―クイズと写真・イラストも追加。数値データも新しくなりました。

『都道府県別日本の地理データマップ　4（中部地方）』砂田武嗣, 水谷learned監修　小峰書店　2007.4　91p　29cm　3800円　①978-4-338-23004-9　Ⓝ291
|目次| 1 有数の米どころ。豊かな水とさかんな工業　新潟県,2 蜃気楼とほたるいか。製薬の伝統と先進工業　富山県,3 加賀百万石の伝統。さかんな漁業と工業　石川県,4 おいしい米と豊かな自然・電力供給になう　福井県,5 有数の果樹王国。工業も発展。水資源豊かな山梨県,6 高原野菜とさかんな先端工業。地域ごとの文化　長野県,7 世界遺産の白川郷。河川のめぐみ豊かな　岐阜県,8 温暖な気候と海のめぐみ。工業生産もさかんな　静岡県,9 日本一の自動車生産県。新空港でさらに発展　愛知県, 巻末資料　もっと知りたい中部地方

『日本の地理―都道府県大図解　5（岐阜・静岡・愛知・三重・滋賀）』井田仁康監修　学習研究社　2007.2　47p　29cm　3000円　①978-4-05-202579-2,978-4-05-810824-6　Ⓝ291

『日本の地理―都道府県大図解　4（新潟・富山・石川・福井・長野）』井田仁康監修　学習研究社　2007.2　47p　29cm　3000円　①978-4-05-202578-5,978-4-05-810824-6　Ⓝ291

『飯田城ガイドブック―飯田城とその城下町をさぐろう』飯田市美術博物館編　飯田　飯田市美術博物館　2005.3　143p　21cm〈付属資料：図1枚　年表あり〉Ⓝ291.52

『富士山の大研究―知れば知るほどおもしろい日本一高い山』江藤初生著, 高田勲画　PHP研究所　2004.11　129p　22cm　（PHPノンフィクション）1250円　①4-569-68474-2　Ⓝ291.51
|目次| 1 富士山は日本一高く美しい山,2 富士山はなぜあんなに美しい形なの？,3 富士山の噴火のあゆみ,4 富士五湖はこうしてできた,5 富士山がくずれる？,6 日本人の心をうつす富士山,7 富士山、あんなこんな

こと

内容 富士山は、なぜあんなに美しい形なの？ 富士山が、くずれているって、ほんとう？ 富士山は世界遺産に登録されないの？ 昔から日本人に愛されてきた富士山を、自然と文化の両面から描いた富士山の大研究。小学中級以上。

『越後・月潟角兵衛獅子ものがたり』江部保治文，横山信子画　新潟　考古堂書店　2003.10　1冊（ページ付なし）27cm　（ビジュアルふるさと風土記 5）1200円　Ⓘ4-87499-999-9　Ⓝ386.8141

『都道府県別21世紀日本の産業　7　山梨・神奈川・東京・千葉・埼玉』目賀田八郎，北俊夫監修　学習研究社　2001.3　55p　29cm〈索引あり〉2850円　Ⓘ4-05-500440-0,4-05-810609-3

『都道府県別21世紀日本の産業　6　福井・石川・富山・新潟・長野』目賀田八郎，北俊夫監修　学習研究社　2001.3　55p　29cm〈索引あり〉2850円　Ⓘ4-05-500439-7,4-05-810609-3

『都道府県別21世紀日本の産業　5　滋賀・三重・愛知・岐阜・静岡』目賀田八郎，北俊夫監修　学習研究社　2001.3　55p　29cm〈索引あり〉2850円　Ⓘ4-05-500438-9,4-05-810609-3

◆近畿地方

『新都道府県クイズ　4（近畿）』北俊夫監修　国土社　2009.3　75p　27cm　2800円　Ⓘ978-4-337-27024-4　Ⓝ291

目次 三重県，滋賀県，京都府，大阪府，兵庫県，奈良県，和歌山県

内容 市町村合併にともなう新しい地名に対応―市町村合併で，新しくできた市や町の名前に対応しています。都道府県の今がわかる新コラムを追加―お国ことば，日本一のもの，市や郡の名前など盛りだくさん。クイズと写真・イラストを新たに追加―クイズと写真・イラストも追加。数値データも新しくなりました。

『ふしぎがいっぱい！ニッポン文化　3　近畿地方のふしぎ文化』こどもくらぶ編・著　旺文社　2009.2　55p　29cm

〈索引あり〉3200円　Ⓘ978-4-01-071911-4　Ⓝ291

目次 データページ，各地のニッポン文化Q&A

『奈良』修学旅行研究会編　国土社　2008.2　40p　26cm　（修学旅行の本　新版）〈年表あり〉2500円　Ⓘ978-4-337-25734-4　Ⓝ291.65

目次 車窓ウォッチング，特集　大和は国のまほろば，特集　さく花のにおうがごとく，国とくらし，歴史と文化をたずねて，東大寺を中心とする奈良公園，行ってこよう見てこよう，芸術とひと，おみやげ・ガイド年表，そのほかのスポットさくいん，奈良周辺地図

『都道府県別日本の地理データマップ　5（近畿地方）』山岡義昭監修　小峰書店　2007.4　71p　29cm　3600円　Ⓘ978-4-338-23005-6　Ⓝ291

目次 1　海のめぐみとさかなの工業，伊勢神宮の伝統　三重県,2　関西の水がめ琵琶湖と進む開発　滋賀県,3　世界遺産の古都とのびゆく新しい工業　京都府,4　「天下の台所」の伝統と上方文化の中心　大阪府,5　のりこえた大震災，発展する産業　兵庫県,6　伝統工業さかんな「日本のふるさと」奈良県,7　黒潮の豊かなめぐみとさかんな果樹栽培　和歌山県，巻末資料　もっと知りたい近畿地方

『京都・奈良―まなたびくんと学ぶ旅　試験によく出る歴史＆地理』栄光ゼミナール企画・編集　栄光　2007.3　164p　22cm　（「学ぶ旅」ガイドシリーズ）1300円　Ⓘ978-4-87293-452-6　Ⓝ291.62

『日本の地理―都道府県大図解　6（京都・大阪・兵庫・奈良・和歌山）』井田仁康監修　学習研究社　2007.2　47p　29cm　3000円　Ⓘ978-4-05-202580-8,978-4-05-810824-6　Ⓝ291

『日本の地理―都道府県大図解　5（岐阜・静岡・愛知・三重・滋賀）』井田仁康監修　学習研究社　2007.2　47p　29cm　3000円　Ⓘ978-4-05-202579-2,978-4-05-810824-6　Ⓝ291

『奈良がわかる絵事典―修学旅行にもつかえる！　古都の楽しさを知ろう！』PHP

研究所編　PHP研究所　2006.6　79p　29cm　2800円　Ⓘ4-569-68605-2　Ⓝ291.65
目次　1 奈良公園の魅力を探検,2 古きものから現代へ、奈良が語り継ぐもの,3 日本の歴史ロマンを体感しよう,4 歴史や文学に登場する人物からもっと奈良に近づこう

『Wakuwakuわかやま和歌祭』みさきようこ文　和歌山　野うさぎの森　2006.4　153p　21cm　1000円　Ⓘ4-9903012-0-X　Ⓝ386.166

『大阪をたずねる』三田村信行編著　あすなろ書房　2003.3　39p　31cm　(歴史と文化の町たんけん 4)〈年表あり〉　2800円　Ⓘ4-7515-2234-5　Ⓝ291.63
目次　お初天神・天満宮コース、大阪城コース、道頓堀・心斎橋コース、四天王寺・住吉大社コース、堺コース、大阪探訪コース、大阪の人物たんけん、大阪の祭りと行事

『大阪・神戸・広島』日本修学旅行協会監修　学習研究社　2003.3　87p　27cm　(最新版楽しい修学旅行ガイド　グループ見学のプラン作りに役立つ!)〈年表あり〉　3500円　Ⓘ4-05-201760-9　Ⓝ291.63

『大阪・奈良・伊勢志摩』日本修学旅行協会監修　金の星社　2003.3　95p　30cm　(事前に調べる修学旅行パーフェクトガイド)　3900円　Ⓘ4-323-06465-9　Ⓝ291.6
目次　奈良,大阪,伊勢・志摩

『京都・神戸・広島』日本修学旅行協会監修　金の星社　2003.3　95p　30cm　(事前に調べる修学旅行パーフェクトガイド)　3900円　Ⓘ4-323-06466-7　Ⓝ291.6
目次　京都,神戸,広島

『奈良/伊勢・志摩』日本修学旅行協会監修　学習研究社　2003.3　87p　27cm　(最新版楽しい修学旅行ガイド　グループ見学のプラン作りに役立つ!)〈年表あり〉　3500円　Ⓘ4-05-201756-0　Ⓝ291.65

『奈良をたずねる』藤森陽子編著　あすなろ書房　2003.2　39p　31cm　(歴史と文化の町たんけん 1)〈年表あり〉　2800円　Ⓘ4-7515-2231-0　Ⓝ291.65
目次　奈良公園コース、平城京コース、飛鳥コース、斑鳩コース、吉野山コース、奈良の伝統産業、奈良の人物たんけん、奈良の祭りと行事
内容　古代から現在へ、都としてさかえてきた町の歴史と文化をたずねてみよう。歴史の舞台や文化財をめぐる町歩きたんけんガイド。

『都道府県別21世紀日本の産業　5　滋賀・三重・愛知・岐阜・静岡』目賀田八郎,北俊夫監修　学習研究社　2001.3　55p　29cm〈索引あり〉　2850円　Ⓘ4-05-500438-9,4-05-810609-3

『都道府県別21世紀日本の産業　4　兵庫・大阪・京都・奈良・和歌山』目賀田八郎,北俊夫監修　学習研究社　2001.3　55p　29cm〈索引あり〉　2850円　Ⓘ4-05-500437-0,4-05-810609-3

『わたしは紀ノ川』戸西葉子文,照井四郎写真　和歌山　わかやま絵本の会　2000.6　24p　21×30cm　(郷土絵本 no.58)　600円

◆◆京都

『京都』修学旅行研究会編　国土社　2007.12　40p　26cm　(修学旅行の本　新版)〈年表あり〉　2500円　Ⓘ978-4-337-25733-7　Ⓝ291.62
目次　車窓ウォッチング、特集 京都のなかの平安京、特集 心のふるさと京都、自然とくらし、歴史と文化をたずねて、行ってこよう見てこよう、芸術とひと
内容　修学旅行のコース計画や、旧跡名所の事前学習に最適な一冊。見て・聞いて・体験して思い出深い修学旅行にしよう。

『ジュニア日本文化検定テキストブック―歴史都市・京都から学ぶ』京都新聞開発(株)編　〔京都〕　「歴史都市・京都から学ぶジュニア日本文化検定」推進プロジェクト　2006.3　184p　26cm〈発売:京都新聞出版センター(〔京都〕)　共

『祇園祭』田島征彦作　新版　童心社　2005.3　1冊(ページ付なし)　27×31cm　〈付属資料：1枚〉1700円　Ⓘ4-494-00556-8　Ⓝ386.162
　内容　むかし、京のみやこではたびたびえきびょうがはやった。ひとびとはねつにうかされ、つぎつぎにたおれていった。「はやりやまいをしずめてくだされ。」まちのひとたちはかみにいのったり、なくなったひとたちのたましいをなぐさめようと、まつりをはじめた。いまからせんひゃくねんもまえのことだ。そのまつりがことしもはじまる。第6回世界絵本原画展金牌受賞。

『京都なるほどガイドブック─楽しく調べて体験する修学旅行』PHP研究所編　PHP研究所　2004.11　79p　29cm　2800円　Ⓘ4-569-68508-0　Ⓝ291.62
　目次　学ぶ・体験する、買う・食べる、巻末情報
　内容　京都は日本でも有数の観光地ですが、さまざまな産業が栄え、実際に人々が生活している町でもあります。そんな京都のいろいろな側面を理解していただければと思い、本書では多彩なテーマを設け、ただ見るだけではなく、体験したり、調べ学習に役立つスポットを紹介しています。

『京都修学旅行ハンドブック─学び・調べ・考えよう』京都平和・国際教育研究会編　平和文化　2003.5　72p　21cm　600円　Ⓘ4-89488-019-9　Ⓝ291.62

『京都』日本修学旅行協会監修　学習研究社　2003.3　87p　27cm　(最新版楽しい修学旅行ガイド　グループ見学のプラン作りに役立つ！)〈年表あり〉3500円　Ⓘ4-05-201755-2　Ⓝ291.62

『京都をたずねる』三浦はじめ編著　あすなろ書房　2003.3　39p　31cm　(歴史と文化の町たんけん　2)〈年表あり〉2800円　Ⓘ4-7515-2232-9　Ⓝ291.62
　目次　清水寺・銀閣寺コース、二条城・嵐山・嵯峨野コース、東寺・平等院コース、京都の伝統産業、京都の人物たんけん、京都の祭りと行事

◆中国・四国地方
『新都道府県クイズ　5(中国・四国)』北俊夫監修　国土社　2009.3　95p　27×21cm　2800円　Ⓘ978-4-337-27025-1
　目次　鳥取県、島根県、岡山県、広島県、山口県、徳島県、香川県、愛媛県、高知県
　内容　市町村合併にともなう新しい地名に対応。都道府県の今がわかる新コラムを追加。クイズと写真・イラストを新たに追加。

『都道府県別日本の地理データマップ　6(中国・四国地方)』堀之内修, 植松勝監修　小峰書店　2007.4　91p　29cm　3800円　Ⓘ978-4-338-23006-3　Ⓝ291
　目次　1　豊かな海、山の幸。鳥取砂丘と大山がある　鳥取県, 2　宍道湖、日本海からの幸。神話の舞台となった　島根県, 3　豊かな自然、さかんな産業。瀬戸大橋がある　岡山県, 4　古代と現代の世界遺産。さかんな工業と漁業　広島県, 5　海峡のぞむ交通の要所。工業、漁業さかんな　山口県, 6　温暖な気候と豊かな自然、阿波おどりもある　徳島県, 7　ため池と香川用水。うどんブームに　香川県, 8　太陽のめぐみ。みかん王国。地域ごとの文化　愛媛県, 9　清流や黒潮からのめぐみ。観光もさかんな　高知県, 巻末資料　もっと知りたい中国・四国地方

『日本の地理─都道府県大図解　8(徳島・香川・愛媛・高知・福岡・大分)』井田仁康監修　学習研究社　2007.2　55p　29cm　3000円　Ⓘ978-4-05-202582-2, 978-4-05-810824-6　Ⓝ291

『日本の地理─都道府県大図解　7(鳥取・島根・岡山・広島・山口)』井田仁康監修　学習研究社　2007.2　47p　29cm　3000円　Ⓘ978-4-05-202581-5, 978-4-05-810824-6　Ⓝ291

『広島お好み焼物語─ふしぎな食べものが生まれたのはなぜ？』那須正幹著　PHP研究所　2004.7　164p　22cm　(PHPノンフィクション) 1300円　Ⓘ4-569-68487-4　Ⓝ383.8176
　目次　お好み焼の食べ方, お好み焼のルーツ, お好み焼という名前, 広島のお好み焼, 戦後の復興, よみがえる柳の葉, 広島とお好み焼, 「お好み村」の誕生, 広島風お好み焼の確立, 修学旅行生とお好み焼, 広島のお好み焼の未来

内容　広島の人はお好み焼が大すき。でも、広島のお好み焼は日本人の多くが知っているお好み焼とは少しちがう。このふしぎな食べものが広島で生まれたのは、なぜなのか？謎を解くカギは、一九四五年八月に襲ってきた原子爆弾にあった。

『都道府県別21世紀日本の産業　3　山口・広島・岡山・島根・鳥取』目賀田八郎, 北俊夫監修　学習研究社　2001.3　55p　29cm〈索引あり〉2850円　①4-05-500436-2,4-05-810609-3

『都道府県別21世紀日本の産業　2　福岡・大分・愛媛・高知・香川・徳島』目賀田八郎, 北俊夫監修　学習研究社　2001.3　63p　29cm〈索引あり〉2850円　①4-05-500435-4,4-05-810609-3

◆九州地方

『新都道府県クイズ　6（九州・沖縄）』北俊夫監修　国土社　2009.3　85p　27×21cm　2800円　①978-4-337-27026-8
　目次　福岡県、佐賀県、長崎県、熊本県、大分県、宮崎県、鹿児島県、沖縄県
　内容　市町村合併にともなう新しい地名に対応。都道府県の今がわかる新コラムを追加。クイズと写真・イラストを新たに追加。

『時間の森―屋久島』山下大明しゃしん・ぶん　そうえん社　2008.2　1冊（ページ付なし）22×29cm　（そうえん社・写真のえほん　4）　1300円　①978-4-88264-323-4　Ⓝ291.97

『都道府県別日本の地理データマップ　7（九州・沖縄地方）』有川政秀, 座安政侑監修　小峰書店　2007.4　79p　29cm　3600円　①978-4-338-23007-0　Ⓝ291
　目次　1 九州の玄関口、アジア各地とのつながり　福岡県,2 有明海からの幸、世界のあこがれ伊万里焼　佐賀県,3 「ナガサキ」は平和の象徴。日本一の島の数　長崎県,4 広大な阿蘇カルデラ。環境対策への努力　熊本県,5 全国一の温泉の数。ここから一村一品運動　大分県,6 温暖な気候と自然のめぐみ。神話のくに　宮崎県,7 活動つづく桜島。南国の自然と宇宙基地　鹿児島県,8 あらたな国際交流の拠点。亜熱帯の自然　沖縄県, 巻末資料　もっと知りたい九州・沖縄地方

『日本の地理―都道府県大図解　9（佐賀・長崎・熊本・宮崎・鹿児島・沖縄）』井田仁康監修　学習研究社　2007.2　55p　29cm　3000円　①978-4-05-202583-9, 978-4-05-810824-6　Ⓝ291

『日本の地理―都道府県大図解　8（徳島・香川・愛媛・高知・福岡・大分）』井田仁康監修　学習研究社　2007.2　55p　29cm　3000円　①978-4-05-202582-2, 978-4-05-810824-6　Ⓝ291

『南島紀行』斎藤たま作、杉田徹写真　福音館書店　2004.3　440p　17cm（福音館文庫）800円　①4-8340-0592-5　Ⓝ291.97
　目次　種子島, 屋久島, 喜界島, 奄美大島, 徳之島
　内容　奄美の島には、一人住まいのおばあさんが多い。むかしびとの暮らしをつづけている家々に宿をもらいながら、子どもの遊びを、古い歌を、塩の炊きかた味噌の仕込みかたを、機織りを、月待ちを、神まいりを見る。…そこからうかびあがるのは、「現代」が忘れた、しまんちゅ（島人）のゆたかな姿だった。

『九州・沖縄』日本修学旅行協会監修　金の星社　2003.3　95p　30cm　（事前に調べる修学旅行パーフェクトガイド）3900円　①4-323-06467-5　Ⓝ291.9
　目次　長崎, 福岡・佐賀・熊本, 沖縄

『長崎/福岡・佐賀・阿蘇』日本修学旅行協会監修　学習研究社　2003.3　87p　27cm　（最新版楽しい修学旅行ガイド　グループ見学のプラン作りに役立つ！）〈年表あり〉3500円　①4-05-201759-5　Ⓝ291.93

『長崎修学旅行ハンドブック―学び・調べ・考えよう』平和・国際教育研究会編　平和文化　2002.5　64p　21cm　600円　①4-89488-015-6　Ⓝ291.93

『都道府県別21世紀日本の産業　2　福岡・大分・愛媛・高知・香川・徳島』目賀田八郎, 北俊夫監修　学習研究社　2001.3　63p　29cm〈索引あり〉2850円　①4-05-500435-4,4-05-810609-3

『都道府県別21世紀日本の産業　1　沖縄・鹿児島・宮崎・熊本・長崎・佐賀』目賀田八郎、北俊夫監修　学習研究社　2001.3　63p　29cm〈索引あり〉2850円　Ⓘ4-05-500434-6,4-05-810609-3

◆◆沖縄

『沖縄地方のふしぎ文化』こどもくらぶ編著　旺文社　2009.3　47p　30cm（ふしぎがいっぱい！ニッポン文化 4）3200円　Ⓘ978-4-01-071912-1
目次　データページ　沖縄県，各地のニッポン文化Q&A
内容　各地の伝統と文化には生まれたワケがある。

『美ら島と米軍基地』安斎育郎文・監修　新日本出版社　2007.3　32p　27cm（語り伝える沖縄 ビジュアルブック 第4巻）1800円　Ⓘ978-4-406-05028-9　Ⓝ395.3
目次　アメリカ軍が占領した沖縄―日本からの分離（46年1月），憲法で戦争をしない国になった日本と沖縄の米軍（47年5月），サンフランシスコ対日平和条約と日米安全保障条約（51年9月），土地収用令―「銃剣とブルドーザー」による土地とりあげ（53年4月），沖縄の米軍基地が倍増した（52年～60年），ベトナム戦争と沖縄の米軍基地（65年～73年），反戦運動の盛り上がりと日本への復帰運動（67年），「核抜き・本土並み返還」と「非核3原則」（72年），「本土並み」とは裏腹に，変わらぬ米軍基地の集中（74年），軍事演習の激化と嘉手納基地の爆音訴訟（79年～82年），天皇の沖縄訪問と海邦国体の開催（87年），沖縄に駐留する「なぐりこみ部隊」海兵隊，米兵による少女暴行事件と知事の代理署名拒否（95年），沖縄サミット，そして、米軍ヘリコプター墜落事件（2000年～2004年）

『沖縄のいま、むかし』安斎育郎文・監修　新日本出版社　2006.12　32p　27cm（語り伝える沖縄 ビジュアルブック 第1巻）1800円　Ⓘ4-406-03329-7　Ⓝ291.99
目次　本屋さんの「沖縄コーナー」―沖縄コーナーがある訳，日本の最西端の県・沖縄，空の玄関 那覇空港「めんそ～れ」：沖縄的メッセージ，おや？空港のとなりに基地が？，こんなすごい子もいる！―そろばん日本一，沖縄県ってどんな県？―沖縄の基本データ，沖縄県のいま，沖縄県のむかし

『修学旅行のための沖縄案内』大城将保，目崎茂和著　高文研　2006.11　94p　21cm〈年表あり〉1100円　Ⓘ4-87498-372-3　Ⓝ291.99

『エイサー！ハーリー』山崎克己絵　フレーベル館　2006.6　1冊　22×22cm（きゅーはくの絵本 3―沖縄の祭り）1000円　Ⓘ4-577-03250-3
内容　今日は、年に一度の海神祭の日。ハーリー船にのって、海の神様が沖縄の村にやってきます。おじいもおばあも、にーにもねーねも、みんな一緒にお祈りします。さあ、ハーリーと一緒に沖縄の祭りに参加してみましょう。

『沖縄修学旅行ガイドブック―ふれあい感動体験』ふきのとう書房　2005.7　64p　21cm〈発売：星雲社〉750円　Ⓘ4-434-06559-9　Ⓝ291.99

『沖縄のくらし』上江洲均監修，吉田忠正文・写真　ポプラ社　2005.3　48p　27cm　（沖縄まるごと大百科 2）2800円　Ⓘ4-591-08471-X　Ⓝ382.199
目次　沖縄の市場，沖縄の食べもの，沖縄の住まい，沖縄の祭りと行事
内容　あたたかい気候を生かした沖縄のくらしを紹介します。沖縄にはどんな食べものがあるの？どんな祭りや行事があるの？といった、みぢかなことから伝統行事までをとりあげ、沖縄のいまのくらしがわかります。

『沖縄のことばと文化』前原信喜監修，吉田忠正文・写真　ポプラ社　2005.3　48p　27cm　（沖縄まるごと大百科 4）2800円　Ⓘ4-591-08473-6　Ⓝ382.199
目次　沖縄のことば，沖縄の昔話と芸能，沖縄の工芸
内容　「沖縄ことば」や昔話・芸能をとおして、沖縄に生きづいている文化や風習を学べます。また、華やかな古典舞踊や美しい紅型などの伝統的な芸能や工芸から、琉球ガラスや木工などの新興工芸まで、幅広く紹介します。

『沖縄の産業』宮城勉監修，渡辺一夫文・写真　ポプラ社　2005.3　47p　27cm　（沖縄まるごと大百科 3）2800円　Ⓘ4-

地理―わたしたちの日本　　　　　　　　　　　　　　　　　　九州地方

591-08472-8　Ⓝ602.199

|目次| 沖縄をささえる観光, 沖縄の農業, 沖縄の水産業, 伝統の産業と新しい産業, 沖縄の交通とエネルギー

|内容| 美しい景観やマリン・スポーツなどで人気の観光業、サトウキビやパイナップルなどの気候を生かした農業など、沖縄とくゆうの産業を、現地に密着した取材で紹介します。

現代社会

時事・政治・法律

◆世の中では何が起きているか

『朝日ジュニア学習年鑑 2009』朝日新聞出版 2009.3 272p 26cm 2300円 ①978-4-02-220810-1

[目次] 特集1 地球の環境と未来を考えよう，特集2 ニセ科学ってなんだろう？,2008年のできごと，ニュースのことば，キッズミニ百科，日本，世界

[内容] ニュースや統計，知りたいことは全部載ってる。学校でも受験でも役立つ知識の泉。

『ニュース年鑑 2009』こどもくらぶ編，池上彰監修 ポプラ社 2009.3 247p 26cm 2800円 ①978-4-591-10812-3

[目次]「古紙40％の年賀はがき」じつは1％，松下電器産業，パナソニックに社名・ブランド変更，石川遼選手，プロ転向，薬害C型肝炎被害者救済特別措置法，成立，新テロ対策特別措置法案成立，石ノ森章太郎さん，ギネス記録に認定，大阪府知事にタレント弁護士の橋下氏，中国製ギョーザに農薬混入，10人が中毒，沖縄で米軍兵士が女子中学生に乱暴し逮捕，小中学校の授業時間40年ぶりに増加〔ほか〕

[内容] 2008年には，さまざまなできごとが起こりました。アメリカ発の金融危機をきっかけにして，世界経済が大きく混乱しました。世界各地で起こるテロは，増加の一途です。不況のなかの日本でも，痛ましい事件が続いています。いっぽう，ノーベル賞で，日本人4人が同時受賞。日本人女性宇宙飛行士の誕生が決定するなど，明るい話題もありました。この本では，1月から12月までコラムもふくめた計108本のニュースについて，くわしい背景や理由を解説しています。世界の「今」を伝える108本のニュース

を通じて，世界で何が起きているのかを知り，さまざまなことを考えてみてください。

『子どものニュースウイークリー 2009年版』読売新聞社会部編著 中央公論新社 2009.2 179p 21cm 1500円 ①978-4-12-004005-4

[目次] 自動改札機トラブル―関東662駅で260万人に影響，全国学力テスト―知識あるが応用は苦手，「NOVA」経営失敗―授業停止，困る生徒と講師，防衛省の接待問題―商社が次官にゴルフ・飲食，相次ぐ食品偽装問題―ウソ表示に消費者の怒り，入国審査の厳格化―指紋や顔写真を義務づけ，世界の15歳学力調査―日本，理数系も落ち込む，世界的な石油価格上昇―身近な食品などにも影響，大リーグの薬物疑惑―有名選手ら86人を公表，温暖化対策バリ会議―具体的議論に米中も参加〔ほか〕

[内容] 2007年10月から2008年10月までに，「子どものニュースウイークリー」にのった記事のうち50本を集めています。

『現代用語の基礎知識 学習版 2009』現代用語検定協会監修 自由国民社 2009.1 360p 21cm〈索引あり〉1500円 ①978-4-426-10600-3 Ⓝ302

[目次] 1 国際情勢,2 政治・経済,3 情報・社会,4 環境・科学,5 文化・スポーツ

[内容]「現代用語の基礎知識」の「学習版」と銘打ったこの本は，子供から大人まで，年齢を問わず，「学習」を目的とするための「現代用語集」として編集しています。現代社会を理解するために欠かせない基礎知識を「国際情勢」「政治/経済」「情報/社会」「環境/科学」「文化/スポーツ」の大分野ごとにセレクトし，小・中学生にもわかりやすいように解説を試みました。この2009年版では，各大分野から最も大切と判断される"今年の論点"をクローズアップし，「テーマ解説」として25テーマを特集しています。

『小学社会科事典』有田和正編著，旺文社編 3訂版 増補版 旺文社 2009.1

534p　22cm　（Obunsha study bear encyclopedia）〈年表あり〉2500円
①978-4-01-010430-9　Ⓝ300

『現代社会ライブラリーへようこそ！2010年版』清水書院　2008.12　335p　26cm　1300円　①978-4-389-21488-3
[目次] 巻頭特集 世界と日本と私たち―2008年フラッシュバック、課題編 現代に生きる私たちの課題、現代社会編 現代社会の特質と社会生活、青年期編 青年期の意義と課題、社会・倫理編 民主社会と倫理、政治編 現代の民主政治、経済編 現代の経済、国際編 国際社会と日本の役割

『世界一ニュースがわかる本　オバマ政権と金融危機編』池上彰著　毎日新聞社　2008.12　140p　19cm　（Mainichi business books）952円　①978-4-620-53014-7　Ⓝ302
[目次] 第1章 オバマ政権誕生、第2章 経済ニュース、第3章 政治ニュース、第4章 社会ニュース、第5章 海外ニュース
[内容] 中学受験から、ビジネス最前線まですぐに役立つニュースの基礎知識。

『NHK週刊こどもニュース　2008』NHK「週刊こどもニュース」プロジェクト編　日本放送出版協会　2008.11　159p　18cm　900円　①978-4-14-081326-3　Ⓝ302
[目次] 「C型肝炎」って…？、「証人喚問」って何？、教科書はどうつくられる？、「万能細胞」って何？、知ってる？「ねむり」のこと、「排出量の取引」って？、どうなってる？「食品表示」、知ってる？「検察」の仕事、どうなる…？「ガソリン税」、どう減らす？「CO2」〔ほか〕
[内容] リーマン、事故米、排出量取引、円高、素粒子、裁判員制度など、2008年のニュースが読むだけでわかる。

『楽しくできる！小学生の社会科クイズ1000』学習社会科クイズ研究会著　メイツ出版　2008.10　128p　21cm　（まなぶっく）1000円　①978-4-7804-0495-1
[内容] 本書には、社会科に関するクイズがなんと1000問もおさめられています。日本地理、世界地理、日本史、世界史、公民と、社会科にふくまれるすべてのジャンルを残らず扱っています。

『みんなが知りたい！「社会のなぜ？どうして？」がわかる本』カルチャーランド著　メイツ出版　2008.6　160p　21cm　（まなぶっく）1200円　①978-4-7804-0418-0　Ⓝ300
[目次] どうして日本は高齢社会になったの？、どうして石油は遠い国からくるの？、どうしてハイブリットカーって生まれたの？、どうしてサミットってあるの？、どうして骨髄移植ってあるの？、なぜ食育って大事なの？、どうして日本は食糧を外国に頼るの？、なぜ遺伝子組み換え食品ってあるの？、なぜ食品表示ってあるの？、どうして年金ってあるの？〔ほか〕
[内容] 子どもたちが疑問に思うことが多い、いろいろなことをタイトルにしています。話題性のあることやスポーツのことまで6つのコーナーに分けて、全部で68のテーマを作って、解説しています。

『朝日ジュニア百科年鑑　2008』朝日新聞社　2008.3　272p　26cm　2200円　①978-4-02-220809-5
[目次] 特集 これからの私たちの生活を想像してみよう、2007年のできごと、キッズミニ百科、日本、世界
[内容] 日本が分かる。世界が分かる。役立つグラフや統計がもりだくさん。

『ニュース年鑑　2008』こどもくらぶ編　ポプラ社　2008.3　247p　25×19cm　2800円　①978-4-591-10078-3
[目次] 台湾高速鉄道開業(1/5)、防衛庁が防衛省に昇格(1/9)、イラク新政策発表、アメリカ軍2万人増派へ(1/10)、不二家、洋菓子販売休止(1/11)、関西テレビ、「納豆で減量」はねつ造(1/20)、そのまんま東さん、宮崎県知事に(1/21)、世界文化遺産の暫定リストに追加4件(1/23)、給食費滞納、9万9000人、22億円に(1/24)、敬語の種類、3分類から5分類に(2/2)、携帯電話、PHS1億台突破(2/7)〔ほか〕
[内容] 写真とチャートでニュースがわかる。1月から12月まで、コラムもふくめた計108本のニュースについて、くわしい背景や理由を解説。

『アクセス現代社会―世の中の動きに強くなる　2008』帝国書院編集部編　帝国書院　2008.2　326p　26cm　848円　①978-4-8071-5751-8　Ⓝ300

『現代社会ライブラリーへようこそ！
2009年版』清水書院　2008.2　335p
26cm　1300円　①978-4-389-21475-3

『子どものニュースウイークリー――親子で
読めるニュースのことば　2008年版』
読売新聞社会部編著　中央公論新社
2008.2　191p　21cm　1500円　①978-
4-12-003914-0　Ⓝ302

目次 いじめ自殺問題─力を合わせ、なくす
努力を、携帯番号ポータビリティ─会社をか
えても同じ番号、高校「必修逃れ」問題─受
験に不要な授業をせず、北海道の竜巻被害─
住宅地に竜巻、死者9人、公共工事で癒着─
知事逮捕、相次ぐ、景気いざなぎ超え─「最
長好景気」実感わかず、マグロ漁獲規制─世
界で需要増、乱獲が心配、松坂投手大リーグ
入り─計120億円でレッドソックスへ、第2東
京タワー──610メートル、世界一の電波塔、
飲酒運転罰則強化─酒や車の提供者も「同
罪」に〔ほか〕

内容 2006年10月から2007年10月までに、
読売新聞夕刊の「ニュースウイークリー」に
のった記事のうち46本を集めた。

『NHK週刊こどもニュース　2007』NHK
「週刊こどもニュース」プロジェクト編
日本放送出版協会　2007.11　159p
18cm　900円　①978-4-14-081260-0
Ⓝ302

『親子で総チェック！ニュースのことば×
100─NHK週刊こどもニュース』NHK
「週刊こどもニュース」プロジェクト編
日本放送出版協会　2007.7　287p
21cm　1400円　①978-4-14-081249-5
Ⓝ302

目次 経済、政治、社会、事件・法律、世界・国
際、生活・文化、科学・技術、コンピューター、
自然・環境、健康・医学

内容 「地球温暖化」「少年法」「年金」「バイオ
エタノール」「格差社会」「インサイダー取引」
「個人情報保護法」「NGO」「核開発問題」「裁
判員」…etc.こどもから大人まで、知ってト
クする"ニュースのことば"をピックアップ。

『朝日ジュニア百科年鑑　2007』朝日新聞
社　2007.3　384p　26cm〈付属資料：
別冊1〉　2700円　①978-4-02-220808-8

目次 特集 みんなの夢をさぐってみよう！、
僕らのスーパーヒーロー ウルトラマンの40
年、私たちのスーパーヒロイン リカちゃん
の40年、おもちゃは思い出の詰まった宝物─
北原照久氏インタビュー,2006年のできごと

『国際問題について知ろう』池上彰,増田
ユリヤ著　学習研究社　2007.3　147p
21cm　（ニュース探検隊 世の中のギモ
ンをすいすい解決！）〈年表あり〉1200
円　①978-4-05-202392-7　Ⓝ319

目次 第1章 世界が注目する中国、第2章 近
くて遠い朝鮮半島、第3章 アフガニスタンか
らイラク、イランへ、第4章 アラブとイスラ
エルの争い、第5章 世界の平和を守る動き、
第6章 世界の中の日本

内容 中学入試対策にも最適！導入まんがと
わかりやすい説明で、時事問題の入門書と
して役立ちます。

『10才までに知っておきたい世の中まる
ごとガイドブック―基礎編』池上彰監
修, 小学館国語辞典編集部編　小学館
2007.3　119p　26cm　（きっずジャポ
ニカ・セレクション）1500円　①978-4-
09-227100-5　Ⓝ302

目次 お金のことを知ろう、社会のことを知
ろう、政治のことを知ろう、世界のことを知
ろう

内容 社会のしくみが絵でわかる！ひと目で
わかる！お金のこと、社会のこと、政治のこ
と、世界のこと─楽しく読めるニュースの
基礎。

『12才までに知っておきたい世の中まる
ごとガイドブック―応用編』池上彰監
修, 小学館国語辞典編集部編　小学館
2007.3　135p　26cm　（きっずジャポ
ニカ・セレクション）1500円　①978-4-
09-227105-0　Ⓝ302

目次 第1章 いま、私たちのまわりではどん
な問題が起こっているの？、第2章 いま、世
界ではどんな問題が起こっているの？、第3
章 科学によって未来の生活はどのように変
わるの？、第4章 日本の国のしくみってどう
なっているの？

内容 身近な問題から政治、経済、国際、科
学まで、この1冊でおもしろいほどニュース
がわかる。

『政治と経済がわかる事典―これからの社
会が見えてくる ニュースの言葉につよ
くなろう』PHP研究所編　PHP研究所

2007.3　79p　29cm　2800円　Ⓘ978-4-569-68667-7　Ⓝ312.1
[目次] 1 わたしたちのくらしと政治,2 わたしたちのくらしと経済

『ニュース年鑑　2007』こどもくらぶ編
ポプラ社　2007.3　247p　25×19cm　2800円　Ⓘ978-4-591-09627-7
[目次] 1月2月3月,4月5月6月,7月8月9月,10月11月12月
[内容] 重大ニュースまるわかり。2006年1月から12月までに起こったできごとから、96のニュースを選んで解説。

『みんなが知りたい！「ニュースに出てくる言葉」がよくわかる本』カルチャーランド著　メイツ出版　2007.3　160p　21cm　1200円　Ⓘ978-4-7804-0182-0　Ⓝ302
[目次] ICカード,IP電話,赤字国債,アカデミー賞,芥川賞・直木賞,アフガニスタン問題,天下り,アメリカ産牛肉問題,アメリカ大リーグ,一般会計〔ほか〕
[内容] どこかで聞いたことがあるけれど意味がわからない…そんな言葉がいっぱい。

『子どものニュースウイークリー——親子で読めるニュースのことば　2007年版』読売新聞社会部編著　中央公論新社　2007.2　190p　21cm　1500円　Ⓘ978-4-12-003808-2　Ⓝ302
[目次] 九州国立博物館,サラブレッド「ディープインパクト」,首相の「靖国神社」参拝,航路の安全確保,紀宮さま結婚,大相撲,ハンセン病補償訴訟,新型インフルエンザ,耐震強度偽装,子供の安全〔ほか〕
[内容] 大人も知らないニュースのことばを知っちゃおう。「子どものニュースウイークリー」で2005年10月から2006年10月までにのった記事のうち、46の今どきなニュースのことばを集めています。

『現代社会ライブラリーへようこそ！2008年版』清水書院　2007.1　335p　26cm　1300円　Ⓘ978-4-389-21464-7

『NHK週刊こどもニュース　2006』NHK「週刊こどもニュース」プロジェクト編　日本放送出版協会　2006.11　159p　18cm　900円　Ⓘ4-14-081154-4　Ⓝ302
[目次] 「鳥インフルエンザ」って…？,アメリカ産牛肉輸入はどうなるの？,マンションが、地震でこわれてしまう？,こどもたちを、犯罪から守れ！,イランで「核疑惑」？,「再生医療」って何？,ライブドアが、「上場廃止」って…!?,「脳をきたえる」って、どういうこと？,「量的緩和」って何？,「岩国基地の問題」で住民投票…？〔ほか〕
[内容] 北朝鮮が核実験！格差社会、惑星の数、2007年問題、いじめなど、重大ニュースが読むだけでわかる。

『やさしく読める小学生の時事問題——社会科中学受験入門』日能研教務部企画・編　横浜　日能研　2006.10　192p　26cm　〈発売：みくに出版〉1700円　Ⓘ4-8403-0291-X
[目次] 産業の問題——つくって運んで結び合う世界,貿易の問題——ふえる外国製品と日本の産業,エネルギーの問題——私たちのくらしを動かす力,石油の問題——燃える水はいつかなくなる！,交通の問題——時間と距離をちぢめた道具,経済の問題——お金がくらしにはたす役割,食料の問題——今日のごはんはだいじょうぶ？,少子高齢化の問題——人口の変化と私たちの未来,情報化社会の問題——ITが私たちの未来を変える,災害の問題——ゆれ動く！地震列島,自然破壊の問題——環境をこわしているのは私たち,自然保護の課題——環境を守っていくもの私たち,地球環境の問題——地球の温度が上がったら,考古学の課題——新発見で歴史が変わる,文化財保護の課題——古いものって必要なの,立法の問題——法律づくりと私たちの関係,行政の問題——総理大臣の仕事って,司法の問題——えっ！私たちが裁判官,財政の問題——税金はどう使われているの,地方自治の問題——政治の主役は私たち住民,安全保障の問題——日本に米軍基地があるわけ,国際紛争の問題——冷戦の時代からテロへ,科学施術と軍縮の問題——核兵器が時代を変えた,まわりの国ぐにとの問題——日本に近くて遠い国,国際化の問題——私たちの未来・地球社会
[内容] 入試によく出る時事問題を25テーマ選び、それぞれ3つのステップで構成。巻末には、時事問題を取り入れた良質な入試問題を収録。

『ほっとけない世界のまずしさ』ほっとけない世界のまずしさ編　ほっとけない世界のまずしさ　2006.8　47p　16×16cm　〈発売：扶桑社〉838円　Ⓘ4-594-05189-8
[目次] 貧困を生み出すしくみ,貧困の現状,5

歳未満児死亡率(出生1000人あたり)、平均寿命、貧困国の識字率(15歳以上の成人)、世界の飢餓人口、飲んでもいい水を飲んでいる人の割合、HIV/エイズ(0歳～49歳の推定感染者数)、貧困をなくそう。そう世界が決心したMDGs(ミレニアム開発目標)、提案、貧困をなくそう。世界と日本のアドボカシーのあゆみ:「ほっとけない世界のまずしさ」は、「ほっとけない世界のまずしさ」賛同団体リスト、この本が生まれたわけ

『世の中を知りたい「社会科学」』重松清総監修　岩崎書店　2006.4　63p　27cm 〈シゲマツ先生の学問のすすめ　興味・関心ではじめる学問図鑑60　2〉 2800円　④4-265-03032-7　Ⓝ300
目次　チャートでわかるきみにぴったりの学問はこれだ!、法学、倫理学、教育学、福祉学、もうひとつの入り口・専門学校で学ぼう!、政治学、国際関係学、経済学、経営学、商学、もうひとつの入り口・お父さん・お母さんから学ぼう!、社会学、情報学、メディア学
内容　ぼくたちはみんな、社会の中に生きている。小学生だって、リッパな社会の一員だ。だったら…社会のこと、世の中のこと、もっと知りたいと思わない?新聞やテレビのニュースで伝えられる社会のさまざまなできごとは、小学生のいまは、ほとんど「よくわかんなーい」という感じかもしれない。でも、自分の興味のあるニュースが出てきたら、「あ、これ、知ってる!」「聞いたことあるよ!」と声をはずませるだろう?そんな喜びをもっと味わうための学問を、この巻ではたくさん紹介しています。

『朝日ジュニア百科年鑑　2006』朝日新聞社　2006.3　384p　26cm 〈付属資料:別冊1〉 2700円　④4-02-220807-4
目次　特集　パソコンで世界めぐり!空から世界を見てみよう!、戦後　お菓子年表＆ヒーロー年表、学習編、ミニ百科、統計編　日本、統計編　世界

『こんなに身近な国際問題』池上彰著　帝国書院　2006.3　79p　27cm　〈池上彰の社会科教室　3〉 2000円　④4-8071-4118-X　Ⓝ319

『子どものニュースウイークリー——親子で読めるニュースのことば　2006年版』読売新聞社会部編著　中央公論新社　2006.2　206p　21cm　1500円　④4-12-003701-0　Ⓝ302
目次　新潟県中越地震——まだ続く避難生活、アメリカ大統領選挙——ブッシュさんが再選、京都議定書の発効——温暖化を食い止めるため、海上警備行動——主権守るため発令、三位一体改革——地方分権進めるため、犯罪被害者基本法——「被害者の権利」法律に、日本の15歳、学力低下——知る力、また伸ばそう、整備新幹線の着工決定——費用や方法よく考えて、「おれおれ詐欺」→「振り込め詐欺」——心配させ金だまし取る、インドネシア・スマトラ島沖地震と津波——猛スピードの波、命奪う〔ほか〕
内容　世の中のいろいろな出来事をわかりやすく書いたのが、読売新聞の「KODOMO知る」のページです。この本は、2004年10月から2005年10月までにのった記事のうち、46本を集めました。日々刻々と変わっていくニュースをわかりやすく、ていねいに説明していますが、この本ではさらに、「そのあとどうなった?」というコーナーで、新聞にのった後のことも付け加えています。

『用語でわかる!国際関係かんたん解説　下巻(国際政治・国際経済・戦争と平和・人権)』池上彰監修,こどもくらぶ編　フレーベル館　2006.2　127p　29cm　3800円　④4-577-03169-8　Ⓝ302
目次　1章　国際政治,2章　国際経済,3章　戦争と平和,4章　人権

『現代社会ライブラリーへようこそ!　2007年版』清水書院　2006.1　317p　26cm　1300円　④4-389-21453-5

『用語でわかる!国際関係かんたん解説　上巻(科学技術・教育・スポーツ・医療・環境)』池上彰監修,こどもくらぶ編　フレーベル館　2005.12　127p　29cm　3800円　④4-577-03168-X　Ⓝ302
目次　1章　科学技術,2章　教育・文化・スポーツ,3章　保健・医療・食料,4章　環境・エネルギー

『NHK週刊こどもニュース　2005』NHK「週刊こどもニュース」プロジェクト編　日本放送出版協会　2005.11　159p　18cm　900円　④4-14-081071-8　Ⓝ302
目次　巻頭特集　地震、津波、火山の噴火…、おそろしい「自然災害」を考える、特集1　政治と選挙、特集2　北朝鮮問題、「アスベスト」って何?、だいじょうぶ?「身近なところ

現代社会―時事・政治・法律　　　　　　　　　世の中では何が起きているか

のアスベスト」,「堤前会長」は、なぜ逮捕されたの？,「村上ファンド」って…!?,「会社を買収する」って…!?,「個人情報保護法」って何？,「クレジット・カード」の情報がもれた!?, もっと知りたい！「国連」のこと,「世界遺産」とは…!?,「石油の値段」が高い！,「生活習慣病」って何？,「クジラ」と日本人の深〜い関係,「人が減っていくと…」どうなるの？, どうする？「巨大クラゲ」大発生！
[内容] 待望の第7弾！おそろしい「自然災害」、政治と選挙、アスベスト、6か国協議、靖国問題など、ニュースの「？」を考える。

『はてな？なぜかしら？社会・教育問題』
池上彰監修　教育画劇　2005.4　48p　31cm　（はてな？なぜかしら？日本の問題　2）3300円　ⓘ4-7746-0650-2
Ⓝ360
[目次] 第1章 子どもが少なくなると、どうなるの？, 第2章 少年の犯罪を減らすにはどうしたらいいの？, 第3章 たばこやお酒、薬物はなぜいけないの？, 第4章 個人情報はなぜ大切なの？, 第5章 昔と今とでは教育は、どうちがうの？, 第6章 日本には、どんな外国人がいるの？, 第7章 消費者問題にはどんなものがあるの？, 第8章 死刑はなくならないの？

『朝日ジュニア百科年鑑　2005』朝日新聞社　2005.3　384p　26cm　2700円
ⓘ4-02-220806-6
[目次] 学習編（終わらない戦争、戦後世相グラフィティ、政治、社会、科学 ほか）、統計編（日本、世界）
[内容] 年鑑と百科が合体！これ一冊になんでも載ってます。

『子どものニュースウイークリー――いまがわかる！世界が見える！ 親子で読めるニュースのことば　2005年版』読売新聞社会部編著　中央公論新社　2005.2　207p　21cm　1500円　ⓘ4-12-003613-8
Ⓝ302
[目次] イラク復興支援――世界が380億ドル出し合う、総選挙――マニフェストかかげ、政権争う、コイ大量死――ウイルス感染、各地に広がる、年金改革――増えるお年寄りどう支える、皆既日食――月のかげに隠れて起きる、H2A打ち上げ失敗――技術力への信頼失う、地上デジタル放送――2011年までに全国で、インフルエンザワクチン――新型肺炎が影響、予算編成――国のお金の使い道決める、イラン地震――住宅

が崩れ、4万人死亡〔ほか〕
[内容] ニュースって、ほんとはこんなにおもしろい！読売新聞「子どものニュースウイークリー」「KODOMO知る」にのった43のことばを集めたよ。

『はてな？なぜかしら？政治・経済問題』
池上彰監修　教育画劇　2005.2　48p　31cm　（はてな？なぜかしら？日本の問題　1）3300円　ⓘ4-7746-0649-9
Ⓝ312.1
[目次] 第1章 近い将来、日本の憲法は変えられるの？, 第2章 日本にアメリカの基地があるのはなぜ？, 第3章 市町村が合併すると、どうなるの？, 第4章 日本は破産しちゃうの？, 第5章 銀行が合併すると、どうなるの？, 第6章 年金がもらえなくなってしまうの？, 第7章 どうして不景気が続いているの？

『NHK週刊こどもニュース　2004』NHK「週刊こどもニュース」プロジェクト編　日本放送出版協会　2004.11　159p　18cm　900円　ⓘ4-14-081004-1　Ⓝ302
[目次] 特集1 年金問題、特集2 異常気象、特集3 選挙、特集4 イラク問題、特集5 鳥インフルエンザ、韓国の大統領が「弾劾」されたって何？, 中東の「ハマス」とは、どういうものなの？, 北オセチアの「生徒人質事件」は、なぜ起きたの？,「フェアトレード」って何？, 世の中まとめて1年間
[内容] 年金問題、異常気象、ストライキ、イラク、鳥インフルエンザなど、重大ニュースの「なぜ!?」を考える。

『移民と亡命』アイリス・タイクマン著, 桜井よしこ日本語版総監修, 久保田陽子訳・文　小峰書店　2004.4　47p　29cm　（現代の世界と日本を知ろう イン・ザ・ニュース 3）3000円　ⓘ4-338-19603-3　Ⓝ334.4
[目次] 現代の移民、人びとはなぜ移住するのでしょうか、現代の亡命、どのような人が亡命希望者になるのでしょうか？, 政府は何をしているのでしょう？, 亡命者のくらし、亡命の申請、亡命に関する決定、不法労働、密入国にはお金がかかる〔ほか〕

『朝日学習年鑑　2004』朝日新聞社
2004.3　2冊（セット）　26cm　2700円
ⓘ4-02-220805-8

子どもの本 社会がわかる2000冊　89

世の中では何が起きているか　　　　　　　　　　　　　　現代社会―時事・政治・法律

[目次]統計編（日本、世界）、調べ学習編（へえ～なるほどアメリカ 9つのとびら、もっと知りたいおかね、世界のうごき、くらしと経済、政治 ほか）
[内容]使いやすい2分冊。ニュースのはてな？が広がる「調べ学習」編。社会科、総合学習に便利な「統計」編。

『世界の動き―戦争、テロ、宗教、国連ほか』高野尚好監修　学習研究社　2004.3　47p　29cm　（よのなかのニュースがわかる本 1）3000円　⒤4-05-201927-X　Ⓝ319
[目次]1 戦争について考えよう、2 テロについて考えよう、3 宗教について考えよう、4 難民について考えよう、5 国連について調べよう、6 EUについて考えよう、7 SARSについて考えよう

『ニュースに出てくる人物・用語事典』高野尚好監修　学習研究社　2004.3　63p　29cm　（よのなかのニュースがわかる本 7）3000円　⒤4-05-201933-4　Ⓝ302
[目次]ニュースに出てくる人物、ニュースに出てくる用語
[内容]国際社会、日本の政治・経済、科学、社会や文化、スポーツに関するニュースによく出てくる人物と用語を収録。

『わかる！できる！社会』土屋勉、松村和幸監修・指導　学習研究社　2004.3　48p　27cm　（教科別学力アップ・アイディア集 五感で学ぶ、ワクワク手作り教材 4）2800円　⒤4-05-201996-2　Ⓝ375.3

『子どものニュースウイークリー―いまがわかる！世界が見える！ 親子で読めるニュースのことば　2004年版』読売新聞社会部編　中央公論新社　2004.2　207p　21cm　1500円　⒤4-12-003493-3　Ⓝ302
[目次]政令指定都市―国を代表する大きな都市、新幹線―新しい区間の建設進む、ワシントン条約―少ない動物や植物を守る、ノーベル賞ダブル受賞―小柴、田中さんがもらった、イージス艦―500キロ先とらえるレーダー、減反―米作る面積国が調整、EU―2004年から25か国に増える、構造改革特区―市町村の希望で規制なくす、中海・宍道湖―真水にする工事国が中止、核査察―兵器に使っていないか調べる〔ほか〕

[内容]本書は、二〇〇二年十一月から二〇〇三年十月までの一年間に「子どものニュースウイークリー」にのった記事のうち四十本を集めたものです。取り上げたテーマは「核査察」や「米カナダ大停電」といった世界の重大ニュースから、「長崎少年事件」「タマちゃん」など国内の身近なニュースまで、さまざまです。むずかしいニュースはできるだけやさしく、とっつきにくいニュースはできるだけおもしろく、「なにが起きているのか」「それはなぜなのか」「これからどうなるのか」を、ていねいに説明しました。

『NHK週刊こどもニュース　2003』NHK「週刊こどもニュース」プロジェクト編　日本放送出版協会　2003.11　159p　17cm　900円　⒤4-14-080834-9　Ⓝ302
[目次]「6か国協議」って何？、「NPT」とか、「IAEA」って何？、日本に「もどりたい」という「脱北者」とは…？「イージス艦」って何…!?なぜ問題になっているの？、「有事関連法案」って、どういうものなの？、裁判のしくみは…!?「状況証拠」って何？、12歳の少年の事件、少年はどうなるの？、埼玉県知事は、なぜやめたの？、りそな銀行への公的資金投入とは？、十勝沖地震と津波のしくみ…!?〔ほか〕
[内容]北朝鮮問題、少年法、衆議院の解散、聴聞、イラク戦争、SARSなど大人も知りたい2003年の重大ニュースがいっぱい。

『ニュースを読みとくキーワード100―目からうろこ小学生の大疑問別巻スペシャル』講談社編　講談社　2003.8　255p　21cm　1500円　⒤4-06-211225-6　Ⓝ302.1
[目次]1部 毎日のニュース、ここがわからんコーナー（政治ニュースでつかわれるキーワード、犯罪と災害ニュースのキーワード、世界のもめごとニュースのキーワード、経済のニュースでつかわれるキーワード、毎日の生活をおびやかすニュースのキーワード、スポーツニュースのキーワード、映画・テレビ・イベントなどの情報キーワード）、2部 おとなでもよくわからん！ニュースのふしぎ言葉大研究（いったい、どんな意味？まぎらわしいきまり文句あれこれ）
[内容]ニュースの源がわかれば、ニュースはおもしろくなる！本書には、ニュースの「理解力」を高めるヒントが、いっぱいつまっています。ニュース言葉を分別、区別、判別できる本。

現代社会―時事・政治・法律　　　　　　　　世の中では何が起きているか

『朝日学習年鑑　2003』朝日新聞社
2003.4　2冊（セット）　26cm　2600円
Ⓘ4-02-220804-X
[目次]調べ学習（2002年のできごと、世界のうごき、政治と経済、環境、情報、自然と科学、くらしと社会、福祉、やってみよう自由研究、スポーツ、歴史と文化、こども・学校、からだと健康）、統計（統計・日本、統計・世界）
[内容]総合学習に役立つ教科書にない最新情報。調べ学習編、統計編にヒントと情報がぎっしり。

『飢餓―くりかえされる苦しみからの脱出』国連世界食糧計画文　ポプラ社
2003.4　45p　29cm　（21世紀の平和を考えるシリーズ　4　大貫美佐子監修）
2800円　Ⓘ4-591-07547-8,4-591-99488-0
Ⓝ611.39
[目次]どうして、作物がとれなくなったの？、干ばつがおきると、生活はどうなるの？、食べものは、どうしているの？、飲み水は、どうしているの？、調理は、どうしているの？、もっと知りたい―学校給食がもたらしたもの、飢餓がおよぼす影響は？、もっと知りたい―栄養不良は病気のもと、たのしいこと、うれしいことは？、悲しいこと、こまったことは？〔ほか〕

『「ニュース」わかってすっきり！なるほどブックームズカシイ時事問題をやさしく解説』キッズニュース研究会編著　さいたま　海苑社　2003.4　171p　21cm
1500円　Ⓘ4-906397-85-9　Ⓝ302

『貧困―みながともに生きるために』松山章子文　ポプラ社　2003.4　45p
29cm　（21世紀の平和を考えるシリーズ　6　大貫美佐子監修）2800円　Ⓘ4-591-07549-4,4-591-99488-0　Ⓝ368.2
[目次]なぜ、車がとおるそばで寝ているの？、なぜ、ストリートチルドレンになったの？、ストリートチルドレンは、どうやって生活しているの？、ストリートチルドレンは、学校へ行っているの？、たのしいこと、うれしいことは？、悲しいこと、こまっていることは？、貧しさは、どうしてうまれるの？、世界で1日1ドル以下で生活している人は、どれくらいいるの？、貧困の中でくらす人たちは、どんな生活をしているの？、安全な水や衛生的なトイレがつかえない人は、どれくらいいるの？〔ほか〕

『世界と日本の政治・経済・情報・科学』東京新聞「大図解」企画編集部監修　学習研究社　2003.3　64p　30cm　（大図解たちまち世界がわかる本　2）4000円
Ⓘ4-05-201831-1,4-05-810710-3　Ⓝ302

『子どものニュースウイークリー―いまがわかる！世界が見える！　親子で読めるニュースのことば　2003年版』読売新聞社会部編著　中央公論新社　2003.2
206p　21cm　1500円　Ⓘ4-12-003363-5
Ⓝ302
[目次]平均株価―代表的な225社の株の値段、同時テロ―死亡、ゆくえ不明3000人、BSE―国内の牛にも見つかった、完全失業率―仕事が見つからない人の割合、文化勲章―学者、芸術家らたたえる、スーパーカミオカンデ―ニュートリノの重さ確かめた装置、高速道路―車が速く走れる有料の道路、白書―役所の仕事まとめて報告、炭鉱―かつて産業発展ささえる、予算編成―国のお金の使いみち考える〔ほか〕
[内容]この本は、2001年9月から2002年10月までに、読売新聞「子どものニュースウイークリー」にのった記事のうち、40本を集めました。

『NHK週刊こどもニュース―世の中まるごとわかる　2002』NHK「週刊こどもニュース」プロジェクト編　日本放送出版協会　2002.11　159p　18cm　900円
Ⓘ4-14-080732-6　Ⓝ302
[目次]「北朝鮮」とは、どんな国？、「不審船」って、何のこと？、北朝鮮の「招待所」、「特殊機関」って何？、帰国した拉致被害者5人―胸のバッジとリボンの意味、北朝鮮の「核開発問題」って、何なの？、日本総領事館に逃げこんだ北朝鮮の人はどうなるの？、「構造改革」って何？くわしく教えて！、「完全失業率」って、何のことなの？、「郵便の仕事のしくみを変える法律の案」って？、「道路4公団の民営化」って、どういうこと？〔ほか〕
[内容]「北朝鮮」って、どんな国？「構造改革」って何？「中東」、「ノーベル賞」など、大人も知りたい2002年の日本と世界。

『希望へ！―人間は何をしてきたのか？悲劇の現場をめぐって』桃井和馬著
大日本図書　2002.11　133p　20cm
（ノンフィクション・ワールド）1190円
Ⓘ4-477-01553-4　Ⓝ302

子どもの本　社会がわかる2000冊　91

世の中では何が起きているか　　　　　　　　　　　現代社会―時事・政治・法律

内容 伐採され尽くされたボルネオの熱帯林。その影響は、自然ばかりか人類に深刻な問題を投げかけている。成人の二〇パーセント（五人に一人）がHIVウイルス（エイズ）に感染している南アフリカ。大人ばかりか子どもたちにも…。チェルノブイリ原発事故。隔離された住民が汚染された村に、なぜもどってくるのか？　静かでおとなしいことで知られるアフリカ・ルワンダ人が、同国民を突如、大虐殺。なぜ、ジェノサイドが…。世界には、憎しみや、絶望の渦巻く現実に立たされている人たちがいる。人類に救いはないのか？　未来はないのか？　フォトジャーナリスト桃井和馬が悲劇の現場に立ち、希望をさぐる。

『朝日学習年鑑　2002』朝日新聞社　2002.4　2冊（セット）　26×18cm　2500円　①4-02-220803-1
目次 学習（地球はどこへ―21世紀の見取り図, 子どもだって知りたい「仕事」）, 統計編（統計・日本, 統計・世界）

『わたしたちにも教えて！イスラム教・中東問題』池上彰, 増田ユリヤ著　汐文社　2002.3　109p　21cm　1400円　①4-8113-7398-7
目次 第1部 あっ、ビルに飛行機が！…, 第2部 イスラム教ってどんな宗教なの？, 第3部 世界の宗教を知りたい！, 第4部 パレスチナと中東問題
内容 本書では、アメリカで起きたこのテロ事件をきっかけに、世界の政治や宗教について考えてみようと考えた。

『子どものニュースウイークリー―いまがわかる！世界が見える！　親子で読めるニュースのことば　2002年版』読売新聞社会部編著　中央公論新社　2001.12　207p　21cm　1500円　①4-12-003209-4
目次 国家公務員倫理法―汚職をふせぐための決まり, 内閣総辞職―首相と大臣、全員やめる, 世界自然遺産―残したい、みんなの宝物, 国際宇宙ステーション計画―16か国で「無重力実験室」作り, 避難指示―災害から住民の命を守る, 政治資金―政治家や政党が仕事に使う, 株主代表訴訟―会社の損、責任ハッキリさせる, 国勢調査―5年に一度、日本を調べる, ノーベル賞―人類に役立つ業績をたたえる, 表外漢字字体表―漢字はこう印刷して〔ほか〕
内容 読売新聞に「子どものニュースウイー

クリー」という人気ページがある。この本は、二〇〇〇年四月から二〇〇一年八月までに「子どものニュースウイークリー」にのった記事のうち、四十本を集めたものである。

『NHK週刊こどもニュース―世の中まるごとわかる　2001』NHK「週刊こどもニュース」プロジェクト編　日本放送出版協会　2001.11　160p　17cm　900円　①4-14-080648-6
目次 アメリカの「連続テロ事件」は、どうして起きたの？,「イスラム原理主義」とか、「タリバン」とかって何？,「アフガニスタン」とは、いったいどんな国なの？, 日本は、テロをなくすために、どんな協力をすればいい!?,「少年法」が変わるって、どのように変わるの？,「内閣不信任決議案」とは、どういうものなのか教えて！,「内閣改造」って何なの　「中央省庁の再編」って？, アメリカの「州と連邦」って、どういう関係になっているの？,「ワイロ」って、いったいどういうものなのか教えて！, 有明海の「のり」は、なぜ急にとれなくなったの？〔ほか〕
内容 特集「アメリカ同時多発テロ」をはじめ、「タリバン」「えひめ丸」「特殊法人」「地球温暖化」「参議院選挙の非拘束名簿式」「狂牛病」など、2001年の38の重大ニュースが、この1冊を読むと、よくわかる。

『NHK週刊こどもニュース　教えて教えて質問バンバン』NHK「週刊こどもニュース」プロジェクト編　日本放送出版協会　2001.10　127p　19cm　900円　①4-14-080642-7
目次 経済, 政治・国際, 科学・環境, 事件・時事, スポーツ, 自然・宇宙
内容「デノミ」「デフレ」「会社更生法」「金利と公定歩合」「CTBT」「有機栽培」「環境ホルモン」「エルニーニョ」「介護保険」「放射線と放射能」「使用済み核燃料」「視聴率」「平年」「ドミノ移植」「不快指数」「宇宙飛行士の仕事」など、知ってトクする身近な質問をわかりやすく説明。

『小学生の大疑問100―目からうろこ　NHK週刊こどもニュース　図解版スペシャル　パート3』講談社編, 梅沢庄亮企画室構成・執筆　講談社　2001.7　259p　21cm〈索引あり〉1500円　①4-06-210302-8
目次 第1章 おとなだって知らない―わかっているようで、じつはわからんコーナー, 第

現代社会―時事・政治・法律　　　　　　　　　　　　世の中では何が起きているか

2章 自然はふしぎと、おどろきでいっぱいだ―「自然、歴史、科学のなぜ」を解きあかしちゃうコーナー、第3章 くらしのなかのここが、どうしても納得できない―「生活と経済」のわからんコーナー、第4章 政治家と役人のなぞ―「立法・行政・司法」のわからんコーナー、第5章 いったい、地球はどうなっちゃうんだ―「環境問題のここがわからん」コーナー、第6章 毎日、事件がいっぱい―わたしたちをまきこむ「大事件」のわからんコーナー、第7章 いつまで続く世界のあらそい―「国際問題」のわからんコーナー、第8章 世界の平和を考えるリーダーと集まり―未来の世界を「どうする」コーナー、第9章 きみも、きょうからスポーツ＝キャスター―スポーツの「ここがわからん」コーナー

『朝日学習年鑑　2001』朝日新聞社
2001.4　2冊（セット）　26cm　2300円
①4-02-220802-3
目次 学習編〈キレる、ムカつく―10代はいま, もっと知りたい韓国・朝鮮, 2000年のおもなできごと, やってみよう自由研究のてびき〉, 統計編〈統計・日本, 統計・世界〉
内容 学習編と統計編で現代の社会を丸ごと収録。

『社会』ゆまに書房　2001.4　55p　29cm
（目で見る移動大図鑑 第4巻）〈索引あり〉　3200円　①4-8433-0227-9, 4-8433-0228-7

『NHK週刊こどもニュース―世の中まるごとわかる　2000』NHK「週刊こどもニュース」プロジェクト編　日本放送出版協会　2000.11　158p　18cm〈年表あり〉900円　①4-14-080559-5
目次 つくってなるほど！こどもニュース, 「リストラ」があると、どんなことが起こるの？, 国会の議論のしかたが変わったって、どんなふうに？, 沖縄にアメリカ軍の基地が多いのはなぜなの？, 「円高」や「円安」って聞くけど、いったい何？, パナマ運河って、どんなしくみになっているの？, 吉野川の第十堰問題って何なの？, 国会議員を減らすって、なぜなの？, 「時効になる」とは、いったいどういうことなの？, 外形標準課税って、どんなしくみになっているの？〔ほか〕
内容 「非拘束名簿式」って何？「円高」と「円安」って？…などなど、読むとわかる2000年の重要ニュースがいっぱい！『週刊こどもニュース』第2弾。

『NHK週刊こどもニュース　まるごとわかる20世紀ブック』池上彰, NHK「週刊こどもニュース」プロジェクト著　日本放送出版協会　2000.11　246p　19cm
〈文献あり〉1200円　①4-14-080561-7
目次 第1章 情報の世紀, 第2章 科学の世紀, 第3章 戦争の世紀, 第4章 スポーツの世紀, 第5章 幸せを求めた世紀, 第6章 宇宙船「地球号」, 第7章 21世紀への希望
内容 「人間」は賢い生きもの!?それとも愚かな生きもの？発明・発見、戦争、発展・進歩、宇宙、地球・自然…20世紀、人間は何をしてきたか―それをみると21世紀の生き方がわかる。

『子どものニュースウイークリー―親子で読めるニュースのこ・と・ば』読売新聞社会部編著　中央公論新社　2000.7　287p　21cm　1200円　①4-12-003034-2
目次 サミット―年に一度の世界リーダー会議, 自自連立―自民党と自由党による新内閣, 統一地方選―身近な代表を自分で選ぶ, 知事―役所のサイフ立て直せ！, 情報公開―見せて下さい役所の書類, 省庁再編―国の役所を半分に, 自民党総裁選―「首相のイス」めざす戦い, 首都機能移転―政治の中心を引っ越し, 普天間飛行場―代わりの場所はどこに, キャリア官僚―批判高まるリーダー役〔ほか〕
内容 新聞もテレビもぐんぐんわかる！本書は、ことばの意味を説明しているだけではありません。「なぜ、そうなったのだろう」「これからどうなるのだろう」といったことも一緒に説明して、そのニュースにかんするすべてのことがわかるように心がけています。

『朝日学習年鑑　2000』朝日新聞社
2000.4　2冊（セット）　26cm　2300円
①4-02-220801-5
目次 学習, 統計
内容 社会科、調べ学習に役立つジュニアのための年鑑。学習編、統計編の2分冊で構成。1999年のトピックを小学生向けに解説した学習編と統計編で構成。統計編は日本と世界に分け、国土と自然、人口などの基本的な統計に解説付きで掲載。学習編・統計編ともに事項索引を付す。

『貧困』タリーザ・ガーレイク著, 斎藤聆子訳　星の環会　2000.4　63p　26cm
（〈調べ学習〉激動20世紀の真実と21世紀への課題 1）〈年表あり　索引あり〉

子どもの本 社会がわかる2000冊　93

2500円 ①4-89294-290-1
[目次]「貧困」って何？,貧困の歴史,階層に分けられた社会,大恐慌がもたらした貧困,変革の始まり,貧困をなくすために,さまざまな援助,未来に望みをたくして
[内容] 20世紀が終わろうとしている今もなお、世界の10億以上の人びとが、貧困の中でくらしています。多くの国で、さまざまな福祉の改革がおこなわれてきたのに、いったいなぜなのでしょう。この100年間で、貧困への対応のしかたが変わったのでしょうか？それとも、住んでいる国によって、貧困のとらえ方がちがうのでしょうか？本書では、20世紀におきた重要なできごとを見ていきながら、こうした疑問について考えていきます。いつか社会のすべての人が、ともに手をたずさえて、貧困に終止符をうつために、本書が何かの手助けになればと思います。

◆世の中のしくみ―政治
『イラストで学べる選挙制度　第3巻　世界の選挙制度』大野一夫編著　汐文社　2009.2　47p　27cm〈文献あり　索引あり〉2000円　①978-4-8113-8530-3　Ⓝ314.8
[目次] 1 世界各国の普通選挙のはじまりは？,2 世界では、どんな選挙をしているの？,3 女性議員は多いの、少ないの？,4 18歳選挙権は世界の常識なの？,5 外国人にも選挙権はあるの？,6 世界は、二大政党制のしくみなの？,7 選挙区制は、どこの国も同じなの？,8 選挙運動はどこの国も制限があるの？,9 アメリカの大統領はどう選ぶの？,10 模擬選挙をやっている国は、どのようにやっているの？

『10歳からの民主主義レッスン―スウェーデンの少女と学ぶ差別、貧困、戦争のない世界の原理』サッサ・ブーレグレーン絵と文, にもんじまさあき訳　明石書店　2009.2　50p　24cm〈文献あり〉1600円　①978-4-7503-2932-1　Ⓝ311.7
[目次] 1 ヨリンダのリスト,2 意思決定の行われる場所,3 国連による「子どもの権利条約」,4 たいまつを灯した人びと,5 民主主義の起源
[内容] 民主主義とは自由・平等・連帯を内容とするものです。誰もが自由であるべきであって、私自身も相手も、そして、地球上のすべての人が同じように価値あるたいせつな存在であることが民主主義の目標です。身の回りのことが誰かに勝手に決められるのではなく、私たち自身が責任を持って決定する、あるいは、決定に参加することがたいせつなのです。子どもと大人がいっしょに共同で責任を持って決定に参加することのたいせつさが本書には一貫して主張されています。

『イラストで学べる選挙制度　第2巻　選挙制度と政治』大野一夫編著　汐文社　2009.1　47p　27cm〈文献あり　索引あり〉2000円　①978-4-8113-8529-7　Ⓝ314.8
[目次] Q1 昔、選挙は不平等だったの？,Q2 女性に選挙権が認められたのは？,Q3 政党はなんであるの？,Q4 選挙は政策で選ぶの、人で選ぶの？,Q5 投票率は高いの、低いの？,Q6 選挙運動は、いつでもだれでも自由にできるの？,Q7 選挙運動で違反したら、どうなるの？,Q8 選ばれた国会議員はどんな仕事をするの？,Q9 政治にはなんでお金がかかるの？,Q10 公約違反は許されるの？

『28の用語でわかる！選挙なるほど解説―選挙のしくみ・選挙運動のしくみ・投票のしくみ・これからの選挙』福岡政行監修・著　フレーベル館　2009.1　87p　29cm〈索引あり〉4200円　①978-4-577-03654-9　Ⓝ314.8
[目次] 1章 選挙のしくみ,2章 選挙運動のしくみ,3章 投票のしくみ,4章 これからの選挙, 資料編
[内容] この本では、複雑でわかりにくいと考えられている選挙のしくみについて、少しでもわかりやすくするため、選挙に関する用語ごとに解説を加えてあります。さらに巻頭特集では、「わたしたちの暮らしと選挙」というテーマで、学級会選挙など、身近なところから選挙を考えてみます。

『イラストで学べる選挙制度　第1巻　日本の選挙制度』大野一夫編著　汐文社　2008.11　47p　27cm　2000円　①978-4-8113-8528-0　Ⓝ314.8
[目次] Q1 選挙はなんであるの？,Q2 選ぶ人―何歳になったら選挙の投票ができるの？,Q3 選ばれる人―立候補は、だれでもできるの？,Q4 国会議員の選挙はどのようにおこなわれるの？,Q5 衆議院議員選挙の当選が決まるまでは？,Q6 参議院議員選挙の当選が決まるまでは？,Q7 地方の議員と首長はどのように選ばれるの？,Q8 投票制度のしくみは？,Q9 選挙の投票日から開票

現代社会―時事・政治・法律　　　　　　　　　　　　　　　　世の中のしくみ

『用語でわかる！政治かんたん解説　下巻（地方政治・国際政治・現代の政治問題・日本の政策）』福岡政行監修・著　フレーベル館　2008.2　127p　29cm　3800円　Ⓘ978-4-577-03471-2　Ⓝ310
[目次] 1章 地方政治,2章 国際政治,3章 現代の政治問題,4章 日本の政策

『総務省の仕事for kids』総務省〔2008〕　22p　21cm　Ⓝ317.215

『用語でわかる！政治かんたん解説　上巻（国会のしくみ・国会議員と政党・内閣と省庁・選挙）』福岡政行監修・著　フレーベル館　2007.12　127p　29cm　3800円　Ⓘ978-4-577-03470-5　Ⓝ310
[目次] 1章 国会のしくみ,2章 国会議員と政党,3章 内閣と省庁,4章 選挙

『市役所』深光富士男著、松田博康監修　リブリオ出版　2007.4　45p　27cm　（新・みぢかなくらしと地方行政 写真でわかる小学生の社会科見学　第2巻）　2800円　Ⓘ978-4-86057-285-3　Ⓝ318.5
[目次] さいたま市役所

『名探偵コナン外務省を探る！』青山剛昌原作、太田勝、窪田一裕まんが　外務省国内広報課　〔2007〕　8枚　26cm　Ⓝ317.22

『こんなに身近な政治』池上彰著　帝国書院　2006.2　127p　27cm　（池上彰の社会科教室　2）　2000円　Ⓘ4-8071-4117-1　Ⓝ310

『国会議事堂大図鑑―政治の現場が見える建物と中の人たちの役割がよくわかる！』PHP研究所編　PHP研究所　2005.11　79p　29cm　2800円　Ⓘ4-569-68568-4　Ⓝ314.1
[目次] 第1章 国会議事堂ってこんな建物だ、第2章 議事堂のなかを探検しよう、第3章 国会の仕事 早わかり
[内容] 国会議事堂のなかはどうなっているのでしょうか。何をするための建物なのでしょうか。この本は、みなさんのこんな疑問に答えるためにつくられました。この本を一通り読むと、国会議事堂のことや国会のしくみがよくわかり、調べ学習に役立ちます。

『市町村大合併―イラスト図解　3（四国・九州・沖縄編）』前川しんすけ文・イラスト　汐文社　2005.4　47p　27cm　2000円　Ⓘ4-8113-7946-2　Ⓝ318.12
[目次] 香川県、徳島県、愛媛県、高知県、福岡県、佐賀県、大分県、長崎県、熊本県、宮崎県、鹿児島県、沖縄県

『市町村大合併―イラスト図解　2（中部・近畿・中国編）』前川しんすけ文・イラスト　汐文社　2005.4　47p　27cm　2000円　Ⓘ4-8113-7945-4　Ⓝ318.12
[目次] 静岡県、愛知県、岐阜県、三重県、富山県、石川県、福井県、滋賀県、京都府、奈良県〔ほか〕

『市町村大合併―イラスト図解　1（北海道・東北・関東編）』前川しんすけ文・イラスト　汐文社　2005.3　47p　27cm　2000円　Ⓘ4-8113-7944-6　Ⓝ318.12

『見よう、知ろう、みんなの国会―衆議院へようこそ』衆議院事務局　2005.3　25p　26cm　Ⓝ314.14

『政治のしくみがわかる』小学館　2004.12　191p　19cm　（ドラえもんの学習シリーズ―ドラえもんの社会科おもしろ攻略）〈指導：日能研〉760円　Ⓘ4-09-253192-3　Ⓝ312.1
[目次] 1 政治ってなあに？,2 憲法を知ろう！,3 国の政治を知ろう！,4 財政,5 地方の政治（地方自治）

『左翼ってなに？―娘たちと話す』アンリ・ウェベール著、石川布美訳　現代企画室　2004.11　131p　19cm　1200円　Ⓘ4-7738-0215-4　Ⓝ309.023
[内容] 政治の頽廃や欺瞞を見抜く力は、やはり必要だ。夢や希望を失わず、社会のあり方を見つめること、公正、平等、対等などの価値の大切さを思うこと、家庭で、学校で、子どもと親、生徒と先生、みんなでいっしょに問い直してみませんか。フランスで大人気のブックレット・シリーズ。

『こちら葛飾区亀有公園前派出所両さんの

『国のしくみ大達人一憲法から地方自治まで』秋本治キャラクター原作，南哲朗監修，池田俊一こち亀漫画　集英社　2004.9　207p　19cm　（満点ゲットシリーズ）850円　④4-08-314025-9　Ⓝ312.1
[目次] 憲法,国会,内閣,裁判所,地方自治,国際社会
[内容] 憲法、国会、内閣、裁判所…国のしくみを良く知れば日本のいまが見えてくる。

『市役所』島田恵司監修，林義人文，菊池東太写真　小峰書店　2004.4　39p　29cm　（まちの施設たんけん 1）2600円　④4-338-19801-X　Ⓝ318.5
[目次] 市役所いったよ，まちの公共施設,生涯学習の施設,住民の健康づくり，いろいろな福祉施設,くらしをささえる，くらしをまもる，川や道路とまち，産業を応援，まちをつくりなおす，特色あるまちづくり，自治のしくみ，住民参加のまちづくり
[内容] 身近なまちのようすから市役所や町村役場の仕事を調べる。小学校中学年以上。

『日本の政治一選挙,地方自治,外交問題ほか』高野尚好監修　学習研究社　2004.3　47p　29cm　（よのなかのニュースがわかる本 2）3000円　④4-05-201928-8　Ⓝ312.1
[目次] 選挙について調べよう，国の政治について考えよう，地方自治について考えよう，法律について調べよう，外交問題について知ろう，海外支援について調べよう

『仕組みをつくる』セリーヌ・ブラコニエ文，大村浩子，大村敦志訳，シルヴィア・バタイユ絵　信山社出版　2003.5　51p　25cm　（若草の市民たち 2）1400円　④4-7972-3124-6　Ⓝ312.35
[内容] アデルは、クラスの代表として評議員に選ばれ、サイードのお父さんはセルジーの市議会議員に立候補。この2つの新しい経験から次々に疑問が生まれ、2人は手紙でそれを知らせあう。選挙はどのように行われるのか。選挙権とは何か。選ばれた人たちは何をするのか。そして、政治を行うというのはどういうことか。

『国家のしくみってなに？一娘と話す』レジス・ドブレ著，藤田真利子訳　現代企画室　2002.7　117p　19cm　1000円　④4-7738-0204-9
[内容] わかるようでわからない「国家のしくみ」家庭で、学校で、子どもと親、生徒と先生。みんなでいっしょに問い直してみませんか？　よりよい未来のためにフランスで大人気のブックレット・シリーズ。

『政治のしくみ・内閣府・総務省』北俊夫監修　旺文社　2002.4　127p　31cm（図説・日本の政治と省庁のすがた 1）5000円　④4-01-071072-1,4-01-071075-6
[目次] 政治のしくみ,内閣府,総務省
[内容] 政治のしくみと新しい省庁のやくわりを、図解と写真を使ってビジュアルで解説。小学校高学年〜中学生向き。

『農林水産省・経済産業省・外務省・財務省・法務省』北俊夫監修　旺文社　2002.4　127p　31cm　（図説・日本の政治と省庁のすがた 2）5000円　④4-01-071073-X,4-01-071075-6
[目次] 農林水産省,経済産業省,外務省,財務省,法務省
[内容] 本書は、国の政治の働きや仕事のようすを身近に感じることができるように、まとめられたものである。写真やイラスト、図解などをたくさん盛りこんで、わかりやすい内容と構成になっている。

『文部科学省・厚生労働省・国土交通省・環境省』北俊夫監修　旺文社　2002.4　127p　31cm　（図説・日本の政治と省庁のすがた 3）5000円　④4-01-071074-8,4-01-071075-6
[目次] 文部科学省,厚生労働省,国土交通省,環境省
[内容] 本書は、国の政治の働きや仕事のようすを身近に感じることができるように、まとめられたものである。写真やイラスト、図解などをたくさん盛りこんで、わかりやすい内容と構成になっている。

『政治と国際理解を調べよう』菊地家達著　国土社　2002.2　83p　27cm　（新社会科学習事典 総合的な学習に役立つ 7）2800円　④4-337-26327-6
[目次] 国（国家）とは、どんなすがたをしているのだろう,民主政治とは、どんな政治だろう,国会とは、何をするところだろう,内

現代社会―時事・政治・法律　　　　　　　　　　　　　　　世の中のしくみ

閣とは、何をするところだろう、裁判所とは、何をするところだろう、選挙とは、どのようにして行われるのだろう、地方政治とは、どんな政治だろう、税金はなぜ納めなくてはいけないのだろう、国際連合は、何のためにつくられているのだろう、外交とは、どんなことをするのだろう、国際社会とは、どんな社会だろう、「国際理解」って、何だろう

『外務省ってなんだろう？』江橋崇監修, 島田恵司指導, 菊池武夫文　小峰書店　2001.4　39p　27cm　（総合的学習に役立つくらしと国の省庁 4）〈索引あり〉2500円　Ⓣ4-338-17804-3,4-338-17800-0

『環境省ってなんだろう？』江橋崇監修, 島田恵司指導, 菊池武夫文　小峰書店　2001.4　39p　27cm　（総合的学習に役立つくらしと国の省庁 11）〈索引あり〉2500円　Ⓣ4-338-17811-6,4-338-17800-0

『くらしと政治』江橋崇監修, 島田恵司指導, 菊池武夫文　小峰書店　2001.4　39p　27cm　（総合的学習に役立つくらしと国の省庁 12）〈索引あり〉2500円　Ⓣ4-338-17812-4,4-338-17800-0

『経済産業省ってなんだろう？』江橋崇監修, 島田恵司指導, 菊池武夫文　小峰書店　2001.4　39p　27cm　（総合的学習に役立つくらしと国の省庁 9）〈索引あり〉2500円　Ⓣ4-338-17809-4,4-338-17800-0

『厚生労働省ってなんだろう？』江橋崇監修, 島田恵司指導, 菊池武夫文　小峰書店　2001.4　39p　27cm　（総合的学習に役立つくらしと国の省庁 7）〈索引あり〉2500円　Ⓣ4-338-17807-8,4-338-17800-0

『国土交通省ってなんだろう？』江橋崇監修, 島田恵司指導, 菊池武夫文　小峰書店　2001.4　39p　27cm　（総合的学習に役立つくらしと国の省庁 10）〈索引あり〉2500円　Ⓣ4-338-17810-8,4-338-17800-0

『財務省ってなんだろう？』江橋崇監修, 島田恵司指導, 菊池武夫文　小峰書店　2001.4　39p　27cm　（総合的学習に役立つくらしと国の省庁 5）〈索引あり〉2500円　Ⓣ4-338-17805-1,4-338-17800-0

『総務省ってなんだろう？』江橋崇監修, 島田恵司指導, 菊池武夫文　小峰書店　2001.4　39p　27cm　（総合的学習に役立つくらしと国の省庁 2）〈索引あり〉2500円　Ⓣ4-338-17802-7,4-338-17800-0

『内閣府ってなんだろう？』江橋崇監修, 島田恵司指導, 菊池武夫文　小峰書店　2001.4　39p　27cm　（総合的学習に役立つくらしと国の省庁 1）〈索引あり〉2500円　Ⓣ4-338-17801-9,4-338-17800-0

『農林水産省ってなんだろう？』江橋崇監修, 島田恵司指導, 菊池武夫文　小峰書店　2001.4　39p　27cm　（総合的学習に役立つくらしと国の省庁 8）〈索引あり〉2500円　Ⓣ4-338-17808-6,4-338-17800-0

『法務省ってなんだろう？』江橋崇監修, 島田恵司指導, 菊池武夫文　小峰書店　2001.4　39p　27cm　（総合的学習に役立つくらしと国の省庁 3）〈索引あり〉2500円　Ⓣ4-338-17803-5,4-338-17800-0

『文部科学省ってなんだろう？』江橋崇監修, 島田恵司指導, 菊池武夫文　小峰書店　2001.4　39p　27cm　（総合的学習に役立つくらしと国の省庁 6）〈索引あり〉2500円　Ⓣ4-338-17806-X,4-338-17800-0

『市役所』長崎武昭文, かどたりつこ絵　岩崎書店　1998.4　39p　27cm　（くらしをまもる・くらしをささえる　校外学習 4）2400円　Ⓣ4-265-02564-1,4-265-10145-3
[目次] 公ちゃん役場へ行く, おしらべ忍者あらわる！, おしらべ忍者のほうへ, 「市立」ってなに？, 市役所のしごとをさがせ！, 「はてな市」の文字をみつけた, おしらべ忍者がみつけたはてな市のしごと, なぜいろいろなしごとをするの？, 市役所のしごとはこんなにある！, ほかにもこんなしごとをしているよ, 市役所のしごとはだれがきめるの？, 子どもたちの声も聞いてもらおう

子どもの本　社会がわかる2000冊　97

外国の人と交流しよう　　　　　　　　　　　　　　　　　　　　　現代社会―時事・政治・法律

[内容] 市役所・役場って、よく聞くけど、いったいどんな仕事をしているのでしょうか。そこでの仕事をさぐることにより、意外に身近な役割をはたしていることがわかります。―子どもたちに身近で、人びとの生活をささえている公共施設などを、わかりやすく紹介しました。たんに施設紹介だけでなく、施設の役割やしくみ、施設の構造、物の流れ、そこで働く人びと、子どもたちのくらしとの関わりなどを、イラスト・写真をたくさん使ってビジュアルに展開。小学校中学年〜高学年向き。

◆外国の人と交流しよう

『まんが クラスメイトは外国人―多文化共生20の物語』「外国につながる子どもたちの物語」編集委員会編，みなみなみ漫画　明石書店　2009.4　171p　21cm　1200円　Ⓘ978-4-7503-2966-6
[目次] ディエゴの物語―海をこえてきた転校生，ユへの物語―私が日本で生まれた理由，ナミの物語―おばあちゃんと中国，リカルドの物語―沖縄とボリビアのあいだで，フォンの物語―ベトナムからの小さな船，ネブローズの物語―ふるさとには帰れない，武来杏の物語―やっと一緒に暮らせる，カルロスの物語―ぼくたちの日本語教室，ビアンカの物語―学校に行きたい，ジョシーの物語―日本にいさせて〔ほか〕
[内容] あなたの学校に，外国人の友だちはいませんか？ その子はどうして，日本にやってきたのでしょう。日本に来て，どんなことを思っているのでしょう。この本を読んで，世界への扉を開けてみてください。

『京都と韓国の交流の歴史―みんなで学ぼう　2』京都　韓国民団京都府本部　2008.12　23p　26cm　Ⓝ319.1021

『京都と韓国の交流の歴史―みんなで学ぼう　1』京都　韓国民団京都府本部　2007.12　23p　26cm　Ⓝ319.1021

『子どもの写真で見る世界の応援メッセージ―国際社会で何ができるか考える3600秒』稲葉茂勝著，こどもくらぶ編　国立　今人舎　2005.9（第2刷）　31p　22cm　1200円　Ⓘ4-901088-33-5　Ⓝ367.6
[目次] 1 地震・災害にみまわれた子たちへ，2 苦難のなかで，3 働く子どもたち，4 水不足のなかで，5 思わず「がんばってね」，6 サッカーの応援では？

『学校をつくる―教育問題』石原尚子著，こどもくらぶ編　ほるぷ出版　2005.2　39p　29cm　（できるぞ！NGO活動）2400円　Ⓘ4-593-57904-X　Ⓝ372
[目次] 1 実際の活動に学ぼう（東千歳中学校3年A組―カボチャでカンボジア，源池小学校6年1組―カンボジアに絵本をとどけよう，天田糧・のぞみ―ぼくたちフォスター・ペアレント），2 もっと知ろう（学校が不足している，学校にいけない子どもたち，識字教育って，なに？ ほか），3 こんなことやってみよう（まず知ること，多くの人に知らせること，こんな参加の方法があるよ）
[内容] PART1で，NGO活動をしている子どもたちを紹介しますが，それは，その子たちが活動をはじめようとした気持ち，活動してきた精神を知ってもらい，みなさんにも身近なところでNGO活動をおこなってほしいからです。PART2では，子どもにもできるNGO活動を考えるために，基礎知識を紹介します。PART3には，みなさんができることをさがすために，役に立つ情報をのせました。

『飢えた人たちに食料が届くように』杉下恒夫監修・指導　学習研究社　2004.3　48p　29cm　（きみもやってみよう国際協力　地球市民としてできること　第2巻）〈協力：国際協力機構ほか〉3000円　Ⓘ4-05-201870-2　Ⓝ611.38
[目次] クイズ 世界の食料は，足りているのかな？，第1章 飢えに苦しむ人と食料問題は…，第2章 主に食料と人口問題で活躍するNGOや地方自治体，第3章 ぼくらは国際協力をこうして始めた，第4章 国際協力を始めるために役立つ情報源

『すべての子が学校で学べるために』杉下恒夫監修・指導　学習研究社　2004.3　48p　29cm　（きみもやってみよう国際協力　地球市民としてできること　第5巻）〈協力：国際協力機構ほか〉3000円　Ⓘ4-05-201873-7　Ⓝ372
[目次] クイズ 世界の子どもたちは毎日どう過ごしているのかな？，第1章 学校や教育の問題はいま…，第2章 主に学校と教育問題で活躍するNGOや地方自治体，第3章 ぼくらは国際協力をこうして始めた，第4章 国際協力を始めるために役立つ情報源

現代社会—時事・政治・法律　　　　　　　　　　　　外国の人と交流しよう

『世界を知り人の輪を広げるために』杉下恒夫監修・指導　学習研究社　2004.3　48p　29cm　（きみもやってみよう国際協力　地球市民としてできること　第6巻）3000円　④4-05-201874-5　Ⓝ333.8
[目次] クイズ　日本は人材育成や技術支援で、何をしているのかな？,第1章　技術移転や人づくりはいま…,第2章　主に技術移転や人づくり問題で活躍するNGOや地方自治体,第3章　ぼくらは国際協力をこうして始めた,第4章　国際協力を始めるために役立つ情報源

『地球の豊かな環境を保つために』杉下恒夫監修・指導　学習研究社　2004.3　48p　29cm　（きみもやってみよう国際協力　地球市民としてできること　第1巻）〈協力：国際協力機構ほか〉3000円　④4-05-201869-9　Ⓝ519.2
[目次] クイズ　地球の環境はどこまで悪くなっているのかな？,第1章　いま、地球の環境は…,第2章　主に地球環境問題で活躍するNGOや地方自治体,第3章　ぼくらは国際協力をこうして始めた,第4章　国際協力を始めるために役立つ情報源

『病人が薬やワクチンで治るように』杉下恒夫監修・指導　学習研究社　2004.3　48p　29cm　（きみもやってみよう国際協力　地球市民としてできること　第4巻）〈協力：国際協力機構ほか〉3000円　④4-05-201872-9　Ⓝ369.9
[目次] クイズ　子どもたちの健康のための医療は足りているのかな？,第1章　医療や保健の問題はいま…,第2章　主に医療や保健問題で活躍するNGOや地方自治体,第3章　ぼくらは国際協力をこうして始めた,第4章　国際協力を始めるために役立つ情報源

『紛争や災害の難民を助けるために』杉下恒夫監修・指導　学習研究社　2004.3　48p　29cm　（きみもやってみよう国際協力　地球市民としてできること　第3巻）〈協力：国際協力機構ほか〉3000円　④4-05-201871-0　Ⓝ369.38
[目次] クイズ　難民は、なぜ増えるのかな？,第1章　紛争や災害の難民の問題はいま…,第2章　主に紛争・災害の難民の救済問題で活躍するNGOや地方自治体,第3章　ぼくらは国際協力をこうして始めた,第4章　国際協力を始めるために役立つ情報源

『考えよう！体験だけで終わっていいの？—ぼくから始まる国際交流』池上彰監修,稲葉茂勝著　光村教育図書　2004.1　31p　28×22cm　（「こころ」をつなぐ国際交流 5）1800円　①4-89572-724-6
[目次] 1「○○をとおした国際理解」について考えよう,2 どんな国際交流があるか調べてみよう,3 国際交流では、こんなことに気をつけよう,4 国際交流のマナーを考えよう,5 国際交流のこころとはなにか？

『考えよう！どっちが先なの？理解と交流—香港からきたメイリーちゃん』池上彰監修,稲葉茂勝著　光村教育図書　2004.1　31p　28×22cm　（「こころ」をつなぐ国際交流 4）1800円　①4-89572-723-8
[目次] 1 日本と中国の「ちがい」と「同じ」を調べよう,2 国際理解の必要性について考えよう,3 国際交流のテーマをさがそう,4 きみにもできる国際交流をさがそう,5 国際交流ボランティアをしよう

『考えよう！グローバル化と共存共生—たくやのマレーシア旅行』池上彰監修,稲葉茂勝著　光村教育図書　2003.12　31p　28×22cm　（「こころ」をつなぐ国際交流 3）1800円　①4-89572-722-X
[目次] 1 マレーシアについて調べよう,2 グローバリゼーションについて考えよう,3 国際協力について考えよう,4 ODAとNGOについて調べよう

『考えよう！文化のちがいと知る努力—「ちがい」と「同じ」はあたりまえ』池上彰監修,稲葉茂勝著　光村教育図書　2003.12　31p　28×22cm　（「こころ」をつなぐ国際交流 2）1800円　①4-89572-721-1
[目次] 1 イスラム教のタブーを知ろう,2 いろいろな宗教のタブーを知ろう,3 外国の文化について考えよう,4 日本の文化について考えよう

『考えよう！ぼくの町の国際化—となりは何をする人ぞ？』池上彰監修,稲葉茂勝著　光村教育図書　2003.11　31p　28×22cm　（「こころ」をつなぐ国際交流 1）1800円　①4-89572-720-3
[目次] 1 外国人にインタビューしよう,2 外

子どもの本　社会がわかる2000冊　99

外国の人と交流しよう　　　　　　　　　　　　　現代社会―時事・政治・法律

国人のための町の工夫を調べよう,3 ピクトグラムをさがそう,4 地域の外国人との交流のしかたを考えよう,5 ディベートをしよう

『英語で国際交流！』樋口忠彦監修，今井京，梅本多執筆　学習研究社　2003.3　55p　27cm（英語ではじめよう国際理解　4）3500円　Ⓣ4-05-301386-0　Ⓝ319.1

『人道援助ってなに？―子どもたちと話す』ジャッキー・マムー著，山本淑子訳　現代企画室　2003.1　110p　19cm　1000円　Ⓣ4-7738-0207-3　Ⓝ369.9

『あそび・音楽・スポーツで国際交流』ピーター・バラカン監修，こどもくらぶ編・著　岩崎書店　2002.4　47p　29cm（地域でできるこれからの国際交流　4）3000円　Ⓣ4-265-04454-9,4-265-10268-9

|目次| 1 まんがで考えよう！『あそびは、国際交流のはじめの一歩』,2 国際交流をたのしもう

|内容| 外国人どうしでも、サッカーをしているときには、ことばはいらないね。音楽には国境がないともいうよ。あそび、音楽、そしてスポーツは、国際交流をしようとするきみたちにとっての、強い味方だ。この本は、どうしたら、あそび、音楽、スポーツが国際交流につながっていくのか、いろんな例をあげて紹介しているよ。

『インターネットで国際交流』中島章夫監修，稲葉茂勝著　岩崎書店　2002.4　47p　29cm（地域でできるこれからの国際交流　7）3000円　Ⓣ4-265-04457-3,4-265-10268-9

|目次| 1 まんがで考えよう！『インターネットで国際交流って、なに？』,2 みんなで考えよう！調べよう！,3 インターネットで気をつけること

|内容| インターネットをつかえば、遠く外国にいるお友だちとも、かんたんに手紙（電子メール）のやりとりができるね。文字だけではなく、絵や写真、声や音声だっておくれるよ。最近ではテレビ会議といって、テレビカメラでとった画像と音声をおくりあうという交流もできるんだ。この本には、どんなことができるかが、たくさん紹介されているよ。

『国際交流データブック』中島章夫監修，こどもくらぶ編　岩崎書店　2002.4　47p　29cm（地域でできるこれからの国際交流　8）3000円　Ⓣ4-265-04458-1,4-265-10268-9

|目次| データブックのつかい方とマナー, 基本データ, 日本でくらす外国人, 国際交流活動, 国際ボランティア

|内容| シリーズ第1巻から第7巻までにのっていた、いろいろな国際交流に関する資料がいっぱい。きみたちが、このシリーズを読んで、いろんなことに挑戦していこうとするときに役立つ資料もたくさんのっているよ。また、実際に国際交流をしようとすれば、調べたいことがでてくると思うけど、それらの調べ先についても、いろいろ紹介しているよ。

『国際交流入門』米田伸次監修，稲葉茂勝著　岩崎書店　2002.4　47p　29cm（地域でできるこれからの国際交流　1）3000円　Ⓣ4-265-04451-4,4-265-10268-9

|目次| 1 まんがで考えよう！『国際交流ってなに？』,2 みんなで考えよう！調べよう！,3 先生たちの話しあいをきいてみよう

|内容| 外国のお友達とどんどん交流しよう。そのためには、外国のことをよく理解していなければならないね。でも、交流をつづけていくうちに、相手のこと、その人の国のことが、わかってくるという面もあるよ。「国際交流って、どういうこと？」「国際理解とは？」にはじまり、国際交流そのものについて、いろいろな角度から考えてみよう。

『国際交流のテーマさがし』米田伸次監修，稲葉茂勝著　岩崎書店　2002.4　47p　29cm（地域でできるこれからの国際交流　2）3000円　Ⓣ4-265-04452-2,4-265-10268-9

|目次| 1 まんがで考えよう！『地域でできる国際交流を考えよう！』,2 みんなで考えよう！調べよう！,3 テーマで考える国際交流

|内容| どこの国のお友だちと、どんなテーマで交流をしていったらいいのだろう？これらは、国際交流をはじめようとすると、だれもがなやむことだね。そこで、この本では、地域でできる国際交流には、どんなテーマがあるかについて、食べもの、あそび、人物、動・植物、ボランティア、インターネットの5つのテーマを紹介しているよ。きみの興味・関心のあるテーマをみつけよう。

『人物、動・植物で調べる国際交流』ピー

現代社会―時事・政治・法律　　　　　　　　　　　　外国の人と交流しよう

ター・バラカン監修, こどもくらぶ編・著　岩崎書店　2002.4　47p　29cm　（地域でできるこれからの国際交流 5）3000円　①4-265-04455-7,4-265-10268-9
[目次] 1 まんがで考えよう！『歴史上の人物から現代キャラクターまで』,2 調べてみよう, やってみよう！
[内容] きみの住んでいる地域にも, 国際的に活躍した人や国際交流に力をつくした人がいるはずだよ。人だけではなく動物だってそうだね。たとえば, パンダを思いだしてごらん。日本と中国のあいだの国際交流に活躍したね。また, きみたちの大すきな動物のキャラクター, ピカチュウは世界じゅうで大人気なんだ。この本は, これらについてもふれていて, とてもたのしいよ。

『食べもので国際交流』中島章夫監修, こどもくらぶ編・著　岩崎書店　2002.4　47p　29cm　（地域でできるこれからの国際交流 3）3000円　①4-265-04453-0,4-265-10268-9
[目次] 1 まんがで考えよう！『食べもので国際交流って, どういうこと？』,2 みんなで考えよう！調べよう！
[内容] 食べもので国際交流って, どういうこと？と, ふしぎに思う人も, この本を読めば, そうか, こういうことが国際交流になるのかと, 気がつくよ。おすし, ハンバーガー, カレーライス, ラーメンなど, きみたちが大すきな食べものをとおして, どんな国際交流ができるか, いっしょに考えてみよう。

『ボランティアで国際交流』米田伸次監修, 稲葉茂勝, 風巻浩著　岩崎書店　2002.4　47p　29cm　（地域でできるこれからの国際交流 6）3000円　①4-265-04456-5,4-265-10268-9
[目次] 1 まんがで考えよう！『いろんなボランティア・国際交流いろいろ』,2 調べてみよう！やってみよう！,3 カンボジアにいった愛知県の少女
[内容] ボランティアをする人がふえているよ。このボランティアが国際交流になることを, きみは知っているかな？ボランティアでは, 外国の人たちといっしょに活動をすることがよくあるんだ。外国人どうし, いっしょに行動していれば, しぜんと国際交流が生まれるね。どんな国際交流があるか, この本でいっしょに調べていこう。

『広めよう国際交流』学習研究社　2002.3　47p　27cm　（学校ボランティア活動・奉仕活動の本 5）2700円　①4-05-201541-X,4-05-810656-5
[目次] 実践編（クラスメイトは外国人, カンボジアの友だちに井戸を, ネパールに小学校を建てる, アフリカの友だちと米作り ほか）, 資料編（海外のボランティア事情, 国際ボランティア団体一覧, 外国人と仲よくしよう）

『世界の国々に目を向けよう！―日本から国際社会を見つめる』有田和正監修　ほるぷ出版　2001.4　95p　27cm　（まんが総合学習ガイドブック すぐに役立つ！実践活動 6年生 1）2500円　①4-593-57317-3,4-593-09626-X
[目次] 英語体験, 世界のなかまと手をつなごう, われら地球人, 湖国大津からこんにちは
[内容] 21世紀, 日本はいよいよ国際社会のなかでのかつやくが期待されています。六年生にとっては, これからむかえることになる社会生活と国際社会とのかかわりを切りはなして考えることはできません。そのような環境のなかで役に立つのが国際感覚です。この巻に紹介される活動には, 国際感覚を身につけておきたいという強い思いがあふれています。

『世界の人と友だちになろう』千葉昇監修, 遠藤喜代子文　ポプラ社　2001.4　47p　29cm　（体験と交流でつくる「総合」5）2800円　①4-591-06705-X,4-591-99365-5
[目次] 1 いろいろな国の人と交流しよう,2 外国の文化にふれよう,3 世界をもっと知ろう
[内容] 世界の人と交流して, 外国のことを知って自分の国のことを伝えよう。小学中学年～高学年向き。

『世界の中での日本のこれから』飯塚峻監修　ポプラ社　2000.4　63p　29cm　（国際理解にやくだつ 日本と世界のちがいを考える本 8）〈索引あり〉2800円　①4-591-06357-7,4-591-99325-6
[目次] 1 世界で日本が果たす役割,2 経済大国のあるべきすがた,3 世界で活躍する日本人,4 各地域との関係とこれから
[内容] 経済大国となった日本がどのように今後世界に貢献していけるのか, どのようなことを目指していくのか未来を考える。

子どもの本 社会がわかる2000冊　　101

『わくわく国際理解―世界の人びとと友だちになろう』舘野健三監修，須川美奈子著，こどもくらぶ編　ポプラ社　2000.4　45p　29cm　（総合的な学習5・6年生活動アイデア集1）〈索引あり〉2800円　Ⓘ4-591-06324-0,4-591-99323-X
目次　第1章 身近な外国のものを調べよう，第2章 日本にいる外国の人と交流しよう，第3章 外国にいる人と交流しよう，第4章 わたしたちにもできる国際協力 環境編，第5章 わたしたちにもできる国際協力 人権編
内容　姉妹都市交流やインターネットを利用した国際交流、世界の環境保護に協力するボランティアなど、多数のアイデアを紹介。小学校高学年向。

『交流からはじめる 世界と友だちになろう―遊び・ことば・食べ物・友だち』金子美智雄監修，ヴィップス編　ほるぷ出版　2000.3　40p　31cm　（テーマ発見！総合学習体験ブック）〈索引あり〉2800円　Ⓘ4-593-57304-1,4-593-09614-6
目次　1 世界の中の日本,2 世界のことば,3 世界の子どもたち,4 外国の友だちをつくろう
内容　本書では、これからの国際社会のなかで生きていくためには、異なった文化との交流と理解がたいせつであることを学びます。日本とアジア、世界との歴史的、文化的、経済的かかわりを理解し、世界のさまざまな自然、くらし、文化について関心を向けさせます。また身近にいる外国の人たちとの交流やインターネット利用の方法についても学びます。

『いろいろな国と交流しよう』水越敏行監修, 吉崎静夫指導　学習研究社　2000.2　47p　27cm　（わたしは町の探検記者 総合的学習実践集 7）〈索引あり〉2800円　Ⓘ4-05-201087-6,4-05-810577-1
目次　探検記者物語・アジアの仲間と手をつなごう！―埼玉県越谷市立越ケ谷小学校、探険レポート
内容　外国との交流の中で自分を見つめよう。世界に目を向ける楽しさを知ろう。

◆◆国を越えて働く人たち
『せきじゅうじって、なんだろう？』日本赤十字社総務局組織推進部青少年・ボランティア課編　日本赤十字社　2008.3　6枚　26cm　Ⓝ369.15

『ジス・イズ・ユナイテッド ネイションズ』ミロスラフ・サセック著，松浦弥太郎訳　ブルース・インターアクションズ　2006.10　60p　31cm　1800円　Ⓘ4-86020-196-5　Ⓝ329.33

『国際組織』渡部茂己,阿部浩己監修　ポプラ社　2006.3　207p　29cm　（ポプラディア情報館）6800円　Ⓘ4-591-09044-2　Ⓝ329.3
目次　1章 国際連合,2章 国連専門機関,3章 世界的な国際組織,4章 地域的な国際組織,5章 NGO
内容　新聞やテレビでよく見る「国際連合」や「NGO」をわかりやすく解説！ユニセフ、ユネスコといった教科書に出てくる国際連合の機関からEUやASEANまで、国際組織を網羅しています。世界で活躍するNGOを、人権・開発援助・環境・平和などの分野ごとに紹介しています。「成り立ちと目的」で国際組織ができた歴史が、「おもな活動」でそのはたらきがわかります。充実した索引で、知りたいことがすぐに探せます。

『私にできることは、なんだろう。』地球市民村編　アスコム　2006.3　279p　21cm　1000円　Ⓘ4-7762-0316-2
内容　虐待によって、3日に1人子どもの命が失われています。13分に1種、生き物が絶滅しています。地雷は1個300円。除去は1個10万円。21世紀初の国際博覧会「愛・地球博」で万博の主催事業に、初めて市民団体が参加した「地球市民村」。30ユニット、約100団体のNPO/NGOが参加型のプログラムを通し、問いかけました。持続可能な社会のために、私にできることは、なんだろう。この本は、地球の事実をより多くの人に知ってもらいたくて、生まれました。環境、平和、国際協力。地球の今と、これからの問題を、330掲載しました。

『手引きと資料』重田敏弘文　大月書店　2006.2　37p　21×22cm　（国境なき医師団 写真絵本 6　国境なき医師団日本監修，早乙女勝元,山本耕二編）〈年表あり〉1800円　Ⓘ4-272-40556-X　Ⓝ329.36
目次　このシリーズで取りあげた国,1～5巻の「この本を活用するために」「Q&A」,言葉

現代社会―時事・政治・法律　　　　　　　　　　　　外国の人と交流しよう

の説明，活動年表，さくいん，「国境なき医師団」といっしょになにができるだろう？
内容　世界では多くの人びとが苦しみ傷ついている…もっと詳しく学びたい，知りたい人のための手引き。

『すべての人に医療を』梅津ちお文　大月書店　2005.12　37p　21×22cm　（国境なき医師団 写真絵本 5　国境なき医師団日本監修，早乙女勝元，山本耕二編）　1800円　④4-272-40555-1　Ⓝ329.36
目次　医療に手のとどかない人びと，自然災害，「国境なき医師団」といっしょになにができるだろう？
内容　自然災害の被災地，医師のいない地域など…医療を必要としている人びとに援助をとどける！2005年10月，パキスタン北部地震の被災地での援助活動を紹介。

『病気や飢えとたたかう』梅津ちお，菊池好江文　大月書店　2005.10　37p　21×22cm　（国境なき医師団 写真絵本 4　国境なき医師団日本監修，早乙女勝元，山本耕二編）　1800円　④4-272-40554-3　Ⓝ498.6
目次　必須医薬品キャンペーン，HIV／エイズ，結核，顧みられない病気，予防接種活動，コレラ（モザンビーク），届かない食料（ニジェール），内戦と飢えで苦しむ国（アンゴラ），たび重なる飢え（エチオピア），「国境なき医師団」といっしょになにができるだろう？

『難民となった人びと』菊池好江文　大月書店　2005.9　37p　21×22cm　（国境なき医師団 写真絵本 3　国境なき医師団日本監修，早乙女勝元，山本耕二編）　1800円　④4-272-40553-5　Ⓝ369.38
目次　難民とは，長い内戦に踏みあらされた国（スーダン），私たちは患者とともに（チェチェン），「自由」への願い（リベリア），難民キャンプ―人びとが暮らしはじめるために，住居―仮の住まい，食料と水―生きていくために，栄養失調を防ぐ，診療―さまざまな施設によって命を守る，地雷―おそろしい兵器，戦争を描く子どもたち，「国境なき医師団」といっしょになにができるだろう？，読者のみなさんへ
内容　戦争や内戦は多くの難民を生みだす！危険な戦場からのがれた人びとがあつまる難民キャンプとは。

『戦争で傷ついた人びと』菊池好江文　大月書店　2005.7　37p　21×22cm　（国境なき医師団 写真絵本 2　国境なき医師団日本監修，早乙女勝元，山本耕二編）〈文献あり〉　1800円　④4-272-40552-7　Ⓝ369.37
目次　危険な戦場で（レバノン），難民キャンプでの第一歩（タイ），国境をこえて（アフガニスタン），国を持たない人びと（クルド人難民），繰りかえされる争い（ソマリア），孤立した人びとのもとへ（ボスニア・ヘルツェゴビナ），恐怖のなかで過ごす毎日（ブルンジ），悲劇のなかで生きる人びと（ルワンダ），医療を受けられない人びと（コンゴ民主共和国），対立する2つの民族（コソボ），「国境なき医師団」といっしょになにができるだろう？，読者のみなさんへ
内容　レバノン，アフガニスタン，ソマリア，コソボ…。たとえそこが危険な戦場であろうと，援助の手を差しのべる。

『国境なき医師団とは』梅津ちお文　大月書店　2005.6　37p　21×22cm　（国境なき医師団 写真絵本 1　国境なき医師団日本監修，早乙女勝元，山本耕二編）　1800円　④4-272-40551-9　Ⓝ329.36
目次　命のうでわ，水，手当てする医師たち，予防接種，心のケア，「国境なき医師団」とは，「国境なき医師団」の誕生，「国境なき医師団」のしくみ，ロジスティックセンターとエピセンター，「国境なき医師団日本」〔ほか〕

『ビジュアルガイド 青年海外協力隊―アフリカ』山岸三郎，松原志真編著，白瀬しょう子イラスト　汐文社　2005.1　47p　27cm　1800円　④4-8113-7919-5　Ⓝ333.8
目次　西アフリカで活動する隊員たち，東アフリカで活動する隊員たち，中央南アフリカで活動する隊員たち

『ビジュアルガイド 青年海外協力隊―オセアニア・中南米・ヨーロッパ・中近東』山岸三郎，松原志真編著，白瀬しょう子イラスト　汐文社　2005.1　47p　27cm　1800円　④4-8113-7920-9　Ⓝ333.8
目次　隊員は，帰国後もその知識と経験が活かされます，帰国隊員の良き相談相手，オセアニアで活動する隊員たち，トンガ，フィジー，パプアニューギニア，バヌアツ，マーシャル諸島，ソロモン諸島，ミクロネシア

子どもの本 社会がわかる2000冊　103

外国の人と交流しよう　　　　　　　　　　　　　　　　　現代社会―時事・政治・法律

〔ほか〕

『ビジュアルガイド 青年海外協力隊―アジア』山岸三郎, 松原志真編著, 白瀬しょう子イラスト　汐文社　2004.12　47p　27cm　1800円　Ⓘ4-8113-7918-7　Ⓝ333.8

目次　ともに働き、ともに生活し、平和な国際社会をつくろう、アジアで活動する隊員たち、東アジアで活動する隊員たち、東南アジアで活動する隊員たち、西南アジアで活動する隊員たち、中央アジアで活動する隊員たち、真の国際協力とは、隊員になるにはどんな心構えが必要か、国際協力について、みんなで学ぼう、世界地図でみる隊員の活動

『平和へのカギ―いま赤十字をよく知ること』田島弘著　童話屋　2004.12　74p　15cm　（小さな学問の書 9）286円　Ⓘ4-88747-050-9　Ⓝ369.15

内容　人類は、右の手で戦争をして人を殺し、左の手で赤十字を作って人を助ける。それならば、どうだろう、右の手にも赤十字の腕章を巻いて、災害や病魔や差別、貧困を、根こそぎやっつけてしまうというのは！ 人類が戦うべきほんとうの敵は、人間ではない。赤十字思想こそが文明。そういう考えからこの小さな冊子は生まれました。

『国際社会と人権―国連の役割』ヒューライツ大阪編　大阪　ヒューライツ大阪　2004.9　29p　21cm　200円　Ⓝ316.1

『国連憲章・国際法を学ぼう　続々』平和・国際教育研究会編, 森田俊男著　平和文化　2004.9　64p　21cm　（21世紀の世界と平和を考える 4）〈サブタイトル：基本的自由・人権こそ真の平和の土台〉600円　Ⓘ4-89488-024-5　Ⓝ329.33

『国連』サイモン・アダムス著, 桜井よしこ日本語版総監修, 久保田陽子訳・文　小峰書店　2004.4　47p　29cm　（現代の世界と日本を知ろう イン・ザ・ニュース 8）3000円　Ⓘ4-338-19608-4　Ⓝ329.33

目次　国連とは何でしょう？、国連の働き、国連の資金はどこからくるのでしょう？、外交、平和を守るために、検証：アフガニスタン、国連かかえる社会的問題、人権、地球環境への取り組み、国連とアメリカ〔ほか〕

『国際赤十字―国際紛争や災害の被害者を救う』ラルフ・パーキンス著　ほるぷ出版　2003.4　35p　27cm　（調べてみよう世界のために働く国際機関）2800円　Ⓘ4-593-57604-0　Ⓝ369.15

目次　1 赤十字の誕生, 2 国境をこえた運動, 3 赤十字と戦争, 4 自然災害とたたかう, 5 地域社会のために

内容　赤十字は、人道的活動にたずさわる独立機関として、世界でもっとも規模が大きく、古い歴史をもつ組織です。赤十字は困っている人や危機に直面している人びとに救いの手をさしのべます。この本では、国際紛争や自然災害などに対する、赤十字の国境を越えた取り組みや、ジュネーブ条約の内容などを紹介します。

『国際連合―国際平和をめざして』リンダ・メルバーン著　ほるぷ出版　2003.4　35p　27cm　（調べてみよう世界のために働く国際機関）2800円　Ⓘ4-593-57601-6　Ⓝ329.33

目次　1 国際連合ってなあに？, 2 国連の仕事, 3 安全保障理事会, 4 事務総長, 5 国連の平和維持活動, 6 国連の機関, 7 国連の現在と未来, 国際連合について学ぼう, 用語解説, 国連に関係した連絡先

内容　国際連合（国連）は第2次世界大戦の末期に誕生しました。国連は国際平和の実現と、世界中の人々に人間らしい権利を保障することを目的として活動しています。この本では、国際連合が世界中でどのように紛争を解決し、平和をもたらすために貢献をしているかを紹介します。

『世界保健機関―世界の人びとを健康に』ジリアン・パウエル著　ほるぷ出版　2003.4　35p　27cm　（調べてみよう世界のために働く国際機関）2800円　Ⓘ4-593-57603-2　Ⓝ498.1

目次　1 WHOってなあに？, 2 WHOはどうして生まれたの？, 3 WHOの仕事, 4 病気と戦う, 5 健康教育, 6 健全な環境, 7 力を合わせて, 8 将来の問題

内容　世界保健機関（WHO）は、世界のすべての人に健康をもたらすことを目的とした世界的な機関です。WHOは、医療の不備や感染症などの病気の広がりなど、世界の健康問題に取り組んでいます。この本では、WHOがどのように世界の人びとの健康を支援し、健康を向上させるために活動してい

現代社会―時事・政治・法律　　　　　　　　　　　　　　外国の人と交流しよう

るかを紹介します。

『開発・食糧にかかわる国際組織』大芝亮監修，こどもくらぶ編・著　岩崎書店　2003.3　55p　29cm　（21世紀をつくる国際組織事典 3）3500円　ⓘ4-265-04473-5,4-265-10288-3　ⓝ333.8
［目次］国連開発計画（UNDP），世界銀行（The World Bank），国際通貨基金（IMF），経済協力開発機構（OECD），世界貿易機関（WTO），国連貿易開発会議（UNCTAD），国連工業開発機関（UNIDO），国連食糧農業機関（FAO），国際農業開発基金（IFAD），国連世界食糧計画（WFP）〔ほか〕

『科学・技術にかかわる国際組織』大芝亮監修，こどもくらぶ編・著　岩崎書店　2003.3　55p　29cm　（21世紀をつくる国際組織事典 6）3500円　ⓘ4-265-04476-X,4-265-10288-3　ⓝ502
［目次］国際電気通信連合（ITU），万国郵便連合（UPU），国際民間航空機関（ICAO），国際海事機関（IMO），国際標準化機構（ISO），世界知的所有権機関（WIPO），インターネットにかかわる国際的な民間団体，国際原子力機関（IAEA），朝鮮半島エネルギー開発機構（KEDO），代替エネルギーに取りくむ国際組織〔ほか〕

『環境にかかわる国際組織』大芝亮監修，こどもくらぶ編・著　岩崎書店　2003.3　55p　29cm　（21世紀をつくる国際組織事典 5）3500円　ⓘ4-265-04475-1,4-265-10288-3　ⓝ519.8
［目次］国連環境計画（UNEP），世界気象機関（WMO），地球サミット（Earth Summit）／持続可能な開発委員会（CSD），気候変動にかんする政府間パネル（IPCC），地球温暖化と京都議定書，国際熱帯木材機関（ITTO），生物多様性とワシントン条約，国際捕鯨委員会（IWC），自然保護とラムサール条約，酸性雨・砂漠化と国際条約〔ほか〕

『国際連合―世界の平和を守るため』最上敏樹日本語版監修，シーン・コノリー著，遠藤由香里訳　文渓堂　2003.3　63p　29cm　（世界の紛争を考える　国際理解に役立つ 2）2800円　ⓘ4-89423-335-5　ⓝ319.9
［目次］国連ってどんなところ？，近代の戦争，世界中が戦場になった，冷たい戦争とは？，

ここがポイント　朝鮮戦争がはじまった，「ブルー・ヘルメット」って何のこと？，ここがポイント　スエズ紛争とは？，ここがポイント　コンゴ内戦とは？，争いをふせぐために，ここがポイント　湾岸戦争がはじまった，旧ユーゴスラビア紛争とは？，マスメディアと国連，平和維持活動に必要なのは？，国連はこれからどうなるのか？，国連の平和維持活動

『人権・人道にかかわる国際組織』大芝亮監修，こどもくらぶ編・著　岩崎書店　2003.3　55p　29cm　（21世紀をつくる国際組織事典 2）3500円　ⓘ4-265-04472-7,4-265-10288-3　ⓝ316.1
［目次］国連人権高等弁務官事務所（UNHCHR），国連人権委員会（UNCHR），国連子どもの権利委員会（CRC），国連難民高等弁務官事務所（UNHCR），ユニセフ（国連児童基金）（UNICEF），国連パレスチナ難民救済事業機関（UNRWA），国際労働機関（ILO），人権にかかわる国連の会議，アムネスティ・インターナショナル（Amnesty International），ヒューマン・ライツ・ウォッチ（Human Rights Watch）〔ほか〕

『文化・教育にかかわる国際組織』大芝亮監修，こどもくらぶ編・著　岩崎書店　2003.3　55p　29cm　（21世紀をつくる国際組織事典 7）3500円　ⓘ4-265-04477-8,4-265-10288-3　ⓝ329.34
［目次］ユネスコ（UNESCO），国連大学（United Nations University），国際オリンピック委員会（IOC），国際パラリンピック委員会（IPC），スポーツにかかわる国際組織，ノーベル財団（The Nobel Foundation），国際ペンクラブ（International PEN），YMCA、YWCA，フルブライト委員会（Fulbright Commissions），AFSインターナショナル（AFS International）〔ほか〕

『平和にかかわる国際組織』大芝亮監修，こどもくらぶ編・著　岩崎書店　2003.3　55p　29cm　（21世紀をつくる国際組織事典 1）3500円　ⓘ4-265-04471-9,4-265-10288-3　ⓝ319.8
［目次］国際連合（UN），国連総会（General Assembly），安全保障理事会（Security Council），経済社会理事会（ECOSOC），信託統治理事会（Trusteeship Council），国連事務局（UN Secretariat），国際司法裁判所（ICJ），国際刑事裁判所（ICC），国連平和維持活動（PKO），主用先進国首脳会議（サミ

ト）（Summit Meeting）〔ほか〕

『保健・医療にかかわる国際組織』大芝亮監修，こどもくらぶ編・著　岩崎書店　2003.3　55p　29cm　（21世紀をつくる国際組織事典 4）3500円　Ⓘ4-265-04474-3,4-265-10288-3　Ⓝ498.02
　目次　世界保健機関（WHO），国連人口基金（UNFPA），人口問題に取りくむ国際組織，国連ハビタット（国連人間居住計画）（UN-HABITAT），エイズ問題に取りくむ国際組織，水問題に取りくむ国際組織，災害支援に取りくむ国際組織，薬物問題に取りくむ国際組織，国際赤十字（International Red Cross），国境なき医師団（MSF）〔ほか〕

『ユニセフ―世界の子どもたちのために』キャサリン・プライアー著　ほるぷ出版　2003.3　34p　27cm　（調べてみよう世界のために働く国際機関）2800円　Ⓘ4-593-57602-4　Ⓝ369.4
　目次　1 子どもを第一に，2 ユニセフはどうして生まれたの？，3 ユニセフの仕事ってどんなこと？，4 子どもの幸福と貧困，5 予防できる病気と戦う，6 満足できる子ども時代を，ユニセフについて学ぼう
　内容　ユニセフ（国連児童基金）は，世界中の子どもたちの生活を向上させるための団体です。ユニセフは世界平和を守る活動をする国際連合の一機関です。この本では，世界中の子どもたちがよりよい暮らしをし，いきいきと生きることができるようにするために，ユニセフがどのような活動をしているかを紹介します。

『みんなの国連』国際連合広報センター　2003　22p　22cm　Ⓝ329.33

『国連に行ってみよう』ナーネ・アナン作　自由国民社　2002.12　32p　24cm〈英文併記〉1300円　Ⓘ4-426-89104-3　Ⓝ319.9
　内容　2人で歩んできた世界各地の様子を，ナーネさんがわかりやすい言葉と写真で知らせます。小学生から世界の動きに興味がもてます。

『国連憲章・国際法を学ぼう　続』平和・国際教育研究会編，森田俊男著　平和文化　2002.11　64p　21cm　（21世紀の世界と平和を考える 3）〈サブタイトル：平和と戦争の法，非暴力，法の支配の理念〉600円　Ⓘ4-89488-017-2　Ⓝ329.33

『人権教育のための国連10年―みんなで学ぼう』ヒューライツ大阪編　第2版　大阪　ヒューライツ大阪　2002.11　28p　21cm　150円　Ⓝ316.1

『ユニセフと世界のともだち』改定版　日本ユニセフ協会　2002.8　44p　19×26cm

『海をこえるボランティア先生―青年海外協力隊から見た世界』協力隊を育てる会編　協力隊を育てる会　2002.2　112p　21cm〈製作・発売：はる書房（東京）〉700円　Ⓘ4-89984-026-8
　目次　ルポルタージュ編「海をこえるボランティア先生」，資料編
　内容　本書は特色あるマーシャル，パラグアイ，カンボジアの三つの国を選び，その国々の環境問題，教育に対する意識のちがい，地雷と貧困の影で生きる子どもたちの姿などについて書かれたものである。

『国連ってなぁに？』国際連合広報センター　2002　23p　21cm〈「国連ってなーに？」の改訂〉Ⓝ329.33

『国連憲章・国際法を学ぼう―平和・戦争・人道の法とその理念』平和・国際教育研究会編，森田俊男著　平和文化　2001.3　63p　21cm　（21世紀の世界と平和を考える 2）600円　Ⓘ4-89488-007-5

『国連発見』国際連合広報センター　2000.12　47p　28cm

『国境なき医師団：貫戸朋子』NHK「課外授業ようこそ先輩」制作グループ，KTC中央出版編　名古屋　KTC中央出版　2000.1　205p　20cm　（課外授業ようこそ先輩 別冊）1400円　Ⓘ4-87758-160-X
　目次　授業ディベートその1 そのとき，あなたならどうする？（国境なき医師団とノーベル平和賞，授業の準備，宿題/授業・現地からの報告，インタビュー），授業ディベートその2 あなたなら，行くか行かないか？（授業のまとめと感想）

現代社会―時事・政治・法律　　　　　　　　　　　　　　戦争と平和を考える

|内容| 番組は、1999年度国際エミー賞（子ども・青少年部門）を受賞。「国境なき医師団」は、1999年秋、ノーベル平和賞受賞。その国境なき医師団の日本人第一号の派遣医師であった貫戸さんが、この番組でいろいろ悩みながら、母校の子どもたちといっしょに何を考えたかを、テレビ本放送と取材ビデオ74本をもとに、本書のための新たな資料取材も加えて、記録する。

◆戦争と平和を考える

『国際平和協力活動って、何だろう？―まんがでわかる！』小倉治喜作画，柳坂明彦シナリオ　防衛省　2008.12　67p　21cm　（まんがで読む防衛白書　平成20年版）　Ⓝ319.9

『目でみる「戦争と平和」ことば事典　第3巻（ながい-わんち）』早乙女勝元監修　日本図書センター　2008.11　79p　31cm　〈年表あり〉5000円　Ⓘ978-4-284-10006-9,978-4-284-10003-8,4-284-10003-3　Ⓝ319.8

『目でみる「戦争と平和」ことば事典　第2巻（さんい-ともな）』早乙女勝元監修　日本図書センター　2008.11　79p　31cm　〈年表あり〉5000円　Ⓘ978-4-284-10005-2,978-4-284-10003-8　Ⓝ319.8

『目でみる「戦争と平和」ことば事典　第1巻（あいえ-さとう）』早乙女勝元監修　日本図書センター　2008.11　79p　31cm　〈年表あり〉5000円　Ⓘ978-4-284-10004-5,978-4-284-10003-8　Ⓝ319.8

『子ども兵士―銃をもたされる子どもたち』アムネスティ・インターナショナル日本編著　リブリオ出版　2008.10　125p　26cm　（世界の子どもたちは今1）〈文献あり〉2800円　Ⓘ978-4-86057-365-2　Ⓝ393.25

『旅でみつめた戦争と平和』重田敏弘写真・文　改訂新版　草の根出版会　2008.1　143p　23cm　（母と子でみる47―定本シリーズ）〈文献あり〉2200円　Ⓘ978-4-87648-247-4　Ⓝ319.8

『おじいちゃんのパイナップル』〔高知〕Peace Pioneers 08　〔2008〕　1冊（ページ付なし）21×30cm　Ⓝ369.37

『スペシャル・ガール―リベリアの少女と日本の看護師の物語』沢田俊子文　汐文社　2007.12　106p　22cm　1300円　Ⓘ978-4-8113-8416-0　Ⓝ369.38

|目次| 1 リベリアの少女,2 日本の少女,3 看護師さんになろう,4 試練の年月,5 国境なき医師団へ,6 朋子さんの決心,7 日本でのマーサちゃん,8 マーサちゃんの一週間,9 スペシャル・ガール（特別な子）,マーサからトモコへの手紙

|内容| 内戦続きだったリベリア共和国で暴行を受けて、歩けなくなったマーサちゃん。「日本で治療を受けさせたい」と手を差しのべたのは、国境なき医師団・看護師としてリベリアを訪れた美木朋子さんでした。「マーサと同じように苦しんでいる子どもたちは何万人もいる。わたしには、この国の状況は何も変えられないかもしれない。でも、せめて出会った人にだけでも、自分ができる精一杯のことをしたい」。

『平和な世界に生きる』浅井基文著　旬報社　2007.11　97,2p　22cm　（国際社会のルール1）〈年表あり〉1500円　Ⓘ978-4-8451-1015-5　Ⓝ319

|内容| なぜ戦争や紛争はなくならないの？平和に生きるために、国際社会にはどんな決まりごとやルールがあるのでしょう…。いっしょに考える本。

『普通の国になりましょう』C.ダグラス・ラミス著　大月書店　2007.4　90p　20cm　1200円　Ⓘ978-4-272-21093-0　Ⓝ319.8

|目次| 1 でも、「普通」ってなんでしょう？,2 普通って「平均的」のこと？,3 普通って「あるべき姿」のこと？,4 普通って「アメリカ」のこと？,5 普通って「正常」のこと？,6 それとも、この案はどう？,7 普通って「常識」のこと？,8 あらためて、「普通」のすすめ

|内容| 戦争できる国が普通？　軍隊があれば安心ですか？　逆説の問いかけを通して、世界の、日本の、意外な姿が見えてくる。

『戦争と紛争』アンソニー・リシャック著,青木桃子訳　文渓堂　2007.3　31p　29cm　（池上彰の君ならどう考える、

子どもの本　社会がわかる2000冊　107

地球の危機 2　池上彰日本語版監修）
2800円　Ⓘ978-4-89423-518-2　Ⓝ319.8
　目次　戦争はなぜなくならないのか, イラクのアメリカ軍兵士, 良心的兵役拒否者, テレビゲームがすきな子, 退役した軍人, 戦争で開発された技術, 子ども兵士, 原爆被害者, 平和主義者, テロリズム, 学校でのいじめ, 戦争や紛争は, 自分とどんなかかわりがあるのだろう？
　内容　学校でのいじめから, 戦場でのたたかいまで, 戦争と紛争は, さまざまな形で, わたしたちにかかわっています。この本には, 戦争や紛争を体験した人の話がのっています。兵士だった人, 学校の先生, 平和主義者, 子ども兵士, 軍隊ではたらく将校, 良心的兵役拒否者（兵士になるのを拒否した人）, テレビゲームのすきな子, 科学者, テロリスト, 原爆被害者の話を紹介しました。

『戦争』古内洋平著, こどもくらぶ編
ほるぷ出版　2007.2　35p　29cm　（世界地図から学ぼう国際理解）2800円
Ⓘ978-4-593-57911-2　Ⓝ319
　目次　戦後の代理戦争, 世界の国内紛争, イラクに軍隊を派遣した国ぐに, 世界の難民, 世界の軍事費, 世界に展開するアメリカ軍, 世界の核兵器, 地雷を製造・使用している国ぐに, 子ども兵士, 国連平和維持活動（PKO）, 世界に広がる民主主義, 世界のテロ事件, 日本の難民受け入れ

『枯れ葉剤とガーちゃん』早乙女勝元著
草の根出版会　2006.8　62p　25cm
（「写真絵本」物語ベトナムに生きて 1）
〈草の根出版会20周年記念出版　年表あり〉1800円　Ⓘ4-87648-236-5
Ⓝ369.37
　目次　枯れ葉剤って, なに？, ベトナム戦争と私たち―それはどんな戦争だったのか, 枯れ葉剤とガーちゃん, 私のベトナムの旅
　内容　米軍が戦争中に散布した枯れ葉剤に起因するとみられる影響で, 全身にヒョウのようなあざのある少女ガーちゃんは, 一二歳。戦争とは何の関係もない二世, 三世に発症している先天障害を, 一人の少女に密着取材して, その心境をきく。

『戦争孤児のダーちゃん』早乙女勝元著
草の根出版会　2006.8　62p　25cm
（「写真絵本」物語ベトナムに生きて 2）
〈草の根出版会20周年記念出版　年表あり〉1800円　Ⓘ4-87648-237-3
Ⓝ369.37
　目次　ソンミ事件って, なに？, ベトナム戦争と私たち　日本はどんな役割をはたしたのか, 戦争孤児のダーちゃん, 私のベトナムの旅
　内容　米軍による村民虐殺事件で母を殺され, 生きのびたダーちゃんは一一歳。戦後は南のふるさとで医療人となり, いまは三人の娘たちの母親となった。その生涯に戦争はどんなひずみをもたらしたか, 戦中戦後の何度かの出会いから, ベトナム戦争をふりかえる。

『ナパーム弾とキムちゃん』早乙女勝元著　草の根出版会　2006.8　62p　25cm
（「写真絵本」物語ベトナムに生きて 3）
〈草の根出版会20周年記念出版　年表あり〉1800円　Ⓘ4-87648-238-1
Ⓝ369.37
　内容　戦時中にナパーム弾による火焔で, 衣類を焼かれ, はだかで逃げたキムちゃんは九歳。その一枚の写真は世界中に衝撃を与えたが, 彼女はその後どんな運命をたどったのか。二〇〇五年春, 東京での出会いを主に, 大火傷の後遺症と生きかたを取材。

『平和の種をまく―ボスニアの少女エミナ』大塚敦子写真・文　岩崎書店
2006.5　43p　26cm　（いのちのえほん 18）1500円　Ⓘ4-265-00628-0
Ⓝ369.38
　内容　日本から眺めていたときは, あれほど遠い国だと思っていたボスニアで, つくづく実感したのは, 「ボスニアの戦争は決して他人事ではない」ということです。民族の対立という点だけに目を奪われると, ボスニアのような多民族国家ではない日本には関係ない話, となってしまいます。けれど, 著者が現地で学んだのは, どの国にも通じる普遍的な事実でした。

『戦火の爪あとに生きる―劣化ウラン弾とイラクの子どもたち』佐藤真紀著　長崎　童話館出版　2006.4　55p　27cm　1800円　Ⓘ4-88750-080-7　Ⓝ369.36
　目次　1 イラクってどんな国？, 2 湾岸戦争がはじまる, 3 イラク戦争がはじまる, 4 戦後の子どもたち, 5 アル・モーメンホテルの子どもたち, 6 混乱のつづくイラク, 7 アメリカでも, 8 わたしたちにできること, 9 60年前のヒバクチから現在のヒバクチへの支援

現代社会—時事・政治・法律　　　　　　　　　　戦争と平和を考える

[内容] イラクの子どもたちの絵は、語る。イラクの上空から大量に投下された爆弾。そのなかに、放射能をふくんだ劣化ウラン弾があった。そして、イラクの子どもたちと人々に多発するガン、先天性異常…。

『希望の義足』こやま峰子文, 藤本四郎絵　日本放送出版協会　2006.3　51p　27cm　1500円　Ⓘ4-14-081090-4　Ⓝ369.37

[内容] 世界には多くの困っている人がいる そしてそれを助けようとする人がいる 主人公マミは、ひょんなことからルワンダ人のガテラと知り会った。ある時彼は、マミに自分の生まれた国の惨状を見てほしいと訴えた。そして彼女は…自ら義足製作を学びパートナーのガテラとともにルワンダに義足工房を立ち上げ、日本とルワンダの架け橋となって活動を続ける日本人女性の生き方を描く感動の絵本。

『戦争に行った犬』まかべのぶこ著　さいたま　真壁延子　2005.11　38p　21cm　2500円　Ⓝ395.8

『戦争が終わっても―ぼくの出会ったリベリアの子どもたち』高橋邦典写真・文　ポプラ社　2005.7　55p　27cm　1300円　Ⓘ4-591-08778-6　Ⓝ367.6443

『ダイヤモンドより平和がほしい―子ども兵士・ムリアの告白』後藤健二著　汐文社　2005.7　105p　22cm〈年表あり〉　1300円　Ⓘ4-8113-8001-0　Ⓝ367.64424
[目次] 1「自由」という名の街, 2 手や足をうばわれた人たち, 3 家族をおそった子ども兵士たち, 4 子ども兵士を探して, 5 「やぶの殺し屋」とよばれた少年, 6 麻薬にむしばまれた子どもたち, 7 傷ついた心, 8 戦うことから解き放たれて, 9 ムリアの学校, 10 「大統領になりたい」, 11 自分のために生きる

『学校演劇で平和を学ぶ』上田精一著　草の根出版会　2004.12　135p　23cm　(母と子でみる A42)　2200円　Ⓘ4-87648-211-X　Ⓝ375

『小型武器よさらば―戦いにかり出される児童兵士たち』柳瀬房子文, 難民を助ける会監修　小学館　2004.12　48p　21×24cm　1400円　Ⓘ4-09-727751-0　Ⓝ319.8

[目次] 世界中で平和を求めているのに、子どもでもあつかえる小銃, コガくんとタブキさん, 平和を価値あるものに、銃をすてて井戸を掘ろう, しっかりした管理が必要, 平和が達成されたら、まず武器の回収を, 国旗から武器が消える日, 対人地雷禁止条約の経験を生かして、「地雷ゼロ」の日をめざして, 武器の削減と管理に成功した国・日本, 小型武器の削減が緊急の課題

[内容] 子どもたちを戦いの道具にさせないで。日本から発信する『小型武器削減』メッセージ。

『世界をみつめる目になって―よかったね、モハマドくん』望月正子著　汐文社　2004.10　133p　22cm　1300円　Ⓘ4-8113-7898-9　Ⓝ369.37
[目次] 1 よくきたね、モハマドくん, 2 モハマドくんの負傷, 3 橋田さんとの出会い, 4 広がる支援の輪, 5 とつぜんの別れ, 6 ようこそ、沼津へ, 7 よかったね、モハマドくん, 8 友だちがいっぱい, 9 ショクランの集い, 10 元気でね、モハマドくん
[内容] 戦争の続くイラクの町ファルージャ。2003年11月、爆撃によるガラスの破片を左目に受けたモハマドくんは、視力をほとんど失ってしまいました。ファルージャで取材をしていた日本人ジャーナリスト・橋田信介さんは、モハマドくんに日本で手術を受けさせてあげることを、約束しました。しかし、橋田さんはイラクで銃撃テロにあい命を落としてしまったのです。けれども、モハマドくんの目を治そうという強い思いは、たくさんの人たちに引きつがれました。そしてついに、モハマドくんは、手術のために来日することが出来たのです。

『臆病者と呼ばれても―良心的兵役拒否者たちの戦い』マーカス・セジウィック作, 金原瑞人, 天川佳代子訳　あかね書房　2004.9　157p　20cm〈年表あり〉　1300円　Ⓘ4-251-09833-1　Ⓝ393.25
[内容] 1916年、イギリスでは第一次世界大戦が長びきそうな様相を見せ始めており、兵士不足から初の徴兵制が制定された。召集令状を受け取った主人公、30歳のハワードと20歳のアルフレッドは、戦うことを拒んだため、良心的兵役拒否者として、世間から後ろ指をさされ、軍部からも体罰を受けたり脅かされたりする。しかし彼らは最後まで圧力に屈することなく信念を貫いていく…。

『暴力の世界地図』藤田千枝編　大月書

子どもの本 社会がわかる2000冊　　109

店　2004.9　39p　21×22cm　（くらべてわかる世界地図 1）　1800円　①4-272-40521-7　Ⓝ302

[目次]　紛争, 少年兵, 小型武器, 軍事費, 兵器売買, 大量破壊兵器, 兵役, 米軍基地, 地雷・劣化ウラン弾・不発弾, 難民, 児童労働, 人身売買, ストリート・チルドレン, 交通事故, 少年犯罪, 死刑制度, 自然災害, 子どもの国際組織

『子どもの写真で見る世界のあいさつことば―平和を考える3600秒』稲葉茂勝著, こどもくらぶ編　国立　今人舎　2004.5　31p　21cm　1200円　①4-901088-27-0

[目次]　1「あなた方の上に平和あれ」, 2「あなたに恭礼します」, 3「ごはん食べましたか？」, 4「元気がいちばん, こんにちは」, 5「いい日を願う, こんにちは」, 6 身振りで「こんにちは」, 7 あいさつのことばいろいろ

[内容]　世界のあいさつことばには, 宗教に関係するもの, いい日を願うもの, 天気や食などの人々の生活に根ざすものなど, いろいろあります。この本では, 世界のあいさつことばと, そのことばを表す文字を, 子どもたちの写真とともに紹介します。戦争の爪痕が残る土地からの「アッ・サラームアライクム」や, バケツにからだ全体をすっぽりしずめて水あびをするバングラデシュの男の子の「ノモシュカール」。どれも心打つ写真ばかりです。みなさんには, 写真を見て感動し, あいさつことばの意味を知って納得し, また, ふしぎな文字を見て, 驚き, そして興味をもってほしいと思っています。でも, わたしがこの本をまとめようと思った真のねらいは, あいさつことばの意味と世界の子どもたちの写真をとおして, みなさんに平和について考えていただきたいということです。この本をじっくり読むと, 思いのほか時間がかかります。どうぞ, 平和を考える3600秒を。

『地球村の平和の願い―ネルソン・マンデラさんといっしょに』吉村峰子, 吉村稔著　鈴木出版　2004.5　39p　27cm　（チャレンジ！地球村の英語）　3000円　①4-7902-3128-3　Ⓝ319.8

[目次]　平和について話し合ってみよう, わたしたちの共通点は何でしょう？, マディーバおじさんの10000日の忍耐, 日本語でしっかり考えよう, そのときマディーバおじさんは, 平和って何だろう？, 世界の平和でない状態, あなたは今, 平和？, 教えて, マディーバ！, みんなで話し合ってみよう, ど

うすれば平和になるんだろう？, 地球村のみなさんへ, 巻末資料

[内容]　地球村の平和がテーマ。地球村全体の平和という大きな問題は, 自分たちの身のまわりでおきていることと, じつはとても深いつながりがある。どうすれば, わたしたち地球村にくらすほかの人びとも平和でいられるのか, 本当の意味での平和について, 考えていく一冊。

『子どもに伝えるイラク戦争』石井竜也, 広河隆一著　小学館　2004.4　79p　20cm　1000円　①4-09-387498-0　Ⓝ302.273

[内容]　ミュージシャンとフォト・ジャーナリストが率直に語り合った日本とイラク戦争。

『戦争なんて, もうやめて―戦禍の子どもたちと自画像で握手』佐藤真紀, 日本国際ボランティアセンター編　大月書店　2004.4　39p　22cm　（ぼくら地球市民 1）　1400円　①4-272-40501-2　Ⓝ319.8

[目次]　自画像がいっぱい, 国境であくしゅした！(パレスチナ), いとこのニダをかいた(パレスチナ＆日本), 9.11テロがおこった(パレスチナ＆アメリカ), ぼくはガンジーがすき(パレスチナ＆アメリカ), ぼくの夢は兵士じゃない(イスラエル＆パレスチナ), イラクの病院にいたラナちゃん(イラク), ラナちゃん(イラク＆日本＆パレスチナ), 24000まいのポスターになった絵(イラク＆日本), 開戦後の小さな展覧会(イラク＆日本)〔ほか〕

[内容]　イラク, パレスチナ, イスラエル, 北朝鮮の子どもたちの絵とメッセージが日本へ届いた。子どもたちの交流から浮かびあがる平和へのメッセージ。

『テロリズム』アダム・ヒバート著, 桜井よしこ日本語版総監修, 久保田陽子訳・文　小峰書店　2004.4　47p　29cm　（現代の世界と日本を知ろう イン・ザ・ニュース 1）　3000円　①4-338-19601-7　Ⓝ316.4

[目次]　テロリズムとは何でしょうか？, テロ行為はどのように行われるのでしょうか？, どのような人がテロリストになるのでしょうか？, 独立国家を目指すテロリズム, 宗教によるテロリズム, エコ(環境)テロリズム, 個人による無差別テロ, テロリズムの資金源, テロリズムの限界, 検証：北アイルランド

現代社会—時事・政治・法律　　　　　　　　　　　　戦争と平和を考える

〔ほか〕

『おとなはなぜ戦争するの』子どもの声を聞く児童文学者の会編　新日本出版社　2004.3　47p　27cm　1600円　Ⓘ4-406-03070-0　Ⓝ319.8
目次　1 子どもたちは立ち上がった,2 子どもたちは訴える,3 イラク戦争とイラクの子どもたち
内容　イラク戦争にさいし、世界中でわきおこった戦争反対の声。日本の各地でも子どもたちが戦争反対を訴えた。イラクの子らに思いをはせ、平和をねがう日本の子どもたちの声と行動を紹介する。

『国際紛争の本—いつ・どこで・何がおきたか？　5　ヨーロッパ/アメリカの紛争』大芝亮監修　岩崎書店　2004.3　47p　29cm　2800円　Ⓘ4-265-04485-9　Ⓝ319
目次　人種・民族・宗教をめぐる紛争（旧ユーゴ紛争（ボスニア紛争）、旧ユーゴ紛争（コソボ紛争）、北アイルランド紛争）、分離・独立をめぐる紛争（チェチェン紛争）、国際社会に対する新しい脅威をめぐる紛争（アメリカのテロ対策外交、コロンビア紛争）、冷戦の影響を受けた紛争（キューバ革命・侵攻・危機、中米紛争、ベルリン危機、ハンガリー蜂起・チェコ事件）、領土・国境・資源をめぐる紛争（フォークランド（マルビナス）紛争）
内容　この本では、「WHEN・いつ」「WHERE・どこで」「WHAT・何が」「WHY・なぜ」おきたか、そしてどうなったか、などについて説明していきます。この本を読んで、国と国がどのようにかかわっているのか？世界ではどのような勢力争いがおきているか？また、どのように解決したか？とくに、わたしたちがくらす日本との関係はどうなっているのかを考えていきましょう。

『国際紛争の本—いつ・どこで・何がおきたか？　4　中部・南部アフリカの紛争』大芝亮監修　岩崎書店　2004.3　47p　29cm　2800円　Ⓘ4-265-04484-0　Ⓝ319
目次　人種・民族・宗教をめぐる紛争（コンゴ内戦、ルワンダ内戦、ソマリア内戦、リベリア内戦、モザンビーク内戦）、領土・国境・資源をめぐる紛争（シエラレオネ内戦、アンゴラ内戦）、分離・独立をめぐる紛争（エチオピア内戦とエチオピア・エリトリア紛争）、植民地からの独立をめぐる紛争（コンゴ動乱）

内容　この本では、「WHEN・いつ」「WHERE・どこで」「WHAT・何が」「WHY・なぜ」おきたか、そしてどうなったか、などについて説明していきます。この本を読んで、国と国がどのようにかかわっているのか？世界ではどのような勢力争いがおきているか？また、どのように解決したか？とりわけ、わたしたちがくらす日本との関係はどうなっているのかを、いっしょに考えていきましょう。

『国際紛争の本—いつ・どこで・何がおきたか？　2　アジアの紛争　2』大芝亮監修　岩崎書店　2004.3　47p　29cm　2800円　Ⓘ4-265-04482-4　Ⓝ319
目次　分離・独立をめぐる紛争（東ティモール紛争、アチェ紛争、フィリピンのイスラム分離運動）、人種・民族・宗教をめぐる紛争（スリランカ民族紛争）、領土・国境・資源をめぐる紛争（カシミール紛争、南沙諸島紛争、マレーシア連邦結成をめぐる紛争）、植民地からの独立をめぐる紛争（インドネシア独立戦争）
内容　この本では、東南アジアや南アジアの国ぐにでおきた国際紛争のようすを「WHEN・いつ」「WHERE・どこで」「WHAT・何が」「WHY・なぜ」おきたか、見ていきます。この地域の、日本が侵攻した後の歴史を冷静に見て、平和をたもつためにはどうしたらいいかということを考えてみましょう。

『はてな？なぜかしら？イスラム・中東問題』池上彰監修　教育画劇　2004.3　48p　31cm　（「はてな？なぜかしら？国際問題」シリーズ 1）〈年表あり〉3300円　Ⓘ4-7746-0605-7　Ⓝ319.27
目次　第1章 イラク戦争はどうして起きたの？、第2章 アフガニスタンで何が起きたの？、第3章 中東戦争とパレスチナ難民について考えよう

『はてな？なぜかしら？北朝鮮問題』池上彰監修　教育画劇　2004.3　48p　31cm　（「はてな？なぜかしら？国際問題」シリーズ 2）〈年表あり〉3300円　Ⓘ4-7746-0606-5　Ⓝ319.21
目次　第1章 北朝鮮について考えよう、第2章 北朝鮮と日本などとの関係について考えよう、第3章 朝鮮半島の問題について考えよう

『はてな？なぜかしら？国際紛争』池上彰

子どもの本 社会がわかる2000冊　111

監修　教育画劇　2004.3　48p　31cm（「はてな？なぜかしら？国際問題」シリーズ3）〈年表あり〉3300円　Ⓘ4-7746-0607-3　Ⓝ319
[目次]　第1章　世界の紛争について考えよう，第2章　日本の憲法について考えよう，第3章　平和を守るための活動について考えよう

『おにいちゃん、死んじゃったーイラクの子どもたちとせんそう』谷川俊太郎詩，イラクの子どもたち絵　教育画劇　2004.2　1冊（ページ付なし）19×25cm　1000円　Ⓘ4-7746-0608-1　Ⓝ302.273

『国際紛争の本ーいつ・どこで・何がおきたか？　3　中東/北アフリカの紛争』大芝亮監修　岩崎書店　2004.2　47p　29cm　2800円　Ⓘ4-265-04483-2　Ⓝ319
[目次]　国際社会に対する新しい脅威をめぐる紛争（イラク戦争，9.11と対テロ「戦争」），人種・民族・宗教をめぐる紛争（中東戦争，レバノン内戦　ほか），領土・国境・資源をめぐる紛争（イラン・イラク戦争，湾岸戦争　ほか），分離・独立をめぐる紛争（西サハラ紛争）
[内容]　この本を読んで、国と国がどのようにかかわっているのか？よその国の勢力争いがどうなっているのか？わたしたちがくらす日本との関係はどうなっているのか？などを理解してください。国際紛争について学ぶということは、どうすれば平和をたもてるのかを学ぶことです。この本で、中東/北アフリカの紛争について学ぶということは、そこでの紛争がみなさん自身にどのようにかかわってくるか、平和のために、みなさん何ができるかを考えることにつながります。

『国際紛争の本ーいつ・どこで・何がおきたか？　1　アジアの紛争　1』大芝亮監修　岩崎書店　2004.2　47p　29cm　2800円　Ⓘ4-265-04481-6　Ⓝ319
[目次]　冷戦の影響を受けた紛争（中国と台湾の対立，朝鮮戦争　ほか），領土・国境・資源をめぐる紛争（中ソ国境紛争，中印国境紛争），分離・独立をめぐる紛争（チベット問題），人種・民族・宗教をめぐる紛争（タジキスタン紛争），植民地からの独立をめぐる紛争（インドシナ戦争）

『ぼくの見た戦争ー2003年イラク』高橋邦典写真・文　ポプラ社　2003.12　55p　27cm　1300円　Ⓘ4-591-07965-1　Ⓝ302.273
[内容]　戦場では人の死がとてもすぐそばにある。日本では、とても考えられない光景だけれど。ーアメリカ軍に従軍した日本人カメラマンの記録。

『あたらしい戦争ってなんだろう？』山中恒，山中典子共著　理論社　2003.7　134p　19cm　920円　Ⓘ4-652-07732-7　Ⓝ319
[目次]　第1章　同時多発テロからイラク戦争まで，第2章　ブッシュ大統領の「あたらしい戦争」，第3章　兵器が戦争を変える，第4章　イラクの石油問題の始まり，第5章　第一次世界大戦と石油，第6章　イラク戦争は侵略戦争か？，第7章　「自衛のための戦争」とは何か？，第8章　「あたらしい戦争」は止められないのか？
[内容]　「イラク戦争ってそういうことだったのか！」"正義の味方"の戦争を誰も止められなかった。つぎの戦争が始まってしまうまえに、いま、じっくり考えたい。

『ネルソンさん、あなたは人を殺しましたか？ーベトナム帰還兵が語る「ほんとうの戦争」』アレン・ネルソン著　講談社　2003.7　143p　20cm　（シリーズ・子どもたちの未来のために）1300円　Ⓘ4-06-211904-8　Ⓝ319.8
[目次]　1「あなたは人を殺しましたか？」，2　わたしが海兵隊に入ったわけ，3　沖縄での一か月，4　ほんとうの戦場、ベトナムへ，5　これが戦争の現実，6　わたしを変えた体験，7　もう殺したくない，8　それからの戦い
[内容]　死体のにおい、戦場の音。戦争の本質は、今も昔も変わらない。衝撃の告白。

『紛争ー傷つけあう悲劇をのりこえて』勝間靖，青木美由紀，福武慎太郎文　ポプラ社　2003.4　47p　29cm　（21世紀の平和を考えるシリーズ　1　大貫美佐子監修）2800円　Ⓘ4-591-07544-3,4-591-99488-0　Ⓝ319.2
[目次]　アフガニスタンの紛争の場合，東ティモールの紛争の場合

『民族・宗教対立から起きた争い』安部直文著　汐文社　2003.4　47p　27cm（よくわかる世界の紛争大図解　第2巻）〈イラスト：山坂サダオ〉1800円　Ⓘ4-

8113-7640-4　Ⓝ319
|目次| 1 ユーゴ民族紛争,2 レバノン紛争,3 ルワンダ紛争,4 北アイルランド紛争,5 ソマリア紛争,6 グルジア紛争,7 タジキスタン紛争,8 新疆ウイグル自治区紛争,9 フィジー諸島紛争

『民族独立をめざす争い』安部直文著　汐文社　2003.4　47p　27cm　（よくわかる世界の紛争大図解　第3巻）〈イラスト：山坂サダオ〉 1800円　Ⓘ4-8113-7641-2　Ⓝ319

『沖縄県平和祈念資料館ワークブック』糸満　沖縄県平和祈念資料館　2003.3　47p　30cm〈付属資料：解答・解説（7p）年表あり〉Ⓝ319.8

『北アイルランド紛争』森ありさ日本語版監修，イアン・ミニス著，宮崎真紀訳　文渓堂　2003.3　63p　29cm　（世界の紛争を考える　国際理解に役立つ 5）〈年表あり〉 2800円　Ⓘ4-89423-338-X　Ⓝ233.8
|目次| この本を読むみなさんへ　少数派の意見を，どう取りいれるか？，ひきさかれた社会，紛争はなぜはじまったのか？ユニオニストvsナショナリスト，リパブリカンvsロイヤリスト，北アイルランドと世界，ここがポイント　公民権運動，ここがポイント　血の日曜日事件とイギリスの直接統治，サニングデール協定とアルスター労働者ストライキ，ここがポイント　ハンガーストライキ，イギリス＝アイルランド協定がむすばれた，和平の希望の光，マスメディアとのかかわり，和平へのとりくみ，和平をはばむ問題，30年間の戦いがのこした傷あと，年表　北アイルランド紛争の歴史

『旧ユーゴスラビア紛争』柴宜弘監修，デイビット・テイラー著，北原由美子訳　文渓堂　2003.3　63p　29cm　（世界の紛争を考える　国際理解に役立つ 3）〈年表あり〉 2800円　Ⓘ4-89423-336-3　Ⓝ239.3
|目次| ユーゴスラビアと世界，バルカン半島の歴史，ユーゴスラビアはこうしてできた，ここがポイント　チトーの死，ここがポイント　スロベニアの独立，ここがポイント　クロアチアの戦争，ボスニア戦争は，なぜおきたか？，ここがポイント　ボスニアの悲劇，ここがポイント　コソボの内戦，ユーゴスラビアをうごかした人びと，戦争とマスメディア，戦いがもたらしたもの，年表・旧ユーゴスラビアの歴史

『領土をめぐる争い』安部直文著　汐文社　2003.3　47p　27cm　（よくわかる世界の紛争大図解　第1巻）〈イラスト：山坂サダオ〉 1800円　Ⓘ4-8113-7639-0　Ⓝ319
|目次| 1 イラク紛争,2 パレスチナ紛争,3 朝鮮半島紛争,4 カシミール紛争,5 キプロス紛争,6 アルメニア人領土紛争,7 モンゴル分割紛争,8 中国・台湾紛争,9 南沙群島紛争
|内容| 本書では「なぜ紛争が起きているのか」をテーマに，対立の原因を歴史的な背景にまでさかのぼって，わかりやすく解説する。

『わたしたちは平和をめざす』黒田貴子文，石橋富士子絵　大月書店　2003.3　35p　21×22cm　（平和と戦争の絵本 5） 1800円　Ⓘ4-272-40475-X　Ⓝ319.8
|目次| 世界の子どもの平和像，世界中に子どもの平和像を建てよう，原爆への強い怒り，ぼくたちの731部隊展，町の風景が変わって見えた，わたしたちの町から戦争へ行った兵隊たち，マッシロへの旅，踏みにじられた少女たち，ソウルからの手紙，いろいろな国の子どもがいる教室〔ほか〕
|内容| 子どもや若者たちの平和をめざす様々な方法と行動が，平和へのたしかな力をつくっていきます。現代に生きる私たちが，世代をこえて語り，考えあう絵本。セットで総合学習に最適。

『非暴力で平和をもとめる人たち』目良誠二郎文，石井勉絵　大月書店　2003.2　37p　21×22cm　（平和と戦争の絵本 4） 1800円　Ⓘ4-272-40474-1　Ⓝ319.8
|目次| 戦争に反対したふたりの女性国会議員―ランキンとリー，しかえしの戦争に抗議した女子高校生―ケイティ・シエラ，最高裁で戦争批判の権利をみとめさせた―ティンカー兄妹，炎となってベトナム戦争に抗議した人―アリス・ハーズ，女性の平和運動を世界にひろげた人―ジェーン・アダムズ，非暴力で独立・自由・平等・平和の実現を―ガンジーとキング，3・1独立運動を支持した日本人―柳宗悦と石橋湛山，沖縄のガンジーとよばれた農民―阿波根昌鴻，子どもが戦車を見たことのない国を―フィゲレスとアリアス，

戦争と平和を考える　　　　　　　　　　　　　　　現代社会―時事・政治・法律

国旗敬礼の強制は憲法に違反する―バーネット事件とジャクソン判事, ヒトラーに屈しなかった作家―エーリッヒ・ケストナー, 兵役を拒否した日本人―矢部喜好・灯台社の人びと, 平和へのひとすじ希望をうむ―イスラエルの高校生たち, 核兵器をなくすために生涯をささげる―ケイト・デュース, 「核の植民地支配」とたたかう―南太平洋の女性たち, 世界がもし100人の村だったら―ドネラ・メトウズ
[内容]どんな時代にも平和をもとめて行動した人たちがいる。暴力によらない方法で平和をもとめる道とは？現代に生きる私たちが, 世代をこえて語り, 考えあう絵本。

『アラブ・イスラエル紛争』池田明史日本語版監修, イアン・ミニス著, 青木桃子訳　文渓堂　2003.1　63p　29cm　（世界の紛争を考える　国際理解に役立つ 1）〈年表あり〉 2800円　①4-89423-334-7　Ⓝ312.279
[目次]この本を読むみなさんへ　複数の「正義」をのりこえて…, 中東でなぜ戦争がおきているか, 聖地パレスチナ：ユダヤ人の立場, 聖地パレスチナ：アラブ人の立場, イギリスの委任統治領からイスラエル国の建国まで…, 第2次中東戦争（スエズ戦争）, 第3次中東戦争（6日戦争）, 第4次中東戦争（ヨム・キプール戦争）, キャンプ・デービッド合意でどんなことが決まったか, レバノン内戦, 世界をまきこむ紛争, マスメディアはどのようにつたえたか？, 平和への希望, 希望はまぼろしだったのか？, 「やられたら, やりかえす」のどうどうめぐりをやめられるか？, パレスチナの将来はどうなるか？, アラブ・イスラエル紛争の歴史
[内容]アラブ・イスラエル紛争を, 当事者だけでなく, 世界全体の問題として捉え, その「言い分」を善悪でわけず, 背景や問題点, 今後の方向等をわかりやすく解説。

『戦争はなぜくり返される』石山久男文, 石井勉絵　大月書店　2003.1　37p　21×22cm　（平和と戦争の絵本 3）〈文献あり〉 1800円　①4-272-40473-3　Ⓝ319.8
[内容]人はいつから戦争をはじめ, いつやめることができるのか。歴史の事実から考える。

『人はなぜ争うの？』岩川直樹文, 森雅之絵　大月書店　2002.12　37p　21×22cm　（平和と戦争の絵本 1）1800円　①4-272-40471-7　Ⓝ319.8
[目次]平和って？, 争いと暴力, 争いの解決
[内容]人は争いをやめることができるのか？平和をつくるとはどんなことなのか？現代に生きる私たちが, 世代をこえて語り, 考えあう絵本。

『平和ってなに？』大野一夫, 中村裕美子文, 石橋富士子絵　大月書店　2002.12　37p　21×22cm　（平和と戦争の絵本 2）1800円　①4-272-40472-5　Ⓝ319.8
[目次]平和なときって, どんなとき？, ひとりじめするよりも, したかったことはなに？, バーチャルな世界, みんなにとって大事な場所, 暴力で返さない, 今, 私たちって平和なの？, 語りつがれるのはなに？, 病気で苦しむ子どもをすくう, 子どもが働く, 捨てられる食料, 放射能に侵された子ども, 子どもと機関銃, 難民のともだち, 1枚の義足の写真, 戦争ってなくせるの？
[内容]心の問題, 歴史, 人物, 身近な問題から憲法まで, さまざまな角度から平和と戦争にアプローチ。現代に生きる私たちが, 世代をこえて語り, 考えあう絵本。

『非暴力ってなに？―娘と話す』ジャック・セムラン著, 山本淑子訳　現代企画室　2002.7　112p　19cm　1000円　①4-7738-0205-7
[内容]実現したい「非暴力」。家庭で, 学校で, 子どもと親, 生徒と先生。みんなでいっしょに, 問い直してみませんか？よりよい未来のためにフランスで大人気のブックレット・シリーズ。

『いろんなメディアで伝えよう』満川尚美監修　汐文社　2002.3　59p　27cm　（いのちを学ぼう『平和学習実践集』2）2000円　①4-8113-7437-1
[目次]劇「対馬丸」を上演―全校平和集会にチャレンジ！, 地域の戦争のことを調べて―劇上演にチャレンジ！, もうひとつの沖縄戦…『戦争マラリア』―手づくり紙芝居にチャレンジ！, 戦争体験の聞きとりから―新聞・アルバム作りにチャレンジ！, 戦争中の学校を調べて―ビデオ発表にチャレンジ！, ぞう列車をうたった―合唱にチャレンジ！, 実践の手引き
[内容]本書は, 学習したこと, 感動したことをどのようつたえたらよいか, を中心にま

現代社会―時事・政治・法律　　　　　　　　　　　戦争と平和を考える

『世界へ目を広げよう』満川尚美監修　汐文社　2002.3　59p　27cm　（いのちを学ぼう『平和学習実践集』3）2000円　①4-8113-7438-X
[目次]「大陸の花嫁」さんの涙の思いを受けて―手づくり紙芝居にチャレンジ！、「青い目の人形」のことを調べて―人形探しにチャレンジ！、OHPを使って―『つるちゃん』の読み聞かせにチャレンジ！、沖縄へいって知った―「命どぅ宝」を多くの人に伝えることにチャレンジ！、現代の戦争のことを調べて―世界の戦争調べにチャレンジ！、平和の火を調べて―ヒロシマから世界へチャレンジ！、実践の手引き

『地域から調べよう』満川尚美監修　汐文社　2002.2　51p　27cm　（いのちを学ぼう『平和学習実践集』1）2000円　①4-8113-7436-3
[目次]調べてわかったことを広げよう―平和集会にチャレンジ！、私たちが平和の「新しい語り部」に―「平和の碑」づくりにチャレンジ！、奈良公園を探検して…文化祭にチャレンジ！、学校の校歌の歴史を調べて―校歌のひみつにチャレンジ！、ナルホド探偵団―地名から戦争調べにチャレンジ！、実践の手引き

『もっと知りたい！平和について』吉村峰子，グローブ・インターナショナル・ティーチャーズ・サークル編・著　金の星社　2001.3　47p　30cm　（国際理解に役立つ 英語で広がるわたしたちの世界 2）〈英文併記　索引あり〉2800円　①4-323-05312-6

◆◆なくそう難民・地雷・核兵器

『楽園に降った死の灰―マーシャル諸島共和国』森住卓文・写真　新日本出版社　2009.3　31p　21×22cm　（シリーズ核汚染の地球 1）1500円　①978-4-406-05232-0　Ⓝ319.8

『フィールドワーク第五福竜丸展示館―学び・調べ・考えよう』第五福竜丸平和協会編，川崎昭一郎監修　平和文化　2007.3　64p　21cm〈年表あり〉600円　①978-4-89488-035-1　Ⓝ319.8
[目次]プロローグ　第五福竜丸の元乗組員・大石又七さんは語る，第1章　第五福竜丸展示館へ行こう，第2章　1954年3月1日―ビキニ水爆実験と第五福竜丸，第3章　マーシャル諸島の核被害，第4章　核兵器のない世界をめざして―第五福竜丸と平和への航海を

『ここが家だ―ベン・シャーンの第五福竜丸』ベン・シャーン絵，アーサー・ビナード構成・文　集英社　2006.9　56p　27cm　1600円　①4-08-299015-1　Ⓝ319.8
[内容]まえからうわさはながれていた。アメリカが水爆という爆弾をつくって、それをどこか南の島でためすかもしれないと。マーシャル諸島のビキニ環礁で、3月1日夜あけまえに爆発させたのだ。広島で14万人をころした原爆より、1千倍も大きい爆弾だ。リトアニア生まれのアメリカ美術の巨匠と、アメリカ生まれの日本語詩人が、歴史の流れを変えた日本の漁師23人といっしょに乗り組んで、海に出る。

『走れ！やすほ　にっぽん縦断地雷教室』上泰歩文，ピースボート編　国土社　2005.12　135p　22cm〈絵：なみへい〉1300円　①4-337-31004-5　Ⓝ319.8
[目次]1章　募金活動に挑戦！，2章　出前します！，3章　走れ！やすほ，4章　ちっぽけなわたし，5章　やっぱり人はやさしい
[内容]赤いマウンテンバイクに寝袋と地雷をつみ、やすほは走る！北海道から沖縄まで、地雷のこわさをつたえる3500kmの一人旅だ。マスコミの取材をうけたり、地震やケガにくじけそうになったり…。でも、「ちっぽけな自分」をはげましてくれるたくさんの人にささえられ、「今、自分にできること」に向かって、やすほは走る。

『なんみん―故郷をはなれて　難民理解のためのワークブック　2005年度版』長岡久美子まんが　アジア福祉教育財団難民事業本部　2005.11　57p　30cm　Ⓝ369.38

『アキラの地雷博物館とこどもたち』アキ・ラー編著　三省堂　2005.9　166p　18cm　1300円　①4-385-36208-4
[目次]1　マイ・ストーリー（アキラの物語），2　地雷博物館のこどもたち

『被爆者―60年目のことば』会田法行写真・文　ポプラ社　2005.7　40p　27cm

子どもの本 社会がわかる2000冊　115

戦争と平和を考える　　　　　　　　　　　　　　　　　　　現代社会—時事・政治・法律

（シリーズ・自然いのちひと 7）1300円　Ⓘ4-591-08731-X　Ⓝ369.37

内容　いま、聞かなければならないと思った。子どもたちに伝えたいと思った。ヒロシマ・ナガサキで被爆してから60年目。6人の被爆者を描いた写真絵本。戦争、平和、生きることの意味を静かに語る。

『ほんのすこしの勇気から—難民のオレアちゃんがおしえてくれたこと』日本国連HCR協会ボランティア・絵本プロジェクトチーム著，日本国連HCR協会監修　求竜堂　2005.7　95p　20cm　1000円　Ⓘ4-7630-0514-6　Ⓝ369.38

『広島のおばあちゃん—過去現在未来 平和学習』鎌田七男著　広島　シフトプロジェクト　2005.6　119p　30cm　953円　Ⓘ4-9902451-0-5　Ⓝ369.37

『あの日を忘れない』安斎育郎文・監修　新日本出版社　2004.12　31p　27cm（語り伝えるヒロシマ・ナガサキ ビジュアルブック　第4巻—被爆体験を語り伝える　広島編）1800円　Ⓘ4-406-03119-7　Ⓝ210.75

目次　原水爆禁止運動のはじまり，被爆の語り手たち 広島，子どもたちへ，世界へ広がる広島の願い，広島のあの日を知るための資料，平和を学ぶ資料館ガイド—東日本編，語り継ごう，ヒロシマ・ナガサキの悲劇を

『地雷をとりのぞく—平和と人権』石原尚子著，こどもくらぶ編　ほるぷ出版　2004.12　39p　29cm（できるぞ！NGO活動）2400円　Ⓘ4-593-57903-1　Ⓝ319.8

目次　1 実際の活動に学ぼう（柴田知佐—地雷をひとつでも多くへらしたい，ルワンダレスキュー隊—ルワンダ支援と地雷廃絶への願い），2 もっと知ろう（地雷って，なに？，地雷はどれくらいあるの？，地雷はどうやってとりのぞくの？ ほか），3 こんなことやってみよう（まず知ること，多くの人に知らせること，こんな参加の方法があるよ）

『平和をひろげよう』安斎育郎文・監修　新日本出版社　2004.12　31p　27cm（語り伝えるヒロシマ・ナガサキ ビジュアルブック　第5巻—被爆体験を語り伝える　長崎編）1800円　Ⓘ4-406-03120-0　Ⓝ210.75

目次　原水爆禁止運動のはじまり，被爆の語り手たち 長崎，子どもたちへ，世界へ広がる長崎の願い，長崎のあの日を知るための資料，平和を学ぶ資料館ガイド—西日本編，語り継ごう，ヒロシマ・ナガサキの悲劇を

『見えない難民—日本で暮らしたアフガニスタン人』谷本美加著　草の根出版会　2004.4　135p　23cm（母と子でみる A37）2200円　Ⓘ4-87648-197-0　Ⓝ369.38

目次　第1章 群馬と埼玉のアフガニスタン人，第2章 日本の見えない難民，第3章 六年八カ月の結末，第4章 アフガニスタンとの国境の村

『水爆ブラボー—3月1日ビキニ環礁・第五福竜丸』豊崎博光，安田和也著　草の根出版会　2004.2　143p　23cm（母と子でみる　A34）2200円　Ⓘ4-87648-193-8　Ⓝ319.8

『地雷—なくそう「悪魔の兵器」を』清水俊弘文　ポプラ社　2003.4　45p　29cm（21世紀の平和を考えるシリーズ 3　大貫美佐子監修）2800円　Ⓘ4-591-07546-X，4-591-99488-0　Ⓝ319.8

目次　どうして，地雷が埋められているの？，なぜ，地雷を悪魔の兵器というの？，どんなとき，被害にあうの？，地雷の犠牲者がでると，家族の生活はどうなるの？，学校での生活は，どんなようすなの？，絶望から希望へ，足や手をとりもどすとりくみ，たのしいこと，心配なことは？，もっと知りたい—地雷に苦しめられている国々，地雷は，どのようにとりのぞくの？，地雷の犠牲者をださないための活動とは？，地雷を除去したのちにも，問題が…，希望をもって，もっと知りたい—世界から地雷をなくすために，みんな，たいせつな存在，同じ地球の仲間として

『難民—ふるさとを追われた人々』佐藤真紀，武田勝彦，鈴木律文文　ポプラ社　2003.4　45p　29cm（21世紀の平和を考えるシリーズ 2　大貫美佐子監修）2800円　Ⓘ4-591-07545-1，4-591-99488-0　Ⓝ369.38

目次　パレスチナ難民の場合，旧ユーゴスラビア国内避難民の場合

現代社会―時事・政治・法律　「人権」を守ろう

『クリス・ムーン―地雷廃絶をめざし、義足で駆ける』NHK「未来への教室」プロジェクト著　汐文社　2003.2　47p　21×22cm　（NHK未来への教室　2）　1800円　Ⓘ4-8113-7634-X　Ⓝ319.8
目次　第1部 義足で走り続ける力，第2部 君は地雷廃絶のために何ができるのか，伝記 クリス・ムーン

『地雷がうばうものはなに？』小林正典写真と文　草土文化　2002.4　55p　29cm　（難民と地雷 わたしたちにできること）　Ⓘ4-7945-0837-9,4-7945-0835-2

『できることからはじめよう！』小林正典監修　草土文化　2002.4　55p　29cm　（難民と地雷 わたしたちにできること）　Ⓘ4-7945-0838-7,4-7945-0835-2

『難民が生まれるのはなぜ？』小林正典写真と文　草土文化　2002.4　55p　29cm　（難民と地雷 わたしたちにできること）　Ⓘ4-7945-0836-0,4-7945-0835-2

『地雷のあしあと―ボスニア・ヘルツェゴビナの子どもたちの叫び』こやま峰子詩，ボスニア・ヘルツェゴビナの子どもたち絵　小学館　2003.1　71p　21×24cm〈英文併記〉1600円　Ⓘ4-09-290203-4　Ⓝ302.3934

◆「人権」を守ろう

『じんけん』田原人権ファンクション委員会文，小林明夫，大羽彩加，おりとひろみ絵　〔田原〕愛知人権ファンクション委員会　2009.2　1冊（ページ付なし）27cm〈平成20年度文部科学省委託「人権教育推進のための調査研究事業」 共同刊行：田原人権ファンクション委員会〉　Ⓝ316.1

『ひとはみな、自由―世界人権宣言』中川ひろたか訳　主婦の友社　2008.11　1冊（ページ付なし）29cm　2500円　Ⓘ978-4-07-261545-4　Ⓝ316.1
内容　地球上のすべてのひとのために。世界30ヵ国で同時刊行！ 世界のトップアーティストたちによるキッズ版世界人権宣言。世界のみんなが楽しくなかよく幸せに暮らし

ていくためには、どうしたらいいんだろう？ ―いま、もういちど、考えなければいけないこと。

『差別のない世界をつくる』アグネス・チャン著　旬報社　2007.11　107p　22cm　（国際社会のルール　3）　1500円　Ⓘ978-4-8451-1016-2　Ⓝ316.1

『もうひとつの日本の歴史―絵本』中尾健次文，西村繁男絵　大阪　解放出版社　2007.10　40p　31cm　2500円　Ⓘ978-4-7592-4303-1　Ⓝ361.86

『民族問題ってなに？―娘と映画をみて話す』山中速人著　現代企画室　2007.6　246p　19cm〈文献あり〉1300円　Ⓘ978-4-7738-0705-9　Ⓝ316.8
内容　民族間の対立・衝突やテロ事件に悩む世界の国ぐに。外国人労働者の増加によって変化しつつある私たちの社会。気がつけば、世界はさまざまな「民族問題」であふれている。でも、民族って一体なに？ どうして民族が問題になるの？ 「クラッシュ」「ホテル・ルワンダ」「ライフ・イズ・ミラクル」など、数かずの話題の映画を観て、民族問題の背景を知る。

『差別問題』アンソニー・リシャック著，青木桃子訳　文渓堂　2007.3　31p　29cm　（池上彰の君ならどう考える、地球の危機　3　池上彰日本語版監修）2800円　Ⓘ978-4-89423-519-9　Ⓝ316.8
目次　差別はなぜなくならないのか，親友なのに…，サッカー・ファン，子どもを気づかう母親，政治的亡命を求める人，ロマ族，ぬすまれた子ども，移民，人種差別主義者の考え，ユダヤ人大虐殺で生きのこった人，わらい話をした子，人種差別は、自分とどんなかかわりがあるのだろう？
内容　友だちどうしのわらい話から、警察による差別まで、人種差別は人間にさまざまな影響をあたえます。この本には、じっさいに差別された人と、差別を認めている人の話がのっています。この本を読んで、差別にはどんな問題があるか、また、自分とどんなかかわりがあるのかを、考えてみてください。この本では、移民、人種差別主義者、サッカー・ファン、差別されている子の母親、政治的亡命を求める人、ロマ族、オーストラリアのアボリジニの女性、ユダヤ人大虐殺で生きのこった人、友だちにわ

らい話をした子の話を紹介します。

『春駒』川元祥一著　明治図書出版　2005.5　168p　21cm　（人権教育教材集 2）2060円　Ⓘ4-18-011738-X　Ⓝ316.1

内容　本書は、テレビゲームやインターネットなど身の回りに遊べるものがすぐ手に入る現代の子どもたちに、そこからでは伝わらない人間としての温かさと、人として何が大切かを伝えるものである。各教材は低・中・高学年別に、差別、いじめ、なかま、仕事などの人権問題を物語形式にし、子どもたちに分かりやすく理解できるように書かれている。たとえば、表題になっている「春駒」では、一生懸命に仕事をして生きている人々が知識と経験を語り合うことで、互いの生活が豊かになることに気づき、江戸時代から続く差別を乗り越えていく、ある村の様子が生き生きと描かれている。

『夜明けの人々』川元祥一著　明治図書出版　2005.2　179p　21cm　（人権教育教材集 1）2160円　Ⓘ4-18-626904-1　Ⓝ316.1

内容　本書は、テレビゲームやインターネットなど身の回りに遊べるものがすぐ手に入る現代の子どもたちに、そこからでは伝わらない人間としての温かさと、人として何が大切かを伝えるものである。各教材は低・中・高学年別に、差別、国際理解、いじめ、平和、仲間などの人権問題を物語形式にし、子どもたちに分かりやすく理解できるように書かれている。たとえば、高学年では、話題になっている杉田玄白の業績を支えた人々のことが、生活感とともに描かれている。

『意見をいって自分もまわりも変わる』喜多明人編著　ポプラ社　2004.4　46p　25cm　（わたしの人権みんなの人権 3　荒牧重人監修）2800円　Ⓘ4-591-08025-0　Ⓝ316.1

目次　子どもが意見をいえるためには、子どもとおとなのいい関係をつくる

『いじめ、暴力、虐待から自分を守る』坪井節子編著　ポプラ社　2004.4　46p　25cm　（わたしの人権みんなの人権 2　荒牧重人監修）2800円　Ⓘ4-591-08024-2　Ⓝ316.1

目次　学校生活のなかで、家族とのあいだで、仲間とのあいだで、性のことで、児童養護施設のなかで

『いろいろな人の人権を考える』石井小夜子編著　ポプラ社　2004.4　46p　25cm　（わたしの人権みんなの人権 4　荒牧重人監修）2800円　Ⓘ4-591-08026-9　Ⓝ316.1

目次　家族のなかで、高齢社会のなかで、人間らしく働くために、公害や病気とのたたかいのなかで、障がいをのりこえて、差別のない社会をめざして、犯罪にかかわるもの、戦争がのこしたもの

『"自分をたいせつに"からはじめよう』佐々木光明編著　ポプラ社　2004.4　46p　25cm　（わたしの人権みんなの人権 1　荒牧重人監修）2800円　Ⓘ4-591-08023-4　Ⓝ316.1

目次　自分をたいせつにして/かけがえのないあなた、自分をたいせつにして/今の自分をゆたかに、ゆっくり、安心しながらはぐくむ/成長のなかで、ゆっくり、安心しながらはぐくむ/社会生活をとおして、あなたを支えようとする社会

『情報を得ること伝えること』野村武司, 平野裕二編著　ポプラ社　2004.4　46p　25cm　（わたしの人権みんなの人権 6　荒牧重人監修）2800円　Ⓘ4-591-08028-5　Ⓝ316.1

目次　見えない相手と、仮想の世界のほんとうの世界、知られている自分、知らない自分、あふれる情報、たいせつな情報、こえてつながる、だれもがオピニオンリーダー、情報とわたしたちの権利

『立ちあがる世界の子どもたち』甲斐田万智子編著　ポプラ社　2004.4　46p　25cm　（わたしの人権みんなの人権 5　荒牧重人監修）2800円　Ⓘ4-591-08027-7　Ⓝ316.1

目次　働く子どもたち、路上で生活する子どもたち、戦いのなかの子どもたち、自由と尊厳をうばわれて、ゆがんだ価値観のなかで、環境と子どもたち、社会のなかで

『ひとつながり』にんげん編集委員会編　明治図書出版　2004.1　104p　26cm　（人権教育読本にんげん 5・6）500円　Ⓘ4-18-069816-1　Ⓝ316.1

『わたしたちと国際人権―人権に関する国際条約 違いを認めてともに生きる社会を』ヒューライツ大阪編　大阪
　ヒューライツ大阪　2003.8　31p　21cm　180円　Ⓝ316.1

『仲間たちとともに』セリーヌ・ブラコニエ文，大村浩子，大村敦志訳，シルヴィア・バタイユ絵　信山社出版　2003.5　51p　25cm　（若草の市民たち 1）　1400円　Ⓘ4-7972-3123-8　Ⓝ316.1
　内容　離ればなれになったサイードとアデルはお互いの生活を伝えあい，疑問に思うことの答えを見出すために，文通をしている。どうして，ワリーは移住してきたのか。子どもたちはみな同じ権利を持っているのか。人種差別とは何か。なぜサイードのひいおじいさんは第1次世界大戦に従軍したのか。革命記念日には何を祝うのか。大人たちは，彼らが答えを見つけるのを助ける。

『アパルトヘイト問題』平野克己日本語版監修，シーン・コノリー著，来住道子訳　文溪堂　2003.3　63p 29cm　（世界の紛争を考える　国際理解に役立つ 4）〈年表あり〉2800円　Ⓘ4-89423-337-1　Ⓝ316.8487
　目次　「虹の国」＝南アフリカ，ここがポイント　「白人支配の国」の誕生，黒人と白人の深まるみぞ，ここがポイント　アパルトヘイトの時代へ，黒人たちは立ちあがった，ここがポイント　シャープビル事件，ここがポイント　裁かれるアフリカ民族会議，ここがポイント　ソウェト蜂起，世界がうごいた，ここがポイント　マンデラ釈放，あたらしい国づくりにむかって，南アフリカのこれからのために，年表・南アフリカの歴史，さくいん

『ひといのち』にんげん編集委員会編　明治図書出版　2002.9　96p　26cm　（人権教育読本にんげん 1・2）680円　Ⓘ4-18-069618-5　Ⓝ316.1

『ひとぬくもり』にんげん編集委員会編　明治図書出版　2002.9　96p　26cm　（人権教育読本にんげん 3・4）460円　Ⓘ4-18-069712-2　Ⓝ316.1

『だれもが幸せになる権利を考えよう』一番ヶ瀬康子監修，八藤後猛著　文溪堂　2002.3　31p　30cm　（これからの福祉を考えよう 3）2900円　Ⓘ4-89423-319-3
　目次　なんで妹や赤ちゃんばかりかわいがるの？，寝たきりのおじいちゃん，「話す」，車いすで通勤，尊敬されているおじいちゃん，ぼくの友だち85歳，公園のお掃除
　内容　障害の有無，性差，身体的な違いなどにかかわらず，人が生まれながらにもっている幸せになる権利についてやさしく紹介します。

『太鼓』三宅都子文，中川洋典絵　大阪解放出版社　2001.9　31p　27×22cm　（人権総合学習つくって知ろう！かわ・皮・革）2200円　Ⓘ4-7592-2123-9
　目次　太鼓の音を聞くとじっとしていられない，祭りや行事で使われる太鼓，太鼓のひみつ，胴，胴はこうしてつくられる，膜は皮，太鼓皮はこうしてつくられる，太鼓ができるまで，こんな太鼓もある，こんな演奏もある，つくってみよう，ならしてみよう，太鼓の中から歴史が見える，世界の太鼓
　内容　太鼓の中から歴史が見える。つくって，わかることがある。みんなで太鼓博士になろう。

『医療・消費者と人権』鈴木利広，宇都宮健児著，井上正治画　岩崎書店　2001.4　58p　27cm　（人権を考える本　人が人らしく生きるために 1）〈索引あり〉2300円　Ⓘ4-265-05541-9, 4-265-10231-X
　内容　このシリーズでは，人権をおびやかされたり，侵害された人たちが，その回復のためにたちあがり，「人が人らしく生きる」ために努力した，具体的ケースからかたられています。1巻は，医療・消費者と人権について。小学校高学年〜中学・高校生向き。

『外国人・警察と人権』石田武臣，高山俊吉著，夏目尚吾画　岩崎書店　2001.4　58p　27cm　（人権を考える本　人が人らしく生きるために 7）〈索引あり〉2300円　Ⓘ4-265-05547-8, 4-265-10231-X
　内容　このシリーズでは，人権をおびやかされたり，侵害された人たちが，その回復のためにたちあがり，「人が人らしく生きる」ために努力した，具体的ケースからかたられています。7巻は，外国人・警察と人権について。小学校高学年〜中学・高校生向き。

『公害・環境と人権』馬奈木昭雄，樋渡俊一著，大和田美鈴画　岩崎書店　2001.4　54p　27cm　（人権を考える本　人が人らしく生きるために　3）〈索引あり〉2300円　①4-265-05543-5,4-265-10231-X

[内容]このシリーズでは、人権をおびやかされたり、侵害された人たちが、その回復のためにたちあがり、「人が人らしく生きる」ために努力した、具体的ケースからかたられています。3巻は、公害・環境と人権について。小学校高学年～中学・高校生向き。

『子ども・障害者と人権』坪井節子，児玉勇二著，鈴木びんこ画　岩崎書店　2001.4　55p　27cm　（人権を考える本　人が人らしく生きるために　2）〈索引あり〉　2300円　①4-265-05542-7,4-265-10231-X

[内容]このシリーズでは、人権をおびやかされたり、侵害された人たちが、その回復のためにたちあがり、「人が人らしく生きる」ために努力した、具体的ケースからかたられています。2巻は、子ども・障害者と人権について。小学校高学年～中学・高校生向き。

『情報・報道と人権』小野寺信一，坂井真著，井上正治画　岩崎書店　2001.4　54p　27cm　（人権を考える本　人が人らしく生きるために　6）〈索引あり〉2300円　①4-265-05546-X,4-265-10231-X

[内容]このシリーズでは、人権をおびやかされたり、侵害された人たちが、その回復のためにたちあがり、「人が人らしく生きる」ために努力した、具体的ケースからかたられています。6巻は、情報・報道と人権について。小学校高学年～中学・高校生向き。

『女性・戦争と人権』角田由紀子，南典男著，小泉るみ子画　岩崎書店　2001.4　55p　27cm　（人権を考える本　人が人らしく生きるために　4）〈索引あり〉2300円　①4-265-05544-3,4-265-10231-X

[内容]このシリーズでは、人権をおびやかされたり、侵害された人たちが、その回復のためにたちあがり、「人が人らしく生きる」ために努力した、具体的ケースからかたられています。4巻は、女性・戦争と人権について。小学校高学年～中学・高校生向き。

『労働者とその生命と人権』徳住堅治，川人博著，深見春夫画　岩崎書店　2001.4　49p　27cm　（人権を考える本　人が人らしく生きるために　5）〈索引あり〉2300円　①4-265-05545-1,4-265-10231-X

[内容]このシリーズでは、人権をおびやかされたり、侵害された人たちが、その回復のためにたちあがり、「人が人らしく生きる」ために努力した、具体的ケースからかたられています。5巻は、労働者の生命と人権について。小学校高学年～中学・高校生向き。

『人間の尊さを守ろう』吉野源三郎著　改訂版　ポプラ社　2000.7　257p　20cm　（吉野源三郎全集　ジュニア版　3）　1200円　①4-591-06534-0

[内容]40年以上、なぜ読み継がれてきたのだろうか。永遠のベストセラーが、今世に真意を問う。

『女性の権利』ケイ・ステアマン著，野宮薫訳　星の環会　2000.4　63p　26cm　（〈調べ学習〉激動20世紀の真実と21世紀への課題　2）〈年表あり　索引あり〉2500円　①4-89294-291-X

[目次]不平等な世界，ニュー・ウーマン，戦争と平和と女性，ロシア革命とナチスの抑圧，前線で活躍する女性，独立をめざして，ウーマン・リブ，社会の主流に挑む女性たち，世界にひろがる女性の権利，新しい世紀に向かって

[内容]この100年のあいだに、世界の女性たちの生活は、おどろくほどの変化をとげました。この本では、20世紀におこった重要なできごとをふりかえりながら、女性たちが求めつづけている「女性の権利」について考えます。

『人種差別』レッグ・グラント著，野宮薫訳　星の環会　2000.4　63p　26cm　（〈調べ学習〉激動20世紀の真実と21世紀への課題　5）〈年表あり　索引あり〉2500円　①4-89294-294-4

[目次]人種差別のある世界，植民地制度，アメリカの人種差別，ファシズムと戦争，公民権とブラックパワー，南アフリカのアパルトヘイト，ヨーロッパへの移住，成功と失敗

現代社会―時事・政治・法律　　　　　　　　　　　　　　　　　　　　　　　　「人権」を守ろう

[内容] 20世紀はじめ、白人は、白人以外の人たちを、自分たちとおなじ人間だとは認めようとしませんでした。その結果、20世紀には、世界中でおそろしい人種差別がおこなわれました。この100年のあいだ、人びとは、人種差別とどのように闘ってきたのでしょうか。はたして、人種差別はなくなったのでしょうか。この本では、20世紀におこった重要なできごとをふりかえりながら、人種差別について考えます。

『タイムトラベル人権号』満川尚美文，木原千春絵　大月書店　2000.4　38p　21×22cm　（人権の絵本 5）〈文献あり〉1800円　④4-272-40375-3
[目次] タイムトラベル人権号で出発！，パリへの民衆の行進―フランス革命，「自由の国」を求めて―アメリカの独立宣言，働く者に生きる権利を！―ロシア革命，服装にみる女性の人権，魔女といわれた人々，アメリカ先住民の悲劇，奴隷船に乗せられて，奴隷の解放，公民権運動，自由自治のはじまり〔ほか〕
[内容] わたしって何？人権って何？を考える。いじめで苦しんだり、じぶんを見失って悩んでいる子どもたちが、じぶんを見つめ、お互いを信頼しあえるために。教室で、サークルで、討論しながら学べる絵本。タイムマシンに乗って、世界と日本の人権の旅へ出発！小・中学生向。

『学びの手引き』岩辺泰吏編　大月書店　2000.4　74p　21×22cm　（人権の絵本 6）〈索引あり〉1800円　④4-272-40376-1
[目次] 1 このシリーズを使ってくださるみなさんへ，2 このシリーズを使っての授業実践（小学校篇，中学校篇），3（資料，子どもが相談できるところ）
[内容] わたしって何？人権って何？を考える。いじめで苦しんだり、じぶんを見失って悩んでいる子どもたちが、じぶんを見つめ、お互いを信頼しあえるために。教室で、サークルで、討論しながら学べる絵本。資料・用語解説から授業実践まで、調べ学習と活用のための手引き。小・中学生向。

『世界中のひまわり姫へ―未来をひらく「女性差別撤廃条約」』永田萌絵，小笠原みどり文　ポプラ社　2000.3　56p　27cm　1400円　④4-591-06420-4
[内容] こどもたちに、みんなに、そして未来に、伝えたい「女性差別撤廃条約」。北九州市立女性センター"ムーブ"主催「女性差別撤廃条約」名訳コンクールの入賞作品。

『わたしたちの人権宣言』喜多明人文，木原千春絵　大月書店　2000.3　36p　21×22cm　（人権の絵本 4）1800円　④4-272-40374-5
[目次] 気分でおこらないで、ひとりぼっちのリエ，生物のいのち，そんなの死刑だよ，リエ、塾に行く，エイズとたたかう，お父さんがリストラに，ケンタ、デモに出っくわす，なぜ、女子更衣室がないの？，やるべきことをやれ〔ほか〕
[内容] 生い立ちのちがう3人が、人権問題で大活躍。

『それって人権？』喜多明人文，木原千春絵　大月書店　2000.2　36p　21×22cm　（人権の絵本 3）1800円　④4-272-40373-7
[目次] もっと時間がほしい！，ぼく、いじめられてる，子どもだってお客さんだよ！，お父さん，暴力反対！，もっと知りたい、学びたい，友だちが大ケガ，なんとかしたい，先生、えこひいきしないで，女の子だってサッカーしたい，駅長さん、エレベーターをつけて，日本に住まわせてやるなんてひどい！〔ほか〕
[内容] 「親にぶたれた」「遊ぶ時間がない」など、子どもにかかわる人権問題Q&A。小・中学生向。

『じぶんを大切に』岩川直樹文，木原千春絵　大月書店　2000.1　36p　21×22cm　（人権の絵本 1）1800円　④4-272-40371-0
[目次] わたしのからだとこころ，かかわりのなかのわたし，わたしを大切にする

『ちがいを豊かさに』岩川直樹文，木原千春絵　大月書店　2000.1　36p　21×22cm　（人権の絵本 2）1800円　④4-272-40372-9
[目次] いろんなちがい，ちがいを不幸にしてしまうとき，ちがいをゆたかさに

『国際人権規約ってなに』ヒューライツ大阪編　大阪　ヒューライツ大阪〔2000〕　36p　21cm　250円

『わたしたちの世界人権宣言』ヒューライツ大阪編　大阪　ヒューライツ大阪

子どもの本 社会がわかる2000冊

〔2000〕　45p　21cm　300円

◆◆「子どもの権利」って何？

『子どもの人身売買―売られる子どもたち』アムネスティ・インターナショナル日本編著　リブリオ出版　2008.12　125p　26cm　（世界の子どもたちは今 3）〈文献あり〉2800円　Ⓣ978-4-86057-367-6　Ⓝ368.4

『児童労働―働かされる子どもたち』アムネスティ・インターナショナル日本編著　リブリオ出版　2008.11　125p　26cm　（世界の子どもたちは今 2）2800円　Ⓣ978-4-86057-366-9　Ⓝ366.38

『チャンスがあれば…―ストリートチルドレンの夢』チャンスの会編訳　岩崎書店　2007.5　127p　26cm　1900円　Ⓣ978-4-265-81032-1　Ⓝ367.6
　[内容]　知りたいんだ、なぜ、なんのためにぼくは生まれてきたのか。―小さなアーティストたちの大きなメッセージ。

『学校へいけない子どもたち―教育』本木洋子, 茂手木千晶著　新日本出版社　2005.5　39p　27cm　（いま、地球の子どもたちは―2015年への伝言　第2巻）2000円　Ⓣ4-406-03187-1　Ⓝ367.6
　[目次]　いま、地球の子どもたちは―2015年への伝言, 5人に1人の子どもが学校にいけません, 開発途上国でくらす子どもたち, 働きながら学校へ, 障害をもった子どもも学校へ, 教育の新しいひろがり, 平等に教育がうけられるよう, 貧困克服と自立にむけて, 世界の子どもたちとともに,2015年のあなたへ
　[内容]　国際連合（国連）では2000年9月、21世紀の地球のために、ミレニアム開発目標（ミレニアムゴール）を定めました。地球上のすべての人が平和で健康にくらせるよう、2015年までにもっと住みよい地球をつくろうというものです。このシリーズはミレニアムゴールを内容ごとにまとめ、4巻で制作しました。

『売られていく子どもたち―貧困と飢餓』本木洋子, 茂手木千晶著　新日本出版社　2005.4　39p　27cm　（いま、地球の子どもたちは―2015年への伝言　第1巻）2000円　Ⓣ4-406-03178-2　Ⓝ368.2

　[目次]　開発途上国でくらす子どもたち, 世界の子どもたちとともに,2015年のあなたへ

『「こどもの権利条約」絵事典』木附千晶, 福田雅章文, 森野さかな絵　PHP研究所　2005.4　79p　29cm　2800円　Ⓣ4-569-68537-4　Ⓝ316.1
　[目次]　愛される権利―こどもの基本的権利, 自分らしく元気に大きくなる権利―成長発達するためのいろいろな権利, 社会の中で大きくなる権利―市民的自由, 特別な助けを求める権利―特別なニーズを必要としているこどもの権利, こどもの権利をいかすために

『学校に行けないはたらく子どもたち 4（中東・北アフリカ）』田沼武能写真・文　汐文社　2004.12　47p　27cm　2200円　Ⓣ4-8113-7912-8　Ⓝ367.6
　[内容]　現在、世界には学校に行けない子どもが1億2000万人もいます。戦争や貧困などさまざまな理由のために、生きるのが精いっぱいで、学びたくても学べないのです。この本は、働き手として毎日を過ごさなければならない世界中の子どもたちの姿を、写真家・田沼武能の眼を通して伝えるものです。

『学校に行けないはたらく子どもたち 3（中南米）』田沼武能写真・文　汐文社　2004.12　48p　27cm　2200円　Ⓣ4-8113-7911-X　Ⓝ367.6
　[内容]　現在、世界には学校に行けない子どもが1億2000万人もいます。戦争や貧困などさまざまな理由のために、生きるのが精いっぱいで、学びたくても学べないのです。この本は、働き手として毎日を過ごさなければならない世界中の子どもたちの姿を、写真家・田沼武能の眼を通して伝えるものです。

『学校に行けないはたらく子どもたち 2（アジア・オセアニア）』田沼武能写真・文　汐文社　2004.11　47p　27cm　2200円　Ⓣ4-8113-7910-1　Ⓝ367.6
　[内容]　現在、世界には学校に行けない子どもが約1億2000万人もいる。戦争や貧困などさまざまな理由のために、生きるのが精いっぱいで、学びたくても学べない。この本は、働き手として毎日を過ごさなければならない世界中の子どもたちの姿を、写真家・田沼武能の眼を通して伝えるものである。

『学校に行けないはたらく子どもたち

現代社会―時事・政治・法律　　　　　　　　　　　　　　　　　　　　　　　　「人権」を守ろう

1（アフリカ）』田沼武能写真・文　汐文社　2004.11　47p　27cm　2200円　Ⓘ4-8113-7909-8　Ⓝ367.6
[内容] 現在、世界には学校に行けない子どもが約1億2000万人もいます。戦争や貧困などさまざまな理由のために、生きるのが精いっぱいで、学びたくても学べないのです。この本は、働き手として毎日を過ごさなければならない世界中の子どもたちの姿を、写真家・田沼武能の眼を通して伝えるものです。

『ストリートチルドレンを見つめる―子どもの権利と児童労働』石原尚子著，こどもくらぶ編　ほるぷ出版　2004.10　39p　28cm　（できるぞ！NGO活動）　2400円　Ⓘ4-593-57901-5　Ⓝ367.6
[目次] 1 実際の活動に学ぼう（五十嵐敬也―アンコールワットにちかった夢，中台中学校生徒会―ストリートチルドレンに支援を，平岡良介―11歳の仲間にはじめた「広島イレブン」），2 もっと知ろう（ストリートチルドレンというのは、どういう意味？，どうしてストリートチルドレンとなる子どもがいるの？，トラフィックトチルドレンって、なに？　ほか），3 こんなことやってみよう（まず知ること、多くの人に知らせること、こんな参加の方法があるよ）
[内容] ストリートチルドレンってなに？児童労働はどうしてあるの？日本の子どもたちの実際の活動をとおして、過酷な状況にある世界の子どもたちを見つめ、支援する方法を考える。

『もう、死なせない！―子どもの生きる権利』桃井和馬著　フレーベル館　2004.7　72p　20×21cm　1500円　Ⓘ4-577-02866-2　Ⓝ316.1
[内容] 『子どもの権利条約』を、知っていますか。子どもたちの保護と権利を守るためにつくられました。しかし、世界には今も悲惨な生活をおくっている子どもたちがたくさんいます。世界の子どもたちの現状をみて、私たちのすんでいる日本は？ともう一度考えなおしてみてください。本書は「見て」「読んで」「子どもと大人が話し合う」「考える」きっかけになる本です。

『あたたかい「家」がほしい―家庭・家族の権利』ジーン・ハリソン著，今西大訳，Save the Children監修　鈴木出版　2004.5　31p　28cm　（子どもの権利条約で考える世界の子どもたち 25人の物語）2200円　Ⓘ4-7902-3136-4　Ⓝ316.1
[目次] 子どもは権利をもって生まれてくる，貧しい子どもにも、あたたかい「家」への権利がある，家があって、ママがいる―イルカちゃんの物語（ブラジル），命をおびやかされる子どもにも、あたたかい「家」への権利がある，戦争で家をうばわれた日々―サランダちゃんの物語（コソボ），親といっしょにくらせない子どもにも、あたたかい「家」への権利がある，お父さんをエイズでなくして―サラちゃんの物語（ウガンダ），ストリートでくらす子どもにも、あたたかい「家」への権利がある，早くここから出て行きたい―ベンジャミンくんの物語（コンゴ民主共和国），働く子どもにも、あたたかい「家」への権利がある，もし、魔法のつえがあったら―アナちゃんの物語（グアテマラ）

『安心してくらしたい―守られる権利』ジーン・ハリソン著，今西大訳，Save the Children監修　鈴木出版　2004.5　31p　28cm　（子どもの権利条約で考える世界の子どもたち 25人の物語）2200円　Ⓘ4-7902-3137-2　Ⓝ316.1
[目次] 子どもは権利をもって生まれてくる，貧しくても、安全にくらす権利がある，「いまなら、またなかよくなれる」―クリスティアンくんの物語（コロンビア），働いていても、安全にくらす権利がある，「生きていくには、働くしかないんだ」―アマドゥくんの物語（ブルキナファソ），戦争におそわれても、安全にくらす権利がある，兵士になった少年―ジュエイールくんの物語（コンゴ民主共和国），女の子も、安心してくらす権利がある，女の子がこわがらなくてすむ村に―ブミサルちゃんの物語（ネパール），暴力に囲まれていても、安全にくらす権利がある，ギャングからぬけ出して―ローザちゃんの物語（ホンジュラス）

『意見を聞いてほしい―参加する権利』ニコラ・エドワーズ著，今西大訳，Save the Children監修　鈴木出版　2004.5　31p　28cm　（子どもの権利条約で考える世界の子どもたち 25人の物語）2200円　Ⓘ4-7902-3138-0　Ⓝ316.1
[目次] 子どもは権利をもって生まれてくる，子どもには、参加する権利がある，子どもだからこそ、できることがある―アリくんの物語（ブルキナファソ），子どもには、自分の将来を決める権利がある，清掃プロジェクト

に参加して―ジケくん、ジレスくん、ディエウくんの物語(コンゴ民主共和国)、子どもには、意見を表明する権利がある、子どもから世界がかわる―マリア・アレハンドラちゃんの物語(コロンビア)、子どもには、意見を聞いてもらう権利がある、おとなといっしょに考える―ディルマーヤちゃんの物語(ネパール)、子どもには、自分たち子どもの権利について知る権利がある、子どもの権利はわたしの権利―ベロニカさんの物語(ブラジル)

『キッズ・パワーが世界を変える―クレイグ少年の物語』クレイグ・キールバーガー文、中島早苗構成・訳　大月書店　2004.5　39p　22cm　(ぼくら地球市民 2)　1400円　①4-272-40502-0　Ⓝ369.4
目次　はじまりは新聞記事、フリー・ザ・チルドレン誕生!、ぼくたちは子どもだけれど、ぼくの家族、自分の目で見たい、マザー・テレサとの出会い、心の傷がいえるまで、じゅうたん工場救出大作戦、ぼくたちは自由だ!、ナーグシールとの出会い〔ほか〕
内容　12歳のクレイグ少年は、児童労働反対を訴えて、フリー・ザ・チルドレン設立。8年間で世界35か国に広がり、350校の学校を建てた。

『元気でいたい―健康への権利』ケイティー・ダックワース著、今西大訳、Save the Children監修　鈴木出版　2004.5　31p　28cm　(子どもの権利条約で考える世界の子どもたち 25人の物語)　2200円　①4-7902-3135-6　Ⓝ316.1
目次　子どもは権利をもって生まれてくる、子どもはみんな健康に生活する権利がある、いつの日か、大統領になったら―ハミスくんの物語(ザンジバル)、子どもはみんなきちんと食べる権利がある、ふるさとに帰る日を願って―ファティーマちゃんの物語(アフガニスタン)、子どもはみんな清潔な水を飲む権利がある、村の水がきれいになって―アバネシちゃんの物語(エチオピア)、子どもには健康でいるための知識を学ぶ権利がある、お母さんをしあわせにしたい―アナ・カタリーナちゃんの物語(グアテマラ)、子どもはみんなエイズから守られる権利がある、母さんの「思い出の本」を胸に―ジリアンちゃんとベルナールくんの物語(ウガンダ)

『地球村の子どものけんり―生きるけんり・育つけんり』吉村峰子、吉村稔著　鈴木出版　2004.5　39p　27cm　(チャレンジ!地球村の英語) 3000円　①4-7902-3131-3　Ⓝ316.1
内容　「子どものけんり」は、おとなのけんりとどうちがうのだろうか。自分たちのけんりについて、いっしょに考え、たしかめていこう。そして、地球村のほかの場所に住む子どもたちのけんりが守られているかどうか、見ていこう。

『子どもの人権』アダム・ヒバート著、桜井よしこ日本語版総監修、久保田陽子訳・文　小峰書店　2004.4　47p　29cm　(現代の世界と日本を知ろう イン・ザ・ニュース 7) 3000円　①4-338-19607-6　Ⓝ316.1
目次　子どもの権利とは何でしょう?、なぜ権利が必要なの?、子どもと大人の境目は、どこにあるのでしょう?、子どもの歴史、国際連合による条約、生まれる前からの権利、家庭での中の子どもたち、学校の中での子どもたち、司法と子どもたち、子どもの労働〔ほか〕

『子どもの権利で世界をつなごう』ナムーラミチヨイラスト　ほるぷ出版　2004.3　39p　29cm　(きみの味方だ!子どもの権利条約 6　林量俶、世取山洋介監修、こどもくらぶ編著)〈全条文収録(要約+政府訳) 年表あり〉2400円　①4-593-57706-3　Ⓝ316.1
目次　テーマ1 ストリートチルドレンってどうしているの?、テーマ2 戦争ってかっこいい?、テーマ3 子どもは物でも、おもちゃでもない、テーマ4 難民の子ども、テーマ5 子どもがになう地球の未来

『学びたい―教育への権利』ケイティー・ダックワース著、Save the Children監修、今西大訳　鈴木出版　2004.3　29p　28cm　(子どもの権利条約で考える世界の子どもたち 25人の物語)　2200円　①4-7902-3134-8　Ⓝ316.1
目次　子どもは権利をもって生まれてくる、貧しくても、学ぶ権利がある、学校に行けるだけでいい―ヌンちゃんの物語(ベトナム)、働いていても、学ぶ権利がある、あしたはきっといい日になる―ナンシーちゃんの物語(カシミール)、障害があっても、学ぶ権利がある、友だちに囲まれて―ナラヤンくんの物語(ネパール)、家や家庭がなくても、学ぶ権利がある、ストリートでくらして―ジミーくんの物語(コンゴ民主共和国)、緊急事態に

現代社会—時事・政治・法律　　　　　　　　　　　　　　　　　　　　「人権」を守ろう

見まわれても、学ぶ権利がある, ぼくの学校が消えた—フラムールくんとベティムくんの物語 (コソボ)

『遊ぶことだってたいせつな権利』ナムーラミチヨイラスト　ほるぷ出版　2004.2　39p　29cm　(きみの味方だ！子どもの権利条約 5　林量俶, 世取山洋介監修, こどもくらぶ編・著)〈全条文収録(要約＋政府訳)〉2400円　Ⓘ4-593-57705-5　Ⓝ316.1
　目次　テーマ1 遊び、ゆとりのたいせつさ, テーマ2 ドラッグ、NO！, テーマ3 心もからだも健康に, テーマ4 障害をもつ子どもの権利

『子どもだって社会をかえられる』ナムーラミチヨイラスト　ほるぷ出版　2004.1　39p　29cm　(きみの味方だ！子どもの権利条約 4　林量俶, 世取山洋介監修, こどもくらぶ編・著)　2400円　Ⓘ4-593-57704-7　Ⓝ316.1
　目次　テーマ1 表現しよう、発信しよう, テーマ2 マスメディアとのつきあいかた, テーマ3 子どもも社会の一員, テーマ4 非行・犯罪から立ちなおるために, テーマ5 だれにでも居場所のある社会を

『子どもの権利で学校をたのしく』ナムーラミチヨイラスト　ほるぷ出版　2003.12　39p　29cm　(きみの味方だ！子どもの権利条約 3　林量俶, 世取山洋介監修, こどもくらぶ編・著)　2400円　Ⓘ4-593-57703-9　Ⓝ316.1
　目次　1 学校はなんのためにあるの？, 2 授業をおもしろくしよう！, 3 子どもだって人間なんだ！, 4 いじめはどうすればなくなる？, 5 学校をよくしよう！

『子どもにとって家庭ってなに？』ナムーラミチヨイラスト　ほるぷ出版　2003.11　39p　29cm　(きみの味方だ！子どもの権利条約 2　林量俶, 世取山洋介監修, こどもくらぶ編・著)　2400円　Ⓘ4-593-57702-0　Ⓝ316.1
　目次　1 親にもいっしょに考えてもらおう, 2 子どもを育てるのはたいへん, 3 子どもを傷つけないで, 4 どの子にも家庭が必要だ！, 5 国境をこえた家族
　内容　「子どもの権利条約」は、子どもとその家庭をまもるためのさまざまな権利を定めています。それらがめざしているのは、条約の前文のことばをかりれば、すべての子どもが「幸福、愛情および理解のある雰囲気のなかで成長する」ことです。でも、幸福とはどういうことをいうのでしょう？ 世界のなかでみれば、日本の家庭はずいぶんめぐまれています。でも、満ちたりているように見える家庭にも、外からは見えないなやみがあることもあります。逆に、あまりお金がなかったり、両親のどちらかがいなかったりしても、幸福な家庭もあります。家族のひとりひとりが、「ここがわたしの安心できる場所だ」と思えることが、いちばんたいせつなのです。そのためには、それぞれの家庭で、自分たちにとって「安心できる場所」とはどういうところなのかを、みんなで考えることが第一歩です。「子どもの権利条約」を知ることは、そのいい機会になるでしょう。

『すべての子どもたちのために—子どもの権利条約』キャロライン・キャッスル文, 池田香代子訳　ほるぷ出版　2003.11　1冊(ページ付なし)　28cm　1300円　Ⓘ4-593-50426-0　Ⓝ316.1
　内容　親子で読む子どもの権利条約の絵本。権利とは、「しあわせに生きていくためにどんな人にもみとめられている、なにかをしたりしないことができる自由」です。この絵本を読んで、みなさんに生まれながらそなわっている権利とはなにかを理解してくださることをねがっています。

『子どもの権利ってなんだろう？』ナームラミチヨイラスト　ほるぷ出版　2003.10　39p　29cm　(きみの味方だ！子どもの権利条約 1　林量俶, 世取山洋介監修, こどもくらぶ編・著)　2400円　Ⓘ4-593-57701-2　Ⓝ316.1
　目次　1 子どもの権利条約ってどんなもの？, 2 わたしは、ほかのだれでもないわたし, 3 ゆたかな「子ども時代」をすべての子どもに, 4 ぼくの話をもっときいて！, 5 さあ、条約をつかってみよう

『ぼくの学校は駅の10番ホーム—夢に向かって走る、家なしビッキー物語』今西乃子文, 浜田一男写真　旺文社　2003.4　159p　22cm　(シリーズ・人間っていいな)　1238円　Ⓘ4-01-069564-1　Ⓝ367.625

子どもの本 社会がわかる2000冊　125

人びとを守る仕事　　　　　　　　　　　　　　　現代社会—時事・政治・法律

|目次| 1 心の貧しさ、お金のない貧しさ,2 プラットホームで学ぶ子どもたち,3 勉強がしたくてたまらない,4 十三歳のストリートチルドレン,5 夢は路上の子の先生,6 やればできるんだ！,7 だれにでもあるチャンス,8 貧しいことを武器にしろ！,9 お金では手に入らない？,10 さよならは言わない,11 少年が教えてくれたもの
|内容| インドの少年ビッキーには、家がない。貧しくて、ふつうの学校に行けないビッキーは、駅の10番ホームにある「学校」に通う。うす暗く、机もいすもない、ほったて小屋だ。でもビッキーは、一所けん命に勉強をしている。だれに言われたわけでもないのに…。夢に向かって走る少年ビッキーの、熱い情熱ほとばしる、ヒューマン・ノンフィクション。

『子どもが働く国があるの？―世界の家族』稲葉茂勝著　ほるぷ出版　2003.1　39p　29cm　（家族ってなんだろう　池上彰総監修、こどもくらぶ編）2300円　Ⓘ4-593-57505-2　Ⓝ367.3
|目次| 1 写真で考えよう！世界の家族,2 隣の国の家族はどんなだろう？,3 家族のきずな、世界の国ぐにでは？,4 お手伝い・ボランティア・子ども労働,5 世界のいろいろな結婚制度,6 世界の子育ていろいろ

『アンコール・ワットの神さまへ―「国境なき子どもたち」の記録』石原尚子著　岩崎書店　2002.11　180p　22cm　（イワサキ・ライブラリー 12）1300円　Ⓘ4-265-02742-3　Ⓝ369.4
|目次| 第1章「子どもレポーター」になりたい！,第2章 ついにきちゃった！「子どもレポーター」活動開始,第3章 みんなに、この思いを伝えよう！
|内容| 「国境なき医師団」と「国境なき子どもたち」がカンボジアに派遣した「子どもレポーター」。かれらが、ストリートチルドレン（路上生活をする子どもたち）、トラフィックチルドレン（人身売買された子どもたち）と出会い、取材し、友情をはぐくんだ感動の記録。

『子どもだってにんげんさ―子どもの権利条約』CAP北九州、児童虐待と子育て支援を考える会、北九州人権フォーラム制作・編集　第2版　〔北九州〕〔CAP北九州〕2002.2　59p　21cm

◆人びとを守る仕事―警察・消防

『消防署』深光富士男著、松田博康監修　リブリオ出版　2008.4　47p　27cm　（新・みぢかなくらしと地方行政　写真でわかる小学生の社会科見学　第2期　第4巻）2800円　Ⓘ978-4-86057-353-9, 978-4-86057-349-2　Ⓝ318.21

『犬のおまわりさんボギー―ボクは、日本初の"警察広報犬"』西松宏作　ハート出版　2007.12　143p　22cm　1200円　Ⓘ978-4-89295-577-8　Ⓝ317.7
|目次| ボギーとの出会い、厳しい"社員教育"、ボギーは"ぬちぐすい"、"犬のおまわりさん"誕生、日本初の警察広報犬に、ボギーの交通安全指導、大恋愛の果てに、新しい出会い、手登根さんの夢
|内容| 「ワンぬうむい交通安全」（沖縄の方言で「私の願いは交通安全」という意味）。道行くドライバーに交通安全を訴え、子供たちには交通ルールの指導をするスーパードッグ。テレビや新聞でおなじみのボギーの活躍が、ついに本になった。

『警察署』滝沢美絵著、松田博康監修　リブリオ出版　2007.4　47p　27cm　（新・みぢかなくらしと地方行政　写真でわかる小学生の社会科見学　第6巻）2800円　Ⓘ978-4-86057-289-1　Ⓝ317.7
|目次| 栃木県警察

『消火と救命に全力をつくす』深光富士男著、梅沢実監修　学習研究社　2006.2　48p　29cm　（日本を守る安全のエキスパート 1）3000円　Ⓘ4-05-202381-1　Ⓝ317.79

『犯罪や交通事故をふせぐ』深光富士男著、梅沢実監修　学習研究社　2006.2　48p　29cm　（日本を守る安全のエキスパート 5）3000円　Ⓘ4-05-202385-4　Ⓝ317.7

『警察犬』こどもくらぶ編著　鈴木出版　2005.2　31p　27cm　（社会でかつやくするイヌたち 2）2200円　Ⓘ4-7902-3145-3　Ⓝ317.75
|目次| 1 警察犬の生活を見てみよう,2 警察犬になるまで,3 警察犬についてもっとしらべよう

『炎上 男たちは飛び込んだ―〈ホテル・ニュージャパン〉伝説の消防士たち』NHKプロジェクトX制作班原作・監修,篠原とおる作画・脚本　宙出版　2004.12　206p　23cm　（まんがプロジェクトX挑戦者たち ジュニア版 9）950円　Ⓣ4-7767-9085-8　Ⓝ317.79

[目次]第1章 挑戦・特別救助隊,第2章 出場・ホテル火災発生,第3章 突入・決死の救出,第4章 爆炎・フラッシュオーバー,第5章 終炎・美しき男たち,第6章 誕生・伝説の消防士

[内容]1982年2月8日、東京・赤坂で起きたホテル・ニュージャパン火災。火はまたたく間に9階と10階をのみ込み、100人を超す人たちが逃げ遅れた。史上最悪のホテル火災に挑んだ東京消防庁第11特別救助隊の必死の救出劇が始まった。

『警察署』警察政策研究センター監修,林義人文,菊池東太写真　小峰書店　2004.4　39p　29cm　（まちの施設たんけん 6）2600円　Ⓣ4-338-19806-0　Ⓝ317.7

[目次]おまわりさん,ここが警察署だ,警察署をたんけん,警察署の仕事,交番があるところ,交番のおまわりさん,交番の仕事,110番のしくみ,交通事故をふせぐ,事件だ！現場にいそげ,事件の捜査,災害の救助,警察の乗り物,警察学校,まちの防犯,くらしやすいまち

[内容]警察のしくみ,まちの人々の防犯活動などを調べる。小学校中学年以上。

『消防署』坂井秀司監修,林義人文,菊池東太写真　小峰書店　2004.4　39p　29cm　（まちの施設たんけん 5）2600円　Ⓣ4-338-19805-2　Ⓝ317.79

[目次]火事を消す,レスキュー隊も出動,救急隊も出動だ,消防署のたんけん,出動にそなえて,消化と救助の訓練,119番の電話をしたら,消防士さんの装備,これが消防車だ,いろいろな消防車,火事の原因調べ,まちと消防署,まちの防災のしくみ,住民のたすけあい,いろいろな災害,災害に強いまち

[内容]消防のしくみのほか、まちの防災設備を調べる。小学校中学年以上。

『警察本部ってこんなところ―社会のしくみを見学しよう』コンパスワーク編・著　偕成社　2003.3　47p　30cm　（みんなで出かけよう！わたしたちの社会科見学

1）2800円　Ⓣ4-03-543610-0　Ⓝ307

[目次]第1章 国のしごと,第2章 お金と経済,第3章 交通と流通,第4章 通信とメディア,第5章 エネルギーと未来

[内容]第1巻では、「社会のしくみ」にかんして、全国各地で体験や見学をしたおもな内容を、テーマごとに章に分けて紹介している。小学校中学年から。

『警察署と交番』財部智文,夏目洋一郎絵　岩崎書店　1998.4　37p　27cm　（くらしをまもる・くらしをささえる 校外学習 8）2400円　Ⓣ4-265-02568-4,4-265-10145-3

[目次]安心してくらせる町をめざして,おまわりさんってなに？,おまわりさんの一日,婦警さんもかつやくしている,白バイ隊は運転の名人,パトカーがやってきた,警官ののりもの大集合！,交通事故だ！110番！,通信指令室から交通かんせいセンターへ,事件発生！〔ほか〕

[内容]交番にいるおまわりさんは、身近な警察官です。でも、その仕事は、交通安全、防犯対策といろんな分野にまたがっています。そして、犯罪捜査にたずさわるなど、いろんな警察の仕事があります。―子どもたちに身近で、人びとの生活をささえている公共施設などを、わかりやすく紹介しました。たんに施設紹介だけでなく、施設の役割やしくみ、施設の構造、物の流れ、そこで働く人びと、子どもたちのくらしとの関わりなどを、イラスト・写真をたくさん使ってビジュアルに展開。小学校中学年〜高学年向き。

『消防署』秋山滋文,田沢梨枝子絵　岩崎書店　1998.4　39p　27cm　（くらしをまもる・くらしをささえる 校外学習 7）2400円　Ⓣ4-265-02567-6,4-265-10145-3

[目次]毎日どこかで火災がおきる,火災を発見したら119番へ,1秒だってむだにしない,消防隊員の服装のひみつ,消防車のひみつ,いそげ、消防車,わたしたちのくらしをささえる消防署,夜中でもおきている！,火災がなくてもいそがしい,救急隊のしごと〔ほか〕

[内容]火事があれば、消防車。事故がおきれば、救急車。消防隊員、救急隊員は、いそがしい毎日です。人命にかかわるだいじな仕事であり、われわれの生活をまもっているのです。―子どもたちに身近で、人びとの生活をささえている公共施設などを、わかりやすく紹介しました。たんに施設紹介だけでなく、施設の役割やしくみ、施設の

◆くらしの中の法律

『28の用語でわかる！裁判なるほど解説―裁判のしくみ・刑事裁判のしくみ・いろいろな民事裁判・これからの裁判制度』山根祥利監修・著　フレーベル館　2009.3　95p　30cm　4200円　Ⓘ978-4-577-03655-6
［目次］1章　裁判のしくみ,2章　刑事裁判のしくみ,3章　いろいろな民事裁判,4章　これからの裁判制度,資料編

『正義をさがそう―法を学ぼう・はじめの・一歩』全国消費生活相談員協会（制作・発売）2009.2　56p　30cm　（ブックレットシリーズ 74）　600円　Ⓝ321.1

『もっと知ろう裁判と裁判所』裁判員制度研究会著　汐文社　2008.3　45p　27cm　（イラストで学べる裁判員制度　第3巻）2000円　Ⓘ978-4-8113-8440-5　Ⓝ327.1
［目次］1　裁判所ってどんなところ？,2　裁判の歴史,3　最高裁判所

『あなたが裁判員になったら』裁判員制度研究会著　汐文社　2008.2　45p　27cm　（イラストで学べる裁判員制度　第2巻）2000円　Ⓘ978-4-8113-8439-9　Ⓝ327.67
［目次］1　あなたが裁判員になる日,2　いよいよ裁判が始まった,3　裁判員が知っておきたいこと

『裁判員制度ってなあに？』裁判員制度研究会著　汐文社　2007.11　47p　27cm　（イラストで学べる裁判員制度　第1巻）2000円　Ⓘ978-4-8113-8438-2　Ⓝ327.67
［目次］1　裁判員制度ってどんなもの？,2　どんなふうに裁判をするの？,3　もっとみんなで知ろう裁判員制度

『子どものためのやさしい法律ガイド』新潟第一法律事務所編　新潟　考古堂書店　2007.10　171p　26cm　1143円　Ⓘ978-4-87499-687-4　Ⓝ320.4
［目次］第1章　人権と自由,第2章　罪と罰,第3章　契約,第4章　選挙と税金,第5章　事故,第6章　いじめ,第7章　会社と人々,第8章　職業について

『公平ってなんだろう』日本弁護士連合会市民のための法教育委員会編　岩崎書店　2007.3　45p　29cm　（はじめての法教育　みんなでくらすために必要なこと　4）2800円　Ⓘ978-4-265-04894-6　Ⓝ321.1
［目次］第1話　ハムチーズサンド争奪戦,第2話　わたしも図鑑がほしい,第3話　そんなのえこひいきだ,第4話　おつかいはだれがいく？
［内容］みんなは、「こんなの公平じゃない」とか「不公平だ」と感じたことはない？　この本には2組のきょうだいが登場して、「不公平だ」とか「そんなことない」といいあっている。きっとみんなも家や学校で、おなじような経験をしたことがあるはずだ。これは、社会にでてからもおなじだよ。だれかが「不公平だ」と感じることから、さまざまなケンカやトラブルがおきることがある。そんなとき、解決方法を見つけるには、「公平」と「不公平」とはどういうことかを正しくしっておくことがたいせつだ。登場人物といっしょに考えてみよう。

『裁判のひみつ』佐藤守構成，青木萌作・文，山口育孝漫画　学習研究社コミュニケーションビジネス事業部教材資料制作室　2007.3　127p　23cm　（学研まんがでよくわかるシリーズ　24）Ⓝ327

『自由ってなんだろう』日本弁護士連合会市民のための法教育委員会編　岩崎書店　2007.3　45p　29cm　（はじめての法教育　みんなでくらすために必要なこと　1）2800円　Ⓘ978-4-265-04891-5　Ⓝ321.1
［目次］第1話　ぎょうぎのいいロボットたち,第2話　思いどおり星で危機いっぱつ,第3話　よくぼう星のヨック,第4話　ふしぎなてんびん
［内容］みんなは、「自由」っていったいなんだと思う？　主人公のみなこは、小学校の3年生。学校で、「自由」について勉強したばかりだ。先生がいうには、自由とは「自分の思ったとおりに行動すること」らしいけれど…。「でも、それって、わがままってことじゃない。

それが自由なの？わからないわ」みなこは混乱してつぶやいた。するととつぜん、ふしぎな少年があらわれた。「ぼくは、コモ。自由についておしえてくれる。自由をしるための宇宙旅行につれていってあげる！」こうしてふたりは、宇宙旅行に出発した。

『正義ってなんだろう』日本弁護士連合会市民のための法教育委員会編　岩崎書店　2007.3　45p　29cm　（はじめての法教育　みんなでくらすために必要なこと　5）2800円　①978-4-265-04895-3　Ⓝ321.1
[目次] 第1話 さとしのデッドボール—いっしょに考えよう！、第2話 宿題やったの？—いっしょに考えよう！、第3話 ゆきこの出場停止—いっしょに考えよう！、第4話 優勝賞品は、だれのもの？—いっしょに考えよう！

『責任ってなんだろう』日本弁護士連合会市民のための法教育委員会編　岩崎書店　2007.3　45p　29cm　（はじめての法教育　みんなでくらすために必要なこと　2）2800円　①978-4-265-04892-2　Ⓝ321.1
[目次] 第1話 ひろしのいそがしい朝、第2話 どの係になろうかな？、第3話 ひろしとまいごの男の子、第4話 たこあげ大会で大さわぎ
[内容] みんなは、「責任ってなんだと思う？たとえば、仕事や役割をまかされるときのことを思い出してみよう。「これはきみの責任なんだから、○○しなさい」といわれることがあるね。こう考えると、まわりからおしつけられるものという感じがする。「そんなものいらない」って思うかもしれない。でも、責任は、人と人がいっしょにくらすなかでうまれるたいせつなもの。だれもがもっているものなんだ。この本の主人公のひろしも、さまざまな責任をもっている。お話のなかでひろしの身のまわりでおこるできごとを見ながら、責任とはなにかを考えていこう。

『ルールってなんだろう』日本弁護士連合会市民のための法教育委員会編　岩崎書店　2007.3　45p　29cm　（はじめての法教育　みんなでくらすために必要なこと　3）2800円　①978-4-265-04893-9　Ⓝ321.1
[目次] 第1話 町からルールがなくなった、第2話 ルールはどうやってつくるの？、第3話 町長になりたい！、第4話 そんなルール、まちがってるよ
[内容] みんなは、「どうしてこんなルールがあるんだろう」と思ったことはない？「こんなルール、なくなればいいのに」とか、「ルールにしたがうのってめんどうだな」と感じたこともあるはず。この本の主人公のリエも、そんな気持ちをもった女の子。ルールのない町にいって、ふだんの生活では気づかなかった、ルールのたいせつさや、役割を学んでいく。ルールのない町でおこるさまざまな問題について考えながら、ルールについていっしょに学んでみよう。

『かしこく買い物をする法律』西野弘一監修　学習研究社　2005.3　64p　27cm　（ジュニア・ロースクールなぜなに法律入門　3）3000円　①4-05-202180-0　Ⓝ365
[目次] 序章 子どもだって毎日「契約」をしているよ！、第1章 いまから知っておきたい悪徳商法、第2章 もしかしたら自分が犯罪者に？—IT関係のトラブル1、第3章 被害にあう前に知っておこう—IT関係のトラブル2、第4章 自分の身を守るための法律知識

『こんなにある！法律の仕事』学習研究社　2005.3　64p　27cm　（ジュニア・ロースクールなぜなに法律入門　5）3000円　①4-05-202182-7　Ⓝ327.1
[目次] 第1章 事件・裁判にかかわる仕事、第2章 船の事故にかかわる仕事、第3章 外国との窓口で活躍する仕事、第4章 まだまだある！法律にかかわる仕事
[内容] 本書では、弁護士、裁判官（判事）、検察官（検事）という、3つの法曹の仕事をはじめとして、社会のさまざまな分野で、それぞれの専門の法律知識を活用して仕事を行っている方々を取材しました。こんなにたくさんの領域で、法律がわたしたちの社会を支えているということが理解できます。

『裁判所へ行ってみよう』後藤直樹監修　学習研究社　2005.3　64p　27cm　（ジュニア・ロースクールなぜなに法律入門　1）3000円　①4-05-202178-9　Ⓝ327.1
[目次] 第1章 裁判所へ行ってみよう、第2章 裁判のしくみを体験してみよう
[内容] 本書の前半では、裁判の仕組み、新しくはじまる裁判員制度のこと、さまざまな裁判のややくわしい内容などがやさしく理解できます。後半では、よく知られている話

『なるほど！法律のトリビア』船岡浩監修　学習研究社　2005.3　64p　27cm　（ジュニア・ロースクールなぜなに法律入門 4）3000円　ⓘ4-05-202181-9　Ⓝ320

|目次| 第1章 知らなかった！あんな法律、こんな法律，第2章 わかるかな？法律クイズにちょうせん！，第3章 知るほどにおもしろい！法律の世界

|内容| 本書は、クイズなどを楽しみながら、法律のことがわかり、法律的な考え方や知識が身につくような、おもしろい話題ばかりを選んでいます。

『ブランド・キャラクターってなに？』日本弁理士会監修　汐文社　2005.3　47p　27cm　（イラスト大図解 知的財産権 2）1800円　ⓘ4-8113-7936-5　Ⓝ507.26

|目次| ブランド（ブランドってなに？，「ブランド」わたしもつくれるの？，有名ブランドへの道のり，商標権でニセモノ退治，海・空港でニセモノを食い止めろ！，わたしたちにもできるニセモノ退治，高いホンモノ・安いニセモノ），キャラクター（キャラクターってなに？，キャラクターの誕生，キャラクターを守る法律，キャラクターを自由に使ってはいけないの？，アニメソングのCDを校内放送で流していい？，インターネットでキャラクターの絵をダウンロードして自分のホームページにのせていい？，キャラクターグッズはどのように作られるの？，ニセモノのキャラクターグッズはどうやって取りしまっているの？，キャラクターグッズのニセモノとホンモノはどうやって見わけるの？）

|内容| 特許権は特許法という法律で、意匠権は意匠法という法律で、商標権は商標法という法律でそれぞれ保護されるようになっています。この本では、『特許』というものの仕組みがどのようになっているのか、意匠権のしくみがどのようになっているのか、商標権のしくみがどのようになっているのか、がよくわかるように説明してあります。

『法律のニュースがすぐわかる』宮島繁成監修　学習研究社　2005.3　64p　27cm　（ジュニア・ロースクールなぜなに法律入門 6）3000円　ⓘ4-05-202183-5　Ⓝ320

|目次| 第1章 国の安全を守るための法律，第2章 環境を守るための条約・法律・条例，第3章 子どもとかかわる法律，第4章 暮らしと経済にかかわる法律，第5章 人権や健康を守る法律

|内容| 本書は、新聞やテレビ、ラジオなどのニュースで、最近、話題になっているできごとを、おもに法律の面から取り上げてやさしく説明しています。

『身の回りのルールってなぜあるの？』鈴木啓文監修　学習研究社　2005.3　64p　27cm　（ジュニア・ロースクールなぜなに法律入門 2）3000円　ⓘ4-05-202179-7　Ⓝ320

|目次| 第1章 ルールの決め方を考えよう，第2章 自由とルールの狭間で，第3章 もっと自由になりたいと思ったら

|内容| 本書では、わたしたちの毎日の生活にかかわりのある決まりごとやルールを取り上げています。ルールは面倒だからない方がいい。どこがおかしいからルールを変えたい。あまりに自由すぎるのも問題なのでルールがほしい。どんなルールを作ったらみんなが満足するの。そんなルールのさまざまな機能や役割をやさしく、おもしろく理解できます。

『知的財産権ってなに？』日本弁理士会監修　汐文社　2004.12　47p　27cm　（イラスト大図解 知的財産権 1）1800円　ⓘ4-8113-7935-7　Ⓝ507.2

|目次| 知的財産，特許，実用新案，意匠，商標，著作権

|内容| この本では、『特許』というものの仕組みがどのようになっているのか、意匠権のしくみがどのようになっているのか、商標権のしくみがどのようになっているのか、がよくわかるように説明してあります。

『法律にかかわる仕事―マンガ』ヴィットインターナショナル企画室編　ほるぷ出版　2004.12　142p　22cm　（知りたい！なりたい！職業ガイド）2200円　ⓘ4-593-57181-2　Ⓝ327.14

|目次| 弁護士，司法書士，行政書士

『あなたなら、どうする』大平光代作、高里むつる漫画　講談社　2004.4　255p　19cm　1100円　ⓘ4-06-212357-6　Ⓝ368.71

|目次| 1 家出,2 万引き,3 覚せい剤,4 シンナー,5 援助交際,6 ひったくり

現代社会—時事・政治・法律　　　　　　　　　　　　　くらしの中の法律

|内容| ここにいるのは、あなたかもしれない！軽い気持ちで犯行に及ぶ子供が多い、少年犯罪。子供を犯罪者にしないために日夜奮闘している大平弁護士の体験と思いを、漫画で表した。

『遺産はだれがもらえるの？』山根祥利監修，こどもくらぶ編　岩崎書店　2004.4　45p　29cm　(Q&Aジュニア法律相談 7)　2800円　①4-265-05247-9　Ⓝ324.7
|目次| 1 親が年をとったら、だれがめんどうをみるの？,2 家族の死に直面したら？,3 家族が死んだら、財産はどうなるの？,4 役立ち情報

『親子って、なあに？』山根祥利監修，こどもくらぶ編　岩崎書店　2004.4　45p　29cm　(Q&Aジュニア法律相談 1)　2800円　①4-265-05241-X　Ⓝ324
|目次| 1 赤ちゃんが生まれる,2 親には義務が生まれる,3 子どもの権利と親の権限(親権),4 役立ち情報

『結婚するって、どんなこと？』山根祥利監修，こどもくらぶ編　岩崎書店　2004.4　45p　29cm　(Q&Aジュニア法律相談 5)　2800円　①4-265-05245-2　Ⓝ324.62
|目次| 1 自立するってどういうこと？,2 法律上の結婚ってどういうこと？,3 離婚と再婚について考えよう,4 役立ち情報

『子どもが悪いことをしたら？』山根祥利監修，こどもくらぶ編　岩崎書店　2004.4　45p　29cm　(Q&Aジュニア法律相談 3)　2800円　①4-265-05243-6　Ⓝ326
|目次| 1 トラブルにまきこまれたら？,2 事件をおこしてしまったら？,3 自分が死にたくなったとき,4 役立ち情報

『これも法律違反？』山根祥利監修，こどもくらぶ編　岩崎書店　2004.4　45p　29cm　(Q&Aジュニア法律相談 4)　2800円　①4-265-05244-4　Ⓝ326
|目次| 1 こんなことでも罪になる,2「だれにも迷惑をかけていない」というけれど,3 知的所有権って、なに？,4 役立ち情報

『通販で買ったものは返せるの？』山根祥利監修，こどもくらぶ編　岩崎書店　2004.4　45p　29cm　(Q&Aジュニア法律相談 6)　2800円　①4-265-05246-0　Ⓝ324.52
|目次| 1 契約についてこれだけは知っておこう,2 税金についてこれだけは知っておこう,3 お金を借りるのは悪いこと？,4 役立ち情報

『きみの家族はだれ？―家族と法律』山根法律総合事務所法律監修　ほるぷ出版　2002.11　39p　28cm　(家族ってなんだろう　池上彰総監修，こどもくらぶ編・著)　2300円　①4-593-57501-X
|目次| 1 まんがで考えよう,2 家族についてこう考えてみよう,3 調べてみよう・やってみよう
|内容| いっしょにくらしていないおじいさんなども、家族と考える？犬は家族といえるのか？など、法律ではどうなっているかを、子どもにもわかりやすく解説しています。

『犯罪と刑罰』アリソン・ブラウンリー著，宮崎真紀訳　星の環会　2000.4　63p　26cm　(〈調べ学習〉激動20世紀の真実と21世紀への課題 4)〈年表あり索引あり〉2500円　①4-89294-293-6
|目次| 20世紀の犯罪と刑罰、犯罪はどう変化したか、組織犯罪との戦い、政治的な犯罪、警察組織の現在、司法制度の問題点、刑罰と刑務所、国際化する犯罪
|内容| この本では、20世紀におきた、さまざまな事件をとりあげて、こうした疑問の答えをさぐっていきます。そして現代の社会が、犯罪と刑罰に、どうとりくんでいるのかを、見ていきます。

◆◆憲法を知ろう

『憲法なるほど解説―29の用語でわかる！日本国憲法のしくみ・憲法が保障する権利・憲法がかかえる課題』角替晃監修・著　フレーベル館　2008.11　95p　29cm　4200円　①978-4-577-03653-2　Ⓝ323.14
|目次| 1章 日本国憲法のしくみ,2章 憲法が保障する権利,3章 憲法がかかえる課題,資料編
|内容| この本では、むずかしいと思われがちの憲法について、少しでもわかりやすくするため、憲法に関するキーワードごとに解説している。

子どもの本 社会がわかる2000冊　131

『えほん 日本国憲法―しあわせに生きるための道具』野村まり子絵・文,笹沼弘志監修 明石書店 2008.9 47p 30cm 1600円 ⓘ978-4-7503-2833-1
[目次] 憲法でささえるくらし,日本国憲法のできる前,日本国憲法の誕生,憲法を使ってしあわせになるしくみ,希望の憲法
[内容] くらしと憲法をつなぐはじめての絵本。12歳から学ぶ市民のための人権ガイド。憲法がどういうものなのか、わたしたちのくらしとどういう関係があるのか、を中心に、えがいている。

『憲法を知ろう!―日本と世界の憲法 アジア・アフリカ・中南米・オセアニア』池上彰監修 教育画劇 2007.4 63p 31cm 3300円 ⓘ978-4-7746-0853-2,978-4-7746-0850-1 Ⓝ323
[目次] 大韓民国の憲法,朝鮮民主主義人民共和国の憲法,中華人民共和国の憲法,フィリピン共和国の憲法,インドの憲法,イラン・イスラム共和国の憲法,南アフリカ共和国の憲法,ブラジル連邦共和国の憲法,オーストラリア連邦の憲法

『憲法を知ろう!―日本と世界の憲法 アメリカ・ヨーロッパ』池上彰監修 教育画劇 2007.4 63p 31cm 3300円 ⓘ978-4-7746-0852-5,978-4-7746-0850-1 Ⓝ323
[目次] 憲法と人権のあゆみ,イギリスの憲法,アメリカ合衆国の憲法,フランス共和国の憲法,ドイツ連邦共和国の憲法,ロシア連邦の憲法

『憲法を知ろう!―日本と世界の憲法 日本』池上彰監修 教育画劇 2007.2 63p 31cm〈年表あり〉3300円 ⓘ978-4-7746-0851-8,978-4-7746-0850-1 Ⓝ323
[目次] 第1章 天皇,第2章 戦争の放棄,第3章 国民の権利及び義務,第4章 国会,第5章 内閣,第6章 司法,第7章 財政,第8章 地方自治,第9章 改正,第10章 最高法規,第11章 補則

『井上ひさしの子どもにつたえる日本国憲法』井上ひさし文,いわさきちひろ絵 講談社 2006.7 71p 21cm 952円 ⓘ4-06-213510-8 Ⓝ323.14
[目次] 絵本 憲法のこころ,お話 憲法って、つまりこういうこと,付録 日本国憲法(全文)
[内容] 「憲法の大切さを子どもたちに伝えたい」作家・井上ひさしの新しい試み。「絵本 憲法のこころ」―平和憲法の精神を表している「前文」と「第九条」を、井上ひさしが子どもにも読める言葉に「翻訳」。いわさきちひろの絵とともに、憲法に書いてあることを、心で感じる絵本。「お話 憲法って、つまりこういうこと」―日本国憲法のもとになっている考え方、重要な条文の内容、そして、なぜ憲法をかんたんに変えてはいけないのか? 井上ひさしが、実際に小学生に向かって話した内容を再録。

『地域で憲法九条を学ぶ』小松豊,清水功著 草の根出版会 2006.4 127p 23cm (母と子でみる A46) 2200円 ⓘ4-87648-227-6 Ⓝ323.142

『9条を知っていますか』歴史教育者協議会編 汐文社 2006.1 47p 27cm (シリーズ憲法9条 第1巻) 2000円 ⓘ4-8113-8056-8 Ⓝ319.8
[目次] 1 日本はほんとうに戦争をしない国ですか,2 戦争をしないと決めたのはどうしてですか,3 9条を、人々はどう受けとめましたか,4 戦争をしないのに、なぜ自衛隊があるのですか,5 自衛隊はどんな軍備をもっていますか,6 なぜアメリカ軍の基地があるのですか,7 なぜ、いまも戦争が絶えないのですか,8 核戦争がおきたら、どうなるのですか,9 国際連合は、平和のために役立っていますか,10 憲法9条を変えなければいけないのですか

『世界の中の9条』歴史教育者協議会編 汐文社 2006.1 47p 27cm (シリーズ憲法9条 第3巻) 2000円 ⓘ4-8113-8058-4 Ⓝ319.8
[目次] 1 アジアの人たちは憲法9条をどう見ていますか,2 平和をきずくために、日本はどんなことをやっていますか,3 国際社会は、平和のためにどんなことをやっていますか,4 戦争放棄は、日本の憲法だけですか,5 軍隊をもっていない国はありますか,6 戦争はしてはいけないことですか,7 世界の人は、日本の憲法9条を知っていますか,8 平和のために地域で取り組んでいることは,9 憲法9条の碑を知っていますか,10 平和のために私たちができることはありますか

現代社会―時事・政治・法律　　　　　　　　　　　　　くらしの中の法律

『平和を求めた人びと』歴史教育者協議会編　汐文社　2005.12　47p　27cm　（シリーズ憲法9条　第2巻）2000円　Ⓘ4-8113-8057-6　Ⓝ319.8
|目次| 1 20世紀はどんな戦争をしてきたのですか,2「少女というものはだれでも戦争ぎらいなのです」与謝野晶子,3「植民地放棄を訴えた」石橋湛山,4「青い目の人形を守った」人たち,5「日本の植民地で独立を求めた」柳寬順,6「非暴力をつらぬいて抵抗した」ガンジー,7「平和をもとめナチスに抵抗した」ピカソとアンネ・フランク,8「ゾウを守った」東山動物園の人たち,9「平和のための外交をおこなった」ネルー,10「平和憲法を求めた」幣原喜重郎

『日本国憲法』角替晃監修　ポプラ社　2005.3　199p　29cm　（ポプラディア情報館）〈年表あり　文献あり〉6800円　Ⓘ4-591-08449-3,4-591-99630-1　Ⓝ323.14
|目次| 1 憲法って、なんだろう？,2 日本国憲法って、どんな憲法？,3 国民が、国の主人公,4 ぜったいに戦争はしない,5 みんな、自由で平等,6 民主主義をまもる国のしくみ,7 世界にほこれる日本国憲法,8 資料
|内容| わたしたちの自由と権利をまもる大事なきまり、日本国憲法をわかりやすく紹介した。より深く理解するために、日本国憲法をテーマごとに分けて、条文の意義、役割などを最適な資料とともに、解説している。むずかしい専門用語や歴史的ことがらなどの解説も充実、より深い学習の手助けに役立つ。日本国憲法と大日本帝国憲法を全文収録。日本国憲法のあゆみ（年表）など、付録も充実。

『人間らしく生きる』新読書社　2004.4　138p　22cm　（子どもたちの日本国憲法3　日本作文の会編）1600円　Ⓘ4-7880-0158-6　Ⓝ323.143

『ニッポンの憲法―初読みレポート』水田嘉美著　三修社　2004.2　156p　21cm　1500円　Ⓘ4-384-03397-4
|目次| 第1章 日本のシンボル、天皇！,第2章 戦争は、もうやめよう！,第3章 権利もあれば、義務もある！,第4章 法律は、わたしたちの代表の手で！,第5章 内閣が力を合わせて、豊かな国に！,第6章 争いやもめごとなら、裁判所にお任せ！,第7章 お金は、国会がチェック！,第8章 地方は、地方のやり方で！,第9章 この憲法を変えるには？,第10章 最強の法！第11章 おまけ！,巻末 日本国憲法全条文
|内容| この本では、「憲法」を身近な例に置き換えて、できるだけわかりやすく、親しみやすく解説してみました。加えて、「本物の条文も読んでみたい」という向学心旺盛な方のために、巻末には「本物」をそっくり収録してあります。

『主人公はわたしたち』新読書社　2004.1　148p　22cm　（子どもたちの日本国憲法2　日本作文の会編）1600円　Ⓘ4-7880-0155-1　Ⓝ323.143

『平和な世界を』新読書社　2003.8　136p　22cm　（子どもたちの日本国憲法1　日本作文の会編）1600円　Ⓘ4-7880-0150-0　Ⓝ319.8

『わが子に読み聞かせたい日本国憲法』水田嘉美著　三修社　2003.8　173p　21cm　1200円　Ⓘ4-384-03152-1　Ⓝ323.14

『憲法で平和を考える』笠井英彦文，森雅之絵　大月書店　2003.4　37p　21×22cm　（平和と戦争の絵本6）1800円　Ⓘ4-272-40476-8　Ⓝ319.8
|目次|「総合的な学習の時間」,身近にある憲法,一度も戦争に参加していない国,サッカー選手は主張する,自衛隊ってなんだ,高い？安い？自衛隊兵器,平和のうちに生存する権利,世界の声を先どりした第9条,あたらしい憲法のはなし,海を越える自衛隊「備えあれば憂いなし」というけれど…,男らしさと戦争,沖縄の人びとの思い,地球憲法9条,心の中に平和のとりでを,わたしの平和宣言
|内容| 憲法に平和という光をあて、学び、発見しよう。平和憲法を持つ国の私たちにできることは、なにか。現代に生きる私たちが、世代をこえて語りあう、考えあう絵本。セットで総合学習に最適。

『合衆国憲法のできるまで』ジーン・フリッツ著，トミー・デ・パオライラスト，冨永星訳，阿川尚之監修　あすなろ書房　2002.4　103p　22cm　1200円　Ⓘ4-7515-1819-4

『学校へ行くのは、なぜ？』戸波江二監修，荒牧重人編著　あかね書房　2001.4

子どもの本　社会がわかる2000冊　133

『くらしの中の人権とは？』戸波江二監修，矢島基美編著　あかね書房　2001.4　39p　31cm　（今、考えよう！日本国憲法 1）3000円　Ⓣ4-251-07941-8

『くらしの中の人権とは？』戸波江二監修，矢島基美編著　あかね書房　2001.4　39p　31cm　（今、考えよう！日本国憲法 2）3000円　Ⓣ4-251-07942-6

『憲法って、なあに？』戸波江二監修，毛利透編著　あかね書房　2001.4　55p　31cm　（今、考えよう！日本国憲法 7）3000円　Ⓣ4-251-07947-7

『政治はみんなで決めるの？』戸波江二監修，只野雅人編著　あかね書房　2001.4　39p　31cm　（今、考えよう！日本国憲法 6）3000円　Ⓣ4-251-07946-9

『戦争はなくせないの？』戸波江二監修，清野幾久子編著　あかね書房　2001.4　39p　31cm　（今、考えよう！日本国憲法 5）〈年表あり〉3000円　Ⓣ4-251-07945-0

『なぜ情報は、たいせつなの？』戸波江二監修，日笠完治編著　あかね書房　2001.4　39p　31cm　（今、考えよう！日本国憲法 3）3000円　Ⓣ4-251-07943-4

『入門日本国憲法』恒文社21編集部編　恒文社21　2001.4　72,54p　21cm〈付録：アメリカ合衆国憲法（対訳付）　発売：恒文社〉762円　Ⓣ4-7704-1039-5

『平等ってなんだろう？』戸波江二監修，安西文雄編著　あかね書房　2001.4　39p　31cm　（今、考えよう！日本国憲法 4）3000円　Ⓣ4-251-07944-2

『あたらしい憲法のはなし』童話屋編集部編　童話屋　2001.2　77p　15cm　（小さな学問の書 2）〈原本：実業教科書株式会社1947年刊の復刊〉286円　Ⓣ4-88747-015-0

『日本国憲法』童話屋編集部編　童話屋　2001.2　78p　15cm　（小さな学問の書 1）〈英文併記〉286円　Ⓣ4-88747-014-2

『制定秘話から学ぶ日本国憲法』小川光夫編著　清水書院　2000.10　206p　21cm〈文献あり〉1880円　Ⓣ4-389-22549-9

経済・仕事・産業

◆お金のしくみ―経済

『目で見る経済―「お金」のしくみと使い方』アルヴィン・ホール著，相良倫子訳　さ・え・ら書房　2009.3　96p　29×22cm　2800円　Ⓣ978-4-378-04118-6
[目次]お金の歴史，お金の使い道，経済学ってなに？，仕事とお金
[内容]お金の役割から、おこづかいの上手な使い方、経済のグローバル化、企業のしくみまで、イラストや写真を使い、親しみやすく。わかりやすく説明。日常にある身近なお金から会社や国を動かすお金まで、"お金"をキーワードにして、社会のさまざまな側面を見ていきます。

『お金の教科書　7　お金のマメ知識を楽しもう！』坂本綾子監修　学習研究社　2009.2　43p　29cm〈索引あり〉2600円　Ⓣ978-4-05-500590-6,978-4-05-810985-4　Ⓝ330

『お金の教科書　6　お金と社会の動きを知ろう！』坂本綾子監修　学習研究社　2009.2　43p　29cm〈索引あり〉2600円　Ⓣ978-4-05-500589-0,978-4-05-810985-4　Ⓝ330

『お金の教科書　5　優しいお金の使いかたを知ろう！』坂本綾子監修　学習研究社　2009.2　43p　29cm〈索引あり〉2600円　Ⓣ978-4-05-500588-3,978-4-05-810985-4　Ⓝ330

『お金の教科書　4　進路・仕事とお金を考えよう！』坂本綾子監修　学習研究社　2009.2　43p　29cm〈索引あり〉2600円　Ⓣ978-4-05-500587-6,978-4-05-810985-4　Ⓝ330

現代社会――経済・仕事・産業　　　　　　　　　　　　　　　　　　　　　お金のしくみ

『お金の教科書　3　見えないお金の便利さ・怖さを知ろう！』坂本綾子監修　学習研究社　2009.2　43p　29cm〈文献あり　索引あり〉2600円　⒤978-4-05-500586-9,978-4-05-810985-4　Ⓝ330

『お金の教科書　2　家のお金と世の中を知ろう！』坂本綾子監修　学習研究社　2009.2　43p　29cm〈索引あり〉2600円　⒤978-4-05-500585-2,978-4-05-810985-4　Ⓝ330

『お金の教科書　1　お金を考えて使おう！』坂本綾子監修　学習研究社　2009.2　43p　29cm〈索引あり〉2600円　⒤978-4-05-500585-5,978-4-05-810985-4　Ⓝ330

『Kid'sお金の学校ワンダーランド ―伸ばそう創造力/育てよう生きる力 "経済の芽" "起業家の芽"』千葉さち子著　青梅未来舎みらい教育研究所　2009.2　65p　26cm　（みらいワンダーランドシリーズ　3）〈付属資料：CD‐ROM1〉3000円　⒤978-4-904004-06-7

|目次| 1 お金の歴史,2 税金,3 預金・貯金,4 生活とお金,5 会社とお金,6 世界とお金,7 お金の尊さ

|内容| 本書は "お金" をキーワードに、調べ学習やグループ学習で実体験を通して「実体験」＋「学習」のコンセプトで制作された『Kid's "お金の学校ワンダーランド"』CD‐ROM教材のテキスト編です。"お金" に関する学習内容を7つに分類し、さらに、それぞれ2～6つの小項目に分けてありますので、全部で18種類の内容が学習できるようになっています。各章では、導入ページで内容を把握し、確認問題で理解の定着をはかるという構成になっていますので、教育現場や家庭で "経済の芽" "起業家の芽" を育みながら楽しく実学を学べる教材です。

『お金持ちになるにはどうするの？―大人も知らないお金のカラクリ』内田正信監修，オガケンマンガ　朝日新聞出版　2008.10　124p　26cm　（かがくるbook）1100円　⒤978-4-02-330404-8　Ⓝ330

|内容| 日本はひとり665万円の借金があるの？ 家事にお金を払うといくらになる？ 経済が発展すれば幸せになれるの？ 経済やお金の問題をマンガとイラストでくわしく解説。楽しく読んでいくうちに世の中の仕組みがわかっちゃう！ 中学受験にも役立つ。

『フリーターになるとどうなるの？―大人も知らないお金のカラクリ』内田正信監修，オガケンマンガ　朝日新聞出版　2008.8　124p　26cm　（かがくるbook）1100円　⒤978-4-02-330399-7　Ⓝ337

|目次| 1万円札の値段は40円くらいってホント？,「経済」ってどういう意味なの？,フリーターやニートになると楽チンなの？,バーゲンになると、どうして値段が安くなるの？,国がお金をどんどんつくれば、みんなお金持ち？,食べ放題のお店はどうやってもうけているの？,「株」ってホントにもうかるの？,100円ショップはなぜみんな100円なの？,もし日本が今、鎖国をしたら？,銀行の金庫にはお金がザクザク？,外国からゴミを買いにくる人がいるってホント？,テレビはいくら見てもタダなの？,景気がいいとか悪いってどういうこと？,カードがあれば、お金がなくても買い物できる？,お札はどうやってつくっているの？,デパートとスーパーはどう違うの？,子どもも税金をはらっているの？,日本の物価は世界一高いってホント？,江戸時代の金ピカ小判、今は使えないの？,ギャンブルで大もうけはできないの？

|内容| お金のふしぎから世の中が見えてくる。

『木村剛の親子で学ぶおカネの話―おカネのえほん』木村剛著，いまもとまりえ画　ナレッジフォア　2008.5　178p　21cm〈発売：DMD Japan〉1048円　⒤978-4-903441-11-5　Ⓝ337

|内容| 木村剛が解説する親子で学ぶおカネの話。「わが子に健全な金銭感覚を身につけさせたい」そんなお父さん、お母さんにオススメの1冊。楽しみながら、「おカネとは何か」を親子で学びましょう。

『竹中先生、経済ってなんですか？』竹中平蔵著，藤井昌子漫画　ナレッジフォア　2008.5　170p　21cm〈発売：DMD Japan〉1048円　⒤978-4-903441-09-2　Ⓝ330

|内容| 経済に正解はない、だからおもしろい！ これならもっと経済がわかる！ マンガ

子どもの本 社会がわかる2000冊　　135

と図解満載で「あなたにもわかる」経済入門。

『社会のなかの電子マネー』泉美智子文，サトウナオミ絵　汐文社　2008.4　47p　27cm　（電子マネーってなんだろう　3）　2000円　①978-4-8113-8470-2　Ⓝ338
[目次]　広がる電子マネー，10年後の電子マネー，お金の感覚がうすれる？，ほんとにお金がいらなくなるの，電子マネーはエコロジー？，電子マネーと犯罪，電子マネーとトラブル，アジア地域に広がる電子マネー，国境を越える電子マネー，ものの値段が見えない時代，電子マネーのあたえる影響，高齢化社会と電子マネー，電子マネーと地域マネー，地域マネーとボランティア，地域マネーの役割，電子マネーで社会はどう変わる？，子どもとお金の関係も変わる？，電子マネークイズ，おうちの方へ
[内容]　電子マネーを使う人がどんどん増えると，わたしたちのくらすこの社会も変わっていってしまうのでしょうか？この本のマンガの舞台は，何十年か先の日本。子どもたちは電子マネーを体に身につけ，買い物をしています。現金を使う人はほとんどいません。ホントにこんな社会になってしまうのかはまだわかりませんが，マンガに登場する未来の子どもたちといっしょに，社会と電子マネーがどんなかかわりを持っているのか，将来どんなかかわりを持つようになるのか考えてみましょう。

『電子マネーのしくみ』泉美智子文，サトウナオミ絵　汐文社　2008.4　47p　27cm　（電子マネーってなんだろう　2）　2000円　①978-4-8113-8469-6　Ⓝ338
[目次]　電子マネーの中では，ICチップはスゴイ！，世界の電子マネー，ICチップの活躍，電子マネーと磁気カード，ICチップにできること，どこでも使える電子マネーのはたらき，支払いのしくみ，電子マネーを守る，払った電子マネーのお金はどこへゆく？，電子マネーがいらなくなったら？，自分で気をつけたい，セーフティ，電子マネーを紛失した！盗まれた！，おサイフケータイ　こんなときどうする？，おサイフケータイや電子マネーに紛失，盗難があった場合，おサイフケータイのとりあつかい，電子マネークイズ，おうちの方へ
[内容]　レジで機械にかざすだけで買いものができて，改札でタッチするだけでスッと通れてしまうこのカード，ふしぎだと思った人もいるでしょう。あのうすいカードの中にはどんなものが入っていて，機械にかざす

とどんなことが起こっているのでしょうか。みんなで見てみましょう。また，電子マネーをうっかりなくしたり，ぬすまれてしまったことのある人はいませんか？なくさないためにどうしたらいいのか，もしなくしてしまったらどうしたらいいのか，みんなで考えてみましょう。

『電子マネーこんなにべんり！』泉美智子文，サトウナオミ絵　汐文社　2008.2　47p　27cm　（電子マネーってなんだろう　1）　2000円　①978-4-8113-8468-9　Ⓝ338
[目次]　コンビニでお買いもの，お金を持たずに買いものできる，あのカードは「電子マネー」，電子マネーって，新しいお金？，インターネットでお買いもの，おサイフケータイってなに，電子マネーのしくみ，いろいろな電子マネー，電子マネーのなかまたち，クレジットカードってなんだろう，クレジットカードと電子マネー，電子マネーこんなにべんり！(1)，電子マネーこんなにべんり(2)，電子マネーこんなにべんり(3)，世の中からお金がなくなる日，電子マネーの広がりと使い方，気をつけたいこんなこと，電子マネーの危険，自分で守る電子マネー，電子マネークイズ，おうちの方へ，さくいん
[内容]　電子マネーってことば，きいたことがありますか？小中学生でも気軽に使える電子マネーが増えてきましたから，「いつも使っているよ」という人も多いかもしれません。まだ使ったことのない人でも，家族や友だちが使っているのを見たことはあるでしょう。でもこの「電子マネー」，いったいどんなしくみなのか考えたことはありますか？また，うすい1枚のカードだから，つい軽くあつかってしまって，なくしたり落としたりしてしまった人はいませんか？電子マネーは，だいじなお金の入ったお財布といっしょ。しくみや正しい使いかたを，この本を読みながらいっしょに勉強しましょう。

『国際化する経済を学ぶ』伊藤正直著　旬報社　2007.11　89,2p　22cm　（国際社会のルール　2）　1500円　①978-4-8451-1014-8　Ⓝ333.6
[内容]　なぜ豊かな国と貧しい国が生まれるのでしょうか？　世界中をとびまわるヒト，モノ，カネ，情報…。国際経済のルールをいっしょに考える。

『「会計」ってなに？―12歳からはじめる賢い大人になるためのビジネス・レッス

ン』友岡賛著　税務経理協会　2007.10　110p　21cm　1200円　Ⓘ978-4-419-04941-6　Ⓝ336.9

『100万ドルあったなら』デビット・M.シュワルツ作，スティーブン・ケロッグ絵，秋山仁日本語版監修，須美子・サライン訳　文研出版　2007.10　1冊(ページ付なし)　29cm　(アメリカの数のえほん)　1700円　Ⓘ978-4-580-82017-3　Ⓝ337.253

内容　この本では、アメリカでつかわれているお金をしょうかいするよ。これがわかったら、アメリカの町でも買いものをすることができるよね。そして、おとなの社会でサイフからお金を出して買いものをするいがいに、お金がどんなつかわれ方をしているか、マーベラシモがしょうかいしてくれるよ。

『品格あるお金の作法―12歳からはじめる賢い大人になるためのマネー・レッスン』伊藤宏一著　税務経理協会　2007.10　139p　21cm　1200円　Ⓘ978-4-419-04942-3　Ⓝ338

内容　美しくキラキラしながらお金と上手につきあおう。

『経済格差』武長脩行監修，稲葉茂勝著　ほるぷ出版　2007.9　47p　29cm　(シリーズ格差を考える　1)　2800円　Ⓘ978-4-593-58531-1　Ⓝ332

目次　1　写真とグラフで見るさまざまな経済格差,2　世界の格差の状況,3　経済格差を読みとる統計・資料

内容　格差について考えたことのある子どもは少ないでしょう。この本は、きみたち子どもにも、格差について自分の考えをしっかりもってもらいたいと願ってまとめました。経済格差は、おとなも子どもも関係なく、多くの人びとをまきこんでいます。この本をよく読んで、格差社会について考えてみてください。

『お金で泣かない大人になれ！―本当は恐ろしいお金とのつきあい方』田崎達磨著　WAVE出版　2007.6　157p　19cm　1200円　Ⓘ978-4-87290-297-6　Ⓝ338

内容　お金儲けの方法や、お金の否定ではない、子供たちが社会に出る前に必要なお金の知識と怖さをしっかりと教える本。

『銀行のひみつ』田川滋漫画，オフィス・イディオム構成　学習研究社コミュニケーションビジネス事業部教材資料制作室　2007.4　128p　23cm　(学研まんがでよくわかるシリーズ　30)　〈年表あり〉　Ⓝ338

『学校では教えないこどもの「経済」大疑問100』田中力著　講談社　2007.3　227p　21cm　1800円　Ⓘ978-4-06-213393-7　Ⓝ330

目次　第1章　家のくらしとお金の大疑問,第2章　会社と株の大疑問,第3章　モノの値段の大疑問,第4章　金融機関の大疑問,第5章　税金の大疑問,第6章　お金の大疑問,第7章　円高・円安と貿易の大疑問,第8章　景気と経済の大疑問

内容　小学生・中学生のための、知っておきたい経済のことがいっぱいの本です。新聞やニュースに出てくる、経済とお金についてのことばがわかります。くらしとお金・会社や株・モノの値段・金融機関・税金・コインやお札・為替と貿易・景気など、経済のいろいろな分野のことがわかります。世の中を、お金と経済から、わかるための一冊です。

『ボクたちの値段』荻原博子監修，坂本綾子構成・文　講談社　2007.3　221p　19cm　1200円　Ⓘ978-4-06-213176-6　Ⓝ591.8

目次　1時間目　おこづかい,2時間目　家のお金,3時間目　ボクはいくら？,4時間目　ほしいもの、昼休み　もったいない,5時間目　借りる,6時間目　貯める

内容　おこづかいをじょうずに使えるようになったら、モノの価値を自分の頭で考えられるようになったら、将来お金で苦労することはありません！この本を読んで、お金ってどんなものなのか、じょうずにつきあう方法を考えてみてください。

『もしも会社をまるごと買収できたら』泉美智子文，松島ひろし絵　ゆまに書房　2007.3　43p　27cm　(はじめまして！10歳からの経済学　5)　2800円　Ⓘ978-4-8433-2292-5　Ⓝ335.4

目次　1　ワンクリックで会社を手にいれた！(ネットによる企業買収),2　手にいれた会社が、あっというまに別人に…(さらなる企業買収),3　株の値下がりで、会社が倒産！(株の暴落),4　会社はだれのためにある？(株式

会社の意義）

『用語でわかる！経済かんたん解説　下巻（現代の経済問題・社会と経済・企業と経済・投資と経済・日本と世界経済）』武長脩行著　フレーベル館　2007.3　127p　29cm　3800円　Ⓘ978-4-577-03356-2　Ⓝ330

|目次| 1章 現代の経済問題,2章 社会と経済,3章 企業と経済,4章 投資と経済,5章 日本と世界経済

『経済』古内洋平著，こどもくらぶ編　ほるぷ出版　2007.2　35p　29cm（世界地図から学ぼう国際理解）2800円　Ⓘ978-4-593-57912-9　Ⓝ332

|目次| 世界の国名,世界の経済力,世界の貿易,拡大するEU,東アジア共同体の構想,世界の石油消費量,世界の物価,国境を越える企業買収,企業と国連の連携,世界の失業者,世界の児童労働,人間の豊かさ,世界各国の政府開発援助,途上国の借金,世界に普及する日本車

|内容| この本には、さまざまなテーマの世界地図がのっています。これらの世界地図は、地域や国ごとのさまざまな違い、国際環境や時代の移り変わり、地域や国のあいだのつながりなどを教えてくれます。違い・変化・つながりを知ることで、遠くの国の人びととわたしたちとの意外な共通点や関係が見えてくるかもしれません。世界地図で、世界のあり方や世界の中で日本がどのような役割を果たせばよいかを考えてみましょう。

『もしも国営会社が民営化されたら』泉美智子文,石川ともこ絵　ゆまに書房　2007.2　42p　27cm（はじめまして！10歳からの経済学 4）2800円　Ⓘ978-4-8433-2291-8　Ⓝ335.7

|目次| 1 チロリン島は「なまけ者」の島？―国営会社の問題点,2 なぜウィン島は観光客でいっぱいなの？―国営と民営会社の違い,3 チロリン島の会社を民営化する！―株式会社のしくみ,4 民営化で島が生まれ変わった！―民営化の利点・効用

『用語でわかる！経済かんたん解説　上巻（身近な経済・経済の基本・経済の動き・日本経済の歴史・日本経済のしくみ）』大滝雅之著　フレーベル館　2007.1　127p　29cm　3800円　Ⓘ978-4-577-03355-5　Ⓝ330

|目次| 1章 身近な経済,2章 経済の基本,3章 経済の動き,4章 日本経済の歴史,5章 日本経済のしくみ

|内容| 現在よく使われる経済用語を精選し、くわしく解説。上巻には巻頭特集「お金って、何？」があり、さらにくわしく解説。

『株の絵事典―お金の流れがよくわかる社会をささえる会社の役割』佐和隆光監修　PHP研究所　2006.12　79p　29cm　2800円　Ⓘ4-569-68651-6　Ⓝ338.155

|目次| 1 会社と株のかかわり,2 市場での取り引きのしくみ,3 株の値動きのしくみ,株がわかる小事典

|内容| 経済のしくみをきちんと学ぼうとするのなら、企業のしくみを知る必要があり、企業の多くをしめる株式会社のしくみ、ひいては株のしくみを理解することが不可欠なのです。豊富なイラストで楽しく学べる子どもにもわかる株式入門書。

『子どもに教えるお金と金融のしくみ―やさしく学べる 小学校高学年が学ぶ金融教育』向山洋一監修,谷和樹著　経済広報センター　2006.11　145p　26cm　1000円　Ⓝ338

『グローバル化とわたしたち―国境を越えるモノ・カネ・ヒト』村井吉敬著　岩崎書店　2006.10　170p　22cm（イワサキ・ノンフィクション 5）1300円　Ⓘ4-265-04275-9　Ⓝ333.6

|目次| はじめに グローバル化ってなんだ？,1 「一〇〇キン」から見えてくるグローバル化,2 グローバル化はいつはじまったの？,3 国境を越える人びと―海外旅行と出稼ぎ,4 グローバル化と紛争・難民,5 世界企業とグローバル化,6 グローバル化三姉妹,7 インターネットの向こうに見えるもの―情報のグローバル化,おしまいに

|内容| 地球のことをグローブといいます。物事が地球全体に広がることがグローバル化です。情報や通貨、ヒトやモノが国境を越えて世界中に広がることです。なぜグローバル化がおきているのか？便利なことのようですが、そればかりではないようです。私たちにとってグローバル化っていったい何なのでしょうか。

『タックスよ、こんにちは！―茶の間で語らう親子のために』いしひろみつ著

現代社会──経済・仕事・産業　　　　　　　　　　　　　　　　　　　　　　　　　　お金のしくみ

日本評論社　2006.7　203p　19cm　1400円　Ⓘ4-535-55502-8　Ⓝ345

『お金を使う、ためる、増やす』伊藤正直著，井上正治絵　岩崎書店　2006.3　41p　27cm　（お金とくらしを考える本 3）2300円　Ⓘ4-265-05533-8　Ⓝ338.1

目次　第1章 お金を使う，第2章 お金を手に入れる，第3章 お金をためる，第4章 お金を増やす，第5章 あまいことばにだまされない，第6章 お金のあまっているところ，足りないところ

内容　お金は100円玉や1000円札のように，目で見ることができます。でも、人と人とをつなぐお金の役割や、お金と社会の関係は目では見えません。だから頭で考えて、正しく理解することが大切なのです。このシリーズは、お金の便利さやこわさをきちんと理解して、上手に正しく使えるようになることを目的につくられました。上手に正しく使わなくてはいけないのは、私たちだけでなく、会社や銀行や国も同じです。「お金はよい召使いであるが、悪い主人でもある」。こんなことわざがあります。お金を「悪い主人」にしないためには、どうしたらいいのか、このシリーズを通じてみなさんといっしょに考えてみましょう。

『お金が世界をかける』斎藤叫著，カワキタ・カズヒロ絵　岩崎書店　2006.3　51p　27cm　（お金とくらしを考える本 5）2300円　Ⓘ4-265-05535-4　Ⓝ338.9

目次　円、ドル、ポンドの生いたち，金が基準になっていたとき，基準になるお金──基軸通貨，お金と金がはなれてから，お金を使わないお金の送り方──外国為替とは？，円高、円安の意味──為替レート，外国との取引のあぶなさ──為替リスク，「あぶなさ」を避ける方法1──先に決める，「あぶなさ」を避ける方法2──権利を売買する，IT革命と金融工学，安全から投機へ──ヘッジファンド，応用問題（アジア金融危機，最高のヘッジファンドの大失敗），暴走をどうとめるか

内容　お金は100円玉や1000円札のように、目で見ることができます。でも、人と人とをつなぐお金の役割や、お金と社会の関係は目では見えません。だから頭で考えて、正しく理解することが大切なのです。このシリーズは、お金の便利さやこわさをきちんと理解して、上手に正しく使えるようになることを目的につくられました。上手に正しく使わなくてはいけないのは、私たちだけでなく、会社や銀行や国も同じです。「お金はよい召使いであるが、悪い主人でもある」。こんなことわざがあります。お金を「悪い主人」にしないためには、どうしたらいいのか、このシリーズを通じてみなさんといっしょに考えてみましょう。

『お金ってなんだろう』中村達也著，ウノ・カマキリ絵　岩崎書店　2006.3　40p　27cm　（お金とくらしを考える本 1）2300円　Ⓘ4-265-05531-1　Ⓝ337.21

目次　紙のお金，金属のお金，物々交換とお金，モノから金属へ，金本位制度と兌換紙幣，管理通貨制度と不換紙幣，明治の貨幣改革，国立銀行券と日本銀行券，金本位制度の確立，管理通貨制度へ，管理通貨制度と「信頼」，お金のはたらき，お金のよび方，マネー・サプライ，預金通貨，「信頼」をどのようにして確保するか

内容　お金は100円玉や1000円札のように、目で見ることができます。でも、人と人とをつなぐお金の役割や、お金と社会の関係は目では見えません。だから頭で考えて、正しく理解することが大切なのです。このシリーズは、お金の便利さやこわさをきちんと理解して、上手に正しく使えるようになることを目的につくられました。上手に正しく使わなくてはいけないのは、私たちだけでなく、会社や銀行や国も同じです。「お金はよい召使いであるが、悪い主人でもある」。こんなことわざがあります。お金を「悪い主人」にしないためには、どうしたらいいのか、このシリーズを通じてみなさんといっしょに考えてみましょう。

『金持ち父さんの学校では教えてくれないお金の秘密』ロバート・キヨサキ，シャロン・レクター著，白根美保子訳　筑摩書房　2006.3　168p　21cm　〈著作目録あり〉1200円　Ⓘ4-480-86369-9　Ⓝ338.18

『現金だけがお金？』伊藤正直著，井上正治絵　岩崎書店　2006.3　41p　27cm　（お金とくらしを考える本 2）2300円　Ⓘ4-265-05532-X　Ⓝ338.1

目次　第1章 お金はだれがつくる？，第2章 現金だけがお金？，第3章 お金の量はどれくらい？，第4章 お金と物価，第5章 金利はお金の「値段」です，第6章 お金の「値打ち」は変わる

内容　お金は100円玉や1000円札のように、

子どもの本 社会がわかる2000冊　139

目で見ることができます。でも、人と人とをつなぐお金の役割や、お金と社会の関係は目では見えません。だから頭で考えて、正しく理解することが大切なのです。このシリーズは、お金の便利さやこわさをきちんと理解して、上手に正しく使えるようになることを目的につくられました。上手に正しく使わなくてはいけないのは、私たちだけでなく、会社や銀行や国も同じです。「お金はよい召使いであるが、悪い主人でもある」。こんなことわざがあります。お金を「悪い主人」にしないためには、どうしたらいいのか、このシリーズを通じてみなさんといっしょに考えてみましょう。

『地域だけのお金』中村達也著、ウノ・カマキリ絵　岩崎書店　2006.3　37p　27cm　（お金とくらしを考える本 4）2300円　①4-265-05534-6　Ⓝ337.
[目次] 1 国のお金と地域のお金,2 オーウェンの試み,3 ゲゼルの「独自なお金」,4 シュヴァーネンキルヘンの試み,5 ヴェルグルの試み,6 戦後の地域通貨―LETSの試み,7 戦後の地域通貨―イサカ・アワーの試み,8 日本の地域通貨―おうみ,9 日本の地域通貨―八ヶ岳大福帳,10 地域通貨のあらたな役割,11 地域通貨と国の経済
[内容] お金は100円玉や1000円札のように、目で見ることができます。でも、人と人とをつなぐお金の役割や、お金と社会の関係は目では見えません。だから頭で考えて、正しく理解することが大切なのです。このシリーズは、お金の便利さやこわさをきちんと理解して、上手に正しく使えるようになることを目的につくられました。上手に正しく使わなくてはいけないのは、私たちだけでなく、会社や銀行や国も同じです。「お金はよい召使いであるが、悪い主人でもある」。こんなことわざがあります。お金を「悪い主人」にしないためには、どうしたらいいのか、このシリーズを通じてみなさんといっしょに考えてみましょう。

『もしもお金がなかったら』泉美智子文、サトウナオミ絵　ゆまに書房　2006.3　42p　27cm　（はじめまして！10歳からの経済学 1）2800円　①4-8433-2058-7　Ⓝ337.1
[目次] 1 もしもお金がなかったら（通貨の目的・役割）,2 もしもお礼がなかったら（紙幣と硬貨の併用）,3 もしも遊園地の乗物がタダだったら（適正なものの値だん）,4 もしも世界のお金が円だけだったら（国力、貿易・為替）

『もしも会社がもうけばかり考えたら』泉美智子文、新谷紅葉絵　ゆまに書房　2006.3　39p　27cm　（はじめまして！10歳からの経済学 3）2800円　①4-8433-2060-9　Ⓝ335.4
[目次] 1 もしも"ロボパン屋"が個人商店だったら（個人商店の仕組み）,2 もしも"ロボパン屋"が株式会社になったら（株式会社の仕組み）,3 もしも"ロボパン屋"がチェーン店になったら（チェーン店の仕組み）,4 もしも"ロボパン屋"がもうけばかり考えたら（会社の利益）

『もしも銀行がなかったら』泉美智子文、山下正人絵　ゆまに書房　2006.3　35p　27cm　（はじめまして！10歳からの経済学 2）2800円　①4-8433-2059-5　Ⓝ338.01
[目次] 1 もしも銀行がなかったら（銀行の役割）,2 もしもローンがなかったら（ローンの役割）,3 もしもクレジットカードがなかったら（クレジットカードの活用）,4 もしも株がなかったら（株の仕組み）

『世界のお金事典』平井美帆文　汐文社　2006.2　155p　27cm　2800円　①4-8113-8068-1　Ⓝ337.4
[目次] アジア,大洋州,中東,欧州,北米,中南米,アフリカ

『こんなに身近な経済』池上彰著　帝国書院　2006.1　103p　27cm　（池上彰の社会科教室 1）2000円　①4-8071-4116-3　Ⓝ330

『Q&Aでわかる！これからの年金どうなるの？―キミたちがオトナになる前に』山本礼子監修・文、和泉恵実構成・イラスト　汐文社　2005.12　95p　21cm　1500円　①4-8113-7932-2　Ⓝ364.6
[目次] 1「年金」ってなんだ！,2「年金」あんなこと、こんなこと？,3 年金制度は時代とともに変わる？,4 世界の「年金」あれこれ？,5 社会保険ってなんだ!?
[内容] 小学生高学年と中学生を主な対象に、できるだけやさしく「年金のしくみはどうなっているのか」「年金の問題はどうなっているのか」「これからどうなるのか」ということを説明しています。

『みんなが知りたい！「経済のしくみ」がわかる本』コスモピア著　メイツ出版　2005.11　128p　21cm　（まなぶっく）　1500円　Ⓘ4-89577-953-X　Ⓝ330
[目次] 1 お金のお話, 2 経済のお話

『かき氷の魔法―世界一短いサクセスストーリー』藤井孝一著　幻冬舎　2005.8　63p　22cm　1300円　Ⓘ4-344-01014-0　Ⓝ335
[内容] 人は誰もが起業家として生まれています。「週末起業」の著者がたどり着いた結論は、ちいさなちいさな物語でした。子供といっしょに雇われずに生きる力を学びませんか。

『税金の絵事典―知っておきたい大切なこと』PHP研究所編　PHP研究所　2005.5　79p　29cm　2800円　Ⓘ4-569-68541-2　Ⓝ345.21
[目次] 第1章 税金ってなんだろう？, 第2章 どんな税金があるの？, 第3章 税金はどうつかわれているの？, 第4章 税金がわかる小事典
[内容] 税金は何に使われているのでしょう。税金を4つの章に分け詳しく解説。

『レモンをお金にかえる法　"経済学入門"の巻』ルイズ・アームストロングぶん, ビル・バッソえ, 佐和隆光やく　新装版　河出書房新社　2005.5　1冊（ページ付なし）21cm　1300円　Ⓘ4-309-24341-X　Ⓝ331
[内容] レモネードの売店から、一歩もはなれずに、ルイズ・アームストロングは読者を、あっというまに経済学の世界に巻きこんでしまいます。レモンと砂糖と水を原料としてレモネードという製品をつくることにはじまり、市場価格、初期投資、資本貸付から、さらには労働がわの不満に発する経営のつまずき、すなわちストライキ、ボイコットから交渉、調停へとすすみ、競争、価格戦争、利益の減少にまでいたります。さいごに、ヒロインの若い企業家は、合併をなしとげ、資産を流動化してから、すてきなバカンスをたのしみます。ルイズ・アームストロングのこっけいなようで的確なテキストと、ビル・バッソの痛快きわまる絵のドッキングに笑いころげているうちに、読者は経済学と私企業の重要な課題を学びとれるというしかけです。さあ、たのしい "べん

きょう" の、はじまり、はじまり。

『レモンをお金にかえる法　続（"インフレ→不況→景気回復"の巻）』ルイズ・アームストロングぶん, ビル・バッソえ, 佐和隆光やく　新装版　河出書房新社　2005.5　1冊（ページ付なし）21cm　1300円　Ⓘ4-309-24342-8　Ⓝ331
[内容] "レモネードがとびきりおいしい、きみの町" が、レモンの不作にみまわれて、"重大な経済危機" に直面します。まず原料の値上がりによって製品の価格も上がります。犬ごやをつくって売る商売のダイアンは、大好きなレモネードをのむために、犬ごやのねだんを上げるほかありません。車あらいのピーウィーや、しばかりのサンディーも、値上がりしたレモネードを買うために、賃金を上げてほしいといいだします。こうして賃金と物価のおいかけっこがはじまり、インフレーション、小さな企業の倒産、失業の増加へとつづきます。不況がやってきたのです。そこで、新しいしごとをつくったり、資金の貸付けをしたりして経済を元気づけるための努力がおこなわれ、そのけっか、失業はへり、生産が上がってきました。経済は元気回復するでしょう。

『家計―わたしのお金が世の中を動かす』八幡一秀監修　草土文化　2005.4　47p　29cm　（経済ってなに？）3000円　Ⓘ4-7945-0911-1　Ⓝ365.4
[目次] 1 お金って、なに？（貨幣）, 2 なんでも買ってもらえないのはなぜ？（収入・支出）, 3 どうして貯金するの？（家計と金融機関）, 4 カードならいくらでも買えるの？（クレジットカード）, 5 むだづかいしない買い物をするには？（消費者）, 6 環境を考える消費者になるには？（消費と環境）, 体験してみよう 地域通貨、アトム通貨―10円と10馬力、どちらも活用して、考えてみよう（「わたし」と経済のつながり, 消費者の権利とは？）
[内容] おこづかいをもらうのも、スーパーや百円ショップでの買い物も、経済活動のひとつです。日常のくらしから経済を考えます。

『貨幣なぜなぜ質問箱』国立印刷局編　2版　国立印刷局　2005.4　127p　19cm　〈年表あり〉858円　Ⓘ4-17-159106-6　Ⓝ337.21

『国際社会―お金は世界をしあわせにできるのか』今宮謙二監修　草土文化

お金のしくみ　　　　　　　　　　　　　　　　　　　　　　　現代社会―経済・仕事・産業

2005.4　47p　29cm　（経済ってなに？）3000円　Ⓘ4-7945-0914-6　Ⓝ333.6
目次　1 あなたのシャツは、どこ製？（貿易）,2「円」に値段があるの？（変動相場制・為替レート）,3 自分の国だけよければいいの？（貿易摩擦・経済摩擦）,4 世界の枠組みが変わるの？（地域経済統合・FTA）,5 日本とアジアの関係は？（アジア経済）,体験してみよう お金について調べたよ―日本語学級の子どもたち,考えてみよう（グローバル化する経済,経済摩擦,貿易黒字と円高,国際協調をめざして）
内容　食べ物から工業製品まで、日本は外国のものでいっぱいです。日本の経済は、外国との関係なくしてはありえません。

『政府―お金をみんなに役立てるために』今宮謙二監修　草土文化　2005.4　47p　29cm　（経済ってなに？）3000円　Ⓘ4-7945-0913-8　Ⓝ340
目次　1 税金は、はらわないとだめなの？（政府）,2 税金は、なにに使われているの？（税金）,3 日本は貧乏になったの？（財政）,4 日銀って、なにをするところ？（景気対策・中央銀行）,5 景気が悪いといけないの？（GDP・経済成長率）,体験してみよう 経済問題をマジに討論―中学生の考える景気対策,考えてみよう（これからの社会保険,国の債務と財政再建,税（保険・年金）の使い方,「政府」の役割と規制緩和）
内容　買い物をすると消費税をはらいます。みんなから集めた税金は、どのように使われているのでしょう？日本の財政の状況は。

『こどもがわかる経済ニュースの本』阪本将英,田坂節子著　中経出版　2005.3　111p　21cm　1100円　Ⓘ4-8061-2176-2　Ⓝ330
内容　なぜ、「お金」は大切なの？ほんとうにやさしいこどもの経済学！教科書（大阪書籍）にも採用。

『ちょっとお金持ちになってみたい人、全員集合！』斎藤孝著　PHP研究所　2005.3　126p　22cm　（斎藤孝の「ガツンと一発」シリーズ 第10巻）952円　Ⓘ4-569-64150-4　Ⓝ159.5
目次　1「お金持ち」って、どういうこと？,2「金銭感覚」と「信用」がお金持ちへの道だ！,3 おこづかいで技を磨け！,4 これだけは、しちゃならねぇ！,5 大人はどうやってお金を稼いでいるか？,6 お金持ちになるためのレッスン七か条
内容　僕も昔、ビンボウだった時があったよ。でも、お金が貯まるヒミツを見つけたんだ。それは、人から信用される人間になること。正しいルールと金銭感覚が身につく本。

『企業―お金のやりとりは人とのかかわり』八幡一秀監修　草土文化　2005.2　55p　29cm　（経済ってなに？）3000円　Ⓘ4-7945-0912-X　Ⓝ335
目次　ぐるぐるまわる経済のしくみ―家計・企業・政府・国際社会,企業―YES・NO迷路,手作りに価値はないの？（市場）,ものの値段はどうやってきまるの？（需要と供給）,銀行にあずけるとどうしてお金がふえるの？（金融・銀行）,会社って、どういうところ？（企業）,株主って、社長のこと？（株式）,日本はものづくり大国？（産業構造の変化）,えっ、給料がへる!?（日本型経営の変化）,リストラってなに？（リストラ）〔ほか〕

『コミック＆トークやさしい金融学―野村証券でみる金融業界』川村雄介監修,石崎洋司構成・文,森本ミホまんが　学習研究社　2005.1　135p　22cm　（会社がわかる仕事がわかる 2）Ⓝ338.21

『お札の館探検隊―なぜなぜ質問箱』国立印刷局編　国立印刷局　2004.12　127p　19cm　〈年表あり〉858円　Ⓘ4-17-140006-6　Ⓝ337.4

『9歳からのマネープラン―おこづかいを始めよう』あんびるえつこ著　主婦と生活社　2004.12　86p　26cm　（別冊すてきな奥さん）880円　Ⓘ4-391-61984-9　Ⓝ591.8

『お金のウソ？ホント？』学習研究社　2004.10　175p　19cm　（学研のウソ？ホント？シリーズ）760円　Ⓘ4-05-202161-4　Ⓝ337.2
内容　ウソかホントか問題を見て考えよう。知らず知らずに「お金」に関する知識が身につく。

『お金の大常識』植村峻監修,内海準二文　ポプラ社　2004.10　141p　22cm　（これだけは知っておきたい！ 14）〈年表あり〉880円　Ⓘ4-591-08253-9

現代社会―経済・仕事・産業　　　　　　　　　　　　　　　　　　　　　　　　お金のしくみ

Ⓝ337.2

目次 1 びっくり！日本のお金の話,2 おもしろ！世界のお金の話,3 日本と世界のお金の歴史たんけん！,4 小学生のための「お金学」入門

内容 小学校4年生から、よみがな対応！ぜったい知りたいお金のひみつを徹底攻略。

『12歳で100万円ためました！―本当のお金持ちになった女の子のお話』キムソンヒ著, 桑畑優香訳, はまのゆか絵　インフォバーン　2004.10　230p　18cm　1300円　Ⓘ4-901873-35-0　Ⓝ338.18

『グローバリゼーション』アイリス・タイクマン著, 桜井よしこ日本語版総監修, 久保田陽子訳・文　小峰書店　2004.4　47p　29cm　（現代の世界と日本を知ろう　イン・ザ・ニュース 5）3000円　Ⓘ4-338-19605-X　Ⓝ333.6

目次 グローバリゼーション（世界化）とは何でしょう？,3大国際経済機構、なぜ、グローバリゼーションに反対するのでしょう？, 多国籍企業の登場, 世界の借金, 国際的な農業, 公正貿易とは何でしょう？, 基本的人権, 私たちはお金持ちになったのでしょうか、それとも貧乏になったのでしょうか？, 人道的な投資〔ほか〕

『お金100のひみつ』工藤洋久監修, 久保田聡まんが　学習研究社　2004.3　140p　23cm　（学研まんが新ひみつシリーズ）〈年表あり〉880円　Ⓘ4-05-201947-4　Ⓝ337.2

目次 日本のコイン, 日本のお札, 世界のお金, お金の歴史, コインやお札以外のお金, 暮らしの中のお金の流れ

『経済とくらし―景気, 金融, 財政と税金ほか』高野尚好監修　学習研究社　2004.3　47p　29cm　（よのなかのニュースがわかる本 3）3000円　Ⓘ4-05-201929-6　Ⓝ332.1

目次 1 景気について考えよう,2 金融について調べよう,3 財政と税金について調べよう,4 少子高齢社会について考えよう,5 消費者問題について考えよう,6 貿易問題について調べよう

『暮らしと消費者金融―家庭経済に活かすローンの知識』江夏健一監修　第4版　日本消費者カウンセリング基金　2004.2　62p　30cm　Ⓝ338.7

『おこづかいはなぜもらえるの？―家計と仕事』山根法律総合事務所法律監修　ほるぷ出版　2002.12　39p　29cm　（家族ってなんだろう　池上彰総監修, こどもくらぶ編・著）2300円　Ⓘ4-593-57502-8　Ⓝ591.8

目次 1 まんがで考えよう,2 家族についてこう考えてみよう,3 調べてみよう・やってみよう

内容 おとなが働いて得たお金で、家族みんながくらしていること, 子どものおこづかいは、家計の一部であることなどを、具体的に解説しながら、家族のたいせつさを考えます。

『子どもに教えたいお金の話』エードリアン・G.バーグ, アーサー・バーグ・ボシュナー著, 池村千秋訳　PHP研究所　2002.9　127p　20cm　1300円　Ⓘ4-569-62377-8

内容 おかねとつきあう方法。わかりやすく楽しいお金入門講座。

『金銭教育のすすめ―マネー落語の台本を読んで語り、お金を考える本』武長脩行監修, こどもくらぶ編　国立　今人舎（発売）2002.5　47p　22cm　（シリーズ「21世紀の生きる力を考える」）1200円　Ⓘ4-901088-19-X　Ⓝ337

目次 前座, 大喜利　おとなの人へ―金銭教育15の指導アイデア

『お金のひみつ, 知ってる？』マーガレット・ホール著, 堀江博子訳, 消費者教育支援センター日本語版監修, 小関礼子日本語版校閲　文溪堂　2002.3　35p　30cm　（お金のことがわかる本 2）2800円　Ⓘ4-89423-307-X

目次 お金ができるまで, さいしょの硬貨, 現代のお金, お金の価値, 硬貨って、どんなもの？, 硬貨ができるまで, お札って、どんなもの？, お札ができるまで, 仕事とお金, お金のつかいかた〔ほか〕

内容 お金のなりたちから使われ方まで、お金のすべてがわかる本。税金のしくみがわかるページや、偽造防止技術他、お金にまつわる面白Q&Aと巻末付録も充実。

子どもの本 社会がわかる2000冊　143

『おこづかい、上手につかってる？』マーガレット・ホール著, 吉井知代子訳, 消費者教育支援センター日本語版監修, 小関礼子日本語版校閲　文渓堂　2002.3　35p　30cm　（お金のことがわかる本 1）2800円　④4-89423-306-1

[目次] おこづかいって、なに？, お金をふやそう, 上手につかおう, おこづかい帳をつけよう,「ないとこまるもの」,「あるといいもの」, つかいみちを考える, 上手に買いものをしよう, みんながほしいもの, おこづかいをためよう, どこで、ためたらいいの？〔ほか〕

[内容] おこづかいをもらう際の心構えから、募金での社会貢献を含め、計画的に使う方法など、おこづかいを通してお金を考える本。巻末は、発達段階に応じたおこづかいのもらい方や使い方など。

『銀行って、どんなところ？』マーガレット・ホール著, 生方頼子訳, 消費者教育支援センター日本語版監修, 小関礼子日本語版校閲　文渓堂　2002.3　35p　30cm　（お金のことがわかる本 3）2800円　④4-89423-308-8

[目次] 銀行ってなに？, どうして銀行だと安全なの？, 銀行の仕事, お金をあずける, お金をかりる, 口座をもっていると、できること, そのほかの口座引きおとし, 銀行ではたらく人びと, 夜でも、休みの日でも, ATMをつかう〔ほか〕

[内容] 子どもも良く目にするATMの役割やネット銀行、コンビニ銀行等の新しい動きなど、銀行の仕組みや仕事をわかりやすく解説。巻末には、銀行の面白Q&Aなど。

『クレジットカードって、どんなもの？』マーガレット・ホール著, 田中亜希子訳, 消費者教育支援センター日本語版監修, 小関礼子日本語版校閲　文渓堂　2002.3　35p　30cm　（お金のことがわかる本 4）2800円　④4-89423-309-6

[目次] 現金をもたずに買いものができる？, プリペイドカードって、どんなもの？, キャッシュカード, クレジットカードをつくるまえに,「ゆうちょ」でもカードがつくれる？, デビットカードって、どんなもの？, デビットカードのしくみ, クレジットカードって、どんなもの？, クレジットカードは、たいせつに, クレジットカードのつかいかた, クレジットカードで買いものをすると…〔ほか〕

[内容] プリペイドカード、クレジットカー

ド、デビットカード等のキャッシュレス経済の現状と将来をわかりやすく解説。かしこい消費者となるための基礎を築く本。巻末には新しいお金のあり方としてエコマネーや電子マネーの新しい情報も。

『お金をじょうずにつかうには』武長脩行監修, こどもくらぶ編・著　鈴木出版　2002.1　39p　29cm　（お金について考える 身につけよう！21世紀に生きる力 3）2200円　④4-7902-3088-0

[目次] 1 まんがで考えよう, 2 くわしく知ろう, 3 調べてみよう・やってみよう

[内容] 税金についての基礎知識を身につけてもらい、じょうずなお金の取り扱い方を教える一冊。

『お金でできること・できないこと』武長脩行監修, 田中ひろし著, こどもくらぶ編　鈴木出版　2002.1　40p　29cm　（お金について考える 身につけよう！21世紀に生きる力 4）2200円　④4-7902-3089-9

[目次] 1 まんがで考えよう, 2 くわしく知ろう, 3 調べてみよう・やってみよう

『お金をかせぐ・ためる』武長脩行監修, こどもくらぶ編・著　鈴木出版　2001.11　39p　29cm　（お金について考える 身につけよう！21世紀に生きる力 2）2200円　④4-7902-3087-2

[目次] 1 まんがで考えよう, 2 くわしく知ろう, 3 調べてみよう・やってみよう

『お金ってなに？』武長脩行監修, こどもくらぶ編・著　鈴木出版　2001.11　39p　29cm　（お金について考える 身につけよう！21世紀に生きる力 1）2200円　④4-7902-3086-4

[目次] 1 まんがで考えよう, 2 くわしく知ろう, 3 調べてみよう・やってみよう

『株式・会社・倒産って何？』池上彰著　汐文社　2001.11　53p　27cm　（NHK週刊こどもニュース よくわかる経済 3）1800円　④4-8113-7418-5

[目次] 1 株式ってなあに？, 2 株の値段と景気の話, 3 銀行がゆれている, 4 銀行の銀行＝日本銀行, 5 生命保険会社はどうなってるの？, 6「会社」だって生き物だ, 7「リスト

現代社会―経済・仕事・産業　　　　　　　　　　　　　　　　　　　　　　　　　お金のしくみ

ラ」ってよく聞くけれど,8 「会社が倒産」ってどんなこと?,9 IT革命とはなんだろう

『景気が良い・悪いってどういうこと?』池上彰著　汐文社　2001.11　53p　27cm　（NHK週刊こどもニュース　よくわかる経済 2）1800円　④4-8113-7417-7
[目次] 1「景気」が良い・悪いってどういうこと,2 インフレとデフレの話,3 税金ってなんだろう,4「国の借金」が増えている!,5 世界のお金、日本のお金,6 お金が売り買いされる?

『お金ってなんだろう?』池上彰著　汐文社　2001.10　56p　27cm　（NHK週刊こどもニュース　よくわかる経済 1）1800円　④4-8113-7416-9
[目次] 1 お金ってなんだろう?,2 中央銀行の誕生,3 ものの値段はどうやって決まる?,4 何にでも値段があるの?,5「経済」とはなんだろう?,6「経済」が成長すると文化が育つ

『世界と日本をむすぶ経済と流通のしくみ』清成忠男,志太勤一監修,飯島博著　ポプラ社　2001.4　46p　31cm　（わたしたちのくらしと世界の産業　国際理解に役立つ 8）〈索引あり〉2800円　④4-591-06727-0,4-591-99368-X
[目次] 外国からの輸入に頼り、国内生産が少ない小麦、世界の小麦生産と貿易のようす、一般的な貿易のしくみ,小麦がアメリカから輸出される,貿易をたすけるしごと,小麦が日本に輸入される,小麦粉製品の輸入,一般的な貿易の支払いと受け取り,小麦を製粉するのはどうして?,どのように小麦を製粉するの?〔ほか〕
[内容] わたしたちの生活を支えている経済と流通のしくみを考える。輸出入のしくみから、国内流通までを紹介。小学校高学年〜中学生向き。

『100万円あったら、どうする?』貯蓄広報中央委員会編　貯蓄広報中央委員会　2000.12　78p　21cm

『こどもの経済学―君たちが世界を動かす!』阪本将英,田坂節子著　郁朋社　2000.5　109p　21cm　1000円　④4-87302-075-1
[目次] ほしい!したい!が経済のはじまり、

世界を動かすのは君たちだ!,世界はひとつ!,日本発見?,どこの国から来たのかな?,ただ今、地球の人口60億人、国っていろいろ!,日本は生き残れるのか?,人・物・金を使って経済は動く,もしも、お金がなかったら!〔ほか〕
[内容] 本書は、だれにとっても分かりやすいだけでなく、人間らしい暮らしを支える経済学をめざしています。やさしい経済学の本を書くことは、けっしてやさしい仕事ではありません。その苦労をおしまず、真正面からやさしい経済学をえがいた田坂節子さん、阪本将英さんに拍手を送ります。

『世界とくらべる日本の経済』飯塚峻監修　ポプラ社　2000.4　61p　29cm　（国際理解にやくだつ　日本と世界のちがいを考える本 6）〈索引あり〉2800円　④4-591-06355-0,4-591-99325-6
[目次] 1 日本の商いと経済の特徴,2 日本の通貨の特徴,3 国の収入―税
[内容] 日本の商業、金融、物価、通貨のしくみなど、日本が経済大国と呼ばれる理由、その仕組みを解説。

『ゼニの"魔力"に負けん知恵』青木雄二著　汐文社　2000.4　81p　22cm　（青木雄二のジュニアのための『ゼニ学』講座 3）1400円　④4-8113-7318-9
[目次] 講座・1 日本人は"中流"という名のビンボー人―資本主義ってなんや三,講座・2「国」は誰のためにあるのか知ってるか?―資本主義ってなんや四,講座・3 バクチで大金持ちになったためしがない―大人になる前の予習

『ゼニの"嘘"に騙されたらアカン』青木雄二著　汐文社　2000.3　82p　22cm　（青木雄二のジュニアのための『ゼニ学』講座 2）1400円　④4-8113-7317-0
[目次] 講座壱"信用"という怪物―資本主義ってなんや,講座弐 悪質・インチキ商法のこと教えたる―君らが大人になる前の予習―その1,講座参 騙されやすい人はこれを読め!!―君らが大人になる前の予習―その2

『ゼニの秘密教えたる』青木雄二著　汐文社　2000.3　86p　22cm　（青木雄二のジュニアのための『ゼニ学』講座 1）1400円　④4-8113-7316-2
[目次] 講座・1「ゼニ」は生き物や,講座・2

子どもの本　社会がわかる2000冊　　145

君らが大人になる前の予習その一,講座・3
君らが大人になる前の予習その二―知らんと損するお金の話

◆なりたいものは何？

『自分らしく働きたい―だれもが自信と誇りをもって』清水直子著　大日本図書　2009.3　174p　19cm　（ドキュメント・ユニバーサルデザイン）1600円
ⓘ978-4-477-01992-5
目次　はじめに　「働く」ってどんなこと？,第1章　寄せ場のまちで仕事づくり―「働くまち」から「福祉のまち」へと変わるなかで,第2章　働くことを学び合いながら―元野宿者と若者がいっしょに働く場,第3章　ジョブコーチは「通訳」―障害のある人と会社をつなぐ,第4章　都会の人とつながってふるさとを守りたい―人まかせにしないまちおこしを,第5章　「セーフティネット」はすべての働く人を守る―貧困とは「ため」を奪われていくこと,おわりに　働く条件は変えられる！

『わくわくしごとずかん』小学館　2008.7　41p　21cm　（カラーワイドシリーズ）476円　ⓘ978-4-09-112349-7　Ⓝ366.29

『はじめて知るみんなの未来の仕事』学習研究社　2008.4　271p　26cm　（学研の新まるごとシリーズ）2700円
ⓘ978-4-05-202880-9　Ⓝ366.29
目次　人を守る仕事,人を教えたり育てる仕事,社会を支える仕事,国際的に活躍できる仕事,乗り物にかかわる仕事,お金や経済にかかわる仕事,動物・植物や自然にかかわる仕事,ファッションやおしゃれにかかわる仕事,人に伝え感動させる仕事,コンピュータや機械にかかわる仕事,スポーツにかかわる仕事,食べ物にかかわる仕事,住まいやくらしにかかわる仕事,伝統文化を守る仕事,人の命や健康にかかわる仕事
内容　21世紀にふさわしい仕事が218種類。

『なりたい職業ガイドブック　2』PHP研究所編　PHP研究所　2008.2　79p　29cm　〈「2」のサブタイトル：「得意」から見つける〉2800円　ⓘ978-4-569-68763-6　Ⓝ366.29
目次　第1章　こんなものにかかわりたい,第2章　ほかの人には負けないものがある,第3章　こんなものをあやつりたい,第4章　だれかの手助けをしたい,第5章　大切なものを守りたい
内容　おとなになった自分が,どんな仕事をしているか,想像したことはありますか？たくさんの職業のなかから,とつぜん何になりたいかを考えるのはむずかしいもの。そんなときにはまず,「自分にできることは何か」「どんなことをやってみたいか」を考えてみましょう。この本では,「できる」「やりたい」をキーワードに,いろいろな職業を紹介しています。

『夢わくわくノート―"夢"を見つける』夢わくわくプロジェクト編　光文書院〔2008〕49p　26cm　190円　ⓘ978-4-7706-1042-3　Ⓝ366.29

『仕事ってなんだろう』矢崎節夫,五味太郎,石橋幸緒,関野吉晴,神崎繁著　佼成出版社　2007.10　205p　19cm　（子どもだって哲学　5）1200円　ⓘ978-4-333-02296-0　Ⓝ366.29
目次　好きな仕事ができる幸せ,楽しく遊んでいる感じ,あこがれの職業をめざして,いろいろな人の暮らし方や考え方を紹介したい,仕事

『みんなが知りたい！「いろんな仕事なりたい職業」のことがわかる本』ジェイアクト著　メイツ出版　2007.5　160p　21cm　（まなぶっく）1200円　ⓘ978-4-7804-0234-6　Ⓝ366.29
目次　人とふれ合う仕事,動物とふれ合う仕事,物とふれ合う仕事,スポーツ選手になりたい！,自分を表現したい！,乗り物に乗りたい！,まだまだあるよ
内容　どうしたら憧れの職業につけるの？115種類をわかりやすく紹介。

『仕事を考えるワークブック』大野一夫文,もりおゆう絵　大月書店　2007.3　61p　21×22cm　（仕事の絵本　6）〈1巻―5巻の索引あり〉1800円　ⓘ978-4-272-40586-2　Ⓝ366
目次　1　仕事を調べてみよう,2　仕事を考え,深めよう―実践例,3　資料

『仕事・職業』渡辺三枝子監修　ポプラ社　2007.3　247p　29cm　（ポプラディア情報館）6800円　ⓘ978-4-591-09601-7,978-4-591-99840-3　Ⓝ366.29

現代社会―経済・仕事・産業　　　　　　　　　　　　　　　なりたいものは何？

『みんなのしごと』シルビー・ボシエ文，ピエール・カイユ絵，池内恵訳，陰山英男監修　主婦の友社　2007.3　1冊（ページ付なし）20×20cm　（キッズのためのしかけ図鑑絵本―kidsはかせ）1500円　Ⓘ978-4-07-252492-3　Ⓝ366.29

『これからのライフスタイル』伊田広行文，後藤範行絵　大月書店　2007.2　37p　21×22cm　（仕事の絵本 5）1800円　Ⓘ978-4-272-40585-5　Ⓝ366
[目次] 仕事（働くこと）をひろく考えていこう，時代の変化，「短く働く」という発想，ダメな仕事はやめてもいい，「ワーク・ライフ・バランス」という考え方，ワークシェアリングってなに？，ゆっくりと，ちゃんと生きていこう―スローな生き方，豊かな生活とは？―少ない時間働いて少ない消費で楽しくちゃんと生きる，いい仕事を見つけて，ぼちぼちやっていく，お金にならない労働の大切さ，デンマークの育児休業，新しい働き方，たくさん！，人生を何度もやり直す。人とつながっていく。，「勝ち組」をめざさない社会へ，この本を読んだあなたへ

『働く条件ってどうなってるの？』朴木佳緒留文，石井勉絵　大月書店　2007.1　37p　21×22cm　（仕事の絵本 4）1800円　Ⓘ978-4-272-40584-8　Ⓝ366.3

『仕事のつながり，仕事のしくみ』大谷猛夫文，もりおゆう絵　大月書店　2006.12　37p　21×22cm　（仕事の絵本 3）1800円　Ⓘ4-272-40583-7　Ⓝ366.29
[目次] 無人島でくらす，食べるものは，着るものは，住む家をつくる，病気を治す，年をとったら，映画をつくる，本をつくる，コミュニケーションをつくる，人と物を運ぶ，ゴミの処理をする，環境を考える仕事，安全を守る仕事，株式を売り買いする，世界の人と手をつなぐ，この本を読んだあなたへ
[内容] 「仕事とはなにか」をさまざまな角度から考え，自分らしい働き方，自分らしい生き方を探る絵本。時代の変化をとらえ，幅広い視点から，いま，働くことをめぐって問題になっていることを考える。

『人はどんな仕事をしてきたの？』浜林正夫文，石井勉絵　大月書店　2006.11　37p　21×22cm　（仕事の絵本 2）1800円　Ⓘ4-272-40582-9　Ⓝ366.02
[目次] みんなで働き，みんなで生きる，道具をつくる，物づくり以外の仕事，奴隷の仕事，農奴の仕事，お金ってなんだろう，町に住む人びと，株式会社のはじまり，銀行のはじまり，道具から機械へ，堀込みのたたかい（女工哀史），工場で働く人びと，テクノストレス，ヘッジファンド，今日の商品は明日のゴミ，国連の仕事，この本を読んだあなたへ
[内容] 「仕事とはなにか」をさまざまな角度から考え，自分らしい働き方，自分らしい生き方を探る絵本。時代の変化をとらえ，幅広い視点から，いま，働くことをめぐって問題になっていることを考える。セットで総合学習やキャリア教育に最適。

『仕事ってなに？―さまざまな仕事観』岩川直樹文，後藤範行絵　大月書店　2006.10　37p　21×22cm　（仕事の絵本 1）1800円　Ⓘ4-272-40581-0　Ⓝ366.29
[目次] 仕事ってなに？，研究して工夫する用務さん，教師という役割に応える，物と人のつながりを学ぶ，川の恵みをみんなで守る，おもしろいほうがいい，ふたりの国の勉強を社会に生かす，おもちゃを文化にする，人間らしく生きる地域をつくる，好きな写真を信じて，農業のゆたかさを開く，国境を越えてつなぐ，自分の直観を大切にして，ホームレスの人たちの仕事，なりたい自分を探る，生きていけるだろ，この本を読んだあなたへ

『小学生の夢がふくらむいろんな仕事―こんなにあるよ，未来の職業』造事務所編著　京都　PHP研究所　2006.7　255p　26cm　1800円　Ⓘ4-569-64814-2　Ⓝ366.29

『21世紀こども百科　しごと館』小学館　2006.1　239p　29cm〈付属資料：クリアファイル1枚＋シール1枚〉3800円　Ⓘ4-09-221241-0　Ⓝ366.29
[目次] アナウンサー，アニメーター，医師，イラストレーター，ウェブデザイナー，宇宙飛行士，運転士，映画監督，栄養士，エンジニア〔ほか〕
[内容] 人気の職業200種類を紹介！読んで"体験"する仕事ガイド！さまざまな仕事で活躍する著名人から応援メッセージ。

子どもの本 社会がわかる2000冊　147

なりたいものは何？　　　　　　　　　　　　　　　現代社会―経済・仕事・産業

『小学生のためのお仕事キャラクター大百科』ぽにーてーる編著，レッカ社編　カンゼン　2005.12　191p　19cm　952円　⊥4-901782-65-7　Ⓝ366.29
[目次] なりたい123種のお仕事，お仕事を考えてみよう体験してみよう，どんどん調べてみようお仕事のすべて
[内容] 仕事の内容や楽しいところ・魅力などを紹介。収入やどうしたらなれるの？などの疑問にも答えているよ。また，野球選手，幼稚園の先生，サッカー選手などの人気のお仕事の紹介から，好きな科目がいかせるお仕事までを，各科目ごとにくわしく123種類紹介しているよ。お仕事ごとに，ひと目で人気度の高さや，お仕事の魅力や資格の有無を知ることができるぞ。

『小学生のためのしごと大事典―ぼくとわたしの「なりたい！」ブック　490しごと』梅沢しごと研究所編著　竹書房　2005.12　399p　21cm　1905円　⊥4-8124-2504-2　Ⓝ366.29
[目次] 料理の世界，ファッションの世界，建築の世界，医療の世界，福祉の世界，教育の世界，心と宗教の世界，動物の世界，自然の世界，金融の世界，運輸の世界，サービスの世界，公務員の世界，スポーツの世界，マスコミの世界，芸術の世界，ITの世界，そのほかの世界
[内容] メジャーリーガー，宇宙飛行士，ファッションデザイナー…，好奇心旺盛な子どもたちの目線で，世の中のたくさんのしごとを紹介。「しごと」と「なり方」を表とイラストで分かりやすく解説。コンパクトにまとまっているから「職業学習」にも最適。

『しごとって、なぁに？』大滝まみ絵・文　メディアファクトリー　2005.11　1冊（ページ付なし）26cm　（グッド・ジョブーブ！0）⊥4-8401-1433-1　Ⓝ366

『まちは、しごとでできている。』大滝まみ絵・文　メディアファクトリー　2005.11　1冊（ページ付なし）26cm　（グッド・ジョブーブ！1）⊥4-8401-1433-1　Ⓝ366.29

『「職業別」ユニフォーム・制服絵事典―仕事の内容がよくわかる』日本ユニフォームセンター監修，造事務所編集・構成　PHP研究所　2005.10　95p　29cm　2800円　⊥4-569-68561-7　Ⓝ593

[目次] 1 働いている人をめだたせる，2 体のきれいさを保つ，3 危険から体を守る，4 スポーツをする時に着る，5 いろいろな活動に役立つ
[内容] 警察官、医師、看護師、野球選手…、それぞれの仕事ごとに制服・ユニフォームを説明しています。イラストをもとに説明しているので、わかりやすくなっています。

『夢をそだてるみんなの仕事101―決定版』講談社　2005.10　271p　26cm　2800円　⊥4-06-213126-9　Ⓝ366.29
[目次] 第1章 くらしをささえる仕事，第2章 人を助ける仕事，第3章 人を育てる仕事，第4章 人を楽しませる仕事，第5章 人に伝える仕事，第6章 地球と宇宙の未来を考える仕事
[内容] どんな仕事か、なぜその職についたのか、何が楽しく、何がつらいか等々、ここでしか読めないインタビュー記事。胸打たれる逸話も満載。豊富なイラスト、写真では仕事の内容を紹介。知っているようで知らない仕事の内幕には、「へえ！」と驚くことばかり。松井秀喜、小野伸二、毛利衛、安野モヨコ、唐沢寿明各氏ほか著名人、また子どもたちに人気の職業も豊富に登場。101の仕事を一枚絵にした豪華な観音扉・口絵付き。「どこにだれがいる？」絵探しとしても楽しめます。

『なりたい職業ガイドブック―「好き」から見つける』PHP研究所編　PHP研究所　2005.8　79p　29cm　2800円　⊥4-569-68554-4　Ⓝ366.29
[目次] 第1章 人のために何かをするのが好きなキミへ，第2章 自然とかかわっていたいキミへ，第3章 勉強するのが好きなキミへ，第4章 スポーツや芸術が得意なキミへ，第5章 機械や工作が好きなキミへ

『なりたい職業やりたい仕事がわかる本』ジェイアクト著　メイツ出版　2005.3　160p　21cm　（まなぶっく）1500円　⊥4-89577-833-9　Ⓝ366.29

『あこがれの仕事を調べよう』池上彰監修，こどもくらぶ著　小峰書店　2003.4　47p　29cm　（たくさんの仕事たくさんの未来 キャリア教育に役立つ　4）2800円　⊥4-338-19004-3,4-338-19000-0　Ⓝ366.29
[目次] 1 あこがれの仕事について考えよう，2 あこがれの仕事についてよく知ろう，3 役立ち資料集

現代社会―経済・仕事・産業　　　　　　　　　　　　　　　　　　　　なりたいものは何？

内容 きみのあこがれの仕事はなに？どうしてその仕事にあこがれるの？きみにとって、あこがれの仕事とはなにか、考えてみよう。

『会社について調べよう』池上彰監修，こどもくらぶ著　小峰書店　2003.4　47p　29cm　（たくさんの仕事たくさんの未来 キャリア教育に役立つ 6）2800円
Ⓘ4-338-19006-X,4-338-19000-0
Ⓝ335.4
目次 1 会社ってなに？,2 会社の仕事を調べよう,3 こんな仕事、あんな仕事,4 役立ち資料集
内容 日本では、15歳以上の働く人口の約6割、すなわち3人に2人が会社員だ。おおぜいの人が働いている会社について、いっしょに調べていこう。

『家族の仕事を調べよう』池上彰監修，こどもくらぶ著　小峰書店　2003.4　47p　29cm　（たくさんの仕事たくさんの未来 キャリア教育に役立つ 2）2800円
Ⓘ4-338-19002-7,4-338-19000-0
Ⓝ366.29
目次 1 家族の仕事はなに？,2 家族の仕事を調べよう,3 役立ち資料集
内容 生活するには、お金が必要だ。きみのうちでは、だれが働いて収入を得ているかな？家族の仕事をとおして、収入と働き方について、考えてみよう。

『きみの夢プランニング』池上彰監修，こどもくらぶ著　小峰書店　2003.4　47p　29cm　（たくさんの仕事たくさんの未来 キャリア教育に役立つ 8）2800円
Ⓘ4-338-19008-6,4-338-19000-0
Ⓝ366.29
目次 1 なりたいものについて考えよう,2 自分自身についてよく知ろう,3 役立ち資料集
内容 きみは将来の仕事を決めているかな？どうしたら将来、自分に合った仕事を見つけていけるだろうか、その方法をいっしょに考えてみよう。

『仕事ってなんだろう？』池上彰監修，こどもくらぶ著　小峰書店　2003.4　47p　29cm　（たくさんの仕事たくさんの未来 キャリア教育に役立つ 1）2800円
Ⓘ4-338-19001-9,4-338-19000-0
Ⓝ366.29
目次 1 働くってなに？,2 仕事について調べてみよう,3 役立ち資料集
内容 きみは、おとなが働くのはあたりまえだと思っているかな？家族のくらしをとおして、人はなぜ働くのか、仕事とはなにか、考えてみよう。

『職業調べカタログ』池上彰監修，こどもくらぶ著　小峰書店　2003.4　47p　29cm　（たくさんの仕事たくさんの未来 キャリア教育に役立つ 10）2800円
Ⓘ4-338-19010-8,4-338-19000-0
Ⓝ366.29
目次 食にかかわる仕事、コンピュータにかかわる仕事、お金の管理ににかかわる仕事、本やゲームにかかわる仕事、おしゃれにかかわる仕事、テレビ、映画、舞台で活躍する仕事、スポーツにかかわる仕事、機械をつくる仕事、家やビルをつくる仕事、乗りものにかかわる仕事〔ほか〕
内容 「食べもの」「動物」「乗りもの」「スポーツ」など、それぞれにかかわる仕事を見てみよう。その職業につくための方法など、役立ち情報も満載。

『職場体験実践レポート』池上彰監修，こどもくらぶ著　小峰書店　2003.4　47p　29cm　（たくさんの仕事たくさんの未来 キャリア教育に役立つ 9）2800円
Ⓘ4-338-19009-4,4-338-19000-0
Ⓝ366.29
目次 1 将来の仕事さがしのための職場体験,2 職場体験にチャレンジしよう,3 いろいろあるよ、職場体験実践レポート,4 先輩の体験談を聞いてみよう,5 役立ち資料集
内容 職場体験は、職場を訪問して仕事を体験するだけのことではない。学校での実践例を見ていきながら、職場体験について、しっかり理解しよう。

『まちの仕事を調べよう』池上彰監修，こどもくらぶ著　小峰書店　2003.4　47p　29cm　（たくさんの仕事たくさんの未来 キャリア教育に役立つ 3）2800円
Ⓘ4-338-19003-5,4-338-19000-0
Ⓝ366.29
目次 1 まちのようすから見る仕事のうつりかわり,2 まちの仕事を調べてみよう,3 役立ち資料集
内容 まちのようすの変化には、日本の社会や産業の変化が深くかかわっている。まち

の仕事をとおして、仕事のうつりかわりを見てみよう。

『職場体験にチャレンジ』学習研究社　2003.3　32p　27cm　（「職場体験学習」にすぐ役立つ本　別巻　森茂監修）2000円　Ⓘ4-05-201822-2　Ⓝ366.29
目次　職場体験学習のプロセス、あなたがしたい仕事は？、体験できる職場を探そう、体験先の職場への接し方、受け入れ先を事前に訪問しよう―自己アピール票を持っていこう、体験テーマを見つけよう、職場体験学習に備えて―質問用紙を作ろう、体験学習の一日の行動を記録しよう―学習スケジュールカードを活用しよう、ほかの教科との連携も考えて体験に臨もう、トラブルにあわてないための対処法〔ほか〕

『やってみよう！こどもの資格＆コンクールガイド　2003年度版』PHP研究所編　PHP研究所　2003.3　287p　21cm　1600円　Ⓘ4-569-68388-6
目次　勉強にチャレンジ、すきなことにチャレンジ、エコ＆ボランティアにチャレンジ、アートにチャレンジ、ことばにチャレンジ、スポーツにチャレンジ、コンピュータにチャレンジ
内容　「なにかおもしろいこと、ないかな」この本は、そんな小学生と中学生がチャレンジできるものばかりをあつめた。うごきだすための情報の本。親子でできる資格や、最新の資格、めずらしいコンクール、学校のみんなでチャレンジできるものもある。ページをめくり、チャレンジをはじめれば、チョット人とちがう自分をみつけられるはず。

『なりたいな！はたらくひとたち』永岡書店編集部編　永岡書店　2002　22p　15×15cm　（たのしい絵本シリーズ）400円　Ⓘ4-522-42064-1　Ⓝ366.29

『はたらくひと』田中力監修、ゆきのゆみこ文、武田美穂、間瀬なおかた絵、榎本功ほか写真　チャイルド本社　2001.11（第2刷）30p　22×25cm　（チャイルド科学絵本館―なぜなぜクイズ絵本　8）581円　Ⓘ4-8054-2344-7

『「なりたい！」が見つかる将来の夢さがし！職業ガイド234種』菅原真理子監修　集英社　2001.9　239p　19cm　1200円　Ⓘ4-08-288084-4
目次　テレビ番組や映画・舞台をつくりたい、演じたい、伝えたい、目立ちたい、音楽にこだわりたい、ファッションにかかわりたい、オシャレな生活を演出したい、食にこだわりたい、広告をつくりたい、デザインにこだわりたい、書きたい、描きたい、創りたい、コンピューターや機械を扱いたい、人の役に立ちたい、人の命や健康を守りたい、スポーツ選手になりたい、教えたい、育てたい、研究したい、自然や動物のために働きたい、政治・法律・金融に関わりたい、人にサービスしたい
内容　将来の「なりたい」が見つかるだけじゃなくて、「なりかた」もバッチリわかっちゃう！先輩の体験談や、職業の選び方のアドバイスつき！親切でおせっかいなガイドブックだよ。

『わたしが選んだ職業』「わたしが選んだ職業」編集委員会著　福音館書店　2001.6　333p　21cm　1500円　Ⓘ4-8340-1765-6
目次　食べもの、自然、すこやか、スポーツ、乗りもの、声と音、住まい、創造、文字と本

『働くってたのしい』朴木佳緒留文、もりお勇絵　大月書店　2001.2　37p　21×22cm　（ジェンダー・フリーの絵本　3）1800円　Ⓘ4-272-40443-1
目次　おとなになったらなにをする？、「女の仕事」「男の仕事」ってあるの？、こんなのへんかな？、女にしかできない仕事、男にしかできない仕事ってあるの？、女に向いている仕事、男に向いている仕事ってあるんじゃない？、仕事のしかたを変えてみる、働くって楽しいこと？、いろいろなたのしさ、仕事への誇り、いろいろな働き方、賃金と資格、女の人はなぜおこっているの？、男の人はなぜつかれているの？、おかしいと気づいたら、子どもは働けないの？、ささえあって、働く、いってきます
内容　あなたは、将来どんな仕事をしたいと思っていますか？本巻では、「女性用の仕事」「男性用の仕事」という区別はないということを述べました。男女とも、自由に職業を選ぶことができる力をつけてほしいのです。今までは、女の人は家庭を守り、男の人は家族を養うことがよいと思われていました。しかし、世界中の国々で、それはおかしいと思う人が増えています。あなたも性にとらわれず、自由に自分の人生を描いてください。本当に自分に合う仕事が見つかるといいですね。

現代社会─経済・仕事・産業　　なりたいものは何？

◆◆社会の中で働くには

『防犯にかかわる仕事─マンガ』ヴィットインターナーショナル企画室編　ほるぷ出版　2009.3　140p　22cm　（知りたい！なりたい！職業ガイド）〈文献あり〉2200円　Ⓘ978-4-593-57224-3　Ⓝ368.6
[目次] セキュリティシステム開発者, セキュリティスタッフ, 鍵製造技術者
[内容] ひとつのテーマで3つの職業が紹介され、その仕事のようすやその職業に就くための方法などがコミックと文章でガイドされています。

『暮らしを支える─行政・金融・建築・不動産』しごと応援団編著　理論社　2007.10　187p　19cm　（女の子のための仕事ガイド　6）〈文献あり〉1000円　Ⓘ978-4-652-04956-3　Ⓝ366.29

『くらしと安全を支える仕事』あかね書房　2007.4　79p　27cm　（仕事の図鑑　なりたい自分を見つける！　9　「仕事の図鑑」編集委員会編）3300円　Ⓘ978-4-251-07819-3　Ⓝ366.29

『世界の人々に出会う仕事』あかね書房　2007.4　79p　27cm　（仕事の図鑑　なりたい自分を見つける！　10　「仕事の図鑑」編集委員会編）3300円　Ⓘ978-4-251-07820-9　Ⓝ366.29

『夢をかなえるひみつ─ライフプランを作るFPの仕事』内海準二構成, もりもとなつき漫画　学習研究社コミュニケーションビジネス事業部教材資料制作室　2007.3　128p　23cm　（学研まんがでよくわかるシリーズ　仕事のひみつ編　2）〈発売：日本ファイナンシャル・プランナーズ協会〉572円　Ⓘ978-4-903801-03-2　Ⓝ338

『語学を生かして、世界で働く─国際関係・旅行・語学・ビジネス』しごと応援団編著　理論社　2006.11　187p　19cm　（女の子のための仕事ガイド　3）〈文献あり〉1000円　Ⓘ4-652-04953-6　Ⓝ366.29

『しょうぼうしさんしゅつどう！』小賀野実写真　ポプラ社　2005.10　16p　18×19cm　（350シリーズ─おしごとえほん　4）350円　Ⓘ4-591-08896-0　Ⓝ317.79

『アツイぜ！消防官』くさばよしみ著, どいまき画　フレーベル館　2004.5　159p　19cm　（おしごと図鑑　6）1200円　Ⓘ4-577-02836-0　Ⓝ317.79
[目次] ドキュメント　火災発生！, 第1章　これが消防官だ！, 第2章　消防官の日々, 第3章　各隊のおしごと, 第4章　消防官のワザ, 第5章　キミも消防官になれるか？, 第6章　消防官のひみつ, 第7章　消防官になりたい！
[内容] のぞいてみたいホントの消防官。全ページイラストで消防官の仕事を完全紹介。

『公務員について調べよう』池上彰監修, こどもくらぶ著　小峰書店　2003.3　47p　29cm　（たくさんの仕事たくさんの未来　キャリア教育に役立つ　7）2800円　Ⓘ4-338-19007-8,4-338-19000-0　Ⓝ317.3
[目次] 1　公務員ってなに？, 2-1　公務員の仕事を調べよう, 2-2　公務員の仕事を調べよう, 3　こんな仕事、あんな仕事
[内容] 公務員ってなに？きみの身近なところにも、さまざまな公務員の人たちが働いている。いろいろな公務員の仕事をいっしょに見ていこう。

『政治やくらしをささえる仕事』伊藤嘉一監修　くもん出版　2003.4　47p　28cm　（英語を使う仕事　世界へひろがるみんなの夢！　2）2800円　Ⓘ4-7743-0678-9　Ⓝ366.29

『世界を舞台に個性をいかす仕事』伊藤嘉一監修　くもん出版　2003.4　47p　28cm　（英語を使う仕事　世界へひろがるみんなの夢！　4）2800円　Ⓘ4-7743-0680-0　Ⓝ366.29

『世界の平和や命をまもる仕事』伊藤嘉一監修　くもん出版　2003.4　47p　28cm　（英語を使う仕事　世界へひろがるみんなの夢！　1）2800円　Ⓘ4-7743-0677-0　Ⓝ366.29

『日本と世界をつなぐ仕事』伊藤嘉一監

修　くもん出版　2003.4　47p　28cm
（英語を使う仕事　世界へひろがるみんなの夢！　5）2800円　Ⓘ4-7743-0681-9
Ⓝ366.29

『公共の職場―消防署／市役所／自衛隊』
学習研究社　2003.3　32p　27cm
（「職場体験学習」にすぐ役立つ本　12
森茂監修）2000円　Ⓘ4-05-201818-4
Ⓝ366.29
目次　公共の職場・消防署、公共の職場・市役所、関連職場・自衛隊

『未来への視点で働く人―心を語る414名の人びと』今井美沙子著、今井祝雄写真　理論社　1999.11　226p　22cm
（わたしの仕事　最新集）2200円　Ⓘ4-652-04826-2

『毎日の生活を考える人―心を語る414名の人びと』今井美沙子著、今井祝雄写真　理論社　1999.10　283p　22cm
（わたしの仕事　最新集）2200円　Ⓘ4-652-04825-4

『人と制度をつなぐ仕事―マンガ』ヴィットインターナショナル企画室編　ほるぷ出版　1999.2　146p　22cm　（知りたい！なりたい！職業ガイド）2000円
Ⓘ4-593-57133-2
目次　税理士、通関士、弁理士

『生活の安全を守る仕事―マンガ』ヴィットインターナショナル企画室編　ほるぷ出版　1998.2　145p　22cm　（知りたい！なりたい！職業ガイド）〈文献あり〉2000円　Ⓘ4-593-57115-4, 4-593-09553-0
目次　警察官、消防官、海上保安官

◆◆自然・生き物の世界で働くには

『自然のなかで働きたい―動物・植物・気象・環境』しごと応援団編著　理論社　2008.3　189p　19cm（女の子のための仕事ガイド　7）〈文献あり〉1000円
Ⓘ978-4-652-04957-0　Ⓝ366.29

『ペットにかかわる仕事―マンガ』ヴィットインターナショナル企画室編　ほるぷ出版　2008.2　140p　22cm　（知りたい！なりたい！職業ガイド）2200円
Ⓘ978-4-593-57214-4　Ⓝ645.9
目次　ペットショップスタッフ、ペットフード開発者、ペットシッター

『生きものと一緒に働く仕事』あかね書房　2007.4　79p　27cm（仕事の図鑑　なりたい自分を見つける！　8　「仕事の図鑑」編集委員会編）3300円　Ⓘ978-4-251-07818-6　Ⓝ366.29

『競走馬にかかわる仕事―マンガ』ヴィットインターナショナル企画室編　ほるぷ出版　2007.1　142p　22cm　（知りたい！なりたい！職業ガイド）2200円
Ⓘ978-4-593-57198-7　Ⓝ788.5
目次　調教師、騎手、厩務員

『自然と環境を調べて守る仕事』あかね書房　2006.4　79p　27cm（仕事の図鑑　なりたい自分を見つける！　3　「仕事の図鑑」編集委員会編）3300円　Ⓘ4-251-07813-6　Ⓝ610

『犬・ねこ・うさぎ―いっしょにくらす生きものの仕事』学習研究社　2006.2　47p　28cm　（生きものと働きたい！　2）2800円　Ⓘ4-05-202398-6　Ⓝ645.6

『気象予報士になろう』森田正光監修　学習研究社　2006.2　47p　29cm　（ぼくもわたしも気象予報士　第4巻）3000円　Ⓘ4-05-202426-5　Ⓝ451.28

『畜産・水産―食用の生きものとの仕事』学習研究社　2006.2　47p　28cm　（生きものと働きたい！　4）2800円　Ⓘ4-05-202400-1　Ⓝ641.7

『動物園・水族館―生きものを見せる仕事』学習研究社　2006.2　47p　28cm（生きものと働きたい！　1）2800円
Ⓘ4-05-202397-8　Ⓝ480.76

『保護・研究―生きものの未来のための仕事』学習研究社　2006.2　47p　28cm（生きものと働きたい！　5）2800円
Ⓘ4-05-202401-X　Ⓝ480.9

現代社会―経済・仕事・産業　　　　　　　　　　　　　　　　　なりたいものは何？

『盲導犬・競走馬・サーカス―生きものの能力をひきだす仕事』学習研究社　2006.2　47p　28cm　（生きものと働きたい！　3）2800円　Ⓘ4-05-202399-4　Ⓝ645

『どうぶつえんのおしごと』内山晟写真　ポプラ社　2005.11　16p　18×19cm　（350シリーズ―おしごとえほん　5）350円　Ⓘ4-591-08965-7　Ⓝ480.76

『犬とかかわる仕事がしたい！』辻秀雄文　金の星社　2005.3　47p　30cm　（まるごと犬百科　犬とくらす犬と生きる　6）2800円　Ⓘ4-323-05416-5　Ⓝ645.6
　目次　犬の命と健康を守る仕事，犬を訓練する仕事，犬との暮らしを手助けする仕事，働く犬を助けるボランティア
　内容　犬とかかわるいろいろな仕事を紹介する。仕事の内容，その仕事に就くためにはどうしたらよいか，必要な資格などを，実際に仕事をしている人の体験談をまじえて，構成・紹介する。

『自然と動物にトライ！』学習研究社　2005.3　48p　27cm　（好きからチャレンジ！資格と検定の本　4）2800円　Ⓘ4-05-202281-5　Ⓝ460.7
　目次　第1部　今すぐチャレンジ！資格＆検定（バードウォッチング検定，気象予報士，生物分類技能検定，ファーブル検定，子ども樹木博士），第2部　未来にチャレンジ！資格＆検定（獣医師，樹木医，動物看護師，トリマー，ビオトープ管理士）
　内容　自然に関する資格と検定試験，観察会やコンテストなどを紹介。

『動物・植物にかかわる仕事』富士山みえるまんが，藤本やす文　ポプラ社　2005.3　159p　22cm　（まんがで読む仕事ナビ　2）1600円　Ⓘ4-591-08483-3　Ⓝ366.29

『釣りにかかわる仕事―マンガ』ヴィットインターナショナル企画室編　ほるぷ出版　2005.1　142p　22cm　（知りたい！なりたい！職業ガイド）2200円　Ⓘ4-593-57183-9　Ⓝ787.1
　目次　遊漁船船長，和竿職人，釣り道具開発者

『お天気おねえさんのお仕事―気象予報士になる方法教えます』真壁京子著，みひらともこイラスト　PHP研究所　2004.10　139p　22cm　（PHPノンフィクション）1250円　Ⓘ4-569-68491-2　Ⓝ451.28
　目次　1章　天気予報番組のヒミツ，2章　わたしが気象予報士になるまで，3章　日本のお天気が変わってきた？，お天気の仕事・なににむいてる？チェック
　内容　著者はお天気予報の専門家・気象予報士で，テレビのお天気キャスター。その著者が，気象予報士になったわけと，お天気番組の舞台裏，そしてお天気の知識を持つことの楽しさを教えてくれる。小学中級以上。

『生き物を育成する仕事―マンガ』ヴィットインターナショナル企画室編　ほるぷ出版　2004.3　142p　22cm　（知りたい！なりたい！職業ガイド）2200円　Ⓘ4-593-57176-6　Ⓝ642
　目次　養蜂業者，養殖漁業者，馬の牧場スタッフ

『動物が好き！』学習研究社　2003.4　47p　27cm　（好きな仕事発見完全ガイド　2　鹿嶋研之助監修）2800円　Ⓘ4-05-201842-7　Ⓝ480.76

『動物にかかわる仕事―マンガ　2』ヴィットインターナショナル企画室編　ほるぷ出版　2003.4　142p　22cm　（知りたい！なりたい！職業ガイド）2200円　Ⓘ4-593-57163-4　Ⓝ480.76
　目次　動物園飼育係，盲導犬歩行指導員，ワイルドライフ・マネージャー

『動物の職場―動物病院/動物園/警察犬・家庭犬訓練所』学習研究社　2003.3　32p　27cm　（「職場体験学習」にすぐ役立つ本　15　森茂監修）2000円　Ⓘ4-05-201821-4　Ⓝ366.29
　目次　動物の職場・動物病院，動物の職場・動物園，関連職場・警察犬・家庭犬訓練所

『農林水産の職場―農園/漁業協同組合/森林組合』学習研究社　2003.3　32p　27cm　（「職場体験学習」にすぐ役立つ本　13　森茂監修）2000円　Ⓘ4-05-201819-2　Ⓝ366.29

子どもの本　社会がわかる2000冊　153

［目次］農林水産の職場・農園, 農林水産の職場・漁業協同組合, 関連職場・森林組合

『環境にかかわる仕事―マンガ』ヴィットインターナショナル企画室編　ほるぷ出版　2002.4　146p　22cm　（知りたい！なりたい！職業ガイド）2200円　Ⓣ4-593-57156-1,4-593-09647-2
［目次］樹木医, ビオトープ管理士, 海洋調査員
［内容］本シリーズでは, 毎回, さまざまな仕事に触れながら, その仕事はどんな世界を形作っているのか, その仕事につくためにはどうしたらいいのか, その答えをさぐっていきます。本巻では, 環境にかかわる仕事について。小学校高学年～中学校・高校向け。

『ペットショップのおねえさん』イカロス出版　2000.8　49p　26cm　（イカロス・ムック―リカちゃんのあこがれおしごとシリーズ 2）850円　Ⓣ4-87149-295-8

『自然とかかわる仕事―マンガ』ヴィットインターナショナル企画室編　ほるぷ出版　1999.2　146p　22cm　（知りたい！なりたい！職業ガイド）2000円　Ⓣ4-593-57134-0
［目次］森林技術者, 水産従事者, 気象技術者

『土と親しむ仕事―マンガ』ヴィットインターナショナル企画室編　ほるぷ出版　1999.2　146p　22cm　（知りたい！なりたい！職業ガイド）2000円　Ⓣ4-593-57137-5
［目次］酪農従事者, 農業従事者, 園芸技術者

『動物にかかわる仕事―マンガ』ヴィットインターナショナル企画室編　ほるぷ出版　1997.12　145p　22cm　（知りたい！なりたい！職業ガイド）2000円　Ⓣ4-593-57112-X,4-593-09553-0
［目次］獣医, アニマルヘルステクニシャン, グルーマー

◆◆医療・福祉の現場で働くには

『福祉にかかわる仕事―マンガ　3』ヴィットインターナショナル企画室編　ほるぷ出版　2008.10　140p　22cm　（知りたい！なりたい！職業ガイド）

2200円　Ⓣ978-4-593-57219-9　Ⓝ369.17
［目次］福祉用具開発者, ケアマネジャー, 手話通訳者

『歯にかかわる仕事―マンガ』ヴィットインターナショナル企画室編　ほるぷ出版　2006.2　142p　22cm　（知りたい！なりたい！職業ガイド）2200円　Ⓣ4-593-57192-8　Ⓝ498.14
［目次］歯科医師, 歯科技工士, 歯科衛生士

『医療と福祉にトライ！』学習研究社　2005.3　48p　27cm　（好きからチャレンジ！資格と検定の本 10）2800円　Ⓣ4-05-202287-4　Ⓝ498.14
［目次］第1部　今すぐチャレンジ！資格＆検定, 第2部　未来にチャレンジ！資格＆検定
［内容］医療と福祉の資格と仕事, 活動を紹介。

『命を守る仕事―マンガ』ヴィットインターナショナル企画室編　ほるぷ出版　2004.3　142p　22cm　（知りたい！なりたい！職業ガイド）2200円　Ⓣ4-593-57174-X　Ⓝ498.14
［目次］医師, 薬剤師, 救急救命士

『福祉にかかわる仕事―マンガ　2』ヴィットインターナショナル企画室編　ほるぷ出版　2003.4　142p　22cm　（知りたい！なりたい！職業ガイド）2200円　Ⓣ4-593-57162-6　Ⓝ369.17
［目次］ホームヘルパー, 作業療法士, 保健師

『医療の職場―病院/リハビリテーションセンター/歯科医院』学習研究社　2003.3　32p　27cm　（「職場体験学習」にすぐ役立つ本 3　森茂監修）2000円　Ⓣ4-05-201809-5　Ⓝ366.29
［目次］医療の職場・病院, 医療の職場・リハビリテーションセンター, 関連職場・歯科医院

『福祉の職場―介護施設/シルバー人材センター/福祉施設』学習研究社　2003.3　32p　27cm　（「職場体験学習」にすぐ役立つ本 2　森茂監修）2000円　Ⓣ4-05-201808-7　Ⓝ366.29
［目次］福祉の職場・介護施設, 福祉の職場・

現代社会―経済・仕事・産業　　　　　　　　　　　　　なりたいものは何？

シルバー人材センター、関連職場・福祉施設

『赤ちゃんにかかわる仕事―マンガ』
ヴィットインターナショナル企画室編　ほるぷ出版　2002.4　146p　22cm（知りたい！なりたい！職業ガイド）2200円　①4-593-57151-0,4-593-09647-2
|目次| 助産婦、ベビー用品開発者、ベビーシッター
|内容| 本シリーズでは、毎回、さまざまな仕事に触れながら、その仕事はどんな世界を形作っているのか、その仕事につくためにはどうしたらいいのか、その答えをさぐっていきます。本巻では、赤ちゃんにかかわる仕事について。小学校高学年〜中学校・高校向け。

『看護婦さんになろう！―まんが版仕事完全ガイド』河内実加まんが，河村久美子原作，宮子あずさ本文監修　小学館　2002.4　167p　19cm（ワンダーランドスタディブックス）850円　①4-09-253256-3

『かがやけ！ナース』くさばよしみ著，河本徹朗画　フレーベル館　2001.11　159p　19cm（おしごと図鑑 1）〈付属資料：1枚〉1200円　①4-577-02336-9
|目次| 第1章 白衣の天使、第2章 ナースのお仕事、第3章 ナースVS患者さん、第4章 ナースのテクニック、第5章 ナースのひみつ、第6章 ナースの心得、第7章 あなたもナースになれる、第8章 ナースのあこがれ
|内容| ナースには、外来患者さんの応対をするナースと、病棟で入院患者さんの看護をするナースとがいる。この本では、おもに病棟で働くナースの仕事をしょうかいする。

『心とからだをいやす仕事―マンガ』
ヴィットインターナショナル企画室編　ほるぷ出版　2000.3　146p　22cm（知りたい！なりたい！職業ガイド）2200円　①4-593-57148-0,4-593-09613-8
|目次| 鍼灸師、臨床心理士（カウンセラー）、アロマテラピスト
|内容| 「なるなるタウン」に住んでいる仲良し三人組が、仕事に触れながら、その仕事はどんなものなのか、その仕事につくためにはどうしたらいいのか、その答えを一緒に発見していきます。

『生きる勇気をあたえてくれる人―心を語る414名の人びと』今井美沙子著，今井祝雄写真　理論社　2000.2　250p　22cm（わたしの仕事 最新集）2200円　①4-652-04828-9

『福祉にかかわる仕事―マンガ』ヴィットインターナショナル企画室編　ほるぷ出版　1999.2　146p　22cm（知りたい！なりたい！職業ガイド）2000円　①4-593-57130-8
|目次| 介護福祉士、社会福祉士、理学療法士

『健康を守る仕事―マンガ』ヴィットインターナショナル企画室編　ほるぷ出版　1997.11　145p　22cm（知りたい！なりたい！職業ガイド）2000円　①4-593-57111-1,4-593-09553-0
|目次| 看護師、臨床検査技師、診療放射線技師

◆◆技術・職人の世界で働くには

『インテリアを作る仕事―マンガ』ヴィットインターナショナル企画室編　ほるぷ出版　2009.2　140p　22cm（知りたい！なりたい！職業ガイド）〈文献あり〉2200円　①978-4-593-57223-6　Ⓝ529
|目次| 家具デザイナー、照明デザイナー、雑貨コーディネーター

『街づくりにかかわる仕事―マンガ』ヴィットインターナショナル企画室編　ほるぷ出版　2007.10　144p　22cm（知りたい！なりたい！職業ガイド）2200円　①978-4-593-57211-3　Ⓝ525.1
|目次| 空間デザイナー、ディスプレイ・デコレーター、ネオンサイン製作者

『建築家になろう―家が町や都市をつくる』樫野紀元著　国土社　2007.9　111,9p　20cm〈挿画：ひらかわしょうじろう〉1200円　①978-4-337-33401-4　Ⓝ520

『乗りものやコンピュータを扱う仕事』あかね書房　2007.4　79p　27cm（仕事の図鑑 なりたい自分を見つける！ 6　「仕事の図鑑」編集委員会編）3300円

子どもの本 社会がわかる2000冊　155

『インターネットにかかわる仕事―マンガ』ヴィットインターナショナル企画室編　ほるぷ出版　2007.1　142p　22cm　（知りたい！なりたい！職業ガイド）　2200円　Ⓘ978-4-593-57196-3　Ⓝ694.5
目次　ウェブデザイナー，ネットワークエンジニア，情報セキュリティ担当者

『地図にかかわる仕事―マンガ』ヴィットインターナショナル企画室編　ほるぷ出版　2007.1　142p　22cm　（知りたい！なりたい！職業ガイド）　2200円　Ⓘ978-4-593-57195-6　Ⓝ448.9
目次　地形図製作者，撮影士，地図編集者

『コンピュータにかかわる仕事』ふなつかみちこまんが，野中祐文　ポプラ社　2005.3　159p　22cm　（まんがで読む仕事ナビ 6）　1600円　Ⓘ4-591-08487-6　Ⓝ007.35
目次　まんがウェブサイトのプロデューサーの仕事，まんがCG（コンピュータグラフィック）デザイナーの仕事，まんがゲームプロデューサーの仕事，まんがパソコンの商品企画の仕事，まんがカスタマーエンジニアの仕事

『算数と数学にトライ！』学習研究社　2005.3　48p　27cm　（好きからチャレンジ！資格と検定の本 2）　2800円　Ⓘ4-05-202279-3　Ⓝ410.7
目次　第1部 今すぐチャレンジ！資格＆検定（珠算能力検定，実用数学技能検定「数検」，電卓技能検定，計算能力検定，TOMAC（数学能力検定）），第2部 未来にチャレンジ！資格＆検定（アクチュアリー，計算力学技術者，公認会計士，測量士，軽量士）
内容　算数や数学の力を伸ばすのに役立つ検定から，その力を生かして仕事ができる資格までを紹介。

『乗りものにかかわる仕事』大橋よしひこまんが，野中祐文　ポプラ社　2005.3　159p　22cm　（まんがで読む仕事ナビ 5）　1600円　Ⓘ4-591-08486-8　Ⓝ686.36
目次　まんが電車運転士の仕事，まんが新幹線パーサーの仕事，まんが保線技術者の仕事，まんが自動車デザイナーの仕事，まんが自動車整備士の仕事

『パソコンにトライ！』学習研究社　2005.3　48p　27cm　（好きからチャレンジ！資格と検定の本 8）　2800円　Ⓘ4-05-202285-8　Ⓝ548.29
目次　第1部 今すぐチャレンジ！資格＆検定（タイピング技能検定 イータイピング・マスター，パソコン検定（P検），ホームページビルダー検定，パソコン基礎検定試験，パソコン検定試験3種），第2部 未来にチャレンジ！資格＆検定（基本情報技術者，JAGAT認証DTPエキスパート，初級システムアドミニストレータ，CG検定，パソコン整備士，ベンダー系資格）
内容　パソコンに関する資格と検定試験などを紹介。

『コンピューターが好き！』学習研究社　2003.4　47p　27cm　（好きな仕事発見完全ガイド 7　鹿嶋研之助監修）　2800円　Ⓘ4-05-201847-8,4-05-810709-X　Ⓝ007.35

『運輸の職場―鉄道会社/郵便局/宅配便』学習研究社　2003.3　32p　27cm　（「職場体験学習」にすぐ役立つ本 11　森茂監修）　2000円　Ⓘ4-05-201817-6　Ⓝ366.29
目次　運輸の職場・鉄道会社（車両部），運輸の職場・郵便局，関連職場・宅配便

『工業の職場―筆記具工業/ねじ工業/印刷工業』学習研究社　2003.3　32p　27cm　（「職場体験学習」にすぐ役立つ本 10　森茂監修）　2000円　Ⓘ4-05-201816-8　Ⓝ366.29
目次　工業の職場・筆記具工業，工業の職場・ねじ工業，関連職場・印刷工場

『ワザあり！大工』くさばよしみ著，村松ガイチ画　フレーベル館　2002.9　159p　19cm　（おしごと図鑑 3）　1200円　Ⓘ4-577-02338-5
目次　第1章 大工ってどんな人？，第2章 大工の道具箱，第3章 大工の知恵袋，第4章 木にこだわる，第5章 家を建てよう，第6章 大工のマル秘話，第7章 大工になるには，巻末物語 山と木と大工のものがたり
内容　の・ぞ・い・て・み・た・いホントの大工。表紙カバーうらに大工のものさし，さしがね型紙つき。

現代社会―経済・仕事・産業　　　　　　　　　　　　　なりたいものは何？

『宇宙にかかわる仕事―マンガ』ヴィットインターナショナル企画室編　ほるぷ出版　2002.4　146p　22cm　（知りたい！なりたい！職業ガイド）2200円　①4-593-57155-3,4-593-09647-2
[目次] 天文観測員, 宇宙ロケット開発者, 宇宙飛行士
[内容] 本シリーズでは、毎回、さまざまな仕事に触れながら、その仕事はどんな世界を形作っているのか、その仕事につくためにはどうしたらいいのか、その答えをさぐっていきます。本巻では、宇宙にかかわる仕事について。小学校高学年～中学校・高校向け。

『コンピュータで創造する仕事―マンガ』ヴィットインターナショナル企画室編　ほるぷ出版　2002.4　146p　22cm　（知りたい！なりたい！職業ガイド）2200円　①4-593-57153-7,4-593-09647-2
[目次] DTPデザイナー, CADデザイナー, Webディレクター
[内容] 本シリーズでは、毎回、さまざまな仕事に触れながら、その仕事はどんな世界を形作っているのか、その仕事につくためにはどうしたらいいのか、その答えをさぐっていきます。本巻では、コンピュータで創造する仕事について。小学校高学年～中学校・高校向け。

『自動車にかかわる仕事―マンガ』ヴィットインターナショナル企画室編　ほるぷ出版　2002.4　146p　22cm　（知りたい！なりたい！職業ガイド）2200円　①4-593-57152-9,4-593-09647-2
[目次] カーデザイナー, バス・ドライバー, 自動車整備士
[内容] 本シリーズでは、毎回、さまざまな仕事に触れながら、その仕事はどんな世界を形作っているのか、その仕事につくためにはどうしたらいいのか、その答えをさぐっていきます。本巻では、自動車にかかわる仕事について。小学校高学年～中学校・高校向け。

『大工さんになろう！―まんが版仕事完全ガイド』西東栄一まんが, 北鏡太原作, 岩下繁昭監修　小学館　2002.4　167p　19cm　（ワンダーランドスタディブックス）850円　①4-09-253255-5

『めざせ！宇宙にかかわる仕事』偕成社　2002.3　39p　28cm　（宇宙と地球環境を考える本　総合学習に役立つ 5）2500円　①4-03-629450-4
[目次] 1 宇宙での仕事, 2 地球での仕事
[内容] 宇宙飛行士の活躍を見て、宇宙に興味をもった人がたくさんいることだろう。でも、宇宙にかかわる仕事は宇宙飛行士だけではない。本書は、宇宙開発にたずさわる、さまざまな仕事を紹介する。小学中級から。

『宇宙飛行士になりたい！』毛利衛監修, 長沢光男著, 伴俊男漫画　集英社　2000.11　190p　23cm　（集英社版・学習漫画―お茶の水博士の夢講座　第1巻）〈年表あり〉1200円　①4-08-288077-1

『おもちゃにかかわる仕事―マンガ』ヴィットインターナショナル企画室編　ほるぷ出版　2000.3　146p　22cm　（知りたい！なりたい！職業ガイド）2200円　①4-593-57142-1,4-593-09613-8
[目次] ホビー制作者（プラモデル設計者）, キャラクターデザイナー, おもちゃクリエイター
[内容] 本書は、「なるなるタウン」に住んでいる仲良し三人組が、さまざまな仕事に触れながら、その仕事はどんなものなのか、その仕事につくためにはどうしたらいいのか、その答えを発見していきます。

『建築にかかわる仕事―マンガ』ヴィットインターナショナル企画室編　ほるぷ出版　2000.3　146p　22cm　（知りたい！なりたい！職業ガイド）2200円　①4-593-57147-2,4-593-09613-8
[目次] 建築士, 建築設備工, インテリアプランナー
[内容] 本書は、「なるなるタウン」に住んでいる仲良し三人組が、さまざまな仕事に触れながら、その仕事はどんなものなのか、その仕事につくためにはどうしたらいいのか、その答えを発見していきます。

『のりものにかかわる仕事―マンガ』ヴィットインターナショナル企画室編　ほるぷ出版　2000.3　146p　22cm　（知りたい！なりたい！職業ガイド）2200円　①4-593-57141-3,4-593-09613-8
[目次] パイロット, 鉄道運転士, 航海士
[内容] 本書は、「なるなるタウン」に住んでい

る仲良し三人組が、さまざまな仕事に触れながら、その仕事はどんなものなのか、その仕事につくためにはどうしたらいいのか、その答えを発見していきます。

『コンピュータにかかわる仕事―マンガ』ヴィットインターナショナル企画室編 ほるぷ出版 1997.12 145p 22cm （知りたい！なりたい！職業ガイド） 2000円 Ⓘ4-593-57113-8,4-593-09553-0
目次 プログラマー＆SE,ゲームクリエーター,CGクリエーター

◆◆商売・サービスの現場で働くには

『果物にかかわる仕事―マンガ』ヴィットインターナショナル企画室編 ほるぷ出版 2008.12 140p 22cm （知りたい！なりたい！職業ガイド） 2200円 Ⓘ978-4-593-57222-9 Ⓝ673.7
目次 フルーツショップスタッフ,果物生産者,ワイン醸造家

『ホテルにかかわる仕事―マンガ』ヴィットインターナショナル企画室編 ほるぷ出版 2008.3 140p 22cm （知りたい！なりたい！職業ガイド） 2200円 Ⓘ978-4-593-57218-2 Ⓝ689.8
目次 フロントマネージャー,コンシェルジュ,総料理長

『加工食品にかかわる仕事―マンガ』ヴィットインターナショナル企画室編 ほるぷ出版 2007.12 140p 22cm （知りたい！なりたい！職業ガイド） 2200円 Ⓘ978-4-593-57212-0 Ⓝ588
目次 冷凍食品開発者,乳製品製造技術者,醸造技術者

『おいしいものが好き―つくり手・調理・食の演出・販売』しごと応援団編著 理論社 2007.2 187p 19cm （女の子のための仕事ガイド 4）〈文献あり〉 1000円 Ⓘ978-4-652-04954-9 Ⓝ596

『食べものとサービスに関わる仕事』あかね書房 2006.4 79p 27cm （仕事の図鑑 なりたい自分を見つける！ 2 「仕事の図鑑」編集委員会編） 3300円 Ⓘ4-251-07812-8 Ⓝ673.9

『野菜にかかわる仕事―マンガ』ヴィットインターナショナル企画室編 ほるぷ出版 2006.3 142p 22cm （知りたい！なりたい！職業ガイド） 2200円 Ⓘ4-593-57191-X Ⓝ626
目次 野菜栽培従事者,青果市場スタッフ,加工食品開発者

『きれいね はなやさん』ポプラ社 2005.11 16p 18×19cm （350シリーズ―おしごとえほん 6）350円 Ⓘ4-591-08966-5 Ⓝ673.7

『ほかほかやきたてパンやさん』青木菜穂子絵 ポプラ社 2005.10 16p 18×19cm （350シリーズ―おしごとえほん 3）350円 Ⓘ4-591-08895-2 Ⓝ588.32

『コンビニエンスストアでおかいもの』やひろきよみ絵 ポプラ社 2005.9 16p 18×19cm （350シリーズ―おしごとえほん 2）350円 Ⓘ4-591-08800-6 Ⓝ673.86

『ファミリーレストランでおしょくじ』やひろきよみ絵 ポプラ社 2005.9 16p 18×19cm （350シリーズ―おしごとえほん 1）350円 Ⓘ4-591-08799-9 Ⓝ673.97

『結婚式にかかわる仕事―マンガ』ヴィットインターナショナル企画室編 ほるぷ出版 2005.3 142p 22cm （知りたい！なりたい！職業ガイド） 2200円 Ⓘ4-593-57182-0 Ⓝ673.93
目次 ブライダルコーディネーター,指輪職人,衣装スタッフ

『食べ物と花にトライ！』学習研究社 2005.3 48p 27cm （好きからチャレンジ！資格と検定の本 7）2800円 Ⓘ4-05-202284-X Ⓝ596.07
目次 第1部 今すぐチャレンジ！資格＆検定（家庭料理技能検定、緑・花文化の知識認定試験、インスタントラーメン小学生レシピコンクール、花いっぱいコンクール）、第2部 未来にチャレンジ！資格＆検定（フードコーディネーター、フラワーデザイナー、調理士、ソムリエ、グリーンアドバイザー）
内容 食べ物や花に関する関心を、さらに深

現代社会―経済・仕事・産業　　　　　　　　　　　　なりたいものは何？

めてくれるような資格や検定試験、関連するコンクール、コンテストを紹介。

『食べものにかかわる仕事』小田島純子まんが，井田ゆき子文　ポプラ社　2005.3　159p　22cm　（まんがで読む仕事ナビ 3）1600円　Ⓣ4-591-08484-1　Ⓝ596
[目次] まんが日本料理料理人の仕事，まんが管理栄養士/栄養士の仕事，まんがみそづくり技術者の仕事，まんが青果市場の仲卸業者の仕事，まんがパティシェールの仕事

『人にサービスする仕事』福島千陽まんが，桑名妙子文　ポプラ社　2005.3　159p　22cm　（まんがで読む仕事ナビ 7）1600円　Ⓣ4-591-08488-4　Ⓝ673.9
[目次] まんが コンシェルジュの仕事，まんが ツアープランナーの仕事，まんが リフレクソロジストの仕事，まんが ヘアメイクアーティストの仕事，まんが 地方公務員の仕事

『旅行と歴史にトライ！』学習研究社　2005.3　48p　27cm　（好きからチャレンジ！資格と検定の本 5）2800円　Ⓣ4-05-202282-3　Ⓝ689.6
[目次] 第1部 今すぐチャレンジ！資格＆検定（歴史能力検定，時刻表検定，旅行地理検定，東京シティガイド検定，京都・観光文化検定/札幌シティガイド検定，博多っ子検定），第2部 未来にチャレンジ！資格＆検定（学芸員，添乗員（ツアーコンダクター），旅行業務取扱管理者，観光英語検定，インターネット旅行情報士）
[内容] 歴史や地理・旅行に関する資格や検定試験、体験学習やコンクールなどを紹介。

『和食にかかわる仕事―マンガ』ヴィットインターナショナル企画室編　ほるぷ出版　2005.3　142p　22cm　（知りたい！なりたい！職業ガイド）2200円　Ⓣ4-593-57185-5　Ⓝ596.21
[目次] 板前，寿司職人，麺打ち職人

『物流の未来を担うセールスドライバー―佐川急便でみる物流業界』宇津木聡史文　学習研究社　2004.11　119p　22cm　（会社がわかる仕事がわかる 1）Ⓝ685.9

『コーディネーターという仕事―マンガ』ヴィットインターナショナル企画室編　ほるぷ出版　2003.4　142p　22cm　（知りたい！なりたい！職業ガイド）2200円　Ⓣ4-593-57166-9　Ⓝ366.29
[目次] インテリアコーディネーター，フードコーディネーター，カラーコーディネーター

『自営業について調べよう』池上彰監修，こどもくらぶ著　小峰書店　2003.4　47p　29cm　（たくさんの仕事たくさんの未来 キャリア教育に役立つ 5）2800円　Ⓣ4-338-19005-1,4-338-19000-0　Ⓝ366.29
[目次] 1 自営業ってなに？,2-1 自営業の仕事を調べよう（商業編）,2-2 自営業の仕事を調べよう（手工業編）,2-3 自営業の仕事を調べよう（農業編）,3 こんな仕事、あんな仕事,4 役立ち資料集
[内容] 昔ながらの自営業で働く人の数は減っているけれど、その一方で新しいかたちの自営業が登場してきている。かわりつつある自営業を考えよう。

『食べ物が好き！』学習研究社　2003.4　47p　27cm　（好きな仕事発見完全ガイド 3　鹿嶋研之助監修）2800円　Ⓣ4-05-201843-5　Ⓝ596

『花にかかわる仕事―マンガ』ヴィットインターナショナル企画室編　ほるぷ出版　2003.4　142p　22cm　（知りたい！なりたい！職業ガイド）2200円　Ⓣ4-593-57165-0　Ⓝ627
[目次] 花き栽培業，フラワーデザイナー，フローリスト

『飲食の職場―レストラン/ファーストフード店/日本料理店』学習研究社　2003.3　32p　27cm　（「職場体験学習」にすぐ役立つ本 6　森茂監修）2000円　Ⓣ4-05-201812-5　Ⓝ366.29
[目次] 飲食の職場・レストラン，飲食の職場・ファーストフード店，関連職場・日本料理店

『小売の職場―生花店/書店/画材店』学習研究社　2003.3　32p　27cm　（「職場体験学習」にすぐ役立つ本 5　森茂監修）2000円　Ⓣ4-05-201811-7　Ⓝ366.29
[目次] 小売りの職場・生花店，関連職場・画材店，小売りの職場・書店

『サービスの職場―ホテル/自動車整備工場/球団』学習研究社　2003.3　32p　27cm　(「職場体験学習」にすぐ役立つ本 7　森茂監修)　2000円　Ⓘ4-05-201813-3　Ⓝ366.29
[目次] サービスの職場・ホテル、サービスの職場・自動車整備工場、関連職場・球団

『製造の職場―焼物製造業/お菓子製造業/製麺業』学習研究社　2003.3　32p　27cm　(「職場体験学習」にすぐ役立つ本 9　森茂監修)　2000円　Ⓘ4-05-201815-X　Ⓝ366.29
[目次] 製造の職場・焼物製造業、製造の職場・お菓子製造業、関連職場・製麺工場

『大店舗の職場―スーパーマーケット/ホームセンター/家電量販店』学習研究社　2003.3　32p　27cm　(「職場体験学習」にすぐ役立つ本 4　森茂監修)　2000円　Ⓘ4-05-201810-9　Ⓝ366.29
[目次] 大店舗の職場・スーパーマーケット、大店舗の職場・ホームセンター、関連職場・家電量販店

『ラーメン屋さんになろう！―学習まんが仕事完全ガイド』林ひさおまんが，中島好知子原作，石神秀幸監修　小学館　2003.2　167p　19cm　(ワンダーランドスタディブックス)　850円　Ⓘ4-09-253264-4　Ⓝ673.972

『スチュワーデスになろう！―学習まんが仕事完全ガイド』古舘由姫子まんが，蘭佳代子原作　小学館　2002.12　167p　19cm　(ワンダーランドスタディブックス)　850円　Ⓘ4-09-253263-6　Ⓝ687.38

『うまいぞ！料理人』くさばよしみ著，高橋由為子画　フレーベル館　2002.3　159p　19cm　(おしごと図鑑 2)　1200円　Ⓘ4-577-02337-7
[目次] 第1章 料理人の世界へようこそ、第2章 料理人のこだわり、第3章 おいしい料理を作るワザ、第4章 一に修業、二に修業、第5章 料理人の舞台、レストラン、第6章 料理人のヒミツ、第7章 料理人の心得、第8章 料理人になるには―Q&Aコーナー、第9章 「おいしい」のひとことをもとめて

[内容] 料理人の仕事の内容は、料理の分野によってちがう。本書ではおもに日本料理、フランス料理、中国料理を専門に作る料理人の仕事をしょうかいする。

『ケーキ屋さん』イカロス出版　2001.1　49p　26cm　(イカロス・ムック―リカちゃんのあこがれおしごとシリーズ 3)　850円　Ⓘ4-87149-311-3

『ファーストフードのおしごと』イカロス出版　2001.1　51p　26cm　(イカロス・ムック―リカちゃんのあこがれおしごとシリーズ 4)　850円　Ⓘ4-87149-312-1

『食べ物を作る人、売る人―心を語る414名の人びと』今井美沙子著，今井祝雄写真　理論社　2000.1　226p　22cm　(わたしの仕事 最新集)　2200円　Ⓘ4-652-04827-0

『旅行にかかわる仕事―マンガ』ヴィットインターナショナル企画室編　ほるぷ出版　1999.2　146p　22cm　(知りたい！なりたい！職業ガイド)　2000円　Ⓘ4-593-57132-4
[目次] スチュワーデス、ツアーコンダクター、通訳ガイド

『食べ物にかかわる仕事―マンガ』ヴィットインターナショナル企画室編　ほるぷ出版　1998.3　145p　22cm　(知りたい！なりたい！職業ガイド)〈文献あり〉　2000円　Ⓘ4-593-57118-9,4-593-09553-0
[目次] 栄養士、調理師、パティシエ

◆●教育・保育の現場で働くには

『人の心とからだを育てる仕事』あかね書房　2006.4　79p　27cm　(仕事の図鑑 なりたい自分を見つける！1　「仕事の図鑑」編集委員会編)　3300円　Ⓘ4-251-07811-X　Ⓝ369.17

『人の役に立ちたい―教育・医療・福祉・法律』しごと応援団編著　理論社　2006.4　197p　19cm　(女の子のための仕事ガイド 1)〈文献あり〉　1000円　Ⓘ4-652-04951-X　Ⓝ366.29

『はばたけ！先生』くさばよしみ著，なかさこかずひこ！画　フレーベル館　2005.9　159p　19cm　（おしごと図鑑7）1200円　Ⓘ4-577-03015-2　Ⓝ374.3
|目次|先生1日シミュレーション　今日だけあなたも先生！, 第1章　先生はスーパーマン, 第2章　授業はライブだ！, 第3章　授業がうでの見せどころ, 第4章　先生VS子ども, 第5章　職員室のヒミツ, 第6章　先生だって…, 第7章　めざせ！熱血先生
|内容|小学校，中学校，高等学校，専門学校…「学校」という場所には、たくさんの「先生」が働いています。この本では、いちばん身近な、小学校で働く先生の仕事をしょうかいします。

『人をささえる仕事』福永博子まんが，藤本やす文　ポプラ社　2005.3　159p　22cm　（まんがで読む仕事ナビ 8）1600円　Ⓘ4-591-08489-2　Ⓝ366.29
|目次|まんが　小学校教師の仕事, まんが　児童指導員の仕事, まんが　ホームヘルパーの仕事, まんが　理学療法士の仕事, まんが　家庭裁判所調査官の仕事

『いきいき！保育士』くさばよしみ著，フローラル信子画　フレーベル館　2003.3　159p　19cm　（おしごと図鑑 4）1200円　Ⓘ4-577-02584-1　Ⓝ376.14
|目次|第1章　保育士ってどんな人？, 第2章　保育士のお仕事, 第3章　保育士は遊びのプロ, 第4章　保育士の春夏秋冬, 第5章　保育士vsコドモ＆パパ，ママ, 第6章　保育士の心得, 第7章　保育士のヒミツ, 第8章　保育士になりたい！
|内容|保育士には、保育園だけでなく、養護施設や障害児施設などの福祉施設で働く人もいます。この本では、いちばん身近な、保育園で働く保育士、つまり保育園の先生の仕事をしょうかいします。

『教育の職場―保育所/小学校/幼稚園』学習研究社　2003.3　32p　27cm　（「職場体験学習」にすぐ役立つ本 1　森茂監修）2000円　Ⓘ4-05-201807-9　Ⓝ366.14
|目次|教育の職場・保育所, 関連職場・幼稚園, 教育の職場・小学校

『保育士さんになろう！―学習まんが仕事完全ガイド』あべさよりまんが，鳥海まりこ原作，成田朋子監修　小学館　2002.8　168p　19cm　（ワンダーランドスタディブックス）850円　Ⓘ4-09-253258-X

『教え育てる仕事―マンガ』ヴィットインターナショナル企画室編　ほるぷ出版　1998.3　145p　22cm　（知りたい！なりたい！職業ガイド）〈文献あり〉2000円　Ⓘ4-593-57117-0,4-593-09553-0
|目次|教諭, 保育士, インストラクター

◆◆文化・芸術の世界で働くには

『伝統工芸にたずさわる仕事―マンガ 2』ヴィットインターナショナル企画室編　ほるぷ出版　2008.10　140p　22cm　（知りたい！なりたい！職業ガイド）2200円　Ⓘ978-4-593-57220-5　Ⓝ509.21
|目次|漆塗り職人, 打ち刃物職人, 染め小紋職人

『化粧品にかかわる仕事―マンガ』ヴィットインターナショナル企画室編　ほるぷ出版　2008.1　140p　22cm　（知りたい！なりたい！職業ガイド）2200円　Ⓘ978-4-593-57215-1　Ⓝ576.7
|目次|化粧品開発者, 美容部員, パヒューマー

『書道にかかわる仕事―マンガ』ヴィットインターナショナル企画室編　ほるぷ出版　2006.11　142p　22cm　（知りたい！なりたい！職業ガイド）2200円　Ⓘ4-593-57194-4　Ⓝ728.21
|目次|書道師範, 製筆技術者, 製墨技術者・製硯技術者
|内容|3つの職業が紹介され、その仕事のようすやその職業に就くための方法などがコミックと文章でガイドされています。

『人をきれいにしたい―ファッション・デザイン・美容・フィットネス』しごと応援団編著　理論社　2006.7　181p　19cm　（女の子のための仕事ガイド 2）〈文献あり〉1000円　Ⓘ4-652-04952-8　Ⓝ593.7

『アニメ・ゲーム76の仕事』理論社　2006.5　175p　25cm　（メディア業界

ナビ　メディア業界ナビ編集室編著）2000円　①4-652-04861-0　⑩778.77
|目次| 小学生でも入学できるアニメーション大学　『BLOOD＋』のつくり方，『交響詩篇エウレカセブン』対談，あのアニメの"音"のヒミツ教えます，アニメ・ゲーム業界 全76の仕事ガイド
|内容| 思いつく力，見ぬく力，ひきつける力，ひらめく力，夢みる力，きりぬける力，6つの力でキミの可能性がわかる心理テストでメディアの仕事への適正をチェック。

『スポーツを楽しみ広める仕事』あかね書房　2006.4　79p　27cm　（仕事の図鑑　なりたい自分を見つける！　4　「仕事の図鑑」編集委員会編）3300円　①4-251-07814-4　⑩780

『日本の伝統文化をつなげる仕事』あかね書房　2006.4　79p　27cm　（仕事の図鑑　なりたい自分を見つける！　5　「仕事の図鑑」編集委員会編）3300円　①4-251-07815-2　⑩509.21

『日本の伝統を伝える仕事―マンガ』ヴィットインターナショナル企画室編　ほるぷ出版　2006.3　140p　22cm　（知りたい！なりたい！職業ガイド）2200円　①4-593-57188-X　⑩791
|目次| 茶道講師，華道講師，和装師
|内容| 本書では，さまざまな分野の職業が取り上げられ，その範囲は社会，文化，芸術，スポーツ，環境などさまざまな世界にわたっています。ひとつのテーマで3つの職業が紹介され，その仕事のようすや，その職業につくための方法などがコミックと文章でガイドされています。

『プロ野球にかかわる仕事―マンガ』ヴィットインターナショナル企画室編　ほるぷ出版　2006.1　142p　22cm　（知りたい！なりたい！職業ガイド）2200円　①4-593-57187-1　⑩783.7
|目次| プロ野球選手，プロ野球審判員，野球用具製作スタッフ

『囲碁/将棋にかかわる仕事―マンガ』ヴィットインターナショナル企画室編　ほるぷ出版　2005.3　142p　22cm　（知りたい！なりたい！職業ガイド）2200円　①4-593-57186-3　⑩795
|目次| 囲碁棋士，将棋棋士，用具製作者
|内容| 本書では，さまざまな分野の職業が取り上げられ，その範囲は社会，文化，芸術，スポーツ，環境などさまざまな世界にわたっている。ひとつのテーマで3つの職業が紹介され，その仕事のようすや，その職業につくための方法などがコミックと文章でガイドされている。

『外国語にトライ！』学習研究社　2005.3　48p　27cm　（好きからチャレンジ！資格と検定の本　3）2800円　①4-05-810772-3,4-05-202280-7　⑩807
|目次| 第1部　今すぐチャレンジ！資格＆検定（児童英検,TOEIC Bridge,英検,JAPEC児童英検），第2部　未来にチャレンジ！資格＆検定（通訳案内業,TOEFL,TOEICテスト,中国語検定,世界の言葉と検定）
|内容| 英語を中心とした「外国語」に関する資格と検定，コンテストや仕事などを紹介。

『ことばを使う仕事』金田一春彦，金田一秀穂監修，深光富士男原稿執筆　学習研究社　2005.3　48p　27cm　（金田一先生の日本語教室　7）2800円　①4-05-202172-X　⑩366.29

『ことばと文章にトライ！』学習研究社　2005.3　48p　27cm　（好きからチャレンジ！資格と検定の本　1）2800円　①4-05-810772-3,4-05-202278-5　⑩810.7
|目次| 第1部　今すぐチャレンジ！資格＆検定（日本漢字能力検定（漢検），毛筆書写検定，日本語文書能力検定，硬筆書写検定），第2部　未来にチャレンジ！資格＆検定（日本語教育能力検定，司書，ビジネス文書検定，校正技能検定）
|内容| 「ことばと文章」に関する資格や検定，コンテストなどと「日本語」を専門的に扱う職業を紹介。

『スポーツにかかわる仕事』妹尾美穂まんが，金子裕美文　ポプラ社　2005.3　159p　22cm　（まんがで読む仕事ナビ　4）1600円　①4-591-08485-X
|目次| まんがプロスポーツ選手の仕事，まんがグリーンキーパーの仕事，まんがスポーツ用具開発の仕事，まんが自然体験教育指導者の仕事，まんがレンジャー（自然保護官）の仕事

現代社会―経済・仕事・産業　　　　　　　　　　　なりたいものは何？

『スポーツにトライ！』学習研究社　2005.3　48p　27cm　（好きからチャレンジ！資格と検定の本 9）2800円　Ⓘ4-05-810772-3,4-05-202286-6　Ⓝ780.7
[目次] 第1部 今すぐチャレンジ！資格＆検定，第2部 未来にチャレンジ！資格＆検定
[内容] プロのプレーヤーを支えている裏方のプロたちの資格や検定などを紹介。

『ファッションとデザインにトライ！』学習研究社　2005.3　48p　27cm　（好きからチャレンジ！資格と検定の本 6）2800円　Ⓘ4-05-202283-1　Ⓝ590.7
[目次] 第1部 今すぐチャレンジ！資格＆検定（ファッションコーディネート色彩能力検定，毛糸編物技能検定，レース編物技能検定，ラッピングディレクター），第2部 未来にチャレンジ！資格＆検定（美容師，インテリアコーディネーター，きものコンサルタント，ネイリスト技能検定試験，商品装飾展示技能士，パターンメイキング技術検定試験）
[内容] ファッションやデザインの技を身につけるための資格と検定試験、コンテストなどを紹介。

『語学をいかす仕事―マンガ』ヴィットインターナショナル企画室編　ほるぷ出版　2005.2　142p　22cm　（知りたい！なりたい！職業ガイド）2200円　Ⓘ4-593-57184-7　Ⓝ801.7
[目次] 通訳，字幕翻訳家，日本語教師

『衣服にかかわる仕事―マンガ』ヴィットインターナショナル企画室編　ほるぷ出版　2004.3　142p　22cm　（知りたい！なりたい！職業ガイド）2200円　Ⓘ4-593-57175-8　Ⓝ589.2
[目次] パタンナー，染色家，テキスタイルデザイナー

『サッカーにかかわる仕事―マンガ』ヴィットインターナショナル企画室編　ほるぷ出版　2003.12　142p　22cm　（知りたい！なりたい！職業ガイド）2200円　Ⓘ4-593-57171-5　Ⓝ783.47
[目次] プロサッカー選手，スペシャル・レフェリー，サッカークラブ・スタッフ

『キラリッ☆美容師』ミハラチカ著，原あいみ画　フレーベル館　2003.9　159p　19cm　（おしごと図鑑 5）1200円　Ⓘ4-577-02728-3　Ⓝ673.96
[目次] 第1章 美容師の世界，第2章 キレイの時間へようこそ，第3章 テクニック＆サイエンス，第4章 ハートでおつきあい，第5章 毎日の研究，第6章 美容師のヒミツ，第7章 美容師の心得，第8章 美容師になりたい！
[内容] 美容師のかつやくの場はいろいろな形で広がりつつあり、それぞれ仕事の内容にちがいがある。本書では、美容室につとめる美容師の仕事をしょうかいする。

『スポーツが好き！』学習研究社　2003.4　47p　27cm　（好きな仕事発見完全ガイド 1　鹿嶋研之助監修）2800円　Ⓘ4-05-201841-9,4-05-810709-X　Ⓝ780

『ファッションにかかわる仕事―マンガ』ヴィットインターナショナル企画室編　ほるぷ出版　2003.4　142p　22cm　（知りたい！なりたい！職業ガイド）2200円　Ⓘ4-593-57161-8　Ⓝ593.3
[目次] ヘア＆メイクアップアーティスト，スタイリスト，ファッションモデル

『文化や科学技術につくす仕事』伊藤嘉一監修　くもん出版　2003.4　47p　28cm　（英語を使う仕事 世界へひろがるみんなの夢！ 3）2800円　Ⓘ4-7743-0679-7　Ⓝ366.29

『洋服やおしゃれが好き！』学習研究社　2003.4　47p　27cm　（好きな仕事発見完全ガイド 4　鹿嶋研之助監修）2800円　Ⓘ4-05-201844-3,4-05-810709-X　Ⓝ593.3

『美容・健康の職場―スイミングスクール/美容室・理容室』学習研究社　2003.3　32p　27cm　（「職場体験学習」にすぐ役立つ本 8　森茂監修）2000円　Ⓘ4-05-201814-1　Ⓝ366.29
[目次] 美容・健康の職場・スイミングスクール，美容・健康の職場・美容室・理容室

『ヘアメイクアップアーティストになろう！―学習まんが仕事完全ガイド』山辺麻由まんが，大古知金吾監修　小学館　2002.8　231p　19cm　（ワンダーランドスタディブックス）850円　Ⓘ4-09-

子どもの本 社会がわかる2000冊　　163

なりたいものは何？　　　　　　　　　　　　　　　　　　　　　　現代社会―経済・仕事・産業

253260-1

『ファッションデザイナーになろう！―Pinky・P・ピンク　学習まんが仕事完全ガイド』山辺麻由まんが　小学館　2002.7　215p　19cm　（ワンダーランドスタディブックス）850円　④4-09-253259-8

|目次| 第1章 まんが「PINKY P ピンク」―大好き！ソーイング編，第2章 まんが「PINKY P ピンク」―チャレンジ！スタイリスト編，第3章 まんが「PINKY P ピンク」―デザイナーへの道編，第4章 ファッションデザイナーになるには？，番外編 まんが「PINKY P ピンク」―やこの一日デザイナー入門

|内容| あこがれのファッションデザイナーになりたい！学習雑誌に好評連載されたファッショナブル・LOVEコミック『PINKY P ピンク』の楽しくハッピーなストーリーと徹底取材のノウハウ記事でファッションデザインの現場を解説。Q&Aや進路情報、インタビューを交えさまざまなデザイナーを一挙紹介した新・ファッション業界まるわかりガイド。

『ゲームクリエイターになろう！―まんが版仕事完全ガイド』玉井たけし，日野まるこまんが，天沢彰原作，平林久和本文監修　小学館　2002.5　166p　19cm（ワンダーランドスタディブックス）850円　④4-09-253257-1

|目次| 序章 特別カラー，第1章 ゲームクリエイター感動／秘話2大まんが，第2章 ゲームクリエイターの仕事術，第3章 ゲームクリエイターになろう！

|内容| ゲームクリエイターになるための知識やアドバイスがいっぱい詰まってる。巻頭まんが1作目は、ある小学生の実話に基づいたゲームコンテスト受賞感動ストーリー。2作目は人気ゲーム「桃太郎シリーズ」の制作物語。記事では「ゲームの作り方」や「著名クリエイターの体験談インタビュー」「適職診断」など、今まで教えられなかった情報満載！将来クリエイターをめざす人には必読の一冊。

『伝統美を表現する仕事―マンガ』ヴィットインターナショナル企画室編　ほるぷ出版　2002.4　146p　22cm　（知りたい！なりたい！職業ガイド）2200円　④4-593-57154-5,4-593-09647-2

|目次| 歌舞伎役者，和菓子職人，花火師

|内容| 本シリーズでは、毎回、さまざまな仕事に触れながら、その仕事はどんな世界を形作っているのか、その仕事につくためにはどうしたらいいのか、その答えをさぐっていきます。本巻では、伝統美を表現する仕事について。小学校高学年～中学校・高校向け。

『スポーツにかかわる仕事―マンガ』ヴィットインターナショナル企画室編　ほるぷ出版　2000.3　146p　22cm（知りたい！なりたい！職業ガイド）2200円　④4-593-57143-X,4-593-09613-8

|目次| スポーツトレーナー，スポーツ用具開発者，スポーツライター

|内容| 「なるなるタウン」に住んでいる仲良し三人組が、仕事に触れながら、その仕事はどんなものなのか、その仕事につくためにはどうしたらいいのか、その答えを一緒に発見していきます。

『世界の文化にかかわる仕事―マンガ』ヴィットインターナショナル企画室編　ほるぷ出版　2000.3　146p　22cm（知りたい！なりたい！職業ガイド）2200円　④4-593-57146-4,4-593-09613-8

|目次| 翻訳者，洋画配給者，学芸員

|内容| 本書は、「なるなるタウン」に住んでいる仲良し三人組が、さまざまな仕事に触れながら、その仕事はどんなものなのか、その仕事につくためにはどうしたらいいのか、その答えを発見していきます。

『伝統工芸にたずさわる仕事―マンガ』ヴィットインターナショナル企画室編　ほるぷ出版　2000.3　146p　22cm（知りたい！なりたい！職業ガイド）2200円　④4-593-57144-8,4-593-09613-8

|目次| 陶磁器技術者，和紙技術者，織物技術者

|内容| 本書は、「なるなるタウン」に住んでいる仲良し三人組が、さまざまな仕事に触れながら、その仕事はどんなものなのか、その仕事につくためにはどうしたらいいのか、その答えを発見していきます。

『アニメーションの仕事―マンガ』ヴィットインターナショナル企画室編　ほるぷ出版　1999.2　146p　22cm　（知りたい！なりたい！職業ガイド）2000円

現代社会―経済・仕事・産業　　　　　　　　　　　　　　　なりたいものは何？

Ⓘ4-593-57131-6
目次　アニメーター、シナリオライター、声優

『視覚表現する仕事―マンガ』ヴィットインターナショナル企画室編　ほるぷ出版　1998.3　145p　22cm　（知りたい！なりたい！職業ガイド）〈文献あり〉2000円　Ⓘ4-593-57116-2,4-593-09553-0
目次　カメラマン、グラフィックデザイナー、漫画家

『美容にかかわる仕事―マンガ』ヴィットインターナショナル企画室編　ほるぷ出版　1998.2　145p　22cm　（知りたい！なりたい！職業ガイド）〈文献あり〉2000円　Ⓘ4-593-57114-6,4-593-09553-0
目次　美容師、エステティシャン、ファッションデザイナー

◆◆芸能・マスコミの世界で働くには

『コンサートにかかわる仕事―マンガ』ヴィットインターナショナル企画室編　ほるぷ出版　2009.1　140p　22cm　（知りたい！なりたい！職業ガイド）〈文献あり〉2200円　Ⓘ978-4-593-57221-2　Ⓝ760.69
目次　コンサートプロデューサー、プロモーター、PAスタッフ

『クリエイターになりたい―文章・絵・音楽・コンピュータ』しごと応援団編著　理論社　2008.10　180p　19cm　（女の子のための仕事ガイド 8）〈文献あり〉1200円　Ⓘ978-4-652-04958-7　Ⓝ366.29

『広告制作にかかわる仕事―マンガ』ヴィットインターナショナル企画室編　ほるぷ出版　2008.3　140p　22cm　（知りたい！なりたい！職業ガイド）2200円　Ⓘ978-4-593-57217-5　Ⓝ674
目次　コピーライター、アートディレクター、イラストレーター

『映画製作にかかわる仕事―マンガ』ヴィットインターナショナル企画室編　ほるぷ出版　2008.1　140p　22cm　（知りたい！なりたい！職業ガイド）2200円　Ⓘ978-4-593-57216-8　Ⓝ778

目次　映画プロデューサー、映画監督、撮影監督

『舞踊にかかわる仕事―マンガ』ヴィットインターナショナル企画室編　ほるぷ出版　2007.11　140p　22cm　（知りたい！なりたい！職業ガイド）2200円　Ⓘ978-4-593-57213-7　Ⓝ769
目次　日本舞踊家、バレエダンサー、振付師

『番組制作・技術・美術60の仕事』理論社　2007.10　175p　25cm　（メディア業界ナビ 6　メディア業界ナビ編集室編著）2000円　Ⓘ978-4-652-04866-5　Ⓝ699.6
目次　大河ドラマでひも解く！―制作・技術・美術の仕事,あの人気番組で大活躍！―映像と音のプロフェッショナル,テレビ番組を総仕上げ！―ポストプロダクション,ますます広がる可能性！―インターネットテレビの世界,社会を見つめるテレビマンたち！―報道/ドキュメンタリー,もっとリアルに！ドラマティックに！―テレビ美術のエキスパート,ドラマからバラエティまで！―出演者を彩る衣裳の職人たち,心理テストで君の可能性を開く,番組制作・技術・美術全60の仕事を解説
内容　テクニカルディレクター、ビデオエンジニア、オンライン編集、テレビカメラマン、美術デザイナー、衣裳、特殊メイク、持道具、パイロテクニシャン、音声ミキサー、タイムキーパー。遊びを仕事に！心理テストで君の可能性を開く。

『音楽・音響50の仕事』理論社　2007.7　175p　25cm　（メディア業界ナビ 5　メディア業界ナビ編集室編著）2000円　Ⓘ978-4-652-04865-8　Ⓝ760.69
目次　音楽をつくる！とどける！レコード会社の仕事,サウンドを録る！響かせる！レコーディング＆コンサート,もうひとつの音楽シーン！インディーズの仕事,いい音楽を世界から日本へ！洋楽文化を支えるプロ,オーケストラとともに生きる。クラシック演奏会の舞台裏,音楽・音響業界 全50の仕事ガイド

『人を楽しませたい―放送・エンタテインメント・広告・レジャー』しごと応援団編著　理論社　2007.7　187p　19cm　（女の子のための仕事ガイド 5）〈文献あり〉1000円　Ⓘ978-4-652-04955-6

子どもの本 社会がわかる2000冊　165

| なりたいものは何？　　　　　　　　　　　　　　　現代社会─経済・仕事・産業

Ⓝ366.29

『エンターテイメントとマスコミの仕事』
あかね書房　2007.4　79p　27cm　（仕事の図鑑　なりたい自分を見つける！ 7
「仕事の図鑑」編集委員会編）3300円
Ⓘ978-4-251-07817-9　Ⓝ366.29

『映画・CM 65の仕事』理論社　2007.3
175p　25cm　（メディア業界ナビ 4
メディア業界ナビ編集室編著）2000円
Ⓘ978-4-652-04864-1　Ⓝ778.09
目次　映画製作，映画ビジネス，CM制作
内容　照明技師／スクリプター／美粧／操演／特殊造型…どんなことをする仕事か，わかるかな。

『芸能プロダクション64の仕事』理論社
2007.3　175p　25cm　（メディア業界ナビ 3　メディア業界ナビ編集室編著）
2000円　Ⓘ978-4-652-04863-4　Ⓝ770.9
目次　芸能プロダクション，声優プロダクション，ポストプロダクション，モデルエージェンシー，動物プロダクション
内容　制作デスク／構成作家／VTR編集／ナレーター…どんなことをする仕事か，わかるかな。

『テレビCMにかかわる仕事─マンガ』
ヴィットインターナショナル企画室編
ほるぷ出版　2007.2　142p　22cm
（知りたい！なりたい！職業ガイド）
2200円　Ⓘ978-4-593-57197-0　Ⓝ674.6
目次　クリエイティブディレクター，CMプランナー，CMカメラマン

『それいけ！新聞記者』くさばよしみ著，
多田歩実画　フレーベル館　2006.11
159p　19cm　（おしごと図鑑 8）1200
円　Ⓘ4-577-03170-1　Ⓝ070.16
目次　ドキュメント 事件だ！，第1章 新聞記者ってどんな人？，第2章 新人時代（支局時代），第3章 記者が案内新聞探検！，第4章 取材力で勝負！，第5章 新聞記者のヒミツ，第6章 新聞記者の心得，第7章 新聞記者になりたい！
内容　全ページイラストで新聞記者の仕事を完全紹介。

『テレビ局・ラジオ局64の仕事』理論社
2006.11　175p　25cm　（メディア業界ナビ 2　メディア業界ナビ編集室編著）
2000円　Ⓘ4-652-04862-9　Ⓝ699
目次　テレビ局，ラジオ局，テレビ・ラジオ業界の64の仕事との適性がわかる心理テスト，テレビ・ラジオ業界全64＋2の仕事ガイド
内容　テレビディレクター／タイムキーパー／脚本家／テクニカルディレクター／テレビカメラマン／ノンリニア編集／MAミキサー／音響効果／ヘアメイク／ラジオプロデューサー／ラジオディレクター／ラジオミキサー／構成作家。どんなことをする仕事か，わかるかな。

『ラジオにかかわる仕事─マンガ』ヴィットインターナショナル企画室編　ほるぷ出版　2006.10　142p　22cm　（知りたい！なりたい！職業ガイド）2200円
Ⓘ4-593-57193-6　Ⓝ699.6
目次　ラジオディレクター，ラジオDJ，ラジオミキサー

『新聞にかかわる仕事─マンガ』ヴィットインターナショナル企画室編　ほるぷ出版　2006.3　142p　22cm　（知りたい！なりたい！職業ガイド）2200円
Ⓘ4-593-57189-8　Ⓝ070.16
目次　新聞記者，報道カメラマン，編集スタッフ

『音楽制作にかかわる仕事─マンガ』
ヴィットインターナショナル企画室編
ほるぷ出版　2006.2　142p　22cm
（知りたい！なりたい！職業ガイド）
2200円　Ⓘ4-593-57190-1　Ⓝ760.69
目次　音楽ディレクター，アレンジャー，シンセサイザープログラマー

『歌・音楽にかかわる仕事』嶋田かおりまんが，金子裕美，桑名妙子，井田ゆき子文　ポプラ社　2005.3　159p　22cm
（まんがで読む仕事ナビ 1）1600円
Ⓘ4-591-08482-5
目次　まんが歌手の仕事，まんが楽器演奏家の仕事，まんが音楽プロデューサーの仕事，まんがレコーディングミキサーの仕事，まんがCDショップ販売員の仕事

『テレビ番組をつくる仕事─マンガ』
ヴィットインターナショナル企画室編
ほるぷ出版　2004.2　142p　22cm

現代社会──経済・仕事・産業　　　　　　　　　　　　　自然からつくりだす

（知りたい！なりたい！職業ガイド）2200円　Ⓘ4-593-57172-3　Ⓝ699.6
[目次] テレビディレクター，セットデザイナー，テレビカメラマン

『楽器にかかわる仕事─マンガ』ヴィットインターナショナル企画室編　ほるぷ出版　2004.1　140p　22cm　（知りたい！なりたい！職業ガイド）2200円　Ⓘ4-593-57173-1　Ⓝ763
[目次] 楽器製作者，調律師，楽器講師

『モデルになりたい！─めざせファッションリーダー！』小学館　2003.8　79p　21cm　（ちゃおムック）857円　Ⓘ4-09-104404-2　Ⓝ674

『音楽や絵・書くことが好き！』学習研究社　2003.4　47p　27cm　（好きな仕事発見完全ガイド　6　鹿嶋研之助監修）2800円　Ⓘ4-05-201846-X,4-05-810709-X　Ⓝ700

『テレビ・芸能界が好き！』学習研究社　2003.4　47p　27cm　（好きな仕事発見完全ガイド　5　鹿嶋研之助監修）2800円　Ⓘ4-05-201845-1　Ⓝ699.6

『人びとを楽しませる仕事─マンガ』ヴィットインターナショナル企画室編　ほるぷ出版　2003.3　142p　22cm　（知りたい！なりたい！職業ガイド）2200円　Ⓘ4-593-57164-2　Ⓝ779
[目次] 漫才師，マジシャン，サーカス団員

『マスコミの職場─ケーブルTV局/新聞社/出版社』学習研究社　2003.3　32p　27cm　（「職場体験学習」にすぐ役立つ本　14　森茂監修）2000円　Ⓘ4-05-201820-6　Ⓝ366.29
[目次] マスコミの職場・ケーブルTV局，マスコミの職場・新聞社，関連職場・出版社

『まんが家になろう！』飯塚裕之編　小学館　2001.6　207p　19cm　（ワンダーランドスタディブックス）〈索引あり〉850円　Ⓘ4-09-253253-9
[目次] 第1章 豪華執筆陣のまんががわかるまんが，第2章 読んでためになるまんがのテクニック，第3章 まんが家をめざすキミへ!!スペシャルインタビュー，第4章 みんなのやる気を大激励！人気まんが家スペシャルトーク!!,第5章 投稿と持ち込みのアドバイス
[内容] まんがを描いてみたいけど，どんな道具を使って，どんなふうに描いたらよいのかわからない…。そんな悩みはこれ1冊読めば，即，解決！第一線のまんが家たちが，かゆいところに手が届くように，アレコレくわしく教えてくれます。とっても役に立つ，まんがと記事を満載。

『楽しさやおもしろさを作る人─心を語る414名の人びと』今井美沙子著，今井祝雄写真　理論社　2000.4　250p　22cm　（わたしの仕事　最新集）2200円　Ⓘ4-652-04829-7

『芸能にかかわる仕事─マンガ』ヴィットインターナショナル企画室編　ほるぷ出版　2000.3　146p　22cm　（知りたい！なりたい！職業ガイド）2200円　Ⓘ4-593-57145-6,4-593-09613-8
[目次] 声楽家，落語家，舞台俳優
[内容] 本書は、「なるなるタウン」に住んでいる仲良し三人組が、さまざまな仕事に触れながら、その仕事はどんなものなのか、その仕事につくためにはどうしたらいいのか、その答えを発見していきます。

『音楽にかかわる仕事─マンガ』ヴィットインターナショナル企画室編　ほるぷ出版　1999.2　146p　22cm　（知りたい！なりたい！職業ガイド）2000円　Ⓘ4-593-57136-7
[目次] 楽器奏者，作詞・作曲家，音響・レコーディングエンジニア

『放送にかかわる仕事─マンガ』ヴィットインターナショナル企画室編　ほるぷ出版　1999.2　146p　22cm　（知りたい！なりたい！職業ガイド）2000円　Ⓘ4-593-57135-9
[目次] アナウンサー，放送技術者,CM制作者

◆自然からつくりだす─農業

『ごはん─あつあつほかほか！』小松光一監修　ひさかたチャイルド　2009.2　28p　23×29cm　（ものづくり絵本シリーズ　どうやってできるの？）1500円

自然からつくりだす　　　　　　　　　　　　　　現代社会—経済・仕事・産業

Ⓘ978-4-89325-815-1　Ⓝ616.2

『自給力でわかる日本の産業　第3巻　肉・果実はどこからくるの？』学習研究社　2009.2　47p　29cm　〈索引あり〉　2800円　Ⓘ978-4-05-500557-9,978-4-05-810978-6　Ⓝ602.1

『自給力でわかる日本の産業　第2巻　小麦・野菜はどこからくるの？』学習研究社　2009.2　47p　29cm　〈索引あり〉　2800円　Ⓘ978-4-05-500550-0,978-4-05-810978-6　Ⓝ602.1

『自給力でわかる日本の産業　第1巻　米・魚はどこからくるの？』学習研究社　2009.2　47p　29cm　〈索引あり〉　2800円　Ⓘ978-4-05-500549-4,978-4-05-810978-6　Ⓝ602.1

『日本の食料　5　農山漁村を体験しよう』矢口芳生監修　岩崎書店　2009.2　47p　29cm　〈索引あり〉　3000円　Ⓘ978-4-265-02295-3　Ⓝ611.3
　目次　1 子ども農山漁村交流プロジェクト,2 全国各地の体験プログラム
　内容　日本の農林水産業への理解を深め、食のたいせつさを知ることなどを目的に進められる「子ども農山漁村交流プロジェクト」について、全国各地域で用意されているプログラムを中心に紹介。

『日本の食料　4　これからの食料生産』矢口芳生監修　岩崎書店　2009.2　47p　29cm　〈索引あり〉　3000円　Ⓘ978-4-265-02294-6　Ⓝ611.3
　目次　1 日本の農業の将来,2 日本の水産業の将来,3 農林水産業の新しい取り組み,4 新しい食料生産
　内容　さまざまな意味で食への関心が高まり、また、農林水産業が21世紀の日本のゆくえを左右する重要な産業として注目されていることから、「これからの食料生産」について考えます。

『もちごめちゃんのだいかつやく』ともえだやすこ作・絵　銀の鈴社　2009.2　36p　27cm　（もの知り絵本シリーズ）　1200円　Ⓘ978-4-87786-823-9　Ⓝ616.2

『日本の食料　3　食の安全・安心』矢口芳生監修　岩崎書店　2009.1　47p　29cm　〈索引あり〉　3000円　Ⓘ978-4-265-02293-9　Ⓝ611.3
　目次　1 食料生産の安全・安心,2 食品製造・加工の安全・安心,3 食品流通の安全・安心,4 消費者にとっての安全・安心

『日本の食料　2　食料自給率』矢口芳生監修　岩崎書店　2008.12　47p　29cm　〈索引あり〉　3000円　Ⓘ978-4-265-02292-2　Ⓝ611.3
　内容　「食」をとりまく環境を、「食料自給率」から検討。

『日本の食料　1　食生活の変化』矢口芳生監修　岩崎書店　2008.12　47p　29cm　〈索引あり〉　3000円　Ⓘ978-4-265-02291-5　Ⓝ611.3
　内容　「食生活の変化」から、「食」をとりまく環境を考える。

『もみごめぼうやのだいへんしん』ともえだやすこ作・絵　増補改訂　銀の鈴社　2008.6　31p　27cm　（もの知り絵本）　1200円　Ⓘ978-4-87786-820-8　Ⓝ616.2

『グラフで調べる日本の産業　4　漁業・畜産業・食料の未来』谷川彰英監修　小峰書店　2008.3　47p　29cm　3200円　Ⓘ978-4-338-23404-7　Ⓝ602.1
　目次　日本でとれる魚,日本の漁港,日本の漁港トップ10,焼津港で水あげされる魚,マグロがとれる海,各地の漁港で水あげされる魚介類,海流と魚,漁業の移りかわり,魚や貝の養殖,漁業資源の保護とさいばい漁業,魚の自給率,魚と肉の消費量の変化,食肉の生産量,とり肉とたまご,肉用牛と乳用牛,養豚,畜産物の生産量と自給率,食料の自給率,食料の未来
　内容　魚や肉のおもな産地など、基本データを紹介するほか、自給率の低下や世界の人口と穀物生産など、日本の食料生産の未来を考える。

『グラフで調べる日本の産業　3　米・野菜・くだもの』谷川彰英監修　小峰書店　2008.3　47p　29cm　3200円　Ⓘ978-4-338-23403-0　Ⓝ602.1
　目次　お米の産地は日本全国。でも…,広い田んぼは広い平野に,同じ広さでも収穫量が

現代社会―経済・仕事・産業　　　　　　　　　　　　　　　　　自然からつくりだす

ちがう,気温と米づくり,降水量・日照と米づくり,米づくりの知恵とくふう,災害によるイネの被害,米のあまる県,たりない県,米の消費量の変化,米の収穫量の変化,世界の米と穀物づくり,畑がたくさんあるところ,北と南の野菜,季節で産地がかわる野菜,おもな野菜の産地,くだものの産地,農業がさかんなところ,田畑の割合が多いところは?
|内容| 農業の基本データを調べることで、なぜ北海道・東北地方が米どころなのかなどの疑問が解決。日本の食料生産のいまを知るための1冊。

『日本の水産業』小松正之監修　ポプラ社　2008.3　199p　29cm　(ポプラディア情報館)　6800円　Ⓘ978-4-591-10085-1,978-4-591-99949-3　Ⓝ662.1
|目次| 水産業ってなんだろう,1章 魚をとる,2章 魚を育てる,3章 水産物がとどくまで,4章 水産物の加工,5章 魚と日本人,6章 これからの水産業,資料編
|内容| 沿岸漁業から遠洋漁業までのようす、養殖や栽培漁業のしくみについて、わかりやすく解説します。生産から加工、流通まで、幅広く水産業をとりあげました。豊富な写真、くわしい図解やグラフで、日本の水産業の現在のすがたがわかります。日本の水産業がかかえている問題、これからめざす水産業のすがたや未来へのとりくみなど、新しいテーマを積極的にとりあげました。

『農業』坪田耕三,鷲見辰美監修　学習研究社　2008.2　39p　29cm　(ものづくりの現場で役立つ算数・理科 5)　2600円　Ⓘ978-4-05-202847-2,978-4-05-810858-1　Ⓝ626

『とびだせ未来へ!!みんなの大地・森・海の恵み―ジュニア農林水産白書 2008』農林水産省　〔2008〕　30p　30cm　Ⓝ612.1

『大きな地球のテーブルで―私たちの食料問題を考える』改訂版　横浜　国際連合食糧農業機関日本事務所　2007.12　44p　28cm〈共同刊行:国際農林業協働協会　年表あり〉Ⓝ611.38

『稲、麦、大豆の研究開発』安東郁男,片寄裕一,長坂善禎,羽鹿牧太,藤田雅也著　草土文化　2007.4　47p　27cm　(農林水産・研究開発シリーズ)　2000円　Ⓘ978-4-7945-0962-8　Ⓝ616.21
|目次| 稲の品種開発,小麦の品種開発,大豆の品種開発,ゲノム解読と利用,無人ロングマット田植え機
|内容| 研究者とともに、「農林水産」に関する疑問や今後の課題を考えるシリーズ。

『家畜、カイコ、ミツバチの研究開発』天野和宏,小島桂,鈴木一好,竹田敏,千国幸一,羽賀清典,山口成夫,和木美代子著　草土文化　2007.4　47p　27cm　(農林水産・研究開発シリーズ)　2000円　Ⓘ978-4-7945-0966-6　Ⓝ640.1
|目次| 肉の品質を調べる,ハリナシミツバチの利用,カイコを用いた新しい取り組み,家畜ふん尿の利用,動物の感染症
|内容| 研究者とともに、「農林水産」に関する疑問や今後の課題を考えるシリーズ。

『森林資源の研究開発』井上大成,小泉透,佐藤明,杉村乾,鈴木秀典,吉田貴紘著　草土文化　2007.4　39p　27cm　(農林水産・研究開発シリーズ)　2000円　Ⓘ978-4-7945-0964-2　Ⓝ650
|目次| 人間の危機を救う,生物の多様性,野生動物の保護と管理,役に立つ林業を活発に,地球温暖化と森林との関係
|内容| 研究者とともに、「農林水産」に関する疑問や今後の課題を考えるシリーズ。

『水産資源の研究開発』飯田貴次,浦和茂彦,大村裕治,岡崎恵美子,小倉未基,桑田博,小松幸生,斉藤宏和,沢田浩一,鈴木重則,中田薫著　草土文化　2007.4　47p　27cm　(農林水産・研究開発シリーズ)　2000円　Ⓘ978-4-7945-0965-9　Ⓝ663.6
|目次| 海の資源を調べ、守り、利用する,コンピュータで海の未来を科学する,「ハダカイワシ」から水産資源をさぐる,サケ・トラフグの増殖と、魚のワクチン開発,冷凍すり身の開発と利用
|内容| 研究者とともに、「農林水産」に関する疑問や今後の課題を考えるシリーズ。

『日本の農業』石谷孝佑監修　ポプラ社　2007.3　239p　29cm　(ポプラディア情報館)　6800円　Ⓘ978-4-591-09600-0,978-4-591-99840-3　Ⓝ612.1

子どもの本 社会がわかる2000冊　169

『日本列島の農業と漁業』農山漁村文化協会　2007.3　160p　27cm　（調べてみよう　ふるさとの産業・文化・自然 1　中川重年監修）3000円　Ⓘ978-4-540-06322-0　Ⓝ612.1
目次　米づくり,果物,お茶,そば,野菜,林業,漁業
内容　日本全国、それぞれの土地でご先祖さまたちが知恵と工夫を重ねてつくってきた産業や文化。その土地ならではの自然をたくみに生かした暮らしを訪ねる「見る地理の本」。

『野菜、くだもの、花の研究開発』阿部和幸,大宮あけみ,星典宏,由比進,吉元誠著　草土文化　2007.3　47p　27cm（農林水産・研究開発シリーズ）2000円　Ⓘ978-4-7945-0963-5　Ⓝ626.11
目次　イチゴとトマトの品種改良,リンゴの品種開発,ミカンの新しい栽培方法,サツマイモのすべてを役立たせる,遺伝子組み換えで花の色を変える
内容　研究者とともに、「農林水産」にかんする疑問や、今後の課題を考えてみよう。

『米』保岡孝之監修　学習研究社　2006.3　48p　29cm　（くわしい！わかる！図解日本の産業 1　保岡孝之監修）〈年表あり〉　3000円　Ⓘ4-05-302149-9　Ⓝ611.33
目次　庄内平野の稲作,日本の稲作,変わってきた米の問題

『米』石谷孝佑監修　ポプラ社　2006.3　223p　29cm　（ポプラディア情報館）6800円　Ⓘ4-591-09045-0,4-591-99721-9　Ⓝ616.2
目次　米の世界へようこそ,1章 米をつくる,2章 米と流通,3章 米と環境,4章 米を食べる,5章 米と文化,6章 米と歴史,米に関する資料のページ
内容　イネのしくみ、米づくりの1年など米のすべてがこの1冊でよくわかる！わたしたちの食生活をささえる米について、写真や図版を豊富にもちい、わかりやすく説明しています。米づくりの1年や流通のしくみ、米の歴史・文化など、章ごとにさまざまな角度から米を解説しています。最新の統計データなど、米の調べ学習に役だつ資料も充実しています。巻末には、米の資料館やホームページの紹介も。基礎的な知識から発展的な内容まで、これ1冊で米の学習が網羅できます。

『水産物・畜産物・林産物』保岡孝之監修　学習研究社　2006.3　47p　29cm　（くわしい！わかる！図解日本の産業 3）3000円　Ⓘ4-05-302151-0　Ⓝ662.1
目次　水産業のさかんな町、境港市,畜産業のさかんな町、浜中町,林業のさかんな村、川上村,かわる水産業・畜産業・林業

『野菜・くだもの』保岡孝之監修　学習研究社　2006.3　47p　29cm　（くわしい！わかる！図解日本の産業 2）3000円　Ⓘ4-05-302150-2　Ⓝ626
目次　気候や土地に合った野菜づくり,多品種にわたるくだものの栽培,よりよい野菜やくだものをつくる

『海の自然と漁業』古舘明広,遠藤有紀文　岩崎書店　2005.4　47p　29cm　（調べよう日本の水産業 第1巻　坂本一男監修）2800円　Ⓘ4-265-02581-1　Ⓝ663
目次　水は海からの贈り物,日本のまわりの海,海流の話,潮の干満と波・うねり,潮の干満と海の生き物,変化する海水の温度,日本の海岸線,よい漁場は大陸棚に,港の種類,海の安全をまもる海上保安庁,海洋における食物連鎖,日本の近海でとれる魚,悪化する海洋汚染の実態,海の底にねむる資源,海と災害,海や川の科学館ガイド

『漁業からみる日本』長谷川康男著　小峰書店　2005.4　39p　29cm　（探検・発見わたしたちの日本 4　谷川彰英監修）2600円　Ⓘ4-338-20904-6　Ⓝ662.1
目次　どんな魚を食べているの？,こんなに魚を食べている,いろいろな魚の食べかた,日本列島の海,魚のとりかた,日本のおもな漁港,川や湖の漁業,育てる漁業,魚が店で売られるまで,魚屋さんでは,魚の消費量と漁獲量の変化,世界の漁業と日本の海,海を育てる
内容　魚の食べかた、魚のとりかたから日本がみえてくる。

『漁業のいま・これから』古舘明広,関田陽一文　岩崎書店　2005.4　47p　29cm（調べよう日本の水産業 第3巻　坂本一男監修）2800円　Ⓘ4-265-02583-8

現代社会―経済・仕事・産業　　　　　　　　　　　　　　　　自然からつくりだす

Ⓝ662.1

|目次| 日本は世界一の魚輸入国,とる漁業から育てる漁業へ,サケ・マスを育てる,ノリを育てる,海をまもる世界のうごき,水産物の安全性をまもる,消費拡大のための「ブランド魚」,漁業人口からみた水産業の未来,将来のタンパク源としての水産資源,経済水域200海里制度,日本の領海と経済水域,世界の漁場とその漁獲量,魚はどこからやってくるのか,国際捕鯨委員会(IWC)ってなに?,くじらは,とってはいけないのか,クジラ資源への日本の取り組み,日本の沿岸を考える,森と川と海をつなぐ,私たちにもできる水産資源保護

『くらしと漁業』古舘明広文　岩崎書店　2005.4　47p　29cm　(調べよう日本の水産業　第2巻　坂本一男監修)2800円　Ⓘ4-265-02582-X　Ⓝ661.9

|目次| 海のめぐみと日本人,日本人はどのくらい魚を食べているか,いろんな漁法,豪快なマグロの一本釣り,素もぐり漁―海女,宍道湖のシジミ漁,漁港レポート,漁師の1日,漁船の仕組みをみてみよう,島の漁業,魚が食卓にとどくまで,沿岸漁業が発達した江戸時代,近代の漁業,漁と神さま,漁業と祭り(東日本),漁業と祭り(西日本),海に親しむ(1)―マリンレジャーと事故防止,海に親しむ(2)―ホエールウォッチング

『米づくりからみる日本』白川景子著　小峰書店　2005.4　39p　29cm　(探検・発見わたしたちの日本　2　谷川彰英監修)2600円　Ⓘ4-338-20902-X　Ⓝ616.2

|目次| お店でお米さがし,お米の産地,おむすびができるまで,水田の秘密,昔の米づくり,米づくりとお祭り,米づくりの広まり,米の収穫量の変化,日本の農家のうごき,いろいろな米づくり,おいしく安全な米づくり

|内容| 店で売られているお米からかわる日本の農業と米づくり。

『都道府県別にみる水産業』遠藤有紀,結城ななせ文　岩崎書店　2005.4　48p　29cm　(調べよう日本の水産業　第5巻　坂本一男監修)2800円　Ⓘ4-265-02585-4　Ⓝ662.1

|目次| 北海道,青森県,岩手県,宮城県,秋田県,山形県,福島県,茨城県,栃木県,群馬県〔ほか〕

『野菜づくりからみる日本』白川景子著　小峰書店　2005.4　39p　29cm　(探検・発見わたしたちの日本　3　谷川彰英監修)2600円　Ⓘ4-338-20903-8　Ⓝ626.021

|目次| 野菜売り場をしらべる,よく食べている野菜,ダイコンの産地,こんなダイコンもあるよ,トマト,ジャガイモ,キャベツ,タマネギ,そのほかの野菜の産地,こんな畑もあるよ,くだもの,花づくり,野菜とくだものの旅,これからの野菜づくり

|内容| おもな野菜が1年中食べられるわけなど、野菜の秘密をさぐる。

『わたしたちの食べる魚』遠藤有紀,結城ななせ文　岩崎書店　2005.4　47p　29cm　(調べよう日本の水産業　第4巻　坂本一男監修)2800円　Ⓘ4-265-02584-6　Ⓝ664.6

|目次| 日本の四季の魚介類,地方色ゆたかな魚介類,高級魚とよばれる魚介類,クジラの種類,クジラの生態,クジラと日本人,食用以外のクジラの利用,湖に生きる魚介類(琵琶湖),川魚の代表アユ,川魚と日本人,日本の食をゆたかにする海藻,サケと日本人,絶滅の危機にある生き物,魚に関連したことわざ

『水産業―かつお漁・養殖漁業ほか』梶井貢監修　ポプラ社　2005.3　63p　29cm　(日本の産業まるわかり大百科　3)2980円　Ⓘ4-591-08477-9　Ⓝ662.1

|目次| 1 日本の水産業とわたしたちのくらし,2 魚はどうやってとるのかな?,3 これからの漁業,4 比べてみよう、日本と世界の魚の食べ方

『農業　2　野菜・くだもの・畜産』梶井貢監修　ポプラ社　2005.3　63p　29cm　(日本の産業まるわかり大百科　2)2980円　Ⓘ4-591-08476-0　Ⓝ626

|目次| 1 野菜やくだものが店頭に並ぶまで,2 畜産はどのようにおこなわれているの?,3 どうなる?わたしたちの食生活,4 比べてみよう、日本と世界の食べもの

『農業　1　米づくり』梶井貢監修　ポプラ社　2005.3　63p　29cm　(日本の産業まるわかり大百科　1)2980円　Ⓘ4-591-08475-2　Ⓝ616.2

|目次| 1 日本はお米の国,2 お米はどうやってつくられる?,3 農家から食卓へ,4 比べて

子どもの本　社会がわかる2000冊　171

みよう，日本の米と世界の米

『食べものはみんな生きていた―生きるということはほかのものの命をいただくこと』山下惣一著　講談社　2004.6　259p　18cm　1500円　①4-06-212393-2　Ⓝ612.1

『ぴよぴよの農業たんけん』日本農業新聞編，谷本雄治文，川野郁代絵　小峰書店　2004.5　159p　26cm　1000円　①4-338-01027-4　Ⓝ615
 目次 第1章 食べ物のふしぎをたんけんしよう，第2章 田んぼや畑には「？」がいっぱい，第3章 農業は自然といつも友だちだ
 内容 いま食べたものがどうやってできたのか，知っているかな？野菜やくだものにかくされた秘密を，知りたくないかい？この本は，食べ物や田畑に何が起きているかを解説したものだ。

『米・麦・大豆』高橋永一監修　文研出版　2004.4　56p　27cm　（これからの食料生産 とれたて産地情報 1）3000円　①4-580-81340-5　Ⓝ616.2
 目次 1 ブランド物語,2 米のDNA鑑定,3 アイガモが育てる米,4 めざすは1地区1農場,5 田植えをしない米づくり,6 棚田の風景,7 国内産小麦にかける夢
 内容 伝統的な有機農業の見直しから，バイオテクノロジーによる品種改良まで，生産現場の新しい動きをわかりやすく紹介。小学校中学年～中学生向き。

『魚・貝・海そう』高橋永一，小林泉監修　文研出版　2004.4　56p　27cm　（これからの食料生産 とれたて産地情報 4）3000円　①4-580-81344-8　Ⓝ662.1
 目次 1 先端技術の最新漁船,2 水産資源を守る漁業へ,3 世界の海のおきて,4 とる漁業から育てる漁業へ,5 山に木を植える漁師,6 海そう―日本独自の健康食,7 クジラをとる？とらない？,8 陸上の漁業,9 骨のない魚
 内容 伝統的な有機農業の見直しから，バイオテクノロジーによる品種改良まで，生産現場の新しい動きをわかりやすく紹介。小学校中学年～中学生向き。

『食べ物の安全と農業』アンドレア・クレア・ハート・スミス著，桜井よしこ日本語版総監修，久保田陽子訳・文　小峰書店　2004.4　47p　29cm　（現代の世界と日本を知ろう イン・ザ・ニュース 4）3000円　①4-338-19604-1　Ⓝ498.54
 目次 食品改革，収穫を最大限に増やすために，何が行われているのでしょう？，動物の飼育と保護，自然にもどろう，世界の食べ物が集まるスーパーマーケット，食中毒を防ぐには，どうしたらいいのでしょうか？，BSE（狂牛病），大型スーパーマーケットと巨大農場，世界中に，もっと食べ物を！，フランケンシュタイン食品〔ほか〕

『野菜・くだもの』高橋永一監修　文研出版　2004.4　56p　27cm　（これからの食料生産 とれたて産地情報 2）3000円　①4-580-81341-3　Ⓝ626
 目次 1 生産者の顔が見える野菜,2 循環型社会へ向けて,3 給食でスローフード,4 あまさとおいしさを求めて,5 農村からの情報発信,6 土を使わない農業,7 常識をこえた農法,8 農業を体験してみよう
 内容 伝統的な有機農業の見直しから，バイオテクノロジーによる品種改良まで，生産現場の新しい動きをわかりやすく紹介。小学校中学年～中学生向き。

『お米のひみつ』宇津木聡史構成，田中久志漫画　学習研究社　2004.3　128p　23cm　（学研まんがでよくわかるシリーズ 11）Ⓝ616.2

『肉・たまご・牛乳』高橋永一監修　文研出版　2004.3　56p　27cm　（これからの食料生産 とれたて産地情報 3）3000円　①4-580-81342-1　Ⓝ642.1
 目次 1 牛も夏はすずしく,2 この牛肉はどこからきたの？,3 たまごは物価の優等生,4 おいしい地鶏で町おこし,5 クローン牛,6 ふれあい牧場の手づくり製品,7 コーヒー牛乳はどこへ行った？,8 牛は何を食べているか,9 ふん尿利用で循環システム
 内容 本書では，全国各地の食料生産の現場をたずね，とれたての産地情報をお届けすることにしました。穀物，野菜・果物，畜産物，水産物のいずれをとっても，わが国の食料生産をとりまく環境は，近年大きく変わってきました。食料自給率は急速に下がって今や40％。安価な輸入食料がふえるなか，産地ではさまざまな努力をしています。経営規模を拡大するなど生産効率を上げる一方で，安全性や味，栄養にこだわって品質の高いものを生産する工夫をしています。伝

現代社会―経済・仕事・産業　　　　　　　　　　　　　　自然からつくりだす

統的な有機農業の見直しから、バイオテクノロジーによる品種改良まで、生産現場の新しい動きをわかりやすく紹介しています。

『ジュニアファクトブック―食料・農業・JA』改訂版　JA全中　2004.1　108p　26cm〈年表あり〉600円　Ⓝ612.1

『海洋資源をかんがえる』岩田一彦監修　岩崎書店　2003.4　38p　29cm（「資源」の本 3）3000円　Ⓘ4-265-05993-7　Ⓝ662

[目次] 海の資源―海にはどんな資源がある？, 海底鉱物資源 海底エネルギー資源―海の底にねむる資源とは？, 海洋エネルギー発電―海で発電ができるの？, 海流と漁業―どこで魚をとっているの？, 世界の漁獲量―世界中でとる魚の量は？, 漁業の種類―漁業にはどんな種類があるの？, 日本人と魚介類―日本人はどのくらい魚を食べる？, 水産資源の管理―魚をふやすためになにをしているの？, 漁獲量の減少と輸入の増加―日本は魚を輸入しているの？, いろいろな漁法―どんな方法で魚をとるの？, 各地の漁獲量―日本の漁獲量はどうなってる？, 魚の流通―魚はどうやってはこばれてくる？, いろいろな養殖―どんな魚が養殖できるの？, 新しい漁業―水産資源をふやすには？, 世界の捕鯨―クジラも海洋資源？, 海藻類と海の環境―魚以外の水産資源とは？

[内容] 身の回りにある資源が、どのようにして生活の中に入ってきているのか。わたしたちの生活が、どのように資源によって支えられているのか。資源をめぐっては、どのような問題が起こっているのか。社会科、総合的学習などの調べ学習にも活用できるように、資源に関する最新のデータ、イラストや写真・図版、わかりやすい解説。

『かかしづくりに挑戦しよう―農業・酪農を体験しよう』コンパスワーク編・著　偕成社　2003.3　47p　30cm（みんなで出かけよう！わたしたちの社会科見学 5）2800円　Ⓘ4-03-543650-X　Ⓝ610.7

[目次] 第1章 米, 第2章 農産物など, 第3章 酪農など, 第4章 里のくらし

[内容] 第5巻では、「農業・酪農」にかんして、全国各地で体験や見学をしたおもな内容を、テーマごとに章に分けて紹介している。小学校中学年から。

『森をつくるってどういうこと？―林業・漁業を体験しよう』コンパスワーク編・著　偕成社　2003.3　47p　30cm（みんなで出かけよう！わたしたちの社会科見学 6）2800円　Ⓘ4-03-543660-7　Ⓝ650.7

[目次] 第1章 林業など, 第2章 山と森を知る, 第3章 漁業など, 第4章 川と海を知る

[内容] 第6巻では、「林業・漁業」にかんして、全国各地で体験や見学をしたおもな内容を、テーマごとに章に分けて紹介している。小学校中学年から。

『お米をおいしく食べよう！』保岡孝之監修　ポプラ社　2002.4　47p　29cm（お米なんでも大百科 5）2800円　Ⓘ4-591-07130-8,4-591-99438-4

[目次] ごはん食のススメ, おいしいごはん, お米クッキング, お米の活躍いろいろ

[内容] ごはんの魅力を探る。小学校中学年～高学年向き。

『お米ができるまで・届くまで』保岡孝之監修　ポプラ社　2002.4　47p　29cm（お米なんでも大百科 2）2800円　Ⓘ4-591-07127-8,4-591-99438-4

[目次] お米ができるまで, お米が届くまで, 世界のお米事情

[内容] 稲作農家の1年と、お米の流通。小学校中学年～高学年向。

『お米ってどんな植物だろう？』保岡孝之監修　ポプラ社　2002.4　47p　29cm（お米なんでも大百科 3）2800円　Ⓘ4-591-07128-6,4-591-99438-4

[目次] イネという植物, 田んぼがつくる生態系, イネの生長, イネの変化

[内容] イネという植物のふしぎ。小学校中学年～高学年向。

『お米の歴史を調べよう！』保岡孝之監修　ポプラ社　2002.4　47p　29cm（お米なんでも大百科 1）2800円　Ⓘ4-591-07126-X,4-591-99438-4

[目次] 稲作のはじまり, 古代の稲作, 中世の稲作, 近世の稲作, 近・現代の稲作

[内容] お米をとおして見る日本の歴史。小学校中学年～高学年向。

『学校でお米をつくろう！』保岡孝之監修　ポプラ社　2002.4　47p　29cm（お米

| 自然からつくりだす | 現代社会―経済・仕事・産業 |

なんでも大百科 4）2800円　①4-591-07129-4,4-591-99438-4
[目次] お米づくりに挑戦,全国の学校のお米づくり,丹生川小学校のお米づくり1～8,教えて！みんなの学校のアイデア
[内容] お米づくりの実践集。小学校中学年～高学年向き。

『イネを育てる―種もみの準備から収穫まで』池田良一監修,横田不二子著　金の星社　2002.3　63p　30cm　（「米」で総合学習　みんなで調べて育てて食べよう！ 1）3200円　①4-323-05481-5
[目次] イネって,どうやってつくるの,イネづくりの基礎知識,たんぼの仕組みと役割,イネづくりをはじめる前に,春のたんぼ,種もみの選別・消毒・芽だし,苗代づくり・種まき,苗を育てる,土づくり,田おこし・代かき〔ほか〕

『図解 米なんでも情報』池田良一監修,松本美和文　金の星社　2002.3　47p　30cm　（「米」で総合学習　みんなで調べて育てて食べよう！ 2）2800円　①4-323-05482-3
[目次] 米について,なにを知っている？,稲作の起源と日本への伝来,日本の稲作の歴史,米づくりがうんだ日本の社会と文化,日本の風土と米づくり,稲作技術の発展,米の品種,稲作農家の米づくり,世界でつくられている米,世界の主要穀物の輸出入〔ほか〕
[内容] 単にイネを栽培するということにとどまらず,命あるものを育てる喜びと楽しさ,大切さを感じながら,意味や価値を発見する力と,感受性を育てます。共同での作業を通じてコミュニケーション能力の向上をはかるとともに,自分のまわりをとりまく自然環境,生き物などに,関心を持たせます。主食である「米」を通じて,身近な食品がどのようになりたち,食べられているかを調べることから,実際に調理をすることにより,食と文化について,考えさせます。稲作の起源から現在にいたるまでの歴史と,農家のとり組みや,さまざまな米に関する情報にふれることから,自分で調べて,情報を活用する能力を高めます。

『都道府県別米データ集』池田良一監修,高田裕文　金の星社　2002.3　63p　30cm　（「米」で総合学習　みんなで調べて育てて食べよう！ 4）3200円　①4-323-05484-X
[目次] 全国では,どうやって米づくりをしているの？,日本の米,北海道・東北地方,関東地方,中部地方,近畿地方,中国・四国地方,九州地方,ここがおすすめ！「米」のホームページ
[内容] 単にイネを栽培するということにとどまらず,命あるものを育てる喜びと楽しさ,大切さを感じながら,意味や価値を発見する力と,感受性を育てます。共同での作業を通じてコミュニケーション能力の向上をはかるとともに,自分のまわりをとりまく自然環境,生き物などに,関心を持たせます。主食である「米」を通じて,身近な食品がどのようになりたち,食べられているかを調べることから,実際に調理をすることにより,食と文化について,考えさせます。稲作の起源から現在にいたるまでの歴史と,農家のとり組みや,さまざまな米に関する情報にふれることから,自分で調べて,情報を活用する能力を高めます。

『農林・水産業を調べよう』菊地家達著　国土社　2002.1　90p　27cm　（新社会科学習事典　総合的な学習に役立つ 3）2800円　①4-337-26323-3
[目次] 3つに分けられる産業とは,食生活はどのように変化したのだろうか,土地利用や作付面積は,どのように変化しているのだろう,大切な米づくり（稲作）は,どのように発展しているのだろう,畑の農業は,どのようにし発展しているのだろう,農業には,どんなやり方があり,どのように変化しているのだろう,農家の数や農業で働く人が減っているのはなぜだろう,よりよい作物をつくり,収穫をふやすために,どんな工夫や努力をしていますか,農業災害とそれを防ぐために,どんな努力をしているのだろう,養蚕業は,なぜ衰えたのだろう〔ほか〕

『川と農業―川がはぐくんだ日本の農業』ポプラ社　2001.4　45p　27cm　（NHKにっぽん川紀行　総合的な学習にやくだつ 2）2800円　①4-591-06751-3,4-591-99374-4
[目次] 稲作と川が日本の社会を発展させた,稲作以外の農業と川,川は農業のパートナー
[内容] この本ではNHKの「にっぽん川紀行」で放映されたもののなかから,川と稲作や農業をとりあげた番組をとおして,わたしたちのくらしと農業にはたす,川の役割を見ていきます。小学校中学年以上。

現代社会―経済・仕事・産業　　　　　　　　　　　　　　　　　自然からつくりだす

『川の漁業―川のめぐみと人びとのくらし』ポプラ社　2001.4　45p　27cm　（NHKにっぽん川紀行　総合的な学習にやくだつ 1）2800円　①4-591-06750-5, 4-591-99374-4
[目次] 人と魚、漁のかかわりを考えてみよう、川魚以外の水産資源と漁、魚がいて漁ができる川をいつまでものこそう
[内容] この本では、さまざまな川の漁業と漁にたずさわる人びと、また、川のまわりの自然のようすなどを、NHKの「にっぽん川紀行」で放映された番組を参考にして見ていきます。小学校中学年以上。

『わたしたちの食生活と世界の産業「米・野菜」』清成忠男, 志太勤一監修, 飯島博著　ポプラ社　2001.4　46p　31cm　（わたしたちのくらしと世界の産業 国際理解に役立つ 1）〈索引あり〉2800円　①4-591-06720-3,4-591-99368-X
[目次] 空からはこばれてくる、高級野菜、海からはこばれてくる、単価の安い野菜やくだもの、増えつづける中国からの輸入量、輸入野菜を取り扱う上海運通、米はどのように輸入されるの？、輸入米の一部はせんべいなどの原料に、消費者が米を変えはじめた、給食室では食材チェックがきびしい、HACCP（ハサップ）とはどんな考え方か？、大井埠頭にはくだものもはこばれてくる〔ほか〕
[内容] 米や野菜を中心に、わたしたちの食生活を考える。外国産の農産物が、どのように日本に輸入されるか、など。小学校高学年～中学生向き。

『わたしたちの食生活と世界の産業「肉・魚」』清成忠男, 志太勤一監修, 飯島博著　ポプラ社　2001.4　46p　31cm　（わたしたちのくらしと世界の産業 国際理解に役立つ 2）〈索引あり〉2800円　①4-591-06721-1,4-591-99368-X
[目次] みんなの大好きな、マグロやエビのおすし、マグロの一船買いってどういうこと？、マグロはえなわ漁業と世界の漁場地図、船主さんの計算えさや燃料代と利益の割合は？、成田空港に集まる「空飛ぶマグロ」、中央市場にマグロがならぶ、エビはタイで養殖されて輸入される、すし用エビの加工、てんぷらやフライ用には、無頭ブラックタイガー、ノルウェーからはこばれるサケ（サーモン）〔ほか〕
[内容] 肉や魚を中心に、わたしたちの食生活を考える。外国産の水産物や食肉が、どのように日本に輸入されるか、など。小学校高学年～中学生向き。

『生きものとつくるハーモニー　1　作物』大沢勝次著　農山漁村文化協会　2001.3　32p　31cm　（自然の中の人間シリーズ 農業と人間編 6　農林水産省農林水産技術会議事務局監修, 西尾敏彦編）2000円　①4-540-98322-9
[目次] 作物はどのように誕生したのか、栽培植物発祥の8つの地域、作物になって巨大になった、作物になって多様になった、植物が作物になって何が変わったか、伝統的な品種のできかた、近代的品種の誕生とその成果、日本農業を変えてきた品種改良、作物・細胞の中にあるハーモニー、21世紀の品種開発と農業―生きものとつくるハーモニー
[内容] 人間とともに進化してきた作物。野生種とのちがいを通して、人間・作物・環境の「共進化」を描く。

『生きものと人間をつなぐ―農具の知恵』高木清継著　農山漁村文化協会　2001.3　32p　31cm　（自然の中の人間シリーズ 農業と人間編 8　農林水産省農林水産技術会議事務局監修, 西尾敏彦編）2000円　①4-540-98324-5

『日本列島の自然のなかで―環境との調和』陽捷行著　農山漁村文化協会　2001.3　32p　31cm　（自然の中の人間シリーズ 農業と人間編 10　農林水産省農林水産技術会議事務局監修, 西尾敏彦編）2000円　①4-540-98326-1
[目次] 日本列島21世紀のテーマ、農村空間の成り立ち、水田のはたらき、畑で生かされてきた伝統農法、地形連鎖を活用した農林業、農業は土をつくり環境を保全する、田畑がもつ環境保全機能、暮らしが景色をつくる、農業の近代化と不安定性―近代農法の弊害その1、農業が地球環境におよぼす悪影響―近代農法の弊害その2、農村の物質循環を追う―近代農法の弊害その3、農業生産を高め、環境を守る技術、地球意識と地域意識
[内容] 山・畑・水田とつながる地形連鎖を軸に、農業の多面的な機能と「環境保全型農業」の課題を示す。

『農業が歩んできた道―持続する農業』陽捷行, 西尾敏彦著　農山漁村文化協会

子どもの本 社会がわかる2000冊　　175

2001.3 32p 31cm （自然の中の人間シリーズ 農業と人間編 2 農林水産省農林水産技術会議事務局監修，西尾敏彦編）2000円 ①4-540-98318-0

『農業は生きている―三つの本質』西尾敏彦著 農山漁村文化協会 2001.3 32p 31cm （自然の中の人間シリーズ 農業と人間編 1 農林水産省農林水産技術会議事務局監修，西尾敏彦編）2000円 ①4-540-98317-2

|目次| 1 自然とのハーモニー，2 農業は自然界の物質循環の担い手，3 農業は希薄資源のひろい屋さん

|内容|「共進化」「物質循環」「希薄資源の利用」の3つのキーワードを軸に工業とはちがう農業の本質を描く。

『生きものたちの楽園―田畑の生物』守山弘著 農山漁村文化協会 2000.12 32p 31cm （自然の中の人間シリーズ 農業と人間編 5 農林水産省農林水産技術会議事務局監修，西尾敏彦編）2000円 ①4-540-98321-0

|目次| 農村は生きものの楽園，農業とともに生きてきた生きもの，農村の中の生きもの連鎖

|内容| 水田、ため池、二次林…水田を中心に農業が育む地域の生命空間の豊かさとそれを生かす方法を提案。

『農業のおくりもの―広がる利用』斎尾恭子著 農山漁村文化協会 2000.12 32p 31cm （自然の中の人間シリーズ 農業と人間編 9 農林水産省農林水産技術会議事務局監修，西尾敏彦編）2000円 ①4-540-98325-3

|目次| 農業が創るもの，世界にみる食の地域性，日本にみる食の地域性，水田のおくりものと農業，イネ・コメを活かしてきたさまざまな知恵，マメにみる素材を生かす世界の料理，豆腐にみる加工の技，微生物のハーモニーがつくるみそ，作物が健康を守る，マメにみる工業的な利用，環境保全に向けた利用，日本の食生活は今―豊かさの中のゆがみ，よみがえれ，ふるさと農業からのおくりもの

|内容| おくれて仲間入りした人類も，生態系の一員であることには変わりはありません。農業はこの生態系の中で，農作物・家畜・発酵菌などを味方につけて、発展してきました。おかげで人類は今では、地球上のいたるところで農業を営み、豊かな生活を楽しむことができるようになりました。農業は人類を地球の生態系に結びつける太いパイプだったのです。でもその農業も、最近は人口の急増を支えるため、環境破壊に加担しているのではないかと心配されています。農業が方向を誤ると、人類は地球の生物仲間を敵にまわし、自らをも破滅させる結果になりかねません。農業は人類だけでなく、地球上のすべての生物の存亡にかかわりをもつ「生命の営み」だからです。このシリーズでは、こうした広い視点で農業を考えなおしてみました。みなさん一人一人が農業について考える参考に。

『生きものとつくるハーモニー 2 家畜』古川良平著 農山漁村文化協会 2000.11 32p 31cm （自然の中の人間シリーズ 農業と人間編 7 農林水産省農林水産技術会議事務局監修，西尾敏彦編）2000円 ①4-540-98323-7

|目次| 地上は植物と動物がつくりだす豊かな循環の世界，人と動物との出会い―家畜化への道，家畜にしやすい動物たち―どうして家畜でいられたか，風土から生まれ、好みで変えられてきた家畜たち，日本の風土とくらしが育てた家畜たち，日本人にとっての家畜、むかしから変わらぬ思い，草食動物の不思議―なぜ草が食べられるのだろう？，反すう動物の秘密―からだの中で微生物とつくる小さなハーモニー，ほ乳動物の乳腺のしくみ，酪農のはじまりと乳の加工，骨まで愛して―丸ごと利用の畜産加工，いい家畜をもっとたくさん―新しい家畜改良技術，効率的な畜産の落とし物―家畜ふん尿を侵入雑草，循環型畜産をめざす―家畜の餌は自分の国でつくろう，人と家畜の新しい関係

|内容| 家畜の誕生、行動や生理の特徴から家畜セラピー、地域型畜産など家畜との新しい関係を構想する。

『地形が育む農業―景観の誕生』片山秀策著 農山魚村文化協会 2000.9 32p 31cm （自然の中の人間シリーズ 農業と人間編 4 農林水産省農林水産技術会議事務局監修，西尾敏彦編）2000円 ①4-540-98320-2

『食料の生産』板倉聖宣監修，松崎重広著 小峰書店 2000.4 47p 29cm （調べ

現代社会―経済・仕事・産業　　　　　　　　　　　　　　　ものづくりの現場

よう　グラフでみる日本の産業これまでとこれから 2)〉〈年表あり　索引あり〉2900円　Ⓘ4-338-16702-5,4-338-16700-9
[目次]　人口からみた食料の生産、米の名産地はどこ？、米の名産地の変化、米の生産量の変化、じゃがいもとさつまいも、キャベツとはくさい、みかんとりんご、肉と牛乳・たまごの生産、日本の漁業、日本の食料品工業、日本の食料のふるさとは？、これからの食料生産
[内容]　食料を中心にした産業のことを調べる本。農業や漁業や林業の第一次産業と第二次産業の食料品工業のうつりかわりを知り、今とこれからを考える本。

『農業は風土とともに―伝統農業のしくみ』岡三徳著、倉品吉克絵　農山漁村文化協会　2000.3　32p　31cm　（自然の中の人間シリーズ　農業と人間編 3　農林水産省農林水産技術会議事務局監修、西尾敏彦編）2000円　Ⓘ4-540-98319-9

◆ものづくりの現場―工業
『くつ―てくてくたったか！』多田紘監修　ひさかたチャイルド　2009.2　28p　23×29cm　（ものづくり絵本シリーズ　どうやってできるの？）1500円　Ⓘ978-4-89325-814-4　Ⓝ589.25

『最新モノの事典―身近なモノのしくみと歴史　カラー版』最新モノの事典編集委員会編著　鈴木出版　2009.2　223p　31cm〈文献あり　年表あり　索引あり〉8800円　Ⓘ978-4-7902-3220-9　Ⓝ589
[目次]　アイスクリーム―食品、アイロン―電気製品、アコーディオン―楽器、薄型テレビ―電気製品、羽毛ふとん―その他、エアコン―電気製品、エコカー―乗り物、鉛筆―文房具、折りたたみ傘―日用品、オルゴール―玩具〔ほか〕
[内容]　本書はわたしたちのくらしに身近で、いまの社会をよく表すモノを100とりあげ、そのしくみと、誕生から現在までの移りかわりを中心に解説している。

『自給力でわかる日本の産業　第8巻　木材・セメントはどこからくるの？』学習研究社　2009.2　47p　29cm〈索引あり〉2800円　Ⓘ978-4-05-500547-0,978-4-05-810978-6　Ⓝ602.1

『自給力でわかる日本の産業　第7巻　衣類はどこからくるの？』学習研究社　2009.2　47p　29cm〈索引あり〉2800円　Ⓘ978-4-05-500558-6,978-4-05-810978-6　Ⓝ602.1

『自給力でわかる日本の産業　第6巻　資源・エネルギーはどこからくるの？』学習研究社　2009.2　47p　29cm〈索引あり〉2800円　Ⓘ978-4-05-500546-3,978-4-05-810978-6　Ⓝ602.1

『自給力でわかる日本の産業　第5巻　鉄・ゴムはどこからくるの？』学習研究社　2009.2　47p　29cm〈索引あり〉2800円　Ⓘ978-4-05-500551-7,978-4-05-810978-6　Ⓝ602.1

『自給力でわかる日本の産業　第4巻　電子機器はどこからくるの？』学習研究社　2009.2　47p　29cm〈索引あり〉2800円　Ⓘ978-4-05-500548-7,978-4-05-810978-6　Ⓝ602.1

『トイレットペーパー―きれいにふける？』中須賀朗監修　ひさかたチャイルド　2009.2　28p　23×29cm　（ものづくり絵本シリーズ　どうやってできるの？）1500円　Ⓘ978-4-89325-816-8　Ⓝ585.7

『ならんだならんだ！おひなさま』戸塚隆監修、奥村かよこ絵、中島妙文　ひさかたチャイルド　2009.2　28p　23×28cm　（ものづくり絵本シリーズ）1500円　Ⓘ978-4-89325-821-2

『発見！探検！工場見学―ものづくりの心を育み産業学習に役立つ　7　工場見学に役立つ資料集』中村智彦監修　学習研究社　2009.2　40p　29cm〈索引あり〉2800円　Ⓘ978-4-05-500629-3,978-4-05-810998-4　Ⓝ509.6

『発見！探検！工場見学―ものづくりの心を育み産業学習に役立つ　6　乗り物の工場』中村智彦監修　学習研究社　2009.2　40p　29cm　2800円　Ⓘ978-4-05-500628-6,978-4-05-810998-4

子どもの本　社会がわかる2000冊　177

『発見！探検！工場見学―ものづくりの心を育み産業学習に役立つ　5　日用品の工場』中村智彦監修　学習研究社　2009.2　40p　29cm　2800円　⦿978-4-05-500627-9,978-4-05-810998-4　Ⓝ509.6

『発見！探検！工場見学―ものづくりの心を育み産業学習に役立つ　4　洋服・スポーツ用品の工場』中村智彦監修　学習研究社　2009.2　40p　29cm　2800円　⦿978-4-05-500626-2,978-4-05-810998-4　Ⓝ509.6

『発見！探検！工場見学―ものづくりの心を育み産業学習に役立つ　3　おもちゃ・文具・楽器の工場』中村智彦監修　学習研究社　2009.2　40p　29cm　2800円　⦿978-4-05-500625-5,978-4-05-810998-4　Ⓝ509.6

『わゴムーびよ～んぱっちん！』西島歩監修　ひさかたチャイルド　2009.2　28p　23×29cm　（ものづくり絵本シリーズ　どうやってできるの？）1500円　⦿978-4-89325-820-5　Ⓝ578.27

『段ボールのひみつ』出口由美子漫画，粟生こずえ構成　学習研究社コミュニケーションビジネス事業室　2008.10　128p　23cm　（学研まんがでよくわかるシリーズ　41）〈年表あり〉Ⓝ585.7

『グラフで調べる日本の産業　5　工業』谷川彰英監修　小峰書店　2008.3　47p　29cm　3200円　⦿978-4-338-23405-4　Ⓝ602.1

[目次]自動車の昔と今，自動車の値段は？，自動車の関連産業，自動車の種類と数，自動車の生産と輸出入，世界の自動車の生産，自動車の海外生産，いろいろな工業，工業は第二次産業，身近な食品工業，糸や布，服をつくる

[内容]自動車工業を中心として，いろいろな工業を知ることで工業とは何かを知る本。工業の発達と国際化などから日本を考える。

『日本の工業』三沢一文監修　ポプラ社　2008.3　215p　29cm　（ポプラディア情報館）6800円　⦿978-4-591-10086-8,978-4-591-99949-3　Ⓝ509.21

[目次]工業ってなんだろう,1章　日本の工業の特色,2章　自動車工業,3章　機械工業,4章　金属・石油化学工業,5章　軽工業,6章　輸送と貿易,7章　これからの工業,資料編

[内容]自動車をはじめとする機械、石油化学、金属、食品など、さまざまな工業について、わかりやすく解説します。工業製品の輸送、世界との貿易についてもとりあげます。豊富な写真、くわしい図解やグラフで、日本の工業の現在のすがたがわかります。日本の工業がかかえている問題、これからめざす工業のすがたや未来へのとりくみなど、新しいテーマを積極的にとりあげました。

『ミシンのひみつ』あすみきり漫画，オフィス・イディオム構成　学習研究社コミュニケーションビジネス事業部教材資料制作室　2008.3　128p　23cm　（学研まんがでよくわかるシリーズ　38）Ⓝ593.48

『紙のひみつ』おぎのひとし漫画　学習研究社コミュニケーションビジネス事業部教材資料制作室　2007.12　128p　23cm　（学研まんがでよくわかるシリーズ　35）Ⓝ585

『ふわふわあったか！てぶくろ』大内輝雄監修　チャイルド本社　2007.12　30p　22×27cm　（ものづくり絵本シリーズ　どうやってできるの？　9）810円　⦿978-4-8054-2963-1　Ⓝ586.57

『おえかきだいすき！クレヨン』岡井禎浩監修　チャイルド本社　2007.11　30p　22×27cm　（ものづくり絵本シリーズ　どうやってできるの？　8）810円　⦿978-4-8054-2962-4　Ⓝ576.97

『こんなふうに作られる！身のまわり69品のできるまで　絵解き図鑑』ビル＆ジム・スレイヴィン文，ビル・スレイヴィン絵，福本友美子訳　町田　玉川大学出版部　2007.11　160p　29cm　3800円　⦿978-4-472-40351-4　Ⓝ500

[目次]遊びやゲームに使うもの、家の中のもの、スープからナッツまで、身につけるもの、

現代社会―経済・仕事・産業　　　　　　　　　　　　　　　　　　　　　　ものづくりの現場

原料となるもの
|内容| CDは、砂から作るって知ってる？ ガムのもとは、木からとれる樹脂だって知ってる？ 食べるもの、飲むもの、着るもの、遊ぶもの…、毎日ふつうに使っているものが、どうやって作られるのか、見てみよう！ 植物、動物、鉱物、石油…どんなふうに形を変えていくのか、見てみよう！ もの作りの工程が見開き「ひと目」でわかる絵解き図鑑の決定版。

『街で見かけるナゾの機械・装置のヒミツ』造事務所編　PHP研究所　2007.8　127p　21cm　1200円　Ⓘ978-4-569-69286-9　Ⓝ504
|目次| 1 さぁ、いつもの街を歩いてみよう！ 路上観察編,2 建物のなかをキョロキョロしてみよう！ 屋内観察編,3 調べてみよう！ わたしたちの街
|内容| 電信柱についている箱、あちこちにある高い塔、建物についているいろんなメーター、屋上にある金属の棒…「あれは何？」「何のためにあるの？」子どものふとした疑問に答えます。自由研究、調べ学習のテーマ探しにもぴったり。

『あらいたてきもちいい！ パンツ』柳原美紗子監修　チャイルド本社　2007.7　30p　22×27cm　（ものづくり絵本シリーズ どうやってできるの？　4）810円　Ⓘ978-4-8054-2958-7　Ⓝ586.22

『あわあわぶくぶく！ せっけん』長谷川治監修　チャイルド本社　2007.6　30p　22×28cm　（ものづくり絵本シリーズ どうやってできるの？　3）810円　Ⓘ978-4-8054-2957-0　Ⓝ576.53

『エレベーター・エスカレーターのひみつ』おぎのひとし漫画　学習研究社コミュニケーションビジネス事業部教材資料制作室　2006.10　128p　23cm　（学研まんがでよくわかるシリーズ 23）Ⓝ536.73

『おもしろメカワールド』日本機械学会編　オーム社　2006.7　123p　26cm　1500円　Ⓘ4-274-20266-6　Ⓝ531
|目次| どちらに曲がる？ 空中コマ、歩くおもちゃ、ゆれると回るやじろべい、サッカーゲームを作ってみよう！、測ってみよう！、どちらにも回る風車、台車の車輪のひみつ―おとなしい犬と元気な犬、リニアモーターカーのひみつ、風きり音の秘密、コップの水の不思議な動き！、ブランコはなぜゆれるの？、魚の泳ぎ方、建物の風ゆれを抑える、振動を吸い取る？、レーシングカーのウイング（翼）のひみつ！、空中に浮く不思議！
|内容| 工作や実験を楽しみながら身の回りのもののしくみや動きを学べる!! 自由研究の課題えらびに最適。

『機械工業』竹内淳彦監修　岩崎書店　2006.4　47p　29cm　（日本の工業 21世紀のものづくり 3）2800円　Ⓘ4-265-02557-9　Ⓝ530.921
|目次| 1 自動販売機の歴史としくみ,2 自販機と環境問題,3 機械工業でつくられるもの,4 機械をつくる機械,5 機械工業のなかのロボット,6 ものづくりの未来
|内容| 第3巻では、なんとなく古めかしく聞こえてしまう「機械工業」をあつかいます。日本の機械工業のこれまでをしっかりおさえたうえで、ロボットなどをふくめた21世紀のものづくりをみていきましょう。

『これからの工業』竹内淳彦監修・著　岩崎書店　2006.4　47p　29cm　（日本の工業 21世紀のものづくり 1）2800円　Ⓘ4-265-02555-2　Ⓝ509.21
|目次| 1 生活をささえる工業,2 工業の発展と伝統工業,3 工業のさかんな地域,4 貿易と工場の海外進出,5 環境問題と工業活動,6 これからの工業
|内容| 本書では、日本の産業の柱としてたいせつな役割を果たしている工業全体の特徴、なりたちやしくみ、それに、将来のあり方などについてみていきます。

『食品・繊維工業』竹内淳彦監修　岩崎書店　2006.4　47p　29cm　（日本の工業 21世紀のものづくり 6）2800円　Ⓘ4-265-02560-9　Ⓝ588.09
|目次| 1 日用品をつくる工業,2 インスタントラーメンの開発,3 食品の加工技術の発展,4 食品工業でつくられるもの,5 Tシャツはこうしてつくられる,6 繊維工業とその製品
|内容| 第6巻では、食品工業と繊維工業をあつかいます。まず、軽工業全体のようすをみたうえで、食品工業のいろいろな製品についてふれます。なかでも、日本人が発明したインスタントラーメンについてくわしくみていきます。また、加工食品の歴史やしょ

うゆの生産工程などについても紹介します。後半の繊維工業では、織物と編物のちがいといった基本的なことを確認してから、繊維工業のようすをTシャツを中心にしてみていきます。また、織機の歴史をみてから、日本の繊維工業の特徴とこれからを考えます。

『鉄鋼業・石油化学工業』竹内淳彦監修　岩崎書店　2006.4　47p　29cm　（日本の工業 21世紀のものづくり 4）2800円　Ⓘ4-265-02558-7　Ⓝ564.09
[目次] 1 鉄をつくる鉄鋼業,2 生活をささえる石油化学工業
[内容] 第4巻では、重化学工業の代表でもある「鉄鋼業」と「石油化学工業」をあつかいます。鉄鋼や石油化学製品がどのようにしてつくられているかを、この本でじっくりみていきましょう。

『電機・電子工業』竹内淳彦監修　岩崎書店　2006.4　47p　29cm　（日本の工業 21世紀のものづくり 5）〈年表あり〉2800円　Ⓘ4-265-02559-5　Ⓝ542.09
[目次] 1 電機工業の歴史,2 電機工業の構造,3 製品から電機工業をみる,4 ICと電子工業,5 メーカーにみる電機工業の発展,6 電機工業をとりまく環境と変化
[内容] 第5巻では、電機・電子工業をあつかいます。電機工業が日本でどのように発展していったのかを解説するとともに、環境問題をふくめて、電機工業のこれからを考える。

『トイレのひみつ』ひろゆうこ漫画，橘悠紀構成　学習研究社CB事業部教材資料制作室　2006.4　128p　23cm　（学研まんがでよくわかるシリーズ 22）〈年表あり〉Ⓝ518.51

『自動車・化学製品』保岡孝之監修　学習研究社　2006.3　48p　29cm　（くわしい！わかる！図解日本の産業 4）3000円　Ⓘ4-05-302152-9　Ⓝ537.09
[目次] 自動車工業のさかんなまち,石油化学工業のさかんなまち,日本の工業生産,日本の伝統工業

『遊びのモノから見る、日本と世界』保岡孝之監修　学習研究社　2006.2　47p　29cm　（モノから知る日本と世界の結びつき 5）2800円　Ⓘ4-05-202478-8　Ⓝ589.75

『暮らしのモノから見る、日本と世界』保岡孝之監修　学習研究社　2006.2　47p　29cm　（モノから知る日本と世界の結びつき 3）2800円　Ⓘ4-05-202476-1　Ⓝ580

『原料からモノがわかる、逆引き事典』保岡孝之監修　学習研究社　2006.2　47p　29cm　（モノから知る日本と世界の結びつき 6）2800円　Ⓘ4-05-202479-6　Ⓝ678.5

『学びのモノから見る、日本と世界』保岡孝之監修　学習研究社　2006.2　47p　29cm　（モノから知る日本と世界の結びつき 4）2800円　Ⓘ4-05-202477-X　Ⓝ589.73

『身につけるモノから見る、日本と世界』保岡孝之監修　学習研究社　2006.2　47p　29cm　（モノから知る日本と世界の結びつき 2）2800円　Ⓘ4-05-202475-3　Ⓝ589.2

『こっちゃんといとぐるま』せきこずえ作，せきよしみ監修　山口　関ヨシミ　2006.1　40p　31cm　1660円　Ⓝ586.27

『工業からみる日本』利根川賢文　小峰書店　2005.4　39p　29cm　（探検・発見わたしたちの日本 5　谷川彰英監修）2600円　Ⓘ4-338-20905-4　Ⓝ537.09
[目次] 家に車がとどくまで,自動車の部品工場,自動車のつくりかた,自動車の生産台数,自動車の生産台数の変化,自動車の普及,自動車関連産業の広がり,日本の工業,日本の工業地帯・地域,世界のなかの日本の工業,研究開発,環境をまもる自動車づくり,安全のためのくふう,これからの自動車
[内容] 自動車を中心に世界に広がる日本の工業を探険。

『工業―自動車工業・鉄鋼業・電子工業ほか』梶井貢監修　ポプラ社　2005.3　63p　29cm　（日本の産業まるわかり大百科 4）2980円　Ⓘ4-591-08478-7　Ⓝ509.21
[目次] 1 自動車をつくる工業,2 日本の工業の特色,3 これからの工業

現代社会―経済・仕事・産業　　　　　　　　　　　　　　　　　　　　　　　　　　ものづくりの現場

『紙をつくろう』渡部国夫監修，高岡昌江構成・文　岩崎書店　2004.4　55p　27cm　(「紙」の大研究3)　2800円　⒤4-265-04243-0　Ⓝ585
目次　紙のからだをしらべる，紙の強さをしらべる，パワーアップ作戦，情報コーナー，紙をつくる
内容　紙の目や燃え方など，さまざまな「性質」を実験を交えながら徹底分析！野草などから自分で紙をすいてみる。小学校中学年～。

『紙とくらし』丸尾敏雄監修，樋口清美構成・文　岩崎書店　2004.4　55p　27cm　(「紙」の大研究2)　2800円　⒤4-265-04242-2　Ⓝ585
目次　くらしの中のいろいろな紙，紙の分類，変わっていく紙，紙と地球環境
内容　紙がくらしの中で果たす役割，利用のされ方。日本の中の紙の特産地，紙にかかわる環境の問題など。小学校中学年～。

『紙の実物図鑑』岩崎書店編集部編　岩崎書店　2004.4　43p　27cm　(「紙」の大研究4)　2800円　⒤4-265-04244-9　Ⓝ585.5
内容　実物の紙をさわって見られる，画期的な図鑑！それぞれの紙について，原料や用途など，簡単な解説つき。パピルス(エジプト産)，画仙紙(中国産)，和紙(コウゾ，ミツマタ，ガンピでできた紙，その他)，洋紙(ファンシーペーパー，非木材紙，トレーシング・ペーパー，その他)実物見本30種き。小学校中学年～。

『紙の歴史』丸尾敏雄監修，樋口清美構成・文　岩崎書店　2004.4　55p　27cm　(「紙」の大研究1)　2800円　⒤4-265-04241-4　Ⓝ585.02
目次　紙のはじまり，紙以前のもの，紙の広まり，紙づくりの発達，江戸の町と紙，ヨーロッパへ渡った製紙法，木材パルプの開発，和紙から洋紙へ
内容　紙のはじまりと歴史，日本とのかかわりなど。現在の和紙・洋紙の製造工程の紹介。小学校中学年～。

『機械・電化製品』山口昌男監修　日本図書センター　2004.3　55p　31cm　(まるごとわかる「モノ」のはじまり百科3)〈年表あり〉　4400円　⒤4-8205-9589-X　Ⓝ545.88

『くらし・生活用品』山口昌男監修　日本図書センター　2004.3　55p　31cm　(まるごとわかる「モノ」のはじまり百科2)〈年表あり〉　4400円　⒤4-8205-9588-1　Ⓝ383.93

『交通・メディア』山口昌男監修　日本図書センター　2004.3　55p　31cm　(まるごとわかる「モノ」のはじまり百科4)〈年表あり〉　4400円　⒤4-8205-9590-3　Ⓝ502.1

『鋳物の文化史―銅鐸から自動車エンジンまで』石野亨文，稲川弘明図・絵　新版　小峰書店　2004.2　71p　29cm　(図説日本の文化をさぐる)〈年表あり〉　2700円　⒤4-338-07505-8　Ⓝ566.1
目次　鋳物にはこんなものがあります，金属の発見と鋳物づくりのはじまり，鋳物づくりの技術がわが国につたわった経路，わが国の鋳物づくりは，いつ，どこではじまったか，銅鐸，銅鐸はどのようにしてつくられたか，鏡作と鞍作―渡来人の技術と技術者の集団，古代製鉄と鉄の鋳物，仏教伝来と蠟型鋳物―複雑な美術鋳物のはじまり，大化の改新とわが国古代の鉱工業〔ほか〕
内容　長い歴史をもち，これからも創造力を生かした美術作品や機械工業をささえるすぐれた鋳造品として発展していく鋳物づくりの技術の足跡をさぐります。

『逆転の発想に賭けた執念の人たち』NHK「プロジェクトX」制作班編　汐文社　2004.2　149p　22cm　(ジュニア版NHKプロジェクトX 14)　1400円　⒤4-8113-7809-1　Ⓝ502.1
目次　日本初のマイカー，てんとう虫町をゆく―家族たちの自動車革命，運命のZ計画―世界一売れたスポーツカー伝説，男たちの復活戦―デジタルカメラに賭ける，国産コンピューターゼロからの大逆転―日本技術界伝説のドラマ

『鉄の文化―人間と鉄の4500年』窪田蔵郎文，稲川弘明図・絵　新版　小峰書店　2004.2　75p　29cm　(図説日本の文化をさぐる)〈年表あり〉　2700円　⒤4-338-07506-6　Ⓝ564.02
目次　鉄と人類，日本の製鉄の歴史，近代製鉄

子どもの本　社会がわかる2000冊　181

の胎動から現代まで,解説 古代製鉄を理解するために
[内容] 鉄と人間の出会いは、いつ、どこで始まったのでしょう。各地の遺跡から出土した発掘品からみて、紀元前2500年ほど前、創始地は中近東―イラン、イラク、トルコ、シリア、エジプトなどと考えられています。鉄を求めて世界各地を調査した著者が、そのルーツから現代までの連綿とした鉄の歴史をときあかしています。

『日本の鉄』窪田蔵郎文,斎藤博之絵
 新版 小峰書店 2004.2 71p 29cm (図説日本の文化をさぐる)〈文献あり〉 2700円 ⓘ4-338-07501-5 Ⓝ564.021
[目次] 村の鍛冶屋、山内の場所、真砂砂鉄の採集、とい流し、川砂鉄と海砂鉄、製鉄燃料の木炭、鉄産を神にいのる、古代建築のなごり―高殿、炉をきずく、炉体をつくる〔ほか〕
[内容] この本では、江戸中期に完成したと伝えられ、たたら製鉄の中心地であった中国山地の出雲地方や伯耆(鳥取県の西部)でおこなわれた"永代たたら"をもとに日本の鉄―和鋼や和銑―ができるまでをたどります。

『時計の大研究―日時計からハイテク時計まで 時計のすべてがわかる!』織田一朗監修 PHP研究所 2004.1 79p 29cm 2800円 ⓘ4-569-68448-3 Ⓝ535.2
[目次] 序章 わたしたちのくらしと時計、第1章 時計の種類とそのしくみ、第2章 時計6000年の歴史、第3章 世界の暦と時間
[内容] 本書は、時計とはなにか、時計の役割を知りたい!時計のしくみはいったいどうなってるの?時計のいまと昔、時計の歴史を教えて!世界の暦や標準時について知りたい!といった質問に答えるものである。

『デジタルカメラのひみつ』田川滋漫画 学習研究社広告宣伝局教材資料制作室 2003.10 128p 23cm (学研まんがでよくわかるシリーズ 10)〈構成:外山準一〉 Ⓝ535.85

『身近な道具と機械の図鑑―もののしくみと原理がひと目でわかる』川村康文監修 PHP研究所 2003.8 79p 31cm 2800円 ⓘ4-569-68409-2 Ⓝ530
[目次] 序章 ヒトは道具を使って人間になった、第1章 いろいろな道具のしくみを知ろう、第2章 機械のしくみをのぞいてみよう、第3章 とくべつな道具をしらべてみよう
[内容] てこ、ねじ、ばね、歯車…。くらしのなかでふだん使われている身近な道具や機械には、人類の発見した力学上の原理が、たくみに利用されています。原理としくみが、わかりやすい絵でひと目でわかる道具と機械の図鑑。

『調べよう くらしに役立つべんりなモノたち』中村智彦監修 文研出版 2003.4 48p 27cm (調べてわかる 身のまわりのモノのふしぎ 第4巻) 2500円 ⓘ4-580-81323-5 Ⓝ509.21

『調べよう こんなにすごいモノづくりのひみつ』中村智彦監修 文研出版 2003.4 48p 27cm (調べてわかる 身のまわりのモノのふしぎ 第1巻) 2500円 ⓘ4-580-81319-7 Ⓝ546.5

『調べよう たのしいおもちゃ・文房具』中村智彦監修 文研出版 2003.4 48p 27cm (調べてわかる 身のまわりのモノのふしぎ 第3巻) 2500円 ⓘ4-580-81322-7 Ⓝ589.7

『スポーツと遊びの世界』ものづくり探検編集室編著 理論社 2003.4 48p 28cm (ものづくり探検 身近なものができるまで 3)〈年表あり〉 2400円 ⓘ4-652-04843-2 Ⓝ589.75
[目次] 金属バット、軟式野球ボール、硬式野球ボール、野球のグラブ、サッカーボール、テニスラケット、硬式テニスボール、バスケットボール、シャトルコック、スポーツシューズ、スノーボード、スキーウエア、ピアニカ、ピアノ、ギター、自転車、着せ替え人形、ジグソーパズル、レンズつきフィルム、花火、スポーツのあゆみ

『鉛筆や色鉛筆はこうつくる―身近なものができるまで』コンパスワーク編・著 偕成社 2003.3 47p 30cm (みんなで出かけよう!わたしたちの社会科見学 3) 2800円 ⓘ4-03-543630-5 Ⓝ589
[目次] 第1章 のりもの、第2章 学校で使うもの、第3章 日用品、第4章 ファッションなど
[内容] 第3巻では、「身近なものができるまで」にかんして、全国各地で見学や体験をし

現代社会―経済・仕事・産業　　　　　　　　　　　ものづくりの現場

たおもな内容を、テーマごとに章に分けて紹介している。小学校中学年から。

『世界記録を生みだすシューズ―競技シューズ開発物語』広岡勲文，天野徹監修　学習研究社　2003.3　119p　22cm　（世界を変えた日本の技術　科学読み物 7）1400円　Ⓘ4-05-201747-1,4-05-810701-4　Ⓝ589.25

『日用品のできるまで』ものづくり探検編集室編著　理論社　2003.3　48p　28cm　（ものづくり探検　身近なものができるまで 2）2400円　Ⓘ4-652-04842-4　Ⓝ589
|目次| 鉛筆，消しゴム，ボールペン，クレヨン，ノート，ホッチキス，原料調べ―鉄，セロハンテープ，ランドセル，石けん〔ほか〕

『人間の目をこえたカメラ―オートフォーカスカメラ開発物語』今西乃子文，天野徹監修　学習研究社　2003.3　119p　22cm　（世界を変えた日本の技術　科学読み物 8）1400円　Ⓘ4-05-201748-X,4-05-810701-4　Ⓝ535.85

『バーチャル世界のゲーム機―家庭用ゲーム機開発物語』秋山英宏文，天野徹監修　学習研究社　2003.3　119p　22cm　（世界を変えた日本の技術　科学読み物 3）1400円　Ⓘ4-05-201743-9,4-05-810701-4　Ⓝ589.77

『形と材料』PHP研究所編，池上陽子やく　PHP研究所　2003.1　45p　26cm　（見て，さわって，しらべて，つくろう！　身のまわりにはアートがいっぱい 10）2000円　Ⓘ4-569-68380-0,4-569-29534-7　Ⓝ501.4

『機械・交通』PHP研究所編，池上陽子やく　PHP研究所　2003.1　45p　26cm　（見て，さわって，しらべて，つくろう！　身のまわりにはアートがいっぱい 12）2000円　Ⓘ4-569-68382-7,4-569-29534-7　Ⓝ530

『はじめてへのチャレンジ！不屈の人たち』NHK「プロジェクトX」制作班編　汐文社　2003.1　184p　22cm　（ジュニア版NHKプロジェクトX 8）1400円　Ⓘ4-8113-7488-6　Ⓝ210.76
|目次| 町工場，世界へ翔ぶ―トランジスタラジオ・営業マンの闘い，『宗谷』発進・第一次南極観測隊―日本人がひとつになった八八〇日，倒産からの大逆転劇・電気釜―町工場一家の総力戦，腕と度胸のトラック便―翌日配達・物流革命がはじまった

『温度をはかる―温度計の発明発見物語』板倉聖宣著　仮説社　2002.8　134p　21cm　（サイエンスシアターシリーズ熱をさぐる編（温度と原子分子）1）2000円　Ⓘ4-7735-0165-0　Ⓝ501.22

『子どもが知りたいいろんなモノのしくみがわかる本』コスモピア著　メイツ出版　2002.5　160p　21cm　1300円　Ⓘ4-89577-497-X　Ⓝ504
|目次| アイロン，アニメーション，インスタントカメラ，インターネット，エアコン，映写機，衛星放送，液晶，エスカレーター，F1マシン〔ほか〕
|内容| 知っているようで実は知らないいろんなモノのしくみをイラストで図解。

『鉄と火と技と―土佐打刃物のいま』かつきせつこ作・画，高知県土佐刃物連合共同組合制作　未来社　2002.4　42p　24cm　1200円　Ⓘ4-624-20077-2

『カメラのしくみ』なかやまかえるぶん・え　岩崎書店　2002.3　39p　22×28cm　（分解ずかん 7）2200円　Ⓘ4-265-04257-0
|目次| しゃしんをうつすこれがカメラだ，フィルムやぶひんをおさめるボディ，フィルムをおくるまき上げ，光のあたるじかんをちょうせつするフォーカルプレインシャッター，うつすものを見やすくするファインダーとミラー，とりおわったフィルムをしまうまきもどし，明るさをはかるろしゅつけい，光をあつめて像をむすぶレンズ，はっきり見えるところ焦点，うつり方がかわるレンズの焦点きょり〔ほか〕

『じどうはんばいきのしくみ』あきつきまくらぶん，うかいふゆかえ　岩崎書店　2002.3　39p　22×28cm　（分解ずかん 5）2200円　Ⓘ4-265-04255-4
|目次| カンジュースがでてくるじどうはんば

子どもの本　社会がわかる2000冊　183

『テレビ・れいぞうこのしくみ』あらいただしぶん，つかのこうえ　岩崎書店　2002.3　39p　22×28cm　（分解ずかん　6）　2200円　①4-265-04256-2

[目次] たのしさいっぱいこれがテレビだ，でんぱをキャッチするアンテナ，えいせいほうそうをキャッチするパラボラアンテナ，チャンネルをきりかえるリモコンとチューナー，ブラウンかんにとどくまででんきしんごうのへんか，えいぞうをうつすブラウンかん，がめんをよこぎるでんしビームのうごきそうさせん，あたらしいテレビえきしょうテレビ，たべものをひやしてほぞんするれいぞうこ，れいぞうこの中をつめたくするれいきをつくるしくみ〔ほか〕

『えんぴつ―はじめはだれがつくったの？』増田準一監修，小山潤文　PHP研究所　2002.2　46p　31cm　（世界が見えてくる身近なもののはじまり　第2期　第4巻）　2800円　①4-569-68314-2，4-569-29520-7

[目次] いろいろなえんぴつを見てみよう，書く道具にもいろいろある，「書くこと」のはじまり―絵から文字へ，中国では筆と紙が生まれた，羽根ペンから万年筆へ―ペンのうつり変わり，黒鉛の発見とえんぴつのはじまり，フランスで開発されたえんぴつの製法，えんぴつ工業の発展とシャープペンシルの発明，家康や政宗もえんぴつを使った？，日本のえんぴつ工業の幕開け〔ほか〕

『くつ―はじめはなにでできてたの？』市田京子監修，野中祐文　PHP研究所　2002.2　46p　31cm　（世界が見えてくる身近なもののはじまり　第2期　第3巻）　2800円　①4-569-68313-4，4-569-29520-7

[目次] 現代のくつは，こんなにいろいろ，現代のとくべつな機能のくつ，人，くつに出会う　ヒトはいつ，どんなくつをはきはじめたか，中世ヨーロッパのくつの発達　実用化するいっぽう，おしゃれの要素も加わる，近世・近代のくつ　王侯貴族から市民へとひろがる，十九世紀後半から二十世紀へ　大量生産がはじまり，革のくつが庶民へひろまる，そして現代へ　目的によってはき分ける時代へ，古代の日本人とはきもの　貴族は中国風のくつをはき，庶民は裸足だった，日本におけるはきものの発展　庶民のはきものは，はじめ働くためのものだった，日本人，西洋のくつと出会う〔ほか〕

『せっけん―はじめはどんなものだったの？』三木晴雄，安藤夫紀子監修，柴田智子文　PHP研究所　2002.2　46p　31cm　（世界が見えてくる身近なもののはじまり　第2期　第5巻）　2800円　①4-569-68315-0，4-569-29520-7

[目次] いろいろな洗浄剤・せっけん，いろいろな洗浄剤・合成洗剤，せっけんはいつごろ生まれたの？，どのようにひろまっていったの？，どうして大量生産できたの？，日本には鉄砲とともに伝わった，国産第一号のせっけんは？，戦争はせっけんの生産や質をも左右した，合成洗剤の誕生，合成洗剤のひろがり〔ほか〕

『時計―はじめはどのようにして時間を知ったの？』織田一朗監修，加川里予文　PHP研究所　2002.2　46p　31cm　（世界が見えてくる身近なもののはじまり　第2期　第2巻）　2800円　①4-569-68312-6，4-569-29520-7

[目次] 時計って，何だろう？，現代の暮らしと時計，時計がはじめて登場したのは古代エジプトだった，自然を利用していろいろな時計をつくった，機械式時計の誕生，機械式時計の発展とひろがり，日本の時計のはじまり，機械式時計の伝来，日本での機械式時計の発展，新しい時刻制度が人びとの生活を変えた〔ほか〕

『工業と資源を調べよう』菊地家達著　国土社　2002.1　91p　27cm　（新社会科学習事典　総合的な学習に役立つ　4）　2800円　①4-337-26324-1

[目次] 日本が，世界の国々から経済大国とよばれているのはなぜですか？，日本の工業は，いつごろから，どのようにして発達してきたのでしょう，工業の分けかたや生産方法は，どのようになっていますか，工業にはどんな種類があり，どんな工業が栄えていますか，工業さかんな所はどこですか。ま

現代社会——経済・仕事・産業　　　　　　　　　　　　　　　　　ものづくりの現場

た、どんな条件のところですか、公害というのは、どんな害ですか。なぜおこるのですか、日本には、どんな資源がありますか。どのように活用していますか、日本の鉱業はどのようにおこなわれていますか。鉱業がふるわないのはなぜですか？、発電は、どこで、どのように行われているのですか

『未知の世界に立ちむかった人たち』
NHK「プロジェクトX」制作班編　汐文社　2001.9　131p　22cm　（ジュニア版NHKプロジェクトX 3）　1400円　①4-8113-7410-X
[目次]　翼はよみがえった—YS-11・日本初の国産旅客機、宇宙ロマンすばる—140億光年世界一の望遠、ロータリー47士の戦い—夢のエンジン誕生からルマン制覇まで、ガンを探し出せ—完全国産・胃カメラ開発

『世界初！科学技術を創った人たち』
NHK「プロジェクトX」制作班編　汐文社　2001.8　135p　22cm　（ジュニア版NHKプロジェクトX 2）　1400円　①4-8113-7409-6
[目次]　窓ぎわ族が世界規格を作った—VHS執念の逆転劇、執念が生んだ新幹線—老友90歳・飛行機が姿を変えた、世界を驚かせた一台の車—名社長と闘った若手技術者たち、誕生！人の目を持つカメラ—オートフォーカス14年目の逆転

『世界のくらしを支えるエネルギー産業』
清成忠男，志太勤一監修，飯島博著　ポプラ社　2001.4　46p　31cm　（わたしたちのくらしと世界の産業　国際理解に役立つ 7）〈索引あり〉2800円　①4-591-06726-2,4-591-99368-X
[目次]　世界のエネルギー問題について考えてみよう、石油にかわる新しいエネルギー、天然ガス、増え続ける液化天然ガス（LNG）の輸入、天然ガスは都市ガスの原料になる、液化天然ガス（LNG）のタンクの仕組み、都市ガスはこうしてつくられる、ガス工場から家庭に送られるまで、ガスの種類と燃えるしくみ、わたしたちの身の回りには、たくさんのガス器具がある、ガスの使用量はどのように計るか？〔ほか〕
[内容]　世界に依存する日本のエネルギーとわたしたちの生活を考える。資源の輸入や、新しいエネルギーの開発など。小学校高学年〜中学生向き。

『わたしたちのくらしを豊かにする工業製品』清成忠男，志太勤一監修，飯島博著　ポプラ社　2001.4　46p　31cm　（わたしたちのくらしと世界の産業　国際理解に役立つ 4）〈索引あり〉2800円　①4-591-06723-8,4-591-99368-X
[目次]　自動車は便利な乗り物、多くの人々が携わる自動車産業、国内・海外の販売店のくふう、生産性を高めるトヨタの工場のひみつ、海外輸出車の組み立ては、どのようにするのか？、世界に広がる日本ブランド車、これからの自動車産業の目ざすもの、車は便利な乗り物だけど、危険でもある、安全な車づくりへの取り組み、人にやさしい「福祉車両」のくふう〔ほか〕
[内容]　生活を豊かにする工業製品から、わたしたちと世界のつながりを考える。世界市場における日本の自動車産業など。小学校高学年〜中学生向き。

『わたしたちの住まいと輸出入』清成忠男，志太勤一監修，飯島博著　ポプラ社　2001.4　46p　31cm　（わたしたちのくらしと世界の産業　国際理解に役立つ 3）〈索引あり〉2800円　①4-591-06722-X,4-591-99368-X
[目次]　くらしの中にあふれている輸入品、ラジアータパインでできているドア、木造住宅の内装は輸入材でできている、ニュージーランドで森を作る、森から切り出されるラジアータパイン、バージニアフォレスト号で木材がはこばれてくる、輸入木材は加工工場へはこばれる、住宅は健康・安全がキーワード、物流センターから集められる部材、トミカはメイド・イン・チャイナ〔ほか〕
[内容]　住宅や身の回りのものを中心に、わたしたちの生活を考える。外国産の木材で日本の住宅ができるまで、など。小学校高学年〜中学生向き。

『科学・道具・乗り物101』青木国夫監修　学習研究社　2001.2　163p　22cm　（おもしろ！なっとく！なぜなぜ大事典 7）〈索引あり〉1300円　①4-05-300885-9,4-05-810606-9

『いす—はじめはどんな形？』島崎信監修，田中公文　PHP研究所　2000.8　46p　31cm　（世界が見えてくる身近なもののはじまり 4）〈索引あり〉2800

子どもの本　社会がわかる2000冊　　185

円　①4-569-68244-8,4-569-29518-5

『ジーンズとTシャツーはじめはだれが着たの？』能沢慧子監修，野中祐文
PHP研究所　2000.8　46p　31cm　（世界が見えてくる身近なもののはじまり5）〈索引あり〉2800円　①4-569-68245-6,4-569-29518-5

『トイレットペーパー——はじめはなにをつかったの？』坂本菜子，清水久男監修，柴田智子文　PHP研究所　2000.8　46p　31cm　（世界が見えてくる身近なもののはじまり2）〈索引あり〉2800円　①4-569-68242-1,4-569-29518-5

『運輸と自動車工業』板倉聖宣監修，長岡清著　小峰書店　2000.4　47p　29cm　（調べよう　グラフでみる日本の産業これまでとこれから　7）〈年表あり　索引あり〉2900円　①4-338-16707-6,4-338-16700-9
|目次| 貨物の輸送，人の輸送，自動車とオートバイと自転車，自動車の生産
|内容| 輸送手段は鉄道から自動車へと大きく変化。その歩みをたどり，自動車工業のようすを調べながら，運輸の役割とはなにかを考える本。

『エネルギーと資源』板倉聖宣監修，松崎重広著　小峰書店　2000.4　47p　29cm　（調べよう　グラフでみる日本の産業これまでとこれから　4）〈年表あり　索引あり〉2900円　①4-338-16704-1,4-338-16700-9
|目次| 電力とエネルギー，発電方法と発電量の変化，石油・石炭・天然ガス，エネルギーの未来，製鉄，輸入にたよる工業原料，主要な鉱産国だった日本，産業をささえる素材の生産，石油と化学工業，リサイクルと資源
|内容| 多くの産業に深く関係する電気などのエネルギー，鉄鋼やプラスチックなど産業の基礎素材をつくる金属工業や化学工業の今とこれからを考える本。

『機械工業と建設業』板倉聖宣監修，井藤伸比古著　小峰書店　2000.4　47p　29cm　（調べよう　グラフでみる日本の産業これまでとこれから　6）〈年表あり　索引あり〉2900円　①4-338-16706-8,4-338-16700-9
|目次| 工場や現場でものをつくる産業，うどん工場の見学にいこう，「うどん機械」工場の見学，機械をつくる機械，産業用ロボットも世界一か，自動販売機も世界一か，機械工業のあゆみ，日本の未来を開く機械は？，建設業
|内容| 日本で作られるもののなかには，世界一がたくさんある。ロボットなどの産業用機械を中心に「ものづくり日本」の未来を考える本。

『せんい産業と日用品』板倉聖宣監修，横山尚幸著　小峰書店　2000.4　47p　29cm　（調べよう　グラフでみる日本の産業これまでとこれから　3）〈年表あり　索引あり〉2900円　①4-338-16703-3,4-338-16700-9
|目次| 衣服はせんいでできている，せんい工業のあゆみ，農村をかえた生糸の生産，もめん工業のうつりかわり，合成せんいの生産，日本のせんい工業の未来，日用品の生産，おもちゃのうつりかわり，うつりかわる企業
|内容| 衣食住の「衣」と「住」に関わる産業を調べる。また，せんい産業を通して工業の歩みをグラフで楽しくたどる本。

『電機産業とコンピュータ』板倉聖宣監修，長岡清著　小峰書店　2000.4　47p　29cm　（調べよう　グラフでみる日本の産業これまでとこれから　5）〈年表あり　索引あり〉2900円　①4-338-16705-X,4-338-16700-9
|目次| 電気製品の広まり，電気製品の生産，電機産業の発展，コンピュータの生産，これからの電機産業
|内容| 産業の発展がくらしを大きく変えた例が家電（冷蔵庫・掃除機・テレビなど）。コンピュータの急激な普及が新たな広がりを見せている今，その動きを調べる本。

◆◆食べ物をつくる

『とろーりあまい！はちみつ』小野正人監修　ひさかたチャイルド　2009.2　28p　23×29cm　（ものづくり絵本シリーズどうやってできるの？）1500円　①978-4-89325-811-3　Ⓝ646.9

『発見！探検！工場見学ーものづくりの心を育み産業学習に役立つ　2　食べ物の工場　2（おやつ・飲み物編）』中村智彦監修　学習研究社　2009.2　40p　29cm

2800円　①978-4-05-500624-8,978-4-05-810998-4　Ⓝ509.6

『発見！探検！工場見学―ものづくりの心を育み産業学習に役立つ　1　食べ物の工場　1（ごはん編）』中村智彦監修　学習研究社　2009.2　40p　29cm　2800円　①978-4-05-500623-1,978-4-05-810998-4　Ⓝ509.6

『チョコレートだいすき』ひさかたチャイルド　2009.1　27p　21×24cm　（しぜんにタッチ！）1000円　①978-4-89325-071-1　Ⓝ588.34
内容　なにからできるの？どうやってできるの？美味しさの秘密を大公開。チョコレートを科学する写真絵本。

『ぷるぷるやわらか！とうふ』日本豆腐協会監修　チャイルド本社　2008.1　30p　22×28cm　（ものづくり絵本シリーズ　どうやってできるの？　10）810円　①978-4-8054-2964-8　Ⓝ619.6
内容　おなべの中でことことこと。まっ白なとうふがゆれている。まつのおかずはゆどうふなんだって。ぷるぷるやわらかなとうふ。おみそしるやサラダ、いためものやひややっこ。いろいろなりょうりになって、一年中だいかつやくだ！でも、とうふって、いったいなにからできているの。

『みんなだいすき！チョコレート』古名野哲夫監修　チャイルド本社　c2007　30p　22×28cm　（ものづくり絵本シリーズ　どうやってできるの？　1）810円　①978-4-8054-2955-6　Ⓝ588.34

『食品・繊維工業』竹内淳彦監修　岩崎書店　2006.4　47p　29cm　（日本の工業　21世紀のものづくり　6）2800円　①4-265-02560-9　Ⓝ588.09
目次　1 日用品をつくる工業,2 インスタントラーメンの開発,3 食品の加工技術の発展,4 食品工業でつくられるもの,5 Tシャツはこうしてつくられる,6 繊維工業とその製品
内容　第6巻では、食品工業と繊維工業をあつかいます。まず、軽工業全体の特ちょうをみたうえで、食品工業のいろいろな製品についてふれます。なかでも、日本人が発明したインスタントラーメンについてくわしく

みていきます。また、加工食品の歴史やしょうゆの生産工程などについても紹介します。後半の繊維工業では、織物と編物のちがいといった基本的なことを確認してから、繊維工業のようすをTシャツを中心にしてみていきます。また、織機の歴史をみてから、日本の繊維工業の特徴とこれからを考えます。

『食べるモノから見る、日本と世界』保岡孝之監修　学習研究社　2006.2　47p　29cm　（モノから知る日本と世界の結びつき　1）2800円　①4-05-202474-5　Ⓝ611.48

『82億食の奇跡―魔法のラーメン〈日清カップヌードル〉』NHKプロジェクトX制作班原作・監修,加藤唯史作画・脚本　宙出版　2004.8　205p　23cm　（まんがプロジェクトX挑戦者たち　ジュニア版　2）950円　①4-7767-9030-0　Ⓝ588.97
目次　第1章 プロジェクト,第2章 容器開発,第3章 メンの開発,第4章 具の開発,第5章 決定打,第6章 営業,第7章 成功
内容　食の限界に挑んだ男たちがここにいる！世界で年間消費量82億食にまで成長したラーメン麺。人々の食生活をも変えたその起源は、アイデア社長と若者たちが社会の存亡を賭けて開発した前代未聞の「即席めん」であった。

『食べ物・飲み物』山口昌男監修　日本図書センター　2004.3　55p　31cm　（まるごとわかる「モノ」のはじまり百科　1）〈年表あり〉　4400円　①4-8205-9587-3　Ⓝ383.81

『食・加工する知恵』中村靖彦監修　教育画劇　2003.4　47p　31cm　（食の安全とスローフード）3000円　①4-7746-0558-1,4-7746-0554-9　Ⓝ588
目次　大豆を加工する、魚を加工する、野菜を干す、漬ける、粉にして加工する、お酒をつくる

『調べよう　おいしい食べもの・飲みもの』中村智彦監修　文研出版　2003.4　48p　27cm　（調べてわかる　身のまわりのモノのふしぎ　第2巻）2500円　①4-580-81321-9　Ⓝ588

『世界の食生活を変えた奇跡のめん―即席食品開発物語』上坂和美文，天野徹監修　学習研究社　2003.3　119p　22cm　（世界を変えた日本の技術　科学読み物6）1400円　Ⓘ4-05-201746-3,4-05-810701-4　Ⓝ588.97

『マヨネーズってなぜおいしい？―食べものができるまで』コンパスワーク編・著　偕成社　2003.3　47p　30cm　（みんなで出かけよう！わたしたちの社会科見学4）2800円　Ⓘ4-03-543640-2　Ⓝ588
⊡目次⊡　第1章　主食と素材，第2章　調味料，第3章　加工品，第4章　お菓子など
⊡内容⊡　第4巻では，「食べものができるまで」にかんして，全国各地で見学や体験をしたおもな内容を，テーマごとに章に分けて紹介している。小学校中学年から。

『食べもののできるまで』ものづくり探検編集室編著　理論社　2003.1　48p　28cm　（ものづくり探検　身近なものができるまで　1）2400円　Ⓘ4-652-04841-6　Ⓝ588
⊡目次⊡　食パン，インスタントラーメン，とうふ，なっとう，みそ，醤油，ソース，バター，チーズ，マーガリン〔ほか〕

『カレーライス―はじめはどこで生まれたの？』吉田よし子監修，井田ゆき子文　PHP研究所　2002.2　46p　31cm　（世界が見えてくる身近なもののはじまり　第2期　第1巻）2800円　Ⓘ4-569-68311-8,4-569-29520-7
⊡目次⊡　世界の国ぐにのカレーライスめぐり，日本人はカレーが大すき！，カレーライスはどこで生まれたの？，カレーライスは日本でどのようにひろまっていったのか？，カレーライスが全国にひろまったのは軍隊と給食のおかげ！，カレー粉とカレールウはいつごろ誕生したの？，カレー粉やカレールウの原料はスパイス（香辛料），スパイスをめぐる冒険と世界地図をぬりかえたスパイス戦争，カレーに使われるスパイス図鑑，カレーライスに欠かせないお米のルーツは？〔ほか〕

『パン―はじめはどんな味？』パン食普及協議会監修，井田ゆき子文　PHP研究所　2000.8　46p　31cm　（世界が見えてくる身近なもののはじまり　1）〈索引

あり〉2800円　Ⓘ4-569-68241-3,4-569-29518-5

◆◆乗り物を知りたい

『のりものあつまれ！』山田廸生監修　成美堂出版　2009.4　64p　26cm　（のりもの写真えほん　5）880円　Ⓘ978-4-415-30634-6
⊡目次⊡　鉄道，自動車，飛行機，船
⊡内容⊡　わたしたちのまわりには，鉄道，自動車，飛行機，船など，のりものがいっぱいです。わたしたちは，のりものがなくてはくらしていけなくなっているのです。この本では，さまざまなのりものを紹介しています。

『乗り物・機械のなぞ21』毎日小学生新聞編集部著，うちやまだいすけ画　偕成社　2009.3　47p　31×28cm　（毎日小学生新聞マンガで理科―きょうのなぜ？　5）2400円　Ⓘ978-4-03-544250-9
⊡目次⊡　飛行機はどうして飛ぶの？，船が水にしずまないのはなぜ？，自動車はどうやって走るの？，燃料電池はどんな電池？，タイヤのなかはどうなっているの？，リニアモーターカーってどんな乗り物？，自転車はなぜたおれない？，地震に強い建物はどうやってつくるの？，写真はどうしてうつるの？，テレビはなぜうつるの？〔ほか〕
⊡内容⊡　毎日小学生新聞の連載「きょうのなぜ？」（1999年4月～）から126問を厳選し，再構成。小学校中学年から。

『乗りもの―鉄道・自動車・飛行機・船』学習研究社　2008.12　136p　27cm　（ジュニア学研の図鑑）1500円　Ⓘ978-4-05-202995-0　Ⓝ536
⊡目次⊡　鉄道，自動車，飛行機，船
⊡内容⊡　本書では，鉄道，自動車，飛行機，船などの乗りものを最新の情報とともに紹介しています。乗りものにもっとくわしくなり，乗りものがもっとおもしろくなります。

『乗り物ずかん』小賀野実写真・文　JTBパブリッシング　2008.7　48p　26cm　（こども絵本エルライン　1）780円　Ⓘ978-4-533-07201-7　Ⓝ536
⊡目次⊡　飛行機，鉄道，自動車，船

『乗り物』坪田耕三，鷲見辰美監修　学習研究社　2008.2　39p　29cm　（ものづ

現代社会―経済・仕事・産業　　　　　　　　　　　　　　　　　　ものづくりの現場

くりの現場で役立つ算数・理科 3）2600円　①978-4-05-202845-8,978-4-05-810858-1　Ⓝ537

『はたらくのりもの』いのうえ・こーいち監修　新版　小学館　2007.11　31p　28cm　（21世紀幼稚園百科）1200円　①978-4-09-224128-2　Ⓝ536
|内容| 消防車や救急車、貨物を運ぶ列車や船、輸送機やトラックなど働く乗り物を一冊にまとめました。

『ぜんぶわかるのりものものしりずかん』中井精也、山崎友也監修　成美堂出版　2007.10　79p　22×22cm　850円　①978-4-415-30172-3　Ⓝ536
|目次| のりもの大集合！、のりものなんでもナンバーワン！、鉄道―線路の上を走るのりもの、車―工事現場や道路を走るものりもの、飛行機―つばさを広げ空とぶのりもの、宇宙船―宇宙をたびするのりもの、船―水にうかんで海や川をすすむのりもの
|内容| 「ビックリ大集合！」というコーナーには、いままで見たことのないのりものが、たくさんとうじょう。鉄道、車、飛行機、船、宇宙船、かっこいいのりもの発見。

『人気乗り物大集合―新幹線・電車・サイレンカー・はたらく自動車・飛行機・船』学習研究社　2007.5　48p　21×26cm　（乗り物ワイドbook）980円　①978-4-05-202641-6　Ⓝ536
|目次| 鉄道、自動車、飛行機、船
|内容| 電車ほか乗り物総集編。新幹線、電車、自動車、飛行機ほか乗り物全員集合。巻頭に、特大折込で操縦ナビ大図解。

『乗りものなんでもナンバー1』いのうえ・こーいち監修　ポプラ社　2007.3　47p　29cm　（はじめてのおもしろデータブック 4）2800円　①978-4-591-09619-2　Ⓝ536

『のりものばっちり！』小賀野実写真・監修　大阪　ひかりのくに　2005.10　48p　26cm　（のりものなるほど図鑑）800円　①4-564-20265-0　Ⓝ536
|目次| てつどう、じどうしゃ、ひこうき、ふね、みらいののりもの

『のりもの』新版　学習研究社　2005.6　120p　30cm　（ふしぎ・びっくり!?こども図鑑 10）1900円　①4-05-202112-6　Ⓝ536
|目次| 自どう車、てつ道、ひこうき、船
|内容| 自どう車はどんなしくみでうごくの？こどもの疑問に答える図鑑。幼児～小学校低学年向き。

『乗りものの大常識』松沢正二監修、山内ススム文　ポプラ社　2005.2　143p　22cm　（これだけは知っておきたい！17）880円　①4-591-08379-9　Ⓝ536
|目次| 1 びっくり！鉄道のひみつ24,2 おどろき！自動車のぎもん22,3 なるほど！飛行機のふしぎ22,4 なっとく！船の常識10

『のりもの―てつどう じどうしゃ ひこうき ふね』跡土技術指導・写真　学習研究社　2004.10　60p　27cm　（はじめてのかがくずかん）1260円　Ⓝ536

『のりものいっぱい図鑑 いろいろ501台』松沢正二監修　チャイルド本社　2004.10　90p　28cm　（チャイルドブックこども百科）1600円　①4-8054-2608-X　Ⓝ536
|目次| きんきゅうじどう車、町ではたらくじどう車、こうじげんばのじどう車、とくべつなところではたらくじどう車、じょうよう車・オートバイなど、しんかんせん、とっきゅう、いろいろな電車・れっ車、ひこうき、船、みらいののりもの
|内容| 乗り物に興味を持つことによって、子どもの、社会や科学への関心を育てる。幅広いジャンルの乗り物501台を鮮明な写真で掲載。目で見て楽しめる図鑑。スポーツカー、新幹線、消防自動車など子どもの大好きな乗り物を満載。通勤電車や自動車、自転車など子どもに身近な乗り物も満載。親子の話題作りにも最適。幼児から小学生になっても十分に役立つ図鑑。

『乗りもの―鉄道・自動車・飛行機・船』真島満秀ほか監修・指導　小学館　2003.12　191p　29cm　（小学館の図鑑・NEO 14）〈付属資料：1枚〉2000円　①4-09-217214-1　Ⓝ536
|目次| 鉄道―駅へ行ってみよう！、自動車―町の自動車を見てみよう！、飛行機―空港へ行ってみよう！、船―港へ行ってみよう！

子どもの本 社会がわかる2000冊　189

|内容| 本書では、鉄道・自動車・飛行機・船の4つの分野の乗り物を紹介する。人々が移動に利用したり、世界中から生活に必要な物を運んできたりと、乗り物は、毎日のくらしにとって、なくてはならないもの。最近では、快適な移動や地球の環境のことも考えて、乗り物はつくられている。この図鑑で、新しい乗り物の仕組みやひみつを見てみよう。

『のってみたいな！たのしいのりもの―バス・SL・飛行機・船』小賀野実監修 ポプラ社 2003.9 67p 22×22cm （超はっけん大図鑑 13） 780円 ④4-591-07836-1 Ⓝ536
|目次| ぜんぶのりたい！バス大集合、日本全国を走るたのしい列車、空、水の上で大かつやく！飛行機、船のなかま

『おりおりのりものずかん―いろいろな乗り物のしくみを楽しく図解』和田由紀夫監修，造事務所編著 大泉書店 2003.6 159p 21cm 720円 ④4-278-08076-X Ⓝ536
|目次| プロローグ さあ、のりものランドへ出発！、自動車、鉄道、船・飛行機など、エピローグ たくさんののりもの
|内容| オートバイ、車、電車、船、飛行機、スペースシャトル…いろいろな乗り物のしくみやとくちょうを図解とともに楽しく解説。乗り物についてのいろいろな疑問に答えるよ。

『のりもの―みて、しらべて、あそぼ！』学習研究社 2003.5 99p 15cm （いつでもどこでもちいさなずかんポッケ） 550円 ④4-05-201717-X Ⓝ536
|目次| てつどう、じどうしゃ、ひこうき、ふね

『のりもの』小賀野実写真・監修 新版 小学館 2003.4 31p 27cm （21世紀幼稚園百科 14） 1100円 ④4-09-224114-3 Ⓝ536
|目次| サイレンカー、はたらくじどうしゃ、バスとトラック、じょうようしゃとオートバイ、しんかんせん、とっきゅうれっしゃ、でんしゃとしんだいとっきゅう、いろいろなでんしゃ、ひこうき、そらののりもの〔ほか〕

『のりものベスト』小賀野実写真・文 大阪 ひかりのくに 2003.4 32p 26cm

（なるほどものしり百科 1） 780円 ④4-564-20041-0 Ⓝ536
|目次| 鉄道, 自動車, 飛行機, 船
|内容| のりものについよくなろう。最新の迫力ある写真とわかりやすい文章で構成した乗り物図鑑の決定版。

『のりもの ひゃっか』大阪 ひかりのくに 2002.4 30p 26cm （Kids 21 新装版 4） 850円 ④4-564-22116-7
|内容| 今も昔も子ども達の心をとらえて離さない『乗り物』。「のりもの ひゃっか」では、人気の新幹線や働く車はもちろん、スペースシャトルや乗り物の歴史まで、知りたいことが全てわかります。人や物だけでなく、私たちの夢をも運んでくれる「のりもの」の秘密にせまります。3歳からの遊べる図鑑。

『のりものの名前のひみつ』国松俊英文，熊谷さとし絵 岩崎書店 2001.10 95p 22cm （名前のはじまり探検隊 6） 1200円 ④4-265-03946-4
|目次| 自動車は人間の夢だった、車の名前、火をふく竜、地下をはしる蒸気機関車、自転車にのった女王、最古の舟、4月15日はヘリコプターの日、ジャンボ機はぞう

『のりもの―はやいおおきいかっこいい!!』学習研究社 2001.3 64p 26cm （あそびのおうさまずかん）〈索引あり〉 780円 ④4-05-201338-7
|目次| でんしゃ, じどうしゃ, ひこうき・ふね
|内容| これなんだろう？好奇心は、自由な「あそびの心」から生まれます。自然や生活のなかでの発見と驚き。「これなあに」「どうして？」にこたえるはじめてのずかん。しぜん・せいかつへんの一冊。

『ライト兄弟から宇宙旅行まで―のりもの100年』保岡孝之監修，PHP研究所編 PHP研究所 2001.3 47p 31cm （100年でなにが変わったか？ 国際理解っておもしろい！ 1）〈索引あり 年表あり〉 2900円 ④4-569-68271-5

『のりものの本』和田由紀夫監修 講談社 2001.2 32p 27cm （4・5・6歳のずかんえほん 新装版幼稚園百科 Kintaro 2） 1000円 ④4-06-253372-3
|内容| この本では、代表的な乗り物を紹介し

現代社会―経済・仕事・産業　　　　　　　　　　　　　　　　ものづくりの現場

『のりものずかん』小賀野実写真・文　大阪　ひかりのくに　2000.11　48p　26cm　（知識フォトえほん 1）838円
①4-564-20021-6
目次　鉄道,自動車,飛行機,船

◆◆◆自動車

『はたらく自動車スーパー大百科―DVD付き』中井精也,山崎友生,松本真監修　成美堂出版　2009.5　64p　26cm〈付属資料：DVD1〉1200円　①978-4-415-30645-2
目次　はたらく自動車はかせになろう！,ショベルカーのなかま,ホイールローダーのなかま,ダンプトラックのなかま,ブルドーザーのなかま,クレーン車のなかま,パイルドライバーのなかま,ロードローラーのなかま,工事現場ではたらくいろいろな車のなかま,はしご車のなかま,ポンプ車のなかま,化学車のなかま,消防署ではたらくいろいろな車のなかま,救急車のなかま,パトカーのなかま,バスのなかま,トラック/トレーラーのなかま,移動するしせつ・お店のなかま,タクシーのなかま,田植機のなかま,まちではたらく車のなかま
内容　工事現場ではたらく車、消防署ではたらく車、警察署ではたらく車、まちではたらく車、など掲載台数200台以上。大充実の写真と、60分収録の迫力のDVD。

『あたらしい自動車ずかん』いのうえ・こーいち監修　成美堂出版　2009.1　64p　26cm　（のりもの写真えほん 6）880円　①978-4-415-30521-9　Ⓝ537.9
目次　日本の自動車,はたらく自動車,外国の自動車,いろいろな自動車
内容　身近なコンパクトカーやセダンから、外国の高級車やスポーツカー、ハイブリッドカーや燃料電池車まで、日本と世界の最新モデル160種類以上を紹介。楽しい写真とわかりやすい解説で、ますます自動車が好きになる一冊。

『ぜんぶわかる自動車大集合！ものしりずかん』中井精也,松本真監修　成美堂出版　2008.12　79p　22×22cm　850円　①978-4-415-30525-7　Ⓝ537.9
目次　スーパーカー,スポーツカー,SUV,リムジン,コンパクトカー,ショベルカー,ブルドーザー,ダンプトラック,はしご車,特殊救急車,パトカー,連節バス,水陸両用バス,移動販売車,デュアル・モード・ビークル,キャンピングカー
内容　かっこいい車、はたらく車おもしろい車いろんな自動車大集合。

『はたらくじどう車図鑑　いろいろ501台』いのうえこーいち監修　チャイルド本社　2008.11　90p　28×23cm　（チャイルドブックこども百科）1600円
①978-4-8054-3142-9
目次　きんきゅうじどう車,こうじげんばのじどう車,人やものをはこぶじどう車,町ではたらくじどう車,そのほかのはたらくじどう車
内容　人気の消防車や工事車両、バス、トラック、あっと驚く特殊車両まで501台の働く自動車を満載。

『はたらく自動車』小賀野実写真・文　JTBパブリッシング　2008.7　48p　26cm　（こども絵本エルライン 4）780円　①978-4-533-07246-8　Ⓝ513.8
目次　パワフルな建設機械,カラフルな工事現場,ブルドーザー,いろいろなブルドーザー,パワーショベル,力強く美しいパワーショベル,ローディング油圧ショベル,パワーショベルのアタッチメント,パワーショベルのバラエティ,ホイールローダー,いろいろなホイールローダー,パワフル！モンスター自動車,オフロードダンプトラック,アーティキュレートダンプトラック,クローラーキャリア,災害とたたかう,リモコンブルドーザー,モータースクレーパー,モーターグレーダー,舗装工事で働く車,リサイクル機械,重機運搬車,工事現場に集まる車,クレーン車,いろいろなクレーン車,荷物を積みおろす車,道をきれいにする車,除雪車,農業で働く車

『はたらくじどう車スーパーずかん　5　せいそう車・いどうとしょかん車―くらしをささえるじどう車』小賀野実監修・写真　ポプラ社　2008.4　31p　27cm　2200円　①978-4-591-10104-9　Ⓝ537.9
目次　せいそう車,ロードスイーパー,どうろや下水かんをきれいにする車,いどうとしょかん車,いどうしてはたらく車,いどうはん

子どもの本　社会がわかる2000冊　　191

ばい車,空こうではたらく車,てつどうのあんぜんをまもる車,じょせつ車,田んぼやはたけではたらく車,せいそう車・いどうとしょかん車クイズ

『はたらくじどう車スーパーずかん 4 バス・トラック一人やものをはこぶじどう車』小賀野実監修・写真 ポプラ社 2008.4 31p 27cm 2200円 ⓘ978-4-591-10103-2 Ⓝ537.9
[目次] ろせんバス,かんこうバス,トラック,にだいがつつがたの車,カーキャリア,大きくておもいにもつをはこぶ車,にもつをつみこむためにはたらく車,バス・トラッククイズ

『はたらくじどう車スーパーずかん 3 ブルドーザー・パワーショベル―こうじげんばではたらくじどう車』小賀野実監修・写真 ポプラ社 2008.4 31p 27cm 2200円 ⓘ978-4-591-10102-5 Ⓝ537.9
[目次] ブルドーザー,パワーショベル,ホイールローダー,ダンプトラック,モーターグレーダー・モータースクレーパー,ロードローラー,クレーン車,ブルドーザー・パワーショベルクイズ

『はたらくじどう車スーパーずかん 2 パトロールカー・きゅうきゅう車』小賀野実監修・写真 ポプラ社 2008.4 31p 27cm （町や人をまもるじどう車 2）2200円 ⓘ978-4-591-10101-8 Ⓝ537.9
[目次] パトロールカー,きゅうきゅう車,スーパーアンビュランス,いろいろなきんきゅうじどう車,さいがいのときにはたらく車,さいがいにそなえてはたらく車,パトロールカー・きゅうきゅう車クイズ

『はたらくじどう車スーパーずかん 1 しょうぼう車』小賀野実監修・写真 ポプラ社 2008.4 31p 27cm （町や人をまもるじどう車 1）2200円 ⓘ978-4-591-10100-1 Ⓝ537.9
[目次] ポンプ車,水そう車,かがく車,はしご車,くっせつはしご車,レスキュー車,しき車・しえん車,しょうぼう車のなかまたち,しょうぼう車クイズ

『日本全国バスに乗ろう！―知ってるバスはいくつあるかな？』昭文社 〔2008.3〕79p 30cm （なるほどkids）1600円 ⓘ978-4-398-14630-4 Ⓝ685.5
[目次] 日本各地を走るバスを見てみよう,バスのしくみを見てみよう,地域のバスに乗ってみよう,日本全国バス図鑑
[内容] いつも乗るバス,はじめて見るバス,日本中のバスが大集合。

『ぜんぶわかるはたらく自動車 スーパーワイド百科』松本真,中井精也,山崎友也監修 成美堂出版 2007.7 79p 22×22cm 850円 ⓘ978-4-415-30152-5 Ⓝ537.9
[目次] 工事現場ではたらく車,緊急のときにはたらく車,荷物をのせてはたらく車,いろいろなところではたらく車
[内容] 大迫力の写真ではたらく自動車がせいぞろい。

『日本全国自動車旅行―道路ものしり大図鑑』昭文社 〔2007.7〕83p 30cm （なるほどkids）1600円 ⓘ978-4-398-14611-3 Ⓝ685.21
[目次] 日本各地をむすぶ道路を見てみよう,日本各地の橋とトンネルを見てみよう,日本全国、空から道路をながめてみよう,日本各地の歴史道路を見てみよう,日本全国、自動車旅行にでかけよう
[内容] クルマのおでかけ、もっと楽しくなるよ。なぞれる高速道路＆国道マップで日本周遊。

『はたらく自動車』海老原美宜男写真・監修 講談社 2007.4 48p 26cm （パーフェクトキッズ 5）880円 ⓘ978-4-06-274675-5 Ⓝ537.9
[目次] 町をまもる自動車,特別な場所ではたらく自動車,情報を伝える自動車,生活をまもる自動車,町をつくる自動車,人やものを運ぶ自動車

『自動車・飛行機』増補改訂 学習研究社 2006.12 160p 30cm （ニューワイド学研の図鑑）2000円 ⓘ4-05-202593-8 Ⓝ537.9
[目次] 自動車（人を運ぶ自動車,はたらく自動車,そのほかの自動車など、新しい自動車）,飛行機（旅客機など、いろいろな飛行機,世界の軍用機,空をとぶ乗り物,近未来の飛行機）

現代社会――経済・仕事・産業　　　　　　　　　　　ものづくりの現場

[内容] 自動車、飛行機のことがなんでもわかる。最新モデル、最新データに対応した増補改訂版。

『消防車・パトカー―サイレンカー』学習研究社　2006.12　48p　21×26cm　（乗り物ワイドbook）980円　Ⓣ4-05-202639-X　Ⓝ537.9
[目次] 消防のサイレンカー, 警察のサイレンカー, サイレンカー

『ぜんぶわかるサイレンカー　ものしりずかん』中井精也, 松本真, 山崎友也監修　成美堂出版　2006.12　79p　22×22cm　850円　Ⓣ4-415-30030-8　Ⓝ537.9
[目次] 消防の車, 警察の車, いろいろなサイレンカー
[内容] この本は、サイレンカーのしゃしんに「大きさカード」や「パワーカード」がついています。カードには、サイレンカーのくわしいじょうほうがのっています。たくさんおぼえてサイレンカーはかせになりましょう。

『最新乗用車―セダン・クーペ・ミニバン・SUV・スポーツカー』学習研究社　2006.11　48p　21×26cm　（乗り物ワイドbook）980円　Ⓣ4-05-202637-3　Ⓝ537.92
[目次] 日本の乗用車, 外国の乗用車

『はたらく自動車―トラック・工事用車両・カーキャリヤー・バス・タクシー』学習研究社　2006.11　48p　21×26cm　（乗り物ワイドbook）980円　Ⓣ4-05-202638-1　Ⓝ537.9
[目次] 空港で活躍する車, 工事現場ではたらく車, 町の中で活躍する車, 雪国や農村で活躍する車, 道路を守る車, 物を運ぶ車, トラックのなかま, バス・タクシー

『自動車』海老原美宜男写真・監修　講談社　2006.9　48p　26cm　（パーフェクトキッズ　4）880円　Ⓣ4-06-274674-3　Ⓝ537.9
[目次] 未来の車（エコカー）, 乗用車, サイレンカー, 町のはたらく車, 建設工事の車, 新しい発想の車

『自動車工業』竹内淳彦監修　岩崎書店　2006.4　47p　29cm　（日本の工業　21世紀のものづくり　2）2800円　Ⓣ4-265-02556-0　Ⓝ537.09
[目次] 1 自動車生産大国への道, 2 自動車工業の特色, 3 自動車ができるまで, 4 自動車工業のグローバル化, 5 新しい自動車の登場, 6 自動車工業の未来
[内容] 第2巻では、日本が世界にほこる「自動車工業」をあつかいます。日本の自動車工業の歴史をふりかえったうえで、現在かかえている課題と、これからについて考える。

『はたらくくるまばっちり！』小賀野実写真・監修　大阪　ひかりのくに　2005.10　48p　26cm　（のりものなるほど図鑑）800円　Ⓣ4-564-20266-9　Ⓝ537.9
[目次] きんきゅうのくるま, ひとをはこぶくるま, ものをはこぶくるま, こうじのはたらくくるま, くらしにやくだつくるま

『ぜんぶわかるあたらしい自動車　ものしりずかん』成美堂出版編集部編　成美堂出版　2005.7　79p　22×22cm　850円　Ⓣ4-415-03074-2　Ⓝ537.9
[目次] 日本の自動車, はたらく自動車, 世界の自動車
[内容] セダン、スポーツカー、ミニバン、はたらく自動車, 最新の自動車がせいぞろい。

『運命のZ計画―〈フェアレディZ〉世界一売れたスポーツカー伝説』NHKプロジェクトX制作班原作・監修, 横山アキラ作画・脚本　宙出版　2005.6　205p　23cm　（まんがプロジェクトX挑戦者たち　ジュニア版　11）950円　Ⓣ4-7767-9150-1　Ⓝ537.92
[目次] プロローグ　その名は"Z", 1 Z旗, 2 夢のスポーツカー, 3 邂逅, 4 プロジェクトZ, 5 結実, エピローグ　Z転生
[内容] コードネームZ！ターゲットはアメリカだ!! 昔、外国では日本の車は"二流"の扱いを受けていた。そんな時代に、世界に通用するスポーツカーをつくろうと夢見る男たちがいた。後に車ファンから「ミスターK」と呼ばれ愛された片山豊さんと、天才デザイナーの松尾良彦さん。名車"フェアレディZ"の伝説の始まりだ。

『自動車』竹内裕一監修　ポプラ社　2005.3　215p　29cm　（ポプラディア情報館）6800円　Ⓣ4-591-08450-7, 4-

子どもの本　社会がわかる2000冊　193

591-99630-1　Ⓝ537
|目次| 1章 自動車と社会,2章 自動車ができるまで,3章 世界の自動車,4章 自動車産業の歴史,5章 安全な社会をめざして,6章 自動車と環境,7章 自動車と未来の社会
|内容| わたしたちの生活になくてはならない「自動車」を、社会・産業・世界・歴史・環境問題・安全・未来など、7つのテーマにわけて徹底紹介。豊富な写真やイラスト、グラフ、図版など詳しいデータとともにわかりやすく解説。大事なところは、「ここがポイント」、「もっと知りたい」、「聞いてみよう」の3つのコラムでより深い理解をたすける。巻末に、自動車に関する学習の参考となる、施設やホームページも紹介。

『夢のロータリーエンジン誕生―〈ロータリー47士〉開発からルマン制覇への挑戦』NHKプロジェクトX制作班原作・監修, 広井てつお作画, 石上耕平脚本　宙出版　2004.12　207p　23cm　（まんがプロジェクトX挑戦者たち ジュニア版6）950円　Ⓘ4-7767-9082-3　Ⓝ537.22
|目次| プロローグ 夢のエンジン, 第1章 焼土焼け跡からの出発, 第2章 前夜, 第3章 RE研究所, 第4章 コスモ, 第5章 飛翔, 第6章 フェニックス, エピローグ
|内容| 1945年8月6日、原爆でたくさんの人がなくなった広島。その中に奇跡的に復活した自動車会社・マツダがあった。技術者たちは家族を失った悲しみの中、誰にもできなかった「ロータリーエンジン」の開発に成功した！でも、ガソリンをたくさん使いすぎて売れなくなった。エンジンの本当のすごさを証明するため、世界一を決める「ル・マン24時間耐久レース」に挑戦だ。

『制覇せよ 世界最高峰レース―〈ホンダ〉マン島・オートバイにかけた若者たち』NHKプロジェクトX制作班原作・監修, 横山アキラ作画・脚本　宙出版　2004.8　205p　23cm　（まんがプロジェクトX挑戦者たち ジュニア版1）950円　Ⓘ4-7767-9029-7　Ⓝ537.98
|目次| 序章 挑戦のはじまり, 第1章 世界一でなければ日本一じゃない, 第2章 ゼロ馬力からの出発, 第3章 挑戦前夜, 第4章 バレカラン・ヒル, 第5章 マウンテン・コース, 第6章 終わらない挑戦
|内容| 「世界一でなければ、日本一じゃない」世界のホンダの創業者・本田宗一郎が抱いた"夢"を実現しようとがんばった若者たちがいた。マン島出発直前に命を失った天才ライダーがいた。小さなオートバイメーカーが世界規模になった原点とは。

『世界のスーパーカーまるごと大百科』成美堂出版編集部編　成美堂出版　2004.7　144p　19cm　800円　Ⓘ4-415-02694-X　Ⓝ537.92
|目次| くらべてみよう！―スーパーカーはこんなにすごい！, スーパーカーなんでもランキング, イタリアのスーパーカー, ドイツのスーパーカー, イギリスのスーパーカー, フランスのスーパーカー, アメリカのスーパーカー, 日本のスーパーカー
|内容| 時速400km、1000馬力のモンスターカー、線路も走れる万能車、シートにマッサージ機がついた高級車など、世界のスーパーマシンが大集合！最高速度やとくしゅなせいのうなどをわかりやすく解説。

『じどうしゃ』高島鎮雄監修　新版　小学館　2003.4　31p　27cm　（21世紀幼稚園百科 19）1100円　Ⓘ4-09-224119-4　Ⓝ537.9
|内容| 本書では、身近な乗用車をはじめ、消防自動車やパトロールカー、バス、トラックなど、さまざまな自動車を紹介している。それぞれの自動車の特徴や役割について、お子様といっしょに考えてみてください。

『じどうしゃベスト』小賀野実写真・文　大阪　ひかりのくに　2003.4　32p　26cm　（なるほどものしり百科 3）780円　Ⓘ4-564-20043-7　Ⓝ537.9
|目次| バス, サイレンカー, トラック, 建設機械
|内容| じどうしゃがよくわかる。最新の迫力ある写真とわかりやすい文章で構成した乗り物図鑑の決定版。

『未来を走れハイブリッドエコカー―環境社会をめざした自動車開発物語』後藤みわこ文, 天野徹監修　学習研究社　2003.3　119p　22cm　（世界を変えた日本の技術 科学読み物 1）1400円　Ⓘ4-05-201741-2,4-05-810701-4　Ⓝ537.1

『自転車は、なぜたおれないで走るの？』横田清著　アリス館　2002.12

現代社会―経済・仕事・産業　　　　　　　　　　　　　　　　ものづくりの現場

109p　20cm　（調べるっておもしろい！）1300円　⓵4-7520-0230-2　Ⓝ536.86
|目次|自転車は、なぜたおれないで走れるの？、自転車の歴史を調べてみよう、もっと調べてみよう、自転車のこと
|内容|自転車で走っているときふと考えた。「なぜ、たおれないで走れるのかな？」。調べて見ると、前輪についているフロントフォークになぞの一つが！一つ分ると、調べたいことがつぎつぎに出てきた。自転車の意外な歴史も分ってきて…。調べるって、ホントにおもしろい。

『はたらく車』小賀野実監修　ポプラ社　2002.12　67p　22×22cm　（超はっけん大図鑑 6）780円　⓵4-591-07453-6　Ⓝ537.9
|目次|パワーには自信があるぞ工事現場ではたらく車、どんな荷物だっておまかせ！いろいろなものを運ぶ車、いろんな場所でがんばっているくらしをささえる車
|内容|ふだん町で見かける車からめずらしい車まで、はたらく車78種類が大集合。大きくりょくの写真で、はたらく車のしくみとはたらきをくわしくせつめい。

『緊急出動！サイレンカー』小賀野実監修　ポプラ社　2002.10　67p　22×22cm　（超はっけん大図鑑 4）780円　⓵4-591-07389-0
|内容|消防署や警察署などでかつやくするサイレンカー77種類が大集合。消防車やパトロールカーのさまざまなしくみや働きをていねいにせつめい。

『じどうしゃの本』クロード・デラフォス、ガリマール・ジュネス社原案・制作、ソフィー・ニフケ絵，手塚千史訳　岳陽舎　2002.10　1冊（ページ付なし）19cm　（はじめての発見 20）1200円　⓵4-907737-32-7　Ⓝ537.9
|内容|ボンネットとトランクのなかはどうなってるの？ガソリンスタンドに停まっているじどうしゃは？ぴぽぴぽぴぽー！あっ、しょうぼう車だ。

『しゅつどう!!消防自動車』成美堂出版編集部編　成美堂出版　2002.6　64p　26cm　（ぼくは運転手 3）880円　⓵4-415-01947-1

|目次|しょうぼう・きゅうきゅうずかん，レスキューずかん，しょうぼうしょとたいいん，たいれつだいこうしん，しょうぼうのなかま，アメリカのしょうぼう，しょうぼうたいけん
|内容|「火事だ、しゅつどう！」サイレンを鳴らして消防車が走っていきます。種類豊富な消防車をはじめ、救急隊・レスキュー隊などの活動を迫力ある写真で紹介し、楽しみながら消防や救助について学べる本です。

『はたらくくるま　ひゃっか』大阪　ひかりのくに　2002.4　30p　26cm　（Kids 21 新装版 3）850円　⓵4-564-22115-9
|内容|街や工事現場で活躍するクルマが大集合！「はたらく　くるま　ひゃっか」では、キッズはかせや、ひかりくん、ルナちゃんの案内で、はたらく自動車のヒミツに楽しくせまります。3歳からの遊べる図鑑。

『自動車なんでも百科―Q&A・総索引』海老原美宜男監修・写真　国土社　2002.3　63p　27cm　（はたらくじどうしゃ 5）2000円　⓵4-337-16205-4
|目次|トレーラーって何台つなげているの？、新幹線が道路を走るってほんと？、地震を起こす車って？、銀行が走るってほんと？、軌陸車ってどんな車？、ウニモグってどんな自動車？、バスが無人で走るってほんと？、無料バス/ワンコインバス、自動車が水に浮くってほんと？,Uフレームトラックって何？〔ほか〕

『じどうしゃのしくみ』あらいただしぶん，かとうひろやえ　岩崎書店　2002.3　39p　22×28cm　（分解ずかん 1）2200円　⓵4-265-04251-1
|目次|じぶんではしるためのタイヤをまわすしくみ，うごかす力を生みだすエンジン，エンジンのかいてんをちょうせつするトランスミッション（ギア），エンジンの力をタイヤにつたえるいろいろなシャフト，じめんをけってすすむタイヤ，じどうしゃをとめるブレーキ，ショックをやわらげるサスペンション，むきをかえるステアリングホイール（ハンドル），じどうしゃのごはんガソリン，明るくてらすランプ〔ほか〕

『身近な自動車―乗用車・スポーツカー』海老原美宜男監修　国土社　2002.3　55p　27cm　（はたらくじどうしゃ 4）2000円　⓵4-337-16204-6
|目次|乗用車、高級乗用車、スポーツカー、軽自動車、RV車・ワンボックスカー、外国車、自

子どもの本 社会がわかる2000冊　　195

動車歴史年表, モーターショー, 未来の自動車, ペットボトルが車の部品になる〔ほか〕

『いろいろな自動車―バス・移動販売車・郵便車・清掃車』海老原美宜男監修　国土社　2002.2　55p　27cm　（はたらくじどうしゃ 3）2000円　Ⓓ4-337-16203-8

|目次|路線バス, 観光バス, 高速バス, おもしろバス, 清掃車, 宅配車, いろいろな宅配車, タンクローリー, バルグ車, 動物を運ぶ車〔ほか〕

『きんきゅう自動車―パトカー・消防自動車・救急車』海老原美宜男監修　国土社　2002.2　55p　27cm　（はたらくじどうしゃ 1）2000円　Ⓓ4-337-16201-1

|目次|ポンプ車, はしご車, シュノーケル車, 化学消防車, レスキュー車（消防）, 救急車, いろいろな消防車, 消火・救出ロボット, 警らパトカー, 高速パトカー〔ほか〕

『パワフル自動車―パワーショベル・ブルドーザー・クレーン車』海老原美宜男監修　国土社　2002.2　55p　27cm　（はたらくじどうしゃ 2）2000円　Ⓓ4-337-16202-X

|目次|力もちNo.1パワーショベルEX5500, パワーショベル, 力もちNo.1ブルドーザD11R, ブルドーザ, ドーザショベル, ホイールローダー, モーターグレーダー, モータースクレーパー, 道路工事ではたらく車, ダンプカー〔ほか〕

『ぼくははたらく自動車の運転手』元浦年康監修　成美堂出版　2001.12　64p　26cm　（ぼくは運転手 1）880円　Ⓓ4-415-01798-3

|目次|建設機械, 消防自動車, パトロールカー, バス, トラック, いろいろなはたらく車

|内容|巨大な建設機械から, かっこいい消防車・パトカーまで, 約120種類のはたらく自動車が大集合！大好きなはたらく自動車の運転席にすわって, あれこれ動かしてみよう。

『こちら葛飾区亀有公園前派出所両さんのはたらく車』秋本治キャラクター原作, 斉藤武浩著, 伊藤嘉啓写真　集英社　2001.10　1冊　15×19cm　（カード型制覇シリーズ）1300円　Ⓓ4-08-314051-8

|目次|巻頭スペシャル, 工事現場ではたらく車, 飛行場ではたらく車, 道路ではたらく車, 人を運ぶ車, 物を運ぶ車, みんなを守る車, くらしを支える車

『たのしいなサファリバス』小賀野実写真・文・構成　あかね書房　2001.10　48p　19×26cm　（乗りものパノラマシリーズ 10）1000円　Ⓓ4-251-07900-0

|目次|たのしいなサファリバスパノラマワイド, ようこそサファリパークへ！, ジャングルバスで, 出発！, いろいろなサファリバス, 草食動物ゾーン, 肉食動物ゾーン, ライオンバスのいろいろ, 雑食動物ゾーン, ふれあいゾーン, サファリパークではたらく車, 動物型の乗りものカタログ

『サイレンカー』小賀野実写真・文　大阪ひかりのくに　2001.7　48p　26cm　（知識フォトえほん 7）838円　Ⓓ4-564-20027-5

|目次|消防自動車, 救急車, パトロールカー

『バス・トラック』小賀野実写真・文　大阪ひかりのくに　2001.7　48p　26cm　（知識フォトえほん 8）838円　Ⓓ4-564-20028-3

|目次|バス―わくわくバスの世界, トラック―暮らしをささえる自動車

『はたらくじどうしゃ』海老原美宜男写真・監修　新版　小学館　2001.7　31p　28cm　（21世紀幼稚園百科 1）970円　Ⓓ4-09-224101-1

|内容|お子様が最初に出会う車は, おそらく自家用自動車でしょうが, その他にも, さまざまな自動車があります。私たちの快適な生活を支えるために, どんな種類の車が, どんな仕事をしているのか, お子様といっしょにのぞいてみましょう。

『じどうしゃ・じてんしゃ』ゆきのゆみこ文, 武田美穂, 間瀬なおかた絵, 跡土技術写真事務所ほか写真, 海老原美宜男監修　チャイルド本社　2001.6　30p　22×25cm　（チャイルド科学絵本館―なぜなぜクイズ絵本 3）581円　Ⓓ4-8054-2339-0

|目次|1 タイヤにはなぜみぞがあるの？, 2 バスのドアはどうしてひとりでにあくの？, 3 トラックはなぜ大きいの？, 4 じどうしゃお

現代社会―経済・仕事・産業　　　ものづくりの現場

もしろクイズ,5 でんしゃはなぜせんろの上をはしるの？,6 しんかんせんってなぜはやいの？,7 ブルートレインってなあに？,8 でんしゃはどこでやすむの？,9 でんしゃおもしろクイズ

『はしれ！サイレンカー』元浦年康監修・写真　成美堂出版　2001.5　64p　26cm　（のりもの写真えほん 8）880円　⑭4-415-01748-7

[目次] サイレンカーあつまれ！,消防のサイレンカー,サイレンカーのなかま,博物館へ行こう,外国のサイレンカー,けいさつのサイレンカー,いろいろなサイレンカー

[内容] 子どもたちに人気のパトロールカーや消防車など,緊急車両を「サイレンカー」として,120種類以上のサイレンカーとそのなかまたちを網羅。なかなか見ることのできない車両も掲載し,子どもだけでなく,大人も楽しめる写真絵本です。

『じどうしゃの本』肥沼恵一監修　講談社　2001.3　32p　27cm　（4・5・6歳のずかんえほん　新装版幼稚園百科kintaro 10）1000円　⑭4-06-253380-4

[内容] ひとくちに自動車といっても,その利用目的によって,いろいろな種類の車があります。通勤・買い物・レジャーなどに利用されている乗用車,荷物を運搬するトラック,工事現場で働く特殊車,街の安全を守っている消防車やパトロールカーなど,たくさんの自動車が,毎日,人々のために働いています。この本は,自動車を子どものアイドルとしてだけでなく,暮らしの中での目的による役割や種類などをわかりやすく説明しています。

『はたらくじどうしゃの本』いのうえ・こーいち監修　講談社　2001.3　32p　27cm　（4・5・6歳のずかんえほん　新装版幼稚園百科kintaro 8）1000円　⑭4-06-253378-2

『はたらくぞバス・トラック』小賀野実写真・文・構成　あかね書房　2001.1　48p　19×26cm　（乗りものパノラマシリーズ 6）1000円　⑭4-251-07896-9

『いそげパトカー・消防車』小賀野実写真・文　あかね書房　2000.11　48p　19×26cm　（乗りものパノラマシリーズ 5）1000円　⑭4-251-07895-0

[目次] いそげパトカー・消防車パノラマワイド,パトロールカー,消防自動車,救急車,いろいろなサイレンカー,サイレンカーもの知り情報

『こうじげんばではたらく自動車』小賀野実写真・文　大阪　ひかりのくに　2000.11　48p　26cm　（知識フォトえほん 4）838円　⑭4-564-20024-0

[目次] パワフルモンスター,迫力の建設機械,ブルドーザー,パワーショベル,パワーショベルのなかま,ペインティングパワーショベル,重機運搬車,ローディング油圧ショベル,ホイールローダー,多目的ローダー〔ほか〕

『じどうしゃずかん』小賀野実写真・文　大阪　ひかりのくに　2000.11　48p　26cm　（知識フォトえほん 3）838円　⑭4-564-20023-2

[目次] バス,サイレンカー,トラック,建設機械

『がんばれブルドーザー・ショベルカー』小賀野実写真・文　あかね書房　2000.10　48p　19×26cm　（乗りものパノラマシリーズ 4）1000円　⑭4-251-07894-2

[目次] がんばれブルドーザー・ショベルカーパノラマワイド,ブルドーザー,ローディング油圧ショベル,油圧ショベル,油圧ショベルの変形機,ホイールローダー,ログローダー,オフロードダンプトラック,アーティキュレートダンプトラック,ダンプカー/クローラーキャリア〔ほか〕

『自転車―はじめはどこの国で？』鳥山新一監修,小山潤文　PHP研究所　2000.8　46p　31cm　（世界が見えてくる身近なもののはじまり 3）〈索引あり〉2800円　⑭4-569-68243-X,4-569-29518-5

『オートバイ』イアン・グラハム文,山村雅康,中村美紀訳　岩崎書店　2000.4　32p　29cm　（のりものスピード図鑑 2）〈索引あり〉2200円　⑭4-265-05722-5

[目次] スピードをもとめて,スピードがだせる設計,設計のだんかいで,バイクをテストする,エンジンの出力,なめらかな走り,タイヤのひみつ,スーパーバイク,サーキットの

子どもの本　社会がわかる2000冊　197

星，オフロードの競技車，ドラッグレース，新記録をつくるオートバイ，未来のオートバイ

[内容] この本では，最新のオートバイのスピードをだすためのしくみが，設計からできあがりまで，一目でわかります。

『くるま』イアン・グラハム文，中村美紀訳　岩崎書店　2000.4　32p　29cm（のりものスピード図鑑 1）〈索引あり〉2200円　①4-265-05721-7

[目次] スピードをもとめて，スピードのでる設計，車を設計する，車をテストする，エンジンの話，レース用の車輪，スーパーカー，スポーツカー，サーキットレース，ドラッグスター，ラリーの車，新記録をつくる車，未来の車

[内容] この本では，最新のくるまのスピードをだすためのしくみが，設計からできあがりまで，一目でわかります。

◆◆◆鉄道

『のりたいな！新幹線―すべての新幹線，大集合！』柏原治監修　成美堂出版　2009.5　64p　26cm（のりもの写真えほん 4）880円　①978-4-415-30636-0

[目次] 東海道・山陽新幹線，はたらく人たち，東北・山形・秋田新幹線，東北・上越・長野新幹線，九州新幹線

[内容] 最新式の「N700系のぞみ」からミニ新幹線の「E3系こまち」まで、今活躍している新幹線を全種類掲載。迫力のある走りだけでなく、あこがれの運転士さんの仕事や沿線の風景なども紹介した「新幹線がまるごと楽しめる」写真えほん。

『きみも鉄道マスターをめざせ！新幹線クイズ100』坂正博著　そうえん社　2009.3　127p　19cm（鉄男と鉄子の鉄道の本 4）980円　①978-4-88264-353-1

[目次] 第1章 新幹線の基礎クイズ！，第2章 新幹線車両あてクイズ！，第3章 新幹線と時刻表クイズ，第4章 新幹線の駅クイズ，鉄道マスターレベルチェック！，将来の新幹線は，ここを走る！

[内容] 東海道・山陽新幹線の駅が一番多い県は？ホームが地下にある新幹線の駅は？「ひかり」号が「ひかり」号をおいぬくことはある？出発したつぎの停車駅が終点になる列車は？列車の進行方向がとちゅうで変わる，新幹線の駅は？…などなど，新幹線にかん

する問題が100問！きみはいくつ答えられるかな。

『日本の電車1500―全国完全版 ニューワイドずかん百科』学習研究社　2009.1　288p　30cm　3500円　①978-4-05-203022-2　Ⓝ546.5

[目次] 新幹線，東京の電車・列車，名古屋の電車・列車，京阪神の電車・列車，特急列車，夜行列車，北海道・東北地方の電車・列車，関東地方の電車・列車，中部地方の電車・列車，近畿地方の電車・列車，中国・四国地方の電車・列車，九州・沖縄地方の電車・列車，貨物列車・はたらく車両・機械，SL列車・トロッコ列車・観光列車，鋼索鉄道，筒堂資料編，スーパーパノラマ写真図解

[内容] 日本の鉄道車両のほとんどすべてを対象とし、最新撮影・取材のうえ、わかりやすく構成した写真図鑑。旅客列車を走らせている鉄道会社のほぼ全部、そして、JRグループの全線に目をくばっている。平成21（2009）年初頭現在、全国を走る鉄道車両のほぼ全部を網羅して紹介している。超ロング・パノラマ電車とじこみポスターつき。

『はやいぞ特急電車―新幹線，JR特急から私鉄特急まで大集合！』いのうえ・こーいち監修　成美堂出版　2008.11　64p　26cm（のりもの写真えほん 2）880円　①978-4-415-30520-2　Ⓝ546.5

[目次] 新幹線，JR北海道の特急，JR東日本の特急，JR西日本の特急，JR四国の特急，JR九州の特急，寝台特急，私鉄特急

[内容] さい高時そく300kmの「N700系のぞみ」からJR各社の特急、寝台特急、そして私鉄の特急を、美しいカラー写真とわかりやすい説明で紹介しています。その数は全部で108種類！初めてのお子様にも、もっと詳しくなりたいお子様にも最適の1冊です。

『町の電車』小賀野実写真・文　JTBパブリッシング　2008.9　48p　26cm（こども絵本エルライン 5）780円　①978-4-533-07228-4　Ⓝ546.5

[目次] 大都会を走る，近郊型電車，関東地方のJR電車，町の電車 北から南へ，地下鉄，路面電車，モノレール，新交通システム

『きみも鉄道マスターをめざせ！駅名漢字クイズ120』坂正博著　そうえん社　2008.7　143p　19cm（鉄男と鉄子の鉄道の本 3）980円　①978-4-88264-

現代社会──経済・仕事・産業　　　　　　　　　　　　　　　ものづくりの現場

352-4　Ⓝ686.53
|目次| 第1章 路線別！駅名漢字クイズ，第2章 こんな駅知ってる？日本全国駅名クイズ
|内容| 『駅名漢字』にかんするクイズが120問。鉄道大すき！のきみに挑戦。

『新幹線』小賀野実写真・文　JTBパブリッシング　2008.7　48p　26cm　（こども絵本エルライン 3）780円　Ⓘ978-4-533-07227-7　Ⓝ546.5
|目次| 日本最速のエアロ・ダブルウイング，世界最大のオールダブルデッカー，新幹線路線図，東海道新幹線 N700系，N700系に乗ってみよう！,700系,300系,山陽新幹線 500系,700系ひかりレールスター,100系，さようなら0系，九州新幹線800系，新幹線の進化図，歴史的な高速試験電車，未来の新幹線，東北新幹線E2系J編成，E4系，秋田新幹線E3系R編成，山形新幹線E3系L編成，400系，ミニ新幹線って，なに？，上越新幹線E1系,200系，引退した200系，長野新幹線E2系N編成，鉄道の難所・碓氷峠，電気軌道総合試験車，新幹線の安全を守る，リニアモーターカー

『鉄道ずかん』小賀野実写真・文　JTBパブリッシング　2008.7　48p　26cm　（こども絵本エルライン 2）780円　Ⓘ978-4-533-07202-4　Ⓝ546.5
|目次| 新幹線，特急列車，寝台特急，電車，ディーゼルカー，機関車，路面電車，モノレールと新交通システム，線路を守る

『東京の電車に乗ろう！─JR・私鉄・地下鉄の電車と駅ものしり大図鑑 特急新幹線もあるよ』長谷川章監修　昭文社〔2008.6〕79p　30cm　（なるほどkids）1600円　Ⓘ978-4-398-14628-1　Ⓝ686.2136
|目次| 東京の電車に乗ろう，路線と電車（1）JR山手線，路線と電車（2）JR，路線と電車（3）私鉄，路線と電車（4）地下鉄とその他の電車，体験しよう！駅と鉄道博物館
|内容| 首都圏鉄道路線の車両写真・主要ターミナル駅であえる列車マップ，首都圏全線・全駅路線図など「乗り鉄」を楽しむ情報満載の1冊。

『きみも鉄道マスターをめざせ！駅クイズ120』坂正博著　そうえん社　2008.4　136p　19cm　（鉄男と鉄子の鉄道の本 1）980円　Ⓘ978-4-88264-350-0　Ⓝ686.53
|目次| 第1章 まずチャレンジ！駅の基礎クイズ，第2章 日本全国おもしろ駅クイズ，第3章 難読・珍読駅名クイズ，第4章 日本をまわろう！きっぷクイズ
|内容| これを読めば今日からみんな鉄道博士。鉄道大すき！のきみにおくる，日本全国・駅のクイズ120問。

『きみも鉄道マスターをめざせ！車両クイズ120』坂正博著　そうえん社　2008.4　136p　19cm　（鉄男と鉄子の鉄道の本 2）980円　Ⓘ978-4-88264-351-7　Ⓝ546.5
|目次| 第1章 特急車両あてクイズ，第2章 鉄道車両なるほどクイズ，第3章 急行・普通列車まめ知識，第4章 日本各地の電車
|内容| これを読めば今日からみんな鉄道博士。鉄道大すき！のきみにおくる，新幹線・特急列車のクイズ120問。

『高速鉄道』滝沢美絵著，松田博康監修　リブリオ出版　2008.4　47p　27cm　（新・みぢかなくらしと地方行政 写真でわかる小学生の社会科見学 第2期 第3巻）2800円　Ⓘ978-4-86057-352-2，978-4-86057-349-2　Ⓝ318.21

『日本全国特急列車に乗ろう！─特急ものしり大図鑑』長谷川章監修　昭文社〔2008.3〕79p　30cm　（なるほどkids）1600円　Ⓘ978-4-398-14629-8　Ⓝ686.21
|目次| 全国を走る特急列車がぜーんぶわかっちゃう!!特急列車スーパー大図鑑，JR特急，鉄道パノラマップ，寝台特急，私鉄特急
|内容| 特急の愛称・形式・停車駅がわかるよ！イラストで見よう！寝台特急の旅。運転系統図・全国特急路線マップ。

『ぜんぶわかるJR全特急ものしりずかん』中井精也，山崎友也，久保田敦監修　成美堂出版　2007.12　79p　22×22cm　850円　Ⓘ978-4-415-30168-6　Ⓝ546.5
|目次| おもしろ顔のJR特急大集合！，のりたいな！みんなの町を走るJR特急たち!!，はやいぞ！新幹線せいぞろい!!，「スーパーカムイ」ついに登場!!，電気の力でグングン走るJR特急電車，電気がなくてもへっちゃら！JRディーゼル特急，みんなゆめをのせて走る！JR寝台特急，特急ではたらく人たち

子どもの本 社会がわかる2000冊　199

『鉄道・船』増補改訂　学習研究社　2007.12　160p　30cm　(ニューワイド学研の図鑑)　2000円　①978-4-05-500515-9　Ⓝ546.5
目次　鉄道(新幹線、特急、通勤電車など、いろいろな鉄道)、船(旅を楽しむ船、人を運ぶ船、貨物を運ぶ船、いろいろな船)、鉄道・船の情報館
内容　新幹線や船のしくみ、走るしくみなどをしょうかいします。駅や港、造船所など、列車、船にかんするいろいろなひみつがわかります。

『日本全国新幹線に乗ろう！—N700系から0系まで、せいぞろい！』長谷川章監修　昭文社　〔2007.12〕　79p　30cm　(なるほどkids)　1600円　①978-4-398-14612-0　Ⓝ686.21
目次　新幹線ってどんなのりもの？, 新幹線に乗ろう！, 新幹線コレクション, 新幹線ヒストリー
内容　N700系から0系まで、せいぞろい。

『ぜんぶわかる新幹線ものしりずかん』中井精也, 山崎友也監修　成美堂出版　2007.10　79p　22×22cm　850円　①978-4-415-30225-6　Ⓝ546.5
目次　いろんな顔の新幹線大集合！, 新幹線はかせになろう！, 東海道・山陽新幹線, 九州新幹線, 東北・山形・秋田新幹線, 上越・長野新幹線
内容　はやい！強い！かっこいい!!新幹線せいぞろい。

『ぜんぶわかる東京の電車ものしりずかん』中井精也, 山崎友也監修　成美堂出版　2007.10　79p　22×22cm　850円　①978-4-415-30171-6　Ⓝ686.21
目次　新幹線, 寝台特急,JR特急電車,JR通勤電車, 私鉄, 地下鉄, そのほかの鉄道, 東京の近くの鉄道
内容　新幹線、特急、通勤電車、地下鉄、東京の電車ぜ〜んぶあつまれ。

『たのしいな！東京の電車・新幹線—新幹線から通勤電車まで大しゅうごう！』柏原治監修　成美堂出版　2007.10　64p　26cm　(のりもの写真えほん 9)　880円　①978-4-415-30169-3　Ⓝ546.5
目次　電車地図、新幹線、東京の駅、特急電車、近郊型電車、通勤型電車、東京周辺の電車、地下鉄、モノレール、新交通システム、路面電車、ケーブルカー
内容　日本に、初めて鉄道ができたのは新橋〜横浜間で、1872年ごろのことです。初めて鉄道が走った東京には、今ではいろいろな鉄道が走っています。この本では、それらのいろいろな電車や、仲間たちを合計150以上紹介しています。

『日本全国鉄道旅行—鉄道ものしり博士になっちゃおう！』長谷川章監修　昭文社　〔2007.10〕　79p　30cm　(なるほどkids)　1600円　①978-4-398-14614-4　Ⓝ686.21
目次　日本各地をむすぶいろいろな列車を見てみよう、日本全国、列車にのって走ってみよう、都市を走る電車を見てみよう、日本全国、鉄道旅行にでかけよう
内容　鉄道ものしり博士になっちゃお。ぜーんぶの駅がのっているよ。空から全国の駅をながめてみよう。小学生向け鉄道入門本。

『ぼくは新幹線の運転士』柏原治監修　成美堂出版　2007.10　64p　26cm　(ぼくは運転手 2)　880円　①978-4-415-30170-9　Ⓝ546.5
目次　新幹線大集合, 新幹線がいっぱい, 新幹線のひみつ, みらいの新幹線
内容　1964年に0系が初めて登場してから、新幹線は日本各地へ路線ものび、現在は13種類の車両が走っています。それらの新幹線の運転室や、なかなか見ることのできない検査車両まで、約250点の写真で紹介した本です。

『オセアニアの鉄道—オーストラリアの鉄道ニュージーランド の鉄道』秋山芳弘著, こどもくらぶ編　旺文社　2007.3　47p　27cm　(鉄道で世界が見える！鉄道で知る各地のくらしと文化)　2800円　①978-4-01-071938-1　Ⓝ686.271
目次　1 オーストラリアを縦断する「ザ・ガン」乗車体験記,2 オーストラリアの鉄道,3 ニュージーランドの鉄道,4 オーストラリアとニュージーランドの鉄道

『寒い地域・暖かい地域の鉄道—日本の多様な気候に合わせた鉄道の工夫』小林寛則著, こどもくらぶ編　旺文社　2007.2　47p　27cm　(ここが知りた

現代社会─経済・仕事・産業　　　　　　　　　　　　　　　　　　ものづくりの現場

い！日本の鉄道）2600円　①978-4-01-071934-3　Ⓝ686.21
[目次] 1 寒い地域の鉄道,2 暖かい地域の鉄道,3 もっとくわしく見てみよう！
[内容] 日本の鉄道は、多様な気候のなか、地域や季節を問わず、日夜運行し続けてきました。そのため、1872（明治5）年の開業以来、寒さ、雪、暑さ、風雨など、気候との戦いをくり返してきました。そして、こうした多様な気候に合わせ、さまざまな工夫も考えられてきました。そこで、この本では、寒い地域、暖かい地域ならではの鉄道の工夫を、具体的に紹介していきます。

『北アメリカ・中央アメリカの鉄道―アラスカ鉄道,アメリカ・カナダの鉄道』秋山芳弘著，こどもくらぶ編　旺文社　2007.1　47p　27cm　（鉄道で世界が見える！　鉄道で知る各地のくらしと文化）2800円　①978-4-01-071937-4　Ⓝ686.25
[目次] 1 アラスカ鉄道乗車体験記,2 アメリカの鉄道,3 カナダの鉄道,4 中央アメリカ各国の鉄道
[内容] この本では、北は北極に近いアラスカから、南は赤道に近いパナマまで、北アメリカと中央アメリカにスポットをあて、鉄道をとおして、それぞれの国や地域の風土と歴史を見ていきます。

『鉄道の大常識』梅原淳監修，梅原淳，広田泉文　ポプラ社　2007.1　143p　22cm　（これだけは知っておきたい！　37）880円　①978-4-591-09558-4　Ⓝ686.21
[目次] まんが ポッポ駅長と行く！鉄道のひみつの旅,博物館ガイド,鉄道達人度チェック！
[内容] 鉄道が大好き！そんなキミのために鉄道のひみつ大公開!!鉄道博士を目指して、「鉄道の大常識」の旅にいざ出発進行。

『山と海の鉄道―日本独特の地形にいどむ鉄道の知恵』小林寛則著，こどもくらぶ編　旺文社　2006.12　47p　27cm　（ここが知りたい！日本の鉄道）2600円　①4-01-071933-8　Ⓝ686.21
[目次] 1 山が多い日本の鉄道,2 海に囲まれた日本の鉄道,3 もっとくわしく見てみよう！
[内容] 海に囲まれ山がつらなる日本独特の地形を、鉄道がどのように克服し、建設され

てきたのか、むかしの人びとの知恵と努力を、もう一度確認する。

『アフリカ・南アメリカの鉄道―ナイルエクスプレス・アンデスの鉄道』秋山芳弘著，こどもくらぶ編　旺文社　2006.11　47p　27cm　（鉄道で世界が見える！　鉄道で知る各地のくらしと文化）2800円　①4-01-071936-2　Ⓝ686.24
[目次] 1 エジプトの鉄道乗車体験記,2 アフリカのおもな国の鉄道,3 アンデスの鉄道,4 南アメリカのおもな国の鉄道

『ぜんぶわかる新幹線・特急電車 スーパーワイド百科』中井精也，山崎友也監修　成美堂出版　2006.11　79p　22×22cm　850円　①4-415-30016-2　Ⓝ546.5
[目次] 九州新幹線,東海道・山陽新幹線,東北・山形・秋田新幹線,上越・長野新幹線,特急電車
[内容] この本は、新幹線や特急のしゃしんに「早わかりひょう」や「列車データカード」がついています。ひょうやカードには、列車のくわしいじょうほうがのっています。たくさんおぼえて、新幹線・特急はかせになりましょう。

『新線と廃線―時代・社会に合わせて変化する鉄道の役割』小林寛則著，こどもくらぶ編　旺文社　2006.10　47p　27cm　（ここが知りたい！日本の鉄道）2600円　①4-01-071932-X　Ⓝ686.21
[目次] 1 どんどんできる新しい鉄道,2 消えていく線,3 もっとくわしく見てみよう！

『鉄道メカ博士リターンズ―鉄道技術の「?」にお答えします』川辺芭蕉著　増補版　自由国民社　2006.10　191p　19cm　1200円　①4-426-75216-7　Ⓝ686.21
[目次] 第1章 鉄道線路のメカニズム,第2章 鉄道運用のメカニズム,第3章 鉄道車両のメカニズム,第4章 鉄道の未来

『電車いっぱい図鑑 いろいろ400』海老原美宜男監修　チャイルド本社　2006.10　90p　28cm　（チャイルドブックこども百科）1600円　①4-8054-2967-4　Ⓝ546.5
[目次] しんかんせん,とっきゅうれっ車,いろ

子どもの本 社会がわかる2000冊　201

いろな電車・れっ車,地下てつやモノレール
[内容] JRから公営交通、私営交通まで、幅広いジャンルの車両400を鮮明な写真で紹介。目で見て楽しめる図鑑です。新幹線や特急、蒸気機関車、リニアモーターカーなど、子どもが大好きな車両を満載。子どもの夢を育みます。通勤電車や各地の私鉄、路面電車や新都市交通など、子どもに身近な車両も豊富。親子の話題作りにも最適です。幼児はもちろん、小学生になっても十分に活用できる図鑑です。

『鉄道ものしり百科―新幹線・特急・電車・モノレール・SL・トロッコ電車』真島満秀,真島満秀写真事務所写真、松尾定行構成・文・写真協力　学習研究社　2006.8　48p　21×26cm　(乗り物ワイドbook)　980円　Ⓘ4-05-202438-9　Ⓝ536
[目次] 終点の近くまで行ってみたら…,スーパーパノラマ写真,この電車の名前はなーに?,最先端の車両技術,高度な運行システム　超高速鉄道新幹線,朝から晩まで働き者都市をいろどる電車,速さと設備のよさが自慢　鉄路のスーパースター特急列車,鉄道なんでも発見スペシャル
[内容] 新幹線・特急・SLから駅のおもしろ情報、オリジナル・グッズまで、鉄道トリビアまんさい!!350超の写真でナルホドなっとく。

『のってみたいな!大阪の電車・新幹線―新幹線、特急列車、快速列車みんな大しゅうごう!』中井精也,山崎友也,久保田敦監修　成美堂出版　2006.7　64p　26cm　(のりもの写真えほん10)　880円　Ⓘ4-415-30001-4　Ⓝ546.5
[目次] 列車と駅の地図,JR特急列車,JR急行列車,JR快速列車,JR通勤列車,近畿日本鉄道,南海電気鉄道,京阪電気鉄道,阪急電鉄,阪神電気鉄道,その他の列車,地下鉄,大阪の近くを走る列車,観光列車,新交通システム,モノレール・路面電車
[内容] 大阪には、JRやさまざまな私鉄の列車があつまっています。この本では、新幹線、特急列車、快速列車など、大阪や大阪のまわりを走る列車をたくさんしょうかいしています。「路線図」や「列車のことをおぼえよう!」、「知ってる?」、「鉄道用語まめじてん」を読んで列車のことをたくさんおぼえてください。

『パノラマワイド新幹線』小賀野実写真・文・構成　あかね書房　2006.7　48p　19×26cm　(乗りものパノラマシリーズ17)　1000円　Ⓘ4-251-07887-X　Ⓝ546.5
[目次] 進化する『のぞみ』,500系W編成『のぞみ』,700系C・B編成『のぞみ・ひかり・こだま』,N700系Z編成『のぞみ』,300系J・F編成『ひかり・こだま・(のぞみ)』,超高速のスーパーマシーン!,風を切るエアロストリーム!,東海道・山陽新幹線イラストマップ,700系E編成『ひかり・こだま』,100系K・P編成『こだま』〔ほか〕

『新幹線―JR東日本・JR東海・JR西日本・JR九州』真島満秀写真、松尾定行構成・文　学習研究社　2006.6　48p　21×26cm　(乗り物ワイドbook)　980円　Ⓘ4-05-202439-7　Ⓝ546.5
[目次] 新幹線の列車,新幹線の路線,新幹線の車両,乗れない車両・列車

『駅の大図鑑―たんけんしよう!全国をむすぶ身近な交通』川島令三監修　PHP研究所　2006.5　79p　29cm　2800円　Ⓘ4-569-68604-4　Ⓝ686.53
[目次] 第1章　駅ってこんなところ,第2章　東京駅をたんけんしてみよう,第3章　日本全国、駅のあれこれ
[内容] 駅の知られざる機能や設備、利用のしかたなどをいっしょに学習。

『ロシアの鉄道―シベリア鉄道東清鉄道』秋山芳弘著,こどもくらぶ編　旺文社　2006.3　47p　27cm　(鉄道でヨーロッパが見える!　鉄道で知る各地のくらしと文化)　2800円　Ⓘ4-01-072487-0　Ⓝ686.238
[目次] 1　シベリア鉄道乗車体験記,2　東清鉄道乗車体験記,3　北東アジアをもっと知ろう
[内容] この本では、ロシアの首都モスクワから、日本海に面するロシアの港まちウラジオストクまでのびる世界最長の鉄道「シベリア鉄道」と、シベリア鉄道につながる中国の「東清鉄道(中東鉄道)」を通して、北東アジア(ロシア東部・中国東北地方)を見てみましょう。

『北・東ヨーロッパの鉄道―X2000,ノルド・ピレン』秋山芳弘著,こどもくらぶ編　旺文社　2006.2　47p　27cm　(鉄

現代社会―経済・仕事・産業　　　　　　　　　　　　　　　　　　　ものづくりの現場

道でヨーロッパが見える！　鉄道で知る各地のくらしと文化）2800円　Ⓘ4-01-072486-2　Ⓝ686.23
[目次] 1 北ヨーロッパの鉄道,2 東ヨーロッパの鉄道,3 北ヨーロッパ・東ヨーロッパの国と鉄道

『電車―JR・私鉄・地下鉄　2（西日本編）』真島満秀写真, 松尾定行構成・文　学習研究社　2006.2　48p　21×26cm　（乗り物ワイドbook）980円　Ⓘ4-05-202413-3　Ⓝ546.5
[目次] 大阪・神戸・京都などの電車, 名古屋などの電車, 中国・四国・九州・沖縄を行く

『西ヨーロッパの鉄道―ユーロスター・TGV・ICE』秋山芳弘著, こどもくらぶ編　旺文社　2006.1　47p　27cm　（鉄道でヨーロッパが見える！　鉄道で知る各地のくらしと文化）2800円　Ⓘ4-01-072485-4　Ⓝ686.23
[目次] 1 西ヨーロッパの国際列車,2 西ヨーロッパ各国の鉄道めぐり,3 西ヨーロッパの国と鉄道

『東南アジアの鉄道―オリエンタル急行・タイ鉄道・泰緬鉄道』秋山芳弘著, こどもくらぶ編　旺文社　2005.12　47p　27cm　（鉄道でアジアが見える！　鉄道で知る各地のくらしと文化）2800円　Ⓘ4-01-072484-6　Ⓝ686.223
[目次] 1 マレー鉄道乗車体験記,2 東南アジアの鉄道,3 東南アジアの国と鉄道
[内容] 「鉄道に乗れば、その国やその地域がわかる」といわれます。鉄道は、自動車や飛行機とちがって、その土地の自然や社会・文化と密接にむすびついているからです。この本では、まずマレー鉄道に乗って、赤道直下のシンガポールからマレー半島を北上しながら、マレーシア、タイを見ていきます。そして、つぎにタイやベトナムを中心に、ローカル線や大都市にある最新の地下鉄などを紹介します。東南アジアのローカル線は、まちのなかの家のごくごく近くを走っているので、沿線の人びとの生活を車窓からかいま見ることができます。国ごとにどんなちがいが見られるでしょうか？　また、東南アジアでは、太平洋戦争や、独立のための戦いが各地でくりひろげられ、今もその傷あとがのこっています。それらを鉄道で訪ね、当時のこと、そして現在のよ

うすなどを調べてみましょう。どんなことが見えてくるでしょうか。

『中央アジアの鉄道―シルクロード鉄道』秋山芳弘著, こどもくらぶ編　旺文社　2005.11　47p　27cm　（鉄道でアジアが見える！　鉄道で知る各地のくらしと文化）2800円　Ⓘ4-01-072483-8　Ⓝ686.2296
[目次] 1 中国のシルクロード鉄道,2 中央アジアのシルクロード鉄道,3 中央アジアをもっと知ろう
[内容] 鉄道で知る各地のくらしと文化。

『電車―JR・私鉄・地下鉄　1（東日本編）』真島満秀写真, 松尾定行構成・文　学習研究社　2005.11　48p　21×26cm　（乗り物ワイドbook）980円　Ⓘ4-05-202412-5　Ⓝ546.5
[目次] 東京のJR電車, 東京の私鉄電車, 北海道と東日本各地を行く

『でんしゃの本』ジャミ・プルニエール, ガリマール・ジュネス社原案・制作, ジャミ・プルニエール絵, 手塚千史訳　岳陽舎　2005.11　1冊（ページ付なし）19cm　（はじめての発見 39）　1200円　Ⓘ4-907737-64-5　Ⓝ686.2

『特急電車―JR・私鉄』真島満秀写真, 松尾定行構成・文　学習研究社　2005.11　48p　21×26cm　（乗り物ワイドbook）980円　Ⓘ4-05-202411-7　Ⓝ546.5
[目次] おどろくほど速い！ハイセンス！遠くまで何本も！JRの特急電車, デラックスな設備！もりあがる旅気分！グッド・デザイン！私鉄の特急電車, 気軽に乗れる！暮らしの快適な足！にぎやかに行きかう！大都市の特急電車

『韓国・北朝鮮の鉄道―韓国高速列車KTX・朝鮮鉄道』秋山芳弘著, こどもくらぶ編　旺文社　2005.10　47p　27cm　（鉄道でアジアが見える！　鉄道で知る各地のくらしと文化）2800円　Ⓘ4-01-072482-X　Ⓝ686.221
[目次] 1 韓国の鉄道,2 韓国のくらし,3 北朝鮮の鉄道,4 韓国・北朝鮮をもっと知ろう
[内容] 韓国高速列車KTX、朝鮮鉄道。鉄道で知る各地のくらしと文化。

『新幹線 特急列車』小賀野実監修　新訂　ポプラ社　2005.7　67p　22×22cm　（超はっけん大図鑑 16）780円　Ⓘ4-591-08726-3　Ⓝ546.5
目次 日本一の超高速列車 かっこいいな新幹線,日本各地をかけぬける はやいぞ特急列車
内容 日本の新幹線、特急列車85種類が大集合。新幹線と特急列車の車両のしくみとはやさのひみつをていねいに紹介。幼児～小学低学年向き。

『知識をひろげるまなぶっく図鑑 電車・列車』アミーカ編，RGG写真　メイツ出版　2005.6　128p　21cm　（まなぶっく）1500円　Ⓘ4-89577-888-6　Ⓝ536
目次 第1章 新幹線大集合！,第2章 特急列車大集合！,第3章 私鉄特急列車大集合！,第4章 寝台車・はたらくのりもの・ディーゼルカー大集合！,第5章 通勤電車・近郊型電車大集合！,第6章 SL・トロッコ列車大集合！,第7章 地下鉄大集合！,第8章 楽しい電車・列車大集合！
内容 最新型からめずらしいモデルまで、日本全国の車輌をたくさん紹介します。

『電車・地下鉄』真島満秀ほか写真，松尾定行構成・文　講談社　2005.4　48p　26cm　（パーフェクトキッズ 3）880円　Ⓘ4-06-274673-5　Ⓝ546.5
目次 首都圏のJR電車,首都圏の私鉄電車,21世紀に輝く最新デザインの電車,全国の地下鉄電車,電車・地下鉄クイズ

『時刻表の達人―使える・遊べる・勉強できる！』福岡健一著　PHP研究所　2005.3　191p　19cm　1100円　Ⓘ4-569-68530-7　Ⓝ686.55
目次 時刻表チェック：どこまで知ってるかチャレンジ！,1 まずは全体像をチェック！,2 さくいん地図と青い部分を使いこなすぞ！,3 さあ、在来線を調べるぞ！,4 在来線以外の白いページを見てみるぞ！,5 最後のほうのページも使いこなすぞ！,6 ハカセへの近道、鉄道マメ知識！,7 これを知れば時刻表がもっと楽しい！
内容 本書では、いちばん使われている時刻表のひとつ『JR時刻表』の図や表をたくさん使って、時刻表の内容、時刻表のみかたや調べかた、時刻表の知識などを説明する。

『貨物列車・路面電車・電車工場』結解学写真　国土社　2005.2　63p　27cm　（電車ものしりずかん 5）2800円　Ⓘ4-337-16605-X　Ⓝ546.5
目次 電気機関車、スーパーレールカーゴ、ディーゼル機関車、軌陸車・マルチプルタイタンパー、貨物ターミナル、除雪車、電車工場、モノレール・新交通システム、ケーブルカー・ゴンドラ、路面電車〔ほか〕

『私鉄特急・通勤電車・地下鉄』結解学写真　国土社　2005.1　55p　27cm　（電車ものしりずかん 3）2800円　Ⓘ4-337-16603-3　Ⓝ546.5
目次 小田急鉄道、東武鉄道、京成電鉄・北総鉄道・新京成電鉄、西武鉄道、東京急行電鉄・京王電鉄、京浜急行電鉄、相模鉄道・横浜市営地下鉄、東京地下鉄、都営地下鉄,JR東日本〔ほか〕

『新幹線』結解学写真　国土社　2004.12　55p　27cm　（電車ものしりずかん 1）2800円　Ⓘ4-337-16601-7　Ⓝ546.5
目次 500系,700系,300系,100系・0系,800系,E2系,E4系,E3系,E1系・400系・200系,リニアモーターカー〔ほか〕

『JR特急』結解学写真　国土社　2004.11　55p　27cm　（電車ものしりずかん 2）2800円　Ⓘ4-337-16602-5　Ⓝ546.5
目次 JR東日本,JR西日本,JR東海,JR九州,JR北海道,JR四国,寝台特急

『蒸気機関車・リゾート列車』結解学写真　国土社　2004.11　55p　27cm　（電車ものしりずかん 4）2800円　Ⓘ4-337-16604-1　Ⓝ536.1

『JR特急』栗原隆司写真・文　講談社　2004.9　48p　26cm　（パーフェクトキッズ 2）880円　Ⓘ4-06-274672-7　Ⓝ546.5
目次 九州の特急、四国の特急、中国の特急、南紀・近畿の特急、北陸の特急、中部・東海の特急、関東の特急、東北の特急、北海道の特急、夜行寝台特急、在来線を走る新幹線、特急クイズ

『執念が生んだ新幹線―老友90歳・戦闘機が姿を変えた』NHKプロジェクトX制作班原作・監修、六田登作画・脚本　宙

現代社会―経済・仕事・産業　　　　　　　　　　　　　　　　　　　　　　　ものづくりの現場

出版　2004.8　157p　23cm　（まんがプロジェクトX挑戦者たち　ジュニア版5）950円　Ⓘ4-7767-9033-5　Ⓝ686.21
|目次|第1章 再会，第2章 苦悩，第3章 集約，第4章 始動，第5章 誕生，最終章 夢
|内容|戦後日本の復活の象徴となった夢の超特急"新幹線"。そのいしずえを築いたのは，同じ戦争で心に深い傷を負った旧日本軍の研究者たちだった。ゼロ戦，銀河，そして人間爆弾桜花…。研究者たちの想いや信念は，やがて平和技術への執念となった。

『JR全線・全駅舎―西日本編（JR東海・JR西日本・JR四国・JR九州）』曽根悟監修　学習研究社　2004.4　308p　27cm　（学研の大図鑑）4000円　Ⓘ4-05-402147-6　Ⓝ686.21

『新幹線』真島満秀写真，松尾定行構成・文　講談社　2004.4　48p　26cm　（パーフェクトキッズ 1）880円　Ⓘ4-06-274671-9　Ⓝ546.5
|目次|みんなあつまれ，新幹線！，新幹線パーフェクト1，新幹線パーフェクト2，新幹線全駅路線地図，新幹線クイズ

『かっこいい新幹線大集合』小賀野実写真・文・構成　あかね書房　2004.2　48p　19×26cm　（乗りものパノラマシリーズ 16）〈年表あり〉1000円　Ⓘ4-251-07886-1　Ⓝ546.5
|目次|かっこいい新幹線大集合パノラマワイド，全国の新幹線路線図，進化した新幹線の歴史，西の新幹線，東の新幹線，新幹線ものしり情報

『はやいはやい新幹線のぞみ』小賀野実写真・文・構成　改訂新版　あかね書房　2004.2　48p　19×26cm　（乗りものパノラマシリーズ 11）1000円　Ⓘ4-251-07881-0　Ⓝ686.21
|目次|はやいはやい新幹線のぞみパノラマワイド，ふたつの『のぞみ』，『のぞみ』で出発！，東海道新幹線沿線マップ，富士山を見て西へ！，『のぞみ』名古屋へ，『のぞみ』誕生，新大阪に到着，山陽新幹線沿線マップ，みんな全速力！〔ほか〕

『しゅっぱーつ！JR・私鉄電車』フレーベル館　2003.7　53p　23cm　（のりものgo！go！3）1200円　Ⓘ4-577-02653-8　Ⓝ546.5
|目次|路線で色がかわるJR東日本の電車，山手線でゆこう！，オレンジのラインのJR東海の電車，本州の西の足JR西日本の電車，いろんな色で走る電車，みらいのつうきん電車E993系（ACトレイン），つうきんがた電車のひみつ，水色のラインは海の色JR四国の電車，さむさに強いJR北海道の電車，火の国の赤JR九州の電車，おもしろい駅大はっけん，のりたいな私鉄の電車，町の下の鉄道・地下鉄，鉄道なんでも日本一

『国鉄・JR特急のすべて』学習研究社　2003.6　232p　27cm　（学研の大図鑑）〈年表あり〉3400円　Ⓘ4-05-201825-7　Ⓝ686.21
|目次|戦前の特急，平和とともに復活した特急，電車特急の登場，新幹線の登場，「よんさんとお」の大改革，増加一方の特急列車，JRの発足と新しい特急
|内容|本書では，国鉄時代（鉄道院，鉄道省，運輸通信省鉄道総局時代も含む）から現在のJR各社によって運行されてきた特急列車および新幹線電車を掲載しています。また，第三セクター各社および私鉄との間で相互乗り入れを行ってきた，あるいは現在も行われている特急についても，掲載しています。原則として定期列車，不定期列車，季節列車を取り上げ，臨時列車は掲載していません。ただし，トワイライトエクスプレスのような，定期列車のようにみなされている臨時列車は，掲載しています。収録の順序は，原則的には特急としての開業順としています。つまり，その列車名が，特急以前に急行や快速などの愛称として使われていた場合は，特急格上げとなった年月をもとに，掲載しています。

『はしれ！特急列車』フレーベル館　2003.6　53p　23cm　（のりものgo！go！2）1200円　Ⓘ4-577-02652-X　Ⓝ546.5
|目次|こせいはせいぞろいJR九州の特急，山道やカーブに強いJR四国の特急，おもしろい駅大集合，スマートなボディで走りぬけるJR西日本の特急，広いまどがとくちょうJR東海の特急，北の大地を走るJR北海道の特急，カラフルいちばんJR東日本の特急，特急電車のお色なおし，走るホテルしんだい特急，JRの線路を走る私鉄特急，たくさんあるよ私鉄特急，特急列車のふたつの顔，特急ものしりボックス

子どもの本 社会がわかる2000冊　　205

『てつどうベスト』小賀野実写真・文　大阪　ひかりのくに　2003.4　32p　26cm　（なるほどものしり百科 2）780円
Ⓘ4-564-20042-9　Ⓝ546.5
[目次] 新幹線, 特急, 電車
[内容] てつどうにくわしくなろう。最新の迫力ある写真とわかりやすい文章で構成した乗り物図鑑の決定版。

『はやいぞ！新幹線』フレーベル館　2003.4　53p　24cm　（のりものgo！go！ 1）1200円　Ⓘ4-577-02651-1　Ⓝ546.5
[目次] 700系"のぞみ""ひかり""こだま",700系7000番台"ひかりレールスター",500系"のぞみ", ぼくは運転士,300系"ひかり""こだま", 東海道新幹線でゆこう, 山陽新幹線でゆこう, E2系"やまびこ""はやて""なすの""とき""あさま", E2系1000番台"はやて", 東北新幹線でゆこう〔ほか〕

『速さに挑戦する新幹線―高速鉄道開発物語』石崎洋司文, 天野徹監修　学習研究社　2003.3　119p　22cm　（世界を変えた日本の技術　科学読み物 4）1400円　Ⓘ4-05-201744-7,4-05-810701-4　Ⓝ516.7

『JR全線・全駅舎―東日本編(JR東日本・JR北海道)』曽根悟監修　学習研究社　2003.2　280p　27cm　（学研の大図鑑）4000円　Ⓘ4-05-401816-5　Ⓝ686.21
[目次] 函館・室蘭線, 東北・奥羽線, 総武・信越線, 中央線, 東海道線, 第三セクター線
[内容] 本書は, JR7社のうちJR北海道, JR東日本の全線路, 全駅について収録。貨物線, 貨物専用駅については掲載していない。掲載内容は, 平成14年12月1日現在のもの。

『鉄道メカ博士』川辺芭蕉著　自由国民社　2002.12　191p　19cm　1200円　Ⓘ4-426-88501-9　Ⓝ516
[目次] 第1章　鉄道線路のメカニズム, 第2章　鉄道運用のメカニズム, 第3章　鉄道車両のメカニズム, 第4章　鉄道の未来

『日本を走る列車195』小賀野実監修　ポプラ社　2002.11　67p　22×23cm　（超はっけん大図鑑 5）780円　Ⓘ4-591-07419-6　Ⓝ546.5

[目次] 全国各地を走る列車のいろいろ, 列車とにらめっこ, 電気の力をもらって走る都市と都市をむすぶ電車, 山道, 雪道, どこでも走る電気のいらないディーゼルカー, むかしのものから最新システムまでいろいろな種類の列車
[内容] 電車とディーゼルカーのちがいは？列車のしくみをわかりやすく説明。全国にはどんな列車が走っている？きれいな写真を見ながら旅行気分。

『いつかのりたい世界と日本の豪華列車』桜井寛写真, 板谷成雄文・構成　あかね書房　2002.10　48p　19×26cm　（乗りものパノラマシリーズ 15）1000円　Ⓘ4-251-07885-3
[目次] いつかのりたい世界と日本の豪華列車パノラマワイド, ベニス・シンプロン・オリエント急行（ヨーロッパ）, ザ・ブリティッシュ・プルマン（イギリス）, ノーザンベル号（イギリス）, イースタン＆オリエンタル急行（タイ, マレーシア, シンガポール）, グレート・サウス・パシフィック急行（オーストラリア）, ザ・ブルートレイン（南アフリカ）, アメリカン・オリエント急行（アメリカ合衆国）, 日本の豪華列車, 日本の個室寝台列車

『機関車・電車の歴史』山本忠敬著　福音館書店　2002.5　171p　28cm　3800円　Ⓘ4-8340-1706-0
[目次] 1　2本のレールの上を走る車の動力, 2　蒸気機関車, うぶごえのスキャット, 3　くろがねの馬, 世界を駆ける, 4　蒸気機関車の成長期, 19世紀後半, 5　蒸気機関車, 黄金街道ひた走る, 6　蒸気機関車全盛期, 7　機関車の動力革命, 鉄道近代化
[内容] 19世紀初頭, イギリスのトレヴィシックによって蒸気機関車が発明され, やがて蒸気機関車の黄金時代を迎えます。世界中で様々なタイプの蒸気機関車が作られますが, その後, ディーゼル機関車や電気機関車に活躍の場をゆずることになります。そして, いよいよ高速列車の時代が到来します。本書は, 300枚に及ぶ精緻なイラストと膨大なデータで, 鉄道の歴史200年をたどる画期的な図鑑です。

『みたいしりたい世界のおもしろ鉄道』桜井寛写真, 板谷成雄文・構成　あかね書房　2002.5　48p　19×26cm　（乗りものパノラマシリーズ 14）1000円　Ⓘ4-251-07884-5

現代社会―経済・仕事・産業　　　　　　　　　　　　　　　ものづくりの現場

|目次| みたいしりたい世界のおもしろ鉄道パノラマワイド, 世界にはおもしろい鉄道がいっぱい!!, 急勾配に挑戦する鉄道, 鉄道世界一・世界初あれこれ, 世界の鉄道博物館, 都市を走るおもしろ電車, ユニークな観光鉄道・保存鉄道, タルゴ（スペイン）, 航走列車（デンマーク）, モノレール（インド）, 機関車トーマス（イギリス）, 世界一長い駅名（イギリス）

『しんかんせん』学習研究社　2002.4　32p　22cm　（学研のミニずかん）680円　①4-05-201652-1

|目次| せかいいちはやいれっしゃ, あたらしいしんかんせん, さかみちでもぐんぐんのぼる, ゆきなんかにまけないぞ, ざいらいせんへのりいれる, てをつないではしる, いろいろなかたちのしんかんせん, 500けいのしくみ, しんかんせんをうごかすひとたち, りょこうをたのしくするしゃないのしくみ, あんぜんをまもる, しんかんせんのおいしゃさんドクターイエロー, せかいのしんかんせん

『しんかんせん　ひゃっか』大阪　ひかりのくに　2002.4　30p　26cm　（Kids 21 新装版 2）850円　①4-564-22114-0

|内容| 日本が世界に誇る高速鉄道, 新幹線。初代の0系から最新の700系まで歴代の車両を完全網羅しているだけでなく, 安全の話や働く人たちについても楽しく学べます。キッズはかせたちと楽しく快適な新幹線の旅に出発しよう。3歳からの遊べる図鑑。

『とっきゅうれっしゃ　ひゃっか』大阪　ひかりのくに　2002.4　30p　26cm　（Kids 21 新装版 1）850円　①4-564-22113-2

|内容| 新幹線はもちろん, 最新の寝台特急「カシオペア」など, 楽しい特急列車の旅に出かけてみませんか？ おなじみのキッズはかせと, ひかりくん, ルナちゃんがご案内します。3歳からの遊べる図鑑。

『ようこそ世界の特急』桜井寛写真, 板谷成雄文・構成　あかね書房　2002.3　48p　19×26cm　（乗りものパノラマシリーズ 13）1000円　①4-251-07883-7

『ゴーゴー新幹線やまびこ』小賀野実写真・文・構成　あかね書房　2002.2　48p　19×26cm　（乗りものパノラマシリーズ 12）1000円　①4-251-07882-9

|目次| ゴーゴー新幹線やまびこパノラマガイド, 東北新幹線の車両カタログ, 東北・山形・秋田新幹線沿線マップ, 東京駅, 『Maxやまびこ』に乗ったよ, 新幹線の連結器, ふたつのミニ新幹線, 上越・長野新幹線, 上越・長野新幹線沿線マップ, さらに遠くへ！ 特急ガイド, 新幹線ものしり情報

『私鉄特急』小賀野実写真・文　大阪　ひかりのくに　2001.9　48p　26cm　（知識フォトえほん 10）838円　①4-564-20030-5

|目次| デラックス！ 私鉄特急, 華麗！ ロマンスカー, 小田急電鉄ロマンスカー, 東武鉄道の特急—『りょうもう』, 東武鉄道スペーシア—『きぬ』『けごん』, 西武鉄道ニューレッドアロー——『ちちぶ』『小江戸』, 京成電鉄スカイライナー, 名古屋鉄道パノラマスーパー, 長野電鉄の特急／富士急行の特急, 富山地方鉄道の特急〔ほか〕

『ブルートレイン』小賀野実写真・文　大阪　ひかりのくに　2001.9　48p　26cm　（知識フォトえほん 9）838円　①4-564-20029-1

|目次| 夢列車ブルートレイン, 『カシオペア』, 走り続けた朝の空気が好き, 『北斗星』, 夕日に染まりやがて夜へ, 『トワイライトエクスプレス』, 臨時のブルートレイン『エルム』, 583系寝台特急電車『はくつる』, ブルートレイン北へ, 『はくつる』〔ほか〕

『せかいのとっきゅう』桜井寛写真・監修　新版　小学館　2001.7　31p　28cm　（21世紀幼稚園百科 16）970円　①4-09-224116-X

|内容| 世界には119の国々に鉄道が走っています。世界中の線路の総延長は約120万km, 日本は約2万kmですから世界は広いですね。鉄道は飛行機と異なり地面を走りますから各国の列車にはお国ぶりがはっきり現れます。鉄道によって世界の国々の様子も学びとってください。

『電車なんでも百科』海老原美宜男写真・構成・文　講談社　2001.7　46p　26cm　（新・ニューパーフェクト 13）950円　①4-06-268263-X

|目次| 速いぞ白いソニック, 世界一速い「のぞみ」号, ひかりレールスター, 2階建て新幹線E4系マックス, 元祖新幹線0系物語, 日本一豪華な寝台特急, サンライズエクスプレ

子どもの本　社会がわかる2000冊　　207

ス, JR特急大集合, 鉄道なんでもナンバー1, ジョイフルトレイン, 操車車, 新幹線を守る電車, 空を飛んだ電車—広島電鉄, みんなにやさしい路面電車, 電車をつくる, JR電車, 私鉄特急, 私鉄電車, 蒸気機関車大集合, 新しい未来型交通
[内容] 日本の生んだ世界に誇る新幹線から, JR・私鉄, はたらく電車に新交通, そして鉄道車両の大先輩の蒸気機関車など, 最新撮影の迫力のカラー写真がいっぱい！電車・鉄道のバラエティーあふれる, なんでも大百科です。

『しんかんせん』小賀野実写真・監修　新版　小学館　2001.5　31p　27cm　（21世紀幼稚園百科 5）970円　①4-09-224105-4
[内容] 総延長2228.4km。日本の主要都市を結んで, 超高速で走る7つの新幹線を合計した, 線路の長さ（実キロ）です。ここにはいろいろな形式の車両が活躍し, 人々の行き来を便利にしています。世界一の大量輸送を正確なダイヤでになう, 新幹線の世界をのぞいてみましょう。

『すすめJR・私鉄電車』真島満秀写真, 松尾定行文　あかね書房　2001.5　48p　19×26cm　（乗りものパノラマシリーズ 9）1000円　①4-251-07899-3
[目次] すすめJR・私鉄電車パノラマワイド, JR東日本の電車, JR東海の電車, JR西日本の電車, JR四国の電車, JR九州の電車, 首都圏の私鉄電車, 東日本の私鉄電車, 中部・北陸の私鉄電車, 関西の私鉄電車, 西日本の私鉄電車, JR・私鉄電車もの知り情報
[内容] 各地で活躍する電車が大集合！JR各社の電車をはじめ, 私鉄, 公営交通, 第三セクター鉄道の電車をたくさん集めました。ワイドな誌面に大きな写真がいっぱい！右へ左へ走りまわる電車の姿を, どうぞごゆっくりお楽しみください。きみの知っている電車も, きっと, どこかにのっているでしょう。デビューしたばかりの最新型電車があります。ローカル線を走るベテランの電車がいます。名車のなつかしい雄姿も見られます。

『とっきゅうでんしゃ』真島満秀写真・監修　新版　小学館　2001.5　31p　27cm　（21世紀幼稚園百科 12）970円　①4-09-224112-7
[内容] 鉄道は, 多くの人をいちどきに運ぶ交通機関。特急電車は, そこを走る速さと最適

さを備えたエースランナーです。この本で, 特急の色や形, そして遠くへ行けるという鉄道と車両の不思議さを探検してみましょう。

『のってみたいな特急列車』真島満秀写真, 松尾定行文　あかね書房　2001.4　48p　19×26cm　（乗りものパノラマシリーズ 8）1000円　①4-251-07898-5
[目次] のってみたいな特急列車パノラマワイド, JR北海道のディーゼル特急, JR東海のディーゼル特急, 乗り入れディーゼル特急, JR西日本のディーゼル特急, JR四国のディーゼル特急, JR九州のディーゼル特急, 寝台特急「カシオペア」号, 寝台特急「北斗星」号, 寝台特急「トワイライトエクスプレス」号, 寝台特急 北へ南へ, 最新型特急"白いかもめ", 最新型特急"ひかりレールスター", 最新型特急"ニューサンダーバード", 最新型特急「スーパーはつかり」号, 特急列車おもしろ情報

『しゅっぱつSL・トロッコ』真島満秀写真, 松尾定行文　あかね書房　2001.3　48p　19×26cm　（乗りものパノラマシリーズ 7）1000円　①4-251-07897-7
[目次] しゅっぱつSL・トロッコパノラマワイド, SL列車, トロッコ列車, SL・トロッコおもしろ情報

『でんしゃ・きかんしゃの本』諸戸久監修　講談社　2001.2　32p　27cm　（4・5・6歳のずかんえほん　新装版幼稚園百科Kintaro 3）1000円　①4-06-253373-1
[内容] 本書には, 電車・機関車を中心とした列車の大まかなことが描かれています。お子さまは, この本を読んでくださったおうちのかたに, いろいろな質問をしながら, 鉄道に対する理解を深めていくことでしょう。4・5・6歳。

『新幹線』小賀野実写真・文　大阪ひかりのくに　2001.1　48p　26cm　（知識フォトえほん 6）838円　①4-564-20026-7

『JR特急』小賀野実写真・文　大阪ひかりのくに　2000.12　48p　26cm　（知識フォトえほん 5）838円　①4-564-20025-9
[目次] あこがれの特急北へ南へ, 北の大地を走る, 北海道の特急電車, 北海道のリゾート特急, 東北の特急, 南東北と常磐線の特急, 北

現代社会――経済・仕事・産業　ものづくりの現場

『すごいぞ！私鉄特急』柏原治監修　成美堂出版　2000.11　64p　26cm　（のりもの写真えほん）880円　Ⓘ4-415-01559-X
|目次| 私鉄特急あつまれ！、関東地方、東海・北陸地方、近畿地方、九州地方
|内容| 私鉄特急は、速さはもちろん、デザインなどにもくふうがこらされています。また、都市と観光地を結ぶ風景の中を走る姿も、楽しみのひとつです。おもな私鉄や第3セクターなど、60種類近い私鉄特急が写真で楽しめる本です。

『てつどうずかん』小賀野実写真・文　大阪　ひかりのくに　2000.11　48p　26cm　（知識フォトえほん 2）838円　Ⓘ4-564-20022-4
|目次| 新幹線、特急、ジョイフルトレイン、電車

『世界の特急』南正時写真、松尾定行構成・文　講談社　2000.10　45p　26cm　（新・ニューパーフェクト 12）950円　Ⓘ4-06-268262-1
|目次| 走れ！鉄路をどこまでも、フランス（SNCF）、ドイツ（DBAG）、スイス（SBB）、オランダ（NS）、デンマーク（DSB）、イタリア（FS）、スペイン（RENFE）、イギリス（UK/ET）、世界の特急　路線地図〔ほか〕
|内容| 世界の国々・地域に活躍する特急列車、有名なデラックス列車、めずらしい鉄道の数々を、最新撮影のカラー写真で紹介しています。いずれも、日本人の鉄道カメラマンが、現地を訪れて特写した写真です。本書を読めば、世界の鉄道の最新事情にくわしくなれます。

『SL・機関車』松尾定行構成・文、荒川好夫ほか写真　講談社　2000.3　47p　26cm　（新・ニューパーフェクト 11）950円　Ⓘ4-06-268261-3
|目次| すごいぞ機関車！SL列車、寝台特急列車、電気機関車（EL）、ディーゼル機関車（DL）、雪とたたかうディーゼル機関車、トロッコ列車、SL・機関車博物館、SL・機関車グッズ
|内容| 力持ちでカッコいい機関車たちが、大集合しました。SL・EL・DLの最新写真集です。家族みんなで乗りたい「SL列車」や「トロッコ列車」のことから、寝台特急列車、そして機関車博物館のことまで、SL・機関車にくわしくなれるパーフェクトな一冊です。

『すごいぞ電車特急』真島満秀写真、松尾定行文・構成　あかね書房　2000.3　48p　19×26cm　（乗りものパノラマシリーズ 2）1000円　Ⓘ4-251-07892-6
|目次| 北海道の電車特急、東北・奥羽・羽越の電車特急、関東とその周辺の電車特急、東海・中部・北陸の電車特急、近畿の電車特急、山陰・四国の電車特急、九州の電車特急、電車特急もの知り情報

『とびだせ新幹線』真島満秀写真、松尾定行文・構成　あかね書房　2000.3　48p　19×26cm　（乗りものパノラマシリーズ 1）1000円　Ⓘ4-251-07891-8
|目次| のぞみ号、ひかり号、ファミリーひかり号・ウェストひかり号、こだま号、やまびこ号、なすの号、東北新幹線の併結運転、こまち号、つばさ号、あさひ号〔ほか〕

『はしれまちの電車』真島満秀写真、松尾定行文・構成　あかね書房　2000.3　48p　19×26cm　（乗りものパノラマシリーズ 3）1000円　Ⓘ4-251-07893-4
|目次| 首都圏のJR電車、首都圏の私鉄・地下鉄、首都圏のモノレール・新交通システム・都電、名古屋圏の電車、関西のJR電車、関西の私鉄・地下鉄、関西の新交通システム・モノレール、地方大都市圏の電車、電車もの知り情報

◆◆◆飛行機・船

『飛ぶしくみ大研究―工夫がいっぱい！飛行機から鳥・竹とんぼまで』秋本俊二監修、造事務所編集・構成　PHP研究所　2008.11　79p　29cm　2800円　Ⓘ978-4-569-68925-8　Ⓝ538.1
|目次| 1 どうやって生まれる？空を飛ぶために必要な力, 2 どうして空にうかぶ？乗りものが飛ぶしくみ, 3 ナゾがいっぱい！生きものが飛ぶしくみ, 4 ヒミツにせまる！モノが飛ぶしくみ, 5 楽しくつくろう！空を飛ぶおもちゃ
|内容| 飛行機、ヘリコプター、鳥、昆虫…「空を飛ぶものたち」のふしぎがわかる。「飛ぶしくみ」をさぐりにいこう。

『飛行機・船』小賀野実写真・文　JTBパブリッシング　2008.10　48p　26cm　（こども絵本エルライン　6）　780円　Ⓘ978-4-533-07247-5　Ⓝ538.6
[目次]　飛行機（世界最大のジェット旅客機エアバスA380，ジェット旅客機ボーイング747-400，プロペラ機，ヘリコプター，飛行船），船（カーフェリー，高速フェリー高速フェリーに乗ったよ，豪華客船定期船・高速船・カーフェリー，ホーバークラフト，レストランクルーザー，遊覧船，海賊船型の遊覧船ビクトリーに乗ったよ，いろいろな遊覧船，水上バス，水と遊ぶ船，はたらく船）

『日本全国飛行機旅行―旅客機・空港ものしり大図鑑』中村浩美監修　昭文社〔2008.3〕　79p　30cm　（なるほどkids）1600円　Ⓘ978-4-398-14626-7　Ⓝ687.21
[目次]　旅客機大図鑑，日本各地の空港を見てみよう！，空の旅にでかけよう！，日本全国航空体験に行こう
[内容]　空港ものしり博士になる！日本で会える日本・世界の旅客機まるごと大集合。日本の空を旅しよう。

『船の百科』エリック・ケントリー著，英国国立海事博物館監修，野間恒日本語版監修　あすなろ書房　2008.2　63p　29×22cm　（「知」のビジュアル百科　43）2500円　Ⓘ978-4-7515-2453-4
[目次]　水の上へ，さまざまな筏，動物の皮を張ったボート，樹皮張りのカヌー，丸木舟とアウトリガー・ボート，板張りの船，板張り船の建造，オールの力，風の力で，帆のかたち〔ほか〕
[内容]　古代の丸木舟から，現代の豪華客船まで，世界のさまざまな船をビジュアルで紹介。船の構造ばかりではなく，海に生きる男の生活など，当時の人々の暮らしぶりもリアルに伝わってくるビジュアル図鑑です。

『空をとぶ飛行機』高橋慎一監修　成美堂出版　2007.12　64p　26cm　（のりもの写真えほん　3）880円　Ⓘ978-4-415-30302-4　Ⓝ538.6
[目次]　旅客機，飛行機にのろう，飛行機のひみつ，いろいろな飛行機，空を楽しむ，宇宙開発
[内容]　空をとぶ飛行機から，宇宙をとぶスペースシャトルまでのっています。そのほかにも，70種類以上の空をとぶのりものや，飛行場や整備工場，スカイスポーツなどの空に関係のあるものを，たくさんしょうかいしている写真えほんです。

『鉄道・船』増補改訂　学習研究社　2007.12　160p　30cm　（ニューワイド学研の図鑑）2000円　Ⓘ978-4-05-500515-9　Ⓝ546.5
[目次]　鉄道（新幹線，特急，通勤電車など，いろいろな鉄道），船（旅を楽しむ船，人を運ぶ船，貨物を運ぶ船，いろいろな船），鉄道・船の情報館
[内容]　新幹線や船のしくみ，走るしくみなどをしょうかいしています。駅や港，造船所など，列車，船にかんするいろいろなひみつがわかります。

『飛行機・船―旅客機・ヘリコプター・飛行船・客船・フェリー』学習研究社　2007.2　44p　21×26cm　（乗り物ワイドbook）980円　Ⓘ978-4-05-202640-9　Ⓝ538.6
[目次]　飛行機，船

『自動車・飛行機』増補改訂　学習研究社　2006.12　160p　30cm　（ニューワイド学研の図鑑）2000円　Ⓘ4-05-202593-8　Ⓝ537.9
[目次]　自動車（人を運ぶ自動車，はたらく自動車，そのほかの自動車など，新しい自動車），飛行機（旅客機など，いろいろな飛行機，世界の軍用機，空をとぶ乗り物，近未来の飛行機）
[内容]　自動車、飛行機のことがなんでもわかる。最新モデル、最新データに対応した増補改訂版。

『空港大図鑑―図解でよくわかる空の交通　人と物がこんなに飛んでいる』PHP研究所編　PHP研究所　2006.6　79p　29cm　2800円　Ⓘ4-569-68623-0　Ⓝ687.9
[目次]　はじめに　のびる空論・増える空港,1　羽田空港へ行こう,2　空港と飛行機の安全につくす人々,3　空港からはじまる国際交流

『翼はよみがえったー〈YS-11〉日本初の国産旅客機』NHKプロジェクトX制作班原作・監修，石森章太郎プロ作画監修，石川森彦作画，大石けんいち脚本　宙出版　2005.6　205p　23cm　（まんが

現代社会——経済・仕事・産業　　　　　　　　　　　　　　　　　　　　　　ものづくりの現場

プロジェクトX挑戦者たち ジュニア版 13）950円　Ⓘ4-7767-9152-8　Ⓝ538.63

目次　第1章 空白の7年間、第2章 5人のサムライ、第3章 史上最大の模型、第4章 ミッドナイトミーティング、第5章 初飛行、第6章 FAAテスト飛行

内容　戦争に負けた日本は、飛行機づくりを禁止された。「五人のサムライ」と呼ばれた技術者たちは、日本人による初めての旅客機「YS-11」に挑戦したんだ。この飛行機が空を飛んだ瞬間の感動をみんなも味わおう。

『ライト兄弟はなぜ飛べたのか—紙飛行機で知る成功のひみつ』土佐幸子著　さ・え・ら書房　2005.4　63p 23cm　（やさしい科学）1400円　Ⓘ4-378-03896-X　Ⓝ538.6

目次　1 鳥のように大空を飛んでみたい, 2 空気よりも重いものが飛べるのか？, 3 リリエンタールのグライダーはなぜ墜落したか？, 4 まっすぐに飛ぶ紙飛行機, 5 曲芸紙飛行機, 6 飛行成功, 7 現代の飛行機と、ライト兄弟から学ぶもの

内容　空気よりも重たいものを飛ばすには、どのような発明が必要だったのでしょう。さまざまな種類の紙飛行機を作り、飛ばし、調整をしながら、ライト兄弟がどうして飛行に成功したか、そのひみつをさぐります。小学校高学年。

『ひこうきの本』ガリマール・ジュネス社原案・制作、ドナルド・グラント絵、手塚千史訳　岳陽舎　2004.11　1冊（ページ付なし）19cm　（はじめての発見 32）1200円　Ⓘ4-907737-55-6　Ⓝ538.6

内容　空をみあげてごらん！気球、グライダー、ヘリコプター、きみにはなにが見えるかな？ひこう場に行ってみよう。空飛ぶ夢といろいろな飛行物体についての本。

『ひこうき』高橋慎一監修　新版　小学館　2004.4　31p 28cm　（21世紀幼稚園百科 26）〈付属資料：ポスター1枚〉1100円　Ⓘ4-09-224126-7　Ⓝ538.6

内容　本書では、民間で使われている大型、中型のジェット旅客機を中心に飛行機を解説した。また、空港や整備工場についても紹介している。それぞれの飛行機の役割を、お子さまといっしょに楽しく勉強してください。

『飛行機の大研究—ライト兄弟からスペースシャトルまで』ヒサクニヒコ著　PHP研究所　2004.2　123p 22cm　（未知へのとびらシリーズ）1250円　Ⓘ4-569-68445-9　Ⓝ538.6

目次　第1章 空を飛びたい、第2章 ライトが飛んだ、第3章 第一次世界大戦がはじまった、第4章 つかの間の平和、第5章 せまってきた戦争—第二次世界大戦のはじまり、第6章 第二次世界大戦と飛行機、第7章 戦争が終わって、第8章 飛行機が世界を変えた、第9章 身近な飛行機、これからの飛行機

『ひこうきのしくみ』しもだのぶおぶん・え　岩崎書店　2002.3　39p 22×28cm　（分解ずかん 2）2200円　Ⓘ4-265-04252-X

目次　ひこうきに、めいれいをだすきしゅ、かるくて、じょうぶなどうたい、かいてきなきゃくしつ、うき上がる力を生みだすしゅよく、はやさでかわるしゅよくのかたち、ひこうきをあんていさせるびよく、空をとんで、すすむジェットエンジン、プロペラをまわすプロペラきのエンジン、ひこうきをささえる前きゃくとしゅきゃく、くうこうでひこうきがとぶまで〔ほか〕

『ひこうき』イアン・グラハム文、天沼春樹、三浦智美訳　岩崎書店　2000.4　32p 29cm　（のりものスピード図鑑 3）〈索引あり〉2200円　Ⓘ4-265-05723-3

目次　スピードをもとめて、スピードのでるデザイン、設計のだんかいで、ひこうきをテストする、エンジンのパワー、超音速ひこうき、速く、はげしく、レース用のひこうき、宇宙へむかって、ヘリコプターのしくみ、ひこうきを操縦する、新記録をだしたひこうき、そして未来へ

内容　この本では、最新のひこうきのスピードをだすためのしくみが、設計からできあがりまで、一目でわかります。

『ふね』イアン・グラハム文、天沼春樹、若松宣子訳　岩崎書店　2000.4　32p 29cm　（のりものスピード図鑑 4）〈索引あり〉2200円　Ⓘ4-265-05724-1

目次　スピードをもとめて、スピードのでる設計、設計のだんかいで、ふねをテストする、エンジンの出力、レースの主役たち、海をわたる、帆のある船、速く走るカタマラン、水の

子どもの本 社会がわかる2000冊　211

下のつばさ,波をかすめて,新記録をだした人びと,未来のふね
|内容| この本では,最新のふねのスピードをだすためのしくみが,設計からできあがりまで,一目でわかります。

『飛行機の歴史』山本忠敬著 福音館書店 1999.3 159p 28cm 〈肖像あり 年譜あり 索引あり 文献あり〉3800円 Ⓘ4-8340-1585-8
|目次| 1 空とぶ,あこがれの時代,2 プロペラまわして,空とぶ時代,3 大空とびかう,ジェット機時代
|内容| 500枚の精density な図版と膨大なデータからなる本書は,空飛ぶことの夢を実現しようと命がけで挑んだ人類の壮大な記録です。飛行機そのものの発達史であり,人間社会の歴史でもあります。

◆◆新しいテクノロジーの開発

『写真でみる発明の歴史』ライオネル・ベンダー著,高橋昌義日本語版監修 あすなろ書房 2008.4 63p 30cm (「知」のビジュアル百科 46)2500円 Ⓘ978-4-7515-2456-5
|目次| 発明とは?,発明物語,道具,車輪,金属加工,ものをはかる,筆記具,照明,時計,動力の利用,印刷,光学機器の発明,計算,蒸気機関,航海術と測量術,紡績と織物,電池,写真,医学と発明,電話,録音と再生,内燃機関,映画,無線装置,身近な発明品,陰極線管(ブラウン管),飛行,プラスチック,シリコンチップ,索引
|内容| 世界を変えた大発明が,この1冊に!時計,電話,電気…今では暮らしにかかせないこれらのものは,どのようにして生み出されたのか?その経緯をわかりやすく紹介します。意外やエピソードが満載。

『テクノロジー』坪田耕三,鷲見辰美監修 学習研究社 2008.2 39p 29cm (ものづくりの現場で役立つ算数・理科 6)2600円 Ⓘ978-4-05-202848-9,978-4-05-810858-1 Ⓝ548.3

『イラストでみる世界を変えた発明』ジリー・マクラウド文,リサ・スワーリング,ラルフ・レイザーイラスト,赤尾秀子訳 ランダムハウス講談社 2008.1 61p 31cm〈年表あり〉2500円 Ⓘ978-4-270-00258-2 Ⓝ507.1
|目次| もっと良い方法はない?,百聞は一見にしかず,有名な発明家たち,蒸気マシン,奇想天外な発明大集合,白熱電球と発電機,すばらしき第1号,内燃機関,信じられない大失敗,トランジスタ,未来,武器の進化,年表,用語集,索引
|内容| 今から1500年以上前,ドイツのグーテンベルクが活版印刷の方法を発明した。この発明は同じものを複数作って配布する現在の出版技術の基礎となった。本書はこの発明により読者の方々の手に渡っている。こうした発明の数々は日常あまり気にすることはない。しかし,電球,テレビ,携帯電話,パソコン,カメラ等々,実に多くの製品が失敗と努力の積み重ねで現在の姿になっていったのだ。本書は,世界を変えた発明の数々をエピソードとともに紹介する。現在の私たちの暮らしとこれらの発明の関係についても理解しやすい構成になっている。発明家たちの紹介はもちろんのこと,幻に終わった発明なども多数紹介する。

『発明・発見』学習研究社 2007.3 136p 30cm (ニューワイド学研の図鑑)〈年表あり〉2000円 Ⓘ978-4-05-202617-1 Ⓝ507.1
|目次| 地球・宇宙,交通,磁石・電気・通信,光・音・記録,化学,運動・力,からだ,食品の保存
|内容| 宇宙・交通・電気・化学などの8分野。登場人物は350人以上。発明・発見のつながりがよくわかる。発明・発見のエピソードもいっぱい。

『ナノテクがみちびく科学の未来』榊裕之監修,谷田和一郎文 旺文社 2007.1 47p 27cm (ふしぎナゾ最前線!現代科学の限界にいどむ)2800円 Ⓘ978-4-01-071928-2 Ⓝ502
|目次| ナノが世界をかえる,ナノの世界をさぐる,ひろがる可能性,実用化が近いナノテクノロジー,物語が現実になる?,もっと知りたい!ナノテクノロジー

『新技術とハイテク製品』保岡孝之監修 学習研究社 2006.3 48p 29cm (くわしい!わかる!図解日本の産業 5)3000円 Ⓘ4-05-302153-7 Ⓝ549.09
|目次| エレクトロニクス,新素材,バイオテクノロジー

『ハイテクノロジーの達人』日本宇宙少

年団編，的川泰宣監修，高田裕行責任編集　新日本出版社　2006.2　62p　31cm　（ネクスト・アインシュタインようこそ研究室へ　4）3200円　Ⓘ4-406-03241-X,4-406-03275-4　Ⓝ502.1

|目次| 1 紙ヒコーキ博士が作る落ちない飛行機―鈴木真二先生の研究室へ,2 研究室は自宅の6畳間！驚異の自作プラネタリウム―大平貴之先生の研究室へ,3 宇宙がアトリエ星の世紀のアーティスト―逢坂卓郎先生の研究室へ,4 科学と芸術の境界で文化財を守る―佐野千絵先生の研究室へ,5 痛みを感じる機械の手 人工触覚を開発中―下条誠先生の研究室へ,6 星空の案内人はインターネットの達人―尾久土正己先生の研究室へ,7 夢のエンジン開発がもの作りの原動力―平田宏二先生の研究室へ,8 無重力の宇宙実験で細胞のしくみに迫る―黒谷明美先生の研究室へ

|内容| この本は、（財）日本宇宙少年団（YAC）が発行している月刊の科学雑誌『ジュニア・サイエンティスト』に毎月連載している『研究室はワンダーランド』から、技術をテーマにした記事を選んで再録し、読みやすように再編集したものです。この巻に集めた8編は、飛行機あり、ロボットあり、自作プラネタリウムあり。さらに、技術のイメージをグンと広げて保存の科学やスペースアートまで、さまざまなテーマを盛り込みました。小学校高学年から中・高校生向き。

『みんなが知りたい！「世界の大発明」がわかる本』プロジェクトM著　メイツ出版　2005.12　128p　21cm　（まなぶっく）〈年表あり　年譜あり〉1500円　Ⓘ4-89577-963-7　Ⓝ507.1

|目次| 古代文明の時代, 通商革命の時代, 産業革命の時代, 技術革新の時代

|内容| 人類の歴史を変えた、さまざまな大発明をイラストでわかりやすく解説します。

『発明と発見のひみつ』山田卓三監修，流星光まんが　学習研究社　2005.11　132p　23cm　（学研まんが新ひみつシリーズ）880円　Ⓘ4-05-202376-5　Ⓝ507.1

|目次| これぞ、科学の味じゃ！―圧力なべ, 胃の中をこの目で見たい！―胃カメラ, たくさんの人々に本を！―印刷, 安全を自分で証明！―エレベーター, 粘土をまぜて、濃さを調節！―鉛筆, 物と物との交換が便利に！―お金, 平和と教育のためのスポーツの祭典！―オリンピック, 水の高さの変化で温度をはかる―温度計, つくり方は教えませーん！―鏡, 中国から広まった世紀の大発明！―紙 〔ほか〕

|内容| 本書は、いろいろなものが発明・発見されたときのひみつやエピソードを、まんがでわかりやすく紹介しています。ほとんどのページに、知って得するまめちしきがあります。

『発明家は子ども！』マーク・マカッチャン著，ジョン・カネルイラスト，千葉茂樹訳　晶文社　2005.9　87p　20cm　1300円　Ⓘ4-7949-2724-X　Ⓝ507.1

|目次| 1 火星を夢見た少年,2 冥王星の名づけ親,3 アシモフは本の虫,4 テレビの父は高校生,5 メアリーと恐竜,6 セアラは暗号王,7 稲妻計算機,8 医療専門家を負かした9歳の少女,9 点字を生み出した盲目の少年

|内容| 11歳の少女が冥王星の名づけ親になり、14歳の少年がテレビを発明した。SF作家のアシモフが小説を書き始めたのも、11歳。点字を思いついたのも、盲目の少年だった。みんな、子どものときから、発明家なのだ。彼らはとくべつなの？いいえ、みんなと変わらない。ただ、すばらしいアイデアを思いついたら、実現するまで、ぜったいにあきらめなかったんだ。自分を信じて、やりとげること―それなら、君にもきっと、できる。

『子どもに教えたい技術の話―技術立国日本の肖像』『子どもに教えたい技術の話』編集委員会著　東京書籍　2005.4　87p　26cm　（教育と文化シリーズ　第3巻）〈年表あり〉1500円　Ⓘ4-487-46702-0　Ⓝ502.1

『発明にチャレンジ！』日本弁理士会監修　汐文社　2005.3　47p　27cm　（イラスト大図解　知的財産権　3）1800円　Ⓘ4-8113-7937-3　Ⓝ507.1

|目次| 1 けいたい用ヘアーブラシ,2 使いすてカイロ,3 Vメガホン,4 カップラーメン,5 暗記用学習用具,6 アルミホイル容器入り鍋焼きうどん,7 ゴキブリ捕獲器,8 せんたくくずの捕集ネット

|内容| 特許権は特許法という法律で、意匠権は意匠法という法律で、商標権は商標法という法律でそれぞれ保護されるようになっています。この本では、『特許』というもの

の仕組みがどのようになっているのか、意匠権のしくみがどのようになっているのか、商標権のしくみがどのようになっているのか、がよくわかるように説明してあります。

『発明・発見の大常識』板倉聖宣監修，青木一平文　ポプラ社　2005.1　143p　22cm　（これだけは知っておきたい！　18）〈年表あり〉880円　Ⓘ4-591-08410-8　Ⓝ507.1
目次 1 くらしのなかの発明・発見,2 食べものの発明・発見,3 医学の発明・発見,4 科学と文明を進歩させた発明・発見,5 文化をささえる発明・発見
内容 小学校4年生から、よみがな対応！知ってトクする発明・発見のひみつを徹底攻略。

『液晶　執念の対決―〈瀬戸際のリーダー〉大勝負』NHKプロジェクトX制作班原作・監修，池原しげと作画・脚本　宙出版　2004.12　206p　23cm　（まんがプロジェクトX挑戦者たち　ジュニア版10）950円　Ⓘ4-7767-9086-6　Ⓝ549.9
目次 第1章 左遷,第2章 運命の出会い液晶,第3章 アワを消せ,第4章 極秘プロジェクト「S734」,第5章 瀬戸際の大勝負
内容 世界で初めて「液晶」の実用化に成功したシャープ。開発者は挫折を味わったリーダー、和田富夫と日の当たらない場所にいた技術者たち。アメリカの大企業も実用化をあきらめた「液晶表示装置」の開発は困難の連続！だが、彼らは決して諦めなかった。執念で夢を叶えろ。

『ナノテクが世界を変える―まんが　未来をひらく夢への挑戦』子ども科学技術白書編集委員会編，文部科学省科学技術・学術政策局調査調整課監修　学習研究社　2004.6　64p　21cm　（子ども科学技術白書　5）〈付属資料：CD-ROM1〉470円　Ⓘ4-05-152274-1

『科学技術っておもしろい！』毛利衛監修，こどもくらぶ編　岩崎書店　2004.4　47p　29cm　（未来をひらく最先端科学技術　1　毛利衛監修，日本科学未来館協力）2800円　Ⓘ4-265-04491-3　Ⓝ502
目次 科学技術について考えよう―毛利衛からの6つのメッセージ,科学技術とわたしたちのくらし,科学館へいってみよう

『ナノテクノロジー―1mの10億分の1が未来を変える』苅宿俊文企画・文，童夢編　借成社　2004.3　47p　28cm　（つかめ！最新テクノロジー　4）2800円　Ⓘ4-03-534240-8　Ⓝ500
目次 今の世の中、問題だらけ？,新技術をつかむために,病気とたたかうナノテクノロジー,健康を守るナノテクノロジー,ナノテクでできること,ナノテクノロジーって、なに？,どうして、nm(ナノメートル)？,ナノメートルの世界をのぞいてみよう！,ナノテクノロジーの過去と未来,ナノテクノロジーを変えたカーボンナノチューブ,医療・環境に役立つナノテクノロジー,電子部品に役立つナノテクノロジー,生活に役立つナノテクノロジー,教えて先生！ナノテクノロジー,ナノテクノロジーを体験しよう,ナノテクノロジーと学習とのつながり,もっと調べたいきみたちへ！

『新素材―高度な材料をつくる』逢坂哲弥監修　リブリオ出版　2003.4　39p　27cm　（科学がつくる21世紀のくらし　2）2800円　Ⓘ4-86057-084-7　Ⓝ501.4
目次 新素材ってなんだろう,新素材開発の舞台は原子の世界,未来の技術ナノテクノロジー,新しいプラスチック,新しい機能をもった繊維,より軽く、より強く―スーパー繊維,医療につかわれる新素材,コンピュータを進化させる新素材,形を記憶する金属,水素をためる金属,進化していくセラミックス,電気抵抗ゼロの物質・超伝導ってなに,ふたつの性質をもった物質,宇宙でつくられる新素材
内容 土の中でくさる生分解性プラスチックや水素吸蔵合金、超伝導物質など、研究がすすめられている未来の新素材を紹介。

『ネット社会を彩るカラー液晶―IT世界を変えた液晶技術開発物語』宇津木聡史文，天野徹監修　学習研究社　2003.3　119p　22cm　（世界を変えた日本の技術　科学読み物　2）1400円　Ⓘ4-05-201742-0,4-05-810701-4　Ⓝ549.9

『新技術の開発に挑んだ人たち』NHK「プロジェクトX」制作班編　汐文社　2003.1　154p　22cm　（ジュニア版NHKプロジェクトX　9）1400円　Ⓘ4-8113-7489-4　Ⓝ502.1
目次 男たちのH-2ロケット　天空へ,海底ロマン！深海6500メートルへの挑戦―潜水調

現代社会——経済・仕事・産業　　　　　　　　　　　　　　　　ものづくりの現場

査船・世界記録までの二五年，液晶，執念の対決―瀬戸際のリーダー・大勝負，通勤ラッシュを退治せよ―世界初・自動改札機誕生

『まんが　未来をひらく夢への挑戦』科学技術庁科学技術政策局調査課監修，子ども科学技術白書編集委員会編　大蔵省印刷局　2000.2　64p　21cm　（子ども科学技術白書 1）360円　①4-17-196400-8

◆◆◆ロボットをつくる

『友だちロボットがやってくる―みんなのまわりにロボットがいる未来』羅志偉著　くもん出版　2009.3　125p　21cm（くもんジュニアサイエンス）1400円　①978-4-7743-1598-0
[目次]　はじめに　世界初！人間をだきあげるロボット，第1章　ロボットのことを考えてみよう，第2章　めざすのは，人間をだきあげること，第3章　ロボットが教えてくれる「生きもののすばらしさ」，第4章　二〇年後のわたしたちとロボット，第5章　ロボット研究から考える，かしこさと知能，おわりに　ロボットを研究しているほんとうのわけ
[内容]　たくさんの難問を乗りこえ，世界で初めて，人をだきあげられるロボット「リーマン」が完成しました。「そんなことが，世界初なの？」と，思うかもしれません。でも，わたしたちなら簡単にできても，ロボットにはむずかしいことが，まだまだ山ほどあります。反対に，ロボットは得意なのに，わたしたちができないこともいっぱいあります。ロボットが手伝ってくれたら，とても助かりますよね。あと二〇年もすれば，家の中にロボットがいる時代がやってきます。きっと，友だちのようなロボットもつくられているはずです。そんな友だちロボットは，わたしたち人間とじょうずにつきあっていくために，どんな能力を身につける必要があるのでしょう？　みなさんには，ふだんの生活の中でふつうに活動しているきのようすを，よく思いかえしてほしいと思います。その中に，たくさんのヒントがあるからです。

『たたかうロボット』デイビッド・ジェフリス著，富山健日本語版監修　ほるぷ出版　2009.2　31p　29cm（世界のロボット）〈年表あり　索引あり〉2800円　①978-4-593-58604-2　⑩548.3
[目次]　たたかうロボットのはじまり，センサ

とコンピュータ，宇宙にいるスパイ，上空の目，無人戦闘機，海のロボット，ロボットの軍隊，スーパーソルジャー，危険！不発弾，ロボコップ，警備ロボット，たたかうロボットのこれから，年表，用語解説，さくいん，監修者のことば
[内容]　さまざまな場所で活躍する，世界のロボットを紹介するシリーズ。本書では，最初の偵察衛生「コロナ」や，アメリカの無人飛行機「プレデター」，海難救助の支援を行う潜水艦ロボット「スーパースコーピオ」，映画に登場した架空の警察官ロボット「ロボコップ」など，人間の平和と安全のためにたたかう，世界のロボットの活躍ぶりを紹介しています。

『はたらくロボット』デイビッド・ジェフリス著，富山健日本語版監修　ほるぷ出版　2009.1　31p　29cm（世界のロボット）〈年表あり　索引あり〉2800円　①978-4-593-58602-8　⑩548.3
[目次]　ロボットによる労働のはじまり，ロボットアーム，精密な労働者，増えつづけるロボット，農場ではたらくロボット，店ではたらくロボット，家庭ではたらくロボット，かしこい家，ロボットが活躍する場所，人命救助〔ほか〕
[内容]　本書では，世界で最初の産業用ロボット「ユニメート」や，全世界で数百万台販売されたそうじ機ロボット「ルンバ」，高齢者の役に立つ介護ロボット「ケア・オー・ボット」，むずかしい外科手術を手伝う「ダ・ヴィンチ」など，人にかわってさまざまな場所ではたらく，世界のロボットの活躍ぶりを紹介している。

『考えるロボット』デイビッド・ジェフリス著，富山健日本語版監修　ほるぷ出版　2008.12　31p　29cm（世界のロボット）2800円　①978-4-593-58603-5　⑩548.3
[目次]　考えるロボットのはじまり，ロボットの頭脳，ロボットの五感，ロボットの学習方法，ロボットの知能，おもちゃのロボット，自動車ロボット，ヒューマノイド，人か機械か，ロボット対人間，ロボット指揮官，考えるロボットのこれから，年表，用語解説，さくいん，監修者のことば
[内容]　本書では，二足歩行できる日本の誇るヒューマノイド「アシモ」や，人の声や顔を識別できる「キュリオ」，ロシアのチェス王者を打ちまかした「ディープ・ブルー」，ド

子どもの本　社会がわかる2000冊　215

『探査するロボット』デイビッド・ジェフリス著，富山健日本語版監修　ほるぷ出版　2008.9　31p　29cm（世界のロボット）2800円　①978-4-593-58601-1　Ⓝ548.3
　目次　ロボット探査のはじまり，ロボットの移動方法，極限地帯の探査，海底探査，空からの眼，ロボットレーサー，バイオロボット，器用なロボット，赤い惑星の探査機，彗星探査，無限のかなたへの旅，探査するロボットのこれから，年表，用語解説，さくいん，監修者のことば

『じたばたロボ　コロボット』左巻健男総合監修　学習研究社　2007.12　19p　29cm（科学のタマゴ　サイエンストイバージョン）2171円　①978-4-05-604745-5　Ⓝ548.3

『ロボット　大集合』永岡書店編集部編　永岡書店　2007.6　64p　26cm（こども写真ひゃっか）850円　①978-4-522-42437-7　Ⓝ548.3

『ロボット　大図鑑―読んで楽しい　歴史から最新技術まで』門田和雄監修　PHP研究所　2007.4　79p　29cm〈年表あり〉2800円　①978-4-569-68662-2　Ⓝ548.3
　目次　第1章 ロボットって何だ？，第2章 進化を続けるロボット，第3章 くらしの中のロボット，第4章 危険な場所で活やくするロボット，第5章 もっと知りたい！ロボットのこと

『ロボットの大常識』日本ロボット工業会監修，小林雅子，山内ススム文　ポプラ社　2007.3　143p　22cm（これだけは知っておきたい！40）880円　①978-4-591-09671-0　Ⓝ548.3
　目次　その1 ロボットってどんなもの？，その2 ロボットのからだ大解剖！，その3 ロボット大集合！，その4 進化するロボットと変わる未来
　内容　ここに知りたい未来がある。最先端ロボットのすべて。

『暮らしを豊かにするロボット―楽しい！便利！』毛利衛監修　学習研究社　2005.1　47p　29cm（夢が現実に！ロボット新時代　第2巻）3200円　①4-05-152283-0　Ⓝ548.3
　目次　第1章 大人気の人型ロボット，第2章 仲良しドリームロボット，第3章 家のお手伝いロボット

『人を助けてはたらくロボット―社会で活やく！』毛利衛監修　学習研究社　2005.1　47p　29cm（夢が現実に！ロボット新時代　第3巻）3200円　①4-05-152284-9　Ⓝ548.3
　目次　第1章 危険な場所ではロボットが大活やく！，第2章 ものづくりの現場で実力を見せる！，第4章 受付や警備など身近な場所にロボットが進出

『みんなで実現！未来のロボット―ともに暮らす』毛利衛監修　学習研究社　2005.1　47p　29cm（夢が現実に！ロボット新時代　第4巻）3200円　①4-05-152285-7　Ⓝ548.3
　目次　第1章 ロボットと共生する社会をめざして，第2章 ロボットの競技会に参加しよう！，第3章 きみにもできる！ロボット作り，第4章 「ロボット」調べ学習役立ち資料集

『ロボットの歴史としくみ―空想から現実へ！』毛利衛監修　学習研究社　2005.1　47p　29cm（夢が現実に！ロボット新時代　第1巻）〈年表あり〉3200円　①4-05-152282-2　Ⓝ548.3
　目次　第1章 ロボットのなりたち，第2章 ロボットってどんなもの？，第3章 ロボットのしくみ，第4章 ロボット開発を支えるいろいろな分野の研究

『ロボットと人は友だちになれるの？―技術革新』毛利衛監修，こどもくらぶ編　岩崎書店　2004.4　47p　29cm（未来をひらく最先端科学技術 5　毛利衛監修，日本科学未来館協力）2800円　①4-265-04495-6　Ⓝ502
　目次　1 人型ロボット，2 リニアモーターカー，3 超伝導，4 半導体技術，5 マイクロマシン，6 ナノテクノロジー
　内容　「技術革新」の分野に関する6つの最先端科学技術をテーマごとにくわしく紹介。

現代社会―経済・仕事・産業　　　　　　　　　　　　　　　　　　　　　　　　　　ものづくりの現場

『ヒューマノイド―SF世界を現実にする』苅宿俊文企画・文，童夢編　偕成社　2004.3　47p　28cm　（つかめ！最新テクノロジー 5）2800円　Ⓘ4-03-534250-5　Ⓝ548.3

目次　夢のロボットまであと少し？，社会に役立つロボットを！，ヒューマノイドがくらしを変える，ロボット大活躍，大昔の自動機械，想像のロボット誕生‼，ヒューマノイド研究の始まり，二足歩行の実現，人間の感覚を持つヒューマノイド，活躍を始めたロボット，身近になったロボットたち，こんなにすすんだヒューマノイド，いろんなロボット大集合‼，教えて先生！ヒューマノイド，ロボットを体験しよう，ヒューマノイドと学習とのつながり，もっと調べたいきみたちへ！

『わくわくロボットワールド』松原仁監修，大谷卓史構成・文，吉住純漫画　集英社　2003.3　157p　23cm　（集英社版・学習漫画）〈年表あり〉1200円　Ⓘ4-08-288081-X　Ⓝ548.3

目次　第1章 想像の世界のロボット，第2章 はたらくロボット，第3章 未来のロボット，第4章 考えるコンピュータ，第5章 ロボットと遊ぼう

内容　鉄腕アトムからAI（人工知能）まで！ロボットの過去・現在・未来がすべてわかる。

『ロボカップジュニア ガイドブック―ロボットの歴史から製作のヒントまで』子供の科学編集部編　誠文堂新光社　2002.6　143p　21cm　1200円　Ⓘ4-416-80223-4　Ⓝ548.3

目次　第1章 ロボカップって何だろう？，第2章 ロボカップジュニアに参加しよう！，第3章 マンガ・ロボカップジュニアにチャレンジ！，第4章 メカニックを考える，第5章 ロボカップジュニアに参加するみんなを紹介！

『ロボットはともだち！』小学館　2002.3　181p　26cm　（ワンダーライフスペシャル―ドラえもんムック）1000円　Ⓘ4-09-106042-0　Ⓝ548.3

『ぼくらのともだちロボット大図鑑―だれでもロボット博士になれる』福田敏男監修　PHP研究所　2001.9　91p　31cm　2800円　Ⓘ4-569-68300-2

目次　第1章 あたらしいロボット大集合！，第2章 くらしに役だつロボットたち，第3章 ロボットのやさしい科学，第4章 空想がひらくロボットの未来，第5章 ロボットはどこからやってきた？

内容　いま人気のロボットが勢ぞろい。ロボットの未来への夢がひろがるロボット図鑑。

『ロボット世紀のとびらが開いた』本間正樹著，原田こういち絵　佼成出版社　2001.6　127p　22cm　（体験ノンフィクション）1500円　Ⓘ4-333-01934-6

目次　1 ロボット時代がやって来た，2 早稲田大学ヒューマノイド研究所をたずねる，3 テムザック4号を動かす，4 テレイグジスタンスという画期的なアイデア，5 ロボットと人間の未来

内容　どんなロボットにいてほしいと思う？宿題ロボット，おそうじロボット，友だちロボット…。きみが夢見た未来のロボットが，実現するんだ。夢の一歩をふみだした日本のロボット研究を丸ごと紹介！小学校中学年から。

『ロボットに見る不思議の世界―まんがつくろう！21世紀』科学技術庁科学技術政策局調査課監修，子ども科学技術白書編集委員会編　大蔵省印刷局　2000.12　64p　21cm　（子ども科学技術白書 2）360円　Ⓘ4-17-196401-6

内容　本書は、科学技術庁編「平成12年版科学技術白書」をもとに、便利なモノができるまでの過程を考えるなど、「科学技術について主体的に考え参加していく姿勢の大切さ」を子どもたちに分かりやすく説明したものです。

◆◆工事に挑む

『男たち不屈のドラマ 瀬戸大橋―世紀の難工事に挑む』NHKプロジェクトX制作班原作・監修，笠原倫作画・脚本　宙出版　2005.6　205p　23cm　（まんが プロジェクトX挑戦者たち ジュニア版 12）950円　Ⓘ4-7767-9151-X　Ⓝ515.45

目次　プロローグ 人生を賭けた橋，第1章 運命の糸，第2章 暗礁，第3章 衝突，第4章 想い，第5章 窮地，第6章 杉田秀夫

内容　昔、瀬戸内海で起こった船の事故で多くの人が亡くなった。そのなかには何人もの

子どもの本 社会がわかる2000冊　217

『厳冬黒四ダムに挑む―断崖絶壁の輸送作戦』NHKプロジェクトX制作班原作・監修，影丸穣也作画・脚本　宙出版　2004.12　206p　23cm　（まんがプロジェクトX挑戦者たち　ジュニア版　8）　950円　Ⓣ4-7767-9084-X　Ⓝ517.72

[目次] プロローグ　黒部にケガは無い！あるのは死…，第1章　秘境に挑む　浮上する黒四計画，第2章　ブルドーザーで標高2700メートルの山を越えよ！，第3章　越冬　零下20度の地での5カ月，第4章　白き酷寒地獄の中で兄貴と呼ばれて…，第5章　決死の雪上輸送！生か!!死か!?，第6章　大いなる賭け　大発破!!，エピローグ　笑う大まむし

[内容] 断崖絶壁に巨大ダムをつくれ！史上最大の難工事！黒四ダム建設。しかも7年の間にダムを完成させなければならない。「やらなきゃならん！」ダム屋一筋30年の男，中村精（くわし）と彼の仲間たちが黒部の厳しい大自然に挑戦する。

『現代史を刻む開発・工事に挑んだ人たち』NHK「プロジェクトX」制作班編　汐文社　2004.4　136p　22cm　（ジュニア版NHKプロジェクトX　15）1400円　Ⓣ4-8113-7810-5　Ⓝ502.1

[目次] 戦場にかけろ日本橋―カンボジア・技術者と兵士の闘い，炎のアラビア―巨大油田に挑んだ技術者たち，命の水，暴れ川を制圧せよ―日本最大愛知用水・13年のドラマ，爆発の嵐，スエズ運河を掘れ

『建造物の世界』ものづくり探検編集室編著　理論社　2003.4　48p　28cm　（ものづくり探検　身近なものができるまで　4）2400円　Ⓣ4-652-04844-0　Ⓝ510.9

[目次] 東京湾アクアライン，青函トンネル，瀬戸大橋，関西国際空港，高速道路，新幹線の鉄道，ダム，原子力発電所，横浜ランドマークタワー，東京ドーム，プレハブ住宅，世界の巨大建造物，近代以降の巨大建造物のあゆみ

『ドーバー海峡を掘ったモグラマシーン―シールドマシン開発物語』田中舘哲彦文，天野徹監修　学習研究社　2003.3　119p　22cm　（世界を変えた日本の技術　科学読み物　5）1400円　Ⓣ4-05-201745-5,4-05-810701-4　Ⓝ514.96

『ゼロからの挑戦！難工事を成し遂げた人たち』NHK「プロジェクトX」制作班編　汐文社　2003.1　151p　22cm　（ジュニア版NHKプロジェクトX　10）1400円　Ⓣ4-8113-7490-8　Ⓝ502.1

[目次] 男たち，不屈のドラマ瀬戸大橋―世紀の難工事に挑む，巨大モグラドーバーを掘れ―地下一筋・男たちは国境を越えた，霞が関ビル，超高層への果てなき闘い―地震列島，日本の革命技術，幻の金堂，ゼロからの挑戦―薬師寺・鬼の名工と若武者

『前人未踏！巨大事業にいどんだ人たち』NHK「プロジェクトX」制作班編　汐文社　2001.12　186p　22cm　（ジュニア版NHKプロジェクトX　4）1400円　Ⓣ4-8113-7411-8

[目次] 巨大台風から日本を守れ―富士山頂・男たちは命をかけた，友の死を越えて―青函トンネル・24年の大工事，厳冬　黒四ダムに挑む―断崖絶壁の輸送作戦，東京タワー　恋人たちのたたかい―世界一のテレビ塔建設・333メートルの難工事

◆ものを動かす仕事―商業

『コンビニのしかけ』藤田千枝編，坂口美佳子著　大月書店　2008.11　61p　23cm　（なるほどデータブック　1）〈文献あり〉　1800円　Ⓣ978-4-272-40651-7　Ⓝ673.86

[目次] 商品の並べ方には買わせる工夫がぎっしり，1年間で70パーセントの商品が入れかわる，コンビニおにぎりは工夫のかたまり，コンビニスイーツは花ざかり，ペットボトルはコンビニから大ヒット，おでんのだしは地域でちがう，中華まんとから揚げも定番だ，季節に合わせて商品をそろえる，いつでも開いている銀行，コンビニはサービスも売っている〔ほか〕

[内容] データでみるコンビニの戦略。買わせる工夫がぎっしり。

『グラフで調べる日本の産業　7　貿易・運輸』谷川彰英監修　小峰書店　2008.3　47p　29cm　3200円　Ⓣ978-4-338-23407-8　Ⓝ602.1

[目次] 日本の輸出品と輸入品，貿易額の変化，貿易の仕組み，貿易の相手国，世界の地域別

現代社会―経済・仕事・産業　　　　　　　　　　　　　　　　ものを動かす仕事

にみた貿易,アメリカ合衆国との貿易,ヨーロッパとの貿易,中国の貿易,輸出品と輸入品の変化,石油や石炭の輸入先,食料の輸入,世界の貿易と日本,貿易の黒字と赤字,くにぜんたいの収入と支出,運輸からみた貿易,国内の運輸,国内輸送量の変化,鉄道での人の輸送,トラックでの輸送,バスと乗用車での移動,船と港,飛行機と空港
|内容| 日本の貿易の過去・現在をみることで日本を知ることができる。また重要な貿易相手であるアメリカ合衆国や台頭する中国との関係なども調べる。

『グラフで調べる日本の産業　6　商業・サービス業・情報通信』谷川彰英監修　小峰書店　2008.3　47p　29cm　3200円　Ⓘ978-4-338-23406-1　Ⓝ602.1
|目次| 働く人の数からみた産業,第三次産業の仕事,商業,商品の流れと商業,商業がさかんなところ,小売店,大型小売店とスーパーマーケット,コンビニエンスストア,通信販売,観光・レジャー産業,外食産業,医療・保健,福祉,公務,金融・保険,いろいろなサービス業,出版と放送,郵便・電話,インターネット
|内容| 大きく発展している情報通信をはじめとした第3次産業のすがたをグラフでわかりやすく解説。日本の産業を考えるうえでは欠かせない1冊。

『子どもたちと学ぶ流通と貿易』向山洋一監修,谷和樹著　経済広報センター　2008.1　95p　26cm　1000円　Ⓝ678.21

『交通運輸・貿易』保岡孝之監修　学習研究社　2006.3　48p　29cm　(くわしい!わかる!図解日本の産業 6)　3000円　Ⓘ4-05-302154-5　Ⓝ682.1
|目次| 自動車と鉄道,大量にものを運ぶ船,世界をちぢめる航空,日本をささえる貿易

『商業・サービス業』保岡孝之監修　学習研究社　2006.3　48p　29cm　(くわしい!わかる!図解日本の産業 7)　3000円　Ⓘ4-05-302155-3　Ⓝ672.1
|目次| 物の売買からサービスの売買へ,高いサービスを提供,くらしと社会を支える仕事

『コンビニ弁当16万キロの旅―食べものが世界を変えている』千葉保監修,コンビニ弁当探偵団文　太郎次郎社エディタス　2005.9　110p　22cm　2000円　Ⓘ4-8118-0752-9　Ⓝ673.86
|目次| 1章 コンビニとコンビニ弁当,2章 コンビニ店長バーチャル体験,3章 お弁当工場の一日,4章 幕の内弁当とフード・マイレージ,5章 バーチャル・ウォーターとコンビニ弁当
|内容| あなたの町のコンビニから世界が見える。

『100円ショップ大図鑑―生産と流通のしくみがわかる　安さのヒミツを探ってみよう!』PHP研究所編　PHP研究所　2005.9　79p　29cm　2800円　Ⓘ4-569-68558-7　Ⓝ673.7

『腕と度胸のトラック便―〈クロネコヤマト〉の物流革命』NHKプロジェクトX制作班原作・監修,はやせ淳作画・脚本　宙出版　2005.6　205p　23cm　(まんがプロジェクトX挑戦者たち ジュニア版 15)　950円　Ⓘ4-7767-9154-4　Ⓝ685.9
|目次| プロローグ 加藤房男登場,第1章 宅急便誕生!,第2章 札幌営業所の奮闘,第3章 熱き想い,第4章 最果ての地へ…,第5章 運輸省との攻防
|内容| 「宅急便」ができる前、遠くに荷物を送るには一週間近くも時間がかかった。全国どこでも、翌日までに運ぶ「宅急便」をはじめたのはヤマト運輸。みんな、お客さんのことを第一に考えていたんだ。"たった一個の荷物にも真心をこめて運ぶ"が合言葉だ。

『運輸・貿易』梶井貢監修　ポプラ社　2005.3　63p　29cm　(日本の産業まるわかり大百科 5)　2980円　Ⓘ4-591-08479-5　Ⓝ681.6
|目次| 1 わたしたちのくらしを支える運輸,2 わたしたちのくらしを支える貿易

『学校を広告しよう』藤川大祐監修　学習研究社　2005.2　47p　28cm　(広告!しる・みる・つくる 「よのなか」がわかる総合学習 第4巻)　3000円　Ⓘ4-05-202124-X　Ⓝ674
|目次| 1章 方法は?,2章 さあ、始めよう!,3章 つくろう!,4章 発表!
|内容| いくつかの方法を組み合わせて「学校を広告」していきます。どんな方法でつくっ

『広告いま・むかし』藤川大祐監修　学習研究社　2005.2　63p　28cm　(広告！しる・みる・つくる　「よのなか」がわかる総合学習　第5巻)　3000円　Ⓘ4-05-202125-8　Ⓝ674.21

[目次] 1章 広告の始まり,2章 整っていく広告,3章 広告が大きく動く,4章 より広く遠くへ,5章 新しい時代の広告

[内容] 広告がどこで生まれ、どんな道をたどってきたのか広告の歴史を調べてみました。広告学習の資料としてぜひ活用してください。

『広告って何だ？』藤川大祐監修　学習研究社　2005.2　47p　28cm　(広告！しる・みる・つくる　「よのなか」がわかる総合学習　第1巻)　3000円　Ⓘ4-05-202121-5　Ⓝ674

[目次] 1章 広告って、何？,2章 広告の表現,3章 広告の力

[内容] 「広告」って、何だろう？という疑問からスタート！どんな形でわたしたちの目の前にあらわれているのか、どんな工夫をしているのかを探っていきます。

『広告のしくみ』藤川大祐監修　学習研究社　2005.2　47p　28cm　(広告！しる・みる・つくる　「よのなか」がわかる総合学習　第2巻)　3000円　Ⓘ4-05-202122-3　Ⓝ674

[目次] 1章 印刷された広告,2章 音の広告,3章 テレビ広告,4章 新しい広告,5章 組み合わされた広告

[内容] ポスター、ラジオコマーシャル、テレビコマーシャル、ウェブ広告など。わたしたちに身近な「広告」は、どんな人がどのようにつくっているのかがわかります。

『自分を広告しよう！』藤川大祐監修　学習研究社　2005.2　47p　28cm　(広告！しる・みる・つくる　「よのなか」がわかる総合学習　第3巻)　3000円　Ⓘ4-05-202123-1　Ⓝ674

[目次] 1章 広告をつくる前に,2章 アイディアざくざく,3章 これ、どう思う？,4章 完成だ！,5章 効果はどうかな？

[内容] ポスター、ラジオコマーシャル、テレビコマーシャル、ウェブ広告など。わたしたちに身近な「広告」は、どんな人がどのようにつくっているのかがわかります。

『経済がよくわかるコンビニ大図鑑―お店のなかを探検しよう！』PHP研究所編　PHP研究所　2004.9　79p　29cm　〈年表あり〉2800円　Ⓘ4-569-68497-1　Ⓝ673.86

[目次] 序章 わたしたちのくらしとコンビニ,第1章 店員さんになってみよう,第2章 店長さんの仕事,第3章 コンビニは進化する

[内容] コンビニとはどんなお店か、店員さんの仕事は、商品の流れは、などコンビニの活動をていねいに解説したコンビニ図鑑。

『日米逆転！コンビニを作った素人たち―〈セブン-イレブン〉の流通革命』NHKプロジェクトX制作班原作・監修，木村直巳作画，生田正脚本　宙出版　2004.8　189p　23cm　(まんがプロジェクトX 挑戦者たち ジュニア版 4)　950円　Ⓘ4-7767-9032-7　Ⓝ673.868

[目次] 第1章 始動—3坪からの出発,第2章 挑戦—アメリカで発見した宝物,第3章 前進—難航する交渉,第4章 試行錯誤—15人の素人集団,第5章 飛躍—第1号店誕生,終章 快進撃—日米逆転

[内容] 前人未到のビジネスを志したサラリーマンがいた。しかし、未知の分野ゆえに賛成してくれる者は少なく、彼らのもとに集まったチームは、わずか15人の"素人集団"だった。流通革命を起こしたコンビニエンスストア。その原点であるセブン・イレブンの"挑戦と変革の物語"がここにある。

『市場がわかる絵事典―調べ学習にやくだつ 魚・肉・野菜・花のマーケットが理解できる！』桑原利夫監修　PHP研究所　2003.9　95p　31cm　2800円　Ⓘ4-569-68417-3　Ⓝ675.5

[目次] 第1章 市場ってどんな仕事をしているのだろう,第2章 市場で働く人たち,第3章 市場にはどんな商品があつまるのだろう,第4章 市場にもっと強くなろう

『調べてみよう！食品の流通』山岡寛人著　草土文化　2003.3　39p　29cm　(発見！おもしろ「食」シリーズ)　2500円　Ⓘ4-7945-0863-8　Ⓝ611.4

[目次] クイズ、やってみよう、考えてみよう

現代社会―経済・仕事・産業　　　　　　　　　　　　　　　　　　　　　ものを動かす仕事

|内容| 野菜や肉はどこからやってくる？BSEってなに？生ゴミから堆肥づくりもやってみます。

『広告と宣伝』中田節子編著　日本図書センター　2002.4　47p　31cm　（目でみるマスコミとくらし百科 5）　4400円　①4-8205-6815-9,4-8205-6810-8

『新聞と報道』羽島知之監修　日本図書センター　2002.4　47p　31cm　（目でみるマスコミとくらし百科 2）　4400円　①4-8205-6812-4,4-8205-6810-8

『テレビ・ラジオ』上滝徹也監修　日本図書センター　2002.4　47p　31cm　（目でみるマスコミとくらし百科 3）　4400円　①4-8205-6813-2,4-8205-6810-8

『本と雑誌』植田康夫監修　日本図書センター　2002.4　47p　31cm　（目でみるマスコミとくらし百科 4）　4400円　①4-8205-6814-0,4-8205-6810-8

『郵便・通信・IT』井上卓朗監修　日本図書センター　2002.4　47p　31cm　（目でみるマスコミとくらし百科 1）　4400円　①4-8205-6811-6,4-8205-6810-8

『交通・運輸・貿易を調べよう』菊地家達著　国土社　2002.1　89p　27cm　（新社会科学習事典　総合的な学習に役立つ 5）　2800円　①4-337-26325-X
|目次| 「世界は狭くなった」とか、「陸つづきの日本」とかいわれます。なぜですか、くらしになくてはならない交通は、どのように発達してきたのでしょうか、交通機関のちがいによって、旅客、貨物（物流）にはどんな特色がありますか、鉄道は、どこに、どのように、建設され、発展を続けていますか、道路は、どこに、どのように建設され、発展をとげていますか、世界の国々と結ばれている港や船、海上交通は、どのように発展していますか、日本各地や世界を結ぶ空の交通は、どのように発展していますか、日本と世界との貿易は、どのように行われていますか

『川と交通―生活をささえた川の交通』ポプラ社　2001.4　45p　27cm　（NHKにっぽん川紀行　総合的な学習にやくだつ 3）　2800円　①4-591-06752-1,4-591-99374-4
|目次| 川と交通について考えよう、川と人間のむすびつきは、これからもつづく
|内容| この本では、NHKの「にっぽん川紀行」で放映されたもののなかから、交通にかかわる番組をとおして、川とかかわりの深い人びとのくらしの一部を紹介していきます。小学校中学年以上。

『世界に広がるサービス・流通業』清成忠男,志太勤一監修,飯島博著　ポプラ社　2001.4　46p　31cm　（わたしたちのくらしと世界の産業　国際理解に役立つ 5）〈索引あり〉　2800円　①4-591-06724-6,4-591-99368-X
|目次| 巨大スーパーカルフール幕張の開店、カルフールの日本進出のねらい、広いフロアだからできるワンストップショッピング、販売価格を安くするくふう、フランスをイメージしながら楽しむショッピング、よい品物をいかに安く仕入れるか、カルフールを迎え撃つ日本のスーパー、専門店の充実・人気のユニクロ、ユニクロの商品企画と開発のヒント、原料の染めから縫製まで、同じ工場で一貫作業〔ほか〕
|内容| 世界的な規模で広がる流通業を中心に、わたしたちと世界のつながりを考える。国際的なスーパーマーケットなど。小学校高学年～中学生向き。

『世界のくらしを変える情報産業』清成忠男,志太勤一監修,飯島博著　ポプラ社　2001.4　46p　31cm　（わたしたちのくらしと世界の産業　国際理解に役立つ 6）〈索引あり〉　2800円　①4-591-06725-4,4-591-99368-X
|目次| テレビからあふれてくる情報、わたしたちのくらしを変える情報家電のいろいろ,IT革命とはどういうこと？,日本の政府もIT革命を後押し、情報サービス産業のこれから、インターネットのしくみと産業のかかわり、インターネットで安全に取り引きをするためのしくみ、海外の情報システムづくりを日本の企業が応援している、産業界にも変革を迫るIT革命、インターネットの利用で学校の学習も変わってきた〔ほか〕
|内容| 世界に広がる情報産業とわたしたちの生活を考える。IT革命から、マルチメディア、インターネットの未来など。小学校高学年～中学生向き。

『よくわかる通信白書for kids 2000』郵

政省監修　ぎょうせい　2000.12　89p　21cm　838円　①4-324-06377-X

『サービス産業と教育・レジャー』板倉聖宣監修，落合大海，橋本淳治共著　小峰書店　2000.4　47p　29cm　（調べようグラフでみる日本の産業これまでとこれから 9）〈年表あり　索引あり〉2900円　①4-338-16709-2,4-338-16700-9

[目次]あこがれの職業，サービス業で働く人の数，レジャー産業，サービス業とくらし，情報や知識を伝える産業，これからのサービス業

[内容]今や最大の産業分野がサービス業。「サービスとはなにか」を考え，今後も成長が予想されるレジャー産業や教育関連の仕事を調べる本。

『商業と通信』板倉聖宣監修，長岡清著　小峰書店　2000.4　47p　29cm　（調べよう　グラフでみる日本の産業これまでとこれから 8）〈年表あり　索引あり〉2900円　①4-338-16708-4,4-338-16700-9

[目次]ものを売る産業―商業，小売業のすがた，デパートの誕生，スーパーはなぜ発展したか，コンビニはなぜ発展したか，無店舗販売のすがた，貿易のうつりかわり，情報を伝える産業―通信業，広がるインターネット，これからの商業と通信

[内容]卸売業・小売業の歩みをたどり，コンビニエンスストアをはじめとする商業の新しい動きを，関係の深い通信とともに調べる本。

『スーパーマーケット』財部智文，鈴木びんこ絵　岩崎書店　1998.4　39p　27cm　（くらしをまもる・くらしをささえる校外学習 2）2400円　①4-265-02562-5,4-265-10145-3

[目次]スーパーマーケットではいろいろなものを売っているよ，スーパーマーケットにはくふうがいっぱい，お店のなかは大いそがし，売り場の裏をのぞいたよ，店長さんはたいへんだ，スーパーの1日をおってみよう，いろいろな機械や台車が使われているよ，新鮮さがいちばん！，おべんとうやおかずはこうやってならぶんだ，いつもせいけつにしているよ〔ほか〕

[内容]おかあさんが，いつも買い物にいくスーパー。そこでは店員さんやレジ係の人が働いています。では，その裏側では，どんな人が働いて，どんなことをしているのでしょうか。知ってますか？―子どもたちに身近で，人びとの生活をささえている施設などを，わかりやすく紹介しました。たんに施設紹介だけでなく，施設の役割やしくみ，施設の構造，物の流れ，そこで働く人びと，子どもたちのくらしとの関わりなどを，イラスト・写真をたくさん使ってビジュアルに展開。小学校中学年～高学年向き。

社会・生活

◆わたしたちのくらし

『ポップアップモノのはじまり　へぇ～!?図鑑』ロバート・クラウサー著，野間香与子，小峰書店編集部訳　小峰書店　2009.3　1冊（ページ付なし）27cm〈年表あり〉2400円　①978-4-338-01035-1　Ⓝ031.4

[内容]「『フライドポテトが厚すぎる』って，文句をいわれたコックさんが，ポテトチップを考えだしたらしいよ」「へぇ～！」「石けんはもともとヤギの脂肪からつくったんだって」「へぇ～！」。どんなモノにもみんな，たん生のひみつがあるんだ。しかけをめくって，ひっぱって，いろんな「へぇ～！」を見つけよう。

『21世紀こども百科　もののはじまり館』小学館　2008.12　223p　29cm　3800円　①978-4-09-221271-8　Ⓝ031.4

[目次]家，衣服，インスタント食品，絵，映画・アニメーション，エレベーター・エスカレーター，お菓子，お金，おもちゃ，オリンピック〔ほか〕

[内容]豊富な写真やイラストで，「はじまり」をわかりやすく解説。「なぜ？」の視点～「はじまり」の理由や意味も考える。学校，歳時記の特集など，生活に密着した「はじまり」を紹介。

『ジュニア地球白書―ワールドウォッチ研究所　2007 - 08　持続可能な都市をめざして』クリストファー・フレイヴィン原本編著，林良博監修　ワールドウォッチジャパン　2008.7　221p　21cm

現代社会—社会・生活　　　　　　　　　　　　　　　わたしたちのくらし

2500円　Ⓘ978-4-948754-30-0
|目次| 第1章 持続可能な都市—いよいよ世界の人口の半分が都市に住む, 第2章 衛生を改善する都市—水道とトイレがある生活を実現する, 第3章 農業を生かす都市—食料と環境と生きるために, 第4章 公共交通を生かす都市—歩行者と自転車を大切に, 第5章 再生可能エネルギーを生かす都市—会社や家庭で省エネに取り組む, 第6章 自然災害に強い都市—人の命と財産を守る都市づくり, 第7章 人間にふさわしい都市—安全で健康に暮らせる緑の空間で, 第8章 「地域の経済」を強くする都市—持続可能な生活をめざして, 第9章 すべての人に「公平な都市」—差別のない社会、差別のない環境

『リサイクル施設』深光富士男著, 松田博康監修　リブリオ出版　2008.4　47p　27cm　（新・みぢかなくらしと地方行政 写真でわかる小学生の社会科見学　第2期 第6巻）2800円　Ⓘ978-4-86057-355-3,978-4-86057-349-2　Ⓝ318.21

『中央卸売市場』深光富士男著, 松田博康監修　リブリオ出版　2008.4　47p　27cm　（新・みぢかなくらしと地方行政 写真でわかる小学生の社会科見学　第2期 第5巻）2800円　Ⓘ978-4-86057-354-6,978-4-86057-349-2　Ⓝ318.21

『動物園』滝沢美絵著, 松田博康監修　リブリオ出版　2008.4　47p　27cm　（新・みぢかなくらしと地方行政 写真でわかる小学生の社会科見学　第2期 第2巻）2800円　Ⓘ978-4-86057-351-5, 978-4-86057-349-2　Ⓝ318.21

『水族館』深光富士男著, 松田博康監修　リブリオ出版　2008.4　47p　27cm　（新・みぢかなくらしと地方行政 写真でわかる小学生の社会科見学　第2期 第1巻）2800円　Ⓘ978-4-86057-350-8, 978-4-86057-349-2　Ⓝ318.21

『親子で行く！社会科見学ガイド—楽しくて、ためになる』社会科見学隊編　扶桑社　2008.3　127p　21cm　1200円　Ⓘ978-4-594-05619-3　Ⓝ291.09
|目次| 1 のりもの博士になる！, 2 こんなにおおきなものがあるなんて！, 3 おうちにあるものはどこからやってくるの？, 4 いろんなしくみをしりたい！, 5 もしもの世界をたいけんする, 6 おうちでも社会科見学！
|内容| 地下の神殿をたんけん！（首都圏外郭放水路）、飛行機をちかくでみられるよ（JAL航空教室機体整備工場）、ピアノ工場へいってみよう！（ヤマハグランドピアノ工場）、おかしの工場であま〜いたいけん（ロッテ浦和工場）…など44カ所を紹介。

『10歳からのルール100—社会のルール・家族のルール』斎藤次郎監修, しんざきゆきイラスト　鈴木出版　2007.4　39p　31cm　2500円　Ⓘ978-4-7902-3189-9　Ⓝ361.41
|目次| 1 社会のルール, 2 家族のルール

『浄水場』深光富士男著, 松田博康監修　リブリオ出版　2007.4　47p　27cm　（新・みぢかなくらしと地方行政 写真でわかる小学生の社会科見学　第1巻）2800円　Ⓘ978-4-86057-284-6　Ⓝ518.15
|目次| 水道水源林, 小河内ダム, 羽村取水堰・羽村導水ポンプ所, 小作浄水場, そのほかの水処理をしている浄水場

『清掃工場』滝沢美絵著, 松田博康監修　リブリオ出版　2007.4　47p　27cm　（新・みぢかなくらしと地方行政 写真でわかる小学生の社会科見学　第4巻）2800円　Ⓘ978-4-86057-287-7　Ⓝ518.54
|目次| ごみを集める仕事, ごみの流れの全体, 可燃ごみ処理の流れ（品川清掃工場）, 不燃ごみ処理の流れ, ごみの最終処分場

『美術館・科学館』深光富士男著, 松田博康監修　リブリオ出版　2007.4　47p　27cm　（新・みぢかなくらしと地方行政 写真でわかる小学生の社会科見学　第5巻）2800円　Ⓘ978-4-86057-283-9,978-4-86057-288-4　Ⓝ706.9
|目次| 金沢21世紀美術館, 名古屋市科学館

『防災センター』深光富士男著, 松田博康監修　リブリオ出版　2007.4　47p　27cm　（新・みぢかなくらしと地方行政 写真でわかる小学生の社会科見学　第3巻）2800円　Ⓘ978-4-86057-286-0

子どもの本 社会がわかる2000冊

Ⓝ369.3
目次 兵庫県災害対策センター，兵庫県立広域防災センター，人と防災未来センター

『くらしなんでもナンバー1』羽豆成二監修　ポプラ社　2007.3　47p　29cm　（はじめてのおもしろデータブック 5）　2800円　①978-4-591-09617-8　Ⓝ031.5

『みんなが知りたい！「社会のしくみ」がわかる本』イデア・ビレッジ著　メイツ出版　2006.10　160p　21cm　1500円　①4-7804-0090-2　Ⓝ031.8
目次 1 毎日の暮らしに関わるしくみが知りたい！，2 日常生活のちょっとした「？」を教えて！，3 いろいろな仕事の裏側ってどうなってるの？，4 経済やお金のしくみが気になる！，5 国の政治や国際機関について知りたい！
内容 楽しいイラストでやさしく解説！気になる世の中のいろんなしくみが、この1冊でわかります。

『みんなが知りたい！いろんな「はじめて」がわかる本』カルチャーランド著　メイツ出版　2005.5　128p　21cm　（まなぶっく）　1500円　①4-89577-908-4　Ⓝ031.
目次 世界ではじめて，日本ではじめて

『社会―わたしたちとくらし』鈴木寛一ほか監修　学習研究社　2005.3　48p　29cm　（発展学習・自由研究アイデア 101 3）　2800円　①4-05-202155-X　Ⓝ302.1
目次 わたしたちの町とくらしをよく知ろう，わたしたちのまちみんなのまち，人びとのしごととわたしたちのくらし，くらしをまもる，住みよいくらしをつくる，きょう土につたわるねがい，わたしたちの県，調べ方・まとめ方のポイントとこつ

『社会―社会のしくみと日本』鈴木寛一ほか監修　学習研究社　2005.3　48p　29cm　（発展学習・自由研究アイデア 101 4）　2800円　①4-05-202156-8　Ⓝ291
目次 社会のしくみや歴史をよく知ろう，わたしたちの生活と食料生産，わたしたちの生活と情報，わたしたちの国土と環境，日本の歴史，世界の中の日本，調べ方・まとめ方の

ポイントとこつ

『公民館・児童館・スポーツ公園』島田恵司監修，林義人文，後藤真樹写真　小峰書店　2004.4　39p　29cm　（まちの施設たんけん 4）　2600円　①4-338-19804-4　Ⓝ379.2
目次 公民館のたんけん，公民館を使うには，公民館の仕事，公民館のイベント，公民館があるところ，文化会館，児童館，スポーツ公園，公園，わーい，お祭りだ
内容 人々が集まる施設から、まちのようすを調べる。小学校中学年以上。

『ごみ処理場・リサイクルセンター』山本和夫監修，林義人文，菊池東太写真　小峰書店　2004.4　39p　29cm　（まちの施設たんけん 7）　2600円　①4-338-19807-9　Ⓝ518.52
目次 ごみを集める，ごみ置き場たんけん，ごみのだしかた，ごみ処理場たんけん，ごみの熱の利用，もやさないごみ，粗大ごみ，そのままリサイクル，びん，かん，紙，ペットボトルと容器，プラスチック，うめたて処分場，ごみは自分で，ごみをへらすには
内容 ごみの収集と処理、リサイクルのようすを調べる。小学校中学年以上。

『水道・下水道』大垣真一郎監修，林義人文，菊池東太写真　小峰書店　2004.4　39p　29cm　（まちの施設たんけん 8）　2600円　①4-338-19808-7　Ⓝ518.1
目次 川とまち，水をとりこむ，浄水場のしくみ，水の検査，いつでも水を，まちに水を送る，水道管をまもる，水の使いかた，いろいろな水道，下水道のしくみ，下水の処理，水を川にもどす，下水の処理のくふう，ダムと森林
内容 まちと川のようすから、くらしと水について調べる。小学校中学年以上。

『図書館』田村俊作監修，林義人文，菊池東太写真　小峰書店　2004.4　39p　29cm　（まちの施設たんけん 2）　2600円　①4-338-19802-8　Ⓝ010.21
目次 図書館にいってみよう，本がいっぱいだ！，いろいろなコーナー，郷土資料コーナー，読みたい本をさがす，本を借りる，図書館の本，分館と移動図書館，だれもが公平に，図書館を舞台に，いろいろな図書館，子どもの本の図書館，広がる図書館の世界，本の楽しみ

現代社会―社会・生活　　　　　　　　　　　わたしたちのくらし

|内容| 図書館があるのは、なぜ？図書館の役目を調べる。小学校中学年以上。

『博物館・郷土資料館』村上義彦監修、林義人文、後藤真樹写真　小峰書店　2004.4　39p　29cm　（まちの施設たんけん 3）　2600円　ⓘ4-338-19803-6　Ⓝ069.021
|目次| わたしたちのまち、まちのたんけん、博物館にいこう、昔から今へ、みせるくふう、資料を調べる、集めてまもる、今の橋になるまで、昔の道と今の道、川の港町、川と災害、自然にしたしむ博物館、川と自然とくらし、昔をつたえる行事、体験してみよう、まちの郷土資料館
|内容| 郷土につたわる願い、今のまちになったわけを調べる。小学校中学年以上。

『へーそうなんだ!!―東大「物知り博士クラブ」による教科書朝読　社会科編』向山洋一監修，東大「物知り博士クラブ」著、バン・ブー・クリエイションズイラスト　狛江　騒人社　2004.3　79p　21cm　2000円　ⓘ4-88290-049-1, 4-88290-047-5　Ⓝ031.8
|目次| 自動販売機は、紀元前からあった、ランドセルは日本だけのもの、しょうべんこぞうにはモデルがいる、昔せんざいに、オシッコを使っていた、ウンチのりょうでへいりょうをえぞく、世界で一番よく歌われている曲、ピラミッドがエジプトをさばく化した、湖、沼、池はどうちがう、城に、松が多い理由、けんごう武蔵は、犬の風呂ぎらい〔ほか〕

『見学体験おもしろ情報　都道府県別総さくいん』次山信男監修　リブリオ出版　2003.3　38p　26cm　Ⓝ069.035

『見学体験おもしろ情報　4　環境を調べる福祉を考える―自然史博物館・国立公園・動物園・水族館・清掃工場・浄水場・介護施設』次山信男監修　リブリオ出版　2003.3　79p　27cm　ⓘ4-86057-092-8　Ⓝ069.035

『見学体験おもしろ情報　3　歴史と文化を調べる―歴史博物館・遺跡・城・歌舞伎・能・狂言・文楽・祭り』次山信男監修　リブリオ出版　2003.3　79p　27cm　ⓘ4-86057-091-X　Ⓝ069.035

『見学体験おもしろ情報　2　伝統的な産業を調べる―農場試験場・資料館・農場・牧場・漁業・伝統工芸・地場産業』次山信男監修　リブリオ出版　2003.3　79p　27cm　ⓘ4-86057-090-1　Ⓝ069.035

『見学体験おもしろ情報　1　産業を調べる―大規模工業・空港・発電所・マスコミ・科学館・博物館』次山信男監修　リブリオ出版　2003.3　79p　27cm　ⓘ4-86057-089-8　Ⓝ069.035

『地域・郷土の交流とわたしたちの未来』中野重人監修、WILL子ども知育研究所文　金の星社　2003.3　47p　30cm　（「地域・郷土」で総合学習　みんなで調べて出かけよう！　5）　2800円　ⓘ4-323-05445-9　Ⓝ302.1
|目次| 1 まわせ！自然のサイクル，2 もりあげよう！町おこし，3 みえるかな？安全な未来，4 あったかい人の輪作戦，5 いきいき！ふるさと交流

『地域・郷土の人びととくらし』中野重人監修、WILL子ども知育研究所文　金の星社　2003.3　47p　30cm　（「地域・郷土」で総合学習　みんなで調べて出かけよう！　1）　2800円　ⓘ4-323-05441-6　Ⓝ601.1
|目次| 1 行くぞ！商店街たんけん隊，2 雪を楽しむくらし，3 町の人の健康度チェック！，4 わくわく公園改良計画，5 お年寄り・障害者となかよし，6 快適！ごみ減量作戦

『つかった水はどこへいくの？―くらしのしくみを見学しよう』コンパスワーク編・著　偕成社　2003.3　47p　30cm　（みんなで出かけよう！わたしたちの社会科見学　2）　2800円　ⓘ4-03-543620-8　Ⓝ307
|目次| 第1章 水とくらし，第2章 ごみとリサイクル，第3章 防災，第4章 福祉と医療，第5章 歴史と平和
|内容| 第2巻では、「くらしのしくみ」にかんして、全国各地で見学や体験をしたおもな内容を、テーマごとに章に分けて紹介している。小学校中学年から。

『読みとろうデータが語るわたしたちのく

子どもの本　社会がわかる2000冊　　225

わたしたちのくらし　　　　　　　　　　　　　　　　　　　　　現代社会―社会・生活

らし』平卯太郎監修　文研出版　2003.3　80p　27cm　（統計で深めよう！調べ学習　3）①4-580-81327-8　Ⓝ350.7

『地域ではじめる体験学習』佐々木定治監修,高瀬嘉代子著,こどもくらぶ編　ポプラ社　2002.4　45p　27cm　（体験学習アイデアブック　5）2800円　①4-591-07106-5,4-591-99434-1

[目次]地図をもって教室の外にでよう，町は歴史の宝箱だ，政治はみんなの願いが実現するしくみ，世界の人と手をつなごう，産業の現場へいこう

[内容]町を探検すれば，いろいろな発見があるはずだ。「町の歴史調べ」など，自分と地域のかかわりを，あらためて発見するための活動アイデア集。小学校中～高学年向き。

『みんなで町をあるいたよ―3年生』田村学著,石川浩二絵　童心社　2002.3　46p　28cm　（いのちを育てる総合学習）2800円　①4-494-01175-4

[目次]1 はじめての総合,2 風かおる春の町に出かけよう,3 真夏，海の町を楽しむ,4 秋，ゆたかな「いのち」のめぐみ,5 冬，活動のまとめ

[内容]地域や季節をステージに，地域社会から見えてくる「いのち」を学習する子どもたちの活動を描く。小学校低学年から。

『ガスの道』長崎武昭文,古谷卓絵　岩崎書店　2001.4　39p　27cm　（くらしをまもる・くらしをささえる　校外学習　13）2400円　①4-265-02573-0,4-265-10232-8

[目次]ガスはどんなところに使われている？，ガスがなかったころのくらしって？，ガスはいつごろから使われはじめたの？，ガスを燃やして熱を利用する時代へ，ガスを家までとどけるふたつの方式，ガスの火のべんりさ！，はじめのガス，石炭からガスを作っていた，公害を出さないガスの原料をさがせ！，ふわふわしたガスを液体にして運ぶ！，LPG（液化石油ガス）で広がるガスの利用〔ほか〕

[内容]わたしたちの生活中で，ガスはどんなところに使われているだろう？ガスストーブに給湯器，ガスレンジ…。ガス工場でつくられたガスは，みんなの家にどどけられるまで，どんな道を通ってくるのだろう。さあ，いっしょにたんけんしてみよう。

『気象庁』財部智文,夏目洋一郎絵　岩崎書店　2001.4　39p　27cm　（くらしをまもる・くらしをささえる　校外学習　14）2400円　①4-265-02574-9,4-265-10232-8

[目次]おや？おや？きゅうに雨がふってきたぞ！，天気予報は，かならず当たるわけじゃないんだ，テレビで天気予報の番組を見てみると…，気象庁の仕事って？，天気図がわかってくれば―きもの予報できるぞ！，いろいろな予報がある！，ジャーン！これが気象観測網だ～！，ずっと先の天気もわかってしまうんだ，天気予報はくらしをささえる大切な情報さ〔ほか〕

[内容]テレビ局などに，気象のデータを送っている気象庁。全国に気象台や測候所をおいて，気象の変化を観測している。そのほかにも，気象衛星や，海洋気象観測船などもかつやくしている。気象庁のしごとは，天気予報だけじゃない。気象庁とはどんなところか，ちょっとのぞいてみよう。

『空港』塩浦信太郎文絵　岩崎書店　2001.4　39p　27cm　（くらしをまもる・くらしをささえる　校外学習　15）2400円　①4-265-02575-7,4-265-10232-8

[目次]空港をさがして，どんな空港も，かってに着陸することはできません，「海の港」と「空の港」，気球から，スペースシャトルまで，国内線の空港とは？国際線の空港とは？，国際線の空港はどうなっているの？，飛行機に乗る前に，しておかなくてはいけないこと，防犯のために空港では，どんなことをしているの？，飛行機が飛ぶ前にしていることは？，どうやって飛行機は離着陸しているの？〔ほか〕

[内容]日本から出発する人，外国からやってくる人，たくさんの人が出入りする国際線空港は，空のげんかんだ。人だけじゃない。動物や車，食べ物だって…。さあ，空港をたんけんしてみよう。

『校外施設で体験学習』中川志郎監修　岩崎書店　2001.4　47p　29cm　（総合学習に役立つ　みんなの体験学習実践集　5）2800円　①4-265-05655-5,4-265-10233-6

[目次]お年よりや養護学校の友達と交流したよ―北海道北野小学校，小川原湖周辺の自然を徹底調査―青森県南小学校，テレビ会議で星の世界を体験―栃木県日向小学校，お年よりを体験したよ―福島県下川崎小学校，「み

現代社会―社会・生活　　　　　　　　　　　　　　　　　わたしたちのくらし

どりの小道」環境日記をつけたよ―徳島県上勝小学校,テレビ局で番組づくりを体験―熊本県深田小学校,自然博物館で生物や環境について学んだ―茨城県山川小学校,体験学習はみだし集
|内容| 全国の学校でおこなわれた「体験学習」のユニークな実践例をグレード別に紹介。5巻では、博物館、天文台など、学校の外の施設は、体験学習の宝庫！インターネットをつかうことで日本中・世界中の施設を利用することも可能。巻末に「地図さくいん」があり、シリーズに掲載された学校が一覧できるようになっています。小学校低学年～中学生。

『自分たちのふるさとをさぐる！―地域の産業・歴史の調査』有田和正監修　ほるぷ出版　2001.4　95p　27cm　（まんが総合学習ガイドブック　すぐに役立つ！実践活動　5年生　2）2500円　①4-593-57316-5,4-593-09626-X
|目次| アイガモ君といっしょに楽しく米作り,瀬戸内海とわたしたち,ミステリー探検隊,ドリームタイム―林間学校・埼玉名栗村
|内容| 五年生の地域とのかかわりは、自然や文化とふれながら、その向こうに社会とのかかわりが見えてきます。この巻に紹介される4つの活動のなかにも、日常生活と大きくかかわる社会問題がテーマにふくまれています。たとえば、アイガモをかわいいと思う前に、無農薬の農業が思い浮かんだり、UFOやゆうれいの背後に、情報がもっている本質が見えてくるのです。

『新聞社』長崎武昭文、ウノ・カマキリ絵　岩崎書店　2001.4　38p　27cm　（くらしをまもる・くらしをささえる　校外学習　18）2400円　①4-265-02578-1,4-265-10232-8
|目次| きみは、新聞を読んだことある？,おじいちゃんの新聞切りぬき帳,新しいニュースを聞きあつめる,日本各地のニュースから世界のニュースまで！,取材したニュースがデスクに集められる,午後4時、あしたの朝刊の紙面づくりがはじまる、コンピュータに入れて、紙面をつくる,『大組み』の紙面を、各地の印刷工場へ、夜10時半、いよいよ明日の朝刊の印刷がはじまる、印刷から発送まで、すべて自動的に！〔ほか〕
|内容| 毎日とどけられる新聞。いったい、記事はどのように作られ、印刷され、わたしたちのもとにとどくのだろう？ふだんは気

づかない人びとの努力を、ちょっと見てみましょう。

『住みやすいまちにしよう』千葉昇監修、渡辺一夫文　ポプラ社　2001.4　47p　29cm　（体験と交流でつくる「総合」2）2800円　①4-591-06702-5,4-591-99365-5
|目次| 1 自分たちのまちを知ろう,2 まちの人となかよくなろう,3 どんな住みやすいまちをつくる？
|内容| 私たちのまちをもっと住みやすくして、もっと好きになろう。小学校中学年～高学年向き。

『全校で体験学習―1～6年』中川志郎監修　岩崎書店　2001.4　47p　29cm　（総合学習に役立つ　みんなの体験学習実践集　4）2800円　①4-265-05654-7,4-265-10233-6
|目次| 弥生人になって赤米づくり―山口県神玉小学校,飛渡の旧い道を知ろう―新潟県飛渡第一小学校,蚕をそだて、繭から絹をつくろう―岐阜県名森小学校,山の子ほのぼのの劇場―静岡県西浦小学校,ぼくたちがつくった「まっくろけっけ株式会社」―千葉県老川小学校会所分校,全校でたわりのこエコクラブ―埼玉県大袋東小学校,野菜、米、み～んな手づくりのカレー―岐阜県川上小学校,きょうだい班で校内オリエンテーリング―東京都第三大島小学校,体験学習はみだし集
|内容| 全国の学校でおこなわれた「体験学習」のユニークな実践例をグレード別に紹介。4巻では、1年生から6年生がみんなで分担・協力しておこなっている体験学習の実践例を紹介。巻末に「地図さくいん」があり、シリーズに掲載された学校が一覧できるようになっています。小学校低学年から中学生。

『それいけ体験学習―3・4年』中川志郎監修　岩崎書店　2001.4　47p　29cm　（総合学習に役立つ　みんなの体験学習実践集　2）2800円　①4-265-05652-0,4-265-10233-6
|目次| ぼくたちの町じまん加茂町ガイドブックづくり―島根県加茂小学校,プロジェクト・アドベンチャー―神奈川県旭小学校,芽吹学園の人たちとの交流―千葉県福田第二小学校,パンから世界を広げよう！―千葉県打瀬小学校,商店街のコマーシャルをつくってホームページにしよう―神奈川県本町小学校,ヤゴ救出作戦―東京都慶応義塾幼稚舎,

子どもの本　社会がわかる2000冊　227

コーンプロジェクト—新潟県表町小学校，体験学習はみだし集
[内容] 全国の学校でおこなわれた「体験学習」のユニークな実践例をグレード別に紹介。2巻では、地域のパン工場見学から世界のパンを調べてつくってみたよ！ひとつの体験がいくつもの学習に広がる3・4年生の実践例を紹介。巻末に「地図さくいん」があり、シリーズに掲載された学校が一覧できるようになっています。小学校低学年〜中学生向け。

『体験学習なるほどブック』中川志郎監修　岩崎書店　2001.4　47p　29cm　（総合学習に役立つ　みんなの体験学習実践集 6）2800円　①4-265-05656-3,4-265-10233-6
[目次] ケナフをそだてて紙をつくろう、ツバメの巣の調査、生物で調べる川のよごれ、外国からきた生物調べ、炭をつくってみよう、油の再利用を考えよう、ごみを土にかえてみよう、とうふづくりにちょうせん、手話で歌を歌おう、バリアフリー地図をつくろう、オリジナルTシャツをつくろう、特産物でオリジナル料理をつくろう、お店をだそう、英語の地図をつくろう、子どもの遊び調査、むかしのまちの地図づくり、ホームページでまちをしょうかい、外国の料理をつくってみよう、郷土の行事を伝えよう、古代人の生活を体験しよう
[内容] 全国の学校でおこなわれた「体験学習」のユニークな実践例をグレード別に紹介。6巻では、ケナフ栽培、炭焼き、廃油の利用法、手話、ホームページづくりなど、体験学習のための具体的な方法をイラストで紹介。巻末に「地図さくいん」があり、シリーズに掲載された学校が一覧できるようになっています。小学校低学年〜中学生。

『できるよ体験学習—1・2年』中川志郎監修　岩崎書店　2001.4　47p　29cm　（総合学習に役立つ　みんなの体験学習実践集 1）2800円　①4-265-05651-2,4-265-10233-6
[目次] ダイコンをそだててうっておでんをつくろう—大阪府波太小学校、われらふるさとたんけんたい—福井県志比北小学校、会社をつくろう—富山県富山大学教育学部附属小学校、よもぎだんごをつくろう—山形県白沼小学校、おとしよりといっしょにケナフをそだてよう—京都府小倉小学校、メールでしりとりをしたよ—和歌山県下神野小学校、よみがえれしし—熊本県田代西部小学校、体験学習はみだし集
[内容] 全国の学校でおこなわれた「体験学習」のユニークな実践例をグレード別に紹介。1巻では、地域にでかけたり、ダイコンをそだてておでんをつくったり、パソコン通信も！総合学習につながる1・2年生の実践例を紹介。巻末に「地図さくいん」があり、シリーズに掲載された学校が一覧できるようになっています。小学校低学年〜中学生向け。

『電気の道』小西聖一文，吉野健一絵　岩崎書店　2001.4　39p　27cm　（くらしをまもる・くらしをささえる　校外学習 12）2400円　①4-265-02572-2,4-265-10232-8
[目次] 電気はこんなにはたらきもの、電気をつくるエネルギー、電気をつくる＝火力発電、ものを燃やせばガスが出る。それが問題、にげる熱を、有効に利用する、電気をつくる＝水力発電、電気をつくる＝原子力発電、放射能がもれたらたいへん、いろいろな発電に挑戦中、必要なとき、必要な電気をつくって送る〔ほか〕
[内容] 日本では、電気をつくる主なエネルギーは、火力、水力、原子力だ。そのエネルギーの原料である石炭、石油、天然ガス、ウランの資源にもかぎりがある。それぞれの発電所のしくみをわかりやすく説明するとともに、将来の発電についても考えていきます。

『電話』川瀬勝彦文，かなりりえこ絵　岩崎書店　2001.4　39p　27cm　（くらしをまもる・くらしをささえる　校外学習 11）2400円　①4-265-02571-4,4-265-10232-8
[目次] アッ！電話がかかってきた、家の中に電話がいっぱい！、電話機は糸電話と同じ、ファックスは文字も絵も地図も送れる、アメリカに住むケンタくんへメールを送る、アッ！たいへんだすぐに電話、電話番号にはきまりがある、交かん機が相手を選んでつなぐ、どんなときでも電話はつながる、電話は海をこえ、空を飛び〔ほか〕
[内容] ともだちと、ふだんなにげなく会話している電話。でも、どのようにして、ともだちの声が流れてくるんだろう？さあ、電話線をたどってみよう。

『図書館』秋山滋文，かどたりつこ絵　岩崎書店　2001.4　39p　27cm　（くらしをまもる・くらしをささえる　校外学

現代社会—社会・生活　　　　　　　　　　　　わたしたちのくらし

習 20）2400円　①4-265-02580-3,4-265-10232-8
|目次| 図書館ができた！，みんなのための図書館，図書館をたんけんしよう，図書館をもっと楽しもう，3000年前から図書館があった，動く図書館がやってきた！，子ども室のひみつ，図書館の本の背番号，分類番号のひみつ，コンピューターで本をさがす〔ほか〕
|内容| 図書館は、本を借りるところ。これは、だれでも知っていることだよね。でも、図書館にはいろいろな利用法があるといえば、きみは知っているかな…？本を借りて読んだり、調べたりするだけでなく、図書館では、ビデオを見ることも、音楽を聴くこともできるんだよ。そんな図書館を、もっと有効に利用しよう。

『とびだせ！まちたんけん―地域の人々との交流』有田和正監修　ほるぷ出版　2001.4　95p　27cm　（まんが総合学習ガイドブック すぐに役立つ！実践活動 3年生 1）2500円　①4-593-57311-4,4-593-09626-X
|目次| フリータイム学習，電話のなぞをさぐれ！，まちを調べよう，仙台の祭りや行事とわたしたち
|内容| 総合学習にとって、自分たちが住んでいるまちはさいてきなテーマのひとつです。地域にあるもの、住んでいるいろいろな人たち、起きているできごとはいろいろの情報を伝えてくれます。この巻では、いままで何げなく歩いていたまちが、ひとつの目的をもってふれあうとしんせんなおどろきと興奮にみちていることを、それぞれの活動記録が伝えてくれます。

『博物館・郷土館』恵美裕江文，下田智美絵　岩崎書店　2001.4　38p　27cm　（くらしをまもる・くらしをささえる 校外学習 19）2400円　①4-265-02579-X,4-265-10232-8
|目次| 世界でさいしょの博物館，博物館って、どんなところ？なにがある？，いろんな部屋をのぞいてみよう，ほんとういた！大むかしの巨大な生物たち，恐竜の化石にかかわるさまざまな仕事，恐竜が博物館にやってくるまで〔ほか〕
|内容| 博物館や郷土館をたずねてみると、わたしたちのくらしや文化の歴史、生物の進化などが、よくわかる。そこには、過去・現在・未来をむすぶ「タイムマシーン」がある。恐竜の化石は、どう発掘され、はこば

れ、組み立てられているのだろう？発見の森で、じっさいの森にいるような感覚を味わってみない？わたしたちが生まれ育った、郷土の歴史にふれてみるのもいいね。さあ、博物館、郷土館の見学です。

『病院・保健所』井口弘哉文，落合恵子絵　岩崎書店　2001.4　39p　27cm　（くらしをまもる・くらしをささえる 校外学習 17）2400円　①4-265-02577-3,4-265-10232-8
|目次| 町にはいろいろな病院がある，学校の健康診断，おじいちゃんと病院へ，はじめて診察をうける，お医者さんのしごと，一日中、大いそがしの看護婦さん，病院ではたらく人びと，小児科にきた，リハビリテーション室，病気の予防と早い発見・早い治療〔ほか〕
|内容| カゼをひいたり、ケガをしたりと、わたしたちはふだんから、病院の世話になっている。地域の人びとの健康や、お店などの衛生をまもる保健所のしごとも、たいせつだ。内科、外科、小児科と、たくさんの専門科がある総合病院も、たずねてみよう。

『ぼくらのまちを再発見！―地域調べと産業体験』有田和正監修　ほるぷ出版　2001.4　95p　27cm　（まんが総合学習ガイドブック すぐに役立つ！実践活動 4年生 2）2500円　①4-593-57314-9,4-593-09626-X
|目次| すごいぞ和歌山，輪中探検をしよう，手をつなごうぼくとしずくくん，かがやきプロジェクト
|内容| 自分たちがすんでいるふるさとのことを知りたい、という意欲は四年生になるといっそう高まります。この巻では県全域が対象となり、産業や歴史が調べられていく活動が紹介されています。探究の成果はふるさとじまんとして、ほかの地域の友だちにも伝えられていきます。また「水」とのかかわりは、四年生の活動でも地域の特徴にむすびつく大きなテーマのひとつです。

『港・船』秋山滋文，田沢梨枝子絵　岩崎書店　2001.4　39p　27cm　（くらしをまもる・くらしをささえる 校外学習 16）2400円　①4-265-02576-5,4-265-10232-8
|目次| 生活をささえる港と船，港は海の玄関口，船の交通整理のひみつ，港ではたらく船，海のガードマン，むかしの港、いまの港，船はもっとも古い乗り物，貿易をささえる貨物

子どもの本　社会がわかる2000冊　229

船,貨物にあわせた船のかたち,効率のよいコンテナ船〔ほか〕

[内容] 空港が空の玄関なら,港は海の玄関だ。港には,たくさんの船が出入りする。いったいどんな船が出入りするのかな？港での船の事故は,とても少ない。それは,船の交通整理にひみつがあるからなんだ。さあ,港と船の興味深いところを紹介しよう。

『やったぜ体験学習―5・6年』中川志郎監修　岩崎書店　2001.4　47p　29cm　（総合学習に役立つ　みんなの体験学習実践集　3）2800円　①4-265-05653-9,4-265-10233-6

[目次] 生き物が共存できる未来の街をつくろう―宮城県玉沢小学校,めざせバリアフリー祝町―福岡県祝町小学校,英語で友達のコマーシャルをつくろう―島根県城北小学校,われら給食探偵団！―岡山県誕生寺小学校,ウクライナの劇団と演劇交流―兵庫県鳴尾東小学校,地域発　すてきな人みつけた！―秋田県秋田大学教育文化学部附属小学校,赤ちゃんをだっこしたよ―愛知県緒川小学校,地域の5校とテレビ会議―愛媛県柳沢小学校,なんだろう？ Can you guess？―茨城県梅が丘小学校,体験学習はみだし集

[内容] 全国の学校でおこなわれた「体験学習」のユニークな実践例をグレード別に紹介。3巻では,身近な地域にも,遠く離れた学校にも,外国にも,体験学習の先生はたくさんいる！そんなヒントがみつかる5・6年生の実践例を紹介。巻末に「地図さくいん」があり,シリーズに掲載された学校が一覧できるようになっています。小学校低学年〜中学生。

『やってみよう！社会勉強―ボランティア体験から修学旅行まで』有田和正監修　ほるぷ出版　2001.4　95p　27cm　（まんが総合学習ガイドブック　すぐに役立つ！実践活動　6年生　2）2500円　①4-593-57318-1,4-593-09626-X

[目次] 21世紀の福祉体験,ストレスさんこんにちは,めざせハートフルタウン・日枝,オリジナル修学旅行を作ろう

[内容] 卒業をひかえて,総合学習の課題も社会生活を意識した内容が増えています。この巻では,旅行に福祉活動,そして健康管理にパソコンと,いずれもこれからの社会生活に欠かせないテーマが取りあげられ,おもいっきり個性的に活動するすがたが描かれています。そのようすからは,総合学習に欠かせない体験学習の楽しさが伝わってきます…。

『町・地図―ぼくたちの町改造計画』関口シュン絵,西尾小学校,寺本潔監修　草土文化　2001.2　55p　29cm　（やってみたい総合学習　7）〈文献あり〉3000円　①4-7945-0811-5

[内容] 私たちの学校がある西尾には,ステキな所がいっぱいです。だけど,みんなにとって,もっと住みやすい町にしたい！多くの人でにぎわう,元気な町にもどしたい！ぼくたちは動き出した,この町を改造するために。町へ飛び出せ,レッツ・ゴー。

『まちのゴミ探検』次山信男監修,遠藤喜代子構成・文　ポプラ社　2000.4　47p　29cm　（まちの探検隊　総合的な学習3・4年生　2）2800円　①4-591-06307-0

[目次] 1 身のまわりのゴミ,ゴミ,ゴミ…,2 ゴミにはどんな問題があるのか,3 身のまわりのゴミをへらすには,4 ちょっとゴミと仲良し

[内容] ゴミってなんだろう？　ゴミはどうしまつする？　どうすればゴミはへるかな？

『まちの探検へ出発』次山信男監修,渡辺一夫構成・文　ポプラ社　2000.4　47p　29cm　（まちの探検隊　総合的な学習3・4年生　1）2800円　①4-591-06306-2

[目次] 1 まち探検出発の前に,2 まち探検の「なぜ」どうやってしらべる？

[内容] まちを歩いてみよう。どんなものが見えるかな？　自分たちのまちを探検にでかけよう。

『まちのなかで世界探検』次山信男監修,五十嵐清治構成・文　ポプラ社　2000.4　47p　29cm　（まちの探検隊　総合的な学習3・4年生　6）2800円　①4-591-06311-9

[目次] 1 友だちと紅茶を飲みながら,2 スーパーで世界探検,3 まちで世界の料理探検,4 まちにはカタカナ語とローマ字がいっぱい,5 いろいろな国の人の住むまち

[内容] まちには,ローマ字やカタカナ語のかんばんがいっぱい。さあ,まちで世界をみつけよう。

『学校のまわり・地域を探検』佐藤正彦著　金の星社　2000.3　47p　27cm　（総合

現代社会—社会・生活　　　　　　　　　　　　　　　　わたしたちのくらし

的な学習のテーマがみつかるアイデア新聞 1）〈索引あり〉2800円　①4-323-06451-9

|目次| わたしのまちはどんなまち？，さがそうマイロード，まちの中で発見！，家の中にも不思議がいっぱい！，いいつたえ新聞，おみやげ本舗新聞，坂道はかせ新聞，神社とお祭り新聞，ひみつの地下道新聞，名前の探偵新聞

|内容| 豊富なテーマ例、関連資料や実験例、インタビューの質問例、またホームページアドレスの掲載と、子どもたち自身が自分にあったテーマを探し、問題を解決していくためのヒントとアイデアいっぱいのシリーズです。新聞形式の紙面で、課題を見つけ、考えをまとめていく流れがひとめでわかります。巻末には、学んだことを応募できる、コンクールガイド付き！本巻の道の名前や神社には、思わぬ謎がひそんでいたりする。また、家の中にもテーマはいっぱい。たとえば、コンセントの穴の大きさは？身のまわりのテーマと調べ方満載。

『駅』秋山滋文、田沢梨枝子絵　岩崎書店　1998.4　39p　27cm　（くらしをまもる・くらしをささえる　校外学習 3）2400円　①4-265-02563-3,4-265-10145-3

|目次| 駅は町のげんかんです、駅ができるまえ、できてから、駅のしくみはどうなっているの？、きっぷを買ってみよう、改札口を通ってホームへ、きっぷのいろいろ、「一番線に電車がきます」、「出発、進行！」、駅員さんの一日、駅事務室の中はどうなっているの？〔ほか〕

|内容| 駅といっても、何十万人ものりおりする駅があれば、駅員さんのいない無人駅だってあります。出かける時、かならずといっていいほど利用する駅は、どんな役割をはたしているのでしょうか？—子どもたちに身近で、人びとの生活をささえている公共施設などを、わかりやすく紹介しました。たんに施設紹介だけでなく、施設の役割やしくみ、施設の構造、物の流れ、そこで働く人びと、子どもたちのくらしとの関わりなどを、イラスト・写真をたくさん使ってビジュアルに展開。小学校中学年～高学年向き。

『上水道・下水道』長崎武昭文、夏目洋一郎絵　岩崎書店　1998.4　39p　27cm　（くらしをまもる・くらしをささえる　校外学習 6）2400円　①4-265-02566-8,4-265-10145-3

|目次| めずらしいものをもったひとつの星、地球は水のわく星、わずか0.8％ののみ水、雨水をためにくい日本の川、森林は緑のダム、水道の水をつくる、砂のあいだをゆっくり通してきれいな水をつくる、はやくたくさんの水をつくる方法、川には水をきれいにする力がある、よごれた水をあつめる〔ほか〕

|内容| わたしたちが使う水は、どこからやってきて、どこへ流れていくのでしょう。浄水場や下水処理場を見学しながら、水のゆくえを追っていきましょう。—子どもたちに身近で、人びとの生活をささえている公共施設などを、わかりやすく紹介しました。たんに施設紹介だけでなく、施設の役割やしくみ、施設の構造、物の流れ、そこで働く人びと、子どもたちのくらしとの関わりなどを、イラスト・写真をたくさん使ってビジュアルに展開。小学校中学年～高学年向き。

『清掃工場とゴミ』小西聖一文、吉野健一絵　岩崎書店　1998.4　39p　27cm　（くらしをまもる・くらしをささえる　校外学習 5）2400円　①4-265-02565-X,4-265-10145-3

|目次| どれだけのゴミを出している？，もえないゴミのゆくえを追え！，清掃工場にやってきた，ゴミがいっぱいたまっている，ゴミをもやす、なぜゴミをもやすの？，かんきょうをこわすチリやガス、熱のりよう、清掃工場のしくみ、もえないゴミとそ大ゴミのゆくえ〔ほか〕

|内容| ゴミのゆくえを追いながら、清掃工場がどんな仕事をしているかをさぐります。その上で、埋め立て地や、あふれるゴミ問題、ゴミのリサイクルなどについても、あらためて考えてみましょう。—子どもたちに身近で、人びとの生活をささえている公共施設などを、わかりやすく紹介しました。たんに施設紹介だけでなく、施設の役割やしくみ、施設の構造、物の流れ、そこで働く人びと、子どもたちのくらしとの関わりなどを、イラスト・写真をたくさん使ってビジュアルに展開。小学校中学年～高学年向き。

『テレビ局』小西聖一文、ウノ・カマキリ絵　岩崎書店　1998.4　39p　27cm　（くらしをまもる・くらしをささえる　校外学習 10）2400円　①4-265-02570-6,4-265-10145-3

|目次| いろいろな番組が見られるテレビってなに？，どうやって電波はとどくの？，ニュースのスタジオに入った、サブ・コントロール・ルーム（副調整室）のしごと、ニュー

スを集める人たち，もうすぐニュースの時間だ，地震だ！臨時ニュース，プロ野球を中継する，地球の裏がわでやっているスポーツやニュースが見られる〔ほか〕
内容 きみたちが，いつも見ているテレビは，どうやってとどき，どのようにして放送されているのでしょうか。テレビ局をたんけんしながら，ふだん知らないテレビ局を発見してみましょう。―子どもたちに身近で，人びとの生活をささえている施設などをわかりやすく紹介しました。たんに施設紹介だけでなく，施設の役割やしくみ，施設の構造，物の流れ，そこで働く人びと，子どもたちのくらしとの関わりなどを，イラスト・写真をたくさん使ってビジュアルに展開。小学校中学年～高学年向き。

『郵便局』川瀬勝彦文，かなりりえこ絵　岩崎書店　1998.4　39p　27cm　（くらしをまもる・くらしをささえる　校外学習 9）　2400円　①4-265-02569-2,4-265-10145-3
目次 手紙がとどいたよ，手紙がとどくまで，手紙を書いた，郵便局へ行く，ポストに入れた，郵便物をわける，通信日付印（消印）をおす，行き先べつにわける，手紙のたび，郵便局に手紙がついた〔ほか〕
内容 手紙やハガキがだされてから，きみたちにとどくまで，いろんな人の手がかかわります。郵便局の仕事，郵便配達の人の苦労など，一通の手紙やハガキの「旅」について考えてみましょう。―子どもたちに身近で，人びとの生活をささえている公共施設などを，わかりやすく紹介しました。たんに施設紹介だけでなく，施設の役割やしくみ，施設の構造，物の流れ，そこで働く人びと，子どもたちのくらしとの関わりなどを，イラスト・写真をたくさん使ってビジュアルに展開。小学校中学年～高学年向き。

◆学校生活の中で

『みんなが主人公の学校―学校はみんなでつくる場所』保井隆之著　大日本図書　2009.3　172p　19cm　（ドキュメント・ユニバーサルデザイン）　1600円　①978-4-477-01991-8
目次 はじめに いきいきと笑顔で学ぶ学校，第1章 外国にルーツをもつ子どもとともに―アイデンティティを育てる日本語国際学級，第2章 自分の言葉は自分で選びたい―手話で学ぶ小学校，第3章 みんなのことはみんなで決める中学校―不登校の子がいきいき

できる学校，第4章 自分に合った高校を探しながら―ディスレクシアの自分と出会うまでの長い道のり，第5章 居心地のいい学校をつくっていこう―新しい取り組みと先輩たちのメッセージ，おわりに さまざまな個性の子と学ぶ学校に
内容 個性と笑顔がいっぱいの学校に。

『学問のすゝめ（抄）』赤木かん子編，福沢諭吉著　ポプラ社　2008.4　37p　21cm　（ポプラ・ブック・ボックス 剣の巻 9）　①978-4-591-10194-0　N370

『10歳からのルール100―友だちのルール・学校のルール』斎藤次郎監修，さとうゆりイラスト　鈴木出版　2007.3　39p　31cm　2500円　①978-4-7902-3188-2　N361.454
目次 1 友だちのルール,2 学校のルール

『トビアスへの26通の手紙―ぼく，どうして学校へ行くの　下』H.v.ヘンティッヒ著，原田信之，牛田伸一訳　第三文明社　2006.2　157p　20cm　1143円　①4-476-03284-2　N371.35
目次 気づかないといけないこと，学校には正しくないこともあれば過ちをおかすことだってある，転校生の男の子，アウトサイダー，スケープゴート不運なマリー，みんなで助けあいみんなでルールをつくる，お互いを尊重しちがいをわかちあう，自主的に行動することで市民になれる，君の通っている学校がすてきになるか，ならないか それは君しだいだよ，木靴の樹の物語 学校に通っていなかったミネックはどう成長していったのだろう？，学校に通うようになってからできなくなってしまったこと，ランディンの村には学校と豚小屋があった，大きな町ではたくさんのことを学べるからこそ学校が必要なんだ，トビアスの両親に宛てた手紙
内容 ぼくが望むのは，26通の手紙を君たちがトビアスに一字一句そのまま伝えることじゃない。それよりも，手紙をきっかけにして，君たちとトビアスがしっかり向き合い，学校のことについて真剣に話し合ってくれることのほうが，はるかに重要だ。

『トビアスへの26通の手紙―ぼく，どうして学校へ行くの　上』H.v.ヘンティッヒ著，原田信之，牛田伸一訳　第三文明社　2006.2　154p　20cm　1143円　①4-

476-03283-4　Ⓝ371.35

[目次] どうして学校に行かなくてはいけないのか話をしてみようか，学校に通うことはとてもすてきなことだよ エンリコとその友達について，学校に通うことはハルトムートおじさんにとっても，すてきなことだった，男性用のセーラー服とロシア風の上着 革製の半ズボンについて，…じゃあ，バターって何？，コンゴの人はどんな生活をしているのだろう？そこで必要とされることはどんなことなのだろう？，エファの学校では子ども達は自分の親が教えられないことを学んでいる，魔法のせいにするのか，それとも物事を正しく見きわめるのか？，ぼくたちの国ではどのような生活をしているのか？そのために必要なことは何だろう？，人は学ばなければ生きていけない，もしも君がゴミ捨てのルールを守らなかったらどうなるだろうか？，ヒトラーを選んではいけなかったんだ，子どもにとって学校は市民生活を送るための場所だ，楽しみにしていることのすべて

[内容] もしもあなたが子どもに，「どうして，学校に行かなくてはいけないの」と聞かれたら，どう答えるでしょうか。現代ドイツの代表的教育者ヘンティッヒは，この素朴な疑問に，真正面から答えようと甥への「手紙」という手法で語りかけました。その1通1通からは，子どもたちの人間的成長を願う熱い思いが伝わってきます。まず，大人たちに読んでもらいたい物語です。

『圧勝！受験なんてヘッチャラだ』斎藤孝著　PHP研究所　2004.11　94p　22cm　（斎藤孝の「ガツンと一発」シリーズ 第7巻）952円　Ⓘ4-569-63905-4　Ⓝ376.8

[目次] 1 この本は受験の"攻略本"だ！，2 試験は準備が命，3 実践編1－戦いの前に敵を知れ，4 実践編2－確実に合格点を取る戦術，5 受験の先には，なにがある？，特別編 入試に落ちたときに読んでください

[内容] 確実に合格点を取るマル秘戦術。

『学校の世界地図』藤田千枝編，小川真利子著　大月書店　2004.10　39p　21×22cm　（くらべてわかる世界地図 2）1800円　Ⓘ4-272-40522-5　Ⓝ372

[目次] 学校に行っていますか，学校に行けないと…，教育にかかる費用は，学校の施設，先生とクラス，義務教育制度，新学期はいろいろ，どのくらい勉強するの，どんな勉強をしているかな，使っている言葉，教科書は買う？借りる？，勉強は好きですか，楽しい昼食・おやつ，お休みはいつ？，体罰は禁止？，

障害のある子の教育，勉強はいつまで？

『なぜ学校にいくの？』山根祥利監修，こどもくらぶ編　岩崎書店　2004.4　45p　29cm　（Q&Aジュニア法律相談 2）2800円　Ⓘ4-265-05242-8　Ⓝ373.22

[目次] 1 義務教育ってなに？，2 親には子どもを教育する義務がある，3 学校にいくのは子どもの権利，4 役立ち情報

『勉強なんてカンタンだ！』斎藤孝著　PHP研究所　2004.4　94p　22cm　（斎藤孝の「ガツンと一発」シリーズ 第1巻）952円　Ⓘ4-569-63447-8　Ⓝ002.7

[目次] 1 勉強ラクラク大作戦！，2 "勉友"をつくろう！，3 量をたくさんやるだけ！，4 必殺！しぼり込み方式，5 時間を区切って一気に！，6 そもそも，なぜ勉強をするのか？，7 勉強はぜんぶ国語だ！，8 テストなんて，へっちゃらだ！

[内容] ぼくも勉強がすごくキライだったんだ。じゃあ，なぜ東大に入ったかって？アタマがいいとか，悪いとかじゃない！勉強がドンドン楽しくなる「作戦」初公開。

『知っておきたい！楽しいプランづくり』日本修学旅行協会監修　金の星社　2003.3　63p　30cm　（事前に調べる修学旅行パーフェクトガイド）3200円　Ⓘ4-323-06461-6　Ⓝ374.46

[目次] 自分たちで修学旅行をつくろう！，旅行先について知ろう！，班別自主行動のプランづくり，楽しくて役立つ！オリジナルのしおりづくり，出発準備・現地見学，知っておきたい！旅先でのマナー＆トラブル対処法，旅のまとめと事後学習

『宿題すらすらやっつけよう』トレボー・ロメイン著，上田勢子，藤本惣平訳　大月書店　2002.10　78p　20cm　（トレボー・ロメインこころの救急箱 5）1200円　Ⓘ4-272-40465-2

『テストなんかこわくない』トレボー・ロメイン，エリザベス・バーディック著，上田勢子，藤本惣平訳　大月書店　2002.6　86p　20cm　（トレボー・ロメインこころの救急箱 3）1200円　Ⓘ4-272-40463-6

[目次] なにはともあれ，うわっ，テストだって!?，テスト・ストレス，勉強の達人になろう

『運動会・学芸会に使うモノはいくら？』秋山滋文，田沢梨枝子絵　汐文社　2002.4　47p　27cm　（学校モノのねだん図鑑 3）2000円　ⓘ4-8113-7459-2

目次　つなひきのつなはいくらかな？，運動会で使うモノはまだまだある，こてき隊，全部まとめていくら？，税金の使われかたは？，スポットライトのねだんは？，体育館をたんけんしよう！，体重計はいくら？，身長・体重の全国平均はどれくらい？，握力計はいくらする？，ストップウォッチはいくらする？〔ほか〕

『音楽室・理科室にあるモノはいくら？』秋山滋文，田沢梨枝子絵　汐文社　2002.4　47p　27cm　（学校モノのねだん図鑑 2）2000円　ⓘ4-8113-7458-4

目次　試験管をわっちゃった！，理科じゅんび室を調査しよう，ビート板はいくらかな？，学校の水道代や電気代はどれくらい？，ピアノは高ーい，楽器にもいろいろある，図書室をたんけんしよう，図書室のエチケットをまもろう，ただいまマイクの調査チュウ，視聴覚教室もしらべよう！〔ほか〕

『校内でのけがから命を守ろう』川辺重彦総監修，岩切玲子監修，小林元子著　小峰書店　2002.4　47p　29cm　（安全な学校生活を考える本 1）3000円　ⓘ4-338-18501-5,4-338-18500-7

『教室にあるモノはいくら？』秋山滋文，田沢梨枝子絵　汐文社　2002.2　47p　27cm　（学校モノのねだん図鑑 1）2000円　ⓘ4-8113-7457-6

目次　ねだん調査隊たんじょう！，税金はどうしてあるのかな，学校を建てるにはお金がかかる，義務教育ってなんだ？，トイレのマークのねだんは？，来客用の玄関はどうなっているの？，つくえやいすはいくらかな？，つくえもいすもいろいろある，職員室をしらべよう，先生のつくえのなかはワンダーランド〔ほか〕

『学校―学校のきまりは、どこまで必要』岩立京子監修　ポプラ社　2000.4　63p　27cm　（考えよう！みんなのクラスみんなの学校 2）〈索引あり〉2200円　ⓘ4-591-06364-X

目次　1「校則」っていったい、なんのためにあるの，2 内申書って、ほんとうに必要なの？

『クラス―学級崩壊はなぜおこる』松村茂治監修　ポプラ社　2000.4　63p　27cm　（考えよう！みんなのクラスみんなの学校 1）〈索引あり〉2200円　ⓘ4-591-06363-1

目次　1 クラスのない学校のこころみ，2 ぼくらでつくったあたらしいクラス「さわやか三組」

『たのしい学校ってなんだろう』共用品推進機構監修，松井智構成，高橋健夫文　ポプラ社　2000.4　39p　27cm　（バリアフリー いっしょに生きていくために 4）〈索引あり〉2500円　ⓘ4-591-06315-1,4-591-99319-1

内容　「バリアフリー」「バリア」は「壁」。行く手をはばむ物です。「フリー」は「とりのぞく」という意味です。たとえば、歩道の段差をとりのぞくということは、車いすを使っている人にとっての「バリア」を「フリー」にすることです。人間は便利な物や技術をたくさん考えだしました。…でも、あまりに急いで考えたので「バリア」がいっぱいになりました。すっかり忘れていたのです。つくりだした物を使えない人がいることを。同じ社会に生きている「みんな」がいることを。思いうかべてみましょう。「みんな」の中に、あなたが感じられなかった「バリア」を感じている人がいることを。「いっしょに」歩こう！「いっしょに」あそぼう！みんなで「いっしょに」たのしむ方法を考えよう！みんなで「いっしょに生きていくために」。小学中・上級向。

『勉強―どうして塾にいくの』馬居政幸監修　ポプラ社　2000.4　63p　27cm　（考えよう！みんなのクラスみんなの学校 4）〈索引あり〉2200円　ⓘ4-591-06366-6

目次　こども座談会―どうして塾にいくの？，塾に対するこどもの意見，進学のために塾にかよっている人の意見，こどもが塾にかようことについて―おとうさん、おかあさんから、こどもたちの塾がよいについて―先生はこう思っている，進路について―自分のゆめをたいせつに（先輩たちからきみたちへ），キレ・ムカつく―中学生70人アンケートより，秋山仁先生のおはなし！，小児科の鈴木先生の意見！，海外レポート〔ほか〕

『学校給食』戸辺勝弘文，鈴木びんこ絵

現代社会―社会・生活　　　　　　　　　　　　　　　　学校生活の中で

岩崎書店　1998.4　39p　27cm　（くらしをまもる・くらしをささえる　校外学習 1）　2400円　Ⓘ4-265-02561-7,4-265-10145-3
[目次] やった！給食の時間だ,センターでつくる給食,学校でつくる給食,材料がとどくまで,1時間で材料がとどいたよ,栄養士さんのしごと,調理員さんのしごと,給食当番,春のこんだて,夏のこんだて〔ほか〕
[内容] 給食は、もっとも楽しい時間の一つです。給食はみんなにどのようにしてとどくのか、栄養士・調理士さんたちの苦労はどこにあるのか、一年の旬の献立など、学校給食のすべてがわかります。―子どもたちに身近で、人びとの生活をささえている公共施設などを、わかりやすく紹介しました。たんに施設紹介だけでなく、施設の役割やしくみ、施設の構造、物の流れ、そこで働く人びと、子どもたちのくらしとの関わりなどを、イラスト・写真をたくさん使ってビジュアルに展開。小学校中学年～高学年向き。

◆◆学校に行きにくいとき

『からかい―知らずに傷つける前に』スティーブ・ピット作,上田勢子訳,オノビン絵　大月書店　2009.1　31p　27cm　（学校のトラブル解決シリーズ 4）　2000円　Ⓘ978-4-272-40644-9　Ⓝ371.42
[目次] からかうってどういうこと？,からかいの4つの例,からかいクイズ,からかい相談室,からかいのウソとホント,Aタイプ（からかう人）,Bタイプ（からかわれる人）,Cタイプ（まわりで笑う人）
[内容] 軽い気持ちでからかったり、いっしょに笑って、友だちを傷つけていない？からかいとジョークについて考えてみよう。

『いじめ―手おくれになる前に』エレイン・スレベンス作,上田勢子訳,桑田木綿子絵　大月書店　2008.12　31p　27cm　（学校のトラブル解決シリーズ 3）　2000円　Ⓘ978-4-272-40643-2　Ⓝ371.42
[目次] いじめってなんだろう,いじめがはじまる4つの例,クイズそれっていじめ？,いじめ相談室,いじめについてのかんちがい,Aタイプ（いじめられる人）,Bタイプ（いじめる人）,Cタイプ（目撃した人）
[内容] いじめは案外わかりにくいもの。いじめる子、いじめられる子、いじめを目撃した子、それぞれにやれることがあるのを知

ろう。

『うわさ・かげぐち―広がる前に/広げる前に』キャサリン・ロンディナ作,上田勢子訳,高橋由為子絵　大月書店　2008.11　31p　27cm　（学校のトラブル解決シリーズ 2）　2000円　Ⓘ978-4-272-40642-5　Ⓝ371.42
[目次] うわさのはじまり,うわさがはじまる4つの例,うわさクイズ,うわさ・かげぐちのウソ,うさわ相談室,Aタイプ（うわさを流す人）,Bタイプ（うわさをされる人）,Cタイプ（うわさを聞かされた人）
[内容] うわさ話は、聞きたくなくても耳に入ってくるものだ。うわさが広がるのを、どうすれば止めることができるのか。情報を分かちあうことと、うわさ話をすることはどこがちがうのか。うわさが広まって、とり返しがつかなくなる前にどうすればよいか。うわさについて、この本で考えてみよう。

『けんか―その手を出す前に』エレイン・スレベンス作,上田勢子訳,オノビン絵　大月書店　2008.10　31p　27cm　（学校のトラブル解決シリーズ 1）　2000円　Ⓘ978-4-272-40641-8　Ⓝ371.42
[目次] けんかのはじまり,けんかがはじまる4つの例,けんかの原因,タイプ分けクイズ,Aタイプ（攻撃者）,Bタイプ（防衛者）,Cタイプ（目撃者）
[内容] 怒りの「ひきがね」とは？けんかにどう対応するか、自分の感情をどうコントロールするかが、この本を読むとわかるよ。

『ワークブックいじめを乗りこえる』ディコン・パウナル＝グレイ著,亀井よし子訳　ブロンズ新社　2007.12　95p　23cm　〈協力：シャン・シャン・ジャン〉　1500円　Ⓘ978-4-89309-432-2　Ⓝ371.42
[目次] ミッション1「できごとレポート」を書く,ミッション2 いじめっ子の正体をつきとめる,ミッション3 孤立状態からの脱出,ミッション4 いじめの原因をつきとめる,ミッション5 友だちをつくる
[内容] 書く、観察する、考える―5段階のミッションをクリアしていじめられない人間力を身につける！32州でいじめ防止法が制定された、アメリカで話題の本。

『ぼくらが作った「いじめ」の映画―「い

『じめ」を演じて知った本当の友情』今関信子文　佼成出版社　2007.11　144p　22cm　（感動ノンフィクションシリーズ）〈解説：尾木直樹〉1500円　①978-4-333-02308-0　Ⓝ371.42

目次　第1章 映画クラブができた！、第2章 テーマは「いじめ」、第3章　「いじめ」を徹底的に考えた、第4章 配役を決める、第5章 心にひそむものを見つめて、第6章 エスカレートするいじめ、第7章 学校中に流れた、『絶対だめ』、第8章 映画を完成させたい！、第9章 ナツキ、もどってきて、第10章 中学生になっても友だちでいよう

内容　群馬県にある大胡小学校の映画クラブでは、「いじめ」の映画を作ることになった。撮影は順調に進んでいく。しかし、架空のいじめは、演じていくうちに、現実のように、出演者を苦しめていった—。社会問題にもなっている「いじめ」に、新しい形で取り組んだ、子どもたちの一年間を追う。

『学校に行けないのはなぜ？』武藤清栄、淵上規后子著　学習研究社　2006.2　63p　23cm　（はじめてのカウンセリング心のたんけん　4）2500円　①4-05-202361-7　Ⓝ371.42

『ひとりでがまんしないよ！—いじめにまけない』嶋崎政男監修、すみもとななみ絵　あかね書房　2006.2　31p　27cm　（じぶんでじぶんをまもろう　2）1400円　①4-251-04092-9　Ⓝ371.42

目次　友だちから、とつぜん、足をひっかけられたら？、なかよしグループから、なかまはずれにされたら？、友だちがいじめられているのに、しらんぷりをしちゃったら？、友だちをいじめたくなってしまったら？、いじめにまけないために、みんなで考えよう！、なにかあったら、ここにでんわして、そうだんしよう

内容　悪いことをしていないのに、友だちやなかまはずれにされたら？友だちがいじめられているのに見て見ぬふりをしてしまったら？友だちをいじめてしまったら？だれもがそんな経験を持っていると思います。でも、いじめはぜったいにいけないことです。もし、いじめられても、自分を責めないで。友だち、家族、学校の先生など、まわりの人に話を聞いてもらったり、いじめに立ちむかうための練習をしたりしてみましょう。いじめに対する考え方や、いじめから "自分を守る方法" がわかる絵本です。

『学校いやいやお化けウォブリー』クリス・ウェバー著、ニール・フィリップス絵、田部田功、藤岡耕太郎、森下克也訳　日野　明星大学出版部　2003.3　18p　30cm　1200円　①4-89549-139-0　Ⓝ371.42

内容　学校にいくことがとても辛い子供たちがいます。彼らが学校に行くことを拒否することは、彼らが教育を受けられないことに繋がり、親や学校関係者は心配困惑の種となるでしょう。スクールウォブリーは学校に行けない子供たちの辛い、苦しい胸のうちについて書かれた本です。それと同時にそうした苦しみと付きあい成長することによって一日も早く学校に戻るための手引きについて書かれた本でもあります。

『なんで学校に行きたくないんだろう？』こんのひとみ文、植田真絵　ポプラ社　2003.2　63p　22cm　（こんのひとみ心の言葉　1）980円　①4-591-07492-7　Ⓝ371.45

目次　第1章 心の言葉の物語—なんで学校に行きたくないんだろう？、第2章 みんなの言葉—中学生たちの本音座談会、第3章 あなたに贈る言葉—こんのひとみからあなたへ、優しい言葉たち

内容　学校に行けなくなったとき、先生もお母さんも口をそろえて聞いた。「理由は何？」そしたら新しい「なんで」が浮かんだ。「なんで高校に行こうと思ったんだっけ？」わたしだけじゃなかった。元気が出る、みんなと本音で語りあう本。

『保健室にいたらだめなの？』こんのひとみ文、塚本やすし絵　ポプラ社　2003.2　63p　22cm　（こんのひとみ心の言葉　2）980円　①4-591-07493-5　Ⓝ374.9

内容　朝、教室に入ろうとしたら、急に気持ちが悪くなったの。次の日の朝も教室の前まで来たら足が動かなくなって、次の日もそのまた次の日も…。わたしは保健室の消毒のにおいに逃げ込んだ。その日から、わたし、「保健室っ子」になったの。だって、居心地がいい。元気が出る、みんなと本音で語りあう本。

『いじめなんてへっちゃらさ』トレボー・ロメイン著、上田勢子、藤本惣平訳　大月書店　2002.5　102p　20cm　（トレボー・ロメインこころの救急箱　1）

現代社会―社会・生活　　　　　　　　　　　　　　　わたしたちもできるボランティア

1300円　ⓘ4-272-40461-X
[目次] きみはいじめにあってない？，かんたんクイズ，いじめっ子って，どうして，ああなんだろう，いじめっ子と向きあうために，いじめっ子，とーんでもないかんちがい，いじめっ子とのかけひき，ダイジョーブとダメェー，きみ自身も，いじめっ子かな？，おとうさん，おかあさん，先生へ
[内容] この本には、きみの心のキズにピッタリのバンソウコウがつまっています。

『いじめ―学校なんていきたくない』岩立京子監修　ポプラ社　2000.4　63p　27cm （考えよう！みんなのクラスみんなの学校 3）〈索引あり〉2200円　ⓘ4-591-06365-8
[目次] 1 いじめについて考えよう,2 不登校について考えよう

◆わたしたちもできるボランティア

『福祉・介護のキーワード事典―幸せってどんなこと？ 助け合う気持ちを大切にしよう』高橋利一監修　PHP研究所　2008.4　79p　29cm　2800円　ⓘ978-4-569-68766-7　Ⓝ369

『Newボランティア用語事典―体験学習に役立つ！』日比野正己監修・指導，長崎純心大学ボランティア研究会編著　学習研究社　2005.3　127p　29cm　4800円　ⓘ4-05-202077-4　Ⓝ369.14
[目次] アールマーク，アイバンク，アイマスク体験，アニマルセラピー，エイズ問題，エコマネー，NGO，NPO，ODA，音楽ボランティア ほか
[内容] 初の子ども向けボランティア用語事典。ボランティアの全体像が「見てわかる」。ボランティア活動の具体例がいっぱい。豊富な写真やイラストで楽しく学べる。ユニークな発想と視点を学べるコラム。団体紹介や参考文献など貴重な情報源。

『ぼくたちわたしたち福祉探偵団』玉村公二彦編　橿原　奈良県社会福祉協議会　2004.5　56p　30cm〈発売：三学出版（大津）〉762円　ⓘ4-921134-64-2　Ⓝ369

『"ちょボラ"アイディア集―ちょっとしたボランティア だれでも、いつでも、どこでもできる！』日比野正己監修・指導　学習研究社　2004.4　52p　27cm（"ちょボラ"で福祉のまちづくり 体験と実践を通してはぐくむ「勇気と優しさ」4）2800円　ⓘ4-05-202003-0　Ⓝ369.14

『"ちょボラ"を世界に広げよう―ちょっとしたボランティア 21世紀の"福祉の地球づくり"』日比野正己監修・指導　学習研究社　2004.4　52p　27cm（"ちょボラ"で福祉のまちづくり 体験と実践を通してはぐくむ「勇気と優しさ」5）2800円　ⓘ4-05-202004-9　Ⓝ369.14

『"ちょボラ"から始めよう―ちょっとしたボランティア 好きなこと・身近なこと』日比野正己監修・指導　学習研究社　2004.4　52p　27cm（"ちょボラ"で福祉のまちづくり 体験と実践を通してはぐくむ「勇気と優しさ」1）2800円　ⓘ4-05-202000-6　Ⓝ369.14

『"ちょボラ"から"ほんボラ"へ―ちょっとしたボランティア 福祉・医療施設で実戦！』日比野正己監修・指導　学習研究社　2004.4　52p　27cm（"ちょボラ"で福祉のまちづくり 体験と実践を通してはぐくむ「勇気と優しさ」3）2800円　ⓘ4-05-202002-2　Ⓝ369.14

『"ちょボラ"でバリアフリーのまちづくり―ちょっとしたボランティア』日比野正己監修・指導　学習研究社　2004.4　52p　27cm（"ちょボラ"で福祉のまちづくり 体験と実践を通してはぐくむ「勇気と優しさ」2）2800円　ⓘ4-05-202001-4　Ⓝ369.27

『外国からきた人といっしょに』稲葉茂勝著，こどもくらぶ編　岩崎書店　2003.3　47p　29cm（福祉ボランティア 体験しよう！発見しよう！ 4）3000円　ⓘ4-265-05164-2　Ⓝ329.9
[目次] 1 きみ自身の経験から、かんがえよう,2 いろいろな人たちの気持ちをきいて、もういちど自分たちの接しかたを見なおそう

『障害をもつ人といっしょに』田中ひろし著，こどもくらぶ編　岩崎書店　2003.3

子どもの本 社会がわかる2000冊　237

47p 29cm （福祉ボランティア 体験しよう！発見しよう！ 1）3000円 Ⓘ4-265-05161-8 Ⓝ369.27
[目次] 1 きみ自身の経験から、かんがえよう,2 障害をもつ人の気持ちをきいて、もういちどまちを見なおそう,3 きみにもできるボランティア活動

『もっと調べよう福祉ボランティア』田中ひろし著,こどもくらぶ編 岩崎書店 2003.3 47p 29cm （福祉ボランティア 体験しよう！発見しよう！ 5）3000円 Ⓘ4-265-05165-0 Ⓝ369.14
[目次] 1 福祉ボランティアをかんがえるための役立ち情報,2 福祉ボランティアについて、もっと調べてみよう,3 福祉ボランティアに役立つリスト

『あいさつだってボランティア―考えよう！ボランティアの第一歩』田中ひろし著 光村教育図書 2002.12 31p 27cm （「こころ」を伝えるボランティアの本 2）1500円 Ⓘ4-89572-708-4 Ⓝ369.14

『ぼくたちのボランティア記念日―考えよう！ボランティアのこころ』田中ひろし著 光村教育図書 2002.12 31p 27cm （「こころ」を伝えるボランティアの本 5）1500円 Ⓘ4-89572-711-4,4-89572-712-2 Ⓝ369.14
[目次] 絵本『ぼくたちのボランティア記念日』,1 みんなのボランティア意識を調べよう！,2 環境ボランティアについてスパイダーチャートを書いてみよう！,3 ボランティアのマナーについて考えよう！
[内容] 植林ボランティアに参加したひろしくんとたかしくん。はりきってほかの参加者の世話までやっていたふたりが出会ったのは、"伝説の木を植える人"とよばれるおじいさんでした。みんなは、何をきっかけに、どんな気持ちでボランティアをしているの？さあ、みんなで考えよう！「ボランティアのこころ」。

『ボランティアはきらい!?―考えよう！家族みんなのボランティア』田中ひろし著 光村教育図書 2002.12 31p 27cm （「こころ」を伝えるボランティアの本 3）1500円 Ⓘ4-89572-709-2 Ⓝ369.14

『まちがいだらけのボランティア―考えよう！だれのためのボランティア』田中ひろし著 光村教育図書 2002.11 31p 27cm （「こころ」を伝えるボランティアの本 4）1500円 Ⓘ4-89572-710-6 Ⓝ369.14

『リサイクルもボランティア―考えよう！ボランティアってなんだろう』田中ひろし著 光村教育図書 2002.11 31p 27cm （「こころ」を伝えるボランティアの本 1）1500円 Ⓘ4-89572-707-6 Ⓝ369.14

『ボランティアみんな知ってる？―ボランティア活動の基礎知識 ジュニア版』全国社会福祉協議会・全国ボランティア活動振興センター編 全国社会福祉協議会 2002.7 71p 21cm 500円 Ⓘ4-7935-0686-0

『福祉を知る体験学習』佐々木定治監修,佐瀬順一著,こどもくらぶ編 ポプラ社 2002.4 45p 27cm （体験学習アイデアブック 4）2800円 Ⓘ4-591-07105-7,4-591-99434-1
[目次] ボランティアをはじめよう,お年寄りの方と交流しよう
[内容] お年寄りや障害のある人と交流をするために、気をつけることは？わたしたちにできることは？ボランティア活動のABCを紹介する。小学校中〜高学年向き。

『障害のある人と仲よく』学習研究社 2002.3 47p 27cm （学校ボランティア活動・奉仕活動の本 2）2700円 Ⓘ4-05-201538-X,4-05-810656-5
[目次] 実践編（全校児童で手話コーラス,目の不自由な人に『タッチマップ』プレゼント,車いすマラソン大会,盲学校のお友だちと交流 ほか）,資料編（これが車いすのしくみ,車いすとの散歩のしかた,目の不自由な人との散歩,目の不自由な人とのすごし方 ほか）

『福祉・健康―ホームヘルパーさんからひろがる』苅宿俊文監修 光村教育図書 2002.3 47p 31cm （みんなで実践インタビューからひろがる総合学習 4）2800円 Ⓘ4-89572-705-X,4-89572-701-

現代社会―社会・生活　　　　　　　　　　　　　わたしたちもできるボランティア

7 Ⓝ366.29

『ボランティアーシニアボランティアさんからひろがる』苅宿俊文監修　光村教育図書　2002.3　47p　31cm　（みんなで実践　インタビューからひろがる総合学習 5）2800円　Ⓘ4-89572-706-8,4-89572-701-7　Ⓝ366.29

『ボランティア活動資料編』学習研究社　2002.3　47p　27cm　（学校ボランティア活動・奉仕活動の本 6）2700円　Ⓘ4-05-201542-8,4-05-810656-5
[目次] ボランティア活動と奉仕活動, ボランティア活動の歴史, ボランティア活動の精神をつらぬいた人, ボランティア活動の三原則, ボランティア活動ウソ・ホント, ボランティア活動への意識, 今, ひろがるボランティア活動, NPOとNGOについて, ボランティア活動をする上での問題点, ボランティア活動に参加して〔ほか〕

『守ろうみんなの文化財』学習研究社　2002.3　47p　27cm　（学校ボランティア活動・奉仕活動の本 4）2700円　Ⓘ4-05-201540-1,4-05-810656-5
[目次] 実践編（うけつがれる高千穂の夜神楽, 卒業証書は伝統の杉原紙, 世界遺産のブナの森を守る少年隊, 気えそうかい屋久島の岳参り ほか）, 資料編（日本の文化財, 世界の文化遺産・自然遺産）

『体の不自由な人を支援する「福祉の仕事」―リハビリする・訓練する』一番ヶ瀬康子,日比野正己監修・指導　学習研究社　2001.3　48p　27cm　（未来に広がる「福祉の仕事」4）〈索引あり〉2800円　Ⓘ4-05-201383-2,4-05-810616-6
[目次] 医師, 理学療法士, 作業療法士, 介助犬トレーナー, 言語聴覚士, 視能訓練士, ピア・カウンセラー

『心や体を癒す「福祉の仕事」―治療する・介護する』一番ヶ瀬康子,日比野正己監修・指導　学習研究社　2001.3　48p　27cm　（未来に広がる「福祉の仕事」5）〈索引あり〉2800円　Ⓘ4-05-201384-0,4-05-810616-6
[目次] 獣医師, 総合介護施設運営者, 訪問看護婦, 臨床心理士, 福祉タクシー運転手, 介護福祉士

『特技を生かす「福祉の仕事」―芸術・スポーツ・国際協力する』一番ヶ瀬康子,日比野正己監修・指導　学習研究社　2001.3　48p　27cm　（未来に広がる「福祉の仕事」7）〈索引あり〉2800円　Ⓘ4-05-201386-7,4-05-810616-6
[目次] 国際公務員,NGO, スポーツ（スキー）インストラクター, ミュージシャン, 落語家, 演劇家, インターネット技術者

『共に生きる「福祉の仕事」―支援する・奉仕する』一番ヶ瀬康子,日比野正己監修・指導　学習研究社　2001.3　48p　27cm　（未来に広がる「福祉の仕事」2）〈索引あり〉2800円　Ⓘ4-05-201381-6,4-05-810616-6
[目次] 知事（熊本県）, 社会福祉・学校法人理事長, 総合ヘルスケア企業経営者, 手話通訳士, 福祉活動家, 社会福祉士, トラベルデザイナー

『共に学ぶ「福祉の仕事」―教える・啓発する』一番ヶ瀬康子,日比野正己監修・指導　学習研究社　2001.3　48p　27cm　（未来に広がる「福祉の仕事」3）〈索引あり〉2800円　Ⓘ4-05-201382-4,4-05-810616-6
[目次] 大学教授, 共生社会活動家, 児童養護施設経営者, 養護学校教諭, 保育士, 音楽療法士

『広がる変わる「福祉の仕事」―すべての仕事は福祉につながる』一番ヶ瀬康子,日比野正己監修・指導　学習研究社　2001.3　48p　27cm　（未来に広がる「福祉の仕事」1）〈索引あり〉2800円　Ⓘ4-05-201380-8,4-05-810616-6
[目次] 福祉で変える21世紀の社会, 福祉の仕事はこんなに広い, 対論―すべての仕事は福祉につながる, 福祉の仕事―実際に体験してみました!!, 好きなこと, 好きなものから選ぶ福祉の仕事

『「福祉の仕事100」ガイドブック』一番ヶ瀬康子,日比野正己監修・指導　学習研究社　2001.3　56p　27cm　（未来に広がる「福祉の仕事」8）〈索引あり〉2800円　Ⓘ4-05-201387-5,4-05-810616-6

『目次』福祉に関する仕事,高齢者に関する仕事,子どもに関する仕事,医療に関する仕事,教育に関する仕事,製造に関する仕事,暮らし・交通に関する仕事,行政・マスコミに関する仕事,芸術・スポーツ・レジャーに関する仕事,海外・国際に関する仕事

『役立つモノをつくる「福祉の仕事」―福祉機器を設計・デザインする』一番ヶ瀬康子,日比野正己監修・指導　学習研究社　2001.3　48p　27cm　(未来に広がる「福祉の仕事」6)〈索引あり〉2800円　④4-05-201385-9,4-05-810616-6
『目次』ロボット工学者,工業デザイナー,義肢装具士,建築家・インテリアコーディネーター,ファッションデザイナー,リハビリテーション・エンジニア

『黄色いハンカチはSOSの合図―だれでもできるボランティア』宇野弘信監修,サトウカバ文　ポプラ社　2000.12　47p　20cm　1200円　④4-591-06519-7
『内容』「黄色いハンカチ」って知ってた？外出先で動けなくなったときや、ケガをして助けてほしいとき。だれでも、「黄色いハンカチ」をふれば、それが、「助けてください」「手を貸してください」の合図になるんだよ。「黄色いハンカチ」は、「手を貸してほしいひと」と「手を貸したいひと」とを結ぶ魔法のハンカチなんだ。そんな「黄色いハンカチ」のことを、シンボル犬のフクが、みんなに教えてあげるね。

『みんなのボランティア大百科』フレーベル館　2000.6　167p　25cm〈索引あり〉1500円　④4-577-02113-7
『目次』1 ボランティアってなに？,2 自然と地域を守るボランティア,3 人をささえるボランティア,4 外国の人を助けるボランティア,5 ボランティアのためのデータ集
『内容』本書では、実際にボランティア活動をはじめている子どもたちの姿を中心に取材をしました。活動のなかには、小さなお子さんが参加できないものもあります。この本を読んで、子どもたち自身がボランティアについて考え、たとえ小さなことでも、自分のできることからはじめてもらえればと願います。

『亜生ちゃんとガラパゴス』清水久美子著,細沢亜生さしえ　騒人社　2000.4　1冊　27cm　(かんどうボランティアブックス) 2500円　④4-88290-033-5

『いきいき福祉体験―ささえあおう、みんなの命』舘野健三監修,赤星光江著,こどもくらぶ編　ポプラ社　2000.4　45p　29cm　(総合的な学習5・6年生活動アイデア集 4)〈索引あり〉2800円　④4-591-06327-5,4-591-99323-X
『目次』第1章 ボランティアってなに？,第2章 こんなこともボランティア,第3章 やってみたいボランティア,第4章 体験ボランティアに挑戦,第5章 おとなになったらやってみたいこと
『内容』ハガキ集めによる国際ボランティア、だれにでもできる体験ボランティア、楽しい老人ホーム訪問など、多数のアイデアを紹介。小学校高学年向。

『やってみようよ！社会につながるボランティア』加藤優監修　旺文社　2000.4　63p　27cm　(ドキドキワクワクやってみようよボランティア 4)〈索引あり〉2500円　④4-01-070999-5
『目次』クリーン作戦で町をきれいに、ぼくらのゲームはまつりの目玉?!、進め！ゴミ0探検隊、わたしたちの活動を世界に伝えよう,21世紀に伝える綱島雛子、テレカを集めて役立てたい、ユニ研を作って募金アップ、ネパールの子どもを元気にするイチゴ、元気なミルクを送りたい、国際色ゆたかなわたしたちの運動会、ぼくらは小さな親善大使,家でもできる国際交流ボランティア
『内容』「身のまわりの社会」に対するボランティアを紹介。わたしたちは今、家族をはじめ多くの人たちに支えられながら、楽しく幸せにくらしています。でも世界中の人たちみんなが幸せなくらしをしているわけではありません。地域や国境をこえ、たくさんの人たちと手をとりあい、みんなが幸せにくらしていくためには、どんなことができるか考えてみましょう。小学生の実際の活動を紹介していきます。全学年対象。

『やってみようよ！地球をはげますボランティア』加藤優監修　旺文社　2000.4　63p　27cm　(ドキドキワクワクやってみようよボランティア 3)〈索引あり〉2500円　④4-01-070998-7
『目次』生きている地球、つながっている命,地球のピンチ！どうすればいいの？、きれい

現代社会―社会・生活　　　　　　　　　　　わたしたちもできるボランティア

な海岸を取りもどそう、ぼくらは川のパトロール隊、雑誌やノートがキウイに変身!?、ケナフは地球のサポーター、ビオトープは生きものたちの自然の団地、メダカの学校をみんなの手で,1トンのアルミ缶が車いすに、よごれた油が石けんに？、自然のなかのくらしは大冒険だ、みんなで始めて地球を守ろう、ゴミだらけの地球にしないために、環境家計簿をつけてみよう

[内容]「地球」を対象にしたボランティアを紹介。現在、地球はたくさんの問題をかかえています。そして、その問題を解決するには、地球にすんでいるわたしたちひとりひとりの力が必要と言われています。青い空と海、山や川、そして動物や植物など、地球や自然に対して何ができるか、それをみんなで考え、「？」から「！」に変えていきましょう。小学生の実際の活動を紹介していきます。全学年対象。

『やってみようよ！人とふれあうボランティア』加藤優監修　旺文社　2000.4　63p　27cm　（ドキドキワクワクやってみようよボランティア　2）〈索引あり〉2500円　①4-01-070997-9

[目次] こまっている人はだれかな？、心をつなぐふれあい郵便、老人ホームを訪問してみよう、実際に車いすを動かしてみよう、目で見る歌って楽しいな、点字図書館に行って考えた！、朗読ボランティア体験学習、パピーウォーカーになろう、わたしが作った福祉マップ、みんなで遊べるスポーツを考えたよ、初めての布の絵本作り

[内容]「人とふれあうボランティア」を紹介。わたしたちのまわりには、からだが不自由でこまっている人や、だれかの助けが必要な人がたくさんいます。そんな人たちの力になりたいと思っても、その方法がわからなければかえって迷惑になることだってあります。でも自分がだれかの力になれたとき、きっとあなたのこころはホクホクしてくるはず。小学生の実際の活動を紹介していきます。全学年対象。

『やってみるまえにボランティアってなに？』加藤優監修　旺文社　2000.4　63p　27cm　（ドキドキワクワクやってみようよボランティア　1）〈索引あり〉2500円　①4-01-070996-0

[目次] 第1章　ボランティアってこんなこと、第2章　どんな種類のボランティアがあるの、第3章　さぁ、ボランティアを始めてみよう、

第4章　おとなになってもボランティア

[内容] ボランティアがどんなことなのか一問一答形式で詳しく説明しています。小学校全学年が対象です。

『家族でできるボランティア』こどもくらぶ編著　偕成社　2000.3　39p　29cm（総合学習に役立つボランティア　4）〈索引あり〉2500円　①4-03-543440-X

[目次] 1 ボランティア家族ってどんなことをしているのだろう？,2 だれにでもできるボランティア―家庭のゴミリサイクルとエネルギーチェック,3 できることからボランティア

[内容] 家族でなければできない、また、家族だからこそできるボランティアがたくさんあります。ボランティアを実践しているいろいろな家族を紹介します。また、暮らしの再点検を提案、省エネリサイクルの方法をわかりやすく解説します。そのほか、家族でできるボランティアのヒントがいっぱい。

『学校でできるボランティア』こどもくらぶ編著　偕成社　2000.3　39p　29cm（総合学習に役立つボランティア　6）〈索引あり〉2500円　①4-03-543460-4

[目次] 1 ボランティア部の活動報告,2 地域とつながるボランティア,3 さらにひろがるボランティアの世界,4 全校で協力してボランティア

[内容]「交流」をテーマに学校単位でできるボランティアを考えます。地域との交流、お年寄りとの交流、外国人との交流、障害者との交流など、クラブ活動としてできることから、学校全体の行事として取りくめるものまで、はばひろく紹介します。

『クラスでできるボランティア』こどもくらぶ編著　偕成社　2000.3　39p　29cm（総合学習に役立つボランティア　5）〈索引あり〉2500円　①4-03-543450-7

[目次] 1 クラスのなかまで楽しくボランティア,2 クラスでボランティア学習―インターネットや体験学習,3 できることからボランティア

[内容] クラスごと「こどもエコクラブ」に参加してボランティア活動をはじめた4年生を紹介、クラスでできるボランティアの可能性を考えます。つぎにインターネット体験学習を紹介します。ボランティアのことを調べたり、ネットワークを作ったり、ボランティア学習の方法を具体的に説明。そのほ

子どもの本　社会がわかる2000冊　241

『健康・福祉・ボランティアを体験』横山正著　金の星社　2000.3　47p　28cm　(総合的な学習のテーマがみつかるアイデア新聞 4)　2800円　①4-323-06454-3

目次　さわってよもう新聞—この点、知ってる？，車いす探検新聞—このマーク、みたことある？，手で話そう新聞—声を出さないでコミュニケーション！，助けてくれるもの新聞—盲導犬や共用品を知る，できることは何新聞—みんなが楽しく暮らしていくために，お年よりと友だち新聞—お年よりの知恵に学ぶ，やさしいまち新聞—わたしたちのまちを探検しよう！，強いからだ新聞—え!?ショック！子どもの体力・運動能力が落ちている？，何でも食べよう新聞—一週間の食べもの日記をつけてみよう，たいせつな栄養素新聞—栄養って何？元気なからだをつくる主役とわき役をみつけよう！［ほか］

内容　この本は、総合的な学習の時間に、おもしろいテーマをみつけて、アイデアいっぱいの研究をしてもらうための本です。あなたの大好きなこと、ふだん何となく気になっていること、ちょっとした疑問をテーマにして、研究をすすめるヒントがたくさんつまっています。ひとつのテーマごとに読みやすく、「新聞」の形でまとめました。

『参加しよう福祉活動』苅宿俊文著　大日本図書　2000.3　58p　27cm　(みんなの総合学習100のテーマ 4)　2600円　①4-477-01092-3

目次　福祉（バリアフリー商品ってなに？，バリアフリー設備はどこにある，みんなで経験、未来の自分，みなおそうシルバー世代，老人ホームってどんな場所 ほか），健康（こんなにかんたん食品添加物検査，塩分のとり過ぎってどんなこと？，たばこってけっこう危険，こんなに危険無理なダイエット，健康食品ってどんなもの ほか）

内容　このごろ、バリアフリーということをよく聞きます。これは障害のある人やお年よりの人たちが、この社会で楽しく生きていくことができるようにする。という考え方のことです。この本もその考え方をもとに作りました。

『障害のある人へのボランティア活動』山崎美貴子監修、滝沢利行文、折原恵写真　偕成社　2000.3　31p　28cm　(バリアフリーの本　「障害」のある子も"みんないっしょに" 9)　2500円　①4-03-543290-3

目次　ボランティアを体験してみて，ボランティア活動—三つの約束，どんなボランティア活動があるの？，交流はボランティア活動の第一歩，施設でのボランティア活動で大切なこと，手助けするのも身近なボランティア，手話や点字を学ぶ，直接、交流しなくてもできるボランティア，きっかけづくりとボランティア・センター

内容　「ボランティア」って知っていますか？自分からすすんで、人や社会のためにつくす活動のことですね。この本では、障害のある人へのボランティア活動についていろいろと考えてみましょう。

『友だちとできるボランティア』こどもくらぶ編著　偕成社　2000.3　39p　29cm　(総合学習に役立つボランティア 3)　〈索引あり〉　2500円　①4-03-543430-2

目次　1 友だちといっしょにボランティアサークルに参加してみよう，2 友だちといっしょに、住んでいる町を調べよう，3 友だちといっしょに手話をおぼえよう

内容　友だちといっしょだとボランティア活動のはんいが、ぐんとひろくなります。熱帯林を守る運動をしているグループ「にっぽんこどものじゃんぐる」を紹介して、友だちとできるボランティアを考えます。また、住んでいる地域、町などのボランティアマップづくりを提案。さらに、友だちといっしょだと楽しく覚えられる手話を、基本から遊びやゲームまで、わかりやすく解説します。

『ひとりでできるボランティア』こどもくらぶ編著　偕成社　2000.3　39p　29cm　(総合学習に役立つボランティア 2)　〈索引あり〉　2500円　①4-03-543420-5

目次　1 ひとりではじめたボランティア，2 知る・調べる・理解する，3 ボランティアのABC，4 点字でボランティア

内容　ボランティア活動に参加してみたい…と思ったら、どうすればいいか。「知る・調べる・理解する」を基本テーマに、ひとりではじめられるボランティアを実例にそってわかりやすく説明。また、ひとりでできる学習として点字をとりあげ、点字についての基礎知識、学び方、点字を使った遊びなどを紹介します。

『ボランティア情報館』こどもくらぶ編

現代社会―社会・生活　　　　　　　　　　　　わたしたちもできるボランティア

著　偕成社　2000.3　39p　29cm　（総合学習に役立つボランティア 7）〈索引あり〉2500円　①4-03-543470-1

[目次]1 地域ボランティア,2 環境ボランティア,3 福祉ボランティア,4 文化・教育ボランティア,5 国際ボランティア,6 集めてボランティア,7 募金でボランティア,8 まだまだあるボランティア,9 インターネットで情報収集

[内容]環境、福祉、国際交流など各分野のボランティア団体、ボランティアについての相談窓口や問い合わせ先、ボランティア団体のホームページなど、ボランティア活動に役立つ情報をわかりやすく整理。また、シリーズの総さくいんを掲載、知りたいこと、調べたいことがすぐさがせます。

『ボランティア入門―好きなことを・できる時間に・楽しみながら』こどもくらぶ編著　偕成社　2000.3　39p　29cm（総合学習に役立つボランティア 1）〈索引あり〉2500円　①4-03-543410-8

[目次]1 いつでもだれでもボランティア,2 いろいろあるよ ボランティア活動,3 広がるボランティアの世界,4 ボランティアに参加しよう

[内容]ボランティアって、なんだろう ボランティアサークル「エーデルワイスの会」の活動をとおして、ボランティアの基本的な考え方を説明。さらに、いろいろなボランティアの実践例を紹介しながらボランティアの多様性、意義などをわかりやすく解説します。

『みんなでできる 福祉のための体験をしよう―車いす・アイマスク体験・ボランティア』金子美智雄監修, ヴィップス編　ほるぷ出版　2000.3　39p　31cm（テーマ発見！総合学習体験ブック）〈索引あり〉2800円　①4-593-57303-3, 4-593-09614-6

[目次]1「いのち」『健康』『助けあい』,2 お年寄りとふれあおう,3 車いす体験をしよう,4 アイマスク体験をしよう,5 点字を学ぼう,6 手話を学ぼう

[内容]本書では、健康と福祉をテーマに取りあげています。まず、お年寄りやさまざまなハンデキャップをもつ人の不自由さを実体験し、それを通じてハンデキャップをもつことはけっして特別なことではなく、だれにも関わりがあることを理解し、それを克服するための方法について学びます。そして、

こうした人びととの交流や、ボランティア活動への取りくみについて考えます。

◆◆「バリアフリー」ってどんなこと？
『だれもが使えるものづくり―くらしを豊かにするために』くごうえり著　大日本図書　2009.3　176p　20cm（ドキュメント・ユニバーサルデザイン）〈文献あり〉1600円　①978-4-477-01993-2　Ⓝ501.8

[目次]第1章 左ききって不便？―少数派だからこそのくふうで可能性,第2章 だれもがいっしょに遊べる「おもちゃ」―障害のある子もない子も楽しめるものづくり,第3章 さまざまな手を想像して―調理道具をもっと使いやすく,第4章 千年続くユニバーサルデザイン―人の手でつくられる漆のうつわ

[内容]使いやすさを追求するプロフェッショナルたち。

『旅の夢かなえます―だれもがどこへでも行ける旅行をつくる』三日月ゆり子著　大日本図書　2008.5　177p　20cm（ドキュメント・ユニバーサルデザイン）1600円　①978-4-477-01931-4　Ⓝ369.27

[内容]トラブルも旅の楽しみにかえる。障害によってあきらめることなく旅を楽しんでいる人、そして、一人ひとりの旅を全力でサポートする人たち、五人の背中を追いかけました。

『一人ひとりのまちづくり―神戸市長田区・再生の物語』中和正彦著　大日本図書　2008.5　180p　20cm（ドキュメント・ユニバーサルデザイン）1600円　①978-4-477-01930-7　Ⓝ518.8

『もっと伝えたい―コミュニケーションの種をまく』藤田康文著　大日本図書　2008.3　191p　20cm（ドキュメント・ユニバーサルデザイン）1600円　①978-4-477-01928-4　Ⓝ369.27

[目次]第1章 わかるように伝えて―わかりやすい新聞『ステージ』をつくる人たち,第2章 いっしょに笑いたい―バリアフリー映画で感動を分かちあう人たち,第3章 自分の力をあきらめないで―拡大読書器で元気の種をまく人,第4章 「がんばれ」だけでは助けにならない―あるディスレクシアの先生の半

生から，第5章 自分らしく生きるために―脳波で伝える子と母の「対話」

『くらしの中のユニバーサルデザイン』東京大学先端科学技術研究センターバリアフリープロジェクト監修，星野恭子文 あかね書房 2006.4 47p 31cm（ユニバーサルデザイン みんなのくらしを便利に 2）3000円 ⓘ4-251-09392-5 Ⓝ501.8

[目次] ユニバーサルデザインの製品って，どんなもの？，自分で食べたい！はし・スプーン・食器，くふうしておしゃれに 服・くつ，みんなで楽しく ゲーム・おもちゃ・スポーツ，自分にあわせて選ぶ・使う 文房具，「やってみたよUD」ユニバーサルデザインの道具を考えてみよう！らくらくスイッチオン！リモコン，「UDをつくる」ユーザーの声を大切に より多くの人に使いやすい家庭電化製品を，いつでも行きたい場所へ 自動車，だれでも自由に 旅行〔ほか〕

[内容] この巻では，障害のある人やいろいろな立場の人の，それぞれの使いやすさを考えて，くふうされている商品やサービスを紹介します。前半では製品のユニバーサルデザインを，後半では情報のユニバーサルデザインをとりあげます。

『まちのユニバーサルデザイン』東京大学先端科学技術研究センターバリアフリープロジェクト監修，中和正彦文 あかね書房 2006.4 47p 31cm（ユニバーサルデザイン みんなのくらしを便利に 3）3000円 ⓘ4-251-09393-3 Ⓝ501.8

[目次]「やってみたよUD」まちづくりの学校―だれもが楽しく安全に歩けるまちづくりのために，みんなが便利で安全に 駅，乗りやすく快適に 電車，利用者や住民がみんなでつくる 駅前広場・道路，みんなの足を新しい発想で バス・タクシー，人と環境にやさしい 路面電車，「UDをつくる」「車より人」のまちづくりのために―ブラジル・クリチバ市に学ぶ，みんなでつくる使いやすい 空港，「UDをつくる」ユニバーサルデザインのまちづくりのために―法律の話，見やすくわかりやすく 案内表示〔ほか〕

[内容] この巻ではまず，東京大学先端科学技術研究センターバリアフリープロジェクトが企画した「障害のある人とのまち歩き・気づきのワークショップ」を例にあげて，さまざまな立場の人といっしょに考えるまちづくりの方法をみていきます。続いて，電車，バス，路面電車，タクシーなどの交通機関でみんなが利用しやすいようにくふうされていることや，駅，空港をユニバーサルデザインにするためのとりくみの事例を紹介します。後半では，いろいろな公共施設や商業施設におけるユニバーサルデザインを考えます。最後に，働く場や学びの場におけるユニバーサルデザインへのとりくみや，新しい情報技術を利用した移動支援や遠隔診療，電子投票などのくふうを紹介します。

『ユニバーサルデザインってなに？』東京大学先端科学技術研究センターバリアフリープロジェクト監修，成松一郎文 あかね書房 2006.4 47p 31cm（ユニバーサルデザイン みんなのくらしを便利に 1）〈文献あり〉3000円 ⓘ4-251-09391-7 Ⓝ501.8

[目次] ユニバーサルデザインって，どんなこと？，ひとりひとりの不便さとくふうを見つけてみよう，起床，歯みがき・洗顔/着がえ，食べる（朝食）/出かける（玄関先），歩く（移動する），学校の授業，雨の日，テレビを見る/電話をする，食事を作る（夕食）〔ほか〕

[内容] この巻では，朝起きたときから夜寝るときまでの一日，あるいは休日に駅やまちで出会うさまざまな人の不便さと，それを解消するくふうについて，イラストや写真をまじえながら紹介していきます。

『バリアフリーをめざす人たち』NHKきらっといきる制作班編 汐文社 2002.3 134p 22cm（NHKきらっといきる いのち輝く障害者たちの物語 1）1500円 ⓘ4-8113-7431-2

[目次] パソコンサポートで夢広げます―視覚障害者の会社社長・荒川明宏さん，義足でスポーツの輪を広げたい―義肢装具士・内田充彦さん，目指せソウル！車いすで歩く五〇〇キロ―日韓若者たちの挑戦，授業をいっしょにつくりたい―中学校教師をめざす・三戸学さん

『バリアフリートイレってなに？―トイレから考えよう バリアフリー』日本トイレ協会，学校のトイレ研究会監修，上野義雪指導 ほるぷ出版 2001.4 39p 28cm〈索引あり〉2800円 ⓘ4-593-57322-X,4-593-09627-8

[目次] バリアフリーを考えよう，バリアフリートイレを調べよう，バリアフリートイレ

244

現代社会――社会・生活　　　　　　　　　　わたしたちもできるボランティア

を探そう
|内容| 本書では、トイレを通して「バリアフリー」ということについて考えていきます。バリアフリーとは、どのようなことなのか。わたしたちの生活にどのような関係があるのかなど、だれにとっても、身近な「トイレ」を通して、いっしょに学んでいきましょう。

『バリアフリーを生かしたまちづくり――福祉・健康』国土社（発売）2001.2 35p 27cm （みんなで学ぶ総合的学習 7 高野尚好監修）〈索引あり〉2600円
①4-337-16107-4
|目次| まちを歩いてみよう、バリアについて考えよう、道案内はだれのため？：階段はつらい、高いところはとどかない、広さがほしい、どこでも行けるよ、新しいまちづくり、人と人のふれあいのまちへ、遊びに行こう、スポーツだってできる、音を感じる、美術館のバリアフリー、バリアフリーからユニバーサルデザインへ、手で話そう、だれもがくらしやすいまちを考える
|内容| 総合的学習の4つのテーマである「情報」「環境」「福祉・健康」「国際理解」をすべて網羅しているシリーズです。「自ら学び、自ら考える力」を育み、主体的にものごとを判断し、さまざまな課題を解決できるように工夫しました。どのテーマも、自分たちの身近な事柄から、海外での取り組みまで、広い視野から紹介しており各巻、「国際理解」に役立ちます。各巻の課題となる情報の「集め方」「調べ方」「まとめ方」「発表のし方」「討論のし方」など、総合的な学習の実践指針として役立つ構成です。図表、写真など、見てわかりやすい資料を豊富に掲載しています。

『ユニバーサルデザインとくらしを考える――福祉・健康』浅見勉著 国土社（発売）2001.1 35p 27cm （みんなで学ぶ総合的学習 6 高野尚好監修）〈索引あり〉2600円　①4-337-16106-6
|目次| これなあに？、あかちゃんのカップ、持ちやすいスプーン、おもちゃの工夫、見やすいね、音でわかるね、さわってみて、手で読む文字（点字）、いろいろなコンピュータ、道具を使ってみよう、使いやすい道具って何？、あかちゃんと住まい、お年よりと住まい、くらしやすい住まい、くらしの中の安全性、わたしたちのくらしとユニバーサルデザイン

『くらしやすい町ってなんだろう』共用品推進機構監修、松井智文・構成 ポプラ社 2000.4 39p 27cm （バリアフリー いっしょに生きていくために 3）〈索引あり〉2500円 ①4-591-06314-3, 4-591-99319-1
|内容| 「バリアフリー」「バリア」は「壁」。行く手をはばむ物です。「フリー」は「とりのぞく」という意味です。たとえば、歩道の段差をとりのぞくということは、車いすを使っている人にとっての「バリア」を「フリー」にすることです。人間は便利な物や技術をたくさん考えだしました。…でも、あまりに急いで考えたので「バリア」がいっぱいになりました。すっかり忘れていたのです。つくりだした物を使えない人がいることを。同じ社会に生きている「みんな」がいることを。思いうかべてみましょう。「みんな」の中に、あなたが感じられなかった「バリア」を感じている人がいることを。「いっしょに」歩こう！「いっしょに」あそぼう！みんなで「いっしょに」たのしむ方法を考えよう！みんなで「いっしょに生きていくために」。小学中・上級向。

『住みよい家ってなんだろう』共用品推進機構監修、松井智文・構成 ポプラ社 2000.4 39p 27cm （バリアフリー いっしょに生きていくために 2）〈索引あり〉2500円 ①4-591-06313-5, 4-591-99319-1
|内容| 「バリアフリー」「バリア」は「壁」。行く手をはばむ物です。「フリー」は「とりのぞく」という意味です。たとえば、歩道の段差をとりのぞくということは、車いすを使っている人にとっての「バリア」を「フリー」にすることです。人間は便利な物や技術をたくさん考えだしました。…でも、あまりに急いで考えたので「バリア」がいっぱいになりました。すっかり忘れていたのです。つくりだした物を使えない人がいることを。同じ社会に生きている「みんな」がいることを。思いうかべてみましょう。「みんな」の中に、あなたが感じられなかった「バリア」を感じている人がいることを。「いっしょに」歩こう！「いっしょに」あそぼう！みんなで「いっしょに」たのしむ方法を考えよう！みんなで「いっしょに生きていくために」。小学中・上級向。

『ともにゆたかに生きるために』共用品推進機構監修、松井智構成、高嶋健夫文 ポプラ社 2000.4 39p 27cm （バリアフリー いっしょに生きていくために

5)〈索引あり〉2500円　①4-591-06316-X,4-591-99319-1
|内容|「バリアフリー」「バリア」は「壁」。行く手をはばむ物です。「フリー」は「とりのぞく」という意味です。たとえば、歩道の段差をとりのぞくということは、車いすを使っている人にとっての「バリア」を「フリー」にすることです。人間は便利な物や技術をたくさん考え出しました。…でも、あまりに急いで考えたので「バリア」がいっぱいになりました。すっかり忘れていたのです。つくりだした物を使えない人がいることを。同じ社会に生きている「みんな」がいることを。思いうかべてみましょう。「みんな」の中に、あなたが感じられなかった「バリア」を感じている人がいることを。「いっしょに」歩こう！「いっしょに」あそぼう！みんなで「いっしょに」たのしむ方法を考えよう！みんなで「いっしょに生きていくために」。小学中・上級向。

『バリアフリーを考えよう』共用品推進機構監修，松井智文・構成　ポプラ社　2000.4　39p　27cm　（バリアフリーいっしょに生きていくために 1）〈索引あり〉2500円　①4-591-06312-7,4-591-99319-1
|内容|「バリアフリー」「バリア」は「壁」。行く手をはばむ物です。「フリー」は「とりのぞく」という意味です。たとえば、歩道の段差をとりのぞくということは、車いすを使っている人にとっての「バリア」を「フリー」にすることです。人間は便利な物や技術をたくさん考えだしました。…でも、あまりに急いで考えたので「バリア」がいっぱいになりました。すっかり忘れていたのです。つくりだした物を使えない人がいることを。同じ社会に生きている「みんな」がいることを。思いうかべてみましょう。「みんな」の中に、あなたが感じられなかった「バリア」を感じている人がいることを。「いっしょに」歩こう！「いっしょに」あそぼう！みんなで「いっしょに」たのしむ方法を考えよう！みんなで「いっしょに生きていくために」。小学中・上級向。

『バリアフリーをめざして』黒崎恵津子著，大中美智子絵　岩崎書店　2000.4　47p　27cm　（ボランティアに役立つはじめてであう点字 5）〈索引あり　文献あり〉2800円　①4-265-02495-5,4-265-10222-0

|目次|あなたなら、どうする？, なんて、あいさつしたらいい？, テレビの話をしてもいい？, じゃんけん、トランプ、どうやるの？, トイレっていわれたら、どうしよう、ハイキング、見えなくてもたのしい？, 白い杖はなんのため？, 手つだってあげたいけれど…, 点字ブロックって、どんなもの？, 道がわからなくなることはない？, 席をゆずろうとしたら、ことわられちゃった…〔ほか〕
|内容|「バリアフリー」ということばが、よく使われるようになりました。障害をもつ人やお年寄りにとって、バリア（じゃま）になるものを取りのぞいていこうという考えかたです。障害をもつ人ももたない人も、おたがいに気持つよく、たのしく生活していくためには、どんなことが必要なのでしょう。「バリア」になっているものって、いったいなんなのでしょうか。本書を読みながら、いっしょに考えていきましょう。小学校中学年〜中学生向き。

『まちのバリアフリー』小林宏已監修, 渡辺一夫構成・文　ポプラ社　2000.4　47p　29cm　（まちの探検隊　総合的な学習3・4年生 5）2800円　①4-591-06310-0
|目次|1 まちのバリアフリーってなに？, 2 まちのバリアをみつけよう！, 3 不自由さを体験しよう！, 4 みつけよう！まちのバリアフリー
|内容|すむ人みんなにやさしいまちって、どんなまち？　まちを歩いて考えてみよう。

『心のバリアフリーをとりのぞこう！―共に生きる社会』共用品推進機構監修　学習研究社　2000.3　52p　27cm　（「バリアフリー」って、なんだろう？ 5）〈索引あり〉3000円　①4-05-201189-9,4-05-810588-7

『建物をバリアフリーに！―ハートビルな町』共用品推進機構監修　学習研究社　2000.3　52p　27cm　（「バリアフリー」って、なんだろう？ 3）〈索引あり〉3000円　①4-05-201187-2,4-05-810588-7

『道路や交通機関をバリアフリーに！―低床バスが走る』共用品推進機構監修　学習研究社　2000.3　52p　27cm　（「バリアフリー」って、なんだろう？

現代社会—社会・生活　　　　　わたしたちもできるボランティア

2)〈索引あり〉3000円　Ⓘ4-05-201186-4,4-05-810588-7

『日用品をバリアフリーに！―小さな凸を付けよう』共用品推進機構監修　学習研究社　2000.3　52p　27cm　(「バリアフリー」って、なんだろう？　4)〈索引あり〉3000円　Ⓘ4-05-201188-0,4-05-810588-7

『バリアフリーの社会に！―だれにも優しい街づくり』共用品推進機構監修　学習研究社　2000.3　52p　27cm　(「バリアフリー」って、なんだろう？　1)〈付属資料：1枚　年表あり　索引あり〉3000円　Ⓘ4-05-201185-6,4-05-810588-7

『みんなでつくるバリアフリー！―みんなで学び、みんなで体験』共用品推進機構監修　学習研究社　2000.3　52p　27cm　(「バリアフリー」って、なんだろう？　6)〈索引あり〉3000円　Ⓘ4-05-201190-2,4-05-810588-7

◆◆お年よりといっしょに

『お年よりとともに』高橋利一監修　岩崎書店　2007.4　47p　29cm　(未来をささえる福祉の現場　1)　2800円　Ⓘ978-4-265-05171-7　Ⓝ369.263
[目次] 1 高齢者福祉施設へいってみよう！,2 いろいろな社会福祉施設,3 これからの高齢者福祉
[内容] 社会福祉施設がどんなところか、どういう人がいて、どんな人がはたらいているのか、わかりやすく紹介していくので、しっかり読んでね。お年よりに関係する社会福祉施設を紹介するよ。

『ばあちゃんの笑顔をわすれない―介護を仕事にえらんだ青年』今西乃子著　岩崎書店　2006.3　182p　22cm　(イワサキ・ノンフィクション　2)〈写真：浜田一男〉1200円　Ⓘ4-265-04272-4　Ⓝ369.26
[内容] ベテランの先輩、認知症のおばあさんとその家族、そしてボランティア犬との出会い…。老人ホームではたらく青年介護福祉士の姿を描く感動のノンフィクション。涙と笑いのなかで、彼は何を感じ、何を学んでいくのか。

『お年よりといっしょに』鈴木宏明、田中ひろし著, こどもくらぶ編　岩崎書店　2003.3　47p　29cm　(福祉ボランティア体験しよう！発見しよう！　2)　3000円　Ⓘ4-05-05162-6　Ⓝ369.26
[目次] 1 きみ自身の経験から、かんがえよう,2 お年よりの気持ちをきいて、もういちどまちを見なおそう,3 きみにもできるボランティア活動

『お食事でできること』是枝祥子監修　学習研究社　2002.3　39p　29cm　(わたしにもできる介護のお手伝い　第3巻)　2800円　Ⓘ4-05-500460-5,4-05-810666-2
[目次] 第1章 食べ物が結ぶ世代をこえたふれあい、第2章 小さな気配りで食事をサポートしよう、第3章 心をこめておもてなしをしよう

『お出かけでできること』是枝祥子監修　学習研究社　2002.3　47p　29cm　(わたしにもできる介護のお手伝い　第2巻)　2800円　Ⓘ4-05-500459-1,4-05-810666-2
[目次] 第1章 高齢者の体とお出かけのかかわり、第2章 高齢者とまちの環境、第3章 高齢者のお出かけを手伝おう、第4章 高齢者と交流しよう

『お年よりと楽しく』学習研究社　2002.3　47p　27cm　(学校ボランティア活動・奉仕活動の本　3)　2700円　Ⓘ4-05-201539-8,4-05-810656-5
[目次] 実践編(毎日交代で放課後のボランティア、動物を通し老人ホームと交流、ゲームやダンスでふれあい、里孫交流で笑顔いっぱい　ほか)、資料編(お年よりとの楽しい接し方、老人ホームでのボランティア活動のヒント、お年よりとの話題の選び方、暮らしのお手伝いのヒント　ほか)

『年をとるってどういうこと？』是枝祥子監修　学習研究社　2002.3　47p　29cm　(わたしにもできる介護のお手伝い　第1巻)　2800円　Ⓘ4-05-500458-3,4-05-810666-2
[目次] 第1章 お年よりを理解しよう、第2章 介護ってどういうことだろう？、第3章 介護にかかわる仕事、お年よりの理解に役立つ本

子どもの本　社会がわかる2000冊　247

「障害」って何？　　　　　　　　　　　　現代社会─社会・生活

『ノーマライゼーションってなんだろう』一番ヶ瀬康子監修，大久保秀子著　文渓堂　2002.3　31p　30cm　（これからの福祉を考えよう　6）2900円　Ⓘ4-89423-322-3
目次 ピンクが大好きなひさえおばあちゃん、おばあさんのバラ、たのしいことみつけた、ちえさん、いっしょに学校にいけたら…、木蓮、うれしいな！ひとりで大丈夫なこと
内容 これからの福祉を考える上で一番大切な考え方である「ノーマライゼーション」について、身近な題材を例にとりながら、わかりやすく解説します。

『身のまわりでできること』是枝祥子監修　学習研究社　2002.3　39p　29cm　（わたしにもできる介護のお手伝い　第4巻）2800円　Ⓘ4-05-500461-3,4-05-810666-2
目次 第1章 高齢者が安心して暮らせる家を考えよう、第2章 身のまわりのお手伝いを考えよう、第3章 介護の知識を知っておこう

『お年よりとふれあおう』千葉昇監修，渡辺一夫文　ポプラ社　2001.4　47p　29cm　（体験と交流でつくる「総合」1）2800円　Ⓘ4-591-06701-7,4-591-99365-5
目次 1 お年よりとふれあおう、2 お年よりから生きる知恵を学ぼう、3 お年よりとともに生きる、4 人との交流をさらにひろげよう
内容 お年よりとともに生きるために、まず身近なお年よりと交流してみよう。小学校中学年～高学年向き。

『高齢者をささえる福祉の仕事』一番ヶ瀬康子監修　くもん出版　2001.4　47p　28cm　（ふれあうことから始めよう　高齢社会がわかる本 4）〈索引あり〉2800円　Ⓘ4-7743-0434-4

『高齢社会って、どんな社会？』一番ヶ瀬康子監修　くもん出版　2001.4　47p　28cm　（ふれあうことから始めよう　高齢社会がわかる本 2）〈索引あり〉2800円　Ⓘ4-7743-0432-8

『「年をとる」って、どんなこと？』一番ヶ瀬康子監修　くもん出版　2001.4　47p　28cm　（ふれあうことから始めよう　高齢社会がわかる本 1）〈索引あり〉2800円　Ⓘ4-7743-0431-X

『日本と世界の高齢者福祉』一番ヶ瀬康子監修　くもん出版　2001.4　47p　28cm　（ふれあうことから始めよう　高齢社会がわかる本 5）〈索引あり〉2800円　Ⓘ4-7743-0435-2

『ノーマライゼーション─だれもが生きがいを感じられる社会に』一番ヶ瀬康子監修　くもん出版　2001.4　47p　28cm　（ふれあうことから始めよう　高齢社会がわかる本 6）〈索引あり〉2800円　Ⓘ4-7743-0436-0

『町や住まいにあるバリア』一番ヶ瀬康子監修　くもん出版　2001.4　47p　28cm　（ふれあうことから始めよう　高齢社会がわかる本 3）〈索引あり〉2800円　Ⓘ4-7743-0433-6

『お年寄りや町の人とふれあおう』水越敏行監修，萩原憲二指導　学習研究社　2000.2　47p　27cm　（わたしは町の探検記者　総合的学習実践集 4）〈索引あり〉2800円　Ⓘ4-05-201084-1,4-05-810577-1
目次 探検記者物語・銭湯から生まれたお年寄りとのあったか交流─神奈川県横浜市立日枝小学校、探険レポート
内容 お年寄りや障害者を大切に。すばらしいかかわりをつくっていきましょう。

◆「障害」って何？
『生きるってすてきだね─〈いのち〉の授業3年間の記録』いながきようこ文　偕成社　2009.2　198p　22cm　1200円　Ⓘ978-4-03-417110-3　Ⓝ369.27
目次 第1部 二年三組「どう生きたらいいのかな？」、第2部 三年一組「知りたいな！夢をかなえた人のひみつ」、第3部 四年一組「知りたいな！輝いて生きる人のひみつ」
内容 庭の片すみに咲く、小さな花とおなじように、きびしい環境のなかでも、命を輝かせて生きる人がいます。そんな、すてきな人の生き方のひみつは、どこにあるのでしょう？この本は、困難に負けずに夢をかなえたり、元気に生きている人たちに出会い、心をゆらしながら自分の生き方を考えはじめた子どもたちの三年間の授業記録で

現代社会―社会・生活　　　　　　　　　　　　　　　　　　　　　　　　　　　　　　　「障害」って何？

『ふしぎだね!?　てんかんのおともだち』原仁監修　京都　ミネルヴァ書房　2008.4　55p　27cm　（発達と障害を考える本　11）1800円　Ⓘ978-4-623-05110-6　Ⓝ493.74
|目次| 第1章　どうしよう!?こんなとき，第2章　てんかんってなに？
|内容| この本では、てんかんのあるおともだちのある日の一場面をとおして、てんかんがどういうものかをしょうかいしています。

『夢をあきらめないで―視覚障害者として生きる』赤木かん子編，青木陽子著，大河原敦子編著　ポプラ社　2008.4　34p　21cm　（ポプラ・ブック・ボックス　剣の巻　20）Ⓘ978-4-591-10205-3　Ⓝ369.275

『空飛ぶ車いす―心がつながるおくりものノンフィクション童話』井上夕香文，鴨下潤画　素朴社　2008.2　157p　22cm　1200円　Ⓘ978-4-903773-06-3　Ⓝ369.27
|目次| 第1部　ベトナムへ，第2部　アジアに広がる笑顔
|内容| 日本では年間約3万台から5万台の車いすが使われなくなり捨てられています。しかし、世界には、車いすが高くて買えない人がたくさんいます。ものづくりが得意な日本の工業高校生たちによって修理された車いすが、多くのボランティアによってさまざまな国に届けられています。車いすを通した心温まる交流を描いた実話。小学校中学年以上向き。

『ふしぎだね!?　視覚障害のおともだち』千田耕基監修，大倉滋之編　京都　ミネルヴァ書房　2008.2　55p　27cm　（発達と障害を考える本　10）1800円　Ⓘ978-4-623-05109-0　Ⓝ369.49
|目次| 第1章　どうしよう!?こんなとき，第2章　視覚障害ってなに？
|内容| この本では、視覚障害のあるおともだちのある日の一場面をとおして、視覚障害がどんな障害なのかをしょうかいしています。まわりの人たちからみると「なんでだろう」と思う場面と、おともだちのためにした工夫をしょうかいしました。

『ふしぎだね!?　聴覚障害のおともだち』倉内紀子監修　京都　ミネルヴァ書房　2008.2　55p　27cm　（発達と障害を考える本　9）1800円　Ⓘ978-4-623-05108-3　Ⓝ369.49
|目次| 第1章　どうしよう!?こんなとき，第2章　聴覚障害ってなに？
|内容| この本では聴覚障害のおともだちの、ある日の一場面をとおして、聴覚障害がどんな障害なのかをしょうかいしています。まわりの人たちからみると「なんでだろう」と思う場面と、おともだちのためにした工夫をしょうかいしました。

『車いすのおねえちゃん―障害のあるきょうだいがいるとき』ステファン・ボーネン作，イナ・ハーレマンス絵，野坂悦子訳　大月書店　2007.12　1冊（ページ付なし）27cm　（心をケアする絵本　3）1600円　Ⓘ978-4-272-40613-5　Ⓝ369.49
|内容| おねえちゃんは車いすで学校へ行くんだ―大人の注意は、障害のある子どもに集中しますが、そうでない子どもへのサポートも、同じように大切です。対象年齢・4，5歳から小学生くらいまで。

『きこえの障がいってなあに？』エレイン・アーンスト・シュナイダー著，トム・ディニーンイラスト，柳沢圭子訳，全日本難聴者・中途失聴者団体連合会監修　明石書店　2007.8　35p　21×21cm　（知りたい、聞きたい、伝えたいおともだちの障がい　6）1200円　Ⓘ978-4-7503-2602-3　Ⓝ378.2

『ことばの障がいってなあに？』ジョン・E.ブライアント著，トム・ディニーンイラスト，服部律子訳　明石書店　2007.6　37p　21×21cm　（知りたい、聞きたい、伝えたいおともだちの障がい　5）1200円　Ⓘ978-4-7503-2582-8　Ⓝ378.2

『障がいのある人たちとともに』高橋利一監修　岩崎書店　2007.4　47p　29cm　（未来をささえる福祉の現場　3）2800円　Ⓘ978-4-265-05173-1　Ⓝ369.27
|目次| 1　障がいのある人たちがはたらく場所へいってみよう！，2　視聴覚障害者情報提供

子どもの本　社会がわかる2000冊　　249

「障害」って何？　　　　　　　　　　　　　　　　　　　　　現代社会—社会・生活

施設を訪問, 3 これからの障がい者福祉

『トゥレット症候群ってなあに？』ティラ・クルーガー著，トム・ディニーニイラスト，服部律子訳，日本トゥレット協会監修　明石書店　2007.4　33p　21×21cm　（知りたい、聞きたい、伝えたいおともだちの障がい　3）1200円　①978-4-7503-2555-2　Ⓝ493.937

『ふしぎだね!?　言語障害のおともだち』牧野泰美監修，阿部厚仁編　京都　ミネルヴァ書房　2007.4　55p　27cm　（発達と障害を考える本　8）1800円　①978-4-623-04894-6　Ⓝ369.49
[目次]　第1章　どうしよう!?こんなとき，第2章　言語障害って何？
[内容]　この本では、言語障害のあるおともだちのある日の一場面を通して、言語障害がどんな障害なのかをしょうかいしています。

『ふしぎだね!?　身体障害のおともだち』日原信彦監修　京都　ミネルヴァ書房　2007.4　55p　27cm　（発達と障害を考える本　7）1800円　①978-4-623-04893-9　Ⓝ369.49
[目次]　第1章　どうしよう!?こんなとき，第2章　身体障害って何？
[内容]　この本は、身体障害について知らなかった人には身体障害とは何かを知ってもらい、近くに身体障害のあるおともだちがいるという人には、少しでもその人を理解してほしいとの願いから作られたものです。身体障害のあるおともだちの行動を通して、具体的にどんな障害なのかをしょうかいしています。

『学校へ行きたい！—「医療的ケア」が必要なわが子』河崎芽衣著，井上夕香原案　秋田書店　2007.1　101p　21cm　（親子で漫画）900円　①4-253-10495-9　Ⓝ378

『おんちゃんは車イス司書』河原正実原案，梅田俊作・絵　岩崎書店　2006.8　54p　22×25cm　（いのちのえほん　19）1300円　①4-265-00629-9　Ⓝ369.27
[内容]　ぼくらの町の図書館にすごい人がやってきた。日本ではじめての、車イスの司書さん。

『あなたの声がききたい—聴覚障害の両親に育てられて』岸川悦子文，岡本順絵　佼成出版社　2006.4　128p　22cm　（感動ノンフィクションシリーズ）1500円　①4-333-02203-7　Ⓝ369.276
[目次]　賢吾くん、生まれたよ，メロンとイチゴ，ひとりぼっち，手話という垣根，おばあちゃん、助けて！，笑う角には福きたる，お母さん，新しい出発，おばあちゃん、ありがとう，賢吾くんの笑顔，あなたの声がききたい
[内容]　聴覚障害を持つ両親のもとに生まれた加奈子。心ない差別にきずつき、両親と言葉で会話ができないもどかしさを感じながらも、両親の深い愛につつまれ、成長していく。そして今、加奈子は「手話のできる看護師」として活躍している—。

『おしゃべり、だいすき—耳のきこえないひと』橋本一郎，北村小夜監修，嶋田泰子文，内藤裕写真　ポプラ社　2006.3　55p　25×25cm　（いっしょがいいな障がいの絵本　2）2500円　①4-591-09062-0　Ⓝ369.49

『ぼくの耳ってすごいんだぞ—目の見えないひと』北村小夜監修，嶋田泰子文，内藤裕写真　ポプラ社　2006.3　55p　25×25cm　（いっしょがいいな障がいの絵本　1）2500円　①4-591-09061-2　Ⓝ369.49

『ゆめ、ぜったいかなえるよ—からだの不自由なひと』北村小夜監修，嶋田泰子文，内藤裕写真　ポプラ社　2006.3　55p　25×25cm　（いっしょがいいな障がいの絵本　3）2500円　①4-591-09063-9　Ⓝ369.49

『きょうのぶにあったよ』いとうえみこ，伊藤泰寛著　ポプラ社　2005.12　31p　25×25cm　（からだとこころのえほん　12）1200円　①4-591-08986-X　Ⓝ369.27
[内容]　のぶはゆびでへんじをする。のぶはすごくうれしいときからだぜんぶをぴんとしてわらう。のぶはおかあさんのだっこがだいすき。のぶはハンバーグがだいすき。わたしは…わたしはのぶがだいすき！

『なにかできるかな？なにができるかな？

現代社会──社会・生活　　　　　　　　　　　　　　　　　　　　　　　　「障害」って何？

ーきみのこと、もっとしりたいな　試作版』横須賀　国立特殊教育総合研究所　2005.12　46p　21×30cm　（特殊研B-194）〈絵：伊藤由美　文：伊藤由美ほか　課題別研究「通常の学級における障害理解のためのツール開発に関する研究」〉Ⓝ369.49

『からだの不自由な友だち』飯野順子監修，灰崎武浩文　金の星社　2005.3　31p　30cm　（障害を知ろう！　みんなちがって、みんないい 7）2500円　Ⓘ4-323-06567-1　Ⓝ378.3

[目次] 自分の選んだ道で活躍する人たち，からだが不自由って、どういうこと？, どんなところで勉強しているの？，肢体不自由養護学校で学ぶ友だち，バリアフリーって、なんだろう？, コミュニケーションとくらしをささえる、ゆたかな生活をおくるために，車いすを使っている人に出会ったら，これからの社会へむけて，もっと知りたい！，からだの不自由な友だちを支援する団体

『ことばの不自由な友だち』大伴潔監修，灰崎武浩文　金の星社　2005.3　31p　30cm　（障害を知ろう！　みんなちがって、みんないい 6）2500円　Ⓘ4-323-06566-3　Ⓝ378.2

[目次] 自分の選んだ道で活躍する人たち，ことばって、なんだろう？，ことばが不自由になると、こまること，声のでるしくみ、脳のしくみ，さまざまなことばの不自由，友だちとのコミュニケーションのために，「ことばの教室」で学ぶ友だち，外国で学ぶ友だち，ことばをささえる人たち，ことばの不自由な人に出会ったら，これからの社会へむけて、もっと知りたい！，ことばの不自由な友だちを支援する団体

『耳の不自由な友だち』桑原隆俊監修，灰崎武浩文　金の星社　2005.3　31p　30cm　（障害を知ろう！　みんなちがって、みんないい 5）2500円　Ⓘ4-323-06565-5　Ⓝ378.2

[目次] 自分の選んだ道で活躍する人たち，耳が不自由になると、こまること，耳が不自由って、どういうこと？, どんなところで勉強しているの？，ろう学校で学ぶ友だち，手話って、なんだろう？, バリアフリーって、なんだろう？, ゆたかな生活をおくるために，耳の不自由な人と出会ったら，これからの社会へむけて，もっと知りたい！，耳の不自由な友だちを支援する団体

『目の不自由な友だち』田中徹二監修，灰崎武浩文　金の星社　2005.3　31p　30cm　（障害を知ろう！　みんなちがって、みんないい 4）2500円　Ⓘ4-323-06564-7　Ⓝ378.1

[目次] 自分の選んだ道で活躍する人たち，目が不自由って、どういうこと？, 目が不自由になると、こまること，どんなところで勉強しているの？，盲学校で学ぶ友だち，読む、聞く、さわる、点字って、なんだろう？, 盲導犬─目の不自由な人をささえる補助犬, バリアフリーって、なんだろう？, くらしをささえる機器，ゆたかな生活をおくるために，目の不自由な人に出会ったら，これからの社会へむけて，もっと知りたい！，目の不自由な友だちを支援する団体

『たっちゃんと学ぼうー耳の聞こえない人たちのこと』全日本ろうあ連盟編　全日本ろうあ連盟　2005.2　18p　21cm　200円　Ⓘ4-915675-81-5　Ⓝ369.276

『み〜んなそろって学校へ行きたい！─「医療的ケア」が必要な子どもたちの願い』井上夕香文，下川和洋監修　晶文社　2005.2　142p　22cm　1300円　Ⓘ4-7949-6653-9　Ⓝ378

[目次] 第1部　恵ちゃんって、こんな子, 第2部　輝くいのち

[内容] これは、4500人の子どもたちと、その家族の願いです。感動のノンフィクション童話。小学校中学年以上向け。

『障がいって、なあに？─障がいのある人たちのゆかいなおはなし』オードリー・キング絵・文，久野研二訳　明石書店　2004.6　133p　16×16cm　1300円　Ⓘ4-7503-1916-3　Ⓝ369.27

[内容] 障がいは、何かの、あるいはだれかの助けを必要とするが、たんにからだの問題にすぎない。幼いころにポリオ（小児まひ）にかかり四肢まひとなりながら、作家、芸術家、社会活動家として障がい（者）問題にかかわる著者による絵本。

『わたしの体ぜんぶだいすき』先天性四肢障害児父母の会編著　三省堂　2003.7　180p　20cm　1300円　Ⓘ4-385-36139-8

子どもの本　社会がわかる2000冊　251

| 「障害」って何？ | 現代社会―社会・生活 |

Ⓝ369.49
内容 手がなくたって、足がなくたってぼくらはチャレンジャー！ 生まれつき手足に障害をもつ100人のこどものことば。「これがぼくらの五体満足」小学生バージョン。

『はばたけスワンベーカリー』牧野節子著　汐文社　2003.5　135p　20cm　1300円　Ⓘ4-8113-7653-6　Ⓝ369.28
目次 1 おいしいパンをつくる（銀座店），2 クロネコとアンデルセン（スワンのなりたち），3 母さんも兄さんも（十条店），4 おしゃれなカフェは（赤坂店）（落合店），5 花のかおりにつつまれて（群馬太田店）

『りかちゃんがわらった』鹿島和夫文・写真　ポプラ社　2002.12　55p　21cm　（ひびきあうこどもたち 1）1000円　Ⓘ4-591-06920-6　Ⓝ378
内容 りかちゃんは、いつもひとりぼっち。しゃべらないし、あそばないし、ちっともわらいません。りかちゃんとなかよくしたい！クラスのみんなは、りかちゃんのことをいっしょうけんめいかんがえます。しゃべらなかった…あそばなかった…いつもひとりぼっちの少女がクラスメートのハートにふれて、どんどんかわっていく！カメラが追った感動のドキュメント絵本。

『みえないってどんなこと？』星川ひろ子写真・文　岩崎書店　2002.11　29p　24cm　（いのちのえほん 12）1300円　Ⓘ4-265-00622-1　Ⓝ369.275
内容 アイマスクをした遊びを通して、全盲のめぐみさんとふれあう子どもたち―心が温かくなる写真絵本。

『お話しようよ―SGAV方式』小圷博子，本多道子著，高野秀一表紙・イラスト　横浜　グベリナ記念ヴェルボトナル普及協会　2002.3　78p　26cm　Ⓝ378.2

『芸術・音楽をめざす人たち』NHKきらっといきる制作班編　汐文社　2002.3　148p　22cm　（NHKきらっといきる いのち輝く障害者たちの物語 5）1500円　Ⓘ4-8113-7435-5
目次 指先が世界を描き出す―視覚障害の造形作家光島貴之さん，ダンスも人生もフリースタイル―車いすのダンサー奈佐誠司さん，列車の鼓動伝えたい―聴覚障害者の鉄道写真家，持田昭俊さん，いつもそばに君がいる―筋ジストロフィー診療所の親友，笑いでバリア無くしまっせ―手話落語家・福団治亭くいだおれさん

『「障害」についてみなおそう』一番ヶ瀬康子監修，加藤美枝著　文渓堂　2002.3　31p　30cm　（これからの福祉を考えよう 2）2900円　Ⓘ4-89423-318-5,4-89423-973-6
目次 得意なこと、苦手なことみんなちがうけど、みんな友だち，耳がきこえなくたって名カメラマン，鼻や耳で動物園をたのしめる美由紀ちゃん，5本の指でピアノをひくはなちゃん，おとなりの国，中国から転校生がきた，万里とさやか，がんばらなくていいよ，裕樹くん，はじめて老人ホームを体験する
内容 「障害」は、実は、だれにでもあるもので工夫次第で克服できるものです。障害を個性のひとつとして積極的に捉える考え方を紹介します。小学校低中学年から。

『生きる喜びを見つける人たち』NHKきらっといきる制作班編　汐文社　2002.2　137p　22cm　（NHKきらっといきる いのち輝く障害者たちの物語 3）1500円　Ⓘ4-8113-7433-9
目次 ボクの家事は一〇〇点満点―視覚障害の専業主夫・蔦田貴彦さん，いっしょに暮らせば，"ワン"ダフル！―介助犬アトムと仲間たち，わが家がわたしのいる場所です―呼吸器をつけた主婦・熊谷寿美さん，私の身体で演じたい―二分脊椎症の舞台役者・森田加津世さん

『元気の輪をひろげる人たち』NHKきらっといきる制作班編　汐文社　2002.2　123p　22cm　（NHKきらっといきる いのち輝く障害者たちの物語 4）1500円　Ⓘ4-8113-7434-7
目次 みんなに元気をあげたい―ラーメン屋店長堀彰さん，あなたの手から思いが伝わる―聴覚障害者のホームヘルパー広田しづえさん，いっしょに野球やろう―障害者野球チーム「神戸コスモス」のみなさん，FMからど〜んとこい！―ラジオの福祉番組DJ長崎圭子さん

『心で音楽をかなでる』花田春兆監修　日本図書センター　2002.2　47p　31cm　（目でみる「心」のバリアフリー百科 2）

現代社会―社会・生活　　　　　　　　　　　　　　　　　　　　　　　　「障害」って何？

4400円　ⓘ4-8205-6818-3,4-8205-6816-7

『言葉は障害をこえて』花田春兆監修　日本図書センター　2002.2　47p　31cm（目でみる「心」のバリアフリー百科4）4400円　ⓘ4-8205-6820-5,4-8205-6816-7

『美の世界をもとめて』花田春兆監修　日本図書センター　2002.2　47p　31cm（目でみる「心」のバリアフリー百科1）4400円　ⓘ4-8205-6817-5,4-8205-6816-7

『舞台に生きる』花田春兆監修　日本図書センター　2002.2　47p　31cm（目でみる「心」のバリアフリー百科3）4400円　ⓘ4-8205-6819-1,4-8205-6816-7

『文化の輪をひろげよう』花田春兆監修　日本図書センター　2002.2　47p　31cm（目でみる「心」のバリアフリー百科5）4400円　ⓘ4-8205-6821-3,4-8205-6816-7

『コミュニケーションをひろげる人たち』NHKきらっといきる制作班編　汐文社　2002.1　135p　22cm（NHKきらっといきる　いのち輝く障害者たちの物語2）1500円　ⓘ4-8113-7432-0
[目次]　キョットントンで世界を広げる―失語症の三谷誠広さんの自動車旅行、手で読む・手で聴く・手で話す―「すまいる」の盲ろうの仲間たち、手話で手話を教えます―ろう者の丸山多香子さん、ぼくはみんなに"胸キュン"です―ウェルドニッヒホフマン病・立石郁雄君

『ゆいちゃんのエアメール』星川ひろ子写真・文　小学館　2001.6　1冊　21×24cm（しょうがいってなあに？）1400円　ⓘ4-09-727260-8
[内容]　ゆいちゃんは耳が不自由な少女です。でも、口の動きでことばを読むことができます。発音の練習をたくさんしたので、話せるようにもなりました。心と心が出会う。ふたりの少女の往復書簡。

『弱視の人に出会う本―見えにくいってどんなこと？』共用品推進機構編　小学館　2001.2　112p　25cm（バリアフリーブック）1200円　ⓘ4-09-387329-1
[目次]　弱視のおばあちゃんまちを行く、見えにくいってどんなこと？、わたしは弱視38年生です、弱視の人たちの不便さについて、見えにくい人のための強力お助けグッズ、バリアフリー社会をめざして
[内容]　「弱視」って何？視覚障害者には、「目のまったく見えない人」と、見えにくいために不便を感じている「弱視の人」がいます。まんが『弱視のおばあちゃんまちを行く』で、弱視の人のことを知ってください。

『「障害」ってなんだろう？』藤田雅子,湯汲英史文,折原恵ほか写真　偕成社　2000.3　31p　28cm（バリアフリーの本　「障害」のある子も"みんないっしょに"10）〈索引あり〉2500円　ⓘ4-03-543300-4
[目次]　障害は、不自由であっても不幸ではない、バリアフリー…障害を感じさせない社会づくり、いっしょにいたい、話したい、障害は、すべての人の問題、自分のことは、自分できめる、自分が住みたいところで暮らしたい、障害のある子とともに、ともにはたらくこと、ともに生きること、権利を守る…子どもの権利条約、十二月九日は、「障害者の日」です、戦争や貧困は、障害や差別を生みだします
[内容]　あなたは、「障害」ってなんだろう？と考えたことはありませんか。この本では、「障害」や「障害のある人」についていろいろと考えてみましょう。全巻のさくいん付き。

『耳に障害のある子といっしょに』広田栄子文,星川ひろ子写真　偕成社　2000.3　39p　28cm（バリアフリーの本　「障害」のある子も"みんないっしょに"3）〈索引あり〉2500円　ⓘ4-03-543230-X
[目次]　香菜ちゃんは、スポーツが得意、香菜ちゃんの学校生活、補聴器はどんな仕組み？、話が見える？―難聴の人と会話するには…、もうひとつの学校、香菜ちゃんの生いたち、小さいころの香菜ちゃん、電話とファックス、字幕のマークをさがす、同じ障害をもつ仲間〔ほか〕
[内容]　あなたの友だちに"耳に障害のある子"はいますか？まったく聞こえないろうの子や少ししか聞こえない難聴の子…。この本は、そういう子の世界を理解して、友だちになるための本です。

『車いすの人たち』ルイス・キース文,茂木俊彦監訳,京兼玲子訳　小峰書店　2000.2　32p　26cm（障害を理解しよ

子どもの本　社会がわかる2000冊　253

「障害」って何？　　　　　　　　　　　　　　　　　　　現代社会—社会・生活

う 4)〈索引あり〉2500円　①4-338-16504-9,4-338-16500-6
[目次] 車いすの人たち，どうして歩けないの？，むかしといまと，むかしの学校，いまの学校，家で，外出，世界の各地で，スポーツ，楽しむ〔ほか〕
[内容] シリーズ「障害を理解しよう」は，障害者の苦しかった過去の歴史にもふれながら，いまの障害者のことについてわかりやすく説明しています。イギリスの本ですが，日本にもほとんどそのままあてはまります。教室や家庭でみんなで読み，話し合うと，障害がなぜ生まれるのか，障害者の生活のようす，障害のない人と同じ人間としての権利，障害者のねがいや主張について知ることができます。障害がある友だちやおとなにたいする接しかたのヒントも得られるでしょう。小学校高学年以上。

『耳の不自由な人たち』マギー・ウーリー文，茂木俊彦監訳，京兼玲子訳　小峰書店　2000.2　32p　26cm　(障害を理解しよう 2)〈索引あり〉2500円　①4-338-16502-2,4-338-16500-6
[目次] 聴覚障害を理解しよう，聞こえないってどんなこと？，むかしの人びとのばあい，耳の治療，家で，学校で，コミュニケーション，外出，楽しむ，仕事〔ほか〕
[内容] シリーズ「障害を理解しよう」は，障害者の苦しかった過去の歴史にもふれながら，いまの障害者のことについてわかりやすく説明しています。イギリスの本ですが，日本にもほとんどそのままあてはまります。教室や家庭でみんなで読み，話し合うと，障害がなぜ生まれるのか，障害者の生活のようす，障害のない人と同じ人間としての権利，障害者のねがいや主張について知ることができます。障害がある友だちやおとなにたいする接しかたのヒントも得られるでしょう。小学校高学年以上。

『目の不自由な人たち』ピーター・ホワイト文，茂木俊彦監訳，京兼玲子訳　小峰書店　2000.2　32p　26cm　(障害を理解しよう 1)〈索引あり〉2500円　①4-338-16501-4,4-338-16500-6
[目次] 視覚障害を理解しよう，目が見えないってどんなこと？，むかしの人びとのばあい，手助けのいろいろ，家で，学校で，ひとりで歩く，外出，楽しむ，仕事〔ほか〕
[内容] シリーズ「障害を理解しよう」は，障害者の苦しかった過去の歴史にもふれながら，いまの障害者のことについてわかりやすく説明しています。イギリスの本ですが，日本にもほとんどそのままあてはまります。教室や家庭でみんなで読み，話し合うと，障害がなぜ生まれるのか，障害者の生活のようす，障害のない人と同じ人間としての権利，障害者のねがいや主張について知ることができます。障害がある友だちやおとなにたいする接しかたのヒントも得られるでしょう。小学校高学年以上。

『重い障害のある子といっしょに』石崎朝世，一松麻実子文，星川ひろ子写真　偕成社　1999.12　39p　28cm　(バリアフリーの本　「障害」のある子も"みんないっしょに" 8)　2500円　①4-03-543280-6
[目次] 養護学校・朝の登校，「重症心身障害児」，からだをやわらかくする運動訓練，からだの感じとうごかし方，歩行訓練，勉強の時間，コミュニケーション・エイド，普通学校の友だちとの交流，バリアフリー，重い障害のある子をささえるお医者さん〔ほか〕
[内容] あなたの友だちに「重い障害のある子」はいますか？ 自分で歩くこともできず，話すこともできない子…。この本は，そういう子の世界を理解して，友だちになるための本です。

『からだに障害のある子といっしょに』野辺明子文，平井伸造写真　偕成社　1999.12　39p　28cm　(バリアフリーの本　「障害」のある子も"みんないっしょに" 6)　2500円　①4-03-543260-1
[目次] ふたりは同じ小学校の三年生，算数や音楽の授業，体育と運動会，「脳性マヒ」ってどんな障害？，からだの障害の原因はいろいろ，からだに障害のある子と介助員制度，自分のからだが大好きになるためのトレーニング，車いすと介助，車いすのつくり，車いすの人の介助のしかた〔ほか〕
[内容] あなたの友だちに"からだに障害のある子"はいますか？ 車いすに乗っていたり，片腕がなかったりする子…。この本は，そういう子の世界を理解して，友だちになるための本です。

『目に障害のある子といっしょに』竹内恒之文，折原恵写真　偕成社　1999.12　39p　28cm　(バリアフリーの本　「障害」のある子も"みんないっしょに" 1)　2500円　①4-03-543210-5

現代社会―社会・生活　　　　　　　　　　　　　　　　　　　　　　「障害」って何？

目次 なんにでも挑戦したい菜歩ちゃん,学校、だぁーい好き、指で読む、耳で読む、ワープロだって、パソコンだって…、盲学校での勉強、道路は危険がいっぱい、はいつくばって歩きたい、あっち、こっち、そっちっち「どっち？」、目に障害のある人へのマナー集〔ほか〕

内容 あなたの友だちに「目に障害のある子」はいますか？まったく見えない全盲の子や少ししか見えない弱視の子…。この本は、そういう子の世界を理解して、友だちになるための本です。

◆◆ゆっくりがいいお友だち

『ADHDってなあに？』エレン・ワイナー著,テリー・ラバネリイラスト,高山恵子訳　明石書店　2009.2　43p　21×21cm　（知りたい、聞きたい、伝えたいおともだちの障がい 2）1200円　①978-4-7503-2931-4　Ⓝ493.937

『LD・学び方が違う子どものためのサバイバルガイド　キッズ編』ゲイリー・フィッシャー、ローダ・カミングス著,竹田契一監訳、西岡有香訳　明石書店　2008.7　145p　21cm〈サブタイトル：あなたに届けたい家庭と学校生活へのLD・学習障害アドバイスブック　文献あり〉1400円　①978-4-7503-2817-1　Ⓝ378

『いろんな学び方、あるんだね！―子どものためのLDガイド』ジュディス・スターン、ウージ・ベン＝アミ著、黒川由美訳、はやし・ひろ絵　東京書籍　2008.6　94p　21cm　1200円　①978-4-487-80260-9　Ⓝ371.41

目次 1 学習障害（LD）のことを知る,2 学習障害（LD）をコントロールしよう

内容 子どもが読み、書き、計算などでつまずいているとき、自分で読んだり、周りの人と読むのにピッタリです。具体的にどうすればよいか、分かる本です。

『発達って、障害ってなんだろう？』日原信彦監修　京都　ミネルヴァ書房　2008.4　55p　27cm　（発達と障害を考える本 12）1800円　①978-4-623-05130-4　Ⓝ378

目次 発達ってなぁだろう？―大きくなるって、どういうこと？,障害ってなんだろう？―「障害」って、どういうこと？,共に生きる社会に！―いっしょに生きていきたい！

内容 この本ではまず、発達とはどんなことかをみていきます。そのあとで、いろいろな発達と関係する障害についてかんがえます。

『なぜ？がなるほど！に変わる本―知ればなかよし発達障害のお友達』成田奈緒子著,刈谷雅イラスト　ブレーン出版　2007.11　57p　21cm　950円　①978-4-89242-924-8　Ⓝ378

『きみもきっとうまくいく―子どものためのADHDワークブック』キャスリーン・ナドー、エレン・ディクソン著,水野薫監訳,内山登紀夫医学監修,ふじわらひろこ絵　改訂版　東京書籍　2007.7　94p　21cm　1100円　①978-4-487-80209-8　Ⓝ378

目次 1 自分をチェックしてみよう,2 人に助けてもらえること,3 自分でできること,4 お父さん、お母さんとチャレンジしてみよう

内容 本書は、子どもたちが楽しみながら自分自身をチェックしてよく知り、さまざまな場面で、どうすれば問題を少なくできるか、誰に相談すべきか、などへの具体的対応やヒントを数多く提供するために作られたワークブックです。子どもが自分で読んだり、また親子で、あるいは学校の先生と、必要なところを読んで相談しながら、苦手なことを一歩一歩改善していくのに便利なように構成されています。

『学校と生活がたのしくなる本―ADHDの子のためのサポートブック』ジョン・F.テイラー著,上田勢子訳,中田洋二郎監修　大月書店　2007.6　103p　26cm　1800円　①978-4-272-41185-6　Ⓝ378

目次 第1章 ADHDってなんだろう？,第2章 毎日を気分よくすごすには,第3章 きみを助けてくれる人たち,第4章 健康な食生活をしよう,第5章 家での生活をきもちよく,第6章 学校生活がうまくいく6つの方法,第7章 友だちとなかよくする7つのアイディア,第8章 おさえきれないきもちをしずめる8つの方法

内容 子ども自身がADHDについて理解し、家庭と学校の生活で起こる問題への対処を身につける本。友だちとのつきあい方や課題のこなし方、助けの求め方など、具体的ですぐ活用できるアドバイスが満載。

子どもの本 社会がわかる2000冊　255

「障害」って何？　　　　　　　　　　　　　　　　現代社会—社会・生活

『ふしぎだね!? ダウン症のおともだち』玉井邦夫監修　京都　ミネルヴァ書房　2007.2　55p　27cm　（発達と障害を考える本5）〈文献あり〉1800円　①978-4-623-04850-2　Ⓝ493.94
[目次] 第1章 どうしよう!?こんなとき, 第2章 ダウン症って何？
[内容] この本は、ダウン症について知らなかった人にはダウン症とは何かを知ってもらい、近くにダウン症のおともだちがいるという人には、少しでもその人を理解してほしいとの願いから作られました。ダウン症のおともだちの行動を通して、具体的にどんな障害なのかをしょうかいしています。

『ふしぎだね!? 知的障害のおともだち』原仁監修　京都　ミネルヴァ書房　2007.2　55p　27cm　（発達と障害を考える本6）1800円　①978-4-623-04851-9　Ⓝ493.937
[目次] 第1章 どうしよう!?こんなとき, 第2章 知的障害って何？
[内容] この本は、知的障害について知らなかった人には知的障害とは何かを知ってもらい、近くに知的障害のあるおともだちがいるという人には、少しでもその人を理解してほしいとの願いから作られました。知的障害のあるおともだちの行動を通して、具体的にどんな障害なのかをしょうかいしています。

『ディスレクシアってなあに？』ローレン・E.モイニハン著, トム・ディニーンイラスト, 藤堂栄子訳　明石書店　2006.11　43p　21×21cm　（知りたい、聞きたい、伝えたいおともだちの障がい1）1200円　①4-7503-2443-4　Ⓝ493.937

『学校つくっちゃった！』エコール・エレマン・プレザン著　ポプラ社　2006.9　31p　23×24cm　1200円　①4-591-09413-8　Ⓝ378.6
[内容] ダウン症の子どもたちと、よし子さん、佐久間くんが、力をあわせて学校をつくりました。

『ふしぎだね!? ADHD（注意欠陥多動性障害）のおともだち』内山登紀夫監修, 高山恵子編　京都　ミネルヴァ書房　2006.6　55p　27cm　（発達と障害を考える本4）1800円　①4-623-04589-7　Ⓝ493.937
[目次] 第1章 どうしよう!?こんなとき, 第2章 ADHDって何？
[内容] この本では、ADHDのあるおともだちの行動を通して、具体的にどんな障害であるのかをしょうかいしています。周りの人がADHDのおともだちの特徴や気持ちを理解し、その人の立場になって考えることができたら、みんなも、これまで以上にくらしやすくなるでしょう。

『ふしぎだね!? LD（学習障害）のおともだち』内山登紀夫監修, 神奈川LD協会編　京都　ミネルヴァ書房　2006.5　55p　27cm　（発達と障害を考える本3）1800円　①4-623-04588-9　Ⓝ493.937
[目次] 第1章 どうしよう!?こんなとき, 第2章 LDって何？

『ふしぎだね!? アスペルガー症候群「高機能自閉症」のおともだち』内山登紀夫監修, 安倍陽子, 諏訪利明編　京都　ミネルヴァ書房　2006.3　55p　27cm　（発達と障害を考える本2）1800円　①4-623-04553-6　Ⓝ493.9375
[目次] 第1章 どうしよう!?こんなとき, 第2章 アスペルガー症候群って何？
[内容] アスペルガー症候群のおともだちの文化を理解し、助け合い、協力する気持ちを育てます。

『ふしぎだね!? 自閉症のおともだち』内山登紀夫監修, 諏訪利明, 安倍陽子編　京都　ミネルヴァ書房　2006.3　51p　27cm　（発達と障害を考える本1）1800円　①4-623-04552-8　Ⓝ493.9375
[目次] 第1章 どうしよう!?こんなとき, 第2章 自閉症って何？
[内容] 自閉症のおともだちの文化を理解し、助け合い、協力する気持ちを育てます。

『ぼくって、ふしぎくん？—発達の障がいADHD』北村小夜監修, 嶋田泰子文, 岡本順絵　ポプラ社　2006.3　55p　25×25cm　（いっしょがいいな障がいの絵本6）2500円　①4-591-09066-3　Ⓝ369.49

現代社会―社会・生活 「障害」って何？

『やっちゃんがいく！―自閉症』北村小夜監修，佐藤陽一文，坂本真典写真　ポプラ社　2006.3　55p　25×25cm　（いっしょがいいな障がいの絵本 5）2500円
Ⓘ4-591-09065-5　Ⓝ369.49

『ゆっくりって、いいな―ダウン症』北村小夜監修，嶋田泰子文，坂本真典写真　ポプラ社　2006.3　55p　25×25cm　（いっしょがいいな障がいの絵本 4）2500円　Ⓘ4-591-09064-7　Ⓝ369.49

『LD（学習障害）、ADHD（注意欠陥/多動性障害）の友だち』吉田昌雄，川北敏晴監修，土橋圭子文　金の星社　2005.3　31p　30cm　（障害を知ろう！みんなちがって、みんないい 1）2500円
Ⓘ4-323-06561-2　Ⓝ378
[目次]　自分の選んだ道で活躍する人たち，LD（学習障害）って、なんだろう？，LD（学習障害）のおもな特徴，ADHD（注意欠陥/多動性障害）って、なんだろう？，ADHD（注意欠陥/多動性障害）のおもな特徴，軽度発達障害への手助けとくふう，LD、ADHDへのとりくみ，外国で学ぶ友だち，友だちとのおつきあいのために、これからの社会へむけて、もっと知りたい！，LD、ADHDの友だちを支援する団体

『自閉症の友だち』吉田昌雄，川北敏晴監修，土橋圭子文　金の星社　2005.3　31p　30cm　（障害を知ろう！みんなちがって、みんないい 2）2500円
Ⓘ4-323-06562-0　Ⓝ378
[目次]　自分の選んだ道で活躍する人たち，自閉症って、なんだろう？，自閉症のおもな特徴，どんなところで勉強しているの？，学校で学ぶ友だち，学校や地域との交流活動，外国で学ぶ友だち，働きたいという意欲にこたえて，友だちとのおつきあいのために、これからの社会へむけて、もっと知りたい！，自閉症の友だちを支援する団体

『ダウン症の友だち』吉田昌雄，川北敏晴監修，土橋圭子文　金の星社　2005.2　31p　30cm　（障害を知ろう！みんなちがって、みんないい 3）2500円
Ⓘ4-323-06563-9　Ⓝ378.6
[目次]　ダウン症って、なんだろう？，ダウン症の原因，ゆっくり育つダウン症の子ども，どんなところで勉強しているの？，養護学校で学ぶ友だち，学びたいという意欲にこたえて，学校や地域との交流活動，働きたいという意欲にこたえて，ゆたかな生活をおくるために、友だちとのおつきあいのために、これからの社会へむけて

『学校と勉強がたのしくなる本―LDの子のためのガイドブック』ローダ・カミングス、ゲーリー・フィッシャー著，上田勢子訳，上野一彦監修　大月書店　2003.12　126p　26cm〈文献あり〉2000円　Ⓘ4-272-41154-3　Ⓝ378
[目次]　第1章 学校生活をらくにする方法，第2章 もっとわかる勉強の方法，第3章 友だちとたのしくすごす方法
[内容]　時間の使い方、道具の整理、ひらがなや漢字を書く方法、友だちとのつきあい方など、子どもたちにわかるような具体的な方法とアドバイスを掲載。LDの子どもを支援する親や教師にも役立ちます。

『「自閉症」という名のトンネル―不安の国の萌音』日向佑子著　福音館書店　2003.11　359p　22cm　1800円　Ⓘ4-8340-0552-6　Ⓝ378
[目次]　第1部 閉鎖病棟の九年間，第2部 ブナの森の通りゃんせ
[内容]　あなたが見せてくれる小さな奇跡。学校を出たばかりのひとりの保母が、閉鎖病棟で出会った女の子。美しい顔立ち、無垢であどけない表情、時にきらりと光る利発さ。けれどその子は、だれとも意思を通い合わせることがなかった…闘いの日々が始まる。魔法のような美しい瞬間を抱きしめながら。

『お兄ちゃんはゆっくり、すこしずつ―障害のある私の兄を紹介します』門真妙著　中央法規出版　2003.3　65p　22cm〈年譜あり〉1200円　Ⓘ4-8058-2343-7　Ⓝ369.28
[目次]　お兄ちゃんの紹介！，お兄ちゃんの病気と障害について、お兄さまの世界、お兄ちゃんと私の関係、お兄ちゃんの通っていた学校紹介、お兄ちゃんとつどいの家、八木山つどいの家の訪問、お母さんへ　お兄ちゃんについてのインタビュー
[内容]　小学6年生が知的障害がある兄のことを書いた、たのしくて、ホッとする夏休みの自由研究。

『学習の障害がある人たち』マーガレッ

子どもの本　社会がわかる2000冊　257

「障害」って何？　　　　　　　　　　　　　　　　　　現代社会―社会・生活

ト・フリン，ピーター・フリン文，茂木俊彦監訳，京兼玲子訳　小峰書店　2000.2　32p　26cm　（障害を理解しよう　3）〈索引あり〉2500円　Ⓘ4-338-16503-0,4-338-16500-6

[目次] 学習の障害ってどんなこと？，学習の障害はなぜおこるの？，学習の障害のいろいろ，ふりかえってみると，家で，学校で，心のなかにあるもの，コミュニケーション，楽しむ，仕事〔ほか〕

[内容] シリーズ「障害を理解しよう」は，障害者の苦しかった過去の歴史にもふれながら，いまの障害者のことについてわかりやすく説明しています。イギリスの本ですが，日本にもほとんどそのままあてはまります。教室や家庭でみんなで読み，話し合うと，障害がなぜ生まれるのか，障害者の生活のよう，障害のない人と同じ人間としての権利，障害者のねがいや主張について知ることができます。障害がある友だちやおとなにたいする接しかたのヒントも得られるでしょう。小学校高学年以上。

『知的障害のある子といっしょに』石井葉，湯汲英史文，渡辺眸写真　偕成社　1999.12　39p　28cm　（バリアフリーの本　「障害」のある子も"みんないっしょに"　7）2500円　Ⓘ4-03-543270-9

[目次] 健人くんは三年生，たんぽぽ学級の友だち，知的障害とは？，自閉症とは？，健人くんって，どんな子？，どうして，そんなことするの？，知的障害のある人と話すときには…，いろいろなことを少しずつ，健人くんたちの造形教室，知的障害は変わる？〔ほか〕

[内容] あなたの友だちに「知的障害のある子」はいますか？話したり，聞いて理解したり，勉強したりするのが苦手な子…。この本は，そういう子の世界を理解して，友だちになるための本です。

◆◆点字・手話を覚えよう

『子どものための点字事典』黒崎恵津子著，福田行宏イラスト　汐文社　2009.3　109p　27cm〈文献あり　索引あり〉3200円　Ⓘ978-4-8113-8540-2　Ⓝ378.18

[目次] 1 点字って何？，2 点字の文字，3 点字の書き方，4 視覚障害に関する用語集，5 点字の歴史，資料編

『わかる！できる！おやこ手話じてん』全国早期支援研究協議会編　全国早期支援研究協議会　2009.1　199p　21cm〈索引あり〉1800円　Ⓘ978-4-8094-0743-7　Ⓝ378.28

『子どものための手話事典』全日本ろうあ連盟監修，イケガメシノ絵　汐文社　2008.4　182p　27cm　3000円　Ⓘ978-4-8113-8199-2　Ⓝ378.28

[目次] 指文字，数，あいさつ，動き，人，スポーツ，食べ物，疑問詞，量，時〔ほか〕

『みんなの手話ソング　4（風のうた，空のうた）』こどもくらぶ編　同友館　2007.5　119p　26cm〈手話ソング創作・指導：大場伸子〉1900円　Ⓘ978-4-496-04298-0　Ⓝ369.276

『みんなの手話ソング　3（夏川りみと沖縄のうた）』こどもくらぶ編　同友館　2007.5　119p　26cm〈手話ソング創作・指導：大場伸子〉1900円　Ⓘ978-4-496-04297-3　Ⓝ378.28

『みんなの手話ソング　2（ジブリのうた）』こどもくらぶ編　同友館　2006.8　119p　26cm〈手話ソング創作・指導：大場伸子〉1900円　Ⓘ4-496-04182-0　Ⓝ378.28

『みんなの手話ソング　1（スマップのうた）』こどもくらぶ編　同友館　2006.8　119p　26cm〈手話ソング創作・指導：大場伸子〉1900円　Ⓘ4-496-04180-4　Ⓝ378.28

『こんにちは』なかむらなおこ文，おてもりのぶお絵　アイ企画　2006.7　31,15p　27cm　（手話えほん　1）〈発売：生活ジャーナル　付・解説書「手の動きと表現のしかた」〉1500円　Ⓘ4-88259-119-7　Ⓝ378.28

[内容] 手話はこえをださなくてもいろんなことをいっぱい話せるの。目でみるおしゃべり。おもしろいでしょ。この本のページをめくって，絵をみながらおぼえてね。

『みんなで遊べる手話ゲームブックーだれかにあったらこんにちは』新沢としひ

こ,中野佐世子,松田泉著　鈴木出版　2006.7　79p　26cm　1600円　Ⓘ4-7902-7192-7　Ⓝ376.157

『たりない!?』さとうけいこさく，さわだとしきえ　柏書房　2006.2　78p　20cm　(てではなそう 5)　1200円　Ⓘ4-7601-2862-X　Ⓝ378.28

『親子ではじめよう！はじめての手話ブック』谷千春監修　講談社　2005.12　52p　27cm　1200円　Ⓘ4-06-339085-3　Ⓝ378.28

『手話であそぼ！―みんなで楽しく手話ソング』丸山浩路,山口万里子監修・著　学習研究社　2005.5　96p　26×21cm　(Piccolo Selection)　1600円　Ⓘ4-05-402790-3
目次　ぞうさん，きらきらぼし，小さな世界，おなかのへるうた，いぬのおまわりさん，さんぽ，おばけなんてないさ，思い出のアルバム，勇気100％，世界に1つだけの花
内容　「ぞうさん」「おもいでのアルバム」「世界に1つだけの花」など童謡からヒット曲まで歌にあわせて，楽しく手話が覚えられる。手話の意味やなりたちも掲載。

『スマイルきもちを手でおしゃべり』ジャイブ編　ジャイブ　2005.4　1冊（ページ付なし）19×19cm　（ディズニー手話えほんシリーズ 1）　1000円　Ⓘ4-86176-121-2　Ⓝ378.28

『ライフくらしを手でおしゃべり』ジャイブ著　ジャイブ　2005.4　1冊（ページ付なし）19×19cm　（ディズニー手話えほんシリーズ 2）　1000円　Ⓘ4-86176-122-0　Ⓝ378.28

『まねっこまちのひと』田中ひろし文，せべまさゆき絵，こどもくらぶ編　ほるぷ出版　2005.3　1冊（ページ付なし）22×22cm　（手であそぼう）　1300円　Ⓘ4-593-57806-X　Ⓝ378.28
内容　「けいさつかん」に「しょうぼうし」「コック」に「だいく」に「うんてんしゅ」。まちではたらく人たちを手話で表してみよう！手話をやりながら読んであげたり，子どもといっしょにやってみたり…。手話を使っ

た，親子で楽しい絵本です。巻末にちょっと詳しい手話の解説つき。

『てですき・きらい』田中ひろし文，せべまさゆき絵，こどもくらぶ編　ほるぷ出版　2005.2　1冊（ページ付なし）22×22cm　（手であそぼう）　1300円　Ⓘ4-593-57805-1　Ⓝ378.28
内容　「うれしい」「たのしい」「すき」「きらい」…。そんな気持ちを手話で表すとどうなるのかな？気持ちを表す手話が楽しい絵本になりました。手話をやりながら読んであげたり，子どもといっしょにやってみたり…。手話を使った，親子で楽しい絵本です。巻末にちょっと詳しい手話の解説つき。

『ゆびであいうえお』田中ひろし文，せべまさゆき絵　ほるぷ出版　2005.1　1冊（ページ付なし）22×22cm　（手であそぼう）　1300円　Ⓘ4-593-57804-3　Ⓝ378.28
内容　「あ」から「ん」までの指文字が楽しい絵本になりました。手話をやりながら読んであげたり，子どもといっしょにやってみたり…。手話を使った，親子で楽しい絵本です。巻末に指文字の一覧表つき。

『親子で学ぼう！これならわかるはじめての手話』深海久美子監修　メイツ出版　2004.11　160p　21cm　（まなぶっく）　1500円　Ⓘ4-89577-821-5　Ⓝ378.28

『おいしい！』さとうけいこさく，さわだとしきえ　柏書房　2004.6　72p　20cm　（てではなそう 4）　1200円　Ⓘ4-7601-2541-8　Ⓝ378.28

『こども手話じてんセット』谷千春監修　ポプラ社　2004.4　2冊（セット）29×22cm〈付属資料：ビデオ1〉9900円　Ⓘ4-591-99556-9
目次　手話ソングブック，こども手話じてん（手話の基本を覚えよう（基本編），「見る言葉」を覚えよう（じてん編），都道府県，いろいろな地域・国）
内容　五十音順に約1400単語の手話を紹介。

『うれしい！―「きもち」と「なまえ」』さとうけいこさく，さわだとしきえ　柏書房　2003.12　53p　20cm　（てではな

『おはようございますみなさん』さとうけいこさく，さわだとしきえ　柏書房　2003.12　1冊（ページ付なし）20cm（てではなそう 3）　1200円　Ⓘ4-7601-2468-3　Ⓝ378.28

『てではなそう―「すき」と「なりたい」』さとうけいこさく，さわだとしきえ　柏書房　2003.12　45p　20cm　（てではなそう 1）　1200円　Ⓘ4-7601-2466-7　Ⓝ378.28

『親子で楽しむふれあいの手話』丸山浩路著　学習研究社　2003.10　167p　22cm　1300円　Ⓘ4-05-402181-6　Ⓝ378.28

『いつでもどこでも手話ソング　2　ジュニア篇（小学校中学年～高校生）』こどもくらぶ編　同友館　2003.8　119p　26cm　1900円　Ⓘ4-496-03586-3　Ⓝ378.28
目次　ALWAYS，大きな古時計，負けないで，今日の日はさようなら，世界がひとつになるまで，君をのせて，やさしさに包まれたなら，いつも何度でも，BELIEVE，さくら（独唱）
内容　歌をうたいながら，手話を身につけていきましょう。これが本書のテーマです。はじめは，歌いながら，写真のまねをして手を動かしてみてください。ひととおりできるようになったら，歌詞をどんなふうに手話で表現するのかも，注意してみてください。いろいろな発見があるはずです。そして，もっと手話を学びたいと思ったら，ぜひ，積極的に手話にふれる機会をもってください。小学校中学年～高校生。

『いつでもどこでも手話ソング　1　ちびっこ篇（幼児～小学校中学年）』こどもくらぶ編　同友館　2003.8　119p　26cm　1900円　Ⓘ4-496-03584-7　Ⓝ378.28
目次　ひょっこりひょうたん島，チューリップ，犬のおまわりさん，森のくまさん，手のひらを太陽に，にんげんっていいな，みんなともだち，一年生になったら，ゲゲゲの鬼太郎，となりのトトロ，せかいじゅうのこどもたちが
内容　歌をうたいながら手話をおぼえていきましょう。これが本書のテーマです。はじめは，歌いながら，写真のまねをして手をうごかしてみてください。ひととおりできるようになったら，歌詞のことばをどんなふうに手話でいっているのかも，ちゅういしてみましょう。いろいろ気づくことがあるはずです。そして，もっと手話を学びたいと思ったら，たくさん手話にふれるきかいをもってください。幼児～小学校中学年。

『歌でおぼえる手話ソングブック―きみとぼくのラララ　2』新沢としひこ，中野佐世子，松田泉著　鈴木出版　2003.6　95p　26cm〈折り込1枚〉1800円　Ⓘ4-7902-7168-4　Ⓝ378.28
目次　1 いっしょが楽しいかんたん手話ソング，2 みんなでうたおう手話ソング，3 特別ふろく

『Sign dance―手話で歌おう』新田順子編　大阪　せせらぎ出版　2003.3　89p　15×21cm　952円　Ⓘ4-88416-116-5　Ⓝ378.28
内容　本書は、より多くの人に「手話」を楽しんでいただくために編集しました。とりあげた6つの歌は、いずれも季節や感情を豊かに表現できる言葉を含んでいるものを選びました。

『自分でつくろう手話ソング』田中ひろし著，こどもくらぶ編　国立　今人舎　2002.6　55p　26cm　（大人と子どものあそびの教科書）1800円　Ⓘ4-901088-18-1　Ⓝ378.28

『てではなそう　きらきら』さとうけいこさく，さわだとしきえ，米内山明宏手話監修　小学館　2002.3　1冊　27cm　1200円　Ⓘ4-09-727345-0

『写真・イラストで見る手話じてん』こどもくらぶ編・著　岩崎書店　2001.11　31p　29cm　（やってみよう！はじめての手話 6）1500円　Ⓘ4-265-02776-8
内容　手話のことば、全259話を写真・イラストで解説。

『手話で世界とともだち』こどもくらぶ編・著　岩崎書店　2001.11　31p　29cm　（やってみよう！はじめての手話 5）1500円　Ⓘ4-265-02775-X

現代社会―社会・生活　　　　　　　　　　　　　　　　　　　　　　　　「障害」って何？

[目次] 1 えほんでくらべる日本とアメリカの手話,2 手話くらべ,3 しらべてみよう！いろんな国の手話
[内容] 世界の手話をやさしく解説しています。国際理解に役立ちます。

『はじめての手話ソング』こどもくらぶ編・著　岩崎書店　2001.11　31p　29cm　（やってみよう！はじめての手話 4）1500円　⑩4-265-02774-1
[目次] 1 えほんで見る手話ソングのこころ,2 手話ソングをたのしもう,3 手話でおどろう！
[内容] 手話でうたをうたってみましょう。アンパンマンなど7曲紹介。

『手話をはじめよう』こどもくらぶ編・著　岩崎書店　2001.10　31p　29cm（やってみよう！はじめての手話 1）1500円　⑩4-265-02771-7
[目次] 1 えほんで見る手話のこころ,2 手話のはなし

『手話であそぼう』こどもくらぶ編・著　岩崎書店　2001.10　31p　29cm（やってみよう！はじめての手話 3）1500円　⑩4-265-02773-3
[目次] 1 えほんでまなぶ手話のおぼえかた,2 手話であそぼう！

『指文字をおぼえよう』こどもくらぶ編・著　岩崎書店　2001.10　31p　29cm（やってみよう！はじめての手話 2）1500円　⑩4-265-02772-5
[目次] 1 えほんで知る指文字のおぼえかた,2 指文字のはなし―指文字をマスターしよう

『歌でおぼえる手話ソングブック―ともだちになるために』新沢としひこ,中野佐世子,松田泉著　鈴木出版　2000.11　95p　26cm　1800円　⑩4-7902-7161-7　Ⓝ378.28
[目次] 1 はじめましてのかんたん手話ソング,2 手のひらに歌をのせて,3 特別ふろく
[内容] 手話は目で見る美しい「ことば」。子どもといっしょにうたいながら手話に親しみませんか。園や学校でおなじみの7曲（新沢としひこ/作詞）を手話ソングで紹介。おなじみの歌が、美しい手話ソングになって、さらに魅力UP。

『点字で学ぼう』黒崎恵津子著、大中美智子絵　岩崎書店　2000.4　47p　27cm（ボランティアに役立つ　はじめてであう点字 3）〈索引あり〉2800円　⑩4-265-02493-9,4-265-10222-0
[目次] 盲学校での生活,点字で勉強（国語,算数,理科,社会,音楽,体育,図工,自立活動,図書室）
[内容] 盲学校での毎日、どんなふうでしょうか。点字の練習ばかりだと思いますか？それは大ちがい！3年生の時間割を見てください。国語、算数、理科、社会、それに図工や音楽、体育、児童会活動もあるし、5年生になれば、家庭科もあります。運動会、社会科見学、修学旅行、スキー教室、いもほり…いろいろな行事もあって、楽しいよ。小学校中学年～中学生向き。

『点字のことば百科』黒崎恵津子著，中野耕司絵　岩崎書店　2000.4　47p　27cm（ボランティアに役立つ　はじめてであう点字 2）2800円　⑩4-265-02492-0,4-265-10222-0
[目次] 点字を読もう！,点字の書きかた（点字のしくみ,点字の書きかたのきまり,点字を書く道具）
[内容] 自分の名前、たんじょう日、身長、体重、家族…。点字で書くと、こんなふうになります。数字やアルファベットはどうなっているでしょうか。いろいろなことばを、点字で読んでみてください。小学校中学年～中学年向き。

『点字のひみつ』黒崎恵津子著，中野耕司絵　岩崎書店　2000.4　47p　27cm（ボランティアに役立つ　はじめてであう点字 4）〈索引あり　文献あり〉2800円　⑩4-265-02494-7,4-265-10222-0
[目次] 点字の疑問におこたえします,「見えない」って、どんなこと？,弱視の人は、どんなふうに見えるの？,目の見えない子は、みんな盲学校にいくの？,目の見えない人は、どんな仕事をしているの？,目の見えない人は、みんな点字を使っている？,点字はどうやっておぼえていくの？,点字は、どのくらいの速さで読めるの？,点字のでこぼこってほるの？,点字は、いつ、だれがつくったの？〔ほか〕
[内容] 点字は、目の見えない人にとって、たいせつな文字です。6つの点の組み合わせを、指でさわって読んでいきます。指でさわって読む文字なので、目で読むふつうの

子どもの本　社会がわかる2000冊　261

文字とは、いろいろなちがいがあります。たった6つの点で、どんなことでも書きあらわせるなんて、すごいことだと思いませんか。いったい、どうやって？こんなことも書ける？本書では、そんな点字のひみつにせまります。小学校中学年～中学生向き。

『指から広がる世界』黒崎恵津子著，鈴木びんこ絵　岩崎書店　2000.4　47p　27cm　（ボランティアに役立つ　はじめてであう点字　1）〈付属資料：カラー点字プレート　索引あり〉2800円　①4-265-02491-2,4-265-10222-0

目次　点字は、さわって読む文字です、目は、たくさんのものを見ている、でも、ほんとうに見ているものは…、見ないでもできる、こんなこと、あんなこと、鼻を使って、耳を使って、指を使って…、指先には、目がある、指先の目をおこそう！、街の点字あれこれ、点字の本を見るには、うきあがった文字がいい？、点字はこうして生まれた、日本の点字の誕生、指先から、新しい世界を広げよう

内容　点字は、さわって読む文字です。ふつう、指でさわって読みます。点字の感触って、どんなものでしょうか。目をつぶって、さわってみてください。目で見て、文字を読むのと、指でさわって読むのは、ずいぶんちがうと思いませんか？目で見る世界と、指で見る世界、どんなちがいがあるのでしょう。小学校中学年～中学生向き。

『はじめての手話　2』矢沢国光，長谷川純子文，つだかつみ絵　偕成社　2000.3　31p　28cm　（バリアフリーの本　「障害」のある子も"みんないっしょに"5）2500円　①4-03-543250-4

目次　きょうは入学式、社会科見学にいきました、好きな教科はなんですか？、おとなりの小学校にいきました、結婚パーティーに出席しました、「みんなが手話で話した島」、ママは手話の先生です、手話落語を知っていますか？、デパートに買い物にいきました、かぜをひいてしまいました、わたしの夢、手話で歌おう・大きな古時計、みんなに考えてもらいたいこと

内容　あなたは、『はじめての手話　1』を読んでくれましたか？手や顔の表情をつかって話す、もうひとつの、ゆたかな言葉「手話」。あなたも、手話で、「耳に障害のある人」と話してみませんか。

『はじめての手話　1』矢沢国光，長谷川純子文，石森愛彦絵　偕成社　2000.3　31p　28cm　（バリアフリーの本　「障害」のある子も"みんないっしょに"4）2500円　①4-03-543240-7

目次　はじめまして！、わたしの家族、手話や指文字で話します、わたしの学校、わたしのクラス、わたしの朝ごはん、ママとお風呂に入ります、手話をおぼえます、こーんなに便利!!、テレビはなにが好き？、はじめてのハワイ旅行、アメリカからのお客さま、ママの誕生日、指文字をおぼえよう、手話はことば（言語）です

内容　あなたは、手話を知っていますか？「耳に障害のある人」の言葉ですね？手や顔の表情をつかって話す、もうひとつの、ゆたかな言葉です。あなたも、手話を話せるようになって、耳に障害のある人と友だちになりませんか。

『はじめての点字』石井みどり文，平井伸造写真　偕成社　2000.3　31p　28cm　（バリアフリーの本　「障害」のある子も"みんないっしょに"2）〈索引あり〉2500円　①4-03-543220-2

目次　身のまわりの点字をさがしてみましょう，点字の歴史，指先は人体のなかでもっとも敏感，点字のしくみ，点字の文のきまり，点字を読んでみましょう，点字を書いてみましょう，視覚障害者をとりまく読書環境，絵本，そして点字との出会い，コンピューターを利用する，「点字があったから」―竹下弁護士の活躍

内容　あなたは、「点字」を知っていますか？点字は、目の見えない人の文字です。点字は、いつ・どこで・だれがつくりだしたものでしょうか？あなたは、点字が読めるようになったらいいなと思いませんか。

◆◆サポート犬の活躍

『アンソニー、きみがいるから―盲導犬がはこんでくれたもの』桜井ようこ著　ポプラ社　2008.10　151p　20cm　（ポプラ社ノンフィクションシリーズ　3）1200円　①978-4-591-10476-7　Ⓝ369.275

目次　沖縄のビーチで、二大珍事件、アンソニーとの生活、健康診断、花火の夜、つげられた病名、こわい…、出会い、杖を持つ、マッサージ師へ、転落事故、電車がこわい、盲導犬アンソニーとの出会い、訓練、アンソニーからテストされて、駅も電車もこわくない、ア

現代社会―社会・生活　　　　　　　　　　　　　　　　　　　　　　　　「障害」って何？

ンソニーとともに，中国 万里の長城へ
|内容|「視野がせまいと感じたことはありませんか？」健康診断で思いもかけなかった指摘を受け，その後「いずれは失明します。難病で，治療法もなく，薬もありません」と宣告をされた桜井さん。見えなくなる恐怖。どうしようもない絶望感。しかし，そんななかで盲導犬アンソニーと出会い，自分を信じる力，人を信じる力をとりもどしていきます。

『犬たちがくれた音―聴導犬誕生物語』
高橋うらら著，Mayumi写真　金の星社
2007.12　156p　22cm　（ノンフィクション知られざる世界）1300円
①978-4-323-06083-5　Ⓝ369.276
|目次| もう犬をすてないで，ハナ，テストを受ける，盲導犬訓練士になる夢，聴導犬になる子犬を育てよう，ソーシャライザーの仕事とは，子犬育てが始まった，ハナが家にやってくる，天国に行ったサワちゃん，いよいよ聴導犬の訓練だ，オレンジ色のコートの使命，ハナ，病院へ行く，さまざまな道を歩む犬たち，輝きだした瞳，ピーアール犬はピンクのコート
|内容| 日本では歴史が浅く，まだまだ知られていない聴導犬。現在，日本で認定されている聴導犬は，約十数頭しかいない。一頭でも多く聴導犬が誕生してほしい。一人でも多くの人に聴導犬のことを知ってほしい。そう願って活動している人たちがいる。ソーシャライザーの大沢裕子さんもその一人だ。子犬を愛情たっぷりに育て，笑顔で送りだしていく。いつか子犬たちが聴導犬になって，ユーザーと幸せになる日を夢みて。

『引退犬 命の物語―命あるかぎり輝きつづけた盲導犬たち』沢田俊子文，小山るみこ絵　学習研究社　2007.11　107p　22cm　（動物感動ノンフィクション）1200円　①978-4-05-202927-1　Ⓝ369.275
|目次| 1 バルダのパワー，2 グレッグの魔法の力，3 いちばん長生きした盲導犬ユキ，4 マキシィへの思い，5 引退犬へのプレゼント，ぼくたち引退犬（アルバム）
|内容| 盲導犬は，年をとったらどうなるか，みなさん知っていますか？盲導犬の役目を終えた犬（引退犬）はその後，だれが，どのようにしてめんどうをみているのでしょう。マキシィ，ユキ，グレッグ，バルダ。4頭の引退犬の，命の感動ノンフィクション。

『今日からは，あなたの盲導犬』日野多香子文，増田勝正写真　岩崎書店　2007.10　31p　26cm　（いのちのえほん 20）1300円　①978-4-265-00630-4　Ⓝ369.275
|内容| わたしは，盲導犬歩行指導員の原祥太郎。目が不自由な人たちに，目の役目を果たす「盲導犬」を手わたすのが仕事だ。わたしがつとめるアイメイト協会からは，もうすぐ，1000頭目のセロシアが盲導犬として旅立っていく。心をこめて育てたセロシア。新しい主人のいい相棒になれるといいな。

『がんばれ！キミは盲導犬―トシ子さんの盲導犬飼育日記』長谷島妙子著　ポプラ社　2006.11　190p　18cm　（ポプラポケット文庫 803-1）〈2004年刊の新装版〉570円　①4-591-09492-8　Ⓝ369.275
|目次| ラムの九頭の赤ちゃん，飼育係のトシ子さん，アローがやってきた―パピーウォーカーのもとへ，お帰りなさい！みんな'86入学式，ロディの足が…，マギーの死，残念！アローが盲導犬になれない，盲導犬の碑ができた，ロディ，韓国へ，感動のパラリンピック
|内容| 一頭の盲導犬を育て上げるには，技術と深い愛情が必要です。子犬誕生の感動，厳しい訓練，病気の犬への心配り…盲導犬を育てる人たちの，努力と愛情の物語。小学校上級以上向け。

『お帰り！盲導犬オリバー―ぼく，みんなのこと覚えているよ』今泉耕介作　ハート出版　2005.4　157p　22cm　1200円　①4-89295-511-6　Ⓝ369.275
|目次| 八匹の子犬，新しい家族，立派な盲導犬になりたい，ボク，帰ってきたよ
|内容| オリバーもモアもともに盲導犬です。モアは菊池さん夫婦の盲導犬として十年ちかく，働きました。やがてモアは年をとり，引退しました。そのモアを引き継いで，菊池さん夫婦の盲導犬となったのがオリバーです。オリバーも十年ちかく盲導犬として働きます。そのオリバーも年をとり引退し，子犬時代をすごした佐藤さんの家に戻ります。子犬時代の楽しかった思い出をオリバーはとり戻すことができるのでしょうか？犬の不思議な能力，そして人と犬の深い絆と愛情。きっとあなたの心に，あたたかな何かが伝わります。小学校中学年以上向き。

子どもの本 社会がわかる2000冊　263

「障害」って何？　　　　　　　　　　　　　　　　　　現代社会―社会・生活

『わたしは心を伝える犬―ゆんみの聴導犬サミー』ゆんみ著　ハート出版　2005.4　239p　19cm　1300円　Ⓘ4-89295-510-8　Ⓝ369.276

［目次］1章 出会い,2章 ゆんみの国、日本へ行く,3章 ゆんみ、大学院へ,4章 試練,5章 聴導犬ってなに？,6章 仲間たち,7章 社会を変えたい

［内容］聴導犬ってなんですか？道具ですか？それともパートナーですか？生まれてから音をまったく聞いたことがない著者だから書けた、聴導犬への熱い思い。助けられるのではなく、「助け合う」関係から生まれる愛の絆。

『ベルナとガーランド―盲導犬ものがたり』郡司ななえ原作、克本かさね作画　角川書店　2004.12　157p　19cm　（単行本コミックス）540円　Ⓘ4-04-853818-7　Ⓝ369.275

『こころの介助犬天ちゃん―難病のキヨくんの「妹」はレトリバー』林優子作　ハート出版　2004.7　141p　22cm　1200円　Ⓘ4-89295-305-9　Ⓝ369.28

［目次］キヨくんの発病、キヨくん、犬の背中に乗る、将基くん、チックになる、犬がやってきた、天ちゃんと暮らし始めて、三人の兄弟ゲンカ、夏バテする天ちゃん、初めての家族旅行、天ちゃんは船頭さん、キヨくん、小学生になる、悲しいお知らせ、天ちゃん目ざまし、天ちゃんの夏休み、発作はあっても…、リードが持てたよ、ボールを投げられたよ

［内容］「乳児重症ミオクロニーてんかん」という難病と闘っているキヨくんと、セラピー犬「天ちゃん」の実話です。てんかんの発作でいつ倒れるかもしれないキヨくんは、ヘッドギアをして、天ちゃんと散歩します。ふたりとも言葉は話せませんが、心でいつもお話しをしているのです。小学校中学年以上向き。第7回「わんマン賞」グランプリ作品。

『聴導犬・美音がくれたもの―赤ちゃんを育てた柴犬のおねえさん』松本江理作、しおやしんいち画　ハート出版　2004.7　141p　22cm　1200円　Ⓘ4-89295-307-5　Ⓝ369.276

［目次］聞こえないママの代わりに、わたしが「美音」になったわけ、生まれる前からいっしょ、わたしはおねえちゃん、ユーナちゃんのケガ、みんな違っていていい、みんなで歌うと楽しいね、手話で踊ろう！、わたしがおばあちゃんになっても

［内容］たくさんの「ありがとう」が聞きたくて…聞こえないママの"耳"となって、二人の姉弟の子育てお手伝いする柴犬の聴導犬・美音。つらいことや、悲しいこともあったけど、今日もマツモト家には歌と笑いがあふれています。聴導犬と暮らす家族の、心あたたまる感動の物語！美音は、身体障害者補助犬法に基づく、正式認定第一号の聴導犬です！小学校中学年以上向き。

『はじめましてチャンピイーにっぽんでさいしょのもうどうけん』日野多香子文、福田岩緒絵　チャイルド本社　2004.6　29p　25cm　（感動ノンフィクション絵本 3）571円　Ⓘ4-8054-2566-0　Ⓝ369.275

『ベルナとみっつのさようなら』ぐんじななえさく、ひだかやすしが　ハート出版　2004.6　1冊（ページ付なし）27cm　（えほん盲導犬ベルナ 5）1200円　Ⓘ4-89295-304-0　Ⓝ369.275

［内容］白内障で目が見えなくなってしまったけれど、盲導犬を引退することなくいつまでも幹太くんたちと一緒に暮らすことになったベルナ。いよいよ「ベルナのお話の会」も始まって…。絵本シリーズ、感動の完結編。

『盲導犬不合格物語』沢田俊子文　学習研究社　2004.6　111p　22cm　（学研のノンフィクション）1200円　Ⓘ4-05-202055-3　Ⓝ369.275

［目次］1 ゼナは、おばかさん？,2 盲導犬になれない犬って？,3 命を救ったベンジー,4 マジシャンになったラタン,5 介助犬になったオレンジとクエスト,6 スター犬トゥリッシュ,7 ほかにもいるよ！がんばっている不合格犬たち

［内容］盲導犬の訓練を受けた犬のすべてが、盲導犬になれるわけではありません。これは、不合格になってしまったけど、それぞれ立派に活やくしている犬たちのお話です。

『いつもずっとそばにいて―シーナは介助犬』岸川悦子著　新日本出版社　2004.5　164p　19cm　1400円　Ⓘ4-406-03085-9　Ⓝ369.27

［目次］1 れい子さんが空を飛んだ,2 初めまして、ぼく介助犬ブルースです,3 新しい出発,4 ごめんね、ブルース,5 小さな青空が顔

現代社会―社会・生活　　　　　　　　　　　　　　　　　　　　　　　　　　　　　　　　　　　　「障害」って何？

をだした，6 くうちゃん，7 おかしな家族，8 シーナの関節日記，9 介助犬に恋をした，10 いつも，ずっとそばにいて

|内容|「ドリームズ・カム・トゥルー！(夢は必ずかなう)」を信条に，重い障害にもかかわらず介助犬の育成に情熱をかたむけるれい子さんと介助犬たちの物語。

『介助犬・セラピー犬―人によりそう犬たち』日本補助犬協会監修　学習研究社　2004.1　47p　28cm　(はたらく犬 第2巻)　2800円　④4-05-201883-4　Ⓝ369.27

|目次|介助犬(介助犬は，体の不自由な人の手足となってはたらく犬，介助犬ジッピーの1日，介助犬になるには)，セラピー犬(人の心をあたためるセラピー犬とのふれあい，セラピー犬の活動，セラピー犬になるには)

|内容|手足の不自由な人のためにはたらく介助犬と，重い病気の人やお年寄りの心をいやすセラピー犬のはたらきぶりと訓練のようすをしょうかいします。

『盲導犬・聴導犬―安全をいつも確認する犬たち』日本補助犬協会監修　学習研究社　2004.1　47p　28cm　(はたらく犬 第1巻)　2800円　④4-05-201882-6　Ⓝ369.27

|目次|盲導犬(盲導犬の仕事，盲導犬キャリーの1日，盲導犬になるには)，聴導犬(聴導犬の仕事，聴導犬みかんの1日，聴導犬になるまで)

|内容|目の不自由な人，耳の不自由な人たちとともに生き，支える犬たちのはたらきぶりと，どのようにして一人前になるのかをしょうかいします。

『ボクがベルナのめになるよ！』ぐんじななえさく，ひだかやすしが　ハート出版　2003.12　1冊(ページ付なし)　27cm　(えほん盲導犬ベルナ 4)　1200円　④4-89295-301-2　Ⓝ369.275

|内容|「ベルナには，もう盲導犬の仕事は無理です…」白内障と診断されたベルナ…。目の見えない盲導犬と暮らしていては何かあったときに大変なことになる。でも，ベルナだって大切な家族。今さらよその家のペットにするなんて…。好調，絵本シリーズ第四弾。

『ベルナとなみだのホットケーキ』ぐん

じななえさく，ひだかやすしが　ハート出版　2003.6　1冊(ページ付なし)　27cm　(えほん盲導犬ベルナ 3)　1200円　④4-89295-287-7　Ⓝ369.275

|内容|「目の見えないお母さんなんか，だいきらいだ！」保育園から帰ってくると幹太くんが泣きながら言いました。盲導犬のベルナはとっても心配です。なかよしの幹太くんに，いったい何が起こったのでしょうか…。好評の絵本シリーズ第三弾。

『介助犬シンシアの物語―good girl！Cynthia』毎日新聞大阪本社編，寺田操文，太田朋絵　大和書房　2003.2　102,23p　20cm〈英文併録〉　1500円　④4-479-39101-0　Ⓝ369.27

|内容|グッドガール！シンシア。やんちゃな子犬だったシンシアが，介助犬になった。介助犬とは，車いすの生活をしている人の手助けをする犬のこと。シンシアと共に生きていく生活は，ひとりでは何もできなかった私に，生きる喜びをたくさん与えてくれた！ 小学生からひとりで読めます。すべてルビ付き。同時に，英文でも楽しめます。

『ベルナもほいくえんにいくよ！』ぐんじななえさく，ひだかやすしが　ハート出版　2002.12　1冊(ページ付なし)　27cm　(えほん盲導犬ベルナ 2)　1200円　④4-89295-282-6　Ⓝ369.275

『訪問活動犬―社会でかつやくするイヌたち』こどもくらぶ編・著　鈴木出版　2002.12　31p　27cm　2200円　④4-7902-3098-8　Ⓝ369

『聴導犬―社会でかつやくするイヌたち』田中ひろし監修，こどもくらぶ編・著　鈴木出版　2002.11　31p　27cm　2200円　④4-7902-3097-X　Ⓝ369.276

|目次|1章 聴導犬を知ろう，2章 聴導犬の訓練，3章 かんがえてみよう

|内容|本書では，実際にかつやくしているイヌ，その訓練のようすを紹介して，聴導犬というのはどんなイヌなのかを見ていきます。

『盲導犬―社会でかつやくするイヌたち』アイメイト協会監修，こどもくらぶ編・著　鈴木出版　2002.10　31p　27cm　2200円　④4-7902-3096-1

子どもの本 社会がわかる2000冊　265

「障害」って何？　　　　　　　　　　　　　　　現代社会―社会・生活

|目次| 1章 盲導犬の仕事,2章 盲導犬の訓練,3章 かんがえてみよう
|内容| 盲導犬は、具体的にどのようなてだすけをしてくれるのでしょうか。どのような訓練を受けて盲導犬になるのでしょうか。この本では、実際にかつやくしているイヌ、訓練を受けているイヌをとおして、盲導犬というのはどんなイヌなのかを見ていきます。

『介助犬―社会でかつやくするイヌたち』介助犬協会監修、こどもくらぶ編・著　鈴木出版　2002.9　31p　27cm　2200円　Ⓘ4-7902-3095-3
|目次| 1章 介助犬を知ろう,2章 介助犬の訓練,3章 アメリカの試験に挑戦したうみ,4章 考えてみよう
|内容| 介助犬は、具体的にどのようなてつだいをしてくれるのでしょうか。どのような訓練を受けて、介助犬になるのでしょうか。また、手足が不自由な人にとっての介助犬とは、どのような存在なのでしょうか。この本では、実際にかつやくしているイヌ、訓練を受けているイヌをとおして、介助犬というのはどんなイヌなのかを見ていきます。

『ベルナのおねえさんきねんび』ぐんじななえさく、ひだかやすしが　ハート出版　2002.9　1冊（ページ付なし）27cm（えほん盲導犬ベルナ 1）　1200円　Ⓘ4-89295-273-7　Ⓝ369.275
|内容| 目の見えないお父さんとお母さんに、元気な男の子が生まれました。でも盲導犬のベルナは、初めて見る赤ちゃんにとまどうばかり。ついついイタズラをして、お母さんにしかられる毎日です…。日本中が感動した、あの"ベルナ"の物語が絵本になりました。これは、盲導犬と暮らす一家の、本当にあったお話です。ファン待望のベルナ絵本、シリーズ第一弾。

『アトム』舘林千賀子文、南和成絵　広済堂出版　2001.11　1冊　20×16cm　1100円　Ⓘ4-331-50838-2
|内容| 介助犬アトムとちかちゃんの一日。

『ハニーが盲導犬になるまで』キャロライン・アーノルド文、リチャード・ヘウェット写真、常陸宮妃華子訳　国土社　2001.1　42p　26cm　1400円　Ⓘ4-337-06239-4
|内容| ゴールデン・レトリバーの子犬が、さまざまな試練をのりこえて、盲導犬になるまでをえがきます。心あたたまる写真絵本。

◆◆障害者スポーツを応援する

『伴走者たち―障害のあるランナーをささえる』星野恭子著　大日本図書　2008.4　179p　20cm　（ドキュメント・ユニバーサルデザイン）1600円　Ⓘ978-4-477-01929-1　Ⓝ369.27
|目次| 序章 スタート十秒前!,第1章 伴走教室へようこそ―視覚障害のあるランナーとともに走る,第2章 だれかの夢が、自分の夢に―仲間とともに走る,第3章 スタート前から伴走 ホノルルマラソン―発達障害・知的障害のあるランナーとともに走る,第4章 もう一度、風を切って走りたい―義足のアスリートとともに走る
|内容| 本書では、さまざまな「伴走活動」について、伴走者たちがどんなくふうや努力をしているのか、どんな思いで伴走しているのかに焦点をあてて、取材。もちろん、ランナーたち本人のことも。

『スポーツをとおして』高橋利一監修　岩崎書店　2007.4　47p　29cm　（未来をささえる福祉の現場 4）2800円　Ⓘ978-4-265-05174-8　Ⓝ780
|目次| 1 障がい者のためのスポーツセンターってどんなところ？,2 障がい者スポーツをささえる人ともの,3 世界規模で見てみよう！
|内容| この本では、障がいのある人たちがスポーツを楽しむための施設を紹介するね。リハビリテーション目的の人、競技スポーツとしてパラリンピックをめざす人など、さまざまな人たちがいるよ。こうした人をささえる施設や、そこではたらく人たちのようすを、見てみよう。

『車いすのカーくん、海にもぐる―障害者ダイビングの世界』丘修三文　佼成出版社　2006.6　128p　22cm　（感動ノンフィクションシリーズ）1500円　Ⓘ4-333-02217-7　Ⓝ369.49
|目次| 第1章 ぼくの失敗,第2章 椎名勝巳さんのこと,第3章 カーくんの挑戦,第4章 第5章 海がくれた自信,第6章 カーくん、海に入る,第7章 ぼく、海にもぐれたんだ,第8章 バリアフリーって何だろう？,第9章 心のバリアフリー,おわりに 海爺のゆめ、ダイビングって、どんなもの？

現代社会―社会・生活　　　　　　　　　　　　　　　　　　　　　　　　　　　「障害」って何？

内容 ある日、お父さんがカーくんにいった。「ダイビングをやってみないか？」椎名勝巳さんという人が、障害のある人にもダイビングを教えているという。海の中では、車いすがいらないって、ほんとうだろうか―。小学校中学年から。

『今日もどこかでスペシャルオリンピックス―知的発達障害者たちの世界的なスポーツ活動』植松二郎文，かみやしん絵　佼成出版社　2004.10　123p　22cm （感動ノンフィクションシリーズ）1500円　④4-333-02104-9　Ⓝ780.69

目次 第1章 アスリートたち，第2章 川のほとりの体育館，第3章 障害ってひとくちにいうけれど，第4章 大きなものを得る、それはなんだろう，第5章 冬季世界大会公式種目，第6章 信州の山里を走る，第7章 いっしょに生きることの楽しさ

内容 感動、勇気、生きる力…私たち一人一人が生きてゆく中で必要な、これらを与えてくれる…スポーツ。そのスポーツをからだと心いっぱいで伝えてくれる仲間の活動のひとつ。それがスペシャルオリンピックス。小学校中学年から。

『義足のロングシュート―夢はプロ！サッカー少年・誠くんの挑戦』祓川学作，鈴木大介画　ハート出版　2004.7　157p　22cm　1200円　④4-89295-306-7　Ⓝ369.27

目次 義足がふっとんだ！、海の少年・誠くん、これから、がんばろう、はじめての義足、ビリじゃなかったよ、サッカーをやってみたい、日本一の山とチョコレート、おっかねえ先生、姉ちゃんからの手紙、義足のロングシュート、夢に向かって

内容 「義足だからサッカーができないなんて言わせない！」2万人に1人といわれる症状で、生まれつき右足のひざから下がない誠くん。しかし、持ち前の負けん気とハンディを克服する努力で、見事レギュラーを獲得。中学では、部活動ではなくあえて「強豪クラブチーム」という厳しい環境に身をおいて、レギュラーを期待されています。小学校中学年以上向き。

『みんなで楽しむ！　障害者スポーツ　5　DVDで体感！感動！障害者スポーツ』日本障害者スポーツ協会監修　学習研究社　2004.3　18p　27×22cm〈付属資料：DVD1〉2800円　④4-05-202009-X

目次 power,variety,harder and harder,women,not impossible,pleasure,winner

内容 車いすバスケットボールの激しい攻防、ダイナミックな義足ジャンパー、お互いの健闘を称え抱き合う車いすテニス選手など、パラリンピックや競技会の名シーン、感動シーンを集めた『DVD＋写真集』。DVDの迫力映像で、障害者スポーツをさらに体感！

『みんなで楽しむ！　障害者スポーツ　4　ユニバーサルスポーツ＆あそびアイディア集』日本障害者スポーツ協会監修　学習研究社　2004.3　48p　27×22cm　2800円　④4-05-202008-1

目次 第1章 「ユニバーサルスポーツ」を体験しよう！、第2章 みんなで楽しむ！スポーツ＆あそびアイディア集

内容 「ティーボール」「ペットボトルサッカー」「車いすダンス」など、ルールや用具を少しくふうしただけで、子どもから、お年寄り、障害のある人まで、だれもが参加できるスポーツアイディア集を掲載。「ユニバーサルスポーツ」の定義も、マンガでわかりやすく解説。

『みんなで楽しむ！　障害者スポーツ　3　「障害者スポーツ」ってなんだろう？』日本障害者スポーツ協会監修　学習研究社　2004.3　52p　27×22cm　2800円　④4-05-202007-3

目次 第1章 「障害者スポーツ」ってなに？、第2章 障害者スポーツを体験してみよう！

内容 障害者スポーツの基礎知識を紹介するだけでなく、車いすバスケットボール、シッティングバレーボールなどの体験のようすを紹介。さらに障害者スポーツを楽しむために、見学や体験の手順から調べ学習に役だつ協会連絡先まで詳しく掲載。

『みんなで楽しむ！　障害者スポーツ　2　パラリンピックで活躍する人たち　冬季編』日本障害者スポーツ協会監修　学習研究社　2004.3　52p　27×22cm　2800円　④4-05-202006-5

目次 永瀬充―マイナスからのスタート（アイススレッジホッケー）、大日方邦子―2度目の頂点を目ざして（アルペンスキー）、新田佳浩―より強く、より速く（クロスカントリースキー）、もっと知りたい！パラリンピック

子どもの本　社会がわかる2000冊　267

[内容] アルペンスキー、アイススレッジホッケーなど、冬季パラリンピックで活躍する選手3名の「感動ストーリー」と、『もっと知りたい！パラリンピック』では、「どんな種目があるの？」「パラリンピックってどんな意味？」など、パラリンピックの知識、疑問のすべてを解説。

『みんなで楽しむ！障害者スポーツ 1 パラリンピックで活躍する人たち 夏季編』日本障害者スポーツ協会監修　学習研究社　2004.3　52p　27×22cm　2800円　①4-05-202005-7
[目次] 土田和歌子―決してあきらめない（陸上競技・車いすマラソン）、河合純一―夢を追い求めて（水泳）、京谷和幸―魂のプレーヤー（車いすバスケットボール）、鈴木徹―スポーツが好きだから（陸上競技・走高跳）、成田真由美―速く、どこまでも速く（水泳）
[内容] 車いすバスケットボール、陸上、水泳など、夏季パラリンピックで活躍するトップアスリート5名の「感動ストーリー」を掲載。スポーツとの運命的な出会い、パラリンピックへの思い、将来の夢など、選手の舞台裏にも密着。

◆情報を使いこなす

『ケータイのしくみ』藤田千枝編，菅原由美子著　大月書店　2009.2　61p　23cm　（なるほどデータブック 2）〈文献あり〉1800円　①978-4-272-40652-4　Ⓝ547.62
[目次] アンテナはめいたんてい，基地局から先は線でつながっている，ケータイは，どこでもつながるとはかぎらない，広がるケータイ，パケットは小包，1パケットで日本語64文字分，文字も画像も0と1の組み合わせ，ケータイは，つくる会社と売る会社がちがう，ケータイには日本の技術がいっぱい，ケータイの電池は小さくて長持ち，ワンセグは地上デジタル放送のひとつ〔ほか〕
[内容] データでわかるケータイ解体新書。最先端の技術がぎっしり。

『気をつけよう！ケータイ中毒　第3巻 安全な使い方』渋井哲也著　汐文社　2009.1　46p　27cm〈索引あり〉2000円　①978-4-8113-8536-5　Ⓝ694.6

『メディアってなに？―娘と話す』山中速人著　現代企画室　2009.1　212p　19cm〈文献あり〉1200円　①978-4-7738-0816-2　Ⓝ361.453
[内容] イラク戦争の報道は、本当に自由で公正な報道だったのだろうか。現実をテレビが伝えるのではなくて、テレビが現実を作ってしまっているんじゃないか。市民自身が自分の力で情報を発信する、コミュニティラジオ放送局を舞台に、無意識に受け入れている「メディア」の姿を知る。

『気をつけよう！ケータイ中毒　第2巻 学校裏サイト』渋井哲也著　汐文社　2008.11　46p　27cm　2000円　①978-4-8113-8535-8　Ⓝ694.6

『気をつけよう！ケータイ中毒　第1巻 ケータイ依存』渋井哲也著　汐文社　2008.11　46p　27cm　2000円　①978-4-8113-8534-1　Ⓝ694.6

『小中学生のための世界一わかりやすいメディアリテラシー』後藤武士著　宝島社　2008.3　222p　19cm　1238円　①978-4-7966-6200-0　Ⓝ361.453
[目次] 第1章 メディアってなあに？，第2章 メディアリテラシーとは？，第3章 テレビを見るとバカになる!?，第4章 活字メディアの長所と短所，第5章 情報の活用のための具体的な手法，第6章 最強？最恐？インターネット，第7章 インターネット上で被害者にならないために
[内容] メディアってなんだ？テレビや新聞もウソをつく!?ネットとつきあう秘訣もいっぱい！テレビや新聞などの見方から、ネットでいじめられない方法まで完全解説。

『メディア』坪田耕三，鷲見辰美監修　学習研究社　2008.2　39p　29cm　（ものづくりの現場で役立つ算数・理科 4）2600円　①978-4-05-202846-5,978-4-05-810858-1　Ⓝ699.6

『マスコミ・IT』保岡孝之監修　学習研究社　2006.3　48p　29cm　（くわしい！わかる！図解日本の産業 8）3000円　①4-05-302156-1　Ⓝ007.35
[目次] テレビ・ラジオの役割，新聞の役割，インターネット，ネットワークのあゆみ，進化する情報化社会

『ネットコミュニケーション』渋井哲也著

現代社会―社会・生活　　　　　　　　　　　　　　　　情報を使いこなす

汐文社　2006.1　47p　27cm　（気をつけよう！ネット中毒 第3巻）1800円　ⓘ4-8113-8039-8　Ⓝ547.483
[目次] インターネットでつながる、インターネットに依存する理由、インターネットの依存からぬけだす

『ネット事件・有害サイト』渋井哲也著　汐文社　2005.12　47p　27cm　（気をつけよう！ネット中毒 第2巻）1800円　ⓘ4-8113-8038-X　Ⓝ368.66
[目次] 有害サイト・危険サイト、フィルタリング、ネット犯罪・ネットトラブル、トラブルを自分の力でふせぐために、家族で話し合う、学校での取り組み

『出会い系サイト』渋井哲也著　汐文社　2005.11　47p　27cm　（気をつけよう！ネット中毒 第1巻）1800円　ⓘ4-8113-8037-1　Ⓝ547.483
[目次] インターネット、出会い系サイト、「出会い系サイト」体験者の話、出会い系サイト関連事件、出会い系サイト規制法、インターネットで知り合った人とのやりとり

『データベースの冒険―物語』ホセ・アントニオ・ミリャン著、とどろきしずか訳　バジリコ　2005.11　117p　22cm　1500円　ⓘ4-901784-90-0　Ⓝ548.2
[内容] 新人のベースがコンピュータにインストールされた朝、冒険は始まった。初めて見る世界にとまどいながらも、なぞのプログラムの出現や外の世界への旅の中で、ベースは自分にかくされた秘密を知ることになる。そして迎える巨大な敵との最終決戦の日…。きみもいっしょにコンピュータの世界を旅しよう。

『情報からみる日本』利根川賢著　小峰書店　2005.4　39p　29cm　（探検・発見わたしたちの日本 6　谷川彰英監修）2600円　ⓘ4-338-20906-2　Ⓝ007.3
[目次] 情報なしには生きられない、動物も情報で生きている、ことばと文字、通信の発達（郵便・電話）、みんなに知らせるくふう、マスコミ（新聞・ラジオとテレビ・本や雑誌）、コマーシャル、インターネットの広まり、コンビニと情報、お金と情報、これからの社会と情報、ふれあいの社会へ
[内容] 毎日のくらしから情報とは何かを発見。情報社会の未来を考える。

『情報通信―テレビ・新聞・インターネット』梶井貢監修　ポプラ社　2005.3　63p　29cm　（日本の産業まるわかり大百科 6）2980円　ⓘ4-591-08480-9　Ⓝ007.35
[目次] 1 情報って何だろう？,2 いちばん身近な情報源テレビ,3 情報をじっくり読める新聞,4 インターネットと情報社会のこれから

『テレビの見方プロジェクト―情報のウソとホントを見きわめよう！』鈴木敏恵著　学習研究社　2005.3　48p　27cm　（"夢のかなえ方"シリーズ―ポートフォリオでプロジェクト学習 4）2800円　ⓘ4-05-202275-0　Ⓝ375.19

『石頭コンピューター』安野光雅著、野崎昭弘監修　日本評論社　2004.10　125p　26cm　2400円　ⓘ4-535-78372-1　Ⓝ548.6
[目次] 1「石頭の箱」の中―ハードウエア,2 石頭コンピューターに仕事をさせる―ソフトウエア,3 ロボットがほしかった人間,4 コンピューターの時代
[内容] コンピューターは今や私たちの身の回りのあらゆるものに組み込まれている。そのような時代だからこそ、その基本原理をブラック・ボックスにしないで、きちんと理解するために。著者の切実な思いから生まれた絵本。

『情報技術はどこまで進歩するの？―情報科学技術』毛利衛監修，こどもくらぶ編　岩崎書店　2004.4　47p　29cm　（未来をひらく最先端科学技術 4　毛利衛監修，日本科学未来館協力）2800円　ⓘ4-265-04494-8　Ⓝ548
[目次] 1 インターネット,2 ユビキタス社会,3 ネット社会をまもる技術,4 バーチャル・リアリティ,5 インターフェイス,6 量子コンピュータ
[内容]「情報科学技術」の分野に関する6つの最先端科学技術をテーマごとにくわしく紹介する。

『ユビキタス―ネットワーク社会を進化させる』苅宿俊文企画・文、童夢編　偕成社　2004.3　47p　28cm　（つかめ！最新テクノロジー 3）2800円　ⓘ4-03-534230-0　Ⓝ007.3

子どもの本 社会がわかる2000冊　269

|目次| さまざまな「家」の問題,「便利な社会」のさまざまな問題, 人をつなげるユビキタス, 人にやさしいユビキタス, ユビキタスって, なに?, ユビキタスのしくみ, ユビキタスの問題点, ユビキタスの歴史, ここまですすんだユビキタス, 教えて先生！ユビキタス, ユビキタスを体験しよう, ユビキタスと学習とのつながり, もっと調べたいきみたちへ！

『インターネットの不思議、探検隊！』村井純著, 山村浩二絵　太郎次郎社エディタス　2003.10　150p　22cm　（社会がみえる！waku waku book）〈発売：太郎次郎社　付属資料：1枚〉1900円　①4-8118-0751-0　Ⓝ547.483

|目次| 第1章 インターネットの不思議, 第2章 デジタルの不思議, 第3章 コミュニケーションの不思議, 第4章 ネットワークの不思議, 第5章 自律分散システムの不思議, 第6章 どこにでもある不思議, 第7章 セキュリティの不思議, 第8章 はじまりのおわりの不思議

|内容| 幼稚園にかよう年ごろの、ちょっとおませな女の子のあっちゃんこ、スーパーロボットのケンチャ、子犬のパピーちゃんの3人組は、ふとしたことから深い穴に落ちて、遠い知らない場所に出てきてしまいます。すかさずケンチャは、インターネットであっちゃんこのお母さんと連絡をとりますが、あっちゃんこには不思議でなりません。インターネットの不思議にめざめたあっちゃんこは、「インターネットの不思議、探検隊」の結成を宣言。家に帰る方法を考えるのにいそがしいケンチャをよそに、パピーちゃんをもまきこんで、不思議の解明にのりだします。

『情報』PHP研究所編, 池上陽子やく　PHP研究所　2003.1　45p　26cm　（見て、さわって、しらべて、つくろう！身のまわりにはアートがいっぱい 9）2000円　①4-569-68379-7, 4-569-29534-7　Ⓝ007.2

『インターネットや携帯の危険から身をまもる』藤田悟著　ポプラ社　2002.4　46p　23cm　（シリーズ・身をまもる 5）2000円　①4-591-07113-8

|内容| インターネットの世界ってすごいね！、インターネットはこんなことに使えるよ、メールを使えばこんなこともできるよ、ネットの世界ではこんな問題も起こるんだ、なぜネットの世界ではこんな犯罪が起こるのかな？、トラブルにはこうして対処できるよ

|内容| インターネットや携帯電話を使ってできること、起こりやすいトラブルとその予防法などを紹介。インターネットでのコミュニケーションの心得も、やさしく教えます。

『コンピュータと友だちになる本―子どものためのIT教科書』鈴木二正著　小学館　2002.4　95p　26cm　1300円　①4-09-290135-6

|目次| 第1章 生活とコンピュータ, 第2章 情報ってなんだ, 第3章 コンピュータのしくみ, 第4章 コンピュータへの命令書, 第5章 コンピュータプログラム, 第6章 コンピュータネットワーク, 第7章 ネット社会の歩き方, 第8章 未来に向けて

|内容| 急速に進化するIT社会。その中で生きていく子どもたちのために、学校で、家庭で、最初に学んでほしいコンピュータの基本。

『情報ってなんだろう―メディア・リテラシー基礎編』中村司監修, こどもくらぶ編　ポプラ社　2002.4　45p　29cm　（情報の選び方・使い方 1）2800円　①4-591-07121-9, 4-591-99437-6

|目次| 1 情報とメディアについて考えよう, 2 情報を正しく見きわめよう, 3 インターネットは新しいメディア, 4 情報社会とメディア・リテラシー

|内容| テレビ番組や新聞記事は、どのように作られるか？さまざまなメディアの特徴と問題点を明らかにし、情報を受ける側の注意点を説きます。小学校高学年～中学生向き。

『どこからくる？けいたい電話の電波』小葉竹ゆみ著　アリス館　2002.4　109p　20cm　（調べるっておもしろい！）1300円　①4-7520-0201-9　Ⓝ547.62

|目次| 「けいたい電話」はふしぎな道具, どこでもつながるわけ, 電波って、いったいなに？, 電波の波の大きさは？, 電波の海のなかで、電波のイメージは

|内容| 多くの人びとの生活を劇的に変えた、べんりな道具、けいたい電話。けいたい電話は、なぜどこにいてもつながるの？疑問に思った著者は、そのしくみを調べはじめる。資料にうもれて調べるうちに、小さいころからのなぞだった、電波の正体も見えてきた。

『ネチケットを守ろう―情報社会のルールとマナー』中村司監修, こどもくらぶ

現代社会―社会・生活　　　　　　　　　　　　　情報を使いこなす

編　ポプラ社　2002.4　45p　29cm
（情報の選び方・使い方 5）　2800円
Ⓘ4-591-07125-1,4-591-99437-6
目次　1 情報社会をひとりで歩くために,2 自分の力で考えるということ
内容　インターネットの危険性や、トラブルの回避法など、情報社会に必要な注意点をアドバイス。具体的事例を豊富に紹介します。小学校高学年～中学生向け。

『メディアの真実をさぐろう―メディア・リテラシー実践編』中村司監修、こどもくらぶ編　ポプラ社　2002.4　45p　29cm　（情報の選び方・使い方 2）　2800円　Ⓘ4-591-07122-7,4-591-99437-6
目次　1 情報にだまされないために,2 情報の送り手の立場から考えよう
内容　「テレビ日記をつけてみよう」「CMの時間帯のナゾを調べよう」など、具体例を出しながら、情報の見きわめ方を実践的に紹介します。小学校高学年～中学生向き。

『パソコンのしくみ』しおざきのぼるぶん・え　岩崎書店　2002.3　39p　22×28cm　（分解ずかん 8）　2200円　Ⓘ4-265-04258-9
目次　しんかした、けいさんきこれがパソコンだ、ここがパソコンほんたい、パソコンの頭マザーボード、ここがパソコンの頭脳CPU、パソコンとにんげんのつうやくOS（オペレーティングシステム）、データをきろくする（ハードディスク、ディスクドライブ）、パソコンにめいれいをだす（キーボード、マウス）、目で見えるようにするモニタ、もちはこびできるノートパソコン、いんさつするインクジェットプリンタ〔ほか〕

『インターネットの本』ジャン＝フィリップ・シャボ、ドナルド・グラント、ガリマール・ジュネス社原案・制作、ドナルド・グラント絵、手塚千史訳　岳陽舎　2001.6　1冊　19cm　（はじめての発見 15）　1200円　Ⓘ4-907737-20-3
内容　インターネットってなんだろう。あたらしい通信の世界がひとめでわかる本。

『検証！インターネットの中の子どもたち―『ひろちょびクン』の500日』石井俊也著　小学館　2001.4　207p　19cm　（ドラゼミ・ドラネットブックス）　950円　Ⓘ4-09-253524-4
目次　「ぼくのお父さんが、お亡くなりになられました」、小学5年生ひろちょびクンのインターネットデビュー、ひろちょびクンの必殺ワザ「空白打ち」！、インターネットは"ジコチュー"メディア？、インターネットで、すぐにキレる子どもたち、"ごっこの世界"では、"ケンカごっこ"が日常茶飯、適当に傷つけて、傷つけられて…、自己演出ができるハンドルネームの意味、やってはイケナイ"なりすまし行為"のこと、ネチケット（インターネット＋エチケット）について、あいかわらずの「なんでも伝言板」独り占め、ひろちょびクンの編集長宣言、「もうひとつの編集部」って、なあに？、「ボクのお父さん、ガンかもしれないんだ…」

『電話の発明からインターネットまで―情報通信の100年』保岡孝之、三友仁志監修、PHP研究所編　PHP研究所　2001.3　47p　31cm　（100年でなにが変わったか？　国際理解っておもしろい！ 2）〈索引あり　年表あり〉2900円　Ⓘ4-569-68272-3

『検閲』スカーレット・マグワイア著、子安亜弥訳　星の環会　2000.4　63p　26cm　（〈調べ学習〉激動20世紀の真実と21世紀への課題 6）〈年表あり　索引あり〉2500円　Ⓘ4-89294-295-2
目次　検閲って何？、19世紀から20世紀へ、マス・メディアと検閲、戦争と検閲、国家の安全と検閲、独裁政治と検閲、検閲と宗教、検閲と性、現在の検閲
内容　この本では、検閲をめぐる、さまざまな問題について、過去100年間の重要な事件をとりあげて考えていきます。また現在の社会が、検閲について、どのような立場をとっているのかも見ていきます。

◆◆ケータイ・パソコン・インターネットの使い方

『ママと覚えよう！キッチンでたとえるパソコン用語』立山秀利文、そめやまゆみ絵　ジャムハウス　2008.11　93p　19cm〈発売：星雲社〉1600円　Ⓘ978-4-434-12589-8　Ⓝ548.2

『12歳からのインターネット―ウェブとのつきあい方を学ぶ36の質問』荻上チ

子どもの本 社会がわかる2000冊　271

情報を使いこなす　　　　　　　　　　　　　　　　　現代社会—社会・生活

キ著　ミシマ社　2008.6　125p　17cm　1200円　Ⓘ978-4-903908-06-9　Ⓝ694.5
[目次]第1章 12歳からのインターネット,第2章 電子のお手紙—Eメールならではのルールがあるよ！の巻,第3章 出会いの森—迷惑7人衆あらわる！の巻,第4章 つながりの市場—ネットでもお金と信頼は大事だよ！の巻,第5章 語りの塔—君の発言で世界を変えろ！の巻,終章 旅立ちの日——人旅のはじまりなのだ！の巻
[内容]大人でも、学校の先生に訊いても、インターネットはわからない…。子どもがおこすインターネットの"事故"を防ぐために、気鋭の評論家、1981年生まれの荻上チキが立ち上がりました。いま話題のネットいじめや、学校裏サイトなど、ネットに関する問題はこの本で解決！ 誰も教えてくれなかった"ネット・ケータイ"リテラシー入門。

『マンガでスイスイ「10歳のパソコン」—爆笑4コマ　3　家族で読もう』かたりおん著　総合企画　2008.4　148p　21cm　880円　Ⓘ978-4-9903653-3-2　Ⓝ548.29

『マンガでスイスイ「10歳のパソコン」—爆笑4コマ　2（困ったら？）』かたりおん著　総合企画　2007.7　140p　21cm　880円　Ⓘ978-4-9903653-1-8　Ⓝ548.29

『マンガでスイスイ「10歳のパソコン」—爆笑4コマ　1（スゴイ技！）』かたりおん著　総合企画　2007.6　142p　21cm　880円　Ⓘ978-4-9903653-0-1　Ⓝ548.29

『10歳からのルール100—メールのルール・携帯電話のルール・インターネットのルール』斎藤次郎監修，タカクボジュンイラスト　鈴木出版　2007.4　39p　31cm　2500円　Ⓘ978-4-7902-3187-5　Ⓝ007.3
[目次]1 メールのルール,2 携帯電話のルール,3 インターネットのルール

『親子で学ぶインターネットの安全ルール—子どもの好奇心と親の心配』いけだとしお，おかもとなちこ文，つるだなみ絵　ジャムハウス　2006.7　83p　19cm　〈発売：星雲社〉1500円　Ⓘ4-434-08218-3　Ⓝ547.483

『「けいたい電話」がよくわかる絵事典—便利で身近な通信手段 しくみからルール・マナーまで』PHP研究所編　PHP研究所　2006.7　79p　29cm　2800円　Ⓘ4-569-68612-5　Ⓝ694.6
[目次]1 けいたい電話の楽しみ方,2 電話が通じるしくみ,3 電話のマナーとトラブル

『auジュニアケータイまるわかりガイド』エクスメディア著　エクスメディア　2006.5　2冊　21cm〈「お子様向け」「保護者向け」に分冊刊行〉全1200円　Ⓘ4-87283-617-0　Ⓝ694.6
[目次]保護者向け（ジュニアケータイとは？,お子様に渡す前に,安心ナビの利用）,お子様向け（ケータイデビューしちゃおう！,電話をかけてみよう！,文字を入力してみよう！,メールを使ってみよう！,こんなこともできるよ！,安全のためにおぼえておくことは？）
[内容]持たせて「安心」、使って「安全」。親子で読める「はじめてのケータイ」入門。保護者向け＆お子様向けの2冊に分かれる「分冊仕様」でケータイデビューをサポート。

『DoCoMoキッズケータイまるわかりガイド』エクスメディア著　エクスメディア　2006.5　2冊　21cm〈「お子様向け」「保護者向け」に分冊刊行〉全1200円　Ⓘ4-87283-615-4　Ⓝ694.6
[目次]保護者向け（キッズケータイとは？,お子様に渡す前に,イマドコサーチの利用）,お子様向け（ケータイデビューしちゃおう！,電話をかけてみよう！,文字を入力してみよう！,メールを使ってみよう！,こんなこともできるよ！,安全のためにおぼえておくことは？）
[内容]持たせて「安心」、使って「安全」。親子で読める「はじめてのケータイ」入門。保護者向け＆お子様向けの2冊に分かれる「分冊仕様」でケータイデビューをサポート。

『小中学生のためのパソコン・インターネット安全ガイド』野間俊彦著，日経パソコン編　日経BP社　2005.10　199p　19cm〈発売：日経BP出版センター〉1200円　Ⓘ4-8222-1497-4　Ⓝ694.5

『マンガでわかる！親子のためのインターネット＆ケータイの使い方—妖精もらるんと楽しくマナーを守るんるん』ブ

現代社会―社会・生活　　　　　　　　　　　　　　　　　情報を使いこなす

レインワークス著，あすなろ法律事務所監修，小玉ちかこイラスト　カナリア書房　2005.10　101p　19cm　600円　Ⓘ4-7782-0019-5　Ⓝ694.5

『インターネットにおけるルールとマナー―こどもばん 公式テキスト』インターネット協会著　インターネット協会　2005.4　103p　26cm　1600円　Ⓘ4-903050-01-7　Ⓝ694.5

『パソコンで、インターネットにチャレンジ！』中山洋一著　理論社　2005.3　80p　28cm　（パソコンらくらく入門教室 小中学生のための raquppa 第3巻　石川徹也監修）2000円　Ⓘ4-652-04853-X　Ⓝ547.483
目次 1章 インターネットって、何？,2章 パソコンをインターネットにつなぐ,3章 ブラウザを使いこなそう,4章 検索エンジンを使いこなそう,5章 サウンドや動画を楽しもう,6章 いろいろなソフトを入手してみよう
内容 知りたい情報を探しだす手順など、インターネットで、どんなことができるかわかります。

『パソコンで、ホームページ作りにチャレンジ！』臼井理栄著　理論社　2005.3　80p　28cm　（パソコンらくらく入門教室 小中学生のための raquppa 第5巻　石川徹也監修）2000円　Ⓘ4-652-04855-6　Ⓝ547.483
目次 1章 かんたんなウェブページを作ってみよう,2章 文字スタイルを変えてみよう,3章 ページからページへジャンプしよう,4章 ウェブページに絵や写真を入れてみよう,5章 ウェブで情報発信しよう,6章 メールで情報発信しよう
内容 ホームページ作りは、文書作りにそっくり。かんたんなホームページ作りを体験します。

『パソコンで、メールにチャレンジ！』臼井理栄著　理論社　2005.3　80p　28cm　（パソコンらくらく入門教室 小中学生のための raquppa 第4巻　石川徹也監修）2000円　Ⓘ4-652-04854-8　Ⓝ547.48
目次 1章 メールを送ってみよう,2章 メールソフトを使いやすくしよう,3章 メールのいろいろなやり方をおぼえよう,4章 アドレス帳を使ってみよう,5章 絵や写真入りのメールを作ってみよう,6章 メールをもっと便利に使おう
内容 友だちとの単純なメールのやりとりはもちろん、メールソフトのいろいろな使い方がわかります。

『パソコンの、マナーとルールのはなし！』臼井理栄著　理論社　2005.3　64p　28cm　（パソコンらくらく入門教室 小中学生のための raquppa 第6巻　石川徹也監修）2000円　Ⓘ4-652-04856-4　Ⓝ547.483
目次 1章 インターネットのエチケットって、どんなこと？,2章 インターネットのマナーとルール,3章 メールのマナーとルール,4章 ウイルスからコンピュータを守ろう,5章 個人情報とプライバシーを守ろう
内容 インターネットやメールのやりとりには、守るべきマナーやルールがあります。その基本を学びます。

『親子で楽しむ9歳からのインターネット』定平誠著　技術評論社　2005.2　166p　26cm　1480円　Ⓘ4-7741-2249-1　Ⓝ547.483

『パソコンで、文書や図表にチャレンジ！』臼井理栄著　理論社　2005.2　80p　28cm　（パソコンらくらく入門教室 小中学生のための raquppa 第2巻　石川徹也監修）2000円　Ⓘ4-652-04852-1　Ⓝ007.63
目次 1章 文字を入力して文書を作ってみよう,2章 ミニアルバムを作ってみよう,3章 かんたんな計算をしてみよう,4章 地図入りのお知らせを作ってみよう,5章 身長のグラフを作ってみよう,6章 カレンダーを作ってみよう,7章 住所録を作ってみよう
内容 ミニアルバム、表とグラフ、住所録などを作り、文書作りの流れがわかる。

『パソコンの基本操作をおぼえよう！』中山洋一著　理論社　2005.2　88p　28cm　（パソコンらくらく入門教室 小中学生のための raquppa 第1巻　石川徹也監修）2000円　Ⓘ4-652-04851-3　Ⓝ007.63
目次 1章 これから使うパソコンを見てみよ

子どもの本 社会がわかる2000冊　273

う,2章 パソコンのスイッチを入れてみよう,3章 パソコンの基本機能をいろいろ体験してみよう,4章 ファイルとフォルダを作ってパソコンを使いこなそう,5章 フロッピーディスク、CD‐R/CD‐RW、プリンタを使ってみよう,6章 新しいソフトを使えるようにしよう

|内容| パソコンのしくみから使い方まで、基本操作がおぼえられる。

『小学生のためのマイクロソフトワード―Windows XP Me,98対応 入門編』斉藤洋一著,野口美智子監修 改訂版 日経BPソフトプレス 2004.8 124p 30cm （マイクロソフト公式解説書）〈発売：日経BP出版センター〉1180円 ①4-89100-454-1 Ⓝ582.33

『Yahoo！ジオシティーズでカンタンに作れるみんなのホームページ作り完全ガイド＆実例ベスト200』ワン・ステップ教育研究所編著 金の星社 2004.3 255p 31cm 7800円 ①4-323-07046-2 Ⓝ547.483

|目次| 第1章 ホームページ作りの準備をしよう（知識・準備編）、第2章 ホームページを作ってみよう（作成編）、第3章 ホームページをもっと魅力的にしよう（応用編）、第4章 全国の学校のホームページ紹介（実例編）

|内容| はじめての人でもカンタンに、しかも無料でできちゃう、ホームページ作り！企画・スケジュールの組み方から、作成・更新までをわかりやすく解説します。基本的なことから高度なテクニックまで、「学校」「学年」「クラス」「クラブ」「個人」といった、いろいろな単位でのホームページ作りに対応した、すぐ実践できるカイドブックです。

『親子で楽しむインターネット！』数研出版 2004.1 143p 22cm （チャートbooks）1100円 ①4-410-13846-4 Ⓝ547.483

『親と子のすぐできるパソコン入門―Windows XP版』成美堂出版編集部編 成美堂出版 2004.1 143p 26cm 1000円 ①4-415-02515-3 Ⓝ548.29

『小学生のためのインターネット＆Eメール―Microsoft Internet Explorer ＆ Microsoft Outlook Express Windows XP Me,98対応』野口美智子監修,斉藤洋一著 日経BPソフトプレス 2003.7 144p 30cm （マイクロソフト公式解説書）〈発売：日経BP出版センター〉1180円 ①4-89100-356-1,4-89100-407-X Ⓝ547.483

『小学生のためのマイクロソフトワード―Windows XP Me,98対応 応用編』野口美智子監修,斉藤洋一著 日経BPソフトプレス 2003.7 144p 30cm （マイクロソフト公式解説書）〈発売：日経BP出版センター〉1180円 ①4-89100-355-3,4-89100-407-X Ⓝ582.33

『まり先生のIT教室―すべての教科で使える』東海スクールネット研究会編 教育家庭新聞社 2003.3 95p 30cm （東海スクールネット研究会叢書 3）1300円 ①4-87381-216-X Ⓝ375.199

『親子でメール、インターネット。基本の基本の基本！』イデア・ビレッジ著 メイツ出版 2002.4 128p 26cm 1300円 ①4-89577-482-1 Ⓝ547.483

『パソコン名人になろう！―これさえクリアすれば君も名人だ レベル2』冨永敦子著,堀田竜也監修 サンマーク出版 2002.4 191p 24cm 1500円 ①4-7631-7918-7 Ⓝ548.29

|目次| 1 最初にレベルチェック！,2 名刺を作ろう,3 なぞなぞ博士になろう,4 プロフィールカードを作ろう,5 絵手紙を作ろう,6 おもしろ写真を撮ろう,7 写真入りチラシを作ろう,8 声の伝言板で伝えよう,9 インターネットに挑戦してみよう,10 メールを送ろう,11 アニメーションを作ろう,12 質問コーナー

|内容| 本書は、これからのIT時代を生き抜いていくことになる子どもたちが、楽しみながらパソコンを活用できるようになり、最終的には自分の道具として利用できることをめざして作られた。そのため、操作そのものをダイレクトに教えるのではなく、子どもたちが課題をこなしているうちに、自然にパソコンの操作能力が身につくように作られている。また、本書には、実際に小学生が描いた作例も掲載した。

『ももちゃんのパソコン教室―マウス・文

現代社会―社会・生活　　　　　　　　　　　　　　　　情報を使いこなす

字入力へん』桃井典子著，下村しげる子イラスト　〔新潟〕　インタークロスメディアステーション　2002.2　56p　26cm　500円　①4-901385-71-2

『インターネットにチャレンジ―小学生のパソコン』榎一憲著　ディーアート　2001.12　159p　21cm　950円　①4-88648-631-2
　内容　本書は、インターネットを使ってロケットの打ち上げのようすを見る方法や、友達と電子メールでやりとりする方法など、小学生にとって魅力的な内容を中心に取り上げ、楽しんでいるうちにインターネットの基本的な操作や知識が自然に身につくような構成になっています。「インターネットを利用したい」という小学生にオススメの1冊。「自由自在ガイド」があるから、お子さんの疑問も親子ですばやく解決。

『Windowsにチャレンジ―小学生のパソコン』山本和人著　ディーアート　2001.12　159p　21cm　950円　①4-88648-629-0
　内容　本書は、パソコンで絵を描いたり、日記をつけたり、ポスターを作ったりして、パソコンの楽しさや便利さを体感しつつ、パソコンの基本操作や知識が自然に身につくような構成になっています。

『やってトライ！forキッズ』鈴木良子，佐橋慶信，比護賢之著　ソフトバンクパブリッシング　2001.8　143p　30cm〈付属資料：CD・ROM2〉1500円　①4-7973-1727-2
　目次　1 パソコン活用10の課題にトライ！，2 進め！サイバーキッズへの道
　内容　こどもとおとなが一緒に課題に取り組み楽しめるパソコン徹底活用誌。対象年齢、小学校高学年以上。

『こまったときのQ&A』梅津健志監修，梅津健志著，こどもくらぶ編　ポプラ社　2001.4　47p　29cm　（総合的な学習のためのインターネット活用術 6）〈索引あり〉2600円　①4-591-06712-2，4-591-99366-3
　目次　コンピュータ本体、インターネットを見る、電子メールを送る、文字を入力する、データを保存する

　内容　コンピュータにトラブルはつきもの。こまったときには、どうすればいいのか、わかりやすくQ&A方式で説明する。小学校高学年向。

『小学生のインターネット＆Eメール』ブティック社　2001.4　98p　26cm（ブティック・ムック no.330）700円　①4-8347-5330-1

『パソコンであそぼ―はるかのパソコン入門』上杉修一ほか共著　講談社　2001.4　97p　21cm　1000円　①4-06-210392-3
　目次　パソコンであそぼ，インターネットをやってみよう！
　内容　パソコンをやったことがない、にがてだなあと思っている人でもみんなすぐできて楽しめます。眼からウロコのパソコン入門書。

『パソコンのしくみ―子どもがはじめてあうパソコンの本』斉藤ふみ文，亀井秀光絵，長嶋洋一監修　コスモス出版部　2001.4　1冊　28cm　1800円　①4-87781-007-2

『パソコン大すき！―Windows対応版』すがやみつる構成・文，栗原清漫画　集英社　2001.3　191p　23cm（集英社版・学習漫画）1200円　①4-08-288080-1

『パソコン名人になろう！―これさえクリアすれば君も名人だ　レベル1』冨永敦子，堀田竜也監修　サンマーク出版　2001.3　135p　24cm〈発売：サンマーク〉1500円　①4-7631-7917-9
　目次　1 パソコンにさわってみよう，2 お絵かきソフト「ペイント」の基本，3 迷路を作ろう，4 にがお絵をかいてみよう，4 ジグソーパズルを作って遊ぼう，6 じゃんけんじん取りゲームを作って遊ぼう，7 あみだくじを作って遊ぼう，8 紙ずもうを作って遊ぼう，9 まちがいさがしゲームを作って遊ぼう，10 絵入りメモ用紙を作ろう，11 シールを作ろう，おまけ こんなこともできるよ
　内容　小学校でIT教育が本格スタート！ 本書の執筆には、監修者の堀田龍也先生と教育現場の先生方3人が協力。子どもたちのだれもが、楽しみながらコンピュータに取り組めるようにと工夫して作りました。

『小学生のインターネットパーフェクトガ

子どもの本　社会がわかる2000冊　275

『イド―勉強に役立つ!』向山洋一監修, 下山真二著　京都　PHP研究所京都本部　2001.1　189p　19cm　1200円　①4-569-61387-X

『パソコン&インターネットまるわかり用語じてん―ドラえもんのなるほどインターネット』小学館ドラネット編集部編　小学館　2001.1　175p　19cm　（ドラゼミ・ドラネットブックス）850円　①4-09-253520-1

『パソコンで何ができるか』向山洋一監修, デジタル・ミュージアム・ラボ編　NECメディアプロダクツ　2001.1　119p　26cm　（デジタル先生シリーズ）1400円　①4-87269-168-7

『小・中学生のインターネットフル活用―達人への近道』鋤柄よしこ著　文渓堂　2000.12　143p　21cm　1500円　①4-89423-265-0
[目次]第1章 インターネットってなあに？, 第2章 インターネットはこうなっている, 第3章 インターネットのつなぎ方, 第4章 ブラウザの使い方, 第5章 メールを出してみよう, 第6章 インターネットのエチケット, 第7章 ホームページのいろいろ, 第8章 まだまだあるインターネットの利用法, 第9章 ホームページを作ってみよう, 第10章 ちょっと高度なテクニック, ふろく おぼえておきたいインターネット用語
[内容]この本は、小・中学生のためのインターネット活用ガイドブックです。最新のインターネットのしくみからメールの楽しみ方、学校の勉強や遊びに役立つホームページの紹介など、わくわくする情報がいっぱい。さらに、かんたんにできるホームページの作り方やインターネットの高度なテクニックなど、ワンランクアップの内容をわかりやすくていねいに解説してあります。君はきょうからインターネットの達人です。

『子どもパソコンなるほどブック―パソコンとなかよくなろう楽しく使えるあそべる!』滝沢武久監修　浦和　海苑社　2000.10　189p　21cm　1500円　①4-906397-51-4
[目次]1 パソコンで何ができるの？,2 かんたんな基本について,3 さあパソコンを動かしてみよう,4 小さい子どもでも楽しめる,5 名刺やカードを作ってみよう,6 パソコン使って写真で遊ぼう,7 インターネットを見てみよう,8 電子メールで遊ぶ,9 こんな使い方もあるよ,10 学校でパソコンを使おう
[内容]学校・家庭でパソコンはこう使われている。初めてでもカンタン！勉強に遊びに役立つソフト・先生の声等多数紹介。

『親子ではじめるインターネット』谷川善久著　ソシム　2000.9　159p　26cm　1380円　①4-88337-180-8

『チャッともメルだちができちゃう本―ドラえもんのわくわくインターネット Eメール、チャット、掲示板を使いこなそう』小学館ドラネット編集部編　小学館　2000.8　175p　19cm　（わかる！できる！のびる！ドラゼミ・ドラネットブックス）850円　①4-09-253517-1

◆◆調べ学習をしよう

『調べ学習ガイドブック―なにをどこで調べるか　2004-2005』神林照道監修, こどもくらぶ編　ポプラ社　2004.4　287p　29cm　5800円　①4-591-07983-X　Ⓝ031.5

『ホームページ完全活用ガイド―総合学習のテーマ別　2004-2005』藤川大祐監修　あかね書房　2004.4　143p　31cm　5800円　①4-251-07847-0　Ⓝ547.483

『大かつやくデジカメ大魔神』中川一史監修　岩崎書店　2003.4　48p　29×22cm　（パソコン大王の教科で使おうパソコン・デジカメ 6）〈付属資料：CD-ROM1〉3000円　①4-265-05666-0
[目次]入門編―デジタルカメラを使ってみよう、応用編1―「町の達人事典」をつくろう！、応用編2―写真を加工してみよう、応用編3―メールで友達に写真を送ろう、達人になるためのデジカメ基本用語、おぼえておこうパソコン基本用語

『国語でかつやくパソコン大王』中川一史監修　岩崎書店　2003.4　48p　29×22cm　（パソコン大王の教科で使おうパソコン・デジカメ 1）〈付属資料：CD-ROM1〉3000円　①4-265-05661-X
[目次]漢字の正体をさぐれ,奇想天外リレー

現代社会―社会・生活　　　　　　　　　　　　　　　　　　情報を使いこなす

小説、この本おすすめです！、おもしろオノマトペ発表会、これは便利！ローマ字下じき、さんぽ感想文、これが方言地図だ！、ことばの探偵屋、だれが、いつ、どこで…ゲーム、アイデアの引き出し

『算数でかつやくパソコン大王』中川一史監修　岩崎書店　2003.4　48p　29×22cm　〈パソコン大王の教科で使おう　パソコン・デジカメ 2〉〈付属資料：CD-ROM〉　3000円　①4-265-05662-8
[目次]　図形でもようをつくろう、ふしぎな消えるえんぴつパズル、たんじょう日しらべ、三角形大作戦、面積をじょうぎではかろう、円のなぞを解決！、円の面積をさぐれ！めざせ！億万長者、サイコロいろいろ展開図、発表！つるかめ算

『社会でかつやくパソコン大王』中川一史監修　岩崎書店　2003.4　48p　29×22cm　〈パソコン大王の教科で使おう　パソコン・デジカメ 4〉〈付属資料：CD-ROM〉　3000円　①4-265-05664-4
[目次]　地図記号下じきをつくろう、お米のいろいろ、まちの歴史年表をつくろう、都道府県パズル、ガイドマップ、魚の産地図鑑、むかしの道具、ごみ減量大作戦、ジオラマをつくろう、ホームページをつくってみよう

『図工でかつやくパソコン大王』中川一史監修　岩崎書店　2003.4　48p　29×22cm　〈パソコン大王の教科で使おう　パソコン・デジカメ 5〉〈付属資料：CD-ROM〉　3000円　①4-265-05665-2
[目次]　モザイク画にちょうせん、バースデーカードでお祝いしよう、似顔絵スライドショー、スタンプ・アンド・スクラッチ、自分のマークをはんこにしよう、レッツ！すごろく遊び、おり紙アート入門、めざせ！カラーコーディネーター、名刺こうかん会、パラパラアニメをつくろう！

『理科でかつやくパソコン大王』中川一史監修　岩崎書店　2003.4　48p　29×22cm　〈パソコン大王の教科で使おう　パソコン・デジカメ 3〉〈付属資料：CD-ROM〉　3000円　①4-265-05663-6
[目次]　季節の生き物調査隊、オリジナル写真図鑑、お天気博士になろう、法則を記録しよう、化学実験まとめの術、夜空を記録しよう、ライブ映像で自然観察、観察イラスト入門、石こ

ろ博物館、自由研究とらの巻

『インターネットで調べよう考えよう』藤川大祐監修　あかね書房　2002.4　47p　31cm　〈インターネットで総合学習　すぐに役立つ実践アイデア集 1〉　3000円　①4-251-07841-1,4-251-90319-6
[目次]　調べる前の準備をしよう、インターネットで調べよう、メールを活用しよう、自分の目で確かめよう、まとめよう、発展させよう

『インターネットでまとめよう発表しよう』藤川大祐監修　あかね書房　2002.4　47p　31cm　〈インターネットで総合学習　すぐに役立つ実践アイデア集 2〉　3000円　①4-251-07842-X,4-251-90319-6
[目次]　発表の準備をしよう、学習したことを発表しよう、学習を発展させよう

『インターネットで学ぼう環境・地域』藤川大祐監修　あかね書房　2002.4　47p　31cm　〈インターネットで総合学習　すぐに役立つ実践アイデア集 4〉　3000円　①4-251-07844-6,4-251-90319-6
[目次]　インターネットを活用した総合学習の授業―環境、インターネットを活用した学習アイデア集―環境・地域

『インターネットで学ぼう国際理解・情報』藤川大祐監修　あかね書房　2002.4　47p　31cm　〈インターネットで総合学習　すぐに役立つ実践アイデア集 3〉　3000円　①4-251-07843-8,4-251-90319-6
[目次]　インターネットを活用した総合学習の授業―国際理解、インターネットを活用した学習アイデア集―国際理解・情報

『インターネットで学ぼう福祉・健康・生き方』藤川大祐監修　あかね書房　2002.4　55p　31cm　〈インターネットで総合学習　すぐに役立つ実践アイデア集 5〉　3000円　①4-251-07845-4,4-251-90319-6
[目次]　インターネットを活用した総合学習の授業―福祉、インターネットを活用した学習アイデア集―福祉・健康・生き方

『情報を発信しよう―メディア活用術

『ABC』中村司監修、こどもくらぶ編　ポプラ社　2002.4　45p　29cm　（情報の選び方・使い方 4）2800円　Ⓣ4-591-07124-3,4-591-99437-6
［目次］1 情報を発信するということ,2 情報を発信するにはどんな方法があるの？,3 情報を発信し終わったら？
［内容］メディアを利用して、自分の主張をより効果的に伝える方法は？学校放送、ホームページ、テレビ会議などの活用術を紹介します。小学校高学年～中学生向。

『調べ学習の達人になる方法―なにをどのように調べるか』中村司監修、こどもくらぶ編　ポプラ社　2002.4　45p　29cm　（情報の選び方・使い方 3）2800円　Ⓣ4-591-07123-5,4-591-99437-6
［目次］1 知りたい情報はなんだろう？,2 図書館は地域の情報センターだ,3 新聞を使って調べよう,4 インターネットを利用しよう,5 わたしたちの情報整理法
［内容］調べ学習をするとき、なにをどのように使って調べるのがいい？図書館、新聞、インターネットを使った情報の利用法・活用法を紹介します。小学校高学年～中学生向。

『体験学習をはじめよう　1　情報を集める・まとめる』佐々木定治監修、こどもくらぶ編　ポプラ社　2002.4　45p　27cm　（体験学習アイデアブック 1）2800円　Ⓣ4-591-07102-2,4-591-99434-1
［目次］教室を飛びだそう！でも、そのまえに…、コンピュータを使って調べてみよう、集めた情報を整理しよう
［内容］教室の外に飛びだす前に、知りたいことを調べておけば、ものごとを見る目も全然ちがってくる。図書館やインターネットでの調べ方マニュアル。小学校中～高学年向き。

『教育機器を使ってマルチメディアで発表・表現』舩田信昭監修・指導　学習研究社　2002.3　48p　27cm　（はじめての発表・表現アイデア集　表現力を伸ばし、育成する 3）2800円　Ⓣ4-05-500474-5,4-05-810669-7
［目次］パソコン（パーソナルコンピュータ）、デジカメ（デジタルカメラ）、ビデオカメラ、インターネット、スライド映写機、OHP（オーバーヘッドプロジェクター）、コピー機、ファックス、録音機、学校の放送機器〔ほか〕

『情報―コンビニの店長さんからひろがる』苅宿俊文監修　光村教育図書　2002.3　47p　31cm　（みんなで実践インタビューからひろがる総合学習 2）2800円　Ⓣ4-89572-703-3,4-89572-701-7　Ⓝ366.29

『パソコンで発表しよう』月岡貞夫作・絵　偕成社　2002.3　31p　30×23cm　（月岡先生の楽しいアニメ教室 5）2800円　Ⓣ4-03-526050-9
［目次］アニメの大好きなあなたへ、こんな順番で、アニメを動かして発表するよ、動画を用意しよう、スキャナにセットしよう、パソコンに動画を取りこもう、FLASH（フラッシュ）に動画を読みこもう、位置あわせの準備をしよう、位置あわせをして、動かそう、色をぬる準備をしよう、色をぬって、できあがり、みんなに発表しよう、もっと作品らしくしよう
［内容］第5巻は、動画をつないで実際に動かして見るために、スキャナとパソコンを使います。そして、パソコンの中に動画を取りこみ、発表するためのソフトの使い方を学びます。小学中級から。

『情報・通信・マスコミを調べよう』菊地家達著　国土社　2002.1　83p　27cm　（新社会科学習事典 総合的な学習に役立つ 6）2800円　Ⓣ4-337-26326-8
［内容］"情報"って何だろう、情報伝達は、どのように発達し、どのように発展するのだろう、新聞はどのように、発達し、どのように発展するだろう、放送はどのように、発達し、どのように発展するだろう、マス・メディアとは、何のことですか、日本中、どこにでもある会社とは、どんなしくみになっていますか、金融機関とは、どんな仕事をするところですか、保険には、どんな種類や、どんな役割がありますか、商業には、どんな種類や特色がありますか、職業とは何ですか。労働や賃金にはどんな決まりがありますか、教育や福祉はどのように行われていますか

『パソコンでおもしろ探険！―デジタル総合学習　コミック版』戸塚滝登著、西東栄一画　小学館　2001.9　143p　26cm　（教育技術mook）1800円　Ⓣ4-09-104359-3

『クックとタマ次郎の情報大航海術―図書館からはじめる総合学習・調べ学習』片

現代社会—社会・生活　　　　　　　　　　　　　　　　　　　情報を使いこなす

岡則夫作，佐藤智子絵　リブリオ出版　2001.7　71p　27cm　〈索引あり〉　1260円　Ⓘ4-89784-948-9

|目次| 大航海ってなんだろう，テーマを考えよう，図書館で調べる，現場に立つ，作品をつくる，嵐にまきこまれたら，大航海お助け五人衆，学びへの手がかり

|内容| なにを学べばよいでしょう。どう学べばいいでしょう。なぜ学ぶのでしょう。そんな問いに答えるための総合学習・調べ学習に役立つアイデアがたくさんつめこまれた案内書。

『パソコンで自由研究—小学5・6年生用』
子どものパソコン研究会編　ディーアート　2001.7　123p　26cm　1200円　Ⓘ4-88648-613-4

|目次| 1 自由研究のテーマを探そう，2 パソコンを使った自由研究のいろいろ，3 パソコンで自由研究お役立ち情報

|内容| 夏休みの自由研究をパソコンで楽しく有意義にこなすためのガイドブックです。小学生ならではの楽しいパソコン利用法と，親が読んでも楽しめるパソコン・インターネットのお役立ち情報を満載しました。取り上げた自由研究のテーマには，現在の小学校教育の方向性にマッチした魅力的でユニークなものを厳選してあります。小学5・6年生用。

『「ホームページ」で学ぼう！遊ぼう！調べよう！―「自由研究」「総合学習」に使える子どものためのサイト集』キッズネット研究会編・著　さいたま　海苑社　2001.6　157p　21cm　1500円　Ⓘ4-906397-60-3

|目次| 1 インターネットって何だろう，2 勉強が楽しくなるホームページはこれだ，3 総合学習に役立つホームページはこれだ，4 ホームページで自由研究をしよう，5 楽しく遊べるホームページはこれだ

|内容| この本はインターネットのしくみを小学生にもわかるようにわかりやすく解説するとともに，小学生の勉強や遊びに役立つホームページをしょうかいしたものです。

『いろんなことを調べてみよう』紺野順子著，小泉陽子イラスト　ポプラ社　2001.4　49p　27cm　（学ぶ力をそだてる〈新〉図書館シリーズ 3）〈索引あり〉2400円　Ⓘ4-591-06685-1,4-591-99362-0

|目次| 調べることは，楽しい！，図書館をつかって調べてみよう，図書館のしくみと機能（はたらき），調べるための専門の本＝参考図書，参考図書をじょうずにつかうために＝参考図書の各部の名前と役割，ことばを調べる，国語辞典をつかってみよう，漢字（漢和）辞典をつかってみよう，いろいろなことばの辞典をつかってみよう，年鑑をつかってみよう，百科事典＝参考図書の王様—ことがらを調べよう，人物について調べてみよう，地名を調べよう，動物・植物を調べよう，本について調べよう

|内容| 辞書や事典など，参考図書をつかって調べる方法。

『インターネットで交流学習』梅津健志監修，原田康志，鈴木康弘著，こどもくらぶ編　ポプラ社　2001.4　47p　29cm　（総合的な学習のためのインターネット活用術 4）〈索引あり〉2600円　Ⓘ4-591-06710-6,4-591-99366-3

|目次| 国内の学校と交流しよう，海外の学校と交流しよう

|内容| インターネットを使って，学校間交流をするためには？ 国内編と海外編の2部に分けて，くわしく紹介する。小学校高学年向。

『インターネットで調べよう　基礎編』
梅津健志監修，桑原辰夫，梅津健志著，こどもくらぶ編　ポプラ社　2001.4　45p　29cm　（総合的な学習のためのインターネット活用術 1）〈索引あり〉2600円　Ⓘ4-591-06707-6,4-591-99366-3

|目次| わからないは勉強のはじまり，わからない攻略作戦を立てよう，いろんな調べ方があるよ，コンピュータで調べ学習，調べたことをまとめよう

|内容| 見学やインタビューからインターネット活用まで，調べ学習の方法とマナー，ルールを基本から説明。小学校高学年向。

『インターネットで調べよう　発展編』
梅津健志監修，桑原辰夫，梅津健志著，こどもくらぶ編　ポプラ社　2001.4　47p　29cm　（総合的な学習のためのインターネット活用術 2）〈索引あり〉2600円　Ⓘ4-591-06708-4,4-591-99366-3

|目次| テーマを見つけて調べよう，コンピュータで調べよう，コンピュータに保存しよう

| 情報を使いこなす | 現代社会―社会・生活 |

[内容] インターネットでの情報検索や、集めた情報の整理の仕方など、第1巻では取りあげられなかった、ノウハウを紹介。小学校高学年向。

『インターネットで地域交流』梅津健志監修, 梅津健志著, こどもくらぶ編 ポプラ社 2001.4 47p 29cm (総合的な学習のためのインターネット活用術 5)〈索引あり〉2600円 ①4-591-06711-4,4-591-99366-3
[目次] インターネットで地域交流, インターネットでボランティア
[内容] 地域の人との交流や、ボランティアにインターネットをどう利用できるか、豊富な実例とともに紹介する。小学校高学年向。

『学習に役立つホームページガイド 4 総合的学習編』藤川博樹著 汐文社 2001.4 143p 22cm〈索引あり〉1800円 ①4-8113-7384-7
[目次] 1章 音楽,2章 図画工作・美術,3章 保健体育,4章 技術・家庭,5章 総合的学習
[内容] インターネットのおもしろさは、ホームページやメール、掲示板など、たくさんありますが、本書は「勉強がもっとおもしろくなったり、調べ学習に役立つもの」ということを考えてつくりました。

『コンピュータで調べよう』笠原良郎監修, ポプラ社情報システム部編, 奥谷敏彦イラスト ポプラ社 2001.4 49p 27cm (学ぶ力をそだてる〈新〉図書館シリーズ 5)〈索引あり〉2400円 ①4-591-06687-8,4-591-99362-0
[目次] 図書館とコンピュータ, 電子百科事典をつかってみよう, いろいろなソフトウェアをつかってみよう, 本をさがすときつかう, 本を借りたり返したりするときつかう, ネットワークと校内LAN, インターネットってなんだろう?, ホームページってなんだろう?, いろいろなホームページ, 学校のホームページ, ホームページをさがす方法, メールで質問してみよう, ホームページで学習のまとめを発表しよう, メールやホームページで他校と交流しよう, コンピュータをつかうときの注意
[内容] 図書館にあるコンピュータの役目と、いろいろな利用方法。

『小・中学生のインターネットで調べ学習―すぐに使える調べ方ガイド』竹谷敬造著 文渓堂 2001.4 143p 21cm 1500円 ①4-89423-285-5
[目次] 1 インターネット検索の達人になろう,2 調べ学習まとめ方のヒント,3 これは便利！インターネット電話帳
[内容] この本は「調べ学習」という宿題を前にして頭をひねっている、小・中学生のためのガイドブックです。インターネットを使った情報集めのしかたからそのまとめ方、さらに調べ学習にすぐに役立つインターネット電話帳まで詰まっています。これで「思うように資料が集まらない」、「どうまとめていいのかわからない」というなやみは一気に解決です。

『調べ学習の達人になろう―調査の仕方と表現の仕方』有田和正監修 ほるぷ出版 2001.4 95p 27cm (まんが総合学習ガイドブック すぐに役立つ！実践活動 5年生 1) 2500円 ①4-593-57315-7,4-593-09626-X
[目次] まつりだ！みこしだ！あおやぎ小！, 石灰公害を調べ隊, 竹学習―橋からはじまる竹物語, 発見！ふしぎおどろき世界の国
[内容] この巻では、総合学習の活動のなかでも大切な役割をはたしている調べ学習についてふれていきます。活動は、いろいろな課題が見つけられてはじまりますが、その課題を追求していく方法がいろいろあることをさぐっていきます。それぞれの課題にあわせた、それぞれの個性あふれる追求の仕方。それこそ、総合学習の楽しさであり、だいご味であるのです…。

『調べるって、どんなこと？』山崎哲男著, 伊東美貴イラスト ポプラ社 2001.4 49p 27cm (学ぶ力をそだてる〈新〉図書館シリーズ 2)〈索引あり〉2400円 ①4-591-06684-3,4-591-99362-0
[目次] 「調べる」とは?, 情報って、なんだろう?, 調べる学習の進め方, テーマを決めよう, 答えを予想してみよう, 調べる計画を立てよう, 調べる方法, 図書館にはどんな資料があるの?, 図書館の資料はどう整理されているの?, 資料のさがし方, 情報の集め方, 情報を記録しよう, 調べたことのまとめ方と発表, まとめたものを保存しよう
[内容] 調べる学習の進め方と、図書館のつかい方を解説。

『新聞おもしろ学習アイデア』吉成勝好

現代社会——社会・生活　　　　　　　　　　　　　　　　　情報を使いこなす

監修　岩崎書店　2001.4　47p　27cm
（新聞をつかった総合学習実践集 4）
〈索引あり〉2800円　①4-265-02594-3,
4-265-10241-7

『新聞で情報をあつめよう』吉成勝好監修　岩崎書店　2001.4　47p　27cm
（新聞をつかった総合学習実践集 1）
〈索引あり〉2800円　①4-265-02591-9,
4-265-10241-7

『新聞で情報をくらべよう』吉成勝好監修　岩崎書店　2001.4　47p　27cm
（新聞をつかった総合学習実践集 2）
〈索引あり〉2800円　①4-265-02592-7,
4-265-10241-7

『新聞で情報をつたえよう』吉成勝好監修　岩崎書店　2001.4　47p　27cm
（新聞をつかった総合学習実践集 3）
〈索引あり〉2800円　①4-265-02593-5,
4-265-10241-7

『新聞なんでもブック』吉成勝好監修
岩崎書店　2001.4　47p　27cm（新聞をつかった総合学習実践集 5）〈索引あり〉2800円　①4-265-02595-1,4-265-10241-7

『図書館をつかおう』笠原良郎著，武田美穂イラスト　ポプラ社　2001.4　55p　27cm（学ぶ力をそだてる〈新〉図書館シリーズ 1）〈索引あり〉2400円　①4-591-06683-5,4-591-99362-0
目次　第1章 なぜ学校図書館があるの？，第2章 学校図書館のしくみを知ろう，第3章 学校図書館をつかいきる，第4章 日本と世界のいろいろな図書館，第5章 図書館は過去と未来をつなぐ
内容　図書館のことをよく知って、気軽に利用するための本。

『ホームページを作ろう』梅津健志監修，梅津健志著，こどもくらぶ編　ポプラ社　2001.4　47p　29cm（総合的な学習のためのインターネット活用術 3）
〈索引あり〉2600円　①4-591-06709-2,
4-591-99366-3
目次　調べたことを発表しよう、ホームページを作ろう、ホームページを続けるためには？
内容　調べたことを発表するためには、どんな方法があるのだろう？プレゼンテーションやホームページ作成など、方法と注意点をくわしく説明。小学校高学年向。

『アニメをつくろう』苅宿俊文文，つだかつみ絵　偕成社　2001.3　31p　30cm
（パソコンで楽しい総合学習 1）〈索引あり〉2800円　①4-03-637110-X
目次　コンピュータでおもしろいことって？，「ぱたぱた」で絵が動くぞ、作品第1号ができた、いいとこさがしの名人、勇気をだして「わからない宣言」、おもしろいものってなに？、世界じゅうの二拍子をさがせ！、うまくいかないときが進歩のきっかけ、自分の名前がついた機能、どんどんつくること、それがなによりおもしろい、名作「心臓時計」ができるまで、発表会のほんとのたのしみ
内容　このシリーズは、コンピュータを活用した総合学習として、画期的と評価された、著者の学級の実践記録をもとに作られています。苅宿学級の実践のなかから、先生方がコンピュータを活用した授業や総合学習を、構想したり、デザインするときに、とくに参考になるテーマをとりあげました。第1巻では、子どもたちが、はじめてコンピュータと出会うときに、もっとも適した「2コマのアニメーションをつくるソフト」をつかった総合学習を紹介してあります。「かんたん」で、作品をつくっていくうちにコンピュータに自然に慣れてしまうところが眼目です。苅宿学級でも、最初にとりくんだ実践です。小学中級から。

『インターネット活用アイデア101　6　ホームページをメンテナンスしよう』
木村義志著　学習研究社　2001.3　47p　30cm　3500円　①4-05-201327-1
目次　ホームページは変わるからおもしろい、ホームページのバックアップとサーバ内の整理、アクセスカウンターをじょうずに使ってページ管理、ほかのサイトにリンクして使えるページにしよう、読者とのコミュニケーションも管理の大切な仕事、一般に公開するページならサーチエンジンに登録しよう、人が見に来るホームページをつくるには、魅力いっぱいの掲示板でも作る前によく考えよう、充実したネット環境をいかした一歩進んだ活用術、決まったメンバーで話をするならメーリングリストという手もある、ホームページの公開は社会参加責任ある大人として行動しよう、付録CD‐ROMの使い方、

インターネット用語さくいん

『インターネット活用アイデア101 5 ホームページを作ってみよう』木村義志著　学習研究社　2001.3　47p　30cm　3500円　①4-05-201326-3

|目次| みんなでホームページを作ってみよう, ぼくらの研究がホームページに公開されるまで, みんなでホームページを作ってみた, メモとカメラを持って取材に飛び出そう, ホームページ作成ソフトを使ってみよう, 小人数の小さなクラブが科学の楽しさを全国に発信する, ホームページ作成ソフトでページを作る, できあがったホームページをサーバに送る, インターネット用語さくいん

『インターネット活用アイデア101 4 インターネットで国際理解』木村義志著　学習研究社　2001.3　47p　30cm　3500円　①4-05-201325-5

|目次| たった一人でも, 世界に情報を発信することができる道具, まずはホームページのしくみを知ろう, ホームページを作る前に知っておくこと, パソコンが日常生活にとけこんでいるアメリカの学校生活, インターネットで国際理解世界が見えるホームページ, わたしたちにできる国際協力ってなんだろう, 人気のホームページをうまく作るコツ, 世界とのコミュニケーションの道具にもなるホームページ, 自分で作る前にほかのページをたくさん見よう, インターネット用語さくいん

『インターネット活用アイデア101 3 インターネットで調べ学習』木村義志著　学習研究社　2001.3　47p　30cm　3500円　①4-05-201324-7

|目次| ホームページを見るって何をすることだろう, いらないページの山の中から必要なページをさがす, 毎日使いそうな実用的なページや楽しいページは登録しておこう, 調べ学習に役立つおすすめホームページ, ぼくらの町のガイドブックをつくろう！, 掲示板に書き込むときに注意すること, ネットサーフィンでおぼれないために, あやしいページを遠ざけ楽しいインターネットにしよう, ネットではいつも人に見られていることを意識しよう, インターネット用語さくいん

『インターネット活用アイデア101 2 電子メールを使ってみよう』木村義志著　学習研究社　2001.3　47p　30cm　3500円　①4-05-201323-9

|目次| Eメールは電話と手紙を合わせたような通信手段, ためしに自分あてにメールを送ってみよう, ためしに友達や先生とメールをやりとりしてみよう, エチケットを守って正しく電子メールを使おう, これだけは守るうEメールを楽しくするマナー, メールでいやな思いをしないため自分の身は自分で守ろう, チェーンメールやスパムメールにだまされないようにしよう, 便利なウェブメールをサブアドレスとして利用しよう, インターネット用語さくいん

『インターネット活用アイデア101 1 インターネットってなに？』木村義志著　学習研究社　2001.3　47p　30cm　3500円　①4-05-201322-0

|目次| インターネットってよく聞くけどいったい何なの？, インターネットいったいだれがいつ作ったの？, 世界中へ, いつでもだれでもアクセスできる, ホームページのURLを知って, ほしい情報をゲット, インターネットの便利な道具高速国際郵便・Eメール, パソコンにインターネットをどうやってつなぐか, インターネットは参考書や郵便, テレビと同じ, ひみつの暗号ユーザIDとパスワード, パソコンをインターネットにつなぐ準備をしよう, インターネットにつなぐソフト, ブラウザを使ってみよう, インターネットの世界をちょっとのぞいてみよう, パソコンのOSのちがいとインターネット, インターネット用語さくいん

『絵をかこう』苅宿俊文文, 三善和彦絵　偕成社　2001.3　31p　30cm　（パソコンで楽しい総合学習 5）〈索引あり〉2800円　①4-03-637150-9

|目次| ヒロロンのなやみ, わたしの絵の, 時間もんだれ！, ソフトってどうやってつくるの？, きれいな色ができるね, ソフトの名前は「脳の鏡」に決定！, ソフトが完成！いろいろやるぞ, 作品の説明におどろきの連続, つくることは, かわること, 「心の花」づくりがはじまった, いろいろでてきた「心の花」, 作品のなかからみえること, みなさんは, どんな気持ちになりましたか？

|内容| 第5巻では, コンピュータのお絵かきソフト, 「脳の鏡」を使った総合学習の授業例をまとめた。本文では子どもたちにも, コンピュータをつかった総合学習の魅力が理解できるように, コマまんが形式で展開し巻末に, 実際にソフトをつかって総合学習をおこなうときの「先生方へのアドバイ

『音楽をつくろう』苅宿俊文文，つだかつみ絵　偕成社　2001.3　31p　30cm（パソコンで楽しい総合学習 6）〈索引あり〉 2800円　④4-03-637160-6

『学習に役立つホームページガイド　3　理科・算数＆数学編』藤川博樹著　汐文社　2001.3　151p　22cm〈索引あり〉1800円　④4-8113-7383-9
|目次| ホームページガイド理科，ホームページガイド算数＆数学

『学習に役立つホームページガイド　2　社会・地理・公民編』藤川博樹著　汐文社　2001.3　143p　22cm〈索引あり〉1800円　④4-8113-7382-0
|目次| ホームページはおもしろい!!入門編，ホームページガイド社会編

『学習に役立つホームページガイド　1　国語編』藤川博樹著　汐文社　2001.3　135p　22cm〈索引あり〉1800円　④4-8113-7381-2

『コンピュータと子どもの学び—自分らしさに出会える授業づくり』苅宿俊文著　偕成社　2001.3　31p　30×24cm（パソコンで楽しい総合学習 7）〈付属資料：CD‐ROM1〉3200円　④4-03-637170-3
|目次| はじめに　なぜ，勉強するの？第1章　授業，第2章　子どもたち，第3章　教師，第4章　コンピュータ・道具，おわりに　総合学習とコンピュータ
|内容| 第1巻から6巻で紹介した，コンピュータを活用した総合学習実践の背景となる考え方を紹介。それぞれ巻のソフトと児童の作品例がはいったCD‐ROM付き。

『辞典をつくろう』苅宿俊文文，三善和彦絵　偕成社　2001.3　31p　30cm（パソコンで楽しい総合学習 4）〈索引あり〉2800円　④4-03-637140-1
|目次| 教室じゅうがこおりついたけんか，言葉の意味は辞典でわかる？，「雷神山言葉辞典」をつくろう，「むずむず」ってどんな意味？，「雷神山言葉辞典」はこうしてできる，「雷神山言葉辞典」をコンピュータで！，つかってみよう！「言葉のつぼ」，どんどん集まる言葉，お父さん説も登場，自分の言葉の時間，意味づけ？塩づけ？，言葉って，おもしろいね
|内容| 「むずむず」って，どんな意味？言葉の意味を自分たちで考えて，自分たちだけの辞典をつくるソフトが大活躍。自分や友だちの言葉使いの特徴もわかって，びっくり。

『情報名人になろう！　4　ホームページなどで発表しよう！』堀田竜也編・監修，「情報名人になろう！」編集委員会著，安土じょう絵　汐文社　2001.3　47p　27cm〈索引あり〉2000円　④4-8113-7297-2
|目次| 発表の資料づくりのポイント，発表の台本を作ろう，リハーサルで準備は完璧だ!!，ここに気をつけて発表しよう！，発表をふり返ろう，発表上手は聞き上手！，いろいろあるぞ！発表方法，大きな紙を使って発表しよう！，コンピュータを使って発表しよう！，OHPを使って発表しよう！，デジタルカメラで撮った写真を使って発表しよう，実物よりもわかりやすい，紙芝居での発表はみんなが注目，ポスターセッションで発表しよう，こんな伝え方もできるね，ビデオで番組づくり，電子メールや掲示板で相手に伝えよう，ホームページで世界中に伝えよう，テレビ会議のこつはこれだ，新聞で伝えよう，気をつけよう！情報のモラル
|内容| この本は，みなさんに「情報」をうまく集める，「情報名人」になってもらうために作られました。

『情報名人になろう！　3　あつめた情報をまとめよう！』堀田竜也編・監修，「情報名人になろう！」編集委員会著，安土じょう絵　汐文社　2001.3　47p　27cm〈索引あり〉2000円　④4-8113-7296-4
|目次| 調べた情報を分類しよう，何を一番に伝えたいのか考えよう，必要な情報はどれ？，レイアウトを考えよう，見出しをくふうしよう，絵や写真やグラフを使おう，係で分担しよう！，気をつけよう，著作権や肖像権，疑問が残ったら，もう一度調べよう？，まとめ方にはいろいろある，大きな紙でまとめよう，レポートでまとめよう，劇にまとめよう，ビデオ編集にチャレンジ，ホームページで世界中に発信しよう，こんなまとめ方もやってみよう，コンピュータでまとめよう，スキャナやデジタルカメラで記録に残そう，あつめた情報は保管しよう，ポートフォリオが大活躍
|内容| この本は，みなさんに「情報」をうま

『情報名人になろう！ 2 パソコンなどを使って調べよう！』堀田竜也編・監修,「情報名人になろう！」編集委員会著,安土じょう絵　汐文社　2001.3　47p　27cm〈索引あり〉2000円　①4-8113-7295-6

|目次| 調べ方にはいろいろある,取材に出かけよう,あると便利だ取材グッズ,取材前にしておくことは？,デジカメ・ビデオが大活躍,記録に残せば役に立つ—メモを取るこつ,インタビューのこつ,取材が終わったら,これだけはやろう,インターネットで調べよう,キーワードで検索しよう,リンク集を利用しよう,メールで聞いてみよう,図書館へ行こう,本はこうして探そう,本で調べるこつはこれだ！,地域のことはどこでしらべるの？,博物館・科学館で何がわかる？,町の物知り博士に聞いてみよう,手紙・電話・ファックスで問い合わせてみよう,テレビ番組や新聞をチェック,著作権には気をつけよう

|内容| 本書は,みなさんに「情報名人」になってもらうために作られました。ところで,「情報名人」って,どんな人のことだと思いますか？「情報名人」というのは,「情報」をうまくあつかうことができる人のことです。みなさんの学校では,調べたり,まとめたり,伝えたりする活動がたくさんあるはずです。そのとき,必要ならコンピュータやインターネットも使うでしょう。それぞれの巻では,みなさんが学習で利用しやすいように,見開きにポイントをまとめました。イラストを使って見やすくまとめてあります。学習の途中で,この本をぜひ何度も活用し,「情報名人＝調べる,まとめる,伝える」への修行にはげんで下さい。

『情報名人になろう！ 1 調べるためのメディアガイド』堀田竜也編・監修,「情報名人になろう！」編集委員会著,安土じょう絵　汐文社　2001.3　47p　27cm〈索引あり〉2000円　①4-8113-7294-8

|目次| メディアってなに？デジタルカメラにチャレンジ,ビデオにチャレンジ,スキャナにチャレンジ,パソコンってこんなに便利,電話・ファックスを使おう,パンフレットを集めよう,読みくらべれば,新しい発見がある,ホームページに写真を使おう！,メディアがないとどうなるだろう？,インターネットで何ができるの,メールは便利,ホームページを作ろう,情報をみんなで共有しよう,テレビ会議をしよう,プロに学ぼう,子ども向け放送番組はヒントがいっぱい,交流するには何を選ぶ,さがすには何を選ぶ,記録するには何を選ぶ,発言するには何を選ぶ

|内容| この本は,みなさんに「情報」をうまく集める,「情報名人」になってもらうために作られました。

『地図をつくろう』苅宿俊文文,三善和彦絵　偕成社　2001.3　31p　30cm（パソコンで楽しい総合学習 2）〈索引あり〉2800円　①4-03-637120-7

|目次| どうして水があふれ出たのかな？,マンホールから水が出た？,「こだわり地図」のはじまり,デジタルカメラはいいねえ,わかりはじめるととまらない,インタビューは笑顔で元気よく！,取材はたいへん！,お母さんも知らなかった,最初の疑問にこだわると？,マンホールのしくみはすごい,マンホールの専門家もびっくり,そこにいる気持ちになって発表

|内容| コンピュータの地図上にいろいろなメディアを入れていくことができるソフトウェア,「こだわり地図」をつかった総合学習を紹介しています。デジタルカメラやビデオをとりこみながら作品をつくっていくうちに,コンピュータとマルチメディアに自然になれてしまうところが眼目。苅宿学級の実践でも,人気のあった総合学習です。小学中級から。

『発表をしよう』苅宿俊文文,久保俊明絵　偕成社　2001.3　31p　30cm（パソコンで楽しい総合学習 3）〈索引あり〉2800円　①4-03-637130-4

|目次| 発表前夜,ねむれないねむれない,発表って,いやだなあ,調べたことを紙しばいみたいに,コンピュータで発表できるの？,エフェクトをうまく使おう,いよいよ中間発表！,みんなの感想って,おもしろい！,どんどんたのしくなってきた,「ふろくのおまけ」にびっくり！,拍手と質問がいっぱい,発表会がかわった,サッちゃんの研究はおわらない

|内容| このシリーズは,コンピュータを活用した総合学習として,画期的と評価された,著者の学級の実践記録をもとに作られています。苅宿学級の実践のなかから,先生方がコンピュータを活用した授業や総合学習を,構想したり,デザインするときに,とくに参考になるテーマをとりあげました。第3巻では,児童が,発表（プレゼンテーション）するときに役立つ「発表ソフト」をつかった総合学習の授業例をまとめました。

発表のシミュレーションをくりかえしながら、納得のいく発表とはなにかを追求し、また、発表にたいする感想のあつかい方などにもふれています。小学中級から。

『インターネットで学習ができちゃう本―子どものためのホームページガイド100 ドラえもんのほいほいインターネット 2001年度版』小学館ドラネット編集部編　小学館　2001.2　143p　19cm　（わかる！できる！のびる！ドラゼミ・ドラネットブックス）〈索引あり〉820円　①4-09-253523-6

『インターネット探検隊』横山験也編，横山験也，三橋勉，須藤史晴著　ほるぷ出版　2000.8　95p　25cm〈索引あり〉1600円　①4-593-59351-4
[目次] 1章　学習に役立つ！先生が選んだホームページ42,2章　ホームページを探しだせ！インターネット探検のコツ,3章　インターネットのしくみとマナーを知ろう
[内容] みなさんはインターネットをやったことがありますか？この本では、インターネットの中から自分の知りたい情報を探すための方法を、わかりやすく説明しています。みなさんも、その方法を身につけて、インターネットの世界でホームページを探しだす、『インターネット探検隊』になってみませんか。

『インターネットで自由研究―調べ方から、まとめ方まで、やさしく解説！』ブティック社　2000.8　98p　26cm　（ブティック・ムック　no.298）〈索引あり〉700円　①4-8347-5298-4

『どんどん情報通信―コンピュータでひろがる友だちの輪』舘野健三監修，松崎行雄著，こどもくらぶ編　ポプラ社　2000.4　45p　29cm　（総合的な学習5・6年生　活動アイデア集　2）〈索引あり〉2800円　①4-591-06325-9,4-591-99323-X
[目次] 第1章　コンピュータで「調べ学習」,第2章　Eメールで交流,第3章　ホームページを作ろう,第4章　インターネットで共同調査,第5章　コンピュータでボランティア
[内容] コンピュータを使った調べ学習、ホームページやEメールを利用した他校との交流や共同学習など、多数のアイデアを紹介。

小学校高学年向。

『コンピュータネットワーク―情報』赤堀侃司，毛利靖著　国土社（発売）2000.3　35p　27cm　（みんなで学ぶ総合的学習　1　高野尚好監修）〈索引あり〉2600円　①4-337-16101-5
[目次] コンピュータネットワークとインターネット，並木小学校のネットワーク，情報をさがしてみよう，電子メールでやりとり，ケナフをさがしよう，検索しよう，ケナフの種がやってきた，ケナフを育てました，川を調べてみよう，ホームページで情報発信，ホームページ「学習の森」，ホームページ「世界に広げよう思いやりの輪」，掲示板「帰国室」，スペインの学校からのメール，これからのコンピュータネットワーク

『自分の目で確かめよう―観察や実験のしかた』山崎哲男指導・監修　文研出版　2000.3　39p　27cm　（調べることからはじめよう　総合的な学習に役立つ　4）〈索引あり〉2380円　①4-580-81247-6, 4-580-88106-0

『情報・通信ネットワークを活用』横山正著　金の星社　2000.3　47p　27cm　（総合的な学習のテーマがみつかるアイデア新聞　5）〈索引あり〉2800円　①4-323-06455-1
[目次] 情報を集める，情報を整理して発表する，遠くへこんにちは新聞―みえた！わかった！きこえた！遠くの人と通信する，ことばの新聞―「ことば」によって、人と人の通信が可能に！，新聞の新聞―新聞がとどくまで，コンピュータ新聞―暮らしのあちこちにコンピュータが！，インターネット新聞―ケナフの全国成長マップが実現！，もじもじ新聞―もし「文字」がなかったら，お天気調べ新聞―どうしてわかるの？あしたの天気〔ほか〕
[内容] 資料探しの方法，博物館や図書館の利用法，コピーや引用の注意，取材のマナーなどは総合的な学習をする上で、とても大切。情報収集のテクニックや整理・発表の仕方と、情報通信に関するテーマの両方をあつかった，総合的な学習に絶対必要な1冊。

『情報のあつめかたまとめかた―情報』島津幸生著　国土社（発売）2000.3　35p　27cm　（みんなで学ぶ総合的学習　2　高野尚好監修）〈索引あり〉2600円

①4-337-16102-3
[目次]自分をみつめる,人のネットワーク,自分の歴史を調べる,夢を研究する,どうやって調べる?,専門家に話を聞く,図書館で調べよう,博物館に行ってみよう,インターネットで調べよう,調べたことをまとめよう,調べたことを発表しよう,ホームページで発表しよう,情報の受けとめかた,情報の読みかた,情報化時代を生きるために
[内容]自分たちの身近な事柄から,海外での取り組みまで,広い視野から紹介。図表,写真など,見てわかりやすい資料を豊富に掲載しています。

『調べ方の計画を立てよう―調べごとの進め方とまとめ方』山崎哲男指導・監修　文研出版　2000.3　39p　27cm　(調べることからはじめよう　総合的な学習に役立つ 1)〈索引あり〉2380円　①4-580-81243-3,4-580-88106-0

『図書館やインターネットで調べよう―資料やデータの探し方』山崎哲男指導・監修　文研出版　2000.3　39p　27cm　(調べることからはじめよう　総合的な学習に役立つ 2)〈索引あり〉2380円　①4-580-81244-1,4-580-88106-0

『人に話を聞いて調べよう―インタビューやアンケートのしかた』山崎哲男指導・監修　文研出版　2000.3　39p　27cm　(調べることからはじめよう　総合的な学習に役立つ 3)〈索引あり〉2380円　①4-580-81246-8,4-580-88106-0

『ホームページでふるさと新聞をつくろう―地域学習・ふるさとじまん・インターネット』金子美智雄監修,ヴィップス編　ほるぷ出版　2000.3　40p　31cm　(テーマ発見!総合学習体験ブック)〈索引あり〉2800円　①4-593-57305-X,4-593-09614-6
[目次]1 ホームページのしくみ,2 ホームページをつくろう,3 学校のホームページ,4 役立つホームページ
[内容]本書では,パソコンを使った情報の発信の仕方について考え,そして,いまもっとも新しいメディアであるインターネットで,自分たちの学校を紹介するホームページを発信することをめざします。企画の立て方,取材の方法やマナー,記事のまとめ方に重点を置き,先進校の実例や調べ学習に役立つインターネット情報を豊富に紹介しています。

『やってみよう情報学習』苅宿俊文著　大日本図書　2000.3　58p　27cm　(みんなの総合学習100のテーマ 2)2600円　①4-477-01090-7
[目次]町の中にある絵文字を探してみよう,品物についている絵文字を調べよう,町の情報伝達手段を見つけてみよう,テレビは暮らしにどのように役立っているのだろう,テレビはどのように発達してきたのだろう,コンピュータで何ができるの,コンピュータを知ろう,インターネットにトライしよう,電子メールは,わたしたちにもできる,インターネットは,どんなしくみになっているんだろう〔ほか〕

『町から情報を発信しよう』水越敏行監修,黒上晴夫指導　学習研究社　2000.2　47p　27cm　(わたしは町の探検記者　総合的学習実践集 8)〈索引あり〉2800円　①4-05-201088-4,4-05-810577-1
[目次]探検記者物語・どっちも負けるな!白熱する討論バトル―東京都中央区立日本橋小学校,探険レポート
[内容]学校を「開かれた社会」にしたインターネット。わたしたちのくらしと情報の関係を考えよう。

◆どんな行事があるのかな?

『年中行事』新谷尚紀監修　ポプラ社　2009.3　215p　30×23cm　(ポプラディア情報館)6800円　①978-4-591-10686-0
[目次]日本の暦と四季のくらし,日本の年中行事と祭り,人生の節目の行事としきたり
[内容]日本の伝統的な年中行事を,12か月に分けて紹介。行事の意味や由来がよくわかります。豊富なカラー写真を収録。四季のうつりかわりを目で見て楽しむことができます。年中行事とかかわりのある,全国各地の代表的な祭りを多数紹介。通過儀礼・冠婚葬祭についても,イラストとともにわかりやすく解説。

『年中行事のお話55―行事の前に読み聞かせ』深山さくら文,谷田貝公昭監修　チャイルド本社　2009.2　119p　26cm

現代社会―社会・生活　　　　　　　　　どんな行事があるのかな？

〈文献あり〉2000円　①978-4-8054-0136-1　Ⓝ386.1
[目次]4月1日 エープリルフール「ペンタ空を飛ぶ」,4月初めごろ 入園式「手をつなごう」,4月6日〜15日 春の交通安全運動「飛びだし禁止」,4月8日 花まつり（灌仏会）「お花のおまつり」,4月23日〜5月12日 こどもの読書週間「この本、読んで！」,4月ごろ お花見「にこにこお花見」,5月5日 こどもの日（端午の節句）「お父さんのこいのぼり」,5月10日〜16日 愛鳥週間「がんばれ、子スズメ」,5月第2日曜日 母の日「プレゼントなあに？」,6月4日〜10日 歯の衛生週間「ムシバキンの敵」〔ほか〕
[内容]年中行事は、私たちの生活に欠かせない存在です。季節のおとずれを感じたり、神様やご先祖様に感謝したり、歴史や文化を知るためにも、子どもたちにぜひ伝えたい事柄ですよね。本誌では、創作のおはなしを読み聞かせながら、楽しく行動を学ぶことができます。また、由来を教えてあげることで、子どもたちの「なぜ？」「どうして？」の好奇心を満足させることができます。

『年齢別行事ことばかけハンドブック』
兵頭恵子監修　世界文化社　2008.12　159p　21cm　（PriPriブックス）1300円　①978-4-418-08809-6
[目次]入園式、始業式、エイプリルフール、交通安全週間、花まつり、昭和の日、健康診断、避難訓練、誕生会、憲法記念日〔ほか〕
[内容]行事で使えることばかけ例207本。安心、保護者へのことばかけつき。

『はじめて知るみんなの行事とくらし』
学習研究社　2008.12　271p　26cm　（学研の新まるごとシリーズ）2700円　①978-4-05-203028-4　Ⓝ386.1
[目次]一月 睦月―歌・お正月、二月 如月―歌・雪、三月 弥生―歌・うれしいひなまつり、四月 卯月―歌・チューリップ、五月 皐月―歌・こいのぼり、六月 水無月―歌・あめふり、七月 文月―歌・たなばたさま、八月 葉月―歌・うみ、九月 長月―歌・赤とんぼ、十月 神無月―歌・まっかな秋、十一月 霜月―歌・たき火、十二月 師走―歌・スキー
[内容]1年間の年中行事が150種以上！行事とくらし事典の決定版。

『日本のしきたり絵事典―行事や儀式の「なぜ？」がわかる 衣食住から年中行事まで』武光誠監修、深光富士男著

PHP研究所　2008.11　79p　29cm　2800円　①978-4-569-68912-8　Ⓝ382.1
[目次]第1章 生活に根づいたしきたり、第2章 季節のしきたり、第3章 人生のしきたり

『食で知ろう季節の行事』高橋司著　長崎出版　2008.5　127p　21cm　（親子で楽しむものしりBOOK）1500円　①978-4-86095-246-4
[目次]1章 年中行事,2章 通過儀礼,3章 記念日,4章 暦
[内容]日本の伝統的な行事とそれにまつわる行事食をイラストでわかりやすく説明。

『新きょうはなんの日？―記念日・人物・できごと・祭り　11月・12月』次山信男監修、小林祐一、新西和子、田中由貴文　ポプラ社　2008.3　75p　27cm　3000円　①978-4-591-10110-0　Ⓝ386.1

『新きょうはなんの日？―記念日・人物・できごと・祭り　9月・10月』次山信男監修、早野美智代、小川洋、田中由貴文　ポプラ社　2008.3　75p　27cm　3000円　①978-4-591-10109-4　Ⓝ386.1

『新きょうはなんの日？―記念日・人物・できごと・祭り　7月・8月』次山信男監修、布施孝子、田中由貴文　ポプラ社　2008.3　75p　27cm　3000円　①978-4-591-10108-7　Ⓝ386.1

『新きょうはなんの日？―記念日・人物・できごと・祭り　5月・6月』次山信男監修、香取夕記子、高田勝弘、田中由貴文　ポプラ社　2008.3　75p　27cm　3000円　①978-4-591-10107-0　Ⓝ386.1

『新きょうはなんの日？―記念日・人物・できごと・祭り　3月・4月』次山信男監修、早野美智代、香取夕記子、田中由貴文　ポプラ社　2008.3　75p　27cm　3000円　①978-4-591-10106-3　Ⓝ386.1

『新きょうはなんの日？―記念日・人物・できごと・祭り　1月・2月』次山信男監修、小川洋、高田勝弘、田中由貴文　ポプラ社　2008.3　75p　27cm　3000円　①978-4-591-10105-6　Ⓝ386.1

子どもの本 社会がわかる2000冊　287

どんな行事があるのかな？　　　　　　　　　　　　　　　　現代社会—社会・生活

『日本の祭り事典』芳賀日出男著　汐文社　2008.2　103p　27cm　3000円　①978-4-8113-8490-0　Ⓝ386.1

『まんがでわかる日本の行事12か月』よだひでき著　ブティック社　2008.1　157p　21cm　（ブティック・ムック no.684）　1000円　①978-4-8347-5684-5　Ⓝ386.1

『みんなが知りたい！「四季の行事」がわかる本』ニコワークス著　メイツ出版　2007.12　160p　21cm　1200円　①978-4-7804-0319-0　Ⓝ386.1
目次　一月、二月、三月、四月、五月、六月、七月、八月、九月、十月、十一月、十二月
内容　知れば知るほどおもしろい、日本の行事がいっぱい。お正月・節分・ひな祭り・端午の節句・七夕・クリスマスetc.わかりやすく解説します。

『ターシャ・テューダーのクリスマスアドベントカレンダー』ターシャ・テューダー著，ないとうりえこ訳　メディアファクトリー　2007.10　5枚　29cm　1600円　①978-4-8401-2041-8　Ⓝ386

『「和」の行事えほん　2（秋と冬の巻）』高野紀子作　あすなろ書房　2007.10　59p　21×22cm　1600円　①978-4-7515-2392-6　Ⓝ386.1

『子どもと楽しむ行事とあそびのえほん』すとうあさえ文，さいとうしのぶ絵　のら書店　2007.6　79p　19cm　1300円　①978-4-931129-26-9　Ⓝ386.1
目次　お正月—1月1日、節分—2月3日ごろ、ひな祭り—3月3日、春のお彼岸—3月18日～24日ごろ、お花見、春の野の草、花とあそぼう、春の虫たちとあそぼう、端午の節句—5月5日、母の日・父の日はじまりものがたり—5月の第2曜日と6月の第3日曜日、雨の日のさんぽ、雨がすきな虫、花〔ほか〕
内容　日本には、四季折々の行事があります。この絵本には、季節の行事のお話と身近な自然のあそびがたくさんつまっています。

『年中行事コツのコツ』味元敬子，遠藤サホ文　リブリオ出版　2007.4　4冊（セット）26cm　（大図解 大きな図で解りやすい本）　11200円　①978-4-86057-296-9
目次　1 新年のしきたり—門松・初詣・お年始など、2 冬から春のしきたり—節分・ひなまつりなど、3 春から夏のしきたり—端午の節句・七夕・お盆など、4 秋から冬のしきたり—月見・七五三・大晦日など

『たのしいおまつり—ナイジェリアのクリスマス』イフェオマ・オニエフル作・写真，さくまゆみこ訳　偕成社　2007.3　24p　23×29cm　1200円　①978-4-03-328560-3　Ⓝ386.445

『地域の伝統行事』農山漁村文化協会　2007.3　160p　27cm　（調べてみよう ふるさとの産業・文化・自然 2　中川重年監修）　3000円　①978-4-540-06323-7　Ⓝ386.1
目次　祭り、伝統芸能、行事、信仰
内容　日本全国、それぞれの土地でご先祖さまたちが知恵と工夫を重ねてつくってきた産業や文化。その土地ならではの自然をたくみに生かした暮らしを訪ねる「見る地理の本」。本書では子どもも大人も待ち遠しい祭りや行事の数々を紹介。

『世界の祭り大図鑑—知らない文化・伝統・行事もいっぱい 国際理解を深めよう！』芳賀日出男監修　PHP研究所　2006.12　79p　29cm　2800円　①4-569-68642-7　Ⓝ386
目次　第1章 世界ではどんなふうに祝うの？、第2章 自然と結びついた行事、第3章 宗教に由来する行事、第4章 国や個人にかかわる行事、第5章 世界のおもしろ行事
内容　身近なお祭りや行事から、宗教に由来する行事やおもしろい行事、珍しい行事などを、絵と写真を使ってわかりやすく解説。

『冠婚葬祭ってな～に？—子どもたちへ』ニューミレニアムネットワーク　2006.11（第2刷）132p　26cm　〈文献あり〉　1900円　①4-9902675-1-6　Ⓝ386.1

『年中行事』須藤功著　農山漁村文化協会　2006.11　238p　27cm　（「写真ものがたり」昭和の暮らし 8）　5000円　①4-540-06109-7　Ⓝ386.1
目次　第1章 新年・一年の幸を寿ぐ初春、第2章 春・花に託す実りの願い、第3章 夏・しのびよる悪霊を払う、第4章 秋・収穫前に迎

288

える祖先, 第5章 冬・くる年の輝きを祈る
[内容] 今はわからなくなっている太陰太陽暦を基調に行われた家ごとの年間行事を中心に, 生活に息づいていた季節感や自然への思いをつづる。

『イラスト版子どもの伝統行事―子どもとマスターする40の行事・その由来とやりかた』谷田貝公昭監修, 長沢ひろ子, 本間玖美子, 高橋弥生共著　合同出版　2006.10　111p　26cm　1600円　Ⓣ4-7726-0363-8
[目次] 正月(1月1日〜3日), 七草粥(七日正月)(1月7日), 鏡開き(1月11日), 小正月(1月13日〜15日), 節分(立春の前日), 事始めと事納め(2月18日と12月8日), バレンタインデー(2月14日), 初午(2月初めの午の日), ひな祭り(3月3日), お彼岸(春分の日・秋分の日)〔ほか〕

『「和」の行事えほん　1(春と夏の巻)』高野紀子作　あすなろ書房　2006.6　59p　21×22cm　1600円　Ⓣ4-7515-2391-0　Ⓝ386.1
[目次] 3月,4月,5月,6月,7月,8月
[内容] 「ひなまつり」の由来は?「おそなえ」の意味って?「端午の節句」で, かしわもちを食べるのはなぜ? 由来と意味を知れば, 季節の行事はますます楽しくなる! 日本人なら知っておきたい「和」の伝統行事と, 季節の楽しみを, わかりやすく紹介します。

『学習に役立つわたしたちの年中行事　12月』芳賀日出男著　クレオ　2006.4　35p　27cm　1800円　Ⓣ4-87736-094-8, 4-87736-095-6　Ⓝ386.1
[目次] 諸手船神事, 春日若宮の御祭り, 正月の準備, 年の市, 冬至, 松例祭, 年越しの夜, 物語・大歳の火, 12月の各地の祭り, クリスマス, サンタクロースがやって来た, クリスマスの食べ物, クリスマスの記念切手, 12月のことば, 12月の祭りごよみ, 総目次索引(1月〜12月)

『学習に役立つわたしたちの年中行事　11月』芳賀日出男著　クレオ　2006.4　35p　27cm　1800円　Ⓣ4-87736-093-X, 4-87736-095-6　Ⓝ386.1
[目次] 神のおとずれる祭り, 高千穂の夜神楽, 各地の神楽, 秋祭りの怪物, 七五三と人生儀礼, 十日夜と亥の子, 巨人の祭りと伝説, 物語・信濃の巨人, 11月の各地の祭り, 11月の世界の祭り, 11月のことば, 11月の祭りごよみ, 総目次索引(1月〜12月)

『学習に役立つわたしたちの年中行事　10月』芳賀日出男著　クレオ　2006.4　35p　27cm　1800円　Ⓣ4-87736-092-1, 4-87736-095-6　Ⓝ386.1
[目次] 稲の収穫, 収穫の行事, 神へのごちそう, 収穫のよろこび, 役に立つ稲のワラ, 海からの幸, 天狗と猿田彦, 歴史の祭り, 物語・花の窟の神話, 10月の各地の祭り, 10月の世界の祭り, 10月のことば, 10月の祭りごよみ, 総目次索引(1月〜12月)

『学習に役立つわたしたちの年中行事　9月』芳賀日出男著　クレオ　2006.4　35p　27cm　1800円　Ⓣ4-87736-091-3, 4-87736-095-6　Ⓝ386.1
[目次] 風祭り, 相撲, やぶさめ, 綱引き, お月見, そらよい, 遠野祭り, 祭りの楽器, 物語・陰陽師 安倍晴明, 9月の各地の祭り, 9月の世界の祭り, 9月のことば, 9月の祭りごよみ, 総目次索引(1月〜12月)

『学習に役立つわたしたちの年中行事　8月』芳賀日出男著　クレオ　2006.4　35p　27cm　1800円　Ⓣ4-87736-090-5, 4-87736-095-6　Ⓝ386.1
[目次] 盆をむかえる, 盆の日, 念仏踊り, 盆を送る, 地蔵盆, 夏の夜の火祭り, 花火, 動物に変身, お化け屋敷, 物語・地獄を見にいく, 8月の各地の祭り, 8月の世界の祭り, 8月のことば, 8月の祭りごよみ, 総目次索引(1月〜12月)

『学習に役立つわたしたちの年中行事　7月』芳賀日出男著　クレオ　2006.4　35p　27cm　1800円　Ⓣ4-87736-089-1, 4-87736-095-6　Ⓝ386.1
[目次] 七夕, 大東町の七夕祭り, 水とみそぎ, 京都の祇園祭, 各地の祇園祭り, 夏の縁日, 河童の季節, 雨乞い, 土用の丑の日, 物語・竜神になった甲賀三郎, 7月の各地の祭り, 7月の世界の祭り, 7月のことば, 7月の祭りごよみ, 総目次索引(1月〜12月)

『学習に役立つわたしたちの年中行事　6月』芳賀日出男著　クレオ　2006.4　35p　27cm　1800円　Ⓣ4-87736-088-3, 4-87736-095-6　Ⓝ386.1
[目次] 時の記念日, 花田植, 稲への祈り, 昔の

どんな行事があるのかな？　　　　　　　　　　現代社会―社会・生活

稲作,今の稲作,ウマと農家,チャグチャグ馬っこ,舟くらべ,富士山と富士信仰,茅の輪,物語・蘇民将来,6月の各地の祭り,6月の世界の祭り,6月のことば,6月の祭りごよみ,総目次索引(1月～12月)

『学習に役立つわたしたちの年中行事　5月』芳賀日出男著　クレオ　2006.4　35p　27cm　1800円　①4-87736-087-5,4-87736-095-6　Ⓝ386.1
[目次] 端午の節句,ショウブとヨモギ,子供の祭り,神になった子供,たこあげ,村の芝居,神輿,葵祭り,茶つみと山菜とり,養蚕,物語・博多どんたく,5月の各地の祭り,5月の世界の祭り,5月のことば,5月の祭りごよみ,総目次索引(1月～12月)

『学習に役立つわたしたちの年中行事　4月』芳賀日出男著　クレオ　2006.4　35p　27cm　1800円　①4-87736-086-7,4-87736-095-6　Ⓝ386.1
[目次] 桜咲く,桜前線,花と行事,花と祭り,おシャカさまの花祭り,春の山のぼり,潮干がり,火ぶせの祭り,山車の祭り,物語・聖徳太子と聖霊会,4月の各地の祭り,4月の世界の祭り,4月のことば,4月の祭りごよみ,総目次索引(1月～12月)

『学習に役立つわたしたちの年中行事　3月』芳賀日出男著　クレオ　2006.4　35p　27cm　1800円　①4-87736-085-9,4-87736-095-6　Ⓝ386.1
[目次] 春をよぶお水取り,ひな祭り,手作りのひな人形,水辺のひな祭り,郷土玩具のおひなさま,人型,人形芝居,物語・人形芝居の巡礼おつる,四国のおへんろさん,春の彼岸,3月の各地の祭り,3月の世界の祭り,3月のことば,3月の祭りごよみ,総目次索引(1月～12月)

『学習に役立つわたしたちの年中行事　2月』芳賀日出男著　クレオ　2006.4　35p　27cm　1800円　①4-87736-084-0,4-87736-095-6　Ⓝ386.1
[目次] 節分から立春へ,鬼とは？,祭りで活躍する鬼,鬼のきらいなもの,鬼とあそぶ,初午の行事,わら馬引き,たこ市とたこ,だるま市とだるま,事八日の行事,雪国の祭りとあそび,物語・雪国のかまくら,2月の各地の祭り,2月の世界の祭り,2月のことば,2月の祭りごよみ,総目次索引(1月～12月)

『学習に役立つわたしたちの年中行事　1月』芳賀日出男著　クレオ　2006.4　35p　27cm　1800円　①4-87736-083-2,4-87736-095-6　Ⓝ386.1
[目次] 正月をむかえる,鏡餅,雑煮とおせち料理,年神のおとずれ,正月と小正月の行事,正月の占いとおまじない,正月の祝福芸,獅子舞,獅子舞のルーツ,正月を送る,暦,十二支,物語・おしらさま,1月の各地の祭り,1月の世界の祭り,1月のことば,1月の祭りごよみ,総目次索引(1月～12月)

『つな引きのお祭り』北村皆雄文,関戸勇写真,髙頭祥八絵　福音館書店　2006.1　39p　26cm　(たくさんのふしぎ傑作集)　1300円　①4-8340-2137-8　Ⓝ386.1
[内容] 秋田から沖縄まで、日本全国には様々なつな引きのお祭りがあります。稲ワラをよりあわせてつくった一本のつなを、力いっぱい引きあうことに人々がこめるる願いとはなんでしょうか。写真絵本。

『1年366日のひみつ』竹内誠監修,大橋よしひこまんが　学習研究社　2005.12　128p　23cm　(学研まんが新ひみつシリーズ)　880円　①4-05-202347-1　Ⓝ386.1
[目次] 暦のひみつ　1年は365日？366日？,1月のひみつ　お正月は1年の始まり,2月のひみつ　節分で鬼退治,3月のひみつ　春がくる!!,4月のひみつ　花見で春らんまん,5月のひみつ　元気に育て！こどもの日,6月のひみつ　衣がえと梅雨入り,7月のひみつ　星に願いを！七夕祭り,8月のひみつ　盆おどりと終戦の夏,9月のひみつ　十五夜でお月見!!,10月のひみつ　スポーツと読書の秋,11月のひみつ　文化の秋が本番!!,12月のひみつ　いよいよ歳末！クリスマス！,大晦日だ！さようなら
[内容] 「1年366日のひみつ」は、毎年どんな行事・祝日や記念日があるか、また、今日はどんな日か、あなたの誕生日はどんな日なのかなど、小学生が知りたい毎日のひみつを、楽しく紹介したまんが事典です。

『心をそだてる子ども歳時記12か月』橋本裕之監修　講談社　2005.10　119p　26cm　2000円　①4-06-213143-9　Ⓝ386.1
[目次] 一月,二月,三月,四月,五月,六月,七月,八月,九月,十月,十一月,十二月
[内容] 大人も意外と知らない、先人たちから

受けつがれてきた行事や風習、言い伝えの理由や、そこにこめられた願い。家庭で、学級で、楽しみながら学べる歳時記です。

『チャレンジ！日本全国お祭りクイズ王101』横山験也著　ほるぷ出版　2005.7　207p　19cm　1300円　Ⓘ4-593-59375-1　Ⓝ386.1
　目次　北海道・東北、関東、中部、近畿、中国・四国、九州
　内容　日本全国のお祭り101が大集合！むかしからさまざまな祈りや願いをこめて、お祭りがうまれ、つづいてきたんだ。いまでも日本全国でたくさんのお祭りがおこなわれているよ。さあ、どんなお祭りがあるか、探検してみよう！ぜんぶのお祭りがクイズになっているから、おもしろいよ。

『まるごとわかる365日ものしり百科　12月』谷川健一監修　日本図書センター　2005.3　37p　31cm　3000円　Ⓘ4-8205-9795-7,4-8205-9783-3　Ⓝ386.1

『まるごとわかる365日ものしり百科　11月』谷川健一監修　日本図書センター　2005.3　37p　31cm　3000円　Ⓘ4-8205-9794-9,4-8205-9783-3　Ⓝ386.1

『まるごとわかる365日ものしり百科　10月』谷川健一監修　日本図書センター　2005.3　37p　31cm　3000円　Ⓘ4-8205-9793-0,4-8205-9783-3　Ⓝ386.1

『まるごとわかる365日ものしり百科　9月』谷川健一監修　日本図書センター　2005.3　37p　31cm　3000円　Ⓘ4-8205-9792-2,4-8205-9783-3　Ⓝ386.1

『まるごとわかる365日ものしり百科　8月』谷川健一監修　日本図書センター　2005.3　37p　31cm　3000円　Ⓘ4-8205-9791-4,4-8205-9783-3　Ⓝ386.1

『まるごとわかる365日ものしり百科　7月』谷川健一監修　日本図書センター　2005.3　37p　31cm　3000円　Ⓘ4-8205-9790-6,4-8205-9783-3　Ⓝ386.1

『まるごとわかる365日ものしり百科　6月』谷川健一監修　日本図書センター　2005.3　37p　31cm　3000円　Ⓘ4-8205-9789-2,4-8205-9783-3　Ⓝ386.1

『まるごとわかる365日ものしり百科　5月』谷川健一監修　日本図書センター　2005.3　37p　31cm　3000円　Ⓘ4-8205-9788-4,4-8205-9783-3　Ⓝ386.1

『まるごとわかる365日ものしり百科　4月』谷川健一監修　日本図書センター　2005.3　37p　31cm　3000円　Ⓘ4-8205-9787-6,4-8205-9783-3　Ⓝ386.1

『まるごとわかる365日ものしり百科　3月』谷川健一監修　日本図書センター　2005.3　37p　31cm　3000円　Ⓘ4-8205-9786-8,4-8205-9783-3　Ⓝ386.1

『まるごとわかる365日ものしり百科　2月』谷川健一監修　日本図書センター　2005.3　37p　31cm　3000円　Ⓘ4-8205-9785-X,4-8205-9783-3　Ⓝ386.1

『まるごとわかる365日ものしり百科　1月』谷川健一監修　日本図書センター　2005.3　38p　31cm　〈付属資料：総索引（16p）〉　3000円　Ⓘ4-8205-9784-1,4-8205-9783-3　Ⓝ386.1

『日本のくらし絵事典―国際理解にもやくだつ　年中行事から伝統芸能まで』PHP研究所編　PHP研究所　2005.1　79p　29cm　2800円　Ⓘ4-569-68518-8　Ⓝ386.1
　目次　第1章　行事＝春から夏へ、第2章　行事＝秋から冬へ、第3章　日本のくらし、第4章　伝統芸能と文化

『ちびまる子ちゃんのはじめてのぎょうじ絵じてん―はるなつあきふゆ』学習研究社　2004.12　79p　26cm　1300円　Ⓘ4-05-202192-4　Ⓝ386.1
　目次　おしょうがつ（一月一日）、せつぶん（二月三日ごろ）、バレンタインデー（二月十四日）、ひなまつり（三月三日）、けいちつ（三月五日ごろ）、おはなみ（四月のはじめごろ）、たんごのせっく（五月五日）、ははの日（五月のだい二日よう日）、ちちの日（六月のだい三日よう日）、つゆいり、たなばた（七月七日）、おぼん（八月十三日ごろ）、はなび、おつきみ

どんな行事があるのかな？　　　　　　　　　　　　　現代社会—社会・生活

(九月のおわりごろ)、たいいくの日(十月のだい二月よう日)、あきのむし、七五三(十一月十五日)、クリスマス(十二月二十五日)、おおみそか(十二月三十一日)

『日本の年中行事　11月・12月』深光富士男著，竹内誠監修　学習研究社　2004.3　55p　29cm　3000円　Ⓘ4-05-301610-X,4-05-810729-4　Ⓝ386.1
[目次] 11月のカレンダー,12月のカレンダー

『日本の年中行事　9月・10月』深光富士男著，竹内誠監修　学習研究社　2004.3　51p　29cm　3000円　Ⓘ4-05-301609-6,4-05-810729-4　Ⓝ386.1
[目次] 9月のカレンダー,10月のカレンダー

『日本の年中行事　7月・8月』深光富士男著，竹内誠監修　学習研究社　2004.3　55p　29cm　3000円　Ⓘ4-05-301608-8,4-05-810729-4　Ⓝ386.1
[目次] 7月のカレンダー,8月のカレンダー

『日本の年中行事　5月・6月』深光富士男著，竹内誠監修　学習研究社　2004.3　55p　29cm　3000円　Ⓘ4-05-301607-X,4-05-810729-4　Ⓝ386.1
[目次] 5月のカレンダー,6月のカレンダー

『日本の年中行事　3月・4月』深光富士男著，竹内誠監修　学習研究社　2004.3　53p　29cm　3000円　Ⓘ4-05-301606-1,4-05-810729-4　Ⓝ386.1
[目次] 3月のカレンダー,4月のカレンダー

『日本の年中行事　1月・2月』深光富士男著，竹内誠監修　学習研究社　2004.3　71p　29cm　3000円　Ⓘ4-05-301605-3,4-05-810729-4　Ⓝ386.1
[目次] 1月のカレンダー,2月のカレンダー

『行事と遊びをつくろう』永井順国監修，石田繁美編　ポプラ社　2003.4　47p　29cm　(伝統文化で体験学習 5)　2950円　Ⓘ4-591-07566-4,4-591-99491-0　Ⓝ386.1
[目次] 祭りで体験学習，しめ縄づくりで体験学習，ひな祭りで体験学習，七夕祭りで体験学習，歴史カルタで体験学習，囲碁で体験学習

[内容] この巻では、もうすでに行事と遊びの伝統文化に取り組んでいる、小学生の体験学習を中心に行事と遊びのすばらしさを伝えていきます。

『日本と世界の365日なんでも大事典』こよみ研究会編　ポプラ社　2003.4　215p　31cm　6000円　Ⓘ4-591-07577-X　Ⓝ386
[目次] 世界の祭りと年中行事,1月～12月なんでも事典,こよみと日本の年中行事
[内容] 1月1日から12月31日まで、「きょうは何の日？」「きょうはどんなことがあったの？」がひと目でわかります。記念日や祝祭日、祭りや年中行事、できごと、歴史的人物の生没日を知ることができます。

『せっく一絵本』田畑豊文，安達加奈子絵　光村印刷　2002.11　32p　27cm　(Bee books)　1000円　Ⓘ4-89615-973-X　Ⓝ386.1

『ぎょうじのゆらいーえほん百科』講談社　2002.10　79p　26cm　1400円　Ⓘ4-06-211545-X
[目次] 1月 おしょうがつ,2月 せつぶん,3月 ひなまつり,4月 おはなみ,5月 たんごのせっく,6月 ころもがえ,7月 たなばた,8月 おぼん,9月 おつきみ,11月 七五三,12月 としこし・おおみそか
[内容] 幼児から親しめる代表的な日本の行事をとりあげた、知育絵本。「なぜ、おせち料理を食べるの？」「なぜ、おひなさまを飾るの？」お子さまの「なぜ」に答えながら、親子でいっしょに楽しく学べる一冊。行事にちなんだ歌やおはなし、工作、クイズなどの遊びも紹介。第一線で活躍中のイラストレーターによって描かれた美しい絵で構成。内容に興味と親しみをもちやすく、また、お子さまの感性を豊かにはぐくむ。

『行事の名前のひみつ』国松俊英文，熊谷さとし絵　岩崎書店　2002.2　95p　22cm　(名前のはじまり探検隊 8)　1200円　Ⓘ4-265-03948-0
[目次] 暦はかよみから、十二カ月の名前,お正月さまをむかえる,門松はなぜたてるの？,神さまとたべるお雑煮,むかしの正月のあそび,鬼はうち一福はそとー,ヴァレンタインはチョコの日？,ももは邪悪なものをおいはらう,暑さ寒さも彼岸まで〔ほか〕

292

現代社会─社会・生活　　　　　　　　　　　　　　　　　伝統を知ろう

『たなばたものがたり』舟崎克彦文，二俣英五郎絵　教育画劇　2001.5　1冊　19×26cm　（行事の由来えほん）1200円　Ⓘ4-7746-0500-X

『学校のまつりをつくろう』千葉昇監修，青木滋一文　ポプラ社　2001.4　47p　29cm　（体験と交流でつくる「総合」6）2800円　Ⓘ4-591-06706-8,4-591-99365-5
　目次　1　みんなのまつりをつくろう,2　みんなで足あとをのこそう,3　ほかの学校やまちを知ろう
　内容　みんなで参加してつくりあげる、新しい学校のまつりを考えよう。小学中学年〜高学年向き。

『こねこのははのひ』やすいすえこ作，しのざきみつお絵　教育画劇　2001.4　1冊　19×26cm　（行事の由来えほん）1200円　Ⓘ4-7746-0499-2

『げんきにおよげこいのぼり』今関信子作，福田岩緒絵　教育画劇　2001.3　1冊　19×26cm　（行事の由来えほん）1200円　Ⓘ4-7746-0498-4

『せつぶんだまめまきだ』桜井信夫作，赤坂三好絵　教育画劇　2000.12　1冊　19×27cm　（行事の由来えほん）1200円　Ⓘ4-7746-0496-8

『きょうとあしたのさかいめ』最上一平作，渡辺有一絵　教育画劇　2000.10　28p　19×27cm　（行事の由来えほん）1200円　Ⓘ4-7746-0502-6

『クリスマスにくつしたをさげるわけ』間所ひさこ作，ふりやかよこ絵　教育画劇　2000.10　1冊　19×27cm　（行事の由来えほん）1200円　Ⓘ4-7746-0501-8

『七ふくじんとおしょうがつ』山末やすえ作，伊東美貴絵　教育画劇　2000.10　1冊　19×27cm　（行事の由来えほん）1200円　Ⓘ4-7746-0495-X

『12か月・行事のマナー』峯村良子作・絵　偕成社　2000.3　31p　28cm　（子どものマナー図鑑　5）1500円　Ⓘ4-03-406350-5
　目次　1月,2月,3月,4月,5月,6月,7月,8月,9・10月,11月,12月
　内容　こんなときどうする？初もうでにいったとき、卒業式や新学期のとき、母の日と父の日、作品展や運動会、結婚式によばれたとき…。四季の行事やもよおしのとき、子どもはどうふるまったらいいか。行事の意味といっしょに基本的なマナーをおぼえよう。

◆伝統を知ろう

『伝統芸能』三隅治雄監修　ポプラ社　2007.3　215p　29cm　（ポプラディア情報館）6800円　Ⓘ978-4-591-09602-4,978-4-591-99840-3　Ⓝ772.1

『茶道・華道・書道の絵事典─日本文化の基礎がわかる　初歩から学ぶ』PHP研究所編　PHP研究所　2006.6　79p　30cm　2800円　Ⓘ4-569-68606-0
　目次　序章　日本の文化を知ろう,第1章　茶道について学ぼう,第2章　華道の基本を知ろう,第3章　書道を楽しもう

『狂言─茂山宗彦・茂山逸平　私達がご案内します』茂山宗彦,茂山逸平監修　アリス館　2006.4　47p　31cm　（こども伝統芸能シリーズ　図書館版　2）2600円　Ⓘ4-7520-0334-1　Ⓝ773.9
　目次　イラスト図解　狂言ライブへ行こう！,狂言の世界へ、ようこそ,演目紹介（蝸牛,附子,棒縛り,仏師）

『落語─柳家花緑　私がご案内します』柳家花緑監修・文　アリス館　2006.4　47p　31cm　（こども伝統芸能シリーズ　図書館版　3）2600円　Ⓘ4-7520-0335-X　Ⓝ779.13
　目次　イラスト図解　落語ライブへ行こう！,ようこそ、落語の世界へ,演目紹介（寿限無,たぬきの札,まんじゅうこわい）

『歌舞伎─市川染五郎　私がご案内します』市川染五郎監修　アリス館　2006.3　47p　31cm　（こども伝統芸能シリーズ　図書館版　1）2600円　Ⓘ4-7520-0333-3　Ⓝ774
　目次　イラスト図解　歌舞伎ライブへ行こう！,ようこそ歌舞伎の世界へ！─市川染五郎,演目紹介（歌舞伎ならではの魅力がいっ

子どもの本　社会がわかる2000冊　293

ぱい！―寿曾我対面，一大スペクタクルの壮大なストーリー！―天竺徳兵衛，あでやかなお姫様の大変身！―京鹿子娘道成寺)，やってみよう！歌舞伎ドリル

『伝統工芸』伝統的工芸品産業振興協会監修　ポプラ社　2006.3　215p　29cm　（ポプラディア情報館）6800円　①4-591-09050-7　Ⓝ509.31
目次　1章　生活のなかでいきる伝統工芸，2章　伝統工芸の基礎知識，3章　種類別に見た伝統工芸，4章　地域の特色と伝統工芸，5章　伝統工芸をになう人びと，6章　産業のなかの伝統工芸，7章　伝統工芸のこれから，もっと調べてみよう！資料のページ
内容　伝統工芸ってどんなもの？日本の伝統工芸がはぐくまれた歴史的な背景と現在つくられている伝統的工芸品を素材別・種類別に解説します。わたしたちがくらす都道府県ごとに、地域に伝わる伝統の工芸品の由来や製造工程などを徹底的に紹介します。現在の日本の伝統工芸産業のかかえる問題，明るい未来のためのとりくみなどを、データで分析。全国の伝統的工芸品の産地組合，産業会館などをまとめた、見学や体験学習に役立つ資料も満載。

『日本の伝統文化・芸能事典』日本文化いろは事典プロジェクトスタッフ著　汐文社　2006.2　159p　27cm　〈年表あり　文献あり〉2800円　①4-8113-8067-3　Ⓝ382.1
目次　第1章　年中行事，第2章　生活・風俗，第3章　伝統芸能・芸術

『歌舞伎』原道生監修　くもん出版　2004.4　127p　27cm　（物語で学ぶ日本の伝統芸能　3）〈年表あり〉2800円　①4-7743-0740-8　Ⓝ774
目次　仮名手本忠臣蔵，青砥稿花紅彩画

『狂言』山崎有一郎監修　くもん出版　2004.4　127p　27cm　（物語で学ぶ日本の伝統芸能　2）2800円　①4-7743-0739-4　Ⓝ773.9
目次　節分，附子，蚊相撲，月見座頭，武悪

『能』山崎有一郎監修　くもん出版　2004.4　127p　27cm　（物語で学ぶ日本の伝統芸能　1）2800円　①4-7743-0738-6　Ⓝ773

目次　羽衣，敦盛，隅田川，鉢木，大江山，殺生石

『文楽』平島高文監修　くもん出版　2004.4　127p　27cm　（物語で学ぶ日本の伝統芸能　4）〈年表あり〉2800円　①4-7743-0741-6　Ⓝ777.1
目次　妹背山婦女庭訓，菅原伝授手習鑑，冥途の飛脚，五條橋
内容　本書は、『妹背山婦女庭訓』『菅原伝授手習鑑』『冥途の飛脚』『五条橋（『鬼一法眼三略巻』より）』という、文楽を代表する物語四編を、原作である浄瑠璃に忠実に（内容の一部は割愛してあります）、しかし、読者のみなさんに、なるべくわかりやすい言葉を選んで、読み物として再構成したものです。執筆にあたった江南真理さんとは、作品選びから、文章のこまかな表現、写真のあつかい方にいたるまで、何度も何度も相談をかさねて、一冊の本にまとめました。小学校高学年〜中学生向け。

『寄席芸・大道芸』小沢昭一，矢野誠一監修　くもん出版　2004.4　127p　27cm　（物語で学ぶ日本の伝統芸能　5）2800円　①4-7743-0742-4　Ⓝ779
目次　寄席芸（講談/『正直俥夫』，落語/『寿限無』，落語/『真田小僧』，浪曲/『清水次郎長伝・森の石松三十石船』），大道芸（太神楽/伊勢大神楽/『剣三番叟』より「掛け合い」，万歳/尾張万歳/『七福解』（『御殿万歳』より/『早慶戦』，見世物呼び込み口上/『ろくろ首』，絵解き/『パノラマ地獄極楽』，のぞきからくり/『八百屋お七』，香具師口上/（『ガマの油売り』，『物産飴売り』，『気合術』），くぐつ/『阿波徳島の木偶まわし』，すだれ芸/『豊年すだれ』）

『伝統を作る　4　竹細工』白石和己監修　学習研究社　2004.2　47p　28×22cm　〈付属資料：DVD1〉5800円　①4-05-201985-7
目次　竹物語，みんなで作ってみよう

『伝統を作る　3　和紙』白石和己監修　学習研究社　2004.2　47p　28×22cm　〈付属資料：DVD1〉5800円　①4-05-201984-9
目次　身の回りの和紙，日本各地の和紙，和紙の原料，さまざまな和紙，和紙の歴史，世界の紙の歴史，和紙と洋紙，紙のふしぎ，技をきわめる―岩野市兵衛さん，小原和紙の製作工程

現代社会―社会・生活　　　　　　　　　　　　　　　　　　　　　　　　　　　　伝統を知ろう

を見る〔ほか〕

『伝統を作る　2　染めもの』白石和己監修　学習研究社　2004.2　47p　28×22cm〈付属資料：DVD1〉5800円　Ⓘ4-05-201983-0
目次　染めものって何？，染めてみよう―道具を用意しよう

『伝統を作る　1　やきもの』白石和己監修　学習研究社　2004.2　47p　28×22cm〈付属資料：DVD1〉5800円　Ⓘ4-05-201982-2
目次　身の回りのやきもの，最先端のやきもの，やきものの歴史と知識，技をきわめる―鈴木五郎さん，みんなで作ってみよう

『うるしの文化』藤澤保子文，稲川弘明図・絵　新版　小峰書店　2003.8　81p　29cm　（図説日本の文化をさぐる）〈年表あり〉2700円　Ⓘ4-338-07508-2　Ⓝ752
目次　「うるし」とはどんなもの，暮らしの中の漆，漆器はいろいろな材料で作られる，漆を塗る，文様をつける，漆器の産地，漆器の扱い方と手入れ，現代生活の中の漆，漆工芸の歴史，漆工芸の基本用語
内容　本書は、漆の文化の研究家として、また実作者として豊かな経験をもつ著者が、多数の写真とイラストをまじえて初めてわかりやすい言葉でビジュアルにまとめた漆の世界の全体像です。

『伝統工芸の世界』ものづくり探検編集室編著　理論社　2003.4　48p　28cm　（ものづくり探検　身近なものができるまで　5）〈年表あり〉2400円　Ⓘ4-652-04845-9　Ⓝ509.21
目次　漆器（輪島塗），陶器（備前焼），磁器（有田焼），織物（西陣織），人形（江戸木目込人形，鳴子こけし），鉄器（南部鉄器），和紙（土佐和紙），そろばん（雲州そろばん），将棋の駒（天童将棋駒），筆（奈良筆），墨（鈴鹿墨），清酒，三味線，日本の伝統的工芸品，おもな伝統的工芸品の始まり

『和の心を感じよう』永井順国監修，石田繁美編　ポプラ社　2003.4　47p　29×22cm　（伝統文化で体験学習　6）2950円　Ⓘ4-591-07567-2
目次　茶道で体験学習，華道で体験学習，書道で体験学習，筆づくりで体験学習，書道のひみつ，書をあじわおう，剣道で体験学習，日本の武道，日本の文化のなかの和の心を見よう，和の心と日本の四季，伝統文化・和の心の年表，和の心体験館・情報館
内容　本書では、もうすでに和の心の伝統文化に取り組んでいる、小学生の体験学習を中心に和の心のすばらしさを伝えていきます。

『地域・郷土の伝統と文化』中野重人監修，WILL子ども知育研究所文　金の星社　2003.3　47p　30cm　（「地域・郷土」で総合学習　みんなで調べて出かけよう！　4）2800円　Ⓘ4-323-05444-0　Ⓝ382.1
目次　1　この町大すき！郷土の行事とまつり，2　のこそう！郷土の名所，3　知ろう！地域の伝統技術，4　学ぼう！地域のあそび，5　ちょうせん！郷土の味，6　じっくりみよう！博物館・美術館

『日本の伝統芸能はおもしろい　5　吉田蓑太郎の文楽』吉田蓑太郎監修，小野幸恵著　岩崎書店　2002.3　47p　30cm　2800円　Ⓘ4-265-05555-9
目次　第1章　生きているように動く人形，第2章　物語りの語り手大夫と三味線，第3章　文楽の舞台表と裏，第4章　みんなで文楽をやってみよう，第5章　文楽はこうして作られた，第6章　蓑太郎先生おすすめの文楽，第7章　蓑太郎先生に答えてほしい，第8章　ぼくが人形遣いになった理由
内容　少年の遊び場は、人形遣いの父親が働く文楽の劇場。この場所が、少年は大好きでした。中学生になって、裏方のアルバイトをすることになり、少年ははじめて、舞台裏から父親の姿を見ることになります。「おやじは、すごい…」と、心から尊敬する気持ちになりました。人形遣いによって、はじめて命を吹き込まれる人形たち―文楽の世界を、人形遣いと一緒にのぞいてみましょう。小学校高学年以上。

『日本の伝統芸能はおもしろい　4　東儀秀樹の雅楽』東儀秀樹監修，小野幸恵著　岩崎書店　2002.3　47p　30cm　2800円　Ⓘ4-265-05554-0
目次　第1章　雅楽の音は宇宙だ，第2章　雅楽のドレミを作ってみよう，第3章　シルクロードから日本へ…雅楽の歴史，第4章　ルーツによって分けられる音楽と舞の世界，第5章　東儀先生に聞いてみよう，第6章　ぼくが雅楽師になるまで

［内容］ロックが好きで、ギタリストになりたいと思っていた少年は、おじいさんが吹いていた、「プィーン」という不思議な音色の篳篥のことを考えるようになります。それは、千年以上も昔から伝わる楽器。おじいさんの奏でる音楽は、雅楽だったのです。雅楽は、まず感じることから―雅楽が生まれた時代のように、自然に耳を傾け、自然を感じてみると、そこから雅楽の世界が広がります。小学校高学年以上。

『日本の伝統芸能はおもしろい 3 野村万斎の狂言』野村万斎監修, 小野幸恵著 岩崎書店 2002.3 47p 30cm 2800円 ①4-265-05553-2

［目次］第1章 狂言には型がある, 第2章 型で遊んでみよう, 第3章 狂言の歴史, 第4章 狂言の舞台表と裏, 第5章 イメージしてごらん, 狂言の世界, 第6章 万斎先生に答えてほしい, 第7章 ぼくが狂言師になるまで

［内容］狂言の家に生まれた少年は、子どものころから、厳しい稽古の毎日。つらくて逃げ出したいと思ったこともあったけど、狂言の本当のすばらしさに気づいたころから、狂言を通して自己表現する魅力にとりつかれていったのです。狂言の「型」は、ことばで語るよりもおしゃべり。見る人にとても多くのことを伝え、いろいろな心を想像させてくれます。この「型」をてがかりに、狂言の世界を体験してみましょう。小学校高学年以上。

『日本の伝統芸能はおもしろい 2 柳家花緑の落語』柳家花緑監修, 小野幸恵著 岩崎書店 2002.3 47p 30cm 2800円 ①4-265-05552-4

［目次］第1章 落語の世界って…, 第2章 落語の舞台と道具, 第3章 落語にトライ, 第4章 落語のことを勉強しよう, 第5章 知っているかな、こんな「はなし」, 第6章 こんな落語があってもいいよね, 第7章 花緑先生に答えてほしい, 第8章 柳家花緑物語

［内容］生まれたその瞬間、母親はその子を、落語家にしようと思いました。その子のおじいさんは名人といわれた落語家。やがて、子どもは落語好きの少年に成長し、中学を卒業するときには、落語家になることを、自分で決心していました。そうして修行がはじまったのです。大好きなおじいさんは、その日から厳しい師匠になりました。本を読むように落語を聞いてみよう―これがこの本のキーワード。ここから、落語の世界が広がります。小学校高学年以上。

『日本の伝統芸能はおもしろい 1 市川染五郎の歌舞伎』市川染五郎監修, 小野幸恵著 岩崎書店 2002.3 47p 30cm 2800円 ①4-265-05551-6

［目次］第1章 歌舞伎の役ができるまで, 第2章 舞台の表と裏, 第3章 みんなも歌舞伎の役になってみよう, 第4章 歌舞伎はこうして生まれた, 第5章 染五郎おすすめの歌舞伎とみどころ, 第6章 染五郎先生に答えてほしい, 第7章 市川染五郎物語

［内容］代々の歌舞伎役者の家に、たった一人の男の子として生まれた少年は、プロ野球選手になりたいと思うほど野球が好きでした。少年が好きなものは、もうひとつありました。それは、お芝居の世界。両親は「役者になるように」とは一言も言いませんでしたが、幼い頃から三味線の音が好きで、踊りが好きで、劇場の楽屋が大好きでした。そんな環境で成長し、気がついたときには、歌舞伎が好きな歌舞伎役者になっていました。子ども時代の「お芝居ごっこ」が、歌舞伎の原点―ここから、歌舞伎の世界に案内してくれます。小学校高学年以上。

『まちの伝統に親しもう』千葉昇監修, 青木滋一文 ポプラ社 2001.4 47p 29cm （体験と交流でつくる「総合」 4）2800円 ①4-591-06704-1,4-591-99365-5

［目次］1 昔からある食べものをつくろう, 2 まちや村の名人に学ぼう, 3 まちの伝統芸能を調べよう, 4 学んだことをまとめて発表しよう

［内容］昔ながらの食べものやお祭りなど、まちの伝統を体験してみよう。小学中学年～高学年向き。

『町の伝統や文化を知ろう』水越敏行監修, 生田孝至指導 学習研究社 2000.2 47p 27cm （わたしは町の探検記者 総合的な学習実践集 1）〈索引あり〉 2800円 ①4-05-201081-7,4-05-810577-1

［目次］探検記者物語・500年の伝統の技、加賀友禅にチャレンジ!!・石川県金沢市立明成小学校、探検レポート

［内容］地域による文化のちがいを調べよう。ほかにはない自分の町の宝物を探そう。

書名索引

書名索引　いきる

【あ】

あいさつだってボランティア（田中ひろし）………… 238
あいさつと習慣（梅沢実）………… 20
亜生ちゃんとガラパゴス（清水久美子）…… 240
アイヌ・北方領土学習にチャレンジ（平山裕人）………… 68
アイヌ民族：歴史と現在 ………… 63
赤ちゃんにかかわる仕事（ヴィットインターナショナル企画室）………… 155
アキラの地雷博物館とこどもたち（アキ・ラー）………… 115
アクセス現代社会（帝国書院編集部）………… 85
あこがれの仕事を調べよう（池上彰）…… 148
朝日学習年鑑 ………… 89, 91〜93
朝日ジュニア学習年鑑 ………… 84
朝日ジュニア百科年鑑 ………… 85, 86, 88, 89
アジア、アフリカの家（小松義夫）…… 26, 52
アジアの国境（池上彰）………… 25
アジアの子どもたちに学ぶ30のお話（池間哲郎）………… 25
アジアの友だちに会おう！（ユネスコ・アジア文化センター）………… 25
アジアの民族衣装（石山彰）………… 26
あそび・音楽・スポーツで国際交流（ピーター・バラカン）………… 100
遊びと勉強（梅沢実）………… 20
遊びのモノから見る、日本と世界（保岡孝之）………… 180
遊ぶことだってたいせつな権利（ナムーラミチヨ）………… 125
あたたかい「家」がほしい（ジーン・ハリソン）………… 123
暖かい地域のくらし（目崎茂和）………… 66
あたらしい憲法のはなし（童話屋編集部）…… 134
あたらしい自動車ずかん（いのうえ・こーいち）………… 191
あたらしい戦争ってなんだろう？（山中恒）………… 112
アツイぜ！消防官（くさばよしみ）………… 151
アッサラーム・アレイコム（モハメッド・バシール・クルディ）………… 40
圧勝！受験なんてヘッチャラだ（斎藤孝）…… 233
アトム（舘林千賀子）………… 266
アトラスキッズ世界地図（エレイン・ジャクソン）………… 1
アトラス世界地図絵本（アリソン・クーパー）………… 3
あなたが裁判員になったら（裁判員制度研究会）………… 128
あなたなら、どうする（大平光代）………… 130

あなたの声がききたい（岸川悦子）………… 250
アニメをつくろう（苅宿俊文）………… 281
アニメ・ゲーム76の仕事 ………… 161
アニメーションの仕事（ヴィットインターナショナル企画室）………… 164
あの日を忘れない（安斎育郎）………… 116
アパルトヘイト問題（平野克己）………… 119
アフガニスタン（メアリー・M. ロジャース）………… 39
アフガニスタン勇気と笑顔（内堀たけし）…… 39
アフリカを走る（大内三郎）………… 52
アフリカ・南アメリカの鉄道（秋山芳弘）…… 201
アボリジニ（ダイアナ・マルシェル）………… 60
アメリカ（中島章夫）………… 59
アメリカ（渡辺一夫）………… 58
アメリカ海岸地図を作った男たち（テイラー・モリソン）………… 3
アメリカの子どもたち（西村俊二）………… 59
アメリカの友だち（佐藤郡衛）………… 59
あらいたてきもちいい！パンツ（柳原美紗子）………… 179
アラブ・イスラエル紛争（池田明史）………… 114
アルゼンチン（グレッチェン・ブラッドフォルド）………… 57
アルバニア（トム・ストライスグス）………… 49
あわあわぶくぶく！せっけん（長谷川治）…… 179
アンコール・ワットの神さまへ（石原尚子）………… 126
安心してくらしたい（ジーン・ハリソン）…… 123
アンソニー、きみがいるから（桜井ようこ）………… 262

【い】

飯田城ガイドブック（飯田市美術博物館）…… 77
イエティを探せ（マーティン・オリバー）…… 20
いきいき福祉体験（舘野健三）………… 240
いきいき！保育士（くさばよしみ）………… 161
生き物を育成する仕事（ヴィットインターナショナル企画室）………… 153
生きものたちの楽園（守山弘）………… 176
生きものと一緒に働く仕事 ………… 152
生きものとつくるハーモニー（大沢勝次）…… 175
生きものとつくるハーモニー（古川良平）…… 176
生きものと人間をつなぐ（高木清継）………… 175
イギリス（谷川彰英）………… 42
イギリス（中西輝政）………… 42
イギリス（レイチェル・ビーン）………… 42
イギリス（渡辺一夫）………… 42
生きるってすてきだね（いながきようこ）…… 248
生きる勇気をあたえてくれる人（今井美沙子）………… 155

子どもの本　社会がわかる2000冊　299

いきる　　　　　　　　　書名索引

生きる喜びを見つける人たち（NHKきらり
　　といきる制作班）・・・・・・・・・・・・・・・・・・・・ 252
池上彰のニュースに登場する国ぐにのかげ
　　とひかり（稲葉茂勝）・・・・ 25, 38, 40, 51, 54, 59
意見をいって自分もまわりも変わる（喜多
　　明人）・・・・・・・・・・・・・・・・・・・・・・・・・・・・・・・ 118
意見を聞いてほしい（ニコラ・エドワーズ）
　　・・・・・・・・・・・・・・・・・・・・・・・・・・・・・・・・・・・・・ 123
囲碁/将棋にかかわる仕事（ヴィットインター
　　ナショナル企画室）・・・・・・・・・・・・・・・・・・ 162
遺産はだれがもらえるの？（山根祥利）・・・ 131
石頭コンピューター（安野光雅）・・・・・・・・・ 269
いじめ（岩立京子）・・・・・・・・・・・・・・・・・・・・・ 237
いじめ（エレイン・スレベンス）・・・・・・・・・ 235
いじめなんてへっちゃらさ（トレボー・ロメ
　　イン）・・・・・・・・・・・・・・・・・・・・・・・・・・・・・・・ 236
いじめ、暴力、虐待から自分を守る（坪井節
　　子）・・・・・・・・・・・・・・・・・・・・・・・・・・・・・・・・・ 118
いす（島崎信）・・・・・・・・・・・・・・・・・・・・・・・・・ 185
イスラム教とイラクの人びと（平田伊都子）
　　・・・・・・・・・・・・・・・・・・・・・・・・・・・・・・・・・・・・・・ 39
いそげパトカー・消防車（小賀京実）・・・・・ 197
イタリア（ロバート・アンダーソン）・・・・・・ 46
イタリア（谷川彰英）・・・・・・・・・・・・・・・・・・・・ 48
イタリア（吉田忠正）・・・・・・・・・・・・・・・・・・・・ 46
イタリア・ギリシア（和田忠彦）・・・・・・・・・・ 47
イタリアの子どもたち（西村佐二）・・・・・・・・ 47
イタリアのごはん（銀城康子）・・・・・・・・・・・・ 46
1年366日のひみつ（竹内誠）・・・・・・・・・・・・ 290
市場がわかる絵事典（桑原利夫）・・・・・・・・・ 220
いつかのりたい世界と日本の豪華列車（桜
　　井寛）・・・・・・・・・・・・・・・・・・・・・・・・・・・・・・・ 206
いつでもどこでも手話ソング（こどもくら
　　ぶ）・・・・・・・・・・・・・・・・・・・・・・・・・・・・・・・・・ 260
いつもずっとそばにいて（岸川悦子）・・・・・ 264
移動できる家（ニコラ・バーバー）・・・・・・・・ 13
イヌイット（レスリー・シュトゥラドゥヴィ
　　ク）・・・・・・・・・・・・・・・・・・・・・・・・・・・・・・・・・・ 54
犬たちがくれた音（高橋うらら）・・・・・・・・・ 263
犬とかかわる仕事がしたい！（辻秀雄）・・・ 153
犬・ねこ・うさぎ・・・・・・・・・・・・・・・・・・・・・・ 152
犬のおまわりさんボギー（西松宏）・・・・・・・ 126
イネを育てる（池田良一）・・・・・・・・・・・・・・・ 174
稲、麦、大豆の研究開発（安東郁男）・・・・・ 169
井上ひさしの子どもにつたえる日本国憲法
　　（井上ひさし）・・・・・・・・・・・・・・・・・・・・・・ 132
命を守る仕事（ヴィットインターナショナル
　　企画室）・・・・・・・・・・・・・・・・・・・・・・・・・・・・ 154
衣服にかかわる仕事（ヴィットインターナ
　　ショナル企画室）・・・・・・・・・・・・・・・・・・・・ 163
衣服の歴史図鑑（L. ローランド＝ワーン）・・ 18
今イラクで起きていること！（平田伊都子）・・ 39
今だからこそ！国際理解（池上彰）・・・・・・・・ 23
移民と亡命（アイリス・タイクマン）・・・・・・ 89
鋳物の文化史（石野亨）・・・・・・・・・・・・・・・・・ 181

EUの政治と経済（田中信世）・・・・・・・・・・・・・ 41
EUの文化とことば（田中信世）・・・・・・・・・・・ 41
EUの歴史（田中信世）・・・・・・・・・・・・・・・・・・・ 41
イラク（ジョン・キング）・・・・・・・・・・・・・・・・ 40
イラク（チャーリー・サミュエルズ）・・・・・・ 38
イラク（メアリー・M. ロジャース）・・・・・・・ 39
イラクに生きる（佐藤好美）・・・・・・・・・・・・・・ 39
イラストで学べる選挙制度（大野一夫）・・・・ 94
イラストでみる世界を変えた発明（ジリー・
　　マクラウド）・・・・・・・・・・・・・・・・・・・・・・・・ 212
イラスト日本まるごと事典（インターナショ
　　ナル・インターンシップ・プログラム
　　ス）・・・・・・・・・・・・・・・・・・・・・・・・・・・・・・・・・・ 62
イラスト版子どもの伝統行事（谷田貝公昭）
　　・・・・・・・・・・・・・・・・・・・・・・・・・・・・・・・・・・・・・ 289
イラン（メアリー・M. ロジャース）・・・・・・・ 40
医療・消費者と人権（鈴木利広）・・・・・・・・・ 119
医療と福祉にトライ！・・・・・・・・・・・・・・・・・・ 154
医療の職場・・・・・・・・・・・・・・・・・・・・・・・・・・・・ 154
いろいろな国と交流しよう（水越敏行）・・・ 102
いろいろな自動車（海老原美宜男）・・・・・・・ 196
いろいろな人の人権を考える（石井小夜子）
　　・・・・・・・・・・・・・・・・・・・・・・・・・・・・・・・・・・・・・ 118
いろんなことを調べてみよう（紺野順子）・・ 279
いろんな学び方、あるんだね！（ジュディス・
　　スターン）・・・・・・・・・・・・・・・・・・・・・・・・・・ 255
いろんなメディアで伝えよう（満川尚美）・・ 114
飲食の職場・・・・・・・・・・・・・・・・・・・・・・・・・・・・ 159
引退犬 命の物語（沢田俊子）・・・・・・・・・・・・ 263
インターネット活用アイデア101（木村義
　　志）・・・・・・・・・・・・・・・・・・・・・・・・・・・ 281, 282
インターネット探検隊（横山験也）・・・・・・・ 285
インターネットで学習ができちゃう本（小学
　　館ドラネット編集部）・・・・・・・・・・・・・・・ 285
インターネットで交流学習（梅津健志）・・・ 279
インターネットで国際交流（中島章夫）・・・ 100
インターネットで自由研究・・・・・・・・・・・・・・ 285
インターネットで調べよう（梅津健志）・・・ 279
インターネットで調べよう考えよう（藤川
　　大祐）・・・・・・・・・・・・・・・・・・・・・・・・・・・・・・ 277
インターネットで地域交流（梅津健志）・・・ 280
インターネットでまとめよう発表しよう（藤
　　川大祐）・・・・・・・・・・・・・・・・・・・・・・・・・・・・ 277
インターネットで学ぼう環境・地域（藤川大
　　祐）・・・・・・・・・・・・・・・・・・・・・・・・・・・・・・・・ 277
インターネットで学ぼう国際理解・情報（藤
　　川大祐）・・・・・・・・・・・・・・・・・・・・・・・・・・・・ 277
インターネットで学ぼう福祉・健康・生き
　　方（藤川大祐）・・・・・・・・・・・・・・・・・・・・・・ 277
インターネットにおけるルールとマナー（イ
　　ンターネット協会）・・・・・・・・・・・・・・・・・・ 273
インターネットにかかわる仕事（ヴィットイ
　　ンターナショナル企画室）・・・・・・・・・・・ 156
インターネットにチャレンジ（榎一憲）・・・ 275

300

インターネットの不思議、探検隊！(村井純) …… 270
インターネットの本(ジャン＝フィリップ・シャボ) …… 271
インターネットや携帯の危険から身をまもる(藤田悟) …… 270
インテリアを作る仕事(ヴィットインターナショナル企画室) …… 155
インド(谷川彰英) …… 37
インド(A. カマラ・ダラル) …… 36
インド(藤沢皖) …… 37
インド(渡辺一夫) …… 36
インドネシア(岡崎務) …… 32
インドネシア(藤沢皖) …… 34
インドの子どもたち(西村佐二) …… 37
インドのごはん(銀城康子) …… 36
インド・パキスタン・バングラデシュ・スリランカ(佐藤宏) …… 38

【う】

Windowsにチャレンジ(山本和人) …… 275
飢えた人たちに食料が届くように(杉下恒夫) …… 98
歌・音楽にかかわる仕事(嶋田かおり) …… 166
歌でおぼえる手話ソングブック(新沢としひこ) …… 260, 261
宇宙にかかわる仕事(ヴィットインターナショナル企画室) …… 157
宇宙飛行士になりたい！(毛利衛) …… 157
うつくしい日の丸練習帖(吹浦忠正) …… 9
腕と度胸のトラック便(NHKプロジェクトX制作班) …… 219
うまいぞ！料理人(くさばよしみ) …… 160
海をこえるボランティア先生(協力隊を育てる会) …… 106
海に入るみこし(浅野陽) …… 76
海のある地域のくらし(小泉武栄) …… 66
海の自然と漁業(古舘明広) …… 170
売られていく子どもたち(本木洋子) …… 122
うるしの文化(藤澤保子) …… 295
うれしい！(さとうけいこ) …… 259
うわさ・かげぐち(キャサリン・ロンディナ) …… 235
運動会・学芸会に使うモノはいくら？(秋山滋) …… 234
運命のZ計画(NHKプロジェクトX制作班) …… 193
運輸と自動車工業(板倉聖宣) …… 186
運輸の職場 …… 156
運輸・貿易(梶井貢) …… 219

【え】

映画・CM 65の仕事 …… 166
映画製作にかかわる仕事(ヴィットインターナショナル企画室) …… 165
英語で国際交流！(樋口忠彦) …… 100
エイサー！ハーリー(山崎克己) …… 82
ADHDってなあに？(エレン・ワイナー) …… 255
auジュニアケータイまるわかりガイド(エクスメディア) …… 272
Aはアフリカの A(イフェオマ・オニエフル) …… 52
絵をかこう(苅宿俊文) …… 282
駅(秋山滋) …… 231
液晶 執念の対決(NHKプロジェクトX制作班) …… 214
駅の大図鑑(川島令三) …… 202
エジプト(セリーナ・ウッド) …… 51
エジプト(高階美行) …… 53
エジプト(谷川彰英) …… 52
エジプトの子どもたち(西村佐二) …… 52
SL・機関車(松尾定行) …… 209
エチオピア(ダニエル・アベベ) …… 53
エチオピア(ジュリア・ウォーターロー) …… 53
越後・月潟角兵衛獅子ものがたり(江部保治) …… 78
絵でわかる世界大地図(コリン・セール) …… 4
絵とき世界の国旗(板倉聖宣) …… 11
NHK週刊こどもニュース(NHK「週刊こどもニュース」プロジェクト) …… 85〜93
NHK週刊こどもニュース 教えて教えて質問バンバン(NHK「週刊こどもニュース」プロジェクト) …… 92
NHK週刊こどもニュース まるごとわかる20世紀ブック(池上彰) …… 93
エネルギーと資源(板倉聖宣) …… 186
えほん 日本国憲法(野村まり子) …… 132
えほんねぶた(あべ弘士) …… 75
LD(学習障害)、ADHD(注意欠陥/多動性障害)の友だち(吉田昌雄) …… 257
LD・学び方が違う子どものためのサバイバルガイド(ゲイリー・フィッシャー) …… 255
エレベーター・エスカレーターのひみつ(おぎのひとし) …… 179
炎上 男たちは飛び込んだ(NHKプロジェクトX制作班) …… 127
エンターテイメントとマスコミの仕事 …… 166
えんぴつ(増田準一) …… 184
鉛筆や色鉛筆はこうつくる(コンパスワーク) …… 182

【お】

おいしい！(さとうけいこ) ………… 259
おいしいものが好き(しごと応援団) ……… 158
欧州連合(ジリアン・パウエル) ……… 41
おえかきだいすき！クレヨン(岡井禎浩) …… 178
大かつやくデジカメ大魔神(中川一史) ……… 276
大きな地球のテーブルで ………… 169
大阪をたずねる(三田村信行) ………… 79
大阪・神戸・広島(日本修学旅行協会) ……… 79
大阪・奈良・伊勢志摩(日本修学旅行協会) ………… 79
お帰り！盲導犬オリバー(今泉耕介) …… 263
お金をかせぐ・ためる(武長脩行) ………… 144
お金をじょうずにつかうには(武長脩行) …… 144
お金を使う、ためる、増やす(伊藤正直) …… 139
お金が世界をかける(斎藤叫) ………… 139
お金ってなに？(武長脩行) ………… 144
お金ってなんだろう(中村達也) ………… 139
お金ってなんだろう？(池上彰) ………… 145
お金でできること・できないこと(武長脩行) ………… 144
お金で泣かない大人になれ！(田崎達磨) …… 137
お金のウソ？ホント？ ………… 142
お金の教科書(坂本綾子) ……… 134, 135
お金の大常識(植村峻) ………… 142
お金のひみつ、知ってる？(マーガレット・ホール) ………… 143
お金100のひみつ(工藤洋久) ………… 143
お金持ちになるにはどうするの？(内田正信) ………… 135
沖縄県平和祈念資料館ワークブック …… 113
沖縄修学旅行ガイドブック ………… 82
沖縄地方のふしぎ文化(こどもくらぶ) …… 82
沖縄のいま、むかし(安斎育郎) ………… 82
沖縄のくらし(上江洲均) ………… 82
沖縄のことばと文化(前原信喜) ………… 82
沖縄の産業(宮城勉) ………… 82
臆病者と呼ばれても(マーカス・セジウィック) ………… 109
おこづかい、上手につかってる？(マーガレット・ホール) ………… 144
おこづかいはなぜもらえるの？(山根法律総合事務所) ………… 143
お米をおいしく食べよう！(保岡孝之) …… 173
お米ができるまで・届くまで(保岡孝之) …… 173
お米ってどんな植物だろう？(保岡孝之) …… 173
お米のひみつ(宇津木聡史) ………… 172
お米の歴史を調べよう！(保岡孝之) …… 173
お札の館探検隊(国立印刷局) ………… 142
おじいちゃんのパイナップル ………… 107

教え育てる仕事(ヴィットインターナショナル企画室) ………… 161
おしゃべり、だいすき(橋本一郎) ………… 250
お食事でできること(是枝祥子) ………… 247
オーストラリア(ケイト・ターナー) ………… 59
オーストラリア(吉田忠正) ………… 60
オーストラリア修学旅行・語学研修を10倍から100倍にのしむための本(稲葉茂勝) ………… 60
オーストラリア・ニュージーランド(竹田いさみ) ………… 61
オーストラリアの子どもたち(西村佐二) …… 61
オーストラリアの友だち(佐藤郡衛) ………… 61
オセアニア(石出法太) ………… 61
オセアニアの鉄道(秋山芳弘) ………… 200
お出かけでできること(是枝祥子) ………… 247
お天気おねえさんのお仕事(真壁京子) …… 153
お父さんのeメール(奥田継夫) ………… 19
おとうとは青がすき(イフェオマ・オニエフル) ………… 52
男たち不屈のドラマ 瀬戸大橋(NHKプロジェクトX制作班) ………… 217
お年よりといっしょに(鈴木宏明) ………… 247
お年よりと楽しく ………… 247
お年よりととも に(高橋利一) ………… 247
お年よりとふれあおう(千葉昇) ………… 248
お年寄りや町の人とふれあおう(水越敏行) ………… 248
おとなはなぜ戦争するの(子どもの声を聞く児童文学者の会) ………… 111
オートバイ(イアン・グラハム) ………… 197
おにいちゃん、死んじゃった(谷川俊太郎) ………… 112
お兄ちゃんはゆっくり、すこしずつ(門真妙) ………… 257
小野先生のラオス学校だより(小野崇) …… 34
お話しようよ(小圷博之) ………… 252
おはようございますみなさん(さとうけいこ) ………… 260
オマーンの子どもたち(西村佐二) ………… 40
重い障害のある子といっしょに(石崎朝世) ………… 254
おもしろメカワールド(日本機械学会) …… 179
おもちゃにかかわる仕事(ヴィットインターナショナル企画室) ………… 157
親子って、なあに？(山ं祥利) ………… 131
親子で行く！社会科見学ガイド(社会科見学隊) ………… 223
親子で総チェック！ニュースのことば×100(NHK「週刊こどもニュース」プロジェクト) ………… 86
親子で楽しむインターネット！ ………… 274
親子で楽しむ9歳からのインターネット(定平誠) ………… 273
親子で楽しむふれあいの手話(丸山浩路) …… 260

親子で挑戦!!おもしろ地理クロスワードパズル（学習クロスワード研究会） 16
親子で挑戦!!「世界のいろんな国々」まるごとクイズ（世界クイズ研究会） 16
親子ではじめよう！はじめての手話ブック（谷千春） 259
親子ではじめるインターネット（谷川善久） 276
親子で学ぶインターネットの安全ルール（いけだとしお） 272
親子で学ぼう！これならわかるはじめての手話（深海久美子） 259
親子でメール、インターネット。基本の基本の基本！（イデア・ビレッジ） 274
親と子のすぐできるパソコン入門（成美堂出版編集部） 274
オランダ（岡崎務） 44
おりおりのりものずかん（和田由紀夫） 190
音楽をつくろう（苅宿俊文） 283
音楽・音響50の仕事 165
音楽室・理科室にあるモノはいくら？（秋山滋） 234
音楽制作にかかわる仕事（ヴィットインターナショナル企画室） 166
音楽にかかわる仕事（ヴィットインターナショナル企画室） 167
音楽や絵・書くことが好き！ 167
おんちゃんは車イス司書（河原正実） 250
温度をはかる（板倉聖宣） 183

【か】

「会計」ってなに？（友岡賛） 136
外国からきた人といっしょに（稲葉茂勝） 237
外国語にトライ！ 162
外国人・警察と人権（石田武臣） 119
外国人生徒のための地理（浅津嘉之） 65
会社について調べよう（池上彰） 149
介助犬（介助犬協会） 266
介助犬シンシアの物語（毎日新聞大阪本社） 265
介助犬・セラピー犬（日本補助犬協会） 265
開発・食糧にかかわる国際組織（大芝亮） 105
外務省ってなんだろう？（江橋崇） 97
海洋資源をかんがえる（岩田一彦） 173
科学技術のはおもしろい！（毛利衛） 214
科学・技術にかかわる国際組織（大芝亮） 105
科学・道具・乗り物101（青木国夫） 185
かかしづくりに挑戦しよう（コンパスワーク） 173
かがやけ！ナース（くさばよしみ） 155
かき氷の魔法（藤井孝一） 141

学習に役立つホームページガイド（藤川博樹） 280, 283
学習に役立つわたしたちの年中行事（芳賀日出男） 289, 290
学習の障害がある人たち（マーガレット・フリン） 257
各地のくらしと学校生活（こどもくらぶ） 66
学問のすゝめ（抄）（赤木かん子） 232
家計（八幡一秀） 141
加工食品にかかわる仕事（ヴィットインターナショナル企画室） 158
かしこく買い物をする法律（西野弘一） 129
ガスの道（長崎武昭） 226
家族でできるボランティア（こどもくらぶ） 241
家族の仕事を調べよう（池上彰） 149
形と材料（PHP研究所） 183
家畜、カイコ、ミツバチの研究開発（天野和宏） 169
楽器にかかわる仕事（ヴィットインターナショナル企画室） 167
かっこいい新幹線大集合（小賀野実） 205
学校（岩立京子） 234
学校いやいやお化けウォブリー（クリス・ウェバー） 236
学校へ行きたい！（河崎芽衣） 250
学校へ行くのは、なぜ？（戸波江二） 133
学校へいけない子どもたち（本木洋子） 122
学校演劇で平和を学ぶ（上田精一） 109
学校を広告しよう（藤川大祐） 219
学校をつくる（石原尚子） 98
学校給食（戸辺勝弘） 234
学校つくっちゃった！（エコール・エレマン・プレザン） 256
学校でお米をつくろう！（保岡孝之） 173
学校でできるボランティア（こどもくらぶ） 241
学校では教えないこどもの「経済」大疑問100（田中力） 137
学校では教えない早わかり世界191か国（盛山一郎） 25
学校と生活がたのしくなる本（ジョン・F.テイラー） 255
学校と勉強がたのしくなる本（ローダ・カミングス） 257
学校に行けないのはなぜ？（武藤啓栄） 236
学校に行けないはたらく子どもたち（田沼武能） 122
学校の世界地図（藤田千枝） 233
学校のまつりをつくろう（千葉昇） 293
学校のまわり・地域を探検（佐藤正彦） 230
合衆国憲法のできるまで（ジーン・フリッツ） 133
カナダ（ブライアン・ウィリアムズ） 55
カナダ（太田和子） 58

カナダ(渡辺一夫)	56
カナダ・インディアンの世界から(煎本孝)	56
カナダ修学旅行・語学研修を10倍から100倍たのしむための本(石原尚子)	56
金持ち父さんの学校では教えてくれないお金の秘密(ロバート・キヨサキ)	139
歌舞伎(市川染五郎)	293
歌舞伎(原道生)	294
株式・会社・倒産って何?(池上彰)	144
株の絵事典(佐和隆光)	138
貨幣なぜなぜ質問箱(国立印刷局)	141
鎌倉をたずねる(桜井信夫)	76
鎌倉・横浜がわかる事典(深光富士男)	75
紙をつくろう(渡部国夫)	181
紙とくらし(丸尾敏雄)	181
紙の実物図鑑(岩崎書店編集部)	181
紙のひみつ(おぎのひとし)	178
紙の歴史(丸尾敏雄)	181
カメラのしくみ(なかやまえる)	183
貨物列車・路面電車・電車工場(結解学)	204
からかい(スティーブ・ピット)	235
からだに障害のある子といっしょに(野辺明子)	254
からだの不自由な友だち(飯田順子)	251
体の不自由な人を支援する「福祉の仕事」(一番ヶ瀬康子)	239
カランバ!(高野潤)	55
枯れ葉剤とガーちゃん(早乙女勝元)	108
カレーライス(吉田よし子)	188
川と交通	221
川と農業	174
川の漁業	175
考えよう!グローバル化と共存共生(池上彰)	99
考えよう!体験だけで終わっていいの?(池上彰)	99
考えよう!どっちが先なの?理解と交流(池上彰)	99
考えよう!文化のちがいと知る努力(池上彰)	99
考えよう!ぼくの町の国際化(池上彰)	99
考える力がつく子ども地図帳〈世界〉(深谷圭助)	2
考える力がつく子ども地図帳〈日本〉(深谷圭助)	7
考えるロボット(デイビッド・ジェフリス)	215
環境省ってなんだろう?(江橋崇)	97
環境にかかわる国際組織(大芝亮)	105
環境にかかわる仕事(ヴィットインターナショナル企画室)	154
韓国(稲葉茂勝)	27
韓国(北嶋静江)	29
韓国(トム・ジャクソン)	26

韓国(谷川彰英)	28
韓国(藤沢皖)	27
韓国(渡辺一夫)	26
韓国・北朝鮮の鉄道(秋山芳弘)	203
韓国・朝鮮と出会おう(ヨコハマハギハッキョ実行委員会)	29
韓国ってどんな国?(佐々木典子)	27
韓国の衣・食・住(金順玉)	27
韓国の子どもたち(西村佐二)	28
韓国の子どものくらし(佐々木典子)	27
韓国のごはん(銀城康子)	26
韓国の友だち(佐藤郡衛)	28
看護婦さんになろう!(河内実加)	155
冠婚葬祭ってな〜に?	288
関東・中部・南東北(日本修学旅行協会)	70
がんばれ!キミは盲導犬(長谷島妙子)	263
がんばれブルドーザー・ショベルカー(小賀野実)	197
カンボジア(ロリ・コールマン)	35
カンボジア(吉田忠正)	33
カンボジアの子どもたち(西村佐二)	34

【き】

黄色いハンカチはSOSの合図(宇野弘信)	240
気をつけよう!ケータイ中毒(渋井哲也)	268
祇園祭(田島征ző)	80
飢餓(国連世界食糧計画)	91
機械工業(竹内淳彦)	179
機械工業と建設業(板倉聖宣)	186
機械・交通(PHP研究所)	183
機械・電化製品(山口昌男)	181
機関車・電車の歴史(山本忠敬)	206
企業(八幡一秀)	142
きこえの障がいってなあに?(エレイン・アーンスト・シュナイダー)	249
気象庁(財部智)	226
気象予報士になろう(森田正光)	152
義足のロングシュート(祓川学)	267
北アイルランド紛争(森ありさ)	113
北アメリカ・中央アメリカの鉄道(秋山芳弘)	201
北国・アイヌの伝統的なくらし(萱野茂)	65
北の島だより(杣田美野里)	75
北・東ヨーロッパの鉄道(秋山芳弘)	202
キッズ・イン・ニューヨーク(三浦良一)	59
Kid'sお金の学校ワンダーランド(千葉さち子)	135
キッズ・パワーが世界を変える(クレイグ・キールバーガー)	124
希望へ!(桃井和馬)	91
希望の義足(こやま峰子)	109

きみの家族はだれ？（山根法律総合事務所） ……… 131
きみの夢プランニング（池上彰） ……… 149
きみもきっとうまくいく（キャスリーン・ナドー） ……… 255
きみも鉄道マスターをめざせ！駅クイズ120（坂正博） ……… 199
きみも鉄道マスターをめざせ！駅名漢字クイズ120（坂正博） ……… 198
きみも鉄道マスターをめざせ！車両クイズ120（坂正博） ……… 199
きみも鉄道マスターをめざせ！新幹線クイズ100（坂正博） ……… 198
キミは日本のことを、ちゃんと知っているか！（斎藤孝） ……… 68
木村剛の親子で学ぶおカネの話（木村剛） ……… 135
逆転の発想に賭けた執念の人たち（NHK「プロジェクトX」制作班） ……… 181
Q&Aでわかる！これからの年金どうなるの？（山本礼子） ……… 140
9歳からのマネープラン（あんびるえつこ） ……… 142
九州・沖縄（日本修学旅行協会） ……… 81
9条を知っていますか（歴史教育者協議会） ……… 132
旧ユーゴスラビア紛争（柴宜弘） ……… 113
キューバ（ジェン・グリーン） ……… 54
キューバ（吉田忠正） ……… 56
キューバに吹く風（早乙女勝元） ……… 56
キューバの子どもたち（西村佐二） ……… 57
教育機器を使ってマルチメディアで発表・表現（舩田信昭） ……… 278
教育の職場 ……… 161
今日からは、あなたの盲導犬（日野多香子） ……… 263
狂言（茂山宗彦） ……… 293
狂言（山崎有一郎） ……… 294
教室にあるモノはいくら？（秋山滋） ……… 234
行事と遊びをつくろう（永井順国） ……… 292
行事の名前のひみつ（国松俊英） ……… 292
ぎょうじのゆらい ……… 292
競走馬にかかわる仕事（ヴィットインターナショナル企画室） ……… 152
京都（修学旅行研究会） ……… 79
京都（日本修学旅行協会） ……… 80
きょうとあしたのさかいめ（最上一平） ……… 293
京都をたずねる（三浦はじめ） ……… 80
京都・神戸・広島（日本修学旅行協会） ……… 79
京都修学旅行ハンドブック（京都平和・国際教育研究会） ……… 80
京都と韓国の交流の歴史 ……… 98
京都・奈良（栄光ゼミナール） ……… 78
京都なるほどガイドブック（PHP研究所） ……… 80
郷土料理（竜崎英子） ……… 62
郷土料理大図鑑（向笠千恵子） ……… 63
きょうのぶにあったよ（いとうえみこ） ……… 250

今日もどこかでスペシャルオリンピックス（植松二郎） ……… 267
漁業からみる日本（長谷川康男） ……… 170
漁業のいま・これから（古舘明広） ……… 170
漁村の伝統的なくらし（須藤功） ……… 65
キラリ☆美容師（ミハラチカ） ……… 163
ギリシャ（佐々木ときわ） ……… 46
着るもの（梅沢実） ……… 21
きれいね　はなやさん ……… 158
きんきゅう自動車（海老原美宜男） ……… 196
緊急出動！サイレンカー（小賀野実） ……… 195
銀行って、どんなところ？（マーガレット・ホール） ……… 144
銀行のひみつ（田川滋） ……… 137
金銭教育のすすめ（武長脩行） ……… 143

【く】

グアテマラ（リタ・J.マーケル） ……… 56
空港（塩浦信太郎） ……… 226
空港大図鑑（PHP研究所） ……… 210
Google Earthで地理学習（塩飽晴海） ……… 15
果物にかかわる仕事（ヴィットインターナショナル企画室） ……… 158
くつ（市田京子） ……… 184
くつ（多田紘） ……… 177
クックとタマ次郎の情報大航海術（片岡則夫） ……… 278
暮らしを支える（しごと応援団） ……… 151
暮らしを豊かにするロボット（毛利衛） ……… 216
くらし・生活用品（山口昌男） ……… 181
くらしと安全を支える仕事 ……… 151
くらしと漁業（古舘明広） ……… 171
暮らしと消費者金融（江夏健一） ……… 143
くらしと政治（江橋崇） ……… 97
くらしなんでもナンバー1（羽豆成二） ……… 224
くらしの中の人権とは？（戸波江二） ……… 134
くらしの中のユニバーサルデザイン（東京大学先端科学技術研究センターバリアフリープロジェクト） ……… 244
暮らしのモノから見る、日本と世界（保岡孝之） ……… 180
くらしやすい町ってなんだろう（共用品推進機構） ……… 245
クラス（松村茂治） ……… 234
クラスでできるボランティア（こどもくらぶ） ……… 241
グラフで調べる日本の産業（谷川彰英） ……… 63, 168, 178, 218, 219
くらべてみよう！日本と世界のくらしと遊び（石毛直道） ……… 18

くらべてみよう！日本と世界の食べ物と文化（石毛直道） ……………… 18
クリエイターになりたい（しごと応援団） 165
クリスマスにくつしたをさげるわけ（間所ひさこ） ………………………… 293
クリス・ムーン（NHK「未来への教室」プロジェクト） ……………………… 117
くるま（イアン・グラハム） ………… 198
車いすのおねえちゃん（ステファン・ボーネ） ……………………………… 249
車いすのカーくん、海にもぐる（丘修三） … 266
車いすの人たち（ルイス・キース） … 253
クレジットカードって、どんなもの？（マーガレット・ホール） ………… 144
クレヨンしんちゃんのまんが世界の国おもしろブック（造事務所） ……… 16
クレヨンしんちゃんのまんが都道府県おもしろブック（造事務所） ……… 68
グローバリゼーション（アイリス・タイクマン） ……………………………… 143
グローバリゼーション（古内洋平） … 15
グローバル化とわたしたち（村井吉敬） … 138

【け】

景気が良い・悪いってどういうこと？（池上彰） ……………………………… 145
経済（古内洋平） …………………… 138
経済格差（武長脩行） ……………… 137
経済がよくわかるコンビニ大図鑑（PHP研究所） ………………………… 220
経済産業省ってなんだろう？（江橋崇） … 97
経済とくらし（高野尚好） ………… 143
警察犬（こどもくらぶ） …………… 126
警察署（警察政策研究センター） … 127
警察署（滝沢美絵） ………………… 126
警察署と交番（財部智） …………… 127
警察本部ってこんなところ（コンパスワーク） ……………………………… 127
芸術・音楽をめざす人たち（NHKきらっといきる制作班） ……………… 252
「けいたい電話」がよくわかる絵事典（PHP研究所） …………………… 272
芸能にかかわる仕事（ヴィットインターナショナル企画室） ………………… 167
芸能プロダクション64の仕事 …… 166
ケーキ屋さん ………………………… 160
化粧品にかかわる仕事（ヴィットインターナショナル企画室） ………… 161
ケータイのしくみ（藤田千枝） …… 268
結婚式にかかわる仕事（ヴィットインターナショナル企画室） …………… 158
結婚するって、どんなこと？（山根祥利） … 131

ケニア（ブリジット・タンゲイ） … 51
ケニア（西江雅之） ………………… 53
ケニア（キャサリン・ブルーバーグ） … 52
ケニアの子どもたち（西村佐二） … 54
ゲームクリエイターになろう！（玉井たけし） ………………………………… 164
検閲（スカーレット・マグワイア） … 271
けんか（エレイン・スレベンス） … 235
見学体験おもしろ情報（次山信男） … 225
元気が出る！世界の朝ごはん（服部幸応） … 25, 41, 52, 55, 60
元気でいたい（ケイティー・ダックワース） ……………………………… 124
げんきにおよげこいのぼり（今関信子） … 293
元気の輪をひろげる人たち（NHKきらっといきる制作班） ……………… 252
現金だけがお金？（伊藤正直） …… 139
健康を守る仕事（ヴィットインターナショナル企画室） ………………… 155
健康・福祉・ボランティアを体験（横山正） … 242
検証！インターネットの中の子どもたち（石井俊也） ……………………… 271
建造物の世界（ものづくり探検編集室） … 218
現代史を刻む開発・工事に挑んだ人たち（NHK「プロジェクトX」制作班） … 218
現代社会ライブラリーへようこそ！ … 85〜88
現代用語の基礎知識 学習版（現代用語検定協会） ……………………… 84
建築家になろう（樫野紀元） ……… 155
建築にかかわる仕事（ヴィットインターナショナル企画室） ……………… 157
厳冬黒四ダムに挑む（NHKプロジェクトX制作班） ……………………… 218
憲法を知ろう！（池上彰） ………… 132
憲法ってなあに？（戸波江二） …… 134
憲法で平和を考える（笠井英彦） … 133
憲法なるほど解説（角替晃） ……… 131
原料からモノがわかる、逆引き事典（保岡孝之） ………………………… 180

【こ】

公害・環境と人権（馬奈木昭雄） … 120
校外施設で体験学習（中川志郎） … 226
工業（梶井貢） ……………………… 180
工業からみる日本（利根川賢） …… 180
工業と資源を調べよう（菊地家達） … 184
公共の職場 …………………………… 152
工業の職場 …………………………… 156
広告いま・むかし（藤川大祐） …… 220
広告制作にかかわる仕事（ヴィットインターナショナル企画室） ………… 165

広告って何だ？(藤川大祐) ………… 220
広告と宣伝(中田節子) ………… 221
広告のしくみ(藤川大祐) ………… 220
こうじげんばではたらく自動車(小賀野実) ………… 197
厚生労働省ってなんだろう？(江橋崇) ………… 97
高速鉄道(滝沢美絵) ………… 199
交通運輸・貿易(保岡孝之) ………… 219
交通・運輸・貿易を調べよう(菊地家達) ………… 221
交通・メディア(山口昌男) ………… 181
校内でのけがから命を守ろう(川辺重彦) ………… 234
公平ってなんだろう(日本弁護士連合会市民のための法教育委員会) ………… 128
公民館・児童館・スポーツ公園(島田恵司) ………… 224
公務員について調べよう(池上彰) ………… 151
小売の職場 ………… 159
交流からはじめる 世界と友だちになろう(金子美智雄) ………… 102
高齢者をささえる福祉の仕事(一番ヶ瀬康子) ………… 248
高齢社会って、どんな社会？(一番ヶ瀬康子) ………… 248
語学を生かして、世界で働く(しごと応援団) ………… 151
語学をいかす仕事(ヴィットインターナショナル企画室) ………… 163
小型武器よさらば(柳瀬房子) ………… 109
国語でかつやくパソコン大王(中川一史) ………… 276
国際化する経済を学ぶ(伊藤正直) ………… 136
国際交流データブック(中島章夫) ………… 100
国際交流入門(米田伸次) ………… 100
国際交流のテーマさがし(米田伸次) ………… 100
国際社会(今宮謙二) ………… 141
国際社会と人権(ヒューライツ大阪) ………… 104
国際人権規約ってなに(ヒューライツ大阪) ………… 121
国際赤十字(ラルフ・パーキンス) ………… 104
国際組織(渡部茂己) ………… 102
国際紛争の本(大芝亮) ………… 111, 112
国際平和協力活動って、何だろう？(小倉治喜) ………… 107
国際問題について知ろう(池上彰) ………… 86
国際理解(苅宿俊文) ………… 20
国際理解に役立つEUの大研究(EUインスティテュート関西) ………… 41
国際連合(リンダ・メルバーン) ………… 104
国際連合(最上敏樹) ………… 105
国鉄・JR特急のすべて ………… 205
国土交通省ってなんだろう？(江橋崇) ………… 97
国土と各地のくらし(長谷川康男) ………… 66
国土と環境保全(梶井貢) ………… 67
国土の利用と産業(保岡孝之) ………… 66
国連(サイモン・アダムス) ………… 104

国連憲章・国際法を学ぼう(平和・国際教育研究会) ………… 104, 106
国連ってなぁに？ ………… 106
国連に行ってみよう(ナーネ・アナン) ………… 106
国連発見 ………… 106
ここが家だ(ベン・シャーン) ………… 115
ゴーゴー新幹線やまびこ(小賀野実) ………… 207
心をそだてる子ども歳時記12か月(橋本裕之) ………… 290
心で音楽をかなでる(花田春兆) ………… 252
心とからだをいやす仕事(ヴィットインターナショナル企画室) ………… 155
こころの介助犬天ちゃん(林優子) ………… 264
心のバリアフリーをとりのぞこう！(共用品推進機構) ………… 246
心や体を癒す「福祉の仕事」(一番ヶ瀬康子) ………… 239
コスタリカ(渡辺一夫) ………… 56
古地図を読みとく(奈良国立博物館) ………… 4
こちら葛飾区亀有公園前派出所両さんの国のしくみ大達人(秋本治) ………… 95
こちら葛飾区亀有公園前派出所両さんの地図大達人(秋本治) ………… 5
こちら葛飾区亀有公園前派出所両さんの地理大達人(秋本治) ………… 63
こちら葛飾区亀有公園前派出所両さんのはたらく車(秋本治) ………… 196
国会議事堂大図鑑(PHP研究所) ………… 95
国家のしくみってなに？(レジス・ドブレ) ………… 96
国家の世界地図(藤田千枝) ………… 17
こっき(オクタント) ………… 9
こっきがいっぱい！(やなせたかし) ………… 8
国旗、都市、地図のマーク・記号(太田幸夫) ………… 10
国旗と地図 ………… 9, 10
国旗のほん(浜田るり子) ………… 11
国境をこえて(藤田千枝) ………… 16
国境が消える!?(池上彰) ………… 17
国境なき医師団：貫戸朋子(NHK「課外授業ようこそ先輩」制作グループ) ………… 106
国境なき医師団とは(梅津ちお) ………… 103
国境のひみつをさぐろう(池上彰) ………… 17
こっちゃんといとぐるま(せきこずえ) ………… 180
コーディネーターという仕事(ヴィットインターナショナル企画室) ………… 159
ことばを使う仕事(金田一春彦) ………… 162
ことばと文章にトライ！ ………… 162
ことばの障がいってなあに？(ジョン・E. ブライアント) ………… 249
ことばの不自由な友だち(大伴潔) ………… 251
言葉は障害をこえて(花田春兆) ………… 253
子どもが知りたいいろんなモノのしくみがわかる本(コスモピア) ………… 183

子どもが働く国があるの?(稲葉茂勝) ……… 126
こどもがわかる経済ニュースの本(阪本将英) ……………………………………… 142
子どもが悪いことをしたら?(山根祥利) … 131
こども手話じてんセット(谷千春) ………… 259
子ども・障害者と人権(坪井節子) ………… 120
こども世界の旅(高木実) …………………… 3
子どもたちと学ぶ流通と貿易(向山洋一) … 219
子どもだって社会をかえられる(ナムーラミチヨ) ………………………………… 125
こどもだってにんげんさ(CAP北九州) …… 126
子どもと楽しむ行事とあそびのえほん(すとうあさえ) ……………………………… 288
子どもに教えたいお金の話(エードリアン・G．バーグ) ……………………………… 143
子どもに教えたい技術の話(『子どもに教えたい技術の話』編集委員会) ……………… 213
子どもに教えるお金と金融のしくみ(向山洋一) ……………………………………… 138
子どもに伝えるイラク戦争(石井竜也) …… 110
こどもにっぽんちずちょう(正井泰夫) …… 5
子どもにとって家庭ってなに?(ナムーラミチヨ) ………………………………… 125
こども日本の旅(高木実) …………………… 65
こどもの経済学(阪本将英) ………………… 145
「こどもの権利条約」絵事典(木附千晶) … 122
子どもの権利ってなんだろう?(ナームラミチヨ) ………………………………… 125
子どもの権利で学校をたのしく(ナムーラミチヨ) ………………………………… 125
子どもの権利で世界をつなごう(ナムーラミチヨ) ………………………………… 124
子どもの写真で見る世界のあいさつことば(稲葉茂勝) ……………………………… 110
子どもの写真で見る世界の応援メッセージ(稲葉茂勝) ……………………………… 98
子どもの人権(アダム・ヒバート) ………… 124
子どもの人身売買(アムネスティ・インターナショナル日本) ……………………… 122
こどものせかいちず(次山信男) …………… 4
子どものための手話事典(全日本ろうあ連盟) ……………………………………… 258
子どものための点字事典(黒崎恵津子) …… 258
子どものための日本小百科(三木卓) ……… 71
子どものためのやさしい法律ガイド(新潟第一法律事務所) …………………… 128
子どものニュースウイークリー(読売新聞社会部) ……………………… 84, 86〜93
子どもパソコンなるほどブック(滝沢武久) ……………………………………… 276
子ども兵士(アムネスティ・インターナショナル日本) ………………………… 107
こねこのははのひ(やすいすえこ) ………… 293
この地球にくらす(デヴィッド・J・スミス) ……………………………………… 12

ごはん(小松光一) …………………………… 167
こまったときのQ&A(梅津健志) ………… 275
ごみ処理場・リサイクルセンター(山本和夫) ……………………………………… 224
コミック&トークやさしい金融学(川村雄介) ……………………………………… 142
コミュニケーションをひろげる人たち(NHKきらっといきる制作班) ……………… 253
米(石谷孝佑) ………………………………… 170
米(保岡孝之) ………………………………… 170
米づくりからみる日本(白川景子) ………… 171
米・麦・大豆(高橋永一) …………………… 172
米・麦の郷土料理(服部幸応) ……………… 70
これからの工業(竹内淳彦) ………………… 179
これからのライフスタイル(伊田広行) …… 147
これも法律違反?(山根祥利) ……………… 131
コンサートにかかわる仕事(ヴィットインターナショナル企画室) …………… 165
こんなにある!法律の仕事 ………………… 129
こんなにちがう日本の常識・世界の常識(飯塚峻) …………………………………… 24
こんなに身近な経済(池上彰) ……………… 140
こんなに身近な国際問題(池上彰) ………… 88
こんなに身近な政治(池上彰) ……………… 95
こんなふうに作られる!(ビル&ジム・スレイヴィン) ………………………………… 178
こんにちは(なかむらなおこ) ……………… 258
コンビニエンスストアでおかいもの(やひろきよみ) ………………………………… 158
コンビニのしかけ(藤田千枝) ……………… 218
コンビニ弁当16万キロの旅(千葉保) ……… 219
コンピュータが好き! …………………… 156
コンピュータで調べよう(笠原良郎) ……… 280
コンピュータで創造する仕事(ヴィットインターナショナル企画室) …………… 157
コンピュータと子どもの学び(苅宿俊文) … 283
コンピュータと友だちになる本(鈴木二正) ……………………………………… 270
コンピュータにかかわる仕事(ヴィットインターナショナル企画室) …………… 158
コンピュータにかかわる仕事(ふなつかみちこ) ………………………………… 156
コンピュータネットワーク(赤堀侃司) …… 285

【さ】

最新乗用車 …………………………………… 193
最新モノの事典(最新モノの事典編集委員会) ……………………………………… 177
裁判員制度ってなあに?(裁判員制度研究会) ……………………………………… 128
裁判所へ行ってみよう(後藤直樹) ………… 129
裁判のひみつ(佐藤守) ……………………… 128

書名索引　　　　　　　　　　　　しつさ

財務省ってなんだろう？（江橋崇）・・・・・・・・　97
サイレンカー（小賀野実）・・・・・・・・・・・・・・　196
Sign dance（新田順子）・・・・・・・・・・・・・・　260
サウジアラビア（キャサリン・ブロバーグ）
　・・・・・・・・・・・・・・・・・・・・・・・・・・・・・・・・・・・　39
探し絵ツアー（カミニ・カンドゥリ）・・・　12, 13
探し絵ツアー（ケイト・ニードハム）・・・・・　12
探し絵ツアー（ジェーン・ビングハム）・・・　12
探し絵ツアー（ロージー・ヘイウッド）・・・　13
探し絵ツアー（エマ・ヘルブロー）・・・・・・　12
魚・貝・海そう（高橋永一）・・・・・・・・・・・・　172
魚・貝の郷土料理（服部幸応）・・・・・・・・・　70
サッカーにかかわる仕事（ヴィットインター
　ナショナル企画室）・・・・・・・・・・・・・・・・　163
茶道・華道・書道の絵事典（PHP研究所）・・・　293
サービス産業と教育・レジャー（板倉聖宣）
　・・・・・・・・・・・・・・・・・・・・・・・・・・・・・・・・　222
サービスの職場・・・・・・・・・・・・・・・・・・・・・　160
差別のない世界をつくる（アグネス・チャ
　ン）・・・・・・・・・・・・・・・・・・・・・・・・・・・・・　117
差別問題（アンソニー・リシャック）・・・・・　117
さまざまな地図と地図情報・・・・・・・・・・・・・　1
寒い地域・暖かい地域の鉄道（小林寛則）・・・　200
寒い地域のくらし（目代邦康）・・・・・・・・・　67
左翼ってなに？（アンリ・ウェベール）・・・　95
サンカクノニホン（伊勢華子）・・・・・・・・・　62
参加しよう福祉活動（苅宿俊文）・・・・・・・　242
算数でかつやくパソコン大王（中川一史）・・・　277
算数と数学にトライ！・・・・・・・・・・・・・・・　156
山村の伝統的なくらし（須藤功）・・・・・・・　65
山地の家（ニコラ・バーバー）・・・・・・・・・　14

【し】

JR全線・全駅舎（曽根悟）・・・・・・・　205, 206
JR特急（小賀野実）・・・・・・・・・・・・・・・・・　208
JR特急（栗原隆司）・・・・・・・・・・・・・・・・・　204
JR特急（結解学）・・・・・・・・・・・・・・・・・・・　204
自営業について調べよう（池上彰）・・・・・　159
ジェンダーの世界地図（藤田千枝）・・・・・　19
視覚表現する仕事（ヴィットインターナショ
　ナル企画室）・・・・・・・・・・・・・・・・・・・・・・　165
自給力でわかる日本の産業・・・・・・・　168, 177
仕組みをつくる（セリーヌ・ブラコニエ）・・・　96
時刻表の達人（福岡健一）・・・・・・・・・・・・・　204
仕事を考えるワークブック（大野一夫）・・・　146
仕事・職業（渡辺三枝子）・・・・・・・・・・・・・　146
しごとって、なぁに？（大滝まみ）・・・・・　148
仕事ってなに？（岩用直樹）・・・・・・・・・・・　147
仕事ってなんだろう？（矢崎節夫）・・・・・　146
仕事ってなんだろう？（池上彰）・・・・・・・　149

仕事のつながり、仕事のしくみ（大谷猛夫）
　・・・・・・・・・・・・・・・・・・・・・・・・・・・・・・・・　147
辞書びきえほん国旗（陰山英男）・・・・・・・　8
辞書びきえほん世界地図（陰山英男）・・・　1
辞書びきえほん日本地図（陰山英男）・・・　6
ジス・イズ・アイルランド（ミロスラフ・サ
　セック）・・・・・・・・・・・・・・・・・・・・・・・・・　42
ジス・イズ・イスラエル（ミロスラフ・サセッ
　ク）・・・・・・・・・・・・・・・・・・・・・・・・・・・・・　38
ジス・イズ・ヴェニス（ミロスラフ・サセッ
　ク）・・・・・・・・・・・・・・・・・・・・・・・・・・・・・　46
ジス・イズ・エジンバラ（ミロスラフ・サセッ
　ク）・・・・・・・・・・・・・・・・・・・・・・・・・・・・・　42
ジス・イズ・オーストラリア（ミロスラフ・
　サセック）・・・・・・・・・・・・・・・・・・・・・・・　60
ジス・イズ・ギリシャ（ミロスラフ・サセッ
　ク）・・・・・・・・・・・・・・・・・・・・・・・・・・・・・　46
ジス・イズ・サンフランシスコ（ミロスラフ・
　サセック）・・・・・・・・・・・・・・・・・・・・・・・　58
ジス・イズ・テキサス（ミロスラフ・サセッ
　ク）・・・・・・・・・・・・・・・・・・・・・・・・・・・・・　58
ジス・イズ・ニューヨーク（ミロスラフ・サ
　セック）・・・・・・・・・・・・・・・・・・・・・・・・・　59
ジス・イズ・パリ（ミロスラフ・サセック）
　・・・・・・・・・・・・・・・・・・・・・・・・・・・・・・・・　43
ジス・イズ・ヒストリックブリテン（ミロス
　ラフ・サセック）・・・・・・・・・・・・・・・・・・　42
ジス・イズ・ホンコン（ミロスラフ・サセッ
　ク）・・・・・・・・・・・・・・・・・・・・・・・・・・・・・　30
ジス・イズ・ミュンヘン（ミロスラフ・サセッ
　ク）・・・・・・・・・・・・・・・・・・・・・・・・・・・・・　44
ジス・イズ・ユナイテッドネイションズ（ミ
　ロスラフ・サセック）・・・・・・・・・・・・・　102
ジス・イズ・ローマ（ミロスラフ・サセック）
　・・・・・・・・・・・・・・・・・・・・・・・・・・・・・・・・　46
ジス・イズ・ロンドン（ミロスラフ・サセッ
　ク）・・・・・・・・・・・・・・・・・・・・・・・・・・・・・　42
ジス・イズ・ワシントンD.C.（ミロスラフ・
　サセック）・・・・・・・・・・・・・・・・・・・・・・・　58
自然とかかわる仕事（ヴィットインターナ
　ショナル企画室）・・・・・・・・・・・・・・・・・　154
自然と環境を調べて守る仕事・・・・・・・・・　152
自然と動物にトライ！・・・・・・・・・・・・・・・　153
自然のなかで働きたい（しごと応援団）・・・　152
じたばたロボ コロボット（左巻健男）・・・　216
七ふくじんとおしょうがつ（山末やすえ）・・・　293
市町村大合併（前川しんすけ）
　・・・・・・・・・・・・・・・・・・・・・・・・・・・・・・・・　95
10歳からの民主主義レッスン（サッサ・ブー
　レグレーン）・・・・・・・・・・・・・・・・・・・・・　94
10歳からのルール100（斎藤次郎）・・・　223, 232, 272
10才までに知っておきたい世界まるごと地
　図ドリル（小学館国語辞典編集部）・・・　2
10才までに知っておきたい日本まるごと地
　図ドリル（小学館国語辞典編集部）・・・　6

子どもの本 社会がわかる2000冊　309

10才までに知っておきたい世の中まるごとガイドブック（池上彰）........ 86
知っておきたい！楽しいプランづくり（日本修学旅行協会）............ 233
知ってるようで知らない国アメリカ（阿川尚之）.................... 58
知っとくナットク社会科クイズ101（森茂岳雄）.................... 68
私鉄特急（小賀野実）.................... 207
私鉄特急・通勤電車・地下鉄（結解学）..... 204
辞典をつくろう（苅宿俊文）............... 283
自転車（烏山新一）...................... 197
自転車は、なぜたおれないで走れるの？（横田清）................... 194
じどうしゃ（高島鎮雄）.................. 194
自動車（海老原美宜男）.................. 193
自動車（竹内裕一）...................... 193
自動車・化学製品（保岡孝之）............ 180
自動車工業（竹内淳彦）.................. 193
じどうしゃ・じてんしゃ（ゆきのゆみこ）... 196
じどうしゃずかん（小賀野実）............ 197
自動車なんでも百科（海老原美宜男）...... 195
自動車にかかわる仕事（ヴィットインターナショナル企画室）................ 157
じどうしゃのしくみ（あらいただし）...... 195
じどうしゃの本（肥沼恵一）.............. 197
じどうしゃの本（クロード・デラフォッス）
.... 195
自動車・飛行機 192, 210
じどうしゃベスト（小賀野実）............ 194
じどうはんばいきのしくみ（あきつきまくら）............................ 183
児童労働（アムネスティ・インターナショナル日本）..................... 122
地場産業と名産品 64
自分を広告しよう！（藤川大祐）.......... 220
じぶんを大切に（岩川直樹）.............. 121
"自分をたいせつに"からはじめよう（佐々木光明）....................... 118
自分たちのふるさとをさぐる！（有田和正）.... 227
自分でつくろう手話ソング（田中ひろし）... 260
自分の目で確かめよう（山崎哲男）........ 285
自分らしく働きたい（清水直子）.......... 146
自閉症"という名のトンネル（日向佑子）... 257
自閉症の友だち（吉田昌雄）.............. 257
島の家（ニコラ・バーバー）............... 14
社会 93
社会（鈴木寛一）....................... 224
社会でかつやくパソコン大王（中川一史）.. 277
社会なんてカンタンだ！（斎藤孝）......... 14
社会のなかの電子マネー（泉美智子）...... 136
弱視の人に出会う本（共用品推進機構）.... 253
市役所（島田恵司）...................... 96
市役所（長崎武昭）...................... 97

市役所（深光富士男）.................... 95
写真・イラストで見る手話じてん（こどもくらぶ）............................ 260
写真でみる世界の子どもたちの暮らし（ベニー・スミス）................... 13
写真で見る世界の人びと（ディーナ・フリーマン）............................ 17
写真でみる発明の歴史（ライオネル・ベンダー）............................ 212
修学旅行のための沖縄案内（大城将保）.... 82
自由ってなんだろう（日本弁護士連合会市民のための法教育委員会）...... 128
12か月・行事のマナー（峯村良子）....... 293
12歳からのインターネット（荻上チキ）... 271
12歳で100万円ためました！（キムソンヒ）.... 143
12才までに知っておきたい世の中まるごとガイドブック（池上彰）........ 86
執念が生んだ新幹線（NHKプロジェクトX制作班）..................... 204
宿題すらすらやっつけよう（トレボー・ロメイン）............................ 233
主人公はわたしたち 133
しゅつどう!!消防自動車（成美堂出版編集部）.................................. 195
しゅっぱつSL・トロッコ（真島満秀）.... 208
しゅっぱーつ！ JR・私鉄電車.......... 205
ジュニア世界の国旗図鑑（平凡社）........ 9
ジュニア地球白書（クリストファー・フレイヴィン）...................... 222
ジュニア日本文化検定テキストブック（京都新聞開発(株)）................... 79
ジュニア版・地理学習の旅（天井勝海）.... 73
ジュニアファクトブック................ 173
手話をはじめよう（こどもくらぶ）....... 261
手話であそぼ！（丸山浩路）.............. 259
手話であそぼう（こどもくらぶ）.......... 261
手話で世界とともだち（こどもくらぶ）.... 260
春駒（川元祥一）....................... 118
障害をもつ人といっしょに（田中ひろし）.. 237
障がいって、なあに？（オードリー・キング）............................ 251
「障害」ってなんだろう？（藤田雅子）..... 253
「障害」についてみなおそう（一番ヶ瀬康子）............................ 252
障害のある人へのボランティア活動（山崎美貴子）....................... 242
障がいのある人たちとともに（高橋利一）.. 249
障害のある人と仲よく 238
小学社会科事典（有田和正）.............. 84
小学生のインターネット＆Eメール....... 275
小学生のインターネットパーフェクトガイド（向山洋一）..................... 275
小学生の産業・地理はかせ（梶井貢）...... 69
小学生の大疑問100（講談社）............ 92

書名索引　　　　　　しんと

小学生のためのインターネット＆Eメール（野口美智子） …… 274
小学生のためのお仕事キャラクター大百科（ぽにーてーる） …… 148
小学生のためのしごと大事典（梅沢しごと研究所） …… 148
小学生のためのマイクロソフトワード（斉藤洋一） …… 274
小学生のためのマイクロソフトワード（野口美智子） …… 274
小学生の夢がふくらむいろんな仕事（造事務所） …… 147
小学全学年 都道府県に強くなるはじめての日本地図ドリル（学研） …… 5
小学校の「社会"地図と地理"」を完全攻略（向山洋一） …… 2
消火と救命に全力をつくす（深光富士男） …… 126
蒸気機関車・リゾート列車（結解学） …… 204
商業・サービス業（保岡孝之） …… 219
商業と通信（板倉聖宣） …… 222
浄水場（深光富士男） …… 223
上水道・下水道（長崎武昭） …… 231
小・中学生のためのインターネットで調べ学習（竹谷敬造） …… 280
小・中学生のためのインターネットフル活用（鋤柄よしこ） …… 276
小中学生のための世界一わかりやすいメディアリテラシー（後藤武士） …… 268
小中学生のためのパソコン・インターネット安全ガイド（野間浩彦） …… 272
情報（苅宿俊文） …… 278
情報（PHP研究所） …… 270
情報を得ること伝えること（野村武司） …… 118
情報を発信しよう（中村司） …… 277
情報からみる日本（利根川賢） …… 269
情報技術はどこまで進歩するの？（毛利衛） …… 269
しょうぼうしさんしゅつどう！（小賀野実） …… 151
消防車・パトカー …… 193
消防署（秋山滋） …… 127
消防署（坂井秀司） …… 127
消防署（深光富士男） …… 126
情報通信（梶井貴） …… 269
情報・通信ネットワークを活用（横山正） …… 285
情報・通信・マスコミを調べよう（菊地家達） …… 278
情報ってなんだろう（中村司） …… 270
情報のあつめかたまとめかた（島津幸生） …… 285
情報・報道と人権（小野寺信一） …… 120
情報名人になろう！（堀沢竜也） …… 283, 284
食・加工する知恵（中村靖彦） …… 187
職業調べカタログ（池上彰） …… 149
「職業別」ユニフォーム・制服絵事典（日本ユニフォームセンター） …… 148
食で知ろう季節の行事（高橋司） …… 287

職場体験実践レポート（池上彰） …… 149
職場体験にチャレンジ …… 150
食品・繊維工業（竹内淳彦） …… 179, 187
食料の生産（板倉聖宣） …… 176
女性・戦争と人権（角田由紀子） …… 120
女性の権利（ケイ・ステアマン） …… 120
書道にかかわる仕事（ヴィットインターナショナル企画室） …… 161
地雷（清水俊弘） …… 116
地雷をとりのぞく（石原尚子） …… 116
地雷がうばうものはなに？（小林正典） …… 117
地雷のあしあと（こやま峰子） …… 117
調べ学習ガイドブック（神林照道） …… 276
調べ学習に役立つ世界の地図（江波戸昭） …… 2
調べ学習に役立つ日本の地図（江波戸昭） …… 7
調べ学習の達人になる方法（中村司） …… 278
調べ学習の達人になろう（有田和正） …… 280
調べ方の計画を立てよう（山崎哲男） …… 286
調べてみよう！食品の流通（山岡寛人） …… 220
調べよう おいしい食べもの・飲みもの（中村智彦） …… 187
調べよう くらしに役立つべんりなモノたち（中村智彦） …… 182
調べよう こんなにすごいモノづくりのひみつ（中村智彦） …… 182
調べよう たのしいおもちゃ・文房具（中村智彦） …… 182
調べるって、どんなこと？（山崎哲男） …… 280
シリア（ダン・フィルビン） …… 40
進化する地図の形と歴史（田代博） …… 1
シンガポール修学旅行・語学研修を10倍から100倍たのしむための本（稲葉茂勝） …… 33
しんかんせん …… 207
しんかんせん（小賀野実） …… 208
新幹線（小賀野実） …… 199, 208
新幹線（結解学） …… 204
新幹線（真島満秀） …… 202, 205
新幹線 特急列車（小賀野実） …… 204
しんかんせん ひゃっか …… 207
新技術とハイテク製品（保岡孝之） …… 212
新技術の開発に挑んだ人たち（NHK「プロジェクトX」制作班） …… 214
新きょうはなんの日？（次山信男） …… 287
じんけん（田原人権ファンクション委員会） …… 117
人権教育のための国連10年（ヒューライツ大阪） …… 106
人権・人道にかかわる国際組織（大芝亮） …… 105
人種差別（レッグ・グラント） …… 120
ジーンズとTシャツ（能肌慧子） …… 186
新・世界がわかる国旗の本 …… 9
新線と廃線（小林寛則） …… 201
新素材（逢坂哲弥） …… 214
人道援助ってなに？（ジャッキー・マムー） …… 100

子どもの本 社会がわかる2000冊　**311**

新都道府県クイズ（北俊夫）‥ 74, 75, 77, 78, 80, 81
人物、動・植物で調べる国際交流（ピーター・バラカン）………………………… 100
新聞おもしろ学習アイデア（吉成勝好）…… 280
新聞社（長崎武昭）………………………… 227
新聞で情報をあつめよう（吉成勝好）…… 281
新聞で情報をくらべよう（吉成勝好）…… 281
新聞で情報をつたえよう（吉成勝好）…… 281
新聞と報道（羽島知之）…………………… 221
新聞なんでもブック（吉成勝好）………… 281
新聞にかかわる仕事（ヴィットインターナショナル企画室）………………… 166
森林資源の研究開発（井上大成）………… 169

【す】

水産業（梶井貢）…………………………… 171
水産資源の研究開発（飯田貴次）………… 169
水産物・畜産物・林産物（保岡孝之）…… 170
スイス（岡崎務）……………………………… 44
スイス（ロリ・コールマン）………………… 44
スイス（谷川彰英）…………………………… 44
スイス・オーストリア（富盛伸夫）………… 45
水族館（深光富士男）……………………… 223
水道・下水道（大垣真一郎）……………… 224
水爆ブラボー（豊崎博光）………………… 116
図解 米なんでも情報（池田良一）……… 174
すごいぞ！私鉄特急（柏原治）…………… 209
すごいぞ電車特急（真島満秀）…………… 209
図工でかつやくパソコン大王（中川一史）… 277
すすめJR・私鉄電車（真島満秀）………… 208
スチュワーデスになろう！（古舘由姫子）… 160
ストリートチルドレンを見つめる（石原尚子）…………………………………… 123
スーパーマーケット（財部智）…………… 222
スペイン（谷川彰英）………………………… 47
スペイン（渡辺一夫）………………………… 46
スペインの子どもたち（西村佐二）………… 48
スペインのごはん（銀城康子）……………… 45
スペイン・ポルトガル（立石博高）………… 47
スペシャル・ガール（沢田俊子）………… 107
すべての子が学校で学べるために（杉下恒夫）……………………………………… 98
すべての子どもたちのために（キャロライン・キャッスル）……………………… 125
すべての人に医療を（梅津ちお）………… 103
スポーツを楽しみ広める仕事 ………… 162
スポーツをとおして（高橋利一）………… 266
スポーツが好き！ ………………………… 163
スポーツと遊びの世界（ものづくり探検編集室）…………………………………… 182
スポーツにかかわる仕事（ヴィットインターナショナル企画室）………………… 164
スポーツにかかわる仕事（妹尾美穂）…… 162
スポーツにトライ！ ……………………… 163
住まいとくらし（梅沢実）………………… 21
スマイルきもちを手でおしゃべり（ジャイブ）………………………………………… 259
住みやすいまちにしよう（千葉昇）……… 227
住みよい家ってなんだろう（共用品推進機構）………………………………………… 245
スリランカ（藤沢皖）……………………… 37

【せ】

生活の安全を守る仕事（ヴィットインターナショナル企画室）………………… 152
正義をさがそう …………………………… 128
正義ってなんだろう（日本弁護士連合会市民のための法教育委員会）…………… 129
税金の絵事典（PHP研究所）…………… 141
政治と経済がわかる事典（PHP研究所）… 86
政治と国際理解を調べよう（菊地家達）… 96
政治のしくみがわかる …………………… 95
政治のしくみ・内閣府・総務省（北俊夫）… 96
政治やくらしをささえる仕事（伊藤嘉一）… 151
政治はみんなで決めるの？（戸渡江二）… 134
清掃工場（滝沢美絵）……………………… 223
清掃工場とゴミ（小西聖一）……………… 231
製造の職場 ………………………………… 160
制定秘話から学ぶ日本国憲法（小川光夫）… 134
西南シルクロード少数民族の旅（川西正幸）…………………………………………… 39
制覇せよ 世界最高峰レース（NHKプロジェクトX制作班）…………………… 194
政府（今宮謙二）…………………………… 142
世界あちこちゆかいな家めぐり（小松義夫）…………………………………………… 19
世界遺産で知ろう！世界の国々（金田章裕）…………………………………………… 19
世界遺産ふしぎ探検大図鑑 ……………… 19
世界一ニュースがわかる本（池上彰）…… 85
世界へ目を広げよう（満川尚美）………… 115
世界を知り人の輪を広げるために（杉下恒夫）……………………………………… 99
世界を舞台に個性をいかす仕事（伊藤嘉一）…………………………………………… 151
世界をみつめる目になって（望月正子）… 109
世界がみえる地図の絵本（ブライアン・デルフ）……………………………………… 4
世界がよくわかる国旗図鑑（講談社）…… 11
世界がわかるこっきのえほん（ほここうぼう）……………………………………… 8
世界がわかる子ども図鑑 ………………… 19

書名索引　せんそ

世界がわかるちずのえほん（ふゆのいちこ）	1
世界記録を生みだすシューズ（広岡勲）	183
世界じゅうの子どもたち（ベアトリクス・シュニッペンケッター）	12
世界中のひまわり姫へ（永田萌）	121
世界地理（田辺裕）	17
世界で生きるこどもたち	13
世界とくらべる日本人ってこんな人々（飯塚峻）	73
世界とくらべる日本の経済（飯塚峻）	145
世界とくらべる日本の産業と技術（飯塚峻）	73
世界とくらべる日本の自然と国土（飯塚峻）	74
世界とくらべる日本の文化と生活（飯塚峻）	74
世界と日本をむすぶ経済と流通のしくみ（清成忠男）	145
世界と日本の宗教・民族・社会（東京新聞「大図解」企画編集部）	20
世界と日本の政治・経済・情報・科学（東京新聞「大図解」企画編集部）	91
世界なんでも情報館（田辺裕）	22
世界なんでもナンバー1（羽豆成二）	15
世界に広がるサービス・流通業（清成忠男）	221
世界の市場（こどもくらぶ）	26, 33, 65
世界の動き（高野尚好）	90
世界のおかし（江上佳奈美）	22
世界のお金事典（平井美帆）	140
世界の学校（小松義夫）	22
せかいのくに（谷田貝公昭）	20
せかいの国ぐに（アデル・シブール）	15
世界の国ぐにを身近で発見（広瀬英一）	24
世界の国ぐに探検大図鑑	18
世界の国々に目を向けよう！（有田和正）	101
世界のくらしを変える情報産業（清成忠男）	221
世界のくらしを支えるエネルギー産業（清成忠男）	185
せかいのこっき（ハマダルコラ）	10
世界の国旗	10
世界の国旗（辻原康夫）	9
世界の国旗（吹浦忠正）	8, 11
せかいのこっきえほん	10
せかいのこっきえほん（わらべきみか）	10
世界の国旗えほんのたび（インターナショナル・フラッグセンター）	11
せかいのこっきずかん（おかみさと）	9
世界の国旗図鑑（苅安望）	9
世界の国旗と国ぐに（歴史と文化研究会）	11
世界の国旗193（グループコロンブス）	9
世界の国旗めいろ（横山験也）	10
世界の市場（こどもくらぶ）	30
世界の自然・環境とくらしを調べよう（菊地家達）	22
世界の食事おもしろ図鑑（森枝卓士）	12
世界の食生活を変えた奇跡のめん（上坂和美）	188
世界のスーパーカーまるごと大百科（成美堂出版編集部）	194
世界の食べもの（素朴社）	16
世界の地理（菅野峰明）	24
せかいのとっきゅう（桜井寛）	207
世界の特急（南正時）	209
世界の中での日本のこれから（飯塚峻）	101
世界の中の9条（歴史教育者協議会）	132
世界の中の日本	17
世界の人と友だちになろう（千葉昇）	101
世界の人びと	22
世界の人々に出会う仕事	151
世界の文化と習慣を調べよう（高野尚好）	24
世界の文化にかかわる仕事（ヴィットインターナショナル企画室）	164
世界の平和や命をまもる仕事（伊藤嘉一）	151
世界の祭り大図鑑（芳賀日出男）	288
世界の料理（サカイ優佳子）	15
世界の料理いただきまーす（尾崎曜子）	28, 31, 33, 34, 37, 39, 43, 45, 47～49, 56
世界白地図作業帳	4
世界初！科学技術を創った人たち（NHK「プロジェクトX」制作班）	185
世界保健機関（ジリアン・パウエル）	104
せきじゅうじって、なんだろう（日本赤十字社総務局組織推進部青少年・ボランティア課）	102
責任ってなんだろう（日本弁護士連合会市民のための法教育委員会）	129
せっく（田畑豊）	292
せっけん（三木晴雄）	184
せつぶんだまめまきだ（桜井信夫）	293
ゼニの"嘘"に騙されたらアカン（青木雄二）	145
ゼニの秘密教えたる（青木雄二）	145
ゼニの"魔力"に負けん知恵（青木雄二）	145
ゼロからの挑戦！難工事を成し遂げた人たち（NHK「プロジェクトX」制作班）	218
せんい産業と日用品（板倉聖宣）	186
戦火の爪あとに生きる（佐藤真紀）	108
全校で体験学習（中川志郎）	227
前人未踏！巨大事業にいどんだ人たち（NHK「プロジェクトX」制作班）	218
戦争（古内洋平）	108
戦争が終わっても（高橋邦典）	109
戦争孤児のダーちゃん（早乙女勝元）	108
戦争で傷ついた人びと（菊池好江）	103
戦争と紛争（アンソニー・リシャック）	107
戦争なんて、もうやめて（佐藤真紀）	110

子どもの本　社会がわかる2000冊　313

せんそ　　　　　　　　書名索引

戦争に行った犬（まかべのぶこ）・・・・・・・・ 109
戦争はなくせないの？（戸波江二）・・・・・・・・ 134
戦争はなぜくり返される（石山久男）・・・ 114
ぜんぶわかるあたらしい自動車　ものしりずかん（成美堂出版編集部）・・・・・・・・・・・・・・ 193
ぜんぶわかるサイレンカー　ものしりずかん（中井精也）・・・・・・・・・・・・・・・・・・・・・・ 193
ぜんぶわかるJR全特急ものしりずかん（中井精也）・・・・・・・・・・・・・・・・・・・・・・・・・・・・ 199
ぜんぶわかる自動車大集合！ものしりずかん（中井精也）・・・・・・・・・・・・・・・・・・ 191
ぜんぶわかる新幹線・特急電車　スーパーワイド百科（中井精也）・・・・・・・・・・・・・ 201
ぜんぶわかる新幹線ものしりずかん（中井精也）・・・・・・・・・・・・・・・・・・・・・・・・・・・・ 200
ぜんぶわかる東京の電車ものしりずかん（中井精也）・・・・・・・・・・・・・・・・・・・・・・ 200
ぜんぶわかるのりものものしりずかん（中井精也）・・・・・・・・・・・・・・・・・・・・・・・・ 189
ぜんぶわかるはたらく自動車　スーパーワイド百科（松本真）・・・・・・・・・・・・・・・・ 192

【そ】

草原の少女プージェ（関野吉晴）・・・・・・・・ 30
総務省ってなんだろう？（江橋崇）・・・・・ 97
総務省の仕事for kids・・・・・・・・・・・・・・・・・ 95
ソシオ・スコープ都道府県地理カード（進学教室サピックス小学部）・・・・・・・・・・ 69
ソマリア、心の傷あと（谷本美加）・・・・・ 52
空をとぶ飛行機（高橋慎一）・・・・・・・・・・・ 210
空飛ぶ車いす（井上夕香）・・・・・・・・・・・・・ 249
それいけ！新聞記者（くさばよしみ）・・・ 166
それいけ体験学習（中川志郎）・・・・・・・・ 227
それって人権？（喜多明人）・・・・・・・・・・ 121
それゆけ小学生！ボクたちの世界一周（かやのたかゆき＆ひかる）・・・・・・・・・・・・ 12

【た】

タイ（谷川彰英）・・・・・・・・・・・・・・・・・・・・・ 35
タイ（藤沢皖）・・・・・・・・・・・・・・・・・・・・・・・ 34
タイ（渡辺一夫）・・・・・・・・・・・・・・・・・・・・・ 33
大工さんになろう！（西東栄一）・・・・・・ 157
体験学習をはじめよう（佐々木定治）・・ 278
体験学習なるほどブック（中川志郎）・・ 228
太鼓（三宅都子）・・・・・・・・・・・・・・・・・・・・・ 119
大店舗の職場・・・・・・・・・・・・・・・・・・・・・・・ 160
タイの子どもたち（西村佐二）・・・・・・・・ 35
タイのごはん（銀城康子）・・・・・・・・・・・・・ 32
タイ・ミャンマー（宮本マラシー）・・・・・ 35

タイムトラベル人権号（満川尚美）・・・・・ 121
ダイヤモンドより平和がほしい（後藤健二）・・・・・・・・・・・・・・・・・・・・・・・・・・・・・・・ 109
台湾（メアリー・M. ロジャース）・・・・ 31
ダウン症の友だち（吉田星雄）・・・・・・・・ 257
竹中先生、経済ってなんですか？（竹中平蔵）・・・・・・・・・・・・・・・・・・・・・・・・・・・・・・・ 135
ターシャ・テューダーのクリスマスアドベントカレンダー（ターシャ・テューダー）・・ 288
たたかうロボット（デイビッド・ジェフリス）・・・・・・・・・・・・・・・・・・・・・・・・・・・・・・・ 215
立ちあがる世界の子どもたち（甲斐田万智子）・・・・・・・・・・・・・・・・・・・・・・・・・・・・・ 118
タックスよ、こんにちは！（いしひろみつ）・・ 138
たっちゃんと学ぼう（全日本ろうあ連盟）・・ 251
建物をバリアフリーに！（共用品推進機構）・・・ 246
たなばたものがたり（舟崎克彦）・・・・・・ 293
たのしいおまつり（イフェオマ・オニエフル）・・・・・・・・・・・・・・・・・・・・・・・・・・・・・・・ 288
たのしい学校ってなんだろう（共用品推進機構）・・・・・・・・・・・・・・・・・・・・・・・・・・・・ 234
たのしいなサファリバス（小賀野実）・・・・・ 196
たのしいな！東京の電車・新幹線（柏原治）・・・・・・・・・・・・・・・・・・・・・・・・・・・・・・・ 200
楽しく調べる東京の社会（東京都小学校社会科研究会）・・・・・・・・・・・・・・・・・・・・・ 76
楽しく調べる東京の地理（東京都小学校社会科研究会）・・・・・・・・・・・・・・・・・・・・・ 76
楽しくできる！小学生の社会科クイズ1000（学習社会科クイズ研究会）・・・ 85
楽しくできる！小学生の社会科パズル（社会科教育研究会）・・・・・・・・・・・・・・・・・ 64
楽しく学ぶ小学生の地図帳（帝国書院編集部）・・・・・・・・・・・・・・・・・・・・・・・・・・・・・・ 1
楽しさやおもしろさを作る人（今井美沙子）・・・・・・・・・・・・・・・・・・・・・・・・・・・・・・・ 167
旅でみつめた戦争と平和（重田敞弘）・・ 107
旅の夢かなえます（三日月ゆり子）・・・・ 243
食べもの（梅沢実）・・・・・・・・・・・・・・・・・・・ 21
食べ物を作る人、売る人（今井美沙子）・・ 160
食べ物が好き！・・・・・・・・・・・・・・・・・・・・・・ 159
食べもので国際交流（中島章夫）・・・・・・ 101
食べものとサービスに関わる仕事・・・・・ 158
食べ物と花にトライ！・・・・・・・・・・・・・・・ 158
食べ物にかかわる仕事（小田島純子）・・ 159
食べ物にかかわる仕事（ヴィットインターナショナル企画室）・・・・・・・・・・・・・・・ 160
食べ物の安全と農業（アンドレア・クレア・ハート・スミス）・・・・・・・・・・・・・・・・・ 172
食べもののできるまで（ものづくり探検編集部）・・・・・・・・・・・・・・・・・・・・・・・・・・・・ 188
食べ物・飲み物（山口昌男）・・・・・・・・・・・ 187
食べものはみんな生きていた（山下惣一）・・ 172

314

食べるモノから見る、日本と世界(保岡孝之) ……………………………………… 187
たりない!?(さとうけいこ) ……………… 259
だれもが幸せになる権利を考えよう(一番ヶ瀬康子) ……………………………… 119
だれもが使えるものづくり(くごうえり) … 243
探Q!日本のひみつ(青山邦彦) …………… 62
探査するロボット(デイビッド・ジェフリス) …………………………………… 216
段ボールのひみつ(出口由美子) ………… 178

【ち】

地域から調べよう(満川尚美) …………… 115
地域・郷土の交流とわたしたちの未来(中野重人) ……………………………… 225
地域・郷土の産業(中野重人) ……………… 70
地域・郷土の伝統と文化(中野重人) …… 295
地域・郷土の人びととくらし(中野重人) … 225
地域だけのお金(中村達也) ……………… 140
地域で憲法九条を学ぶ(小松豊) ………… 132
地域ではじめる体験学習(佐々木定治) … 226
地域の伝統行事 …………………………… 288
地域の保存食(服部幸応) …………………… 70
チェコ・ハンガリー・ポーランド(小原雅俊) ………………………………………… 50
ちがいを豊かさに(岩川直樹) …………… 121
地球のうらからこんにちは(義永美央子) … 56
地球の環境を考える地図を作ってみよう(田代博) ……………………………………… 1
地球の豊かな環境を保つために(杉下恒夫) ………………………………………… 99
地球村の子どものけんり(吉村峰子) …… 124
地球村の平和の願い(吉村峰子) ………… 110
畜産・水産 ………………………………… 152
地形が育む農業(片山秀策) ……………… 176
知識をひろげるまなぶっく図鑑 電車・列車(アミーカ) ……………………… 204
地図をつくろう(苅宿俊文) ……………… 284
地図で知る世界の国々に(正井泰夫) ……… 3
地図で知る世界の大都市(正井泰夫) …… 22
地図にかかわる仕事(ヴィットインターナショナル企画室) ……………………… 156
地図のおもしろ活用法(田代博) …………… 2
地図のきまりと記号(田代博) ……………… 2
地図の読みかた遊びかた絵事典(清水靖夫) ………………………………………… 4
地図豆(やまおかみつはる) ………………… 3
知的財産権ってなに?(日本弁理士会) … 130
知的障害のある子といっしょに(石川葉) … 258
ちびまる子ちゃんのはじめてのぎょうじ絵じてん ……………………………… 291

チャッともメルだちができちゃう本(小学館ドラネット編集部) …………… 276
チャレンジ!日本全国お祭りクイズ王101(横山験也) …………………………… 291
チャンスがあれば…(チャンスの会) …… 122
中央アジアの鉄道(秋山芳弘) …………… 203
中央卸売市場(深光富士男) ……………… 223
中華人民共和国(西村成雄) ………………… 30
中国(ジュリア・ウォーターロー) ……… 31
中国(ジェン・グリーン) ………………… 29
中国(谷川彰英) …………………………… 31
中国(西村成雄) …………………………… 32
中国(ステファン・C.ファインスタイン) … 31
中国(藤沢皖) ……………………………… 31
中国(吉田忠正) …………………………… 30
中国と出会おう(納村公子) ……………… 31
中国のごはん(銀城康子) ………………… 29
中国の友だち(佐藤郡衛) ………………… 32
中国歴史と出合う(荒井信一) …………… 30
美ら島と米軍基地(安斎育郎) …………… 82
聴導犬(田中ひろし) ……………………… 265
聴導犬・美音がくれたもの(松本江理) … 264
チョコレートだいすき …………………… 187
ちょっとお金持ちになってみたい人、全員集合!(斎藤孝) ……………………… 142
"ちょボラ"アイデア集(日比野正己) …… 237
"ちょボラ"を世界に広げよう(日比野正己) ……………………………………… 237
"ちょボラ"から始めよう(日比野正己) … 237
"ちょボラ"から"ほんボラ"へ(日比野正己) ……………………………………… 237
"ちょボラ"でバリアフリーのまちづくり(日比野正己) ………………………… 237
チリ(佐々木ときわ) ……………………… 56

【つ】

通販で買ったものは返せるの?(山根祥利) ……………………………………… 131
つかった水はどこへいくの?(コンパスワーク) …………………………………… 225
つくって味わう!世界の料理(村上祥子) … 20
土と親しむ仕事(ヴィットインターナショナル企画室) ……………………… 154
つな引きのお祭り(北村皆雄) …………… 290
翼はよみがえった(NHKプロジェクトX制作班) …………………………………… 210
釣りにかかわる仕事(ヴィットインターナショナル企画室) …………………… 153

【て】

出会い系サイト（渋井哲也）……………… 269
ディスレクシアってなあに？（ローレン・E. モイニハン）……………………………… 256
できることからはじめよう！（小林正典）…… 117
できるよ体験学習（中川志郎）……………… 228
テクノロジー（坪田耕三）…………………… 212
デジタルカメラのひみつ（田川滋）………… 182
テストなんかこわくない（トレボー・ロメイン）………………………………………… 233
データ世界地図（清水靖夫）………………… 3
データでくらべる1970年代の日本と今の日本（PHP総合研究所）………………… 65
データ日本地図（清水靖夫）………………… 7
データベースの冒険（ホセ・アントニオ・ミリャン）……………………………………… 269
鉄鋼業・石油化学工業（竹内淳彦）………… 180
徹底図解世界の国旗（辻原康夫）…………… 9
てつどうずかん（小賀野実）………………… 209
鉄道ずかん（小賀野実）……………………… 199
鉄道の大常識（梅原淳）……………………… 201
鉄道・船 ………………………………… 200, 210
てつどうベスト（小賀野実）………………… 206
鉄道メカ博士（川辺芭蕉）…………………… 206
鉄道メカ博士リターンズ（川辺芭蕉）……… 201
鉄道ものしり百科（真島満秀）……………… 202
鉄と火と技と（かつきせつこ）……………… 183
鉄の文化（窪田蔵郎）………………………… 181
てですき・きらい（田中ひろし）…………… 259
てではなそう（さとうけいこ）……………… 260
てではなそう きらきら（さとうけいこ）… 260
手引きと資料（重田敏弘）…………………… 102
テレビ局（小西聖一）………………………… 231
テレビ局・ラジオ局64の仕事 ……………… 166
テレビ・芸能界が好き！……………………… 167
テレビCMにかかわる仕事（ヴィット インターナショナル企画室）…………………… 166
テレビの見方プロジェクト（鈴木敏恵）…… 269
テレビ番組をつくる仕事（ヴィット インターナショナル企画室）…………………… 166
テレビ・ラジオ（上滝徹也）………………… 221
テレビ・れいぞうこのしくみ（あらいただし）……………………………………………… 184
テロリズム（アダム・ヒバート）…………… 110
電機産業とコンピュータ（板倉聖宣）……… 186
電機・電子工業（竹内淳彦）………………… 180
電気の道（小西聖一）………………………… 228
点字で学ぼう（黒崎恵津子）………………… 261
点字のことば百科（黒崎恵津子）…………… 261
点字のひみつ（黒崎恵津子）………………… 261
電子マネーこんなにべんり！（泉美智子）… 136

電子マネーのしくみ（泉美智子）…………… 136
電車（真島満秀）……………………………… 203
電車いっぱい図鑑 いろいろ400（海老原美宜男）…………………………………… 201
でんしゃ・きかんしゃの本（諸河久）……… 208
電車・地下鉄（真島満秀）…………………… 204
電車なんでも百科（海老原美宜男）………… 207
でんしゃの本（ジャミ・プルニエール）…… 203
伝統を作る（白石和己）………………… 294, 295
伝統芸能（三隅治雄）………………………… 293
伝統工芸（伝統的工芸品産業振興協会）…… 294
伝統工芸にたずさわる仕事（ヴィット インターナショナル企画室）……………… 161, 164
伝統工芸の世界（ものづくり探検編集室）… 295
伝統美を表現する仕事（ヴィット インターナショナル企画室）…………………… 164
デンマーク・スウェーデン・ノルウェー（田辺欧）………………………………………… 48
電話（川瀬勝彦）……………………………… 228
電話の発明からインターネットまで（保岡孝之）……………………………………… 271

【と】

ドイツ（ソニア・ピータース）……………… 45
ドイツ（ヘンリー・ラッセル）……………… 44
ドイツ（渡辺一夫）…………………………… 44
ドイツ・オランダ（増谷英樹）……………… 45
ドイツの子どもたち（西村佐二）…………… 44
ドイツのごはん（銀城康子）………………… 44
トイレットペーパー（坂本菜子）…………… 186
トイレットペーパー（中須賀朗）…………… 177
トイレのひみつ（ひろゆうこ）……………… 180
東海道（おちあいけいこ）…………………… 63
東京江戸たんけんガイド（田中ひろみ）…… 77
東京をたずねる（藤森陽子）………………… 77
東京ドーム周辺まるわかり絵事典（東京ドーム）………………………………………… 77
東京の電車に乗ろう！（長谷川章）………… 199
東京/横浜（日本修学旅行協会）…………… 76
東京・横浜・千葉（日本修学旅行協会）…… 76
統計・資料で見る日本地図の本（こどもくらぶ）………………………………………… 5, 6
東南アジア（木村宏一郎）…………………… 33
東南アジア（関根秋雄）……………………… 33
東南アジアの鉄道（秋山芳弘）……………… 203
動物園（滝沢美絵）…………………………… 223
動物園・水族館 ……………………………… 152
どうぶつえんのおしごと（内山晟）………… 153
動物が好き！………………………………… 153
動物・植物にかかわる仕事（富士山みえる）………………………………………………… 153

動物にかかわる仕事（ヴィットインターナショナル企画室）・・・・・・・・・153, 154
動物の職場・・・・・・・・・・・・・・・・・・・・・ 153
トゥレット症候群ってあに？（ティラ・クルーガー）・・・・・・・・・・・・・・・・・・・・・ 250
道路や交通機関をバリアフリーに！（共用品推進機構）・・・・・・・・・・・・・・・・・・・ 246
時間の森（山下大明）・・・・・・・・・・・・・・ 81
特技を生かす「福祉の仕事」（一番ヶ瀬康子）・・・・・・・・・・・・・・・・・・・・・・・・・・ 239
特色ある歴史と風土のまち・・・・・・・・・・ 64
特別な日の食べもの（和仁皓明）・・・・・・ 22
時計（織田一朗）・・・・・・・・・・・・・・・・・ 184
時計の大研究（織田一朗）・・・・・・・・・・ 182
どこからくる？けいたい電話の電波（小葉竹ゆみ）・・・・・・・・・・・・・・・・・・・・・・ 270
どこにいるかわかる？（アジア太平洋地域共同出版計画会議）・・・・・・・・・・・・・ 25, 60
DoCoMoキッズケータイまるわかりガイド（エクスメディア）・・・・・・・・・・・・・・・ 272
年をとるってどういうこと？（是枝祥子）・・・・ 247
「年をとる」って、どんなこと？（一番ヶ瀬康子）・・・・・・・・・・・・・・・・・・・・・・・・・ 248
都市の家（ニコラ・バーバー）・・・・・・・・ 14
図書館（秋山滋）・・・・・・・・・・・・・・・・・ 228
図書館（田村俊作）・・・・・・・・・・・・・・・ 224
図書館をつかおう（笠原良郎）・・・・・・ 281
図書館やインターネットで調べよう（山崎哲男）・・・・・・・・・・・・・・・・・・・・・・ 286
とっきゅうでんしゃ（真島満秀）・・・・・・ 208
特急電車（真島満秀）・・・・・・・・・・・・・ 203
とっきゅうれっしゃ ひゃっか・・・・・・・ 207
都道府県からみる日本（大角修）・・・・・・ 67
都道府県がわかる地理地名事典（渋沢文隆）・・・・・・・・・・・・・・・・・・・・・・・・・・・・ 72
都道府県別米データ集（池田良一）・・・ 174
都道府県別21世紀日本の産業（且賀田八郎）・・・・・・・・・・ 73, 75, 76, 78, 79, 81, 82
都道府県別日本なんでも情報館（保岡孝之）・・・・・・・・・・・・・・・・・・・・・・・・・・・・ 73
都道府県別日本の地理データマップ・・・・ 64
都道府県別日本の地理データマップ（有川政秀）・・・・・・・・・・・・・・・・・・・・・・ 81
都道府県別日本の地理データマップ（工藤隆）・・・・・・・・・・・・・・・・・・・・・・・・ 74
都道府県別日本の地理データマップ（砂田武嗣）・・・・・・・・・・・・・・・・・・・・・・ 77
都道府県別日本の地理データマップ（堀之内修）・・・・・・・・・・・・・・・・・・・・・・ 80
都道府県別日本の地理データマップ（宮田利幸）・・・・・・・・・・・・・・・・・・・・ 64, 75
都道府県別日本の地理データマップ（山岡義昭）・・・・・・・・・・・・・・・・・・・・・・ 78
都道府県別にみる水産業（遠藤有紀）・・ 171
都内研修・修学旅行ワークブック・・・・・・ 76

ドーバー海峡を掘ったモグラマシン（田中舘哲彦）・・・・・・・・・・・・・・・・・・・・・ 218
トビアスへの26通の手紙（H. v. ヘンティッヒ）・・・・・・・・・・・・・・・・・・・・・・・・・・ 232
とびだせ新幹線（真島満秀）・・・・・・・・ 209
とびだせ！まちたんけん（有田和正）・・ 229
とびだせ未来へ!!みんなの大地・森・海の恵み・・・・・・・・・・・・・・・・・・・・・・・・・ 169
飛ぶしくみ大研究（秋本俊二）・・・・・・・ 209
友だちとできるボランティア（こどもくらぶ）・・・・・・・・・・・・・・・・・・・・・・・・・ 242
友だちロボットがやってくる（羅志偉）・・ 215
共に生きる「福祉の仕事」（一番ヶ瀬康子）・・ 239
共に学ぶ「福祉の仕事」（一番ヶ瀬康子）・・ 239
ともにゆたかに生きるために（共用品推進機構）・・・・・・・・・・・・・・・・・・・・・・ 245
ドラえもん世界の国旗全百科（藤子・F・不二雄）・・・・・・・・・・・・・・・・・・・・・・・・ 10
ドラえもんちずかん・・・・・・・・・・・・・・ 1, 5
ドラえもんのびっくりクイズ 世界の国ぐに（藤子・F・不二雄）・・・・・・・・・・・・ 13
ドラえもんのびっくりクイズ ニッポン一周！（藤子・F・不二雄）・・・・・・・・・・・・ 63
トルコ・シリア（勝田茂）・・・・・・・・・・・ 40
トルコのごはん（銀城康子）・・・・・・・・・ 38
とろーりあまい！はちみつ（小野正人）・・ 186
どんどん情報通信（舘野健三）・・・・・・・ 285
どんどん知りたくなる！こども世界地図・・・・ 2
どんどん知りたくなる！こども日本地図・・・・ 6

【な】

内閣府ってなんだろう？（江橋崇）・・・・・ 97
ナイジェリア（ブリジット・ジャイルズ）・・ 51
長崎修学旅行ハンドブック（平和・国際教育研究会）・・・・・・・・・・・・・・・・・・・・・・ 81
長崎／福岡・佐賀・阿蘇（日本修学旅行協会）・・・・・・・・・・・・・・・・・・・・・・・・・・ 81
仲間たちとともに（セリーヌ・ブラコニエ）・・・・・・・・・・・・・・・・・・・・・・・・・・・・ 119
なぜ学校にいくの？（山根祥利）・・・・・ 233
なぜ？がなるほど！に変わる本（成田奈緒子）・・・・・・・・・・・・・・・・・・・・・・・・・ 255
なぜ情報は、たいせつなの？（戸波江二）・・ 134
ななみちゃんとあそぼうご当地めぐり日本地図ゲーム（日本放送出版協会）・・・・ 5
なにができるかな？なにができるかな？・・ 250
ナノテクが世界を変える（子ども科学技術白書編集委員会）・・・・・・・・・・・・・・・ 214
ナノテクがみちびく科学の未来（榊裕之）・・ 212
ナノテクノロジー（苅宿俊文）・・・・・・・ 214
ナパーム弾とキムちゃん（早乙女勝元）・・ 108
奈良（修学旅行研究会）・・・・・・・・・・・・ 78

【な】

奈良/伊勢・志摩(日本修学旅行協会)……… 79
奈良をたずねる(藤森陽子)……………… 79
奈良がわかる絵事典(PHP研究所)……… 78
ならんだならんだ!おひなさま(戸塚隆)… 177
「なりたい!」が見つかる将来の夢さがし!
　職業ガイド234種(菅原真理子)………… 150
なりたい職業ガイドブック(PHP研究所)
　……………………………………… 146, 148
なりたい職業やりたい仕事がわかる本(ジェイアクト)………………………………… 148
なりたい!はたらくひとたち(永岡書店編集部)…………………………………… 150
なるほど!なっとく!北方領土…………… 69
なるほど!法律のトリビア(船岡浩)…… 130
南極(三徳信彦)……………………………… 61
なんで学校に行きたくないんだろう?(こんのひとみ)……………………………… 236
なんでもランキング100(勉強に役立つクイズ研究会)……………………………… 16
南島紀行(斎藤たま)……………………… 81
南島の伝統的なくらし(芳賀日出男)…… 65
なんみん(長岡久美子)…………………… 115
難民(佐藤真紀)…………………………… 116
難民が生まれるのはなぜ?(小林正典)… 117
難民となった人びと(菊池好江)………… 103

【に】

肉・たまご・牛乳(高橋永一)…………… 172
肉の郷土料理(服部幸応)………………… 70
西アジア(清原工)…………………………… 39
西アジア、アフリカ、南北アメリカ、オセアニアの食べもの(江上佳奈美)………… 23
21世紀こども百科 しごと館……………… 147
21世紀こども百科 もののはじまり館…… 222
28の用語でわかる!裁判なるほど解説(山根祥利)………………………………… 128
28の用語でわかる!選挙なるほど解説(福岡政行)…………………………………… 94
西ヨーロッパの鉄道(秋山芳弘)………… 203
日米逆転!コンビニを作った素人たち(NHKプロジェクトX制作班)……………… 220
日用品をバリアフリーに!(共用品推進機構)…………………………………… 247
日用品のできるまで(ものづくり探検編集室)…………………………………… 183
日光・鎌倉・箱根(日本修学旅行協会)… 76
にっぽん探検大図鑑………………………… 65
ニッポンの憲法(水田嘉美)……………… 133
にっぽんのちずえほん(わらべきみか)… 7
日本(谷川彰英)…………………………… 73
日本を伝える(梅沢実)…………………… 71

日本を走る列車195(小賀野実)………… 206
日本海読本(伊東俊太郎)………………… 69
日本各地の自然とくらし………………… 67
日本からみた祖国ビルマ(マウンミンニョウ)……………………………………… 33
日本がわかるちずのえほん(ふゆのいちこ)……………………………………… 6
日本がわかる地図の絵本(中西僚太郎)… 6
日本国憲法(角替晃)…………………… 133
日本国憲法(童話屋編集部)…………… 134
日本全国自動車旅行…………………… 192
日本全国新幹線に乗ろう!(長谷川章)… 200
日本全国鉄道旅行(長谷川章)………… 200
日本全国特急列車に乗ろう!(長谷川章)… 199
日本全国バスに乗ろう!………………… 192
日本全国飛行機旅行(中村浩美)……… 210
日本地図に強くなる!なるほど学習クイズ(PHP研究所)…………………………… 6
日本地図めいろ(横山験也)……………… 8
日本地理(保岡孝之)……………………… 67
日本と世界をつなぐ仕事(伊藤嘉一)… 151
日本と世界の高齢者福祉(一番ヶ瀬康子)… 248
日本と世界の国土のウソ?ホント?…… 16
日本と世界の365日なんでも大事典(こよみ研究会)………………………………… 292
日本と世界の食のいま(金子佳代子)…… 17
日本と世界の食べ物を比べよう(水越敏行)
　………………………………………… 25
日本なんでもナンバー1(羽豆成二)…… 65
日本のくらし絵事典(PHP研究所)…… 291
日本のくらしと産業………………………… 68
日本の工業(三沢一文)………………… 178
日本の国境(池上彰)……………………… 68
日本の産業がわかる……………………… 66
日本の産業のすがたと未来(板倉聖宣)… 74
日本のしきたり絵事典(武光誠)……… 287
日本の自然・環境とくらしを調べよう(菊地家達)………………………………… 72
日本の自然と国土………………………… 68
日本の島大研究(PHP研究所)………… 64
日本の食料(矢口芳生)………………… 168
日本の水産業(小松正之)……………… 169
日本のすがた(矢野恒太記念会)……… 62
日本の政治(高野尚好)…………………… 96
日本の先住民族アイヌを知ろう!(知里むつみ)…………………………………… 62, 63
日本の食べもの(素朴社)………………… 68
日本の地理(井田仁康)…… 65, 74, 76〜78, 80, 81
日本の地理21世紀(高橋伸夫)………… 66
日本の鉄(窪田蔵郎)…………………… 182
日本の電車1500………………………… 198
日本の伝統を伝える仕事(ヴィットインターナショナル企画室)…………………… 162

日本の伝統芸能はおもしろい（市川染五郎） ………………………………… 296
日本の伝統芸能はおもしろい（東儀秀樹）… 295
日本の伝統芸能はおもしろい（野村万斎）… 296
日本の伝統芸能はおもしろい（柳家花緑）… 296
日本の伝統芸能はおもしろい（吉田蓑太郎） ………………………………… 295
日本の伝統文化をつなげる仕事 ………… 162
日本の伝統文化・芸能事典（日本文化いろは事典プロジェクトスタッフ） …… 294
日本の年中行事（深光富士男） ………… 292
日本の農業（石谷孝佑） ………………… 169
日本の人びと ……………………………… 73
日本の祭り事典（芳賀日出男） ………… 288
日本白地図作業帳 ………………………… 7
日本列島の自然とくらし（芳賀日出男） … 66
日本列島の自然のなかで（陽捷行） …… 175
日本列島の農業と漁業 …………………… 170
入門日本国憲法（恒文社21編集部） …… 134
ニュージーランド（岡崎務） …………… 60
ニュージーランド修学旅行・語学研修を10倍から100倍たのしむための本（石原尚子） ………………………………………… 60
ニュースを読みとくキーワード100（講談社） ……………………………………… 90
ニュースに出てくる人物・用語事典（高野尚好） ……………………………………… 90
ニュース年鑑（こどもくらぶ） …… 84, 85, 87
「ニュース」わかってすっきり！なるほどブック（キッズニュース研究会） ………… 91
Newボランティア用語事典（日比野正己）… 237
人気乗り物大集合 ………………………… 189
人魚姫と風車の町で（早乙女勝元） …… 48
人間の尊さを守ろう（吉野源三郎） …… 120
人間の目をこえたカメラ（今西乃子） … 183
人間らしく生きる ………………………… 133

【ぬ】

ぬりえ国旗 ………………………………… 8
ぬりえ世界の国旗（吹浦忠正） ………… 8
ぬりえだいすき世界の国旗 ……………… 11

【ね】

ネチケットを守ろう（中村司） ………… 270
熱帯雨林に生きる人びと（エドワード・パーカー） ……………………………………… 20
ネットコミュニケーション（渋井哲也） … 268
ネット事件・有害サイト（渋井哲也） … 269

ネット社会を彩るカラー液晶（宇津木聡史） ………………………………………… 214
ネルソンさん、あなたは人を殺しましたか？（アレン・ネルソン） ………………… 112
年中行事（新谷尚紀） …………………… 286
年中行事（須藤功） ……………………… 288
年中行事コツのコツ（味元敬子） ……… 288
年中行事のお話55（深山さくら） ……… 286
年齢別行事ことばかけハンドブック（兵頭恵子） …………………………………… 287

【の】

能（山崎有一郎） ………………………… 294
農業（梶井貢） …………………………… 171
農業（坪田耕三） ………………………… 169
農業が歩んできた道（陽捷行） ………… 175
農業のおくりもの（斎尾恭子） ………… 176
農業は生きている（西尾敏彦） ………… 176
農業は風土とともに（岡三徳） ………… 177
農村の伝統的なくらし（芳賀日出男） … 66
農林・水産業を調べよう（菊地家達） … 174
農林水産省・経済産業省・外務省・財務省・法務省（北俊夫） ……………………… 96
農林水産省ってなんだろう？（江橋崇）… 97
農林水産の職場 …………………………… 153
のってみたいな！大阪の電車・新幹線（中井精也） ………………………………… 202
のってみたいな！たのしいのりもの（小賀野実） ………………………………… 190
のってみたいな特急列車（真島満秀） … 208
野馬追たんけん隊（南相馬市博物館） … 74
ノーマライゼーション（一番ヶ瀬康子）… 248
ノーマライゼーションってなんだろう（一番ヶ瀬康子） ……………………………… 248
のりたいな！新幹線（柏原治） ………… 198
のりもの ………………………………… 189, 190
のりもの（跡土技術） …………………… 189
のりもの（小賀野実） …………………… 190
乗りもの …………………………………… 188
乗りもの（真島満秀） …………………… 188
乗り物（坪田耕三） ……………………… 188
のりものあつまれ！（山田迪生） ……… 188
のりものいっぱい図鑑 いろいろ501台（松沢正二） ……………………………… 189
乗り物・機械のなぞ21（毎日小学生新聞編集部） …………………………………… 188
のりものずかん（小賀野実） …………… 191
乗り物ずかん（小賀野実） ……………… 188
乗り物なんでもナンバー1（いのうえ・こーいち） ……………………………………… 189
のりものにかかわる仕事（ヴィットインターナショナル企画室） …………………… 157

のりも　　　　　　　　　書名索引

乗りものにかかわる仕事(大橋よしひこ)‥‥‥ 156
乗りものの大常識(松沢正二)‥‥‥‥‥‥‥ 189
のりものの名前のひみつ(国松俊英)‥‥‥‥ 190
のりものの本(和田由紀夫)‥‥‥‥‥‥‥‥ 190
のりものばっちり！(小賀野実)‥‥‥‥‥‥ 189
のりもの ひゃっか ‥‥‥‥‥‥‥‥‥‥‥ 190
のりものベスト(小賀野実)‥‥‥‥‥‥‥‥ 190
乗りものやコンピュータを扱う仕事 ‥‥‥‥ 155
ノルウェー・ドイツ(谷川彰英)‥‥‥‥ 45, 49
ノルウェーの子どもたち(西村佐二)‥‥‥‥ 48

【は】

ばあちゃんの笑顔をわすれない(今西乃子)
　‥‥‥‥‥‥‥‥‥‥‥‥‥‥‥‥‥‥‥ 247
ハイテクノロジーの達人(日本宇宙少年団)
　‥‥‥‥‥‥‥‥‥‥‥‥‥‥‥‥‥‥‥ 212
パキスタン(ステーシー・タウスボールス
　タッド)‥‥‥‥‥‥‥‥‥‥‥‥‥‥‥‥ 37
白地図レッスンノート ‥‥‥‥‥‥‥‥‥‥‥ 4
博物館・郷土館(恵美裕江)‥‥‥‥‥‥‥‥ 229
博物館・郷土資料館(村上義彦)‥‥‥‥‥‥ 225
箱根・鎌倉(修学旅行研究会)‥‥‥‥‥‥‥ 75
はじめてへのチャレンジ！不屈の人たち
　(NHK「プロジェクトX」制作班)‥‥‥ 183
はじめて知るみんなの行事とくらし ‥‥‥‥ 287
はじめて知るみんなの未来の仕事 ‥‥‥‥‥ 146
はじめての手話(矢沢国光)‥‥‥‥‥‥‥‥ 262
はじめての手話ソング(こどもくらぶ)‥‥‥ 261
はじめてのせかいちずえほん(てづかあけ
　み)‥‥‥‥‥‥‥‥‥‥‥‥‥‥‥‥‥‥ 1
はじめての点字(石井みどり)‥‥‥‥‥‥‥ 262
はじめてのにっぽんちず ちょう ‥‥‥‥‥‥‥ 7
はじめてのにほんちずえほん(てづかあけ
　み)‥‥‥‥‥‥‥‥‥‥‥‥‥‥‥‥‥‥ 5
はじめての日本地図絵本(にしもとおさむ)
　‥‥‥‥‥‥‥‥‥‥‥‥‥‥‥‥‥‥‥‥ 6
はじめましてせかいちず(高木実)‥‥‥‥‥‥ 3
はじめましてチャンビイ(日野多香子)‥‥‥ 264
はじめましてにほんちず(高木実)‥‥‥‥‥‥ 6
はしれ！サイレンカー(元浦年康)‥‥‥‥‥ 197
はしれ！特急列車 ‥‥‥‥‥‥‥‥‥‥‥‥ 205
はしれまちの電車(真島満秀)‥‥‥‥‥‥‥ 209
走れ！やすほ にっぽん縦断地雷教室(上泰
　歩)‥‥‥‥‥‥‥‥‥‥‥‥‥‥‥‥‥ 115
バス・トラック(小賀野実)‥‥‥‥‥‥‥‥ 196
パソコン&インターネットまるわかり用語
　じてん(小学館ドラネット編集部)‥‥‥‥ 276
パソコン大すき！(すがやみつる)‥‥‥‥‥ 275
パソコンであそぼ(上杉修一)‥‥‥‥‥‥‥ 275
パソコンで、インターネットにチャレンジ！
　(中山洋一)‥‥‥‥‥‥‥‥‥‥‥‥‥‥ 273
パソコンでおもしろ探険！(戸塚滝登)‥‥‥ 278

パソコンで自由研究(子どものパソコン研
　究会)‥‥‥‥‥‥‥‥‥‥‥‥‥‥‥‥ 279
パソコンで何ができるか(向山洋一)‥‥‥‥ 276
パソコンで発表しよう(月岡貞夫)‥‥‥‥‥ 278
パソコンで、文書や図表にチャレンジ！(臼
　井理栄)‥‥‥‥‥‥‥‥‥‥‥‥‥‥‥ 273
パソコンで、ホームページ作りにチャレン
　ジ！(臼井理栄)‥‥‥‥‥‥‥‥‥‥‥ 273
パソコンで、メールにチャレンジ！(臼井理
　栄)‥‥‥‥‥‥‥‥‥‥‥‥‥‥‥‥‥ 273
パソコンにトライ！‥‥‥‥‥‥‥‥‥‥‥ 156
パソコンの基本操作をおぼえよう！(中山洋
　一)‥‥‥‥‥‥‥‥‥‥‥‥‥‥‥‥‥ 273
パソコンのしくみ(斉藤ふみ)‥‥‥‥‥‥‥ 275
パソコンのしくみ(しおざきのぼる)‥‥‥‥ 271
パソコンの、マナーとルールのはなし！(臼
　井理栄)‥‥‥‥‥‥‥‥‥‥‥‥‥‥‥ 273
パソコン名人になろう！(冨永敦子)‥‥ 274, 275
はたらく車(小賀野実)‥‥‥‥‥‥‥‥‥‥ 195
はたらくくるまばっちり！(小賀野実)‥‥‥ 193
はたらくくるま ひゃっか ‥‥‥‥‥‥‥‥ 195
はたらくじどうしゃ(海老原美宜男)‥‥‥‥ 196
はたらく自動車 ‥‥‥‥‥‥‥‥‥‥‥‥‥ 193
はたらく自動車(海老原美宜男)‥‥‥‥‥‥ 192
はたらく自動車(小賀野実)‥‥‥‥‥‥‥‥ 191
はたらくじどう車図鑑 いろいろ501台(い
　のうえこーいち)‥‥‥‥‥‥‥‥‥‥‥ 191
はたらくじどう車スーパーずかん(小賀野
　実)‥‥‥‥‥‥‥‥‥‥‥‥‥‥‥ 191, 192
はたらく自動車スーパー大百科(中井精也)
　‥‥‥‥‥‥‥‥‥‥‥‥‥‥‥‥‥‥‥ 191
はたらくじどうしゃの本(いのうえ・こーい
　ち)‥‥‥‥‥‥‥‥‥‥‥‥‥‥‥‥‥ 197
働く条件ってどうなってるの？(朴木佳緒
　留)‥‥‥‥‥‥‥‥‥‥‥‥‥‥‥‥‥ 147
はたらくぞバス・トラック(小賀野実)‥‥‥ 197
働くってたのしい(朴木佳緒留)‥‥‥‥‥‥ 150
はたらくのりもの(いのうえ・こーいち)‥‥ 189
はたらくひと(田中力)‥‥‥‥‥‥‥‥‥‥ 150
はたらくロボット(デイビッド・ジェフリ
　ス)‥‥‥‥‥‥‥‥‥‥‥‥‥‥‥‥‥ 215
82億食の奇跡(NHKプロジェクトX制作
　班)‥‥‥‥‥‥‥‥‥‥‥‥‥‥‥‥‥ 187
バーチャル世界のゲーム機(秋山英宏)‥‥‥ 183
発見！探検！工場見学(中村智彦)
　‥‥‥‥‥‥‥‥‥‥‥‥ 177, 178, 186, 187
発達って、障害ってなんだろう？(日原信
　彦)‥‥‥‥‥‥‥‥‥‥‥‥‥‥‥‥‥ 255
発表をしよう(苅宿俊文)‥‥‥‥‥‥‥‥‥ 284
発明家は子ども！(マーク・マカッチャン)‥ 213
発明と発見のひみつ(山田卓三)‥‥‥‥‥‥ 213
発明にチャレンジ！(日本弁理士会)‥‥‥‥ 213
発明・発見 ‥‥‥‥‥‥‥‥‥‥‥‥‥‥‥ 212
発明・発見の大常識(板倉聖宣)‥‥‥‥‥‥ 214

320

はてな？なぜかしら？イスラム・中東問題（池上彰）	111
はてな？なぜかしら？北朝鮮問題（池上彰）	111
はてな？なぜかしら？国際紛争（池上彰）	111
はてな？なぜかしら？社会・教育問題（池上彰）	89
はてな？なぜかしら？政治・経済問題（池上彰）	89
はなことじいちゃん世界一周に航く（やまだはなこ）	16
花にかかわる仕事（ヴィットインターナショナル企画室）	159
歯にかかわる仕事（ヴィットインターナショナル企画室）	154
ハニーが盲導犬になるまで（キャロライン・アーノルド）	266
パノラマワイド新幹線（小賀野実）	202
はばたけスワンベーカリー（牧野節子）	252
はばたけ！先生（くさばよしみ）	161
はやいぞ！新幹線	206
はやいぞ特急電車（いのうえ・こーいち）	198
はやいはやい新幹線のぞみ（小賀野実）	205
速さに挑戦する新幹線（石崎洋司）	206
パラオの子どもたち（西村佐二）	61
バリアフリーを生かしたまちづくり	245
バリアフリーを考えよう（共用品推進機構）	246
バリアフリーをめざして（黒崎恵津子）	246
バリアフリーをめざす人たち（NHKきらっといきる制作班）	244
バリアフリートイレってなに？（日本トイレ協会）	244
バリアフリーの社会に！（共用品推進機構）	247
パリたんけん（クロード・デラフォッス）	42
パレスチナ（清末愛砂）	38
パワフル自動車（海老原美宜男）	196
パン（パン食普及協議会）	188
ハンガリー（トム・ストライスグス）	50
ハンガリー（吉田忠正）	49
ハンガリーの子どもたち（西村佐二）	49
番組制作・技術・美術60の仕事	165
ハングルと韓国の伝統文化（金順玉）	27
犯罪と刑罰（アリソン・ブラウンリー）	131
犯罪や交通事故をふせぐ（深光富士男）	126
伴走者たち（星野恭子）	266

【ひ】

東アジア（江里晃）	30
東アジア（仲尾宏）	27
東アジアの食べもの（江上佳奈美）	26
ひこうき（イアン・グラハム）	211

ひこうき（高橋慎一）	211
ひこうきのしくみ（しもだのぶお）	211
飛行機の大研究（ヒサクニヒコ）	211
ひこうきの本（ガリマール・ジュネス社）	211
飛行機の歴史（山本忠敬）	212
飛行機・船	210
飛行機・船（小賀野実）	210
ビジュアルガイド青年海外協力隊（山岸三郎）	103, 104
美術館・科学館（深光富士男）	223
ひといのち（にんげん編集委員会）	119
人をきれいにしたい（しごと応援団）	161
人をささえる仕事（福永博子）	161
人を助けてはたらくロボット（毛利衛）	216
人を楽しませたい（しごと応援団）	165
ひとつながり（にんげん編集委員会）	118
人と制度をつなぐ仕事（ヴィットインターナショナル企画室）	152
人にサービスする仕事（福島千陽）	159
人に話を聞いて調べよう（山崎哲男）	286
ひとぬくもり（にんげん編集委員会）	119
人の心とからだを育てる仕事	160
人の役に立ちたい（しごと応援団）	160
人びとを楽しませる仕事（ヴィットインターナショナル企画室）	167
ひとりでがまんしないよ！（嶋崎政男）	236
ひとりでできるボランティア（こどもくらぶ）	242
一人ひとりのまちづくり（中和正彦）	243
人はどんな仕事をしてきたの？（浜林正夫）	147
人はなぜ争うの？（岩川直樹）	114
ひとはみな、自由（中川ひろたか）	117
美の世界をもとめて（花田春兆）	253
被爆者（会田法行）	115
ビービをさがして（聖徳大学子どもの地図研究会）	4
ビービといっしょに世界地図の絵本（聖徳大学子どもの地図研究会）	3
ビービといっしょに日本地図の絵本（聖徳大学子どもの地図研究会）	7
非暴力ってなに？（ジャック・セムラン）	114
非暴力で平和をもとめる人たち（目良誠二郎）	113
100円ショップ大図鑑（PHP研究所）	219
100万円あったら、どうする？（貯蓄広報中央委員会）	145
100万ドルあったなら（デビット・M．シュワルツ）	137
ヒューマノイド（苅宿俊文）	217
病院・保健所（井口弘哉）	229
病気や飢えとたたかう（梅津ちお）	103
美容・健康の職場	163
平等ってなんだろう？（戸波江二）	134

ひよう　　　　　　　　　　　　書名索引

美容にかかわる仕事（ヴィットインターナショナル企画室）･･････ 165
病人が薬やワクチンで治るように（杉下恒夫）･･････ 99
ぴよぴよの農業たんけん（日本農業新聞）･･････ 172
広がる変わる「福祉の仕事」（一番ヶ瀬康子）･･････ 239
広島お好み焼物語（那須正幹）･･････ 80
広島のおばあちゃん（鎌田七男）･･････ 116
広めよう国際交流 ･･････ 101
品格あるお金の作法（伊藤宏一）･･････ 137
貧困（タリーザ・ガーレイク）･･････ 93
貧困（松山章子）･･････ 91

【ふ】

ファーストフードのおしごと ･･････ 160
ファッションデザイナーになろう！（山辺麻由）･･････ 164
ファッションとデザインにトライ！ ･･････ 163
ファッションにかかわる仕事（ヴィットインターナショナル企画室）･･････ 163
ファミリーレストランでおしょくじ（やひろきよみ）･･････ 158
フィジー・トンガ・サモア（橋本和也）･･････ 61
フィリピン（大上正直）･･････ 35
フィリピン（岡崎務）･･････ 33
フィリピン（藤沢皖）･･････ 34
フィリピンと出会おう（ピナツボ復興むさしのネット）･･････ 34
フィリピン・メキシコ（谷川彰英）･･････ 35, 57
フィールドワーク第五福竜丸展示館（第五福竜丸平和協会）･･････ 115
フィンランド（岡崎務）･･････ 48
フィンランドのごはん（銀城康子）･･････ 48
深めよう国際理解（苅宿俊文）･･････ 24
福祉を知る体験学習（佐々木定治）･･････ 238
福祉・介護のキーワード事典（高橋利一）･･････ 237
福祉・健康（苅宿俊文）･･････ 238
福祉にかかわる仕事（ヴィットインターナショナル企画室）･･････ 154, 155
「福祉の仕事100」ガイドブック（一番ヶ瀬康子）･･････ 239
福祉の職場 ･･････ 154
福祉の世界地図（藤田千枝）･･････ 18
ふしぎがいっぱい！ニッポン文化（こどもくらぶ）･･････ 74, 75, 78
ふしぎだね!? アスペルガー症候群「高機能自閉症」のおともだち（内山登紀夫）･･････ 256
ふしぎだね!? ADHD（注意欠陥多動性障害）のおともだち（内山登紀夫）･･････ 256

ふしぎだね!? LD（学習障害）のおともだち（内山登紀夫）･･････ 256
ふしぎだね!? 言語障害のおともだち（牧野泰美）･･････ 250
ふしぎだね!? 視覚障害のおともだち（千田耕基）･･････ 249
ふしぎだね!? 自閉症のおともだち（内山登紀夫）･･････ 256
ふしぎだね!? 身体障害のおともだち（日原信彦）･･････ 250
ふしぎだね!? ダウン症のおともだち（玉井邦夫）･･････ 256
ふしぎだね!? 知的障害のおともだち（原仁）･･････ 256
ふしぎだね!? 聴覚障害のおともだち（倉内紀子）･･････ 249
ふしぎだね!? てんかんのおともだち（原仁）･･････ 249
富士山の大研究（江藤初生）･･････ 77
舞台に生きる（花田春兆）･･････ 253
ふたり・おなじ星のうえで（谷川俊太郎）･･････ 14
ブータン（岡崎務）･･････ 36
普通の国になりましょう（C. ダグラス・ラミス）･･････ 107
物流の未来を担うセールスドライバー（宇津木聡史）･･････ 159
ふね（イアン・グラハム）･･････ 211
船の百科（エリック・ケントリー）･･････ 210
舞踊にかかわる仕事（ヴィットインターナショナル企画室）･･････ 165
ブラジル（ジュリア・ウォーターロー）･･････ 57
ブラジル（岡崎務）･･････ 56
ブラジルと出会おう（谷啓子）･･････ 57
ブラジルの子どもたち（西村佐二）･･････ 58
ブラジルのごはん（銀城康子）･･････ 54
ブラジルの友だち（佐藤郡衛）･･････ 58
ブラジル・ペルー（河野彰）･･････ 57
フランス（谷川彰英）･･････ 43
フランス（富盛伸夫）･･････ 43
フランス（吉田忠正）･･････ 42
フランスの子どもたち（西村佐二）･･････ 44
フランスのごはん（銀城康子）･･････ 43
フランスの友だち（佐藤郡衛）･･････ 43
ブランド・キャラクターってなに？（日本弁理士会）･･････ 130
フリーターになるとどうなるの？（内田正信）･･････ 135
ブルガリア（吉田忠正）･･････ 49
ふるさとの遺産（児玉祥一）･･････ 71
ふるさとの自然（小西聖一）･･････ 71
ふるさとの農業・漁業・林業（清野賢司）･･････ 71
ふるさとの人と町（吉田かつう）･･････ 71
ふるさとの文化（武良竜彦）･･････ 71
ふるさとのものづくり（清原工）･･････ 71

322

書名索引　ほつふ

ブルートレイン（小賀野実）……………… 207
ぶるぶるやわらか！とうふ（日本豆腐協会）
　　　　　　　　　　　　　　　　……… 187
プロ野球にかかわる仕事（ヴィットインターナショナル企画室）………………… 162
ふわふわあったか！てぶくろ（大内輝雄）… 178
文化（古内洋平）…………………………… 15
文化・教育にかかわる国際組織（大芝亮）… 105
文化の世界地図（藤田千枝）……………… 18
文化の輪をひろげよう（花田春兆）……… 253
文化や科学技術につくす仕事（伊藤嘉一）… 163
紛争（勝間靖）……………………………… 112
紛争や災害の難民を助けるために（杉下恒夫）………………………………………… 99
文楽（平島高文）…………………………… 294

【へ】

ヘアメイクアップアーティストになろう！（山辺麻由）…………………………… 163
平和へのカギ（田島弘）…………………… 104
平和をひろげよう（安斎育郎）…………… 116
平和を求めた人びと（歴史教育者協議会）… 133
平和ってなに？（大野一夫）……………… 114
平和な世界を………………………………… 133
平和な世界に生きる（浅井基文）………… 107
平和にかかわる国際組織（大芝亮）……… 105
平和の種をまく（大塚敦子）……………… 108
へーそうなんだ‼（向山洋一）…………… 225
ペットショップのおねえさん……………… 154
ペット大集合！ポチたま　日本地図めいろ（横山験也）……………………………… 5
ペットにかかわる仕事（ヴィットインターナショナル企画室）………………… 152
ベトナム（サイモン・スクーンズ）……… 35
ベトナム（冨田健次）……………………… 36
ベトナム（吉田忠正）……………………… 33
ベトナムの子どもたち（西村佐二）……… 35
ベトナムのごはん（銀城康子）…………… 32
ペルー（アニタ・クロイ）………………… 55
ベルナとガーランド（郡司ななえ）……… 264
ベルナとなみだのホットケーキ（ぐんじななえ）…………………………………… 265
ベルナとみっつのさようなら（ぐんじななえ）…………………………………… 264
ベルナのおねえさんきねんび（ぐんじななえ）…………………………………… 266
ベルナもほいくえんにいくよ！（ぐんじななえ）…………………………………… 265
ペルーの子どもたち（西村佐二）………… 57
ペルーのごはん（銀城康子）……………… 54
勉強（馬居政幸）…………………………… 234
勉強なんてカンタンだ！（斎藤孝）……… 233

【ほ】

保育士さんになろう！（あべさより）…… 161
防災センター（深光富士男）……………… 223
放送にかかわる仕事（ヴィットインターナショナル企画室）………………… 167
防犯にかかわる仕事（ヴィットインターナショナル企画室）………………… 151
法務省ってなんだろう？（江橋崇）……… 97
訪問活動犬（こどもくらぶ）……………… 265
法律にかかわる仕事（ヴィットインターナショナル企画室）………………… 130
法律のニュースがすぐわかる（宮島繁成）… 130
暴力の世界地図（藤田千枝）……………… 109
ほかほかやきたてパンやさん（青木菜穂子）
　　　　　　　　　　　　　　　　……… 158
ボクがベルナのめになるよ！（ぐんじななえ）…………………………………… 265
ボクたちの値段（荻原博子）……………… 137
ぼくたちのボランティア記念日（田中ひろし）…………………………………… 238
ぼくたちわたしたち福祉探偵団（玉村公二彦）…………………………………… 237
ぼくって、ふしぎくん？（北村小夜）…… 256
ぼくの学校は駅の10番ホーム（今西乃子）… 125
ぼくの見た戦争（高橋郁典）……………… 112
ぼくの耳ってすごいんだぞ（北村小夜）… 250
ぼくの夢は学校へ行くこと（今西乃子）… 37
ぼくらが作った「いじめ」の映画（今関信子）…………………………………… 235
ぼくらのともだちロボット大図鑑（福田敏男）…………………………………… 217
ぼくらのまちを再発見！（有田和正）…… 229
ぼくは新幹線の運転士（柏原治）………… 200
ぼくははたらく自動車の運転手（元года康）
　　　　　　　　　　　　　　　　……… 196
保健・医療にかかわる国際組織（大芝亮）… 106
保健室にいたらだめなの？（こんのひとみ）
　　　　　　　　　　　　　　　　……… 236
保護・研究……………………………………… 152
ボスニア（ジュリア・ウォーターロー）… 50
北海道・北東北（日本修学旅行協会）…… 75
北海道修学旅行ハンドブック（平和・国際教育研究会）……………………………… 75
北海道だよ！しずくちゃん（ぎぼりつこ）… 75
北海道/宮城・福島（日本修学旅行協会）… 75
北海道わくわく地図えほん（北海道教育地図研究会）……………………………… 74
ほっとけない世界のまずしさ（ほっとけない世界のまずしさ）…………………… 87
ポップアップモノのはじまり　へぇ～⁉図鑑（ロバート・クラウザー）…………… 222

子どもの本　社会がわかる2000冊　323

ほてる　　　　　　　　　　　　　　書名索引

ホテルにかかわる仕事(ヴィットインターナショナル企画室) ……………… 158
ホームページを作ろう(梅津健志) ……… 281
ホームページ完全活用ガイド(藤川大祐) … 276
ホームページでふるさと新聞をつくろう(金子美智雄) …………………………… 286
「ホームページ」で学ぼう！遊ぼう！調べよう！(キッズネット研究会) ……… 279
ボランティア(苅宿俊文) ………………… 239
ボランティア活動資料編 ………………… 239
ボランティア情報館(こどもくらぶ) …… 242
ボランティアで国際交流(米田伸次) …… 101
ボランティア入門(こどもくらぶ) ……… 243
ボランティアみんな知ってる？(全国社会福祉協議会・全国ボランティア活動振興センター) ……………………………… 238
ボランティアはきらい!?(田中ひろし) … 238
ポーランド(佐々木ときわ) ………………… 49
本と雑誌(植田康夫) ……………………… 221
ほんのすこしの勇気から(日本国連HCR協会ボランティア・絵本プロジェクトチーム) ………………………………………… 116

【ま】

毎日の生活を考える人(今井美沙子) …… 152
マオリ(レスリー・シュトゥラドゥヴィク) ………………………………………… 60
マカマカ南極へ行く(かみおゆりこ) ……… 60
マサイ(レナー・クラツ) ………………… 51
マスコミ・IT(保岡孝之) ………………… 268
マスコミの職場 …………………………… 167
まちがいだらけのボランティア(田中ひろし) ………………………………………… 238
町から情報を発信しよう(水越敏行) …… 286
街づくりにかかわる仕事(ヴィットインターナショナル企画室) …………………… 155
町・地図(関口シュン) …………………… 230
街で見かけるナゾの機械・装置のヒミツ(造事務所) ………………………………… 179
町と人々のくらし(梅沢実) ………………… 21
町のけんきゅう(岡本信也) ………………… 73
まちのゴミ探検(次山信男) ……………… 230
まちの仕事を調べよう(池上彰) ………… 149
まちの探検へ出発(次山信男) …………… 230
町の電車(小賀野実) ……………………… 198
まちの伝統に親しもう(千葉昇) ………… 296
まちの伝統や文化を知ろう(水越敏行) … 296
まちのなかで世界探険(次山信男) ……… 230
まちのバリアフリー(小林宏己) ………… 246
まちのユニバーサルデザイン(東京大学先端科学技術研究センターバリアフリープロジェクト) ……………………………… 244

町や住まいにあるバリア(一番ヶ瀬康子) … 248
まちは、しごとでできている。(大滝まみ) … 148
学びたい(ケイティ・ダックワース) …… 124
学びの手引き(岩辺泰吏) ………………… 121
学びのモノから見る、日本と世界(保岡孝之) ………………………………………… 180
まねっこまちのひと(田中ひろし) ……… 259
まぼろしのデレン(関屋敏隆) ……………… 49
ママと覚えよう！キッチンでたとえるパソコン用語(立山秀利) ………………… 271
豆・いもの郷土料理(服部幸応) …………… 70
守ろうみんなの文化財 …………………… 239
マヨネーズってなぜおいしい？(コンパスワーク) ………………………………… 188
まり先生のIT教室(東海スクールネット研究会) ……………………………………… 274
まるごとわかる365日ものしり百科(谷川健一) ………………………………………… 291
マレーシア(藤沢皖) ………………………… 34
マレーシア(渡辺一夫) ……………………… 33
マレーシア・シンガポール・インドネシア(田中恭子) ……………………………… 36
マレーシアの子どもたち(西村佐二) ……… 35
まんが家になろう！(飯塚裕之) ………… 167
まんが　クラスメイトは外国人(「外国につながる子どもたちの物語」編集委員会) … 98
マンガでスイスイ「10歳のパソコン」(かたりおん) …………………………………… 272
マンガでわかる！親子のためのインターネット＆ケータイの使い方(ブレインワークス) …………………………………… 272
まんがでわかる日本の行事12か月(よだひでき) ………………………………………… 288
まんが　未来をひらく夢への挑戦(科学技術庁科学技術政策局調査課) …………… 215

【み】

みえないってどんなこと？(星川ひろ子) … 252
見えない難民(谷本美加) ………………… 116
ミクロネシア連邦(岡崎務) ………………… 60
身近な自動車(海老原美宜男) …………… 195
身近な道具と機械の図鑑(川村康文) …… 182
ミシンのひみつ(あすみきり) …………… 178
水辺の家(ニコラ・バーバー) ……………… 14
みたいしりたい世界のおもしろ鉄道(桜井寛) ………………………………………… 206
未知の世界に立ちむかった人たち(NHK「プロジェクトX」制作班) ………………… 185
三つの願い(デボラ・エリス) ……………… 38
港・船(秋山滋) …………………………… 229
南アジア(大橋正明) ………………………… 37
南アフリカ(ジェン・グリーン) …………… 53

324

書名索引　もうと

南アフリカ（ジャニス・ハミルトン） ………… 52
身につけるモノから見る、日本と世界（保岡孝之） …………………………………… 180
身のまわりでできること（是枝祥子） ……… 248
身の回りの地図を作ってみよう（田代博） …… 2
身の回りのルールってなぜあるの？（鈴木啓文） …………………………………………… 130
耳に障害のある子といっしょに（広田栄子） ……………………………………………… 253
耳の不自由な友だち（桑原隆俊） …………… 251
耳の不自由な人たち（マギー・ウーリー） … 254
ミャンマー（佐々木ときわ） ………………… 33
見よう、知ろう、みんなの国会 ……………… 95
未来への視点で働く人（今井美沙子） ……… 152
未来を走れハイブリッドエコカー（後藤みわこ） ……………………………………… 194
民家の事典（川島宙次） ……………………… 69
民家のなりたち（川島宙次） ………………… 69
民族衣装絵事典（高橋晴子） ………………… 16
民族・宗教対立から起きた争い（安部直文） …………………………………………… 112
民族独立をめざす争い（安部直文） ………… 113
民族問題ってなに？（山中速人） …………… 117
みんなが主人公の学校（保井隆之） ………… 232
みんなが知りたい！「いろんな仕事なりたい職業」のことがわかる本（ジェイアクト） …………………………………………… 146
みんなが知りたい！いろんな「世界一」がわかる本（カルチャーランド） …………… 17
みんなが知りたい！いろんな「日本一」がわかる本（ペンハウス） …………………… 66
みんなが知りたい！いろんな「はじめて」がわかる本（カルチャーランド） ………… 224
みんなが知りたい！「経済のしくみ」がわかる本（コスモピア） ……………………… 141
みんなが知りたい！「四季の行事」がわかる本（ニコワークス） ……………………… 288
みんなが知りたい！「社会のしくみ」がわかる本（イデア・ビレッジ） …………… 224
みんなが知りたい！「社会のなぜ？どうして？」がわかる本（カルチャーランド） … 85
みんなが知りたい！「世界の大発明」がわかる本（プロジェクトM） ………………… 213
みんなが知りたい！「世界のふしぎ」がわかる本（カルチャーランド） …………… 16
みんなが知りたい！「地図のすべて」がわかる本（カルチャーランド） …………… 3
みんなが知りたい！「ニュースに出てくる言葉」がよくわかる本（カルチャーランド） …………………………………………… 87
み〜んなそろって学校へ行きたい！（井上夕香） …………………………………………… 251
みんなだいすき！チョコレート（古谷野哲夫） ……………………………………… 187

みんなで遊べる手話ゲームブック（新沢としひこ） …………………………………… 258
みんなで考えよう 世界を見る目が変わる50の事実（ジェシカ・ウィリアムズ） …… 15
みんなで実現！未来のロボット（毛利衛） … 216
みんなで楽しむ！障害者スポーツ（日本障害者スポーツ協会） ……………… 267, 268
みんなでつくるバリアフリー！（共用品推進機構） ………………………………………… 247
みんなでできる 福祉のための体験をしよう（金子美智雄） ……………………………… 243
みんなで町をあるいたよ（田村学） ………… 226
みんなの国連 …………………………………… 106
みんなのしごと（シルビー・ボシエ） …… 147
みんなの手話ソング（こどもくらぶ） …… 258
みんなのボランティア大百科 ………………… 240

【む】

ムスタファの村（森住卓） …………………… 38
村の家（ニコラ・バーバー） ………………… 14

【め】

名探偵コナン外務省を探る！（青山剛昌） … 95
メキシコ（ベス・グルーバー） ……………… 55
メキシコ（吉田忠正） ………………………… 56
メキシコのごはん（銀城康子） ……………… 55
恵まれた自然と環境を守る …………………… 65
めざせ！宇宙にかかわる仕事 ………………… 157
メディア（坪田耕三） ………………………… 268
メディアってなに？（山中速人） …………… 268
メディアの真実をさぐろう（中村司） ……… 271
目で見る経済（アルヴィン・ホール） ……… 134
目で見る世界の国々（国土社編集部） ……… 15
目でみる「戦争と平和」ことば事典（早乙女勝元） ……………………………………… 107
目に障害のある子といっしょに（竹内恒之） ……………………………………………… 254
目の不自由な友だち（田中徹二） …………… 251
目の不自由な人たち（ピーター・ホワイト） ……………………………………………… 254

【も】

もう、死なせない！（桃井和馬） …………… 123
盲導犬（アイメイト協会） …………………… 265
盲導犬・競走馬・サーカス …………………… 153
盲導犬・聴導犬（日本補助犬協会） ………… 265

子どもの本 社会がわかる2000冊　**325**

盲導犬不合格物語（沢田俊子）………	264
もうひとつの日本の歴史（中尾健次）………	117
もしもお金がなかったら（泉美智子）………	140
もしも会社をまるごと買収できたら（泉美智子）………	137
もしも会社がもうけばかり考えたら（泉美智子）………	140
もしも銀行がなかったら（泉美智子）………	140
もしも国営会社が民営化されたら（泉美智子）………	138
もちごめちゃんのだいかつやく（ともえだやすこ）………	168
もったいないばあさんと考えよう世界のこと（真珠まりこ）………	12
もっと調べよう福祉ボランティア（田中ひろし）………	238
もっと知りたい！いろいろな文化（吉村峰子）………	23
もっと知りたい！世界の国ぐに（吉村峰子）………	23
もっと知りたい日本と世界のすがた（帝国書院編集部）………	13
もっと知りたい！平和について（吉村峰子）………	115
もっと知ろう裁判と裁判所（裁判員制度研究会）………	128
もっと知ろうよ！中国（納村公子）………	30
もっと知ろうよ！ハングル（金順玉）………	28
もっと知ろうよ！中国（納村公子）………	30
もっと伝えたい（藤田康文）………	243
モデルになりたい！ ………	167
ものしり絵本国旗（ひらいふみと）………	10
ものしり地図絵本世界（ひらいふみと）………	4
ものしり地図絵本日本（ひらいふみと）………	8
もみごめぼうやのだいへんしん（ともえだやすこ）………	168
ももちゃんのパソコン教室（桃井典子）………	274
森をつくるってどういうこと？（コンパスワーク）………	173
森に生きる人（寺嶋秀明）………	52
モンゴル（ゲラドレル・ヴェトゥスン）………	29
モンゴル（吉田忠正）………	30
モンゴルの子どもたち（西村佐二）………	31
モンゴルのごはん（銀城康子）………	29
文部科学省・厚生労働省・国土交通省・環境省（北俊夫）………	96
文部科学省ってなんだろう？（江橋崇）………	97

【や】

役立つモノをつくる「福祉の仕事」（一番ヶ瀬康子）………	240
野菜・くだもの（高橋永一）………	172
野菜・くだもの（保岡孝之）………	170
野菜、くだもの、花の研究開発（阿部和幸）………	170
野菜づくりからみる日本（白川景子）………	171
野菜にかかわる仕事（ヴィットインターナショナル企画室）………	158
野菜の郷土料理（服部幸応）………	70
やさしく読める小学生の時事問題（日能研教務部）………	87
やったぜ体験学習（中川志郎）………	230
やっちゃんがいく！（北村小夜）………	257
やってトライ！forキッズ（鈴木良子）………	275
やってみよう！こどもの資格＆コンクールガイド（PHP研究所）………	150
やってみよう！社会勉強（有田和正）………	230
やってみよう！情報学習（苅宿俊文）………	286
やってみようよ！社会につながるボランティア（加藤優）………	240
やってみようよ！地球をはげますボランティア（加藤優）………	240
やってみようよ！人とふれあうボランティア（加藤優）………	241
やってみるまえにボランティアってなに？（加藤優）………	241
Yahoo! ジオシティーズでカンタンに作れるみんなのホームページ作り完全ガイド＆実例ベスト200（ワン・ステップ教育研究所）………	274
山と海の鉄道（小林寛則）………	201
やまとゆきはら（関屋敏隆）………	61
山や川のある地域のくらし（岡崎務）………	67

【ゆ】

ゆいちゃんのエアメール（星川ひろ子）………	253
郵便局（川瀬勝彦）………	232
郵便・通信・IT（井上卓朗）………	221
雪国の自然と暮らし（市川健夫）………	69
雪国の伝統的なくらし（須藤功）………	66
ゆっくりって、いいな（北村小夜）………	257
ユニセフ（キャサリン・ブライアー）………	106
ユニセフと世界のともだち ………	106
ユニバーサルデザインってなに？（東京大学先端科学技術研究センターバリアフリープロジェクト）………	244
ユニバーサルデザインとくらしを考える（浅見勉）………	245
指から広がる世界（黒崎恵津子）………	262
ユビキタス（苅宿俊文）………	269
ゆびであいうえお（田中ひろし）………	259
指文字をおぼえよう（こどもくらぶ）………	261
夢（モハメッド・バシール・クルディ）………	40
夢をあきらめないで（赤木かん子）………	249

夢をかなえるひみつ(内海準二) ……… 151
夢をそだてるみんなの仕事101 ……… 148
ゆめ、ぜったいかなえるよ(北村小夜) … 250
夢のロータリーエンジン誕生(NHKプロジェクトX制作班) …… 194
夢わくわくノート(夢わくわくプロジェクト) ………… 146

【よ】

夜明けの人々(川元祥一) ……… 118
ようこそ世界の特急(桜井寛) ……… 207
用語でわかる！経済かんたん解説(大滝雅之) …… 138
用語でわかる！経済かんたん解説(武長脩行) …… 138
用語でわかる！国際関係かんたん解説(池上彰) …… 88
用語でわかる！政治かんたん解説(福岡政行) …… 95
洋服やおしゃれが好き！ ……… 163
よくわかる通信白書for kids(郵政省) …… 221
寄席芸・大道芸(小沢昭一) ……… 294
世の中を知りたい「社会科学」(重松清) …… 88
読みとろうデータが語るわたしたちのくらし(平卯太郎) …… 225
ヨーロッパ・アフリカ・南北アメリカの国境(池上彰) …… 17
ヨーロッパ、南北アメリカ アフリカ、オセアニアの民族衣装(石山彰) …… 23
ヨーロッパ、南北アメリカ、オセアニアの家(小松義夫) …… 23
ヨーロッパの食べもの(江上佳奈美) …… 41
47都道府県なるほどデータブック …… 62, 63
読んで見て楽しむ世界地図帳 ……… 1
読んで見て楽しむ日本地図帳 ……… 7

【ら】

ライト兄弟から宇宙旅行まで(保岡孝之) … 190
ライト兄弟はなぜ飛べたのか(土佐幸子) … 211
ライフくらしを手でおしゃべり(ジャイブ) …… 259
楽園に降った死の灰(森住卓) ……… 115
落語(柳家花緑) ……… 293
ラジオにかかわる仕事(ヴィットインターナショナル企画室) …… 166
ラーメン屋さんになろう！(林ひさお) … 160

【り】

りかちゃんがわらった(鹿島和夫) ……… 252
理科でかつやくパソコン大王(中川一史) … 277
リサイクル施設(深光富士男) ……… 223
リサイクルもボランティア(田中ひろし) … 238
リヤド(鈴木リマ) ……… 40
領土をめぐる争い(安部直文) ……… 113
旅行と歴史にトライ！ ……… 159
旅行にかかわる仕事(ヴィットインターナショナル企画室) …… 160

【る】

ルールってなんだろう(日本弁護士連合会市民のための法教育委員会) …… 129
ルワンダの祈り(後藤健二) ……… 51

【れ】

レインボー世界の旅じてん(学研辞典編集部) …… 19
レモンをお金にかえる法(ルイズ・アームストロング) …… 141

【ろ】

労働者とその生命と人権(徳住堅治) …… 120
6年生の夏休みアメリカ行ったよ！(やひろはるか) …… 59
ロシア(田中泰子) ……… 50
ロシア(谷川彰英) ……… 50
ロシア(ヘロン・マルケス) ……… 49
ロシアの子どもたち(西村佐二) ……… 50
ロシアの鉄道(秋山芳弘) ……… 202
ロボカップジュニア ガイドブック(子供の科学編集部) …… 217
ロボット世紀のとびらが開いた(本間正樹) …… 217
ロボット大集合(永岡書店編集部) ……… 216
ロボット大図鑑(門田和雄) ……… 216
ロボットと人は友だちになれるの？(毛利衛) …… 216
ロボットに見る不思議の世界(科学技術庁科学技術政策局調査課) …… 217
ロボットの大常識(日本ロボット工業会) … 216
ロボットの歴史としくみ(毛利衛) ……… 216

ロボットはともだち！ ……………………… 217

【わ】

わが子に読み聞かせたい日本国憲法（水田
　嘉美） ……………………………………… 133
わかる！できる！おやこ手話じてん（全国早
　期支援研究協議会） ……………………… 258
わかる！できる！社会（土屋勉） ………… 90
ワークブックいじめを乗りこえる（ディコ
　ン・パウナル＝グレイ） ………………… 235
わくわく国際理解（舘野健三） …………… 102
わくわくしごとずかん ……………………… 146
わくわくロボットワールド（松原仁） …… 217
Wakuwakuわかやま和歌祭（みさきよう
　こ） …………………………………………… 79
わゴム（西島歩） …………………………… 178
ワザあり！大工（くさばよしみ） ………… 156
和食にかかわる仕事（ヴィットインターナ
　ショナル企画室） ………………………… 159
わたしが選んだ職業（「わたしが選んだ職業」
　編集委員会） ……………………………… 150
わたしたちと国際人権（ヒューライツ大阪）
　……………………………………………… 119
わたしたちにも教えて！イスラム教・中東
　問題（池上彰） ……………………………… 92
私たちの美しい日の丸・君が代（石井公一
　郎） ……………………………………………… 11
わたしたちのくらしを豊かにする工業製品
　（清成忠男） ………………………………… 185
わたしたちの食生活と世界の産業「米・野
　菜」（清成忠男） …………………………… 175
わたしたちの食生活と世界の産業「肉・魚」
　（清成忠男） ………………………………… 175
わたしたちの人権宣言（喜多明人） ……… 121
わたしたちの住まいと輸出入（清成忠男） … 185
わたしたちの世界人権宣言（ヒューライツ
　大阪） ……………………………………… 121
わたしたちの食べる魚（遠藤有紀） ……… 171
私たちのヨーロッパ（エドアール・ブラムラ
　ン） …………………………………………… 41
わたしたちは平和をめざす（黒田貴子） … 113
私にできることは、なんだろう。（地球市民
　村） ………………………………………… 102
わたしの体ぜんぶだいすき（先天性四肢障
　害児父母の会） …………………………… 251
私の大好きな国アフガニスタン（安井浩美）
　……………………………………………… 39
わたしのふるさと（小松亮一） …………… 71
わたしは紀ノ川（戸西葉子） ……………… 79
わたしは心を伝える犬（ゆんみ） ………… 264
「和」の行事えほん（高野紀子） ……… 288, 289
和の心を感じよう（永井順国） …………… 295

事項名索引

事項名索引

【あ】

愛知　→中部地方 …… 77
アイヌ　→日本 …… 62
アイルランド　→イギリス・アイルランド …… 42
青森　→北海道・東北地方 …… 74
秋田　→北海道・東北地方 …… 74
アジア　→アジア …… 25
アスペルガー　→ゆっくりがいいお友だち …… 255
アニメーター　→文化・芸術の世界で働くには …… 161
アフガニスタン　→西南アジア …… 38
アフリカ　→アフリカ …… 51
アボリジニ　→オセアニア・南極地方 …… 59
アマゾン　→南北アメリカ …… 54
アメリカ
　　→南北アメリカ …… 54
　　→アメリカ合衆国 …… 58
アラブ首長国連邦　→西南アジア …… 38
アルゼンチン　→南北アメリカ …… 54
アルバニア　→ロシア・東ヨーロッパ …… 49
イエメン　→西南アジア …… 38
イギリス　→イギリス・アイルランド …… 42
医師　→医療・福祉の現場で働くには …… 154
石川　→中部地方 …… 77
いじめ　→学校に行きにくいとき …… 235
衣・食・住（世界）　→世界 …… 12
衣・食・住（日本）　→日本 …… 62
イスラエル　→西南アジア …… 38
イタリア　→南ヨーロッパ …… 45
イヌイット　→南北アメリカ …… 54
茨城　→関東地方 …… 75
EU　→ヨーロッパ …… 40
イラク
　　→西南アジア …… 38
　　→戦争と平和を考える …… 107
イラン　→西南アジア …… 38
岩手　→北海道・東北地方 …… 74
インターネット
　　→情報を使いこなす …… 268
　　→ケータイ・パソコン・インターネットの使い方 …… 271
　　→調べ学習をしよう …… 276
インテリアデザイナー　→技術・職人の世界で働くには …… 155
インド　→南アジア …… 36
インドネシア　→東南アジア …… 32
宇宙飛行士　→技術・職人の世界で働くには …… 155
運輸　→ものを動かす仕事 …… 218
映画監督　→芸能・マスコミの世界で働くには …… 165
ADHD　→ゆっくりがいいお友だち …… 255
栄養士　→商売・サービスの現場で働くには …… 158

駅　→鉄道 …… 198
エジプト　→アフリカ …… 51
SL　→鉄道 …… 198
エチオピア　→アフリカ …… 51
愛媛　→中国・四国地方 …… 80
LD　→ゆっくりがいいお友だち …… 255
欧州連合　→ヨーロッパ …… 40
大分　→九州地方 …… 81
大阪　→近畿地方 …… 78
岡山　→中国・四国地方 …… 80
沖縄　→沖縄 …… 82
オーストラリア　→オセアニア・南極地方 …… 59
オーストリア　→ドイツ・スイス・オランダ …… 44
オセアニア　→オセアニア・南極地方 …… 59
お年より　→お年よりといっしょに …… 247
オートバイ　→自動車 …… 191
オマーン　→西南アジア …… 38
おもちゃクリエイター　→技術・職人の世界で働くには …… 155
オランダ　→ドイツ・スイス・オランダ …… 44

【か】

介護　→お年よりといっしょに …… 247
外交官　→社会の中で働くには …… 151
介護福祉士　→医療・福祉の現場で働くには …… 154
会社　→お金のしくみ …… 134
介助犬　→サポート犬の活躍 …… 262
外務省　→世の中のしくみ …… 94
雅楽　→伝統を知ろう …… 293
香川　→中国・四国地方 …… 80
学習障害　→ゆっくりがいいお友だち …… 255
核兵器　→なくそう難民・地雷・核兵器 …… 115
鹿児島　→九州地方 …… 81
歌手　→芸能・マスコミの世界で働くには …… 165
カタール　→西南アジア …… 38
学校　→学校生活の中で …… 232
華道　→伝統を知ろう …… 293
神奈川　→関東地方 …… 75
カナダ　→南北アメリカ …… 54
歌舞伎　→伝統を知ろう …… 293
紙　→ものづくりの現場 …… 177
体の不自由な人　→「障害」って何？ …… 248
環境省　→世の中のしくみ …… 94
環境にかかわる仕事　→自然・生き物の世界で働くには …… 152
韓国　→韓国 …… 26
看護師　→医療・福祉の現場で働くには …… 154
関東地方　→関東地方 …… 75
カンボジア　→東南アジア …… 32
機械工業　→ものづくりの現場 …… 177
機関車　→鉄道 …… 198

子どもの本 社会がわかる2000冊　331

きしゆ　　　　　　　　　　　事項名索引

| 技術　→新しいテクノロジーの開発 ……………212
| 技術者　→技術・職人の世界で働くには ………155
| 気象予報士　→自然・生き物の世界で働くには ‥152
| 北ヨーロッパ　→北ヨーロッパ ……………………48
| 記念日　→どんな行事があるのかな？…………286
| 岐阜　→中部地方 …………………………………77
| キプロス　→西南アジア ……………………………38
| 九州地方　→九州地方 ………………………………81
| 九条　→憲法を知ろう ……………………………131
| キューバ　→南北アメリカ ………………………54
| 狂言　→伝統を知ろう ……………………………293
| 教師　→教育・保育の現場で働くには …………160
| 行事　→どんな行事があるのかな？…………286
| 京都　→京都 …………………………………………79
| 漁業
|　　→自然・生き物の世界で働くには …………152
|　　→自然からつくりだす ……………………167
| ギリシャ　→南ヨーロッパ ………………………45
| キリバス　→オセアニア・南極地方 ……………59
| 近畿地方　→近畿地方 ……………………………78
| 銀行　→お金のしくみ ……………………………134
| 金融　→お金のしくみ ……………………………134
| グアテマラ　→南北アメリカ ……………………54
| クウェート　→西南アジア ………………………38
| 熊本　→九州地方 ……………………………………81
| くらし　→わたしたちのくらし ………………222
| 車　→自動車 ………………………………………191
| 車いす　→「障害」って何？……………………248
| 群馬　→関東地方 …………………………………75
| 経済　→お金のしくみ ……………………………134
| 経済産業省　→世の中のしくみ ……………………94
| 警察　→人びとを守る仕事 ………………………126
| 警察官　→社会の中で働くには …………………151
| 警察犬　→人びとを守る仕事 ……………………126
| 携帯電話
|　　→情報を使いこなす ………………………268
|　　→ケータイ・パソコン・インターネットの使い方 ……………………………………………271
| ケニア　→アフリカ ………………………………51
| ゲームクリエイター　→文化・芸術の世界で働くには ……………………………………………161
| 言語障害　→「障害」って何？…………………248
| 建設工業　→工事に挑む ………………………217
| 現代社会　→世の中では何が起きているか ……84
| 建築家　→技術・職人の世界で働くには ………155
| 原爆　→なくそう難民・地雷・核兵器 …………115
| 憲法　→憲法を知ろう ……………………………131
| 工業　→ものづくりの現場 ………………………177
| 広告　→ものを動かす仕事 ………………………218
| 広告制作者　→芸能・マスコミの世界で働くには ………………………………………………165
| 工事　→工事に挑む ………………………………217
| 厚生労働省　→世の中のしくみ ……………………94
| 高知　→中国・四国地方 …………………………80

| 公務員　→社会の中で働くには …………………151
| 小売業　→商売・サービスの現場で働くには ‥158
| 高齢者　→お年よりといっしょに ………………247
| 国際機関　→国を越えて働く人たち …………102
| 国際協力　→外国の人と交流しよう ……………98
| 国際交流　→外国の人と交流しよう ……………98
| 国際組織　→国を越えて働く人たち …………102
| 国際平和協力活動　→戦争と平和を考える …107
| 国際理解
|　　→世界 …………………………………………12
|　　→外国の人と交流しよう ……………………98
| 国際連合　→国を越えて働く人たち …………102
| 国土交通省　→世の中のしくみ ……………………94
| コスタリカ　→南北アメリカ ……………………54
| 国会　→世の中のしくみ ……………………………94
| 国旗　→国旗の本 ……………………………………8
| 国境なき医師団　→国を越えて働く人たち …102
| 言葉の不自由な人　→「障害」って何？………248
| 子どもの権利条約　→「子どもの権利」って何？‥122
| 子ども兵士　→戦争と平和を考える …………107
| 米　→自然からつくりだす ………………………167
| コンビニ　→ものを動かす仕事 …………………218
| コンピュータ　→情報を使いこなす …………268
| コンピュータ技術者　→技術・職人の世界で働くには ……………………………………………155

【さ】

| 埼玉　→関東地方 ……………………………………75
| 裁判　→くらしの中の法律 ………………………128
| 裁判員　→くらしの中の法律 ……………………128
| 財務省　→世の中のしくみ ………………………94
| サイレンカー　→自動車 …………………………191
| サウジアラビア　→西南アジア …………………38
| 佐賀　→九州地方 ……………………………………81
| 作業療法士　→医療・福祉の現場で働くには ‥154
| 作家　→芸能・マスコミの世界で働くには ……165
| 茶道　→伝統を知ろう ……………………………293
| サービス業
|　　→商売・サービスの現場で働くには ………158
|　　→ものを動かす仕事 ……………………………218
| 差別　→「人権」を守ろう ………………………117
| サモア　→オセアニア・南極地方 ………………59
| JR　→鉄道 …………………………………………198
| 自営業　→商売・サービスの現場で働くには ‥158
| CM制作者　→芸能・マスコミの世界で働くには ……………………………………………………165
| 滋賀　→近畿地方 ……………………………………78
| 歯科医師　→医療・福祉の現場で働くには …154
| 歯科技工士　→医療・福祉の現場で働くには …154
| 視覚障害　→「障害」って何？…………………248
| 四国地方　→中国・四国地方 ……………………80

時刻表　→鉄道	198
仕事　→なりたいものは何？	146
時事問題　→世の中では何が起きているか	84
静岡　→中部地方	77
自然にかかわる仕事　→自然・生き物の世界で働くには	152
私鉄　→鉄道	198
自転車　→自動車	191
自動車　→自動車	191
自動車整備士　→技術・職人の世界で働くには	155
児童労働　→「子どもの権利」って何？	122
自閉症　→ゆっくりがいいお友だち	255
島根　→中国・四国地方	80
社会　→わたしたちのくらし	222
社会福祉士　→医療・福祉の現場で働くには	154
市役所　→世の中のしくみ	94
ジャーナリスト　→芸能・マスコミの世界で働くには	165
獣医師　→自然・生き物の世界で働くには	152
手話　→点字・手話を覚えよう	258
障害　→「障害」って何？	248
障害者スポーツ　→障害者スポーツを応援する	266
商業　→ものを動かす仕事	218
省庁　→世の中のしくみ	94
消防　→人びとを守る仕事	126
情報　→情報を使いこなす	268
消防官　→社会の中で働くには	151
職業　→なりたいものは何？	146
職人　→技術・職人の世界で働くには	155
食品加工　→食べ物をつくる	186
食品工業　→食べ物をつくる	186
食品製造業者　→商売・サービスの現場で働くには	158
食料　→自然からつくりだす	167
助産師　→医療・福祉の現場で働くには	154
書道　→伝統を知ろう	293
地雷　→なくそう難民・地雷・核兵器	115
調べ学習　→調べ学習をしよう	276
シリア　→西南アジア	38
シンガポール　→東南アジア	32
新幹線　→鉄道	198
人権　→「人権」を守ろう	117
人身売買　→「子どもの権利」って何？	122
身体障害　→「障害」って何？	248
人道支援　→外国の人と交流しよう	98
新聞記者　→芸能・マスコミの世界で働くには	165
水産業　→自然からつくりだす	167
スイス　→ドイツ・スイス・オランダ	44
水爆　→なくそう難民・地雷・核兵器	115
スウェーデン　→北ヨーロッパ	48
スチュワーデス　→商売・サービスの現場で働くには	158
ストリートチルドレン　→「子どもの権利」って何？	122
スーパー　→ものを動かす仕事	218
スペイン　→南ヨーロッパ	45
スポーツ選手　→文化・芸術の世界で働くには	161
スリランカ　→南アジア	36
生活　→わたしたちのくらし	222
政治　→世の中のしくみ	94
政治家　→社会の中で働くには	151
製造業　→ものづくりの現場	177
西南アジア　→西南アジア	38
青年海外協力隊　→国を越えて働く人たち	102
税理士　→社会の中で働くには	151
世界人権宣言　→「人権」を守ろう	117
世界地理　→世界	12
世界保健機関　→国を越えて働く人たち	102
赤十字　→国を越えて働く人たち	102
接客業　→商売・サービスの現場で働くには	158
選挙　→世の中のしくみ	94
戦争　→戦争と平和を考える	107
総務省　→世の中のしくみ	94
ソマリア　→アフリカ	51
ソロモン諸島　→オセアニア・南極地方	59

【た】

タイ　→東南アジア	32
大工　→技術・職人の世界で働くには	155
体験学習　→わたしたちのくらし	222
第五福竜丸　→なくそう難民・地雷・核兵器	115
太平洋　→オセアニア・南極地方	59
台湾　→中国・モンゴル	29
ダウン症　→ゆっくりがいいお友だち	255
多動性障害　→ゆっくりがいいお友だち	255
食べ物　→食べ物をつくる	186
地域　→わたしたちのくらし	222
チェコ　→ロシア・東ヨーロッパ	49
地下鉄　→鉄道	198
畜産業　→自然からつくりだす	167
地図　→地図の本	1
地図（日本）　→地図の本──日本	5
知的障害　→ゆっくりがいいお友だち	255
千葉　→関東地方	75
地方自治　→世の中のしくみ	94
注意欠陥多動性障害　→ゆっくりがいいお友だち	255
中国　→中国・モンゴル	29
中国地方　→中国・四国地方	80
中部地方　→中部地方	77
聴覚障害　→「障害」って何？	248
朝鮮　→韓国	26
聴導犬　→サポート犬の活躍	262
調理師　→商売・サービスの現場で働くには	158
ちょボラ　→わたしたちもできるボランティア	237

ちり　　　　　　　　　　　事項名索引

チリ　→南北アメリカ ……………………… 54
地理（世界）　→世界 …………………… 12
地理（日本）　→日本 …………………… 62
ツアーコンダクター　→商売・サービスの現場
　で働くには ……………………………… 158
通信　→ものを動かす仕事 ……………… 218
通訳　→文化・芸術の世界で働くには … 161
ツバル　→オセアニア・南極地方 ……… 59
ディスレクシア　→ゆっくりがいいお友だち … 255
テクノロジー　→新しいテクノロジーの開発 … 212
デザイナー　→文化・芸術の世界で働くには … 161
デジカメ　→調べ学習をしよう ………… 276
鉄　→ものづくりの現場 ………………… 177
鉄道　→鉄道 ……………………………… 198
鉄道運転士　→技術・職人の世界で働くには … 155
テレビ番組制作者　→芸能・マスコミの世界で
　働くには ………………………………… 165
テロリズム　→戦争と平和を考える …… 107
電機工業　→ものづくりの現場 ………… 177
点字　→点字・手話を覚えよう ………… 258
電車　→鉄道 ……………………………… 198
伝統芸能　→伝統を知ろう ……………… 293
伝統工芸　→伝統を知ろう ……………… 293
伝統文化　→伝統を知ろう ……………… 293
デンマーク　→北ヨーロッパ …………… 48
ドイツ　→ドイツ・スイス・オランダ … 44
東京　→東京 ……………………………… 76
東南アジア　→東南アジア ……………… 32
動物園飼育係　→自然・生き物の世界で働くに
　は ………………………………………… 152
東北地方　→北海道・東北地方 ………… 74
徳島　→中国・四国地方 ………………… 80
図書館
　→わたしたちのくらし ………………… 222
　→調べ学習をしよう …………………… 276
栃木　→関東地方 ………………………… 75
特急　→鉄道 ……………………………… 198
鳥取　→中国・四国地方 ………………… 80
土木工業　→工事に挑む ………………… 217
富山　→中部地方 ………………………… 77
トラック　→自動車 ……………………… 191
トルコ　→西南アジア …………………… 38
トンガ　→オセアニア・南極地方 ……… 59

【な】

内閣府　→世の中のしくみ ……………… 94
ナイジェリア　→アフリカ ……………… 51
ナウル　→オセアニア・南極地方 ……… 59
長崎　→九州地方 ………………………… 81
長野　→中部地方 ………………………… 77
ナノテク　→新しいテクノロジーの開発 … 212

奈良　→近畿地方 ………………………… 78
南極　→オセアニア・南極地方 ………… 59
難民　→なくそう難民・地雷・核兵器 … 115
新潟　→中部地方 ………………………… 77
日本地理　→日本 ………………………… 62
ニュージーランド　→オセアニア・南極地方 … 59
ニュース　→世の中では何が起きているか … 84
ネパール　→南アジア …………………… 36
年中行事　→どんな行事があるのかな？ … 286
能　→伝統を知ろう ……………………… 293
農業
　→自然・生き物の世界で働くには …… 152
　→自然からつくりだす ………………… 167
農林水産省　→世の中のしくみ ………… 94
ノーマライゼーション　→お年よりといっしょ
　に ………………………………………… 247
乗り物　→乗り物を知りたい …………… 188
ノルウェー　→北ヨーロッパ …………… 48

【は】

俳優　→芸能・マスコミの世界で働くには … 165
パイロット　→技術・職人の世界で働くには … 155
パキスタン　→南アジア ………………… 36
博物館　→わたしたちのくらし ………… 222
バス　→自動車 …………………………… 191
パソコン
　→情報を使いこなす …………………… 268
　→ケータイ・パソコン・インターネットの使
　い方 ……………………………………… 271
　→調べ学習をしよう …………………… 276
発達障害　→ゆっくりがいいお友だち … 255
発明　→新しいテクノロジーの開発 …… 212
花屋　→商売・サービスの現場で働くには … 158
バヌアツ　→オセアニア・南極地方 …… 59
パプアニューギニア　→オセアニア・南極地方 … 59
パラオ　→オセアニア・南極地方 ……… 59
パラリンピック　→障害者スポーツを応援する … 266
バリアフリー　→「バリアフリー」ってどんなこ
　と？ ……………………………………… 243
パレスチナ　→西南アジア ……………… 38
ハンガリー　→ロシア・東ヨーロッパ … 49
バングラデシュ　→南アジア …………… 36
犯罪　→くらしの中の法律 ……………… 128
東ティモール　→東南アジア …………… 32
東ヨーロッパ　→ロシア・東ヨーロッパ … 49
ピグミー　→アフリカ …………………… 51
飛行機　→飛行機・船 …………………… 209
美術家　→文化・芸術の世界で働くには … 161
人びとのくらし（世界）　→世界 ………… 12
人びとのくらし（日本）　→日本 ………… 62
被爆　→なくそう難民・地雷・核兵器 … 115

334

事項名索引

非暴力　→戦争と平和を考える ················ 107
兵庫　→近畿地方 ······························· 78
美容師　→文化・芸術の世界で働くには ······ 161
広島　→中国・四国地方 ························ 80
ファイナンシャルプランナー　→社会の中で働
　くには ·· 151
フィジー　→オセアニア・南極地方 ············ 59
フィリピン　→東南アジア ······················ 32
フィンランド　→北ヨーロッパ ················· 48
福井　→中部地方 ······························· 77
福岡　→九州地方 ······························· 81
福祉活動　→わたしたちもできるボランティア ··· 237
福島　→北海道・東北地方 ······················ 74
ブータン　→南アジア ··························· 36
物流　→ものを動かす仕事 ····················· 218
不登校　→学校に行きにくいとき ·············· 235
船　→飛行機・船 ······························ 209
ブラジル　→南北アメリカ ······················ 54
フランス　→フランス ··························· 42
ブルガリア　→ロシア・東ヨーロッパ ·········· 49
ブルネイ　→東南アジア ························· 32
紛争　→戦争と平和を考える ·················· 107
文楽　→伝統を知ろう ·························· 293
兵役拒否　→戦争と平和を考える ·············· 107
平和　→戦争と平和を考える ·················· 107
ペットショップスタッフ　→自然・生き物の世界
　で働くには ·································· 152
ベトナム
　→東南アジア ································· 32
　→戦争と平和を考える ······················ 107
ペルー　→南北アメリカ ························· 54
勉強　→学校生活の中で ······················· 232
保育士　→教育・保育の現場で働くには ······ 160
貿易　→ものを動かす仕事 ····················· 218
法務省　→世の中のしくみ ······················ 94
法律　→くらしの中の法律 ····················· 128
保健師　→医療・福祉の現場で働くには ······ 154
ボスニア　→ロシア・東ヨーロッパ ············· 49
北海道地方　→北海道・東北地方 ·············· 74
ホテル業　→商売・サービスの現場で働くには ··· 158
ホームページ
　→情報を使いこなす ························ 268
　→調べ学習をしよう ························ 276
ボランティア　→わたしたちもできるボランティ
　ア ·· 237
ポーランド　→ロシア・東ヨーロッパ ·········· 49
ポルトガル　→南ヨーロッパ ···················· 45

【ま】

マオリ　→オセアニア・南極地方 ··············· 59
マサイ　→アフリカ ····························· 51

マーシャル諸島　→オセアニア・南極地方 ····· 59
町の施設　→わたしたちのくらし ·············· 222
祭り　→どんな行事があるのかな？ ··········· 286
マレーシア　→東南アジア ······················ 32
漫画家　→芸能・マスコミの世界で働くには ··· 165
三重　→近畿地方 ······························· 78
ミクロネシア　→オセアニア・南極地方 ········ 59
南アジア　→南アジア ··························· 36
南アフリカ　→アフリカ ························ 51
南ヨーロッパ　→南ヨーロッパ ················· 45
耳の不自由な人　→「障害」って何？ ········· 248
宮城　→北海道・東北地方 ······················ 74
宮崎　→九州地方 ······························· 81
ミャンマー　→東南アジア ······················ 32
ミュージシャン　→芸能・マスコミの世界で働
　くには ······································· 165
民族問題　→「人権」を守ろう ················ 117
メキシコ　→南北アメリカ ······················ 54
メディア　→情報を使いこなす ················ 268
目の不自由な人　→「障害」って何？ ········· 248
盲導犬　→サポート犬の活躍 ·················· 262
盲導犬指導員　→自然・生き物の世界で働くに
　は ·· 152
ものづくり　→ものづくりの現場 ·············· 177
モルディブ　→南アジア ························· 36
モンゴル　→中国・モンゴル ···················· 29
文部科学省　→世の中のしくみ ················· 94

【や】

薬剤師　→医療・福祉の現場で働くには ······ 154
役所　→世の中のしくみ ························· 94
山形　→北海道・東北地方 ······················ 74
山口　→中国・四国地方 ························ 80
山梨　→中部地方 ······························· 77
ユニセフ　→国を越えて働く人たち ············ 102
ユニバーサルデザイン　→「バリアフリー」って
　どんなこと？ ································ 243
ヨルダン　→西南アジア ························· 38
ヨーロッパ　→ヨーロッパ ······················ 40

【ら】

ラオス　→東南アジア ··························· 32
落語　→伝統を知ろう ·························· 293
理学療法士　→医療・福祉の現場で働くには ··· 154
流通　→ものを動かす仕事 ····················· 218
料理人　→商売・サービスの現場で働くには ··· 158
林業
　→自然・生き物の世界で働くには ·········· 152

子どもの本 社会がわかる2000冊　335

→自然からつくりだす ……………………… 167
ルワンダ →アフリカ ……………………… 51
列車 →鉄道 ………………………………… 198
レバノン →西南アジア …………………… 38
ロシア →ロシア・東ヨーロッパ ………… 49
ロボット →ロボットをつくる …………… 215

【わ】

和歌山 →近畿地方 ………………………… 78

子どもの本 社会がわかる2000冊

2009年8月25日 第1刷発行

発 行 者／大高利夫
編集・発行／日外アソシエーツ株式会社
　　　　　〒143-8550 東京都大田区大森北1-23-8　第3下川ビル
　　　　　電話(03)3763-5241(代表)　FAX(03)3764-0845
　　　　　URL http://www.nichigai.co.jp/
発 売 元／株式会社紀伊國屋書店
　　　　　〒163-8636 東京都新宿区新宿3-17-7
　　　　　電話(03)3354-0131(代表)
　　　　　ホールセール部(営業)　電話(03)6910-0519

電算漢字処理／日外アソシエーツ株式会社
印刷・製本／光写真印刷株式会社

不許複製・禁無断転載　　《中性紙H-三菱書籍用紙イエロー使用》
〈落丁・乱丁本はお取り替えいたします〉
ISBN978-4-8169-2202-2　　Printed in Japan, 2009

本書はデジタルデータでご利用いただくことが
できます。詳細はお問い合わせください。

子どもの本　伝記を調べる2000冊
A5・320頁　定価6,930円（本体6,600円）　2009.8刊

子どもの本　社会がわかる2000冊
A5・350頁　定価6,930円（本体6,600円）　2009.8刊

「伝記」と「社会」に関する児童書をガイドする初のツール。子どもたちに人気の高い伝記、社会のしくみを知るための現代社会・地理的分野の図書を各2,000冊収録。基本的な書誌事項と内容紹介がわかる。

読んでおきたい名著案内
教科書掲載作品　小・中学校編
A5・700頁　定価9,800円（本体9,333円）　2008.12刊

1949～2006年の国語教科書に掲載された全作品（小説・詩・戯曲・随筆・評論・古文など）を収録。作品が掲載された教科書名のほか、その作品が収録されている一般図書も一覧できる。

児童の賞事典
A5・760頁　定価15,750円（本体15,000円）　2009.7刊

児童および児童文化に貢献した人物に与えられる、国内外の284賞について、賞の概要と第1回以来の全受賞情報を掲載。赤い鳥文学賞、東レ理科教育賞、全日本吹奏楽コンクール、国際アンデルセン賞など様々な分野の賞を収録。

ヤングアダルトの本
①中高生の悩みに答える5000冊
A5・490頁　定価7,980円（本体7,600円）　2008.12刊
②社会との関わりを考える5000冊
A5・500頁　定価7,980円（本体7,600円）　2008.12刊
③読んでみたい物語5000冊
A5・620頁　定価7,980円（本体7,600円）　2008.12刊

"ヤングアダルト"世代向けの図書を探せる目録。①巻では「いじめ」「進路」など自分自身の悩み、②巻では「戦争」「環境問題」など社会全体に関する図書を紹介。③巻では、今読まれている小説・読んでほしい物語を収録。

データベースカンパニー
日外アソシエーツ　〒143-8550　東京都大田区大森北1-23-8
TEL.(03)3763-5241　FAX.(03)3764-0845　http://www.nichigai.co.jp/